NEW
최신판

한권완성

반려견
1, 2, 3급 필기

스타일리스트

천선화 편저

박영story

PREFACE
| 머리말

안녕하세요. 반려견을 사랑하고, 반려견 미용에 대한 깊은 열정을 가지고 있는 여러분을 진심으로 환영합니다.

이번에 출간된 국가공인 「한권완성 반려견 스타일리스트 1, 2, 3급 필기」 교재는 반려견 미용사에게 필요한 핵심 지식을 체계적으로 정리한 종합 교재입니다. 이 책은 국가직무능력표준(NCS)의 학습 모듈을 근거로 하여, 반려견 스타일리스트로서 필요한 지식과 기술을 체계적으로 학습할 수 있도록 구성되었습니다.

본 교재는 다음과 같은 특징을 가지고 있습니다.

1. 과목별 각 chapter 핵심이론 요약: 반려견 스타일리스트 자격 시험은 3급, 2급, 1급으로 나뉘어 있으며, 반려견 스타일리스트 자격 시험에서 요구되는 지식과 기술을 효과적으로 학습할 수 있도록, 과목별로 중요한 이론을 각 chapter별로 요약하여 제공합니다. NCS에서 제시한 기준을 바탕으로 필수적인 이론을 정리했으며, 이를 통해 여러분은 시험 준비에 있어 핵심적인 내용을 체계적으로 학습할 수 있습니다.

2. 학습단위별 적중 예상문제: 이론 학습 후에는 각 학습 단위별로 구성된 적중 예상문제를 통해 학습한 내용을 복습하고, 실제 시험에 나올 가능성이 높은 문제들을 풀어보며 실력을 점검할 수 있습니다. 이 예상문제들은 여러분이 시험 준비를 보다 체계적이고 효율적으로 진행할 수 있도록 돕는 중요한 도구가 될 것입니다.

3. 급수별 실전 모의고사: 실전과 같은 환경에서 자신의 실력을 점검해 볼 수 있는 모의고사도 포함되어 있습니다. 실제 시험과 유사한 형태의 문제들을 통해 여러분은 시험 준비 과정에서 부족한 부분을 파악하고, 효과적으로 보완할 수 있을 것입니다.

본 교재는 반려견 스타일리스트 시험을 준비하는 데 있어 필수적인 가이드가 될 것입니다. 더불어, 이미 현장에서 활동 중인 전문가들 역시 NCS 기준에 따른 최신 핵심이론과 예상문제를 통해 자신의 역량을 다시 한 번 점검하고 강화할 수 있을 것입니다.

반려견 미용 분야에서 전문가로서의 입지를 다지고자 하는 여러분의 꿈을 응원하며, 이 책이 여러분의 학습 여정에 든든한 동반자가 되기를 바랍니다.
시험 준비를 하는 모든 분들께 성공과 성취가 가득하기를 기원합니다.
감사합니다.

저자 천선화

INFORMATION
| 시험 안내

1 반려견 스타일리스트란?

반려견에 대한 전문가적인 지식, 능숙한 미용능력 등을 검정하는 국가공인 자격시험입니다. NCS 기반의 표준화된 자격기준으로 자격을 취득한 사람들이 산업현장에서 전문적인 역할을 수행할 수 있도록 하고 있습니다.

2 도입 목적

한국애견협회는 반려견미용 산업현장에서 필요로 하는 실무능력을 갖춘 인재를 양성하고 청년실업 및 고용문제 해소에 도움을 주기 위해 실무 중심의 반려견 스타일리스트 자격제도를 도입하였습니다.

3 응시 대상

반려견미용 분야의 전문성을 인정받고자 하는 종사자나 종사를 희망하는 사람은 누구나 응시할 수 있습니다.

4 시험 절차

INFORMATION
| 시험 안내

<u>5</u> 검정기준

등급	검정기준
사범 (비공인)	반려견 미용에 관한 이론 지식과 더불어 관련 교육프로그램에 포함되어 있는 최고급 지식을 이용하여 반려견 미용에 활용하고 실무에 적용할 수 있는 능력의 유무
1급 (공인)	반려견 장모관리, 쇼미용에 관한 이론 지식과 더불어 관련 교육프로그램에 포함되어 있는 고급 지식을 이용하여 반려견 미용에 활용할 수 있는 능력의 유무
2급 (공인)	반려견 염색, 응용미용에 관한 이론 지식과 더불어 관련 교육프로그램에 포함되어 있는 상급 지식을 이용하여 반려견 미용에 활용할 수 있는 능력의 유무
3급 (공인)	반려견 안전위생관리, 기자재관리, 고객상담, 목욕, 기본미용, 일반미용에 관한 이론 지식과 더불어 관련 교육프로그램에 포함되어 있는 중급 지식을 이용하여 반려견 미용에 활용할 수 있는 능력의 유무

<u>6</u> 검정방법 및 합격기준

검정방법	검정시행 형태	합격기준
필기시험	5지선다형 객관식 (OMR카드 이용)	• 100점 만점에 과목별 40점 이상 취득, 전 과목 평균 60점 이상 취득 • 필기시험 합격은 합격자 발표일로부터 만 1년간 유효함
실기시험	위그를 이용한 기술시현	100점 만점에 60점 이상 취득

<u>7</u> 검정과목

등급	검정방법	시험 과목: 분야 또는 영역(문항 수)	시험방법(시험시간) 및 시험과제
1급	필기	1. 반려견일반미용3(25) 2. 반려견고급미용(25)	총 50문항(60분) 5지선다형 객관식
	실기	반려견 쇼미용	기술시현(120분) 1. 잉글리쉬새들클립 2. 컨티넨탈클립 3. 퍼피클립

2급	필기	1. 반려견일반미용2(25) 2. 반려견특수미용(25)	총 50문항(60분) 5지선다형 객관식	
	실기	반려견 응용미용	기술시현(120분) 1. 맨하탄클립 3. 소리터리클립 5. 더치클립	2. 볼레로맨하탄클립 4. 다이아몬드클립 6. 피츠버그더치클립
3급	필기	1. 반려견미용관리(20) 2. 반려견기초미용(10) 3. 반려견일반미용1(20)	총 50문항(60분) 5지선다형 객관식	
	실기	반려견 일반미용	기술시현(120분) 1. 램클립	

8 필기시험 출제영역

- 애완동물미용 NCS학습모듈에 수록된 내용과 반려견미용에 대하여 일반적으로 통용되는 용어, 지식 등을 기반으로 출제
- 「NCS학습모듈」 찾기: www.ncs.go.kr → ncs 및 학습모듈검색 → 분야별 검색 → 24.농림어업 → 02.축산 → 01.축산자원개발 → 06.애완동물미용

등급	시험과목	학습	학습내용
3급	반려견 미용관리	안전위생관리	안전 교육
			안전 장비 점검
			미용숍 위생 관리
			작업자 위생관리
		기자재 관리	미용 도구 관리
			미용 소모품 관리
			미용 장비 유지 · 보수

INFORMATION

| 시험 안내

3급	반려견 미용관리	고객상담	고객 응대
			고객 관리 차트 작성
			반려동물의 상태 확인
			스타일 상담
			작업 후 상담
		목욕	빗질
			샴푸
			린스
	반려견 기초미용		드라이
		기본미용	미용도구 활용
			발톱 관리
			귀 관리
			기본 클리핑
			기초 시저링
	반려견 일반미용1	일반미용	개체 특성 파악
			클리핑
			시저링
			트리밍 용어

2급	반려견 일반미용2	일반미용	견체 용어
	반려견 특수미용	응용미용	응용 스타일 구상
			도구 응용 사용
			응용 스타일 완성
		염색	염색 준비
			염색 작업
			염색 마무리
1급	반려견 일반미용3	일반미용	피부와 털
			모색
	반려견 고급미용	쇼미용	품종 표준 미용 파악
			테이블 매너 훈련
			쇼 미용 커트
			쇼 미용 스트리핑
			쇼 미용 메이크업
		장모관리	장모종 브러싱
			장모종 목욕
			장모종 드라이
			장모종 래핑 · 밴딩

9 응시자격

등급	세부내용
1급	• 연령, 학력: 제한없음 • 기타: 2급 자격 취득 후 1년 이상의 실무경력 또는 교육 훈련을 받은 자
2급	• 연령, 학력: 제한없음 • 기타: 3급 자격 취득 후 6개월 이상의 실무경력 또는 교육 훈련을 받은 자
3급	• 연령, 학력, 기타: 제한없음

① 자격 취득일: 해당 자격증 발급일자(=합격자 발표일)
② 지정기간 충족시점
  • 6개월은 180일, 1년은 365일, 3년은 1,095일로 계산
  • 「충족시점」이 필기시험 원서접수 기간 중이어야 함
  • 경력증명서는 본 협회 소정 양식만 허용(자료실)
  • 원서접수 일자 및 제출서류 발급일자는 「충족시점」 이후이어야 함
  • 기관의 확인서엔 반드시 기관의 직인 날인이 있어야 함
③ 필기시험 합격 유효기간은 만 1년임(합격자 발표일로부터)
④ 응시자는 응시원서 접수 후 판정(적격, 부적격) 내용을 반드시 확인하고 필요시 보완해야 함

10 시험결과 확인

• 일반적으로 시험 친 후 관련 사이트에서 일주일 안으로 합격자 내역을 조회할 수 있습니다.
• 시험결과는 17시에 발표되며, 시험접수하신 아이디로 로그인 – 응시안내 – 시험결과확인에서 확인 가능합니다.

11 원서접수

※ 시험 일정은 천재지변 등 불가피한 경우 변경될 수 있음
① 관련 홈페이지의 『알림마당 – 공지사항 – 회차별 시험 시행공고』 반드시 참조
② 응시원서 제출 후 마이페이지에서 접수 결과를 확인하고 부적격 판정 시 수정·보완(부적격자에 대해서는 응시 원서상의 전화번호로 관련 사유 문자 발송)
③ 응시료 결제기간 종료 후 『알림마당 - 공지사항 – 수험자 배정공고』 확인 후 수험자 본인 누락 또는 내용상 오류가 있을 경우 반드시 본 협회로 확인 요청

12 시험일정

※ 정확한 일정은 관련 홈페이지에서 확인하시기 바랍니다.

시험 종류	원서접수 및 응시료 납부	시험일	발표일
필기시험	전년 12월	1월	
	2월	3월	
	4월	5월	
	6월	7월	
	8월	9월	
	10월	11월	보통 시험 친 후 관련 사이트에서 일주일 안으로 합격자 내역을 조회
실기시험	1월	2월	
	3월	4월	
	5월	6월	
	7월	8월	
	9월	10월	
	11월	12월	

13 시험 당일 유의사항

(1) 신분증 지참

① 신분증엔 이름, 사진, 생년월일 3가지가 반드시 표시되어 있어야 합니다.

② 다음 시점까지 제시하지 못하면 응시할 수 없습니다.

- 필기시험: 시험시작 시점까지
- 실기시험: 시험시작 30분 전까지

INFORMATION
| 시험 안내

사용 가능한 신분증(만 18세 이상 성인)	응시불가 사례
• 주민등록증 / 주민등록증 발급신청 확인서 • 운전면허증 / 국가자격증 / 국가기술자격증 / 국가공인민간자격증 / 여권 • 모바일 신분증(주민등록증, 운전면허증)의 경우 직접 앱에서 생성된 화면만 유효하며 신분증 검사 전 시험감독 또는 보조요원에게 사전에 알림 필요	• 복사한 것 • 휴대전화로 촬영한 것 • 캡쳐한 것 • 대학생, 대학원생 학생증 • 유효기간이 만료된 것
사용 가능한 신분증(만 18세 미만)	• 이름 · 사진 · 생년월일 · 학교직인 중 어느 하나라도 없는 학생증 · 재학증명서
• 학생증 / 청소년증 / 청소년증 발급신청 확인서 / 여권 • NEIS 재학증명서(1년 이내 발급)	

※ 요건을 충족한 신분증이 없는 수험자는 주민센터에서 발급받은 「청소년증 발급신청 확인서」 또는 「주민등록증 발급신청 확인서」 원본을 지참바랍니다.

(2) 수험표 지참
수험표가 없으면 수험자 본인의 시험실 확인이 어렵고 필기시험 답안지에 수험번호 표기 시 잘못 기재할 염려가 있습니다.

(3) 입실시간 준수
시험시작 전 유의사항과 제반 요령에 대해 설명하고 수험자 확인, 준비물 사전 검사(실기시험)를 합니다.

(4) 감독위원 안내 경청 및 준수
감독위원은 규정에서 정한 내용과 절차에 따라 안내합니다. 감독위원의 안내 사항을 거부하거나 소란을 야기할 경우 향후 응시가 제한될 수 있습니다.

(5) 휴대폰은 OFF
시험실 내에서 휴대폰 전원은 반드시 OFF 바랍니다.

(6) 스마트워치 반입금지
녹음, 촬영, 메시지 수발신 등의 기능이 있는 전자기기는 사용하거나 반입할 수 없습니다.

(7) 한시적 적용
코로나 사태가 종식될 때까지 반드시 입실 시 발열 체크, 손소독제 사용, 마스크 착용을 의무화 합니다. 또한 페이스쉴드, 위생장갑 착용을 허용합니다.

(8) 필기, 실기 유의사항

필기시험	• 수성 사인펜 지참 　– 컴퓨터용 검정색 수성 사인펜 지참바랍니다. 수정 테이프는 시험실에서 대여합니다. 　– 답안카드 작성 시 연하게 표시되어 전산 판독이 불가능할 경우 전적으로 수험자 귀책입니다. • 시험지 반납: 다음 해당자는 채점 대상에서 제외되며 3년간 응시할 수 없습니다. 　– 퇴실 시 시험지를 감독위원에 반납하지 않은 자 　– 시험지를 외부로 유출 또는 기도한 자 • 시험 완료자는 시험시간 1/2 경과 후 퇴실 가능합니다.
실기시험	• 위그 이용: 이는 평가의 기본인 객관성과 공정성을 기하고 동물복지를 위함입니다. 실견을 이용한 평가는 다음과 같은 문제로 동일한 조건의 기술시현 자체가 불가능합니다. 　– 수험자별로 사용하는 견종, 견체의 크기와 비율이 다릅니다. 　– 수험자별로 사용하는 털의 방향, 모량, 길이, 굵기, 질감이 다릅니다. 　– 수험자별로 사용하는 개의 성격이 다릅니다. 　– 모든 개들이 시험 준비 단계부터 제대로 먹거나 마시질 못하고 좁은 공간에서 장시간 밀집 상태로 있어 질병 감염의 우려가 있습니다. • 수험자 유의사항과 준비물 기준 숙지: 관련 기준을 항목별로 그리고 삽화, FAQ 형식으로도 자세히 안내하고 있습니다. 수험자 자신이 충분히 숙지하시기 바랍니다. • 기타 유의사항: 다음 사항 참조바랍니다. 　– 미용도구는 사전에 충분히 충전 　– 준비물 검사 개시 이후엔 수정이나 보완 불가 　– 준비물은 수험자가 준비한 것으로 시험감독이 검사한 것만 사용 가능 　– 감독위원의 안내 사항을 경청하고 준비물 검사 전 보완 완료 　– 왼손잡이도 오른손잡이와 동일한 방향으로 작업 　– 테이블에 암 및 매트 설치 불가 　– 의자에 앉아 작업 불가 　– 실견을 미용한다는 개념을 갖고 작업 　– 시험시작 전과 시험종료 후 사진 촬영에 협조 　– 채점제외의 경우에도 검정료 환불은 없음 　– 미용작업 중 테이블 위에 미용도구 보관 금지 　– 수험자 확인 후 신분증, 수험표를 미용테이블이나 바구니에 보관 금지 　– 미용작업에 필요한 것 이외의 물건은 별도 장소에 보관 　– 시험실에 반입하는 모든 물품(가방류 및 소지품 포함)에 소속, 이름 및 이를 의미하는 로고 등 표시 금지

STRUCTURE & FEATURES

| 구성과 특징

01 시험 가이드 제공

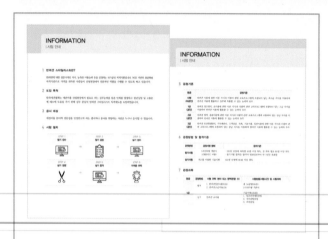

- 반려견 스타일리스트 수험생들을 위한 시험 가이드를 담았습니다.
- 필기시험의 급수별 검정 과목과 출제영역을 한눈에 파악할 수 있습니다.
- 최신 업데이트된 상세한 정보로 시험을 잘 알고 준비할 수 있습니다.

02 필기 한권완성

- 1급·2급·3급 필기시험 대비 최신 핵심 이론으로 구성하였습니다.
- 실제 현장에서 교육하는 출제위원급 전문가가 직접 집필하였습니다.
- 이론과 문제가 합쳐진 구성으로 필기 한권완성이 가능합니다.

03 고퀄리티 핵심이론

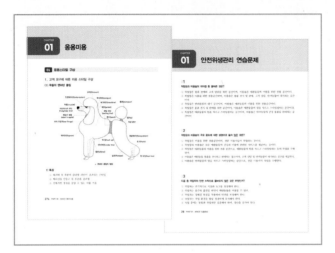

- 풀컬러 인쇄된 풍부한 그림과 상세한 설명으로 쉽게 학습할 수 있습니다.
- 실제 시험에 도움이 되는 핵심 TIP을 함께 담았습니다.
- 챕터별 연습문제로 복습하면서 학습 이해도를 높일 수 있습니다.

04 실전 대비 모의고사

- 단기합격을 위한 실전 모의고사로 최종 마무리가 가능합니다.
- 시험에 꼭 필요한 전문가 PICK 문제만을 엄선하였습니다.
- 친절한 해설을 통해 혼자서도 꼼꼼하게 학습할 수 있습니다.

CONTENTS
| 차례

PART 01
반려견 미용관리

3급 출제영역

CHAPTER 01 안전위생관리

01 안전교육

1. 안전 수칙 파악

(1) 작업장과 미용숍의 차이

작업장	미용을 위한 전용공간
미용숍	용품 전시 및 판매, 고객 상담, 반려동물이 대기하는 공간

(2) 작업자의 안전 수칙과 고객의 안전교육

① 반려동물 미용 작업에서는 작업자와 고객의 안전이 중요함
② 작업자는 작업 시 동물과 여러 도구를 다루므로 안전에 주의해야 함
③ 미용숍을 방문하는 고객에게도 사전에 안전 교육을 제공하여 사고를 예방함
④ 작업자는 주기적으로 시설과 도구를 점검하여 안전사고를 예방해야 함
⑤ 작업자는 작업 환경을 항상 청결하게 유지해야 함
⑥ 정해진 복장을 착용하여 안전을 보장해야 함
⑦ 반려동물을 미용할 때는 음주와 흡연을 금지해야 함
⑧ 작업 중에는 동물과 작업에만 집중해야 함
⑨ 작업장과 미용숍에서는 장난을 삼가고 조심해야 함

(3) 전기 및 화재 안전 수칙

① 전기 고장 발견 시 즉시 상위자나 전기 기사에게 수리를 요청해야 함
② 전선을 만지지 않고, 물기가 있는 손으로 전기 기구를 만지지 않도록 주의해야 함
③ 전선의 피복이 벗겨진 경우 즉시 전원을 차단해야 함
④ 소화기의 비치 장소를 알고 사용 방법을 알아야 함
⑤ 소화기와 소화전은 정기적으로 점검하여 유지해야 함
⑥ 비상 탈출구를 알고 관리하여 항상 사용 가능하도록 유지해야 함
⑦ 하수구에는 절대 유류를 버리지 않아야 함
⑧ 미용숍과 작업장에서는 절대 흡연하지 않아야 함
⑨ 인화성 화학제품의 보관과 취급에 유의해야 함

2. 안전사고의 종류 파악 및 대처

(1) 작업자에게 발생할 수 있는 안전사고

1) 개요

① 작업자가 반려동물 미용 작업을 할 때 발생할 수 있는 주요 안전사고는 동물에 의한 교상, 전염성 질환, 미용도구에 의한 상처, 화상 등이 있음

② 작업자는 발생할 수 있는 사고를 예방하고 대처하기 위한 지식을 갖추어야 함

2) 동물에 의한 교상

① 동물에 의한 교상은 물려서 생긴 상처를 말함

② 교상으로 인해 화농균이나 세균에 의한 감염, 염증이 발생할 수 있으며 파상풍, 광견병과 같은 감염성 질환에 노출될 수 있음

③ 고양이에게 교상 또는 긁힌 상처로 인해 만성적으로 림프절 부종이 나타날 수 있음

④ 교상 발생 시 동물의 예방접종 기록을 확인하고, 광견병 의심 시 동물 병원이나 관련 기관에 신고해야 함

> **TIP 광견병**
> • 개의 타액을 통해 전염되는 질병
> • 잠복기간 동안 증상이 나타나지 않을 수 있으므로 약 1주일 동안 주의 깊게 관찰이 필요함

3) 동물에 의한 전염성 질환

① 동물에 의한 전염성 질환은 다양하며, 작업자가 대처하기 어려운 경우가 많음

② **종류:** 광견병, 백선증, 개선충에 의한 소양감, 홍반·탈모 등의 피부 질환, 동물의 배설물로 인한 회충, 지알디아, 캠필로박터, 살모넬라, 대장균 등의 질환

4) 미용도구에 의한 상처

① 작업자가 동물의 돌발 행동이나 예측할 수 없는 상황으로 인해 입을 수 있음

② 감염 여부에 따라 감염창과 비감염창으로 구분됨

5) 미용도구에 의한 화상

① 작업 중에 열, 전기 기구, 화학제품 등으로 피부 또는 다른 조직이 손상을 입을 위험이 높음

② 화상은 피부의 손상 정도에 따라 1~4도로 분류되며 각각 표피층, 진피층, 전체 층, 그 이상까지의 손상을 나타냄

1도 화상	• 피부의 표피층에 손상이 있음 • 손상 부위에 발적이 나타나고, 수포가 생기지 않음 • 통증은 일반적으로 3일 정도 지속됨
2도 화상	• 피부의 진피층까지 손상이 있음 • 손상 부위에 종종 수포, 통증이 나타남 • 흉터가 남을 수 있음
3도 화상	• 피부의 전체 층에 손상이 있음 • 피부색이 변함 • 피부 신경이 손상되면 통증이 없을 수도 있음
4도 화상	• 피부 전체 층과 그 밑의 근육, 인대 또는 뼈까지 손상이 있음 • 피부가 검게 변함

(2) 반려동물에게 발생할 수 있는 안전사고

① 반려동물 미용은 예민한 동물과의 상호작용으로 예측할 수 없는 안전사고가 발생할 수 있으므로 침착하고 주의 깊게 대응해야 함

② 발생할 수 있는 안전사고는 낙상, 미용도구에 의한 상처, 화상, 도주, 이물질의 섭취, 다른 동물에 의한 교상, 감전 등이 있음

낙상	• 높은 곳에서 떨어지거나 넘어져서 다치는 것 • 미용 테이블, 목욕조와 같은 높은 곳에서의 작업 시에 특히 주의해야 함
미용도구에 의한 상처	• 미용도구에 의한 상처는 작업자뿐만 아니라 동물에게도 발생할 수 있음 • 뾰족하고 날카로운 미용 도구들은 한순간의 방심으로도 피부에 상처를 입힐 수 있으니 항상 주의해야 함
화상	• 작업 중 사용되는 헤어드라이어, 클리퍼, 염색제 등의 화학제품이나 열기구로 인해 동물에게 발생할 수 있음 • 특히 동물의 피부는 얇고 취약하여 주의가 필요함
도주	• 보호자와 떨어진 동물이 미숙한 환경에서 공포, 불안을 느끼며 발생할 수 있으며, 특히 작업자나 작업장에 공포감을 느낄 수 있음 • 건물 외부로 도주 시 교통사고, 실종과 같은 심각한 문제가 발생할 수 있으므로 주의해야 함
이물질의 섭취	• 동물은 코와 입으로 환경을 탐색하며 이런 동물은 발달 단계에서 이물질을 입에 넣는 행동이 있음 • 동물의 이물질 섭취에 대해 주의해야 함
다른 동물에 의한 교상	• 미용숍이나 작업장에 있는 동물이 서로를 불편하게 느끼거나 예민해할 수 있어 언제든지 공격할 수 있음 • 작업자 역시 이와 같은 공격에 노출될 수 있음
감전	• 전기가 신체를 통과하여 상처를 입거나 충격을 받는 것 • 전압, 전류의 세기에 따라 부상 정도가 결정됨 • 동물은 전기선을 물거나 물리기 쉽기 때문에 주의가 필요하며, 물기가 있을 때 위험성이 더 커짐

(3) 작업장에서 발생할 수 있는 안전사고

① 작업장에서 발생할 수 있는 안전사고는 전기 관련 기기와 수도 사용으로 인한 위험이 있음
② 화재의 원인: 전선의 합선, 전기 기구의 절연 불량, 전류 과부하, 정전기 불꽃에 의한 전기 화재, 인화성 액체나 고체의 유류에 의한 유류 화재, 담뱃불에 의한 담뱃불 화재 등
③ 누전과 누수

누전	전선의 피복이 손상되거나 절연 불량으로 전기가 흘러나와 신체에 닿아 감전 사고를 일으키거나, 전류에 의한 열이 인화물질에 닿아 화재를 일으킬 수 있는 상태를 말함
누수	• 물이 흐르는 통로나 기구 등에서 생긴 균열, 구멍으로 인해 물이 새어나가는 상태를 말함 • 물이 전기 기구 등에 닿으면 감전 사고가 발생할 수 있으므로 주의가 필요함

(4) 심폐소생술

1) 목적

① 심폐소생술 방법을 숙지하여 응급상황에 대처해야 함
② 심폐소생술은 호흡이나 심장 박동이 멈춘 상황에서 인공적으로 호흡과 혈액순환을 유지시켜 주는 응급조치로, 위급한 동물에게 시도하면 생명을 구할 수 있음

2) 시행 방법

① 의식 및 호흡, 심장박동 확인
② 기도 확보
③ 인공호흡: 4초에 한번씩(1분에 15회) 실시
④ 가슴 압박: 심장박동 확인 → 동물의 오른쪽으로 눕히고, 심장 왼쪽이 위로 향하게 한 후 → 왼쪽 팔꿈치와 배쪽 몸이 닿는 부분에 양손을 포개 올리고 → 가슴 2초에 3번꼴로 15회 압박 → 15회 가슴 압박 후 2회 인공호흡 과정 반복

3) 기타

① 하임리히 방법: 동물이 이물질을 섭취하여 숨을 제대로 쉬지 못할 때 뒷다리를 높이 들어 흔들거나, 하복부를 감싸안아 복부 위쪽에 강하게 압박하여 이물질을 밖으로 나오게 하는 방법
② 심폐소생술, 하임리히 방법으로 동물을 구조하였더라도 갈비뼈나 내부 장기에 손상 등이 있을 수 있으므로 바로 동물병원으로 이동함

1. 안전장비 점검 항목

(1) 대기 장소의 안전장비

동물의 털이 체구를 더 크게 보이게 할 수 있기 때문에 동물의 실제 체구를 겉모습만으로 판단하지 않아야 함

안전문	• 촘촘한 구조의 안전문을 선택하여 동물의 도주를 예방함 • 대기하는 동물의 크기에 맞추어 충분히 높은 안전문을 사용함 • 잠금 장치는 튼튼하게 제작되어야 하며, 동물이 물리력을 이용해 열 수 없는 방식이어야 함 • 문 주변에는 이중 안전문 설치를 고려하여 동물의 도주를 추가로 방지함 • 안전문은 항상 닫힌 상태로 유지되어야 함
울타리	• 울타리는 동물의 몸높이에 비해 충분히 높고, 튼튼하며 촘촘해야 함 • 동물은 울타리 안에서 각각 독립된 공간에 있어야 하며, 어려울 경우 유사한 연령, 성별, 크기의 동물끼리 분리함 • 어린 동물, 노령 동물, 불안감을 보이는 동물과 공격적인 성향의 동물은 별도로 분리하여 관리함
이동장	• 예민하고 공격적인 성향의 동물, 특히 고양이는 이동장에서 대기하게 하는 것이 좋음 • 동물에게 익숙한 개인 이동장 사용이 추천되며, 심리적 안정감을 제공할 수 있음 • 다른 동물이 사용한 이동장은 불안감을 유발할 수 있으므로 사용이 추천되지 않음
케이지	• 케이지는 여러 동물이 대기하는 곳이므로, 각 동물의 출입·퇴실 때마다 위생에 특별히 신경 써야 함 • 공격적인 성향이나 대형 동물은 케이지에서 대기하는 것이 적합함 • 호흡기·소화기 증상이나 피부병이 있는 동물은 별도로 대기하며, 철저한 위생 관리가 필요함

(2) 미끄러짐과 낙상 방지를 위한 안전장비

테이블 고정 암(arm)	• 테이블 고정 암은 미용작업 중 동물의 움직임을 안전하게 제한하기 위한 장치로, 동물이 혼자 대기하는 용도로 사용해서는 안 됨 • 고정 암 선택 시 허리와 배를 지지할 수 있는 기능이 있는 모델을 선택하며, 충분히 튼튼해야 함 • 하니스는 동물을 조이지 않으면서 몇 개의 손가락이 들어갈 수 있을 정도의 여유를 두고 조절해야 하며, 동물이 편하게 서 있을 수 있도록 여유롭게 연결되어야 함
바닥재	테이블 바닥재는 미끄럽지 않은 소재를 선택하거나 깔개를 사용해 동물의 미끄러짐과 낙상을 방지하고 안전사고를 예방해야 함

(3) 물림 방지를 위한 안전장비

① 물림 방지를 위한 도구: 엘리자베스 칼라, 입마개 등
② 입마개는 동물에게는 억압된 상태로, 지나치게 헥헥대는 동물에게 입마개는 부적합함
③ 더운 환경에서 사용하거나 장시간 동안의 입마개 착용은 피해야 하며, 대안으로 엘리자베스 칼라 사용을 권장함

03 미용숍 위생관리

1. 미용숍 위생관리 점검

(1) 작업장과 대기 장소의 청결 상태 점검 항목

바닥의 청결 상태	• 작업장 바닥은 미용 작업 중 발생하는 털과 동물의 배설물로 오염 가능성이 높음 • 동물의 털과 배설물은 사람과 동물에게 질병을 전파할 수 있기 때문에 바닥은 항상 청결하게 유지 관리 되어야 함
작업 테이블의 청결 상태	• 동물이 장시간 대기하므로 미용 테이블의 상태를 수시로 점검해야 함 • 이물질 섭취를 예방하기 위해 테이블을 청결하게 유지해야 함 • 가위, 클리퍼, 발톱깎이 등의 미용도구는 안전하게 정리하고 청결하게 관리해야 함
케이지의 청결 상태	• 케이지는 동물의 배설물로 오염될 가능성이 높아 위생 상태 유지가 중요함 • 동물이 대기하는 동안 패드를 깔고, 배설물을 수시로 점검하여 즉시 교체함 • 동물 퇴실 후 케이지의 바닥, 옆면, 천장, 및 잠금장치를 청소하고 소독함
울타리와 안전문의 청결 상태	• 울타리와 안전문은 동물의 대변, 소변, 침 등으로 오염될 가능성이 높음 • 동물이 대기하는 동안 울타리와 안전문에 묻은 배설물은 즉시 제거해야 함 • 전체 청소가 어려울 경우에도 부분적으로 청소하고 소독하여 청결하게 유지함

(2) 미용도구의 소독 상태 점검

① 미용도구는 동물의 피부에 직접 닿기 때문에 위생 유지가 매우 중요함
② 피부 질환이 있는 동물을 미용할 때는 도구의 소독을 전후로 철저히 수행해야 함

2. 미용숍 위생관리

(1) 소독과 멸균

소독	• 질병 감염 및 전염을 예방하기 위해 대부분의 유해 미생물을 파괴하거나 불활성화하는 과정 • 비병원성 미생물을 파괴하지 않으며 모든 미생물을 제거하지는 않음 • 일반적인 오염 제거에 사용되는 방법
멸균	• 아포를 포함한 모든 미생물을 사멸시키는 과정 • 식품 보존, 의약품, 수술도구 등에 사용됨

(2) 소독방법 및 종류

① 화학적 소독: 화학제품을 이용하여 미생물을 파괴하거나 불활성화함
② 자비 소독: 끓는 물을 이용하여 미생물을 제거함
③ 일광 소독: 자연광을 이용하여 미생물을 불활성화함
④ 자외선 소독: 자외선을 사용하여 미생물을 파괴함
⑤ 증기 소독: 증기를 이용하여 미생물을 사멸시킴

화학적 소독	• 특정 화학제품을 사용하여 미생물을 파괴하거나 불활성화하는 방법 • 동물에게 해를 끼치지 않는 안전한 소독제의 선택이 중요함
자비 소독	• 100℃의 끓는 물을 사용하여 소독 대상을 처리하는 방법 • 100℃에서는 아포와 일부 바이러스를 사멸시키지 못하여 완전한 소독은 불가능함 • 소독 시간은 100℃에서 10~30분 동안 충분히 끓이는 것이 권장됨 • 의류, 금속, 유리 제품에 적합하며, 금속은 녹을 방지하기 위해 탄산나트륨 1~2%를 추가할 수 있음 • 유리 제품은 찬물에서 끓기 시작할 때 넣고 10~20분간 두며, 다른 제품은 끓기 시작할 때 넣음
일광 소독	• 직사광선에 노출시켜 소독하는 방법 • 가장 간단한 소독법이지만, 두께가 두꺼운 물체는 내부까지 소독 효과가 미치지 않는다는 단점이 있음 • 소독 효과가 계절, 기후, 환경에 따라 일정하지 않음 • 소독은 맑은 날 오전 10시부터 오후 2시 사이에 직사광선에 충분히 노출시키는 것이 좋음 • 작업장에서 사용하는 수건, 의류의 소독에 특히 적합함
자외선 멸균법	• 2,500~2,650 Å의 자외선을 조사하여 멸균하는 방법 • 소독 대상에 변화를 주지 않으며 균에 대한 내성 발생이 없음 • 소독 대상을 자외선 소독기에 넣고 10cm 내 거리에서는 1~2분, 50cm 내에서는 10분 동안 노출시킴
고압증기 멸균법	• 포화된 고압증기를 사용하여 모든 미생물을 사멸시킴 • 소독 대상을 고압증기 멸균기(autoclave)에 넣고 적절한 조건에서 소독함 예 121℃에서 15~20분 • 대상을 물기가 없도록 닦고, 증기가 침투하기 쉽게 기구의 뚜껑을 열어놓고 소독함 • 금속날의 경우 무뎌질 수 있으므로 주의가 필요함

(3) 화학적 소독제의 종류

계면 활성제	• 물과 기름 모두에 잘 녹는 특징을 가짐 • 음이온 계면 활성제(예 비누, 샴푸, 세제)와 양이온 계면 활성제(예 4급 암모늄) 등이 있음 • 양이온 계면 활성제는 대부분의 세균, 진균, 바이러스를 불활성화시키지만 일부 균에는 효과가 없음 • 소독 시 제품 설명서에 명시된 희석 배율로 희석한 후 분무하거나 일정 시간 소독제에 담가 사용함
과산화물	• 과산화물계 소독제에는 과산화수소, 과산화초산 등이 포함됨 • 산화력을 이용하여 살균 소독을 수행하며, 사용 후에는 산소와 물로 분해되어 잔류물이 남지 않음 • 단점으로는 자극성, 부식성이 있음 • 주로 2.5~3.5%의 농도로 사용됨
알코올	• 주로 에탄올이 사용되며, 물과 70%로 희석하면 넓은 범위의 소독력을 가짐 • 세균, 결핵균, 바이러스, 진균을 불활성화시키지만 아포에는 효과가 없음 • 주로 손, 피부, 미용기구의 소독에 사용됨 • 가격이 비싸고 플라스틱 등에 손상을 줄 수 있는 단점이 있음 • 상처가 난 피부에 사용하면 자극적일 수 있고, 화재의 위험이 있으므로 보관 시 주의할 것 • 분무기에 넣어 분무 또는 솜 등에 적셔서 사용하거나, 기구를 10분간 담가 소독함
차아염소산 나트륨	• 락스의 주성분 중 하나로 기구 소독, 바닥 청소, 세탁, 식기 세척 등에 사용됨 • 전염성이 높은 파보, 디스템퍼, 인플루엔자, 코로나바이러스, 살모넬라균 등을 불활성화시킬 수 있고, 넓은 범위의 살균력과 소독력을 가짐 • 제품에 명시된 농도로 희석하여 용도에 맞게 사용하며, 사용 시 독성을 띠는 염소가스 발생에 주의해야 함 • 점막, 눈, 피부에 자극성을 나타내며 금속에 부식을 일으킬 수 있으므로 사용 시 주의가 필요함 • 보관 시 빛과 열에 노출되지 않도록 주의하여 보관할 것

페놀류 (석탄산)	• 세균을 불활성화시키고 살충 효과가 있지만 바이러스, 아포에는 효과가 없음 • 가격이 저렴하고 고온일수록 소독 효과가 크며, 안정성이 강하여 오랫동안 사용해도 화학 변화가 없음 • 유기물이 있는 표면에 사용해도 소독력이 감소하지 않음 • 점막, 눈, 피부에 자극성을 나타내며, 특히 고양이에게 독성을 나타내므로 고양이가 있는 환경에서는 사용을 추천하지 않음 • 금속을 부식시키므로 배설물 소독 등의 한정된 용도로만 사용하며 보통 3~5%의 농도로 사용함
크레졸	• 독성은 페놀류와 유사하지만 소독 효과는 3~4배 더 우수함 • 대부분의 세균을 불활성화시키지만 아포, 바이러스에는 효과가 없음 • 물에 잘 녹지 않으므로 비누로 유화해서 사용하며, 보통 비눗물과 50%로 혼합한 크레졸 비누액이 많이 사용됨 • 기구, 배설물 소독에는 보통 3~5%의 농도로 사용함 • 냄새가 강하고 금속을 부식시키며, 원액은 피부에 손상을 일으킬 수 있으므로 사용 시 주의가 필요함

(4) 청소도구

진공 청소기	• 소음으로 인해 동물이 불안해하므로 소음이 적은 제품을 사용함 • 동물이 없는 시간에 사용하는 것이 좋음 • 동물 가까이에서 사용하지 않도록 주의해야 함
핸디 청소기	넓은 공간보다는 미용 테이블의 털 제거, 가구 위의 먼지 등을 청소하는 데 적합함
먼지떨이, 빗자루, 걸레	• 먼지떨이: 먼지를 털기 전에 환기를 위해 창문을 열고, 먼지가 많은 곳에 사용함 • 빗자루: 청소기를 사용하기 전에 사용하고, 용도에 맞게 적당한 크기를 선택함 • 걸레: 용도에 따라 구분해서 사용함

> **TIP** 미용숍의 청소
>
> • 미용숍의 위생 관리를 위해 수시로 청소하고 소독할 것
> • 오염물질들이 전달되는 것을 최소화하기 위해 일반적으로 청소, 소독은 비교적 깨끗한 곳부터 시작하여 가장 더러운 곳에
  서 끝내는 것을 추천함
> • 바닥에 동물의 배설물이 있으면 즉시 제거하여 질병이 전파되는 걸 방지하며 부분적으로 청소, 소독을 함

04 작업자 위생관리

1. 작업자 위생 점검 및 관리

(1) 작업자의 위생관리 점검 항목

반려동물 미용을 할 때 청결과 위생을 위해 다음과 같은 작업자 위생관리 항목의 점검을 생활화함

손과 손톱	• 반려동물 미용은 손으로 하는 작업이 많기 때문에 손과 손톱의 위생이 중요함 • 손톱 아래에는 이물질이 끼여 세균 번식 가능성이 있으므로 짧고 청결하게 유지해야 함 • 작업자는 자신을 보호하고 전염병 전파를 막기 위해 손과 손톱의 위생에 신경 써야 함

입 냄새, 체취	• 동물은 후각이 예민하여 작업자의 냄새에 반응할 수 있고, 강한 냄새는 흡입성 알레르기를 유발할 수 있음 • 작업자는 강한 냄새를 피하고 특히 화장품, 향수, 담배의 사용을 자제해야 함 • 동물의 보호자와 대면하고 상담하기 때문에 입 냄새 관리에도 신경을 써야 함
헤어	• 작업자의 헤어스타일에 특별한 제한은 없으나, 머리카락이 동물에게 물리거나 안전사고를 유발할 수 있으므로 뒤로 단정하게 묶는 것이 좋음 • 머리는 항상 청결하게 유지하여 동물의 보호자와의 대면에서 좋은 인상을 남기도록 함
장신구	작업 중에는 목걸이, 귀걸이, 팔찌 등과 같이 과도하게 늘어지는 장신구를 착용하지 않는 것이 안전을 위해 좋음
작업복과 신발	• 작업 중 동물의 오염물질에 노출될 수 있으므로 작업복과 신발은 따로 준비하고, 오염이 적은 소재를 선택함 • 작업복은 긴 형태의 상하의를 선택하여 신체를 보호함 • 신발은 발을 완전히 감싸는 형태로 안전사고에 대비하며 피로를 줄일 수 있는 굽이 낮은 디자인을 선택함

> **TIP** 위생적인 손 씻기 9단계
>
> 1. 흐르는 물에 손을 헹구고 충분히 적신 뒤, 충분한 양의 비누를 묻힌다.
> 2. 바닥과 손바닥을 맞대고 여러 번 비벼 준다.
> 3. 한쪽 손의 손바닥으로 반대쪽 손의 손등을 덮어 깍지를 낀 뒤 비벼 준다. 반대쪽 손도 같은 방법으로 시행한다.
> 4. 바닥과 손바닥을 맞대고 깍지를 낀 뒤 비벼 준다.
> 5. 손을 손가락이 맞물리게 잡은 뒤 손가락을 비벼 준다.
> 6. 한쪽 손으로 반대쪽 손의 엄지손가락을 잡은 뒤 돌려주며 문지른다. 반대쪽 손도 같은 방법으로 한다.
> 7. 손톱을 반대쪽 손의 손바닥에 대고 원을 그리며 문지른다. 반대쪽 손톱도 같은 방법으로 한다.
> 8. 흐르는 물에 손과 손톱 밑을 충분히 헹군다.
> 9. 마른수건이나 종이 타월로 물기를 제거하고 건조시킨다.

(2) 접촉에 의한 주요 인수 공통 전염병

1) 인수 공통 전염병

① 사람과 동물이 같은 병원체에 감염되고, 상호 전파 가능한 질병을 의미
② 반려동물 작업자는 동물과의 접촉으로 직접 노출되므로 이러한 전염병의 위험이 있음
③ 작업자는 동물의 털과 피부를 다루기 때문에 전염병의 매개체가 될 수 있음

2) 종류

광견병(rabies)	• 광견병 바이러스에 의해 발생하며 급성 바이러스성 뇌염을 일으키는 질병 • 광견병 예방 백신으로 예방되지만, 치명적이기 때문에 극히 드물게 발생함에도 주의가 필요함 • 주로 감염된 동물의 교상, 상처를 통해 전염되며 신속한 의료 처리가 필요함
백선증 (곰팡이성 피부 질환, ringworm)	• 곰팡이 감염으로 인한 피부 질환 • 곰팡이에 감염된 동물에 직접 접촉하거나 오염된 미용 기구, 목욕조 등의 접촉으로 감염됨
개선충 (옴진드기, sarcoptic mange)	• 대부분 동물과 직접 접촉하여 감염되는 피부 질환 • 개선충이 피부 표피에 굴을 파고 서식하므로 소양감이 매우 심함
회충, 지알디아, 캠필로박터, 살모넬라균, 대장균	• 동물의 배설물 등에 의해 옮겨지며, 주로 입으로 감염됨 • 사람과 동물에게 장염과 같은 소화기 질병을 일으킴

(3) 피부 소독제의 종류

알코올	• 주로 피부와 같은 조직을 소독하는 데 사용됨 • 사용 시 상처 부위에 접촉은 피하는 것이 좋음 • 60~80% 농도로 물에 희석하여 사용함 예 70%는 알코올 7부 + 물 3부 • 과용은 피부 자극을 일으킬 수 있으므로 주의가 필요함
클로르헥시딘	• 일상적인 손 소독과 상처 소독에 사용되는 광범위한 소독제 • 사용 시 세균을 급격히 감소시키지만, 알코올보다 효과가 천천히 나타남 • 사용 시 0.5% 농도로 희석하여 사용하고, 4% 이상은 피부 자극 가능성이 있음 • 동물에게는 귀와 눈에 독성을 나타내므로 사용을 피해야 함
과산화수소	• 도포 시 거품이 나며, 산화력이 강한 특징이 있어 호기성 세균 번식을 억제함 • 농도에 따라 피부 자극이 강할 수 있으므로 보통은 2.5~3%의 농도를 소독용으로 사용함
포비돈	• 넓은 범위의 살균력을 가지며, 주로 상처 및 수술 전 소독용으로 사용됨 • 알코올과 함께 사용하면 효과가 상승하며, 1~10%의 농도로 사용함
손 소독제	• 알코올, 과산화수소, 크레졸 등을 포함함 • 페놀 계열 성분인 크레졸은 동물에서 드물지만 독성이 보고되어 있어 사용을 권장하지 않음

(4) 작업복과 신발을 소독하는 방법

① 작업복과 신발은 동물의 배설물, 털 등의 오염물질이 쉽게 묻을 수 있으므로 소독이 필요함

② 먼저 세제를 사용하여 세정 작업을 진행하여 오염물질을 제거해야 함

③ 작업복과 신발의 소재에 따라 적절한 소독 방법을 선택해야 함

④ 열에 강한 소재의 경우 자연 소독이나 일광 소독을 하고, 열에 약한 재질이거나 소독 설비가 없는 경우에는 화학적 소독제를 사용함

안전위생관리 연습문제

01

작업장과 미용숍의 차이점 중 올바른 것은?

① 작업장은 용품 판매와 고객 상담을 위한 공간이며, 미용숍은 반려동물의 미용을 위한 전용 공간이다.
② 작업장은 미용을 위한 전용공간이며, 미용숍은 용품 전시 및 판매, 고객 상담, 반려동물이 대기하는 공간이다.
③ 작업장은 반려동물의 대기 공간이며, 미용숍은 반려동물의 미용을 위한 전용공간이다.
④ 작업장은 용품 전시 및 판매를 위한 공간이며, 미용숍은 반려동물의 털을 자르고 스타일링하는 공간이다.
⑤ 작업장은 반려동물의 털을 자르고 스타일링하는 공간이며, 미용숍은 반려동물의 건강 용품을 판매하는 공간이다.

02

작업장과 미용숍의 주요 용도에 대한 설명으로 옳지 <u>않은</u> 것은?

① 작업장은 미용을 위한 전용공간이며, 전문 미용사들이 작업하는 곳이다.
② 작업장과 미용숍은 모두 반려동물의 건강과 미용에 관련된 서비스를 제공하는 곳이다.
③ 작업장은 반려동물의 미용을 위한 전용 공간으로, 반려동물의 털을 자르고 스타일링하는 등의 작업을 수행한다.
④ 미용숍은 반려동물 용품을 전시하고 판매하는 장소이며, 고객 상담 및 반려동물이 대기하는 공간을 제공한다.
⑤ 미용숍은 반려동물의 털을 자르고 스타일링하는 공간으로, 전문 미용사가 작업을 수행한다.

03

다음 중 작업자의 안전 수칙으로 올바르지 <u>않은</u> 것은 무엇인가?

① 작업자는 주기적으로 시설과 도구를 점검해야 한다.
② 작업자는 음주와 흡연을 하면서 반려동물을 미용할 수 있다.
③ 작업자는 정해진 복장을 착용하여 안전을 보장해야 한다.
④ 작업자는 작업 환경을 항상 청결하게 유지해야 한다.
⑤ 작업 중에는 동물과 작업에만 집중해야 하며, 장난을 삼가야 한다.

04

미용 숍을 방문하는 고객에게 제공되어야 하는 안전교육의 내용으로 적절한 것은?

① 고객은 숍의 모든 도구를 사용할 수 있어야 한다.
② 고객은 미용숍의 청결을 유지할 책임이 있다.
③ 고객은 미용숍에서 자유롭게 음주와 흡연을 할 수 있다.
④ 고객은 숍 방문 시 반려동물을 미용할 수 있도록 훈련받아야 한다.
⑤ 고객은 미용 숍에서 장난을 삼가고 조심해야 한다.

05

다음 중 전기 안전 수칙에 관한 설명으로 올바르지 <u>않은</u> 것은 무엇인가?

① 전선의 피복이 벗겨졌을 때는 사용을 계속해도 된다.
② 전기 고장이 발견되면 즉시 상위자나 전기 기사에게 수리를 요청해야 한다.
③ 전선을 만지거나 물기가 있는 손으로 전기기구를 만지지 않아야 한다.
④ 전선의 피복이 벗겨진 경우 즉시 전원을 차단해야 한다.
⑤ 전기기구 사용 시 전원 플러그를 제대로 연결해야 한다.

06

다음 중 화재 안전 수칙에 대한 설명으로 적절한 것은?

① 소화기는 필요할 때만 점검하면 된다.
② 하수구에 유류를 버려도 문제가 없다.
③ 소화기의 비치 장소를 알고, 사용 방법을 숙지해야 한다.
④ 미용숍과 작업장에서 흡연이 허용된다.
⑤ 인화성 화학제품은 특별한 주의 없이 보관해도 된다.

07

반려동물 미용 작업 중 작업자에게 발생할 수 있는 주요 안전사고로 올바르지 <u>않은</u> 것은 무엇인가?

① 동물에 의한 교상   ② 전염성 질환
③ 미용 도구에 의한 상처   ④ 미용 도구에 의한 화상
⑤ 음식 중독

08

동물에 의한 교상이 발생했을 때 주의해야 할 사항으로 올바르지 <u>않은</u> 것은 무엇인가?

① 교상 발생 시 동물의 예방 접종 기록을 확인해야 한다.
② 교상이 발생하면 즉시 상처 부위를 소독하지 않고 방치해야 한다.
③ 교상으로 인해 화농균이나 세균에 의한 감염과 염증이 발생할 수 있다.
④ 광견병 의심 시 동물 병원이나 관련 기관에 신고해야 한다.
⑤ 교상 후 광견병이 있을 수 있으므로 약 1주일 동안 동물을 주의 깊게 관찰해야 한다.

09

동물에 의한 교상 후 주의해야 할 감염성 질환에 대한 설명으로 적절한 것은?

① 교상 후에는 일반적으로 파상풍 백신을 접종할 필요가 없다.
② 교상으로 인해 화농균이나 세균에 의한 감염과 염증이 발생할 수 있다.
③ 교상 후 광견병의 잠복 기간은 대개 수년이 걸린다.
④ 고양이 교상 후 만성적인 림프절 부종이 나타나지 않는다.
⑤ 광견병은 개의 타액을 통해 전염되며, 증상이 즉시 나타난다.

10

다음 중 미용도구에 의한 상처에 관한 설명으로 올바르지 <u>않은</u> 것은 무엇인가?

① 미용도구에 의한 상처는 동물의 돌발 행동으로 인해 발생할 수 있다.
② 미용도구에 의한 상처는 감염 여부에 따라 관리가 달라져야 한다.
③ 감염창과 비감염창으로 상처를 구분할 수 있다.
④ 상처가 감염되면 비감염창으로 분류된다.
⑤ 미용도구 상처는 주로 동물의 예측할 수 없는 상황에서 발생한다.

11

다음 중 미용도구에 의한 화상의 정도에 대한 설명으로 올바른 것은 무엇인가?

① 1도 화상은 피부의 전체 층에 손상이 있으며 통증이 없다.
② 2도 화상은 피부의 진피층까지 손상이 있으며, 종종 수포와 통증이 발생한다.
③ 3도 화상은 피부의 표피층에만 손상이 있으며, 발적이 나타난다.
④ 4도 화상은 피부의 진피층에만 손상이 있으며, 피부색이 변하고 통증이 없다.
⑤ 1도 화상은 피부의 표피층에만 손상이 있으며, 수포는 생기지 않고 발적과 통증이 나타난다.

12

반려동물 미용 중 발생할 수 있는 안전사고로 올바르지 <u>않은</u> 것은 무엇인가?

① 낙상은 높은 곳에서 떨어지거나 넘어져서 다칠 수 있다.
② 미용도구에 의한 상처는 미용도구의 사용이 적절하게 이루어지면 발생하지 않는다.
③ 화상은 헤어드라이어나 열기구 사용 중에 발생할 수 있다.
④ 도주는 보호자와 떨어져서 발생할 수 있으며 주의가 필요하다.
⑤ 감전은 전기선을 물거나 접촉했을 때 발생할 수 있다.

13

반려동물 미용 중 특별히 주의해야 할 요소로 적절한 것은?

① 반려동물에게 매일 목욕을 시키는 것
② 이물질의 섭취를 방지하기 위해 동물의 입에 막을 씌우는 것
③ 화상을 방지하기 위해 헤어드라이어나 열기구의 온도를 조절하는 것
④ 반려동물이 다른 동물에게 공격받지 않도록 적극적으로 개입하는 것
⑤ 미용도구를 사용하지 않고 오로지 손으로만 동물을 다루는 것

14

다음 중 작업장에서 발생할 수 있는 전기 관련 사고의 원인으로 올바르지 <u>않은</u> 것은 무엇인가?

① 전선의 합선
② 전기 기구의 절연 불량
③ 전류 과부하
④ 정전기 불꽃에 의한 전기 화재
⑤ 물이 새는 곳을 방치하는 것

15

작업장에서 누수가 발생했을 때 주의해야 할 사항으로 적절한 것은 무엇인가?

① 누수가 발생한 지역은 전기 기구와의 접촉을 피해야 한다.
② 누수는 대부분의 경우 해로운 영향을 미치지 않으므로 무시해도 좋다.
③ 누수가 있더라도 전기 기구의 사용을 계속할 수 있다.
④ 누수가 감전 사고를 유발할 가능성이 없다.
⑤ 누수 지역에 추가적인 물을 붓는 것이 해결책이 될 수 있다.

16

다음 중 심폐소생술의 기본 절차 설명으로 올바르지 **않은** 것은 무엇인가?

① 의식 및 호흡, 심장박동을 확인한다.
② 심폐소생술을 시행 후 동물병원으로 이동해야 한다.
③ 인공호흡은 4초에 한 번씩 시행한다.
④ 가슴 압박을 실시한다.
⑤ 기도를 확보한 후에는 복부 위쪽에 강하게 압박한다.

17

응급상황에서 올바르게 동물을 구조하는 방법으로 적절한 것은 무엇인가?

① 이물질을 섭취하여 호흡 곤란 시 앞다리를 높이 들어 흔들어 이물질을 제거한다.
② 이물질을 섭취한 동물에게 추가적으로 음식을 주어 자연 배출을 돕는다.
③ 호흡이 멈췄을 때는 동물이 스스로 호흡을 회복할 때까지 기다린다.
④ 호흡이 멈췄을 때 즉시 심폐소생술을 시작한다.
⑤ 이물질 섭취로 호흡 곤란을 겪는 동물에게 입을 벌려 억지로 손을 넣어 이물질을 제거한다.

18

다음 중 안전문에 대한 설명으로 올바른 것은 무엇인가?

① 안전문은 가벼운 구조로 제작되어야 한다.
② 안전문의 잠금 장치는 동물이 열 수 있는 방식이어야 한다.
③ 문 주변에 이중 안전문 설치는 불필요하다.
④ 대기하는 동물의 크기에 맞추어 안전문을 충분히 높게 사용해야 한다.
⑤ 안전문은 항상 열린 상태로 유지되어야 한다.

19

울타리 관리에 있어서 중요한 지침은 무엇인가?

① 모든 동물을 같은 공간에 함께 유지한다.
② 울타리는 낮고 약하게 제작되어야 한다.
③ 어린 동물과 노령 동물을 함께 유지하는 것이 좋다.
④ 울타리는 충분히 높고, 튼튼하며 촘촘해야 한다.
⑤ 동물을 구분 없이 무작위로 분리한다.

20

이동장 사용 시 고려해야 할 사항으로 적절하지 <u>않은</u> 것은?

① 예민하고 공격적인 동물은 이동장에서 대기하게 한다.
② 다른 동물이 사용한 이동장을 재사용한다.
③ 동물에게 익숙한 개인의 이동장을 사용하도록 한다.
④ 이동장을 사용함으로써 동물에게 심리적 안정감을 제공한다.
⑤ 고양이는 특히 이동장에서 대기하게 하는 것이 좋다.

21

다음 중 케이지 사용에 대한 올바른 지침은?

① 케이지는 위생을 신경 쓸 필요가 없다.
② 호흡기, 소화기 증상이나 피부병이 있는 동물은 별도로 대기시킨다.
③ 공격적인 성향의 동물은 케이지 사용을 피한다.
④ 케이지의 크기는 상관 없이 한 가지로 통일한다.
⑤ 모든 동물을 하나의 케이지에 함께 넣는다.

22

테이블 고정 암(arm) 사용에 대한 설명으로 올바른 것은?

① 동물이 혼자 대기하는 용도로 사용해도 된다.
② 테이블 고정 암은 미용 작업 중 동물을 움직이지 못하게 고정시키기 위해 사용된다.
③ 허리와 배를 지지할 수 없는 모델이 더 바람직하다.
④ 하니스는 동물을 조이도록 매우 타이트하게 조절해야 한다.
⑤ 고정 암은 동물이 편안하게 서 있지 못하게 해야 한다.

23

테이블 고정 암을 선택할 때 고려해야 할 사항은 무엇인가?

① 가격이 가장 저렴한 모델 선택
② 동물의 허리와 배를 지지할 수 있는 기능이 있는 모델
③ 가장 가벼운 모델 선택
④ 복잡한 조립이 필요한 모델
⑤ 최대한 작은 크기의 모델

24

하니스 조절 시 주의해야 할 사항은 무엇인가?

① 하니스를 가능한 한 타이트하게 조절
② 하니스에 손가락 네 개가 들어갈 수 있도록 조절
③ 하니스에 손가락 두 개가 들어갈 정도의 여유를 두고 조절
④ 하니스를 사용하지 않는 것이 좋음
⑤ 하니스는 동물을 조이지 않으면서 손가락 몇 개가 들어갈 수 있을 정도의 여유를 두고 조절

25

테이블 바닥재 선택 시 주의해야 할 사항은 무엇인가?

① 가능한 한 미끄러운 소재 선택
② 색상이 밝은 소재 선택
③ 미끄럽지 않은 소재를 선택하거나 깔개 사용
④ 바닥재의 두께에 관계없이 선택
⑤ 가능한 한 얇은 바닥재 선택

26

물림 방지를 위한 안전 장비 중 틀린 설명은?

① 엘리자베스 칼라와 입마개가 있다.
② 입마개는 동물에게는 억압된 상태이다.
③ 입마개는 지나치게 헥헥대는 동물에게 부적합하다.
④ 더운 환경이나 장시간 입마개 착용은 권장된다.
⑤ 엘리자베스 칼라 사용을 대안으로 권장한다.

27

입마개 사용 시 주의해야 할 사항으로 적절한 것은?

① 입마개는 동물의 행동을 개선하기 위해 사용된다.
② 더운 환경에서 장시간 입마개를 착용해야 한다.
③ 입마개는 모든 상황에서 안전하게 사용할 수 있다.
④ 엘리자베스 칼라는 물림 방지에 대한 유일한 방법이다.
⑤ 더운 환경이나 지나치게 헥헥대는 동물에게는 입마개 사용을 피해야 한다.

28

다음 중 대기 장소의 안전장비에 대해 올바르지 <u>않은</u> 설명은?

① 안전문은 동물의 체구를 고려하여 선택해야 한다.
② 동물의 털 때문에 실제 체구가 더 크게 보일 수 있으므로 겉모습만으로 판단하지 않아야 한다.
③ 모든 동물을 동일한 크기의 울타리에 보관하는 것이 좋다.
④ 울타리와 이동장은 동물의 안전을 위해 적절히 구성되어야 한다.
⑤ 안전문은 항상 닫힌 상태로 유지되어야 한다.

29

작업장과 대기 장소의 청결 상태를 유지하는 이유는 무엇인가?

① 동물의 스트레스를 줄이기 위해서
② 작업 환경의 아름다움을 유지하기 위해서
③ 동물과 직원의 건강을 보호하기 위해서
④ 작업 효율성을 향상시키기 위해서
⑤ 손님들의 만족도를 높이기 위해서

30

작업 테이블의 청결 상태를 유지하기 위해 가장 중요한 조치는 무엇인가?

① 테이블 위에 동물의 배설물을 두지 않는 것이다.
② 미용 도구를 테이블에 안전하게 정리하는 것이다.
③ 테이블을 수시로 점검하여 이물질을 제거하는 것이다.
④ 테이블 위에 항상 손님을 위한 깨끗한 수건을 깔아두는 것이다.
⑤ 작업 테이블을 매일매일 깨끗하게 소독하는 것이다.

31

케이지의 청결 상태를 유지하기 위한 중요사항이 <u>아닌</u> 것은?

① 케이지를 세척, 소독하여 위생 상태를 유지해야 한다.
② 케이지 안에 동물이 대기할 동안 패드를 깔아준다.
③ 동물이 대기할 때 케이지 안에 향수를 뿌려주는 것이다.
④ 동물 퇴실 후 케이지의 바닥과 옆면을 청소하고 소독하는 것이다.
⑤ 케이지 안의 배설물을 수시로 점검하여 패드를 즉시 교체해야 한다.

32

울타리와 안전문의 청결 상태를 유지하는 이유는 무엇인가?

① 작업 환경의 청결함을 유지하기 위해서
② 동물의 스트레스를 줄이기 위해서
③ 작업 장소의 이미지를 개선하기 위해서
④ 작업 효율성을 향상시키기 위해서
⑤ 동물의 건강을 보호하고 질병 전파를 방지하기 위해서

33

작업장과 대기 장소의 청결 상태를 점검할 때, 다음 중 해당하지 <u>않는</u> 항목은?

① 바닥의 청결 상태 　　　　　　　　 ② 작업 테이블의 청결 상태
③ 천장의 청결 상태 　　　　　　　　 ④ 케이지의 청결 상태
⑤ 울타리와 안전문의 청결 상태

34

미용도구의 소독 상태 점검에 대한 설명이 올바르지 <u>않은</u> 것은 무엇인가?

① 피부 질환이 있는 동물을 미용할 때는 특히 도구의 소독을 철저히 해야 한다.
② 미용도구는 재질에 따라 소독 방법을 선택해야 한다.
③ 미용도구는 한 번 사용한 후에는 소독할 필요가 없다.
④ 미용 도구는 동물의 피부에 직접 닿기 때문에 위생 유지가 중요하다.
⑤ 미용도구 소독 시 이물질이 있을 경우는 깨끗이 제거한 후 소독해야 한다.

35

미용도구의 위생 유지가 중요한 이유는 무엇인가?

① 도구를 더 오래 사용할 수 있게 해준다. 　　 ② 도구의 색상을 보존한다.
③ 도구가 더 밝게 보인다. 　　　　　　　　　 ④ 도구 사용으로 인한 피부 감염을 예방할 수 있다.
⑤ 도구의 무게가 줄어든다.

36

소독에 관한 설명으로 올바른 것은 무엇인가?

① 소독은 모든 유형의 미생물을 제거한다.
② 소독은 대부분의 유해 미생물을 파괴하거나 불활성화한다.
③ 소독은 모든 비병원성 미생물을 파괴한다.
④ 소독은 의료 분야에서 사용되지 않는다.
⑤ 소독은 오직 바이러스만을 대상으로 한다.

37

멸균의 목적과 적용 분야에 대한 설명으로 적절한 것은 무엇인가?

① 멸균은 주로 식품의 맛을 향상시키기 위해 사용된다.
② 멸균은 모든 미생물을 제거하고 주로 수술도구에 사용된다.
③ 멸균은 오직 아포를 제거하는 데 사용된다.
④ 멸균은 의약품 보관에 사용되지 않는다.
⑤ 멸균은 미생물을 부분적으로 제거하는 데에만 사용된다.

38

소독과 멸균의 차이점에 대한 설명으로 올바른 것은 무엇인가?

① 소독은 멸균보다 더 많은 미생물을 제거한다.
② 멸균은 소독과 달리 비병원성 미생물을 제거한다.
③ 소독은 모든 미생물을 제거하는 반면, 멸균은 일부만 제거한다.
④ 소독은 일반적인 오염 제거에 사용되며, 멸균은 모든 미생물을 사멸시킨다.
⑤ 멸균은 주로 미생물의 활성을 증가시키는 데 사용된다.

39

화학적 소독에 관한 설명으로 올바른 것은 무엇인가?

① 화학적 소독은 아포를 포함한 모든 미생물을 사멸시킨다.
② 화학적 소독은 주로 금속 날을 닦는 데 사용된다.
③ 동물에게 해를 끼치지 않는 안전한 소독제의 선택이 중요하다.
④ 화학적 소독은 소독 대상에 변화를 주지 않는다.
⑤ 화학적 소독은 두꺼운 물체의 내부까지 소독할 수 있다.

40

자비 소독에 대한 설명으로 부적절한 것은 무엇인가?

① 100℃의 끓는 물을 사용하여 소독한다.
② 아포와 일부 바이러스도 사멸시킬 수 있다.
③ 의류, 금속, 유리 제품에 적합하다.
④ 금속은 녹을 방지하기 위해 탄산나트륨을 추가할 수 있다.
⑤ 유리 제품은 끓기 시작할 때 넣고 10~20분간 두어야 한다.

41

일광 소독의 특징으로 적당하지 않는 것은?

① 두께가 두꺼운 물체라도 내부까지 소독이 잘 된다.
② 직사광선에 노출시켜 소독하는 방법이다.
③ 소독 효과가 계절, 기후, 환경에 따라 일정하지 않다.
④ 소독은 맑은 날 충분히 노출시키는 것이 좋다.
⑤ 작업장에서 사용하는 수건, 의류의 소독에 특히 적합하다.

42

자외선 소독의 특징으로 올바르지 않은 것은?

① 균에 내성이 생길 수 있다는 단점이 있다.
② 2,500~2,650Å의 자외선을 조사하여 멸균하는 방법이다.
③ 소독 대상을 자외선 소독기에 넣고, 거리에 따라 적정 시간 노출시킨다.
④ 자외선을 사용하여 미생물을 파괴한다.
⑤ 소독 대상에 변화를 주지 않는다.

43

고압증기 멸균법의 특징으로 적절하지 않은 것은?

① 습열에 약한 대상에도 사용 가능하다.
② 아포를 포함한 모든 미생물을 사멸시키는 것을 말한다.
③ 소독 대상을 물기가 없이 닦아줘야 한다.
④ 포화된 고압 증기 형태의 습열을 이용한다.
⑤ 금속날은 무뎌질 수 있다.

44

소독과 멸균 방법 중, 가장 간단하고 저렴한 방법은 무엇인가?

① 화학적 소독   ② 자비 소독
③ 일광 소독   ④ 자외선 소독
⑤ 고압증기 멸균법

3편

45

멸균과 소독의 주된 차이점은 무엇인가?

① 멸균은 모든 미생물을 사멸시키고 소독은 그렇지 않다.
② 소독은 모든 미생물을 사멸시키고 멸균은 그렇지 않다.
③ 멸균은 주로 식품에 사용되고 소독은 의료 분야에 사용된다.
④ 소독은 물리적 방법만 사용되고 멸균은 화학적 방법만 사용된다.
⑤ 멸균은 저렴하고 소독은 비용이 많이 든다.

46

다음 중 소독 방법에 관한 설명으로 올바르지 않은 것은 무엇인가?

① 화학적 소독은 화학제품을 사용하여 미생물을 파괴하거나 불활성화한다.
② 자비 소독은 끓는 물을 이용하여 모든 종류의 미생물을 완벽하게 제거한다.
③ 일광 소독은 자연광을 이용하여 미생물을 불활성화하는 방법이다.
④ 자외선 소독은 특정 파장의 자외선을 사용하여 미생물을 파괴한다.
⑤ 증기 소독은 증기를 이용하여 미생물을 사멸시키는 방법으로, 고압증기를 사용한다.

47

계면 활성제의 사용 시 고려해야 할 사항으로 올바른 것은?

① 모든 세균과 바이러스에 효과적이다.
② 제품 설명서에 명시된 희석 배율로 사용해야 한다.
③ 주로 아포에 효과적이다.
④ 사용 후에 헹굴 필요가 없다.
⑤ 분무하지 않고 사용해야 한다.

48

과산화물 소독제의 특징으로 부적절한 것은?

① 사용 후 산소와 물로 분해되어 잔류물이 남지 않는다.
② 자극성과 부식성이 있다.
③ 아포에 매우 효과적이다.
④ 2.5~3.5%의 농도로 사용된다.
⑤ 과산화수소와 과산화초산을 포함한다.

49

알코올 소독제의 특징으로 적절하지 않은 것은?

① 주로 에탄올을 사용한다.
② 아포에 매우 효과적이다.
③ 플라스틱에 손상을 줄 수 있다.
④ 가격이 비싸다.
⑤ 손이나 피부 및 미용 기구 소독에 가장 적합하다.

50

차아염소산나트륨 소독제의 특징으로 적절하지 않은 것은?

① 락스의 구성 성분이며, 넓은 범위의 살균력을 가지고 있다.
② 희석하지 않고 원액을 쓰는 것이 소독 효과를 높일 수 있다.
③ 파보, 코로나바이러스, 살모넬라균 등을 불활성화시킬 수 있다.
④ 기구 소독, 바닥 청소, 세탁, 식기 세척 등 다양한 용도로 쓰인다.
⑤ 염소가스가 발생하기 때문에 환기에 특히 신경을 써야 한다.

51

페놀류 소독제의 특징 중 정확한 것은?

① 바이러스와 아포에 효과적이다.   ② 고온일수록 소독 효과가 크다.
③ 고양이에게 안전하다.   ④ 금속 부식을 일으키지 않는다.
⑤ 유기물의 존재가 소독력을 증가시킨다.

52

크레졸 사용 시 주의해야 할 사항으로 적절한 것은 무엇인가?

① 냄새가 약하므로 주의가 필요하지 않다.
② 원액 사용 시 피부에 안전하다.
③ 물에 잘 녹아 사용이 간편하다.
④ 금속을 부식시키지 않는다.
⑤ 소독 효과가 페놀류보다 3~4배 더 우수하다.

53

계면 활성제 소독제에 대한 설명으로 <u>부적절한</u> 것은?

① 물과 기름에 잘 녹는다.   ② 음이온과 양이온 계면 활성제가 있다.
③ 모든 종류의 미생물에 효과적이다.   ④ 일부 균에는 효과가 없다.
⑤ 사용 전 희석이 필요하다.

54

화학적 소독제의 종류와 그 특성에 관한 설명으로 올바른 것은 무엇인가?

① 알코올은 주로 물과 50%로 희석하여 사용하며, 모든 종류의 미생물에 효과적이다.
② 차아염소산나트륨은 금속 부식을 일으키지 않으며, 빛과 열에 노출되어도 안정적이다.
③ 페놀류는 바이러스와 아포에 매우 효과적이며, 고양이에게 사용해도 안전하다.
④ 과산화물 소독제는 사용 후 산소와 물로 분해되어 잔류물이 남지 않으며, 자극성과 부식성이 있다.
⑤ 계면 활성제는 모든 종류의 미생물을 완벽하게 제거하며, 소독 시 희석하지 않고 직접 사용한다.

55

화학적 소독제의 종류에 대한 설명 중 정확한 것은 무엇인가?

① 크레졸은 물에 잘 녹으며, 원액 사용 시 피부에 안전하다.
② 페놀류 소독제는 고양이에게 독성을 나타내지 않으며, 바이러스에 효과적이다.
③ 차아염소산나트륨은 주로 실내 장식품 소독에 사용되며, 금속 부식을 일으키지 않는다.
④ 계면 활성제는 양이온과 음이온 타입이 있으며, 특정 균에는 효과가 없을 수 있다.
⑤ 알코올 소독제는 모든 종류의 플라스틱에 사용해도 안전하며, 아포에 매우 효과적이다.

56

진공청소기 사용 시 고려해야 할 사항으로 적절한 것은 무엇인가?

① 소음이 많은 제품을 사용하여 청소 시간을 단축한다.
② 동물이 없는 시간에 사용하는 것이 좋다.
③ 항상 동물 가까이에서 사용하여 효과적으로 청소한다.
④ 소음과 상관없이 언제든지 사용한다.
⑤ 넓은 공간에서 주로 사용한다.

57

핸디 청소기의 적합한 사용 용도는 무엇인가?

① 넓은 공간 청소
② 미용 테이블의 털 제거나 가구 위의 먼지 청소
③ 바닥 청소
④ 무거운 가구 이동
⑤ 동물의 미용

58

청소 도구 사용 시 먼지떨이의 올바른 사용법은 무엇인가?

① 낮은 곳에서 높은 곳으로 먼지를 제거한다.
② 창문을 닫고 사용한다.
③ 환기가 필요 없다.
④ 청소기 사용 후 먼지떨이를 사용한다.
⑤ 높은 곳에서 낮은 곳으로 먼지를 제거한다.

59

청소 및 소독의 순서에 관한 설명으로 올바른 것은 무엇인가?

① 가장 깨끗한 곳에서 시작하여 가장 더러운 곳에서 끝낸다.
② 가장 더러운 곳에서 시작하여 가장 깨끗한 곳에서 끝낸다.
③ 오염물질의 위치와 관계없이 청소한다.
④ 소독은 청소 후에 하지 않아도 된다.
⑤ 항상 바깥쪽에서 안쪽으로 청소한다.

60

동물의 배설물이 바닥에 있을 경우 취해야 할 조치는 무엇인가?

① 즉시 제거하고 부분적으로 청소 및 소독한다.
② 일정 시간 후에 제거한다.
③ 배설물을 그대로 두고 주변만 청소한다.
④ 배설물 주변의 청소는 주기적으로 한다.
⑤ 배설물을 무시하고 전체적으로 청소한다.

61

올바른 청소 방법에 대한 설명으로 적합한 것은 무엇인가?

① 동물이 있는 시간에 소음이 큰 진공청소기를 사용하여 빠르게 청소한다.
② 청소는 항상 가장 더러운 곳에서 시작하여 깨끗한 곳으로 진행한다.
③ 동물의 배설물이 바닥에 있으면 즉시 제거하고 해당 부분을 청소 및 소독한다.
④ 걸레는 한 장으로 빨면서 쓰도록 한다.
⑤ 먼지떨이를 사용할 때는 창문을 닫고 높은 곳에서 낮은 곳으로 먼지를 털어낸다.

62

작업자의 손과 손톱 관리에 대한 설명으로 옳지 않은 것은?

① 손톱 아래에 이물질이 끼여 세균 번식 가능성이 있으므로 짧고 청결하게 유지해야 한다.
② 작업자는 손과 손톱의 위생에 신경을 써야 한다.
③ 반려동물 미용에서는 손과 손톱의 위생이 중요하지 않다.
④ 작업자는 자신을 보호하고 전염병 전파를 막기 위해 손과 손톱의 위생에 신경 써야 한다.
⑤ 손톱이 길면 세균이 증식하여 안전에 문제가 생긴다.

63

작업자의 입냄새 관리에 대한 설명 중 옳은 것은?

① 작업자는 강한 냄새를 피하고, 특히 화장품, 향수, 담배의 사용을 자제해야 한다.
② 작업자의 입냄새는 동물의 반응을 고려할 필요가 없다.
③ 작업자는 입냄새 관리를 무시해도 된다.
④ 작업자는 입냄새 관리보다는 작업의 효율에 집중해야 한다.
⑤ 입냄새가 강하면 동물의 건강에 영향을 미칠 수 있다.

64

작업자의 헤어 관리에 대한 설명 중 옳은 것은?

① 작업자의 헤어스타일에는 특별한 제한이 없다.
② 헤어는 항상 더러워도 상관없다.
③ 머리카락이 동물에게 물리거나 안전사고를 유발할 수 있으므로 뒤로 단정하게 묶는 것이 좋다.
④ 작업자의 헤어는 항상 자유롭게 내려둬도 된다.
⑤ 작업자의 헤어에 큰 장신구를 달아 반려동물에게 관심을 유도한다.

65

작업자의 장신구 관리에 대한 설명 중 옳은 것은?

① 작업 중에는 목걸이, 귀걸이, 팔찌 등과 같이 과도하게 늘어지는 장신구를 착용하는 것이 안전하다.
② 작업자의 장신구는 어떠한 종류도 착용할 수 있다.
③ 작업 중에는 장신구를 착용하지 않는 것이 안전을 위해 좋다.
④ 작업 중에는 장신구를 착용하더라도 안전에는 문제가 없다.
⑤ 작업 중에는 작은 귀걸이 정도는 착용해도 된다.

66

작업복과 신발 관리에 대한 설명 중 옳지 않은 것은?

① 작업 중 동물 오염물질에 노출될 수 있으므로 작업복과 신발은 따로 준비하고, 오염이 적은 소재를 선택한다.
② 작업복은 긴 형태의 상하의를 선택하여 신체를 보호한다.
③ 신발은 발을 완전히 감싸는 형태로 안전사고에 대비한다.
④ 신발은 피로를 줄일 수 있는 굽이 높은 디자인을 선택한다.
⑤ 작업복과 신발은 오염이 적은 소재를 선택해도 노출될 가능성이 있으므로 주의해야 한다.

67

작업자의 위생관리 점검 항목 중에서 반려동물 미용 작업자가 신경 써야 하는 부분으로 적절하지 않은 것은?

① 작업자의 헤어스타일에 특별한 제한은 없으나, 머리카락이 동물에게 물리거나 안전사고를 유발할 수 있으므로 뒤로 단정하게 묶는 것이 좋다.
② 작업 중에는 목걸이, 귀걸이, 팔찌 등과 같이 과도하게 늘어지는 장신구를 착용하지 않는 것이 안전을 위해 좋다.
③ 작업자의 손과 손톱의 위생에 신경을 써야 한다.
④ 작업자의 몸에 은은한 향수를 뿌려 동물이 기분 좋게 해야 한다.
⑤ 작업 중 동물 오염물질에 노출될 수 있으므로 작업복과 신발은 따로 준비하고, 오염이 적은 소재를 선택한다.

68

작업자의 위생 관리 점검 항목 중에서 동물의 보호자와 대면할 때 신경 써야 할 사항은 무엇인가?

① 손과 손톱의 위생에 신경을 써야 한다.
② 강한 냄새를 피하고 화장품, 향수, 담배의 사용을 자제해야 한다.
③ 작업자의 헤어스타일은 특별한 제한이 없으나, 머리카락이 동물에게 물리거나 안전사고를 유발할 수 있으므로 뒤로 단정하게 묶는 것이 좋다.
④ 작업 중에는 목걸이, 귀걸이, 팔찌 등과 같이 과도하게 늘어지는 장신구를 착용하는 것이 안전하다.
⑤ 작업 중 동물 오염물질에 노출될 수 있으므로 작업복과 신발은 따로 준비하고, 오염이 적은 소재를 선택해야 한다.

69

작업자의 작업복과 신발에 대한 설명으로 적절하지 않은 것은?

① 작업장에만 착용할 작업복과 신발은 따로 준비한다.
② 신발은 발을 완전히 감싸는 형태를 선택한다.
③ 작업복은 긴 형태의 상하의를 선택한다.
④ 신발은 굽이 높은 디자인을 선택한다.
⑤ 오염이 덜 되는 소재로 선택한다.

70

작업자의 위생 관리 점검 항목 중에서 화학적 소독제를 사용할 때 주의해야 할 사항으로 올바르지 <u>않은</u> 것은?

① 희석한 소독제는 장기간 보관하지 않는다.
② 부식이나 열화 등의 피해를 줄 수 있으므로 주의해야 한다.
③ 고무장갑, 마스크, 긴팔 옷을 입고 작업하는 것이 좋다.
④ 제시된 용법과 용량을 따라야 한다.
⑤ 여러 소독제를 섞어서 사용하면 살균력을 높일 수 있다.

71

위생적인 손 씻기 9단계에서 첫 번째 단계에서 이루어지는 행동은 무엇인가?

① 손바닥과 손바닥을 맞대고 깍지를 낀 뒤 비벼 준다.
② 흐르는 물에 손을 헹구고 충분히 적신 뒤, 충분한 양의 비누를 묻힌다.
③ 한쪽 손으로 반대쪽 손의 엄지손가락을 잡은 뒤 돌려주며 문지른다. 반대쪽 손도 같은 방법으로 한다.
④ 손바닥과 손바닥을 맞대고 여러 번 비벼 준다.
⑤ 양손을 손가락이 맞물리게 잡은 뒤 손가락을 비벼 준다.

72

인수 공통 전염병의 정의에 대한 설명으로 올바른 것은 무엇인가?

① 인수 공통 전염병은 오직 사람만이 감염되는 질병이다.
② 사람과 동물 사이에 전파가 불가능한 질병을 의미한다.
③ 사람과 동물이 같은 병원체에 감염되고, 상호 전파 가능한 질병을 의미한다.
④ 인수 공통 전염병은 주로 식물을 매개로 전파된다.
⑤ 인수 공통 전염병은 동물에게만 영향을 미치는 질병이다.

73

광견병 전파 방식에 대한 설명으로 적절한 것은 무엇인가?

① 오로지 공기 중의 바이러스를 통해 전파된다.
② 감염된 동물의 교상이나 상처를 통해 전염된다.
③ 주로 식수를 통해 전파된다.
④ 동물의 털을 만지면 자동으로 감염된다.
⑤ 감염된 동물과의 시각적 접촉을 통해 전파된다.

74

백선증 감염의 원인으로 가장 정확한 것은 무엇인가?

① 오직 동물과의 직접적인 접촉만으로 감염된다.
② 공기 중 바이러스에 노출되어 감염된다.
③ 오염된 미용기구, 목욕조 등에 접촉하여 감염된다.
④ 깨끗한 물을 마시면서 감염된다.
⑤ 오로지 식품을 통해 감염된다.

75

개선충의 주요 증상에 대한 설명으로 적절한 것은 무엇인가?

① 주로 호흡기 질환을 유발한다.
② 피부 표피에 굴을 파고 서식하며 소양감이 심하다.
③ 주로 소화기 질환만을 일으킨다.
④ 오직 시각적 증상만 나타난다.
⑤ 동물과의 접촉 없이도 자주 발병한다.

76

동물의 배설물을 통해 전염될 수 있는 질병에 대한 설명으로 적절한 것은 무엇인가?

① 주로 광견병을 전파한다.
② 회충, 지알디아, 캠필로박터, 살모넬라균, 대장균 등이 옮겨질 수 있다.
③ 심장 질환을 유발한다.
④ 주로 피부 질환만을 일으킨다.
⑤ 오직 골격계 질환을 일으킨다.

77

인수 공통 전염병 중 하나로 적절하지 <u>않은</u> 것은 무엇인가?

① 광견병   ② 백선증
③ 개선충   ④ 고혈압
⑤ 살모넬라균

78

피부 소독제 종류 중 알코올에 관한 설명으로 적절하지 <u>않은</u> 것은?

① 60~80%의 농도로 사용한다.
② 피부와 같이 살아 있는 조직을 소독하는 데 주로 사용한다.
③ 상처 부위에 직접 접촉하여 사용한다.
④ 물에 희석하여 사용을 한다.
⑤ 점막에 닿으면 자극적일 수 있다.

79

클로르헥시딘의 사용 방법에 대한 설명으로 올바른 것은?

① 알코올과 동일한 속도로 세균 감소 효과가 나타난다.
② 물이나 생리 식염수에 희석하지 않고 사용한다.
③ 0.5%의 농도로 물이나 생리식염수에 희석하여 사용한다.
④ 주로 동물의 귀와 눈 소독에 사용된다.
⑤ 10% 농도로 사용하여야 효과가 있다

80

클로르헥시딘 소독제의 특징으로 적절하지 <u>않은</u> 것은?

① 손 소독과 상처 소독에 모두 사용이 가능한 광범위 소독제이다.
② 0.5%의 농도가 되도록 물, 생리 식염수에 희석하여 사용한다.
③ 알코올보다는 소독 효과가 빨리 나타나는 편이다.
④ 동물의 귀와 눈에 독성이 나타날 수 있다.
⑤ 세균이 급격히 감소하는 효과를 나타낸다.

81

과산화수소 소독제의 특징 중 올바르지 <u>않은</u> 것은 무엇인가?

① 도포 시 거품이 발생하며 산화력이 강하다.
② 2.5~3% 농도로 사용 시 피부 자극이 없다.
③ 호기성 세균의 번식을 억제한다.
④ 피부에 직접 도포할 경우 농도에 상관없이 안전하다.
⑤ 주로 상처 및 수술 전 소독에 사용된다.

82

포비돈 소독제의 사용법에 대한 설명 중 정확한 것은 무엇인가?

① 포비돈은 호흡기 질환의 치료에 주로 사용된다.
② 알코올과 함께 사용할 경우 효과가 감소한다.
③ 포비돈은 1~10%의 농도로 사용되며, 상처 및 수술 전 소독에 적합하다.
④ 포비돈은 주로 50% 농도로 희석하여 사용된다.
⑤ 포비돈은 소독 목적이 아닌 일반 청소에 주로 사용된다.

3과목

83

다음 〈보기〉는 어떤 피부 소독제에 대한 설명인가?

---| 보기 |---

• 알코올, 과산화수소, 크레졸 등을 포함한다.
• 페놀 계열 성분인 크레졸은 동물에서 드물지만 독성이 보고되어 있어 사용을 권장하지 않는다.

① 로르헥시딘   ② 손 소독제
③ 멸균생리식염수   ④ 포비돈
⑤ 클로르헥시딘

84

다음 중 피부 소독제의 올바른 사용법과 특성을 설명한 것은 무엇인가?

① 알코올은 피부 자극 없이 어떤 농도에서든 사용할 수 있다.
② 클로르헥시딘은 주로 손 소독과 상처 소독에 사용되며, 0.5% 농도로 희석하여 사용한다.
③ 로르헥시딘은 모든 농도에서 피부 자극이 없으며 동물의 귀와 눈 소독에 안전하게 사용할 수 있다.
④ 과산화수소는 피부에 직접 도포할 경우 농도에 상관없이 안전하다.
⑤ 포비돈은 주로 호흡기 질환의 치료에 사용되며, 희석 없이 사용할 수 있다.

85

작업복과 신발을 소독하는 올바른 순서와 방법에 대한 설명으로 적절한 것은 무엇인가?

① 작업복과 신발에 소독제를 뿌린 후 세제를 사용하여 세정한다.
② 소독 설비가 있는 경우에만 작업복과 신발을 세정한다.
③ 먼저 세제를 사용하여 오염물질을 제거한 후 적절한 소독 방법을 선택한다.
④ 모든 작업복과 신발은 무조건 고온에서 소독해야 한다.
⑤ 소독 후 바로 착용하여야 한다.

86

작업복과 신발 소독에 대한 설명 중 올바르지 <u>않은</u> 것은 무엇인가?

① 열에 강한 소재는 자연 소독이나 일광 소독을 할 수 있다.
② 모든 작업복과 신발은 같은 방식으로 소독해야 한다.
③ 열에 약한 재질은 화학적 소독제를 사용할 수 있다.
④ 소독 전 세제로 세정하여 오염물질을 제거하는 것이 좋다.
⑤ 오염물질에 노출되어 있기 때문에 질병이 전파되지 않도록 수시로 점검한다.

01	②	02	⑤	03	②	04	⑤	05	①	06	③	07	⑤	08	②	09	②	10	④
11	⑤	12	②	13	③	14	⑤	15	①	16	⑤	17	④	18	④	19	④	20	②
21	②	22	②	23	②	24	⑤	25	③	26	④	27	⑤	28	③	29	③	30	③
31	③	32	⑤	33	③	34	③	35	④	36	②	37	②	38	④	39	③	40	②
41	①	42	①	43	①	44	④	45	①	46	②	47	②	48	③	49	③	50	②
51	②	52	⑤	53	③	54	④	55	④	56	②	57	②	58	③	59	①	60	①
61	③	62	③	63	①	64	③	65	③	66	④	67	④	68	②	69	④	70	⑤
71	②	72	③	73	②	74	③	75	②	76	②	77	④	78	③	79	③	80	③
81	④	82	③	83	②	84	②	85	③	86	②										

01

작업장은 미용사들이 반려동물의 털을 자르고 스타일링하는 등의 작업을 수행하는 전용공간이며, 미용숍은 반려동물 용품을 전시하고 판매하며 고객 상담 및 반려동물이 대기하는 공간을 제공하는 장소이다.

02

작업장은 미용을 위한 전용공간으로, 전문 미용사들이 반려동물의 털을 자르고 스타일링하는 등의 작업을 수행한다. 반면에 미용숍은 반려동물 용품을 전시하고 판매하는 장소이며, 고객 상담 및 반려동물이 대기하는 공간이다.

03

작업자는 반려동물 미용 시 음주와 흡연을 엄격히 금지해야 한다.

04

미용숍을 방문하는 고객에게는 사전에 안전교육을 제공하여 사고를 예방해야 한다. 이 교육에는 고객이 숍에서 조심해야 할 행동에 대한 지침이 포함되어야 하며, 장난을 삼가는 것이 중요한 내용이다.

05

전선의 피복이 벗겨진 경우, 전기 충격의 위험이 있으므로 즉시 전원을 차단하고 사용을 중지해야 한다.

06

화재 발생 시 신속한 대응을 위해 소화기의 비치 장소와 사용 방법을 알고 있어야 한다. 이는 화재 시 초기 대응을 가능하게 하며 사고의 피해를 최소화하는 데 중요하다.

07

반려동물 미용 작업 중 발생할 수 있는 주요 안전사고는 동물에 의한 교상, 전염성 질환, 미용 도구에 의한 상처, 그리고 화상 등이 있다. 음식 중독은 주로 식품 섭취와 관련된 문제로, 반려동물 미용 작업과는 직접적인 관련이 없다.

08

교상이 발생한 경우, 즉시 상처 부위를 소독하고 적절한 의료 조치를 취하는 것이 중요하다. 상처를 방치하면 감염 위험이 증가한다.

09

교상 후 화농균이나 세균에 의한 감염과 염증이 발생할 수 있는 것은 흔히 보이는 합병증 중 하나다. 광견병의 잠복 기간은 길지 않고, 고양이 교상 후에는 림프절 부종이 나타날 수 있으며, 광견병의 증상은 잠복 기간 후에 나타난다.

10

미용도구에 의한 상처가 감염될 경우 그것을 감염창이라 부르며, 감염되지 않은 경우를 비감염창으로 분류한다.

11

1도 화상은 피부의 가장 바깥층인 표피층에만 손상을 입는 것으로, 이때 발적이 나타나며 통증이 있지만 수포는 생기지 않는다.

12

미용도구에 의한 상처는 적절한 사용에도 불구하고 발생할 수 있다. 동물의 돌발 행동이나 작업 중 실수로 인해 상처를 입을 수 있다.

13

반려동물의 피부는 얇고 취약하므로, 화상을 방지하기 위해 헤어드라이어나 열기구의 온도를 적절히 조절하는 것이 매우 중요하다.

14

물이 새는 곳을 방치하는 것은 감전 사고의 원인이 될 수 있지만, 직접적으로 전기 관련 사고의 원인이라기보다는 감전 사고로 이어질 수 있는 간접적인 요소다.

15

누수가 발생했을 때, 특히 전기 기구와의 접촉을 피하는 것이 매우 중요하다. 물이 전기 기구에 닿을 경우 감전 사고를 유발할 수 있으므로, 안전을 위해 누수 지역은 전기 기구와 절대 접촉시켜서는 안 된다.

16

심폐소생술에서 기도를 확보한 후 진행해야 하는 것은 인공호흡과 가슴 압박이다. 복부 위쪽에 강하게 압박하는 것은 하임리히 방법의 일부로, 이물질을 섭취하여 숨을 제대로 쉬지 못할 때 사용하는 방법이며 심폐소생술의 일반적인 절차가 아니다.

17

호흡이 멈췄을 때 즉시 심폐소생술을 시작하는 것은 동물의 생명을 구할 수 있는 중요한 응급처치다. 이 조치는 동물의 호흡과 혈액순환을 인공적으로 유지시켜 생명을 구할 수 있다.

18

안전문은 대기하는 동물의 크기에 맞추어 충분히 높게 설치되어야 하며, 이를 통해 동물의 도주를 효과적으로 방지할 수 있다.

19

울타리는 동물의 안전을 확보하기 위해 충분히 높고, 튼튼하며 촘촘하게 제작되어야 한다. 이러한 구조는 동물이 탈출하거나 서로 상호작용할 때 안전 문제를 최소화하는 데 도움이 된다.

20

다른 동물이 사용한 이동장은 불안감을 유발할 수 있으며, 잠재적으로 질병을 전파할 위험이 있어 재사용을 추천하지 않는다.

21

호흡기, 소화기 증상이나 피부병이 있는 동물은 별도로 대기시켜 추가적인 건강 문제나 전염을 방지해야 한다. 케이지 사용 시 위생 관리는 매우 중요하다.

22

테이블 고정 암은 미용 작업 중 동물의 움직임을 안전하게 제한하기 위한 장치로 사용되며, 동물이 혼자 대기하는 용도로 사용해서는 안 된다.

23

테이블 고정 암을 선택할 때는 동물의 허리와 배를 지지할 수 있는 기능이 있는 모델을 선택해야 한다. 이는 동물의 안정성과 편안함을 높이기 위해 중요하다.

24

하니스는 동물을 조이지 않으면서도 손가락 몇 개가 들어갈 수 있을 정도의 여유를 두고 조절해야 한다. 이는 동물의 편안함을 유지하면서도 안전하게 제한하기 위해 중요하다.

25

테이블 바닥재는 미끄럽지 않은 소재를 선택하거나 깔개를 사용해야 한다. 이는 동물의 미끄러짐과 낙상을 방지하고 안전사고를 예방하는 데 필수적이다.

26

더운 환경이나 장시간 입마개 착용은 오히려 동물에게 해로울 수 있으므로 피해야 한다.

27

더운 환경이나 지나치게 헥헥대는 동물에게 입마개를 사용하는 것은 부적합하다. 이러한 상황에서 입마개 사용은 동물의 체온 조절 능력을 방해하고 불필요한 스트레스를 증가시킬 수 있기 때문이다. 대안으로 엘리자베스 칼라를 사용한다.

28

모든 동물을 동일한 크기의 울타리에 보관하는 것은 적절하지 않다. 동물의 크기, 성별, 연령 등에 따라 적합한 공간을 제공해야 한다.

29

작업장과 대기 장소의 청결 상태를 유지하는 것은 동물과 직원의 건강을 보호하기 위해 중요하다. 바닥과 작업 테이블의 청결 상태는 동물과 직원이 접촉하는 부분으로, 청결하지 않으면 세균과 질병의 전파가 증가할 수 있다.

30

작업 테이블의 청결 상태를 유지하기 위해 가장 중요한 조치는 테이블을 수시로 점검하여 이물질을 제거하는 것이다. 이물질이 쌓이면 동물이 섭취할 수 있으며, 이는 동물의 건강을 위협할 수 있다.

31

동물은 후각이 예민하여 강한 냄새는 흡입성 알레르기를 유발할 수 있으므로 조심해야 한다.

32

울타리와 안전문의 청결 상태를 유지하는 이유는 동물의 건강을 보호하고 질병 전파를 방지하기 위함이다. 이러한 장치들이 오염되면 세균이 번식할 수 있고, 이는 동물의 건강에 악영향을 미칠 수 있다.

33

천장의 청결상태는 작업장과 대기 장소의 청결 상태 점검과 크게 상관이 없다.

34

미용도구는 한 번이라도 사용한 후에는 소독을 철저히 수행해야 한다.

35

미용도구는 동물의 피부에 직접 닿기 때문에 위생 유지가 매우 중요하다. 소독을 통해 도구 사용으로 인한 피부 감염을 예방할 수 있으며, 이는 동물의 건강을 보호하는 데 필수적이다.

36

소독은 질병 감염 및 전염을 예방하기 위해 대부분의 유해 미생물을 파괴하거나 불활성화하는 과정이다. 그러나 소독은 비병원성 미생물을 파괴하지 않으며, 모든 미생물을 제거하지는 않는다.

37

멸균은 아포를 포함한 모든 미생물을 사멸시키는 과정으로 식품 보존, 의약품, 수술도구 등의 분야에서 사용된다. 이는 감염 위험을 최소화하고 안전성을 높이기 위해 필수적이다.

38

소독은 일반적인 오염 제거에 사용되며 대부분의 유해 미생물을 파괴하거나 불활성화하지만 모든 미생물을 제거하지는 않는다. 반면 멸균은 아포를 포함하여 모든 미생물을 사멸시키는 과정으로, 더 엄격한 위생 요구가 있는 의료와 식품 분야 등에서 필수적이다.

39

화학적 소독은 특정 화학제품을 사용하여 미생물을 파괴하거나 불활성화하는 방법으로, 동물에게 해를 끼치지 않는 안전한 소독제 선택이 중요하다.

40

자비 소독은 100℃의 끓는 물을 사용하며, 아포와 일부 바이러스를 사멸시키지 못하므로 완전한 소독은 불가능하다.

41

가장 간단한 소독법이지만, 두께가 두꺼운 물체는 내부까지 소독 효과가 미치지 않는다는 단점이 있다.

42

자외선 소독은 2,500~2,650 Å의 자외선을 조사하여 멸균하며, 소독 대상에 변화를 주지 않으며 균에 대한 내성 발생이 없다.

43

습열에 약한 대상에는 사용하지 않는다.

44

일광 소독은 직사광선을 이용하여 미생물을 불활성화하는 가장 간단하고 저렴한 방법이다.

45

멸균은 포화된 고압 증기나 다른 방법을 사용하여 아포를 포함한 모든 미생물을 사멸시키는 과정이며, 소독은 대부분의 유해 미생물을 파괴하거나 불활성화하지만 모든 미생물을 제거하지는 않는다.

46

자비 소독은 끓는 물을 사용하지만, 100℃에서는 아포와 일부 바이러스를 사멸시키지 못하여 완벽한 소독을 보장하지 못한다.

47

계면 활성제는 제품 설명서에 명시된 희석 배율을 따라 사용해야 하며, 특히 일부 균에는 효과가 없으므로 올바른 사용이 중요하다.

48

과산화물 소독제는 아포에 효과적이라는 설명은 부적절하다. 과산화물은 살균 소독을 수행하지만, 아포에 대한 효과는 제한적이다.

49

알코올 기반 소독제는 균, 결핵균, 바이러스, 진균을 불활성화시키지만, 아포에는 효과가 없다.

50

제품에 명시된 농도로 희석하여 용도에 맞게 사용한다.

51

페놀류 소독제는 고온일수록 소독 효과가 크며 바이러스나 아포에는 효과가 없고, 고양이에게 독성을 나타낸다. 금속 부식을 일으킬 수 있으며, 유기물이 있어도 소독력이 감소하지 않는다.

52

크레졸은 독성은 페놀류와 유사하지만 소독 효과는 3~4배 더 우수하다. 이를 제외한 보기 ① · ② · ③ · ④번은 크레졸의 물리화학적 특성이나 안전성과 관련된 잘못된 정보를 포함하고 있으므로 사용 시 주의가 필요하다. 크레졸은 냄새가 강하고, 원액은 피부에 손상을 일으킬 수 있다. 또한 물에 잘 녹지 않으며, 금속을 부식시킬 수 있다.

53

계면 활성제는 모든 종류의 미생물에 효과적이지 않다. 일부 균에는 효과가 없으며, 제품 설명서에 명시된 대로 희석하여 사용해야 한다.

54

과산화물 소독제는 산화력을 이용하여 살균 소독을 수행하며, 사용 후에는 산소와 물로 분해되어 잔류물이 남지 않는다. 그러나 자극성과 부식성을 가지고 있어 사용 시 주의가 필요하다.

55

계면 활성제는 양이온과 음이온 타입으로 나뉘며, 이들은 대부분의 세균, 진균, 바이러스를 불활성화할 수 있지만 일부 균에 대해서는 효과가 제한적일 수 있다.

56

진공청소기는 소음으로 인해 동물이 불안해할 수 있으므로, 동물이 없는 시간에 사용하는 것이 좋다.

57

핸디 청소기는 넓은 공간보다는 미용 테이블의 털 제거나 가구 위의 먼지 등을 청소하는 데 적합하다.

58

먼지떨이는 먼지를 털기 전에 환기를 위해 창문을 열고, 먼지가 많은 곳에 사용하여 높은 곳에서 낮은 곳으로 먼지를 제거한다.

59

청소나 소독은 비교적 깨끗한 곳부터 시작하여 가장 더러운 곳에서 끝내는 것을 추천한다. 이는 오염물질들이 전달되는 것을 최소화하기 위함이다.

60

동물의 배설물이 바닥에 있는 경우, 즉시 제거하고 해당 부분을 청소 및 소독하는 것은 질병 전파를 방지하고 청결을 유지하기 위해 필수적이다. 미용숍 또는 동물이 있는 환경에서 특히 중요하며, 신속하고 효과적인 위생 관리가 가능하다.

61

동물의 배설물이 바닥에 있을 경우 즉시 제거하고 해당 부분을 청소 및 소독하는 것이 질병 전파를 방지하고 위생을 유지하는 올바른 방법이다.

62

반려동물 미용은 손으로 하는 작업이 많아서 손과 손톱의 위생이 중요하며, 이는 작업자 자신을 보호하고 전염병 전파를 막기 위해 손과 손톱의 위생에 신경을 써야 한다.

63

작업자는 강한 냄새를 피하고, 특히 화장품, 향수, 담배 등을 사용하지 않아야 한다. 이는 동물의 반응을 고려하고, 흡입성 알레르기를 유발할 수 있는 위험을 방지하기 위함이다.

64

작업자의 헤어는 뒤로 단정하게 묶어두는 것이 좋다.

65

작업 중에는 목걸이, 귀걸이, 팔찌 등과 같이 과도하게 늘어지는 장신구를 착용하지 않는 것이 안전하다.

66

작업복과 신발은 오염이 적은 소재를 선택하고, 신발은 피로를 줄일 수 있는 굽이 낮은 디자인을 선택해야 한다.

67

동물은 후각이 예민하기 때문에 작업자는 강한 냄새를 피하고 특히 화장품, 향수, 담배의 사용을 자제해야 한다.

68

작업자는 동물의 보호자와 대면할 때 강한 냄새를 피하고, 특히 화장품, 향수, 담배의 사용을 자제해야 한다. 동물은 후각이 예민하므로 작업자의 냄새에 반응할 수 있고, 과도한 냄새는 흡입성 알레르기를 유발할 수 있다.

69

신발은 각종 안전사고에 대비하고, 오염물질에 직접 접촉되지 않도록 발을 완전히 감싸는 형태를 추천하며, 장시간 서서 작업을 하므로, 굽이 높지 않고 발의 피로감을 덜어 줄 수 있는 신발을 착용한다.

70

여러 소독제를 섞어서 사용하면 살균력이 감소되거나 유해물질이 발생할 수 있으므로 섞어서 사용해서는 안 된다.

71

위생적인 손 씻기 9단계
① 흐르는 물에 손을 헹구고 충분히 적신 뒤, 충분한 양의 비누를 묻힌다.
② 손바닥과 손바닥을 맞대고 여러 번 비벼 준다.
③ 한쪽 손의 손바닥으로 반대쪽 손의 손등을 덮어 깍지를 낀 뒤 비벼 준다. 반대쪽도 같은 방법으로 시행한다.
④ 손바닥과 손바닥을 맞대고 깍지를 낀 뒤 비벼 준다.
⑤ 양손을 손가락이 맞물리게 깍지 낀 뒤 손가락을 비벼 준다.
⑥ 한쪽 손으로 반대쪽 손의 엄지손가락을 잡은 뒤 돌려주며 문지른다. 반대쪽 손도 같은 방법으로 한다.
⑦ 손톱을 반대쪽 손의 손바닥에 대고 원을 그리며 문지른다. 반대쪽 손톱도 같은 방법으로 한다.
⑧ 흐르는 물에 손과 손톱 밑을 충분히 헹군다.
⑨ 마른수건이나 종이 타월로 물기를 제거하고 건조시킨다.

72

인수 공통 전염병은 사람과 동물이 같은 병원체에 감염되고, 이들 사이에 상호 전파가 가능한 질병을 의미한다.

73

광견병은 감염된 동물의 교상이나 상처를 통해 전염되며, 이는 주로 동물이 사람을 물거나 긁었을 때 발생한다.

74

백선증은 곰팡이 감염으로, 곰팡이에 감염된 동물과의 직접 접촉 또는 오염된 미용기구, 목욕조 등에 접촉하여 감염될 수 있다.

75

개선충은 동물과의 직접 접촉으로 감염되며, 이 진드기는 피부 표피에 굴을 파고 서식하여 강한 가려움증을 유발한다.

76

회충, 지알디아, 캠필로박터, 살모넬라균, 대장균 등은 주로 동물의 배설물을 통해 전염되며, 이들은 사람과 동물에게 장염과 같은 소화기 질병을 일으킬 수 있다.

77

고혈압은 인수 공통 전염병이 아니다. 인수 공통 전염병은 사람과 동물이 같은 병원체에 감염되고, 상호 전파 가능한 질병을 의미한다.

78

점막에 닿으면 자극적이므로 상처 부위에는 가급적 피해서 사용한다.

79

클로르헥시딘은 손 소독과 상처 소독에 사용되며, 0.5%의 농도로 물이나 생리식염수에 희석하여 사용한다. 알코올보다는 효과가 천천히 나타난다.

80

클로르헥시딘을 사용하면 세균이 급격히 감소하는 효과를 나타내지만, 알코올보다는 소독 효과가 천천히 나타나는 편이다.

81

과산화수소는 도포 시 거품이 발생하며 강한 산화력으로 호기성 세균의 번식을 억제하지만, 농도에 따라 피부 자극이 강할 수 있어 주의가 필요하다. 직접 도포할 경우 특히 농도에 주의해야 한다.

82

포비돈은 넓은 범위의 살균력을 가지며, 상처 및 수술 전 소독에 주로 사용된다. 이 소독제는 1~10%의 농도로 사용되며, 알코올과 함께 사용할 경우 효과가 상승한다. 이는 피부에 안전하면서도 효과적인 소독을 가능하게 한다.

83

피부 소독제의 하나인 손 소독제에 대한 설명이다.

84

클로르헥시딘은 손 소독과 상처 소독에 효과적인 광범위한 소독제로 사용되며, 일반적으로 0.5% 농도로 물이나 생리식염수에 희석하여 사용한다.

85

작업복과 신발은 동물의 배설물이나 털 등으로 오염될 수 있으므로, 먼저 세제를 사용하여 철저히 세정한 후, 소재에 따라 적절한 소독 방법을 선택해야 한다.

86

작업복과 신발의 소재에 따라 적절한 소독 방법을 선택해야 하므로, 모든 작업복과 신발을 같은 방식으로 소독하는 것은 올바르지 않다. 각 소재의 특성에 맞게 소독 방법을 선택해야 효과적이며 안전하다.

02 기자재 관리

01 미용도구 관리

1. 미용도구의 종류 파악 및 소독

TIP	미용도구
미용작업에 필요한 도구를 뜻함	

(1) 미용도구세트

1) 가위

블런트 가위 (blunt scissors)	• 민가위로도 알려져 있으며, 반려동물의 털을 자르는 데 사용함 • 가위의 크기와 길이는 사용 목적에 따라 다양함
시닝 가위 (thinnig scissors)	• 숱가위라고도 하며, 털의 숱을 처리하는 데 사용함 • 가위의 발 수와 홈에 따라 절삭률이 달라짐
커브 가위 (curve scissors)	• 가위날이 휘어져 있음 • 동물의 곡선 부위를 자르는 데 적합함
텐텐 가위 (tenten scissors)	• 요술 가위로 불림 • 시닝 가위와 유사하지만, 더 우수한 절삭률을 가짐 • 사용 전 제품별 절삭률을 확인함

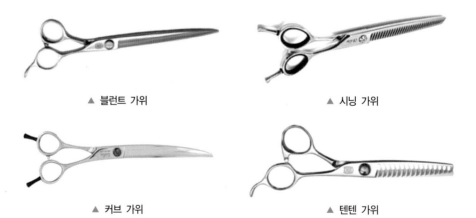

▲ 블런트 가위　　　　　　　　　▲ 시닝 가위

▲ 커브 가위　　　　　　　　　▲ 텐텐 가위

2) 클리퍼

클리퍼는 반려동물의 털을 일정한 길이로 자르는 도구를 뜻함

전문가용 클리퍼	• 전체 미용에 적합함 • 반려동물의 몸체, 얼굴, 발 등을 포함한 전반적인 클리핑에 사용됨 • 다양한 길이의 클리퍼 날을 장착할 수 있음
소형 클리퍼	• 기본 미용이나 섬세한 부분의 클리핑에 사용됨 • 크기가 작고 가벼워 휴대성이 뛰어나지만, 날의 길이가 제한적 • 날의 폭이 좁아 섬세한 작업에 적합함 • 날의 종류가 한 가지이며, 클리퍼의 종류에 따라 날의 길이 조절이 가능함 • 시중에 다양한 제품이 있음
클리퍼 날 (clipper blade)	• 클리퍼에 부착하여 잘리는 털의 길이를 조절하는 데 사용됨 • 아랫날은 털의 두께를 조절하여 클리핑 길이를 결정하고, 윗날은 털을 자르는 기능을 수행함 • 클리퍼 날에는 번호가 적혀 있는데 일반적으로 번호가 클수록 털이 짧게 깎임 • 번호에 따른 날의 길이는 제조사마다 차이가 있을 수 있으며, 날에 표기된 mm 수치는 털을 역방향으로 클리핑 했을 때 남는 털의 길이를 나타냄 • 동물의 종류, 미용 방법 및 사용 부위에 따라 적합한 길이의 클리퍼 날을 선택하여 사용함
클리퍼 콤 (clipper comb)	• 클리퍼 콤은 클리퍼 날에 끼우는 덧빗으로 사용됨 • 보통 1mm 길이의 클리퍼 날에 덧끼워 사용함 • 덧끼우는 날에 따라 길이를 조절하여 클리핑 할 수 있음

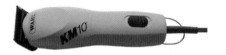

▲ 전문가용 클리퍼   ▲ 소형 클리퍼

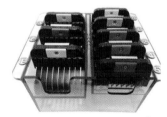

▲ 클리퍼 날   ▲ 클리퍼 콤

3) 빗

슬리커 브러시 (slicker brush)		• 엉킨 털을 빗거나 드라이하는 데 사용되는 빗 • 금속이나 플라스틱 판에 고무 쿠션이 붙어 있으며, 구부러진 철사 모양의 쇠가 촘촘하게 박혀 있음 • 핀의 재질, 심은 간격, 브러시의 크기가 다양해 반려동물의 종류나 사용 목적에 맞게 선택하여 사용할 수 있음
핀 브러시 (pin brush)		• 장모종 동물의 엉킨 털 제거와 오염물 탈락에 사용됨 • 플라스틱이나 나무판에 고무 쿠션이 붙어 있으며, 둥근 침 모양의 쇠핀이 끼워져 있음
브리슬 브러시 (bristle brush)		• 동물의 털로 만들어진 빗으로, 오일이나 파우더를 바르거나 피부 마사지에 사용됨 • 말, 멧돼지, 돼지 등 여러 동물의 털이 재료로 사용되며, 사용 목적에 따라 길이나 재질이 다양함 • 브리슬 브러시의 종류: 말 털 브러시, 멧돼지 털 브러시, 돼지 털 브러시 등
	말 털 브러시	• 말의 갈기나 꼬리의 긴 털로 만들어짐 • 털의 감기는 성질로 인해 오일 바르기에 주로 사용됨
	멧돼지 털 브러시	• 멧돼지의 굵고 딱딱한 등 부위의 털로 만들어진 브러시는 긴 모질의 동물에게 사용됨 • 멧돼지의 부드러운 옆구리 털로 만든 브러시는 민감한 부위의 빗질에 적합함
	돼지 털 브러시	돼지 털의 굵기와 길이, 경도는 품종에 따라 다양하므로 반려동물의 품종과 빗질 용도에 맞게 선택하여 사용됨
콤(comb)		• 사용 용도: 엉키거나 죽은 털 제거, 가르마 나누기, 털 세우기 및 방향 만들기 등에 다양하게 사용됨 • 구조: 길쭉한 금속 막대에 끝이 굵고 둥근 빗살이 꽂혀 있는 형태로, 털에 손상을 덜 주는 장점이 있음 • 선택 요령: 크기, 굵기, 길이, 중량이 다양하므로 반려동물의 품종과 미용 용도에 맞는 콤을 선택하여 사용함
오발빗 (5-Toothed comb)		• 포크 콤(fork comb)이라고도 부름 • 반려동물의 볼륨을 표현하기 위해 털을 부풀릴 때에 사용함
꼬리빗 (Pointed comb)		동물의 털을 가르거나 래핑을 할 때 사용함

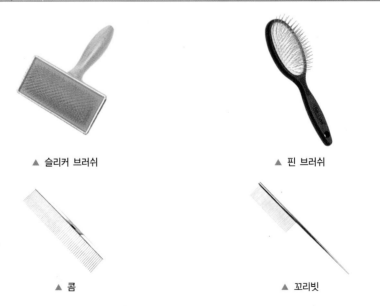

▲ 슬리커 브러쉬   ▲ 핀 브러쉬

▲ 콤   ▲ 꼬리빗

▲ 브리슬 브러시

▲ 오발빗

4) 스트리핑 나이프(stripping knife)

① 스트리핑용 나이프는 코스, 미디엄, 파인의 세 가지 종류가 있음
② 죽은 털 제거 및 굵은 건강한 모질 유지에 사용

코스 나이프 (coarse knife)	• 세 종류의 나이프 중에서 날이 가장 두껍고 거침 • 언더코트 제거에 사용
미디엄 나이프 (mediun knife)	• 중간 두께의 날 • 꼬리, 머리, 목 부분의 털 제거에 사용
파인 나이프 (fine knife)	• 세 종류의 나이프 중 날이 가장 얇고 촘촘함 • 귀, 눈, 볼, 목 아래의 털 제거에 사용

▲ 코스 나이프   ▲ 미디엄 나이프

▲ 파인 나이프

5) 코트킹(coat king)

① 언더코트를 제거하는 도구
② 반려동물 모발의 특징에 따라 날의 촘촘함과 크기를 선택하여 사용

▲ 코트킹

6) 겸자(mosquito forceps)

① 귓속 털 제거/다듬기용 겸자
② 직선, 곡선, 무구 등 다양한 종류 사용 가능

7) 그 밖의 도구

발톱깎이 (nail clipper)	• 발톱 깎기 도구 • 집게형, 니퍼형, 기요틴형 등 다양한 종류 사용 가능
발톱갈이 (nail file)	• 발톱갈이 도구: 절단면을 둥글게 다듬음 • 전동식: 충전하거나 건전지 사용 • 수동식: 손으로 양방향으로 움직여 사용
밴딩가위 (bending scissors)	• 고무밴드 전용 가위 • 래핑이나 밴딩 작업 시 사용
도그 위그 견체 모형	• 미용 연습용 견체 모형 • 위그의 외피를 씌워 사용

▲ 발톱깎이　　　　　　　　　　　　　　　▲ 발톱갈이

▲ 밴딩가위　　　　　　　　　　　　　　　▲ 도그 위그 견체 모형

(2) 물림방지 도구

1) 엘리자베스 칼라

① 수술 후 보호용으로 사용되는 도구

② 수술 부위 핥기를 방지하고 물지 못하게 함

③ 플라스틱, 천 등 다양한 재질 사용 가능

2) 입마개

① 동물이 물지 못하게 하는 도구

② 천, 플라스틱 등 다양한 재질 사용

③ 단두종, 장두종, 다양한 동물 종류별 맞춤 디자인이 있음

④ 오리주둥이 입마개나 엘리자베스 칼라는 매우 사나운 동물에게는 부적합함

⑤ 플라스틱 입마개는 호흡 문제를 일으킬 수 있어 주의가 필요함

▲ 엘리자베스 칼라

▲ 입마개

3) 미용도구 소독제의 종류 및 미용도구를 소독하는 방법

① 제품 설명서의 사용방법 및 주의사항 등을 파악함

② 날카로운 미용도구 소독 시 작업자의 베임에 주의함

③ 슬리커 브러시 등 뾰족한 도구로 인한 부상에 주의함

④ 분사식 소독제는 통풍이 잘 되는 곳에서 사용하며 화기를 주의함

⑤ 클리퍼 날의 소독 시 날을 분리한 후 분무함

⑥ 클리퍼 청소 시 플러그를 분리함

⑦ 클리퍼 날 사용 시 과도한 힘의 사용은 금지하며, 부상에 주의함

⑧ 소독기기 사용 시 열로 인한 화상에 주의함

⑨ 전기제품 사용 시 전압을 확인하고 물 접촉을 금지함

⑩ 감전 사고 예방을 위해 전기제품 사용을 주의함

⑪ 전기 콘센트의 주기적 청소로 화재를 예방함

⑫ 가위 사용 시 털 이외의 다른 것을 자르지 않도록 주의하며 마찰에 의한 손상을 방지함

⑬ 쇠로 된 제품이 녹슬지 않도록 소독제 사용에 주의함

⑭ 플라스틱, 고무 제품의 경우 소독제로 인한 부식을 방지함

2. 미용도구의 성능 점검과 보관

(1) 가위의 관리 방법

1) 관리 목적

① 새 가위는 구입 후 3주에서 2개월 동안 부드럽게 사용하여 적응하도록 함

② 적절한 관리 방법들은 가위의 수명을 연장하고, 사용 중 효율성을 유지하는 데 도움을 줌

2) 관리 방법

볼트 조절	• 볼트가 적절히 조여져 있어야 하며, 너무 느슨하거나 꽉 조여 있지 않아야 함 • 볼트 조절은 가위날의 균등한 마모와 수명 연장에 중요함
유지	• 가위날을 예리하게 유지하기 위해 적절한 소독, 관리, 보관이 필수 • 굵고 억센 털은 가볍게 커트하여 가위날 마모를 방지함

관리	• 사용 전후 윤활제 사용을 권장하며 가위를 닦을 때는 전용 가죽이나 천을 사용함 • 날을 밀면서 닦아 이물질 제거와 날의 예리함을 유지함
날의 연마	마모 또는 외부충격으로 날이 손상됐을 경우, 숙련된 전문가에게 A/S 받음으로써 가위 손상을 줄임
보관 방법	• 닫힌 상태로 보관: 안전사고 예방 및 외부충격으로부터 날을 보호함 • 닦아서 보관: 사용 후 날을 닦아서 보관하며, 윤활제를 충분히 발라 날의 손상을 방지함

(2) 클리퍼와 클리퍼 날의 관리 방법

사용 전 관리	• 새 클리퍼는 공회전 시켜 윤활제로 기계 내부의 이물질을 청소한 후 사용함 • 충분히 기름칠하고 2~3분 동안 공회전 후 윤활제를 주입함
유지	• 클리퍼 날과 모터를 깨끗하게 유지하고, 사용 후 윤활제로 관리가 필수 • 사용 후 청소를 하지 않으면 날의 수명이 단축되고 모터 성능에 영향을 줌
관리	• 습기에 약한 클리퍼 날은 물기를 말린 후 보관 • 사용 전후 윤활제를 뿌리고, 사용 전에는 윤활제를 닦아내어 클리핑 시 털이 뭉치지 않게 함
날의 연마	• 클리퍼 날은 숙련된 전문가에게 연마를 의뢰하여 반영구적으로 사용함 • 정기적인 연마로 성능을 유지함
보관	사용 후 날을 깨끗이 청소하고 윤활제를 뿌려 건조한 곳에 보관함

(3) 빗의 관리 방법

1) 핀 브러시 관리

털과 이물질 제거	엄지와 집게손가락을 이용해 털을 제거하고 비눗물로 이물질을 세척함
수분 피해 방지	브러시를 뒤집어 물이 패드의 구멍에 들어가지 않도록 주의하며 세척함
건조	• 브러시를 흔들어 물기를 털어내고 뜨겁지 않은 바람으로 말림 • 직사광선, 오일, 제습기 사용은 피할 것

2) 슬리커 브러시 관리

털과 이물질 제거	콤이나 손으로 털을 제거하고 비눗물로 패드와 빗 전체를 세척함
수분 피해 방지	패드 부분에 물이 들어가지 않도록 세척 후 브러시를 뒤집어 건조시킴
보관	완전히 건조시킨 후 보관하여 패드가 부식되거나 핀에 녹이 슬지 않도록 함

3) 브리슬 브러시 관리

털 제거	손으로 털을 털어내고, 파우더나 오일이 묻었을 경우 부드럽게 양옆으로 움직여 제거함
깊은 세척	오일이나 파우더 제거를 위해 브러시를 뒤집어 물에 적시고 전용 세정제로 충분히 닦은 후 건조시킴
보관	직사광선을 피하고 건조시킬 때 브러시의 털이 손상되지 않도록 주의함

> **TIP**
>
> 각 종류의 브러시는 관리 방법이 다르므로, 제대로 된 관리를 통해 브러시의 수명을 연장하고 효율적인 사용이 가능하도록 해야 한다.

(4) 미용도구의 안전한 점검 · 사용 방법

① 날카로운 도구 주의: 가위 등 날카로운 도구를 점검할 때는 베이지 않도록 조심함
② 뾰족한 도구 주의: 슬리커 브러시 등 뾰족한 도구로 인해 찔리지 않도록 주의함
③ 클리퍼 날 사용 주의: 클리퍼 날을 피부에 대거나 사용할 때 힘을 너무 주지 않음
④ 윤활제 사용: 클리퍼 날에 윤활제를 분무할 때는 날을 클리퍼에서 분리한 후에 적용함
⑤ 가위 사용 주의: 가위로 털 이외의 것을 자르거나 무리하게 사용하면 날이 손상될 수 있으므로 주의함
⑥ 윤활제 사용 환경: 분사식 윤활제는 환기가 잘 되는 곳에서 사용하고, 화기에 주의함
⑦ 작업장 안전: 윤활제가 바닥이나 작업대에 뿌려져 미끄러운 상황을 만들 수 있으므로 주의함
⑧ 전기제품 사용: 전기제품 사용 시 감전 사고를 예방하기 위해 주의함

02 미용소모품 관리

1. 미용소모품의 종류 파악 및 상태 점검

(1) 기자재

소독제	• 용도: 미용사의 손, 작업복, 미용 도구, 기자재, 작업장 등을 소독하는 데 사용함 • 종류: 계면활성제, 과산화물, 알코올, 차아염소산나트륨, 페놀류(석탄산), 크레졸 등
윤활제	• 용도: 반려동물 미용도구 및 기자재의 유지보수에 사용되며, 도구의 원활한 작동과 수명 연장을 도움 • 관리 방법: 도구에 윤활제를 뿌리거나 도구를 윤활제에 담가 보관하는 등, 도구의 유형과 필요에 따라 윤활제의 종류 및 사용 방법이 다를 수 있음
냉각제	• 용도: 장시간 사용으로 인해 발생하는 열을 냉각시키는 데 사용되며 특히 열에 민감한 클리퍼와 같은 도구에 사용함 • 관리 주의: 일부 냉각제에는 도구를 부식시킬 수 있는 성분이 포함되어 있을 수 있으므로, 사용 후에는 반드시 도구를 깨끗이 닦아서 보관함

(2) 고객 상담

① 고객 상담용 소모품: 아로마향, 방향제, 커피 등 음료수가 있음
② 용도: 반려동물 미용 스타일 및 미용 후 관리 방법 상담 공간에서 사용
③ 목적: 고객에게 좋은 인상 제공 및 편안한 상담 분위기 조성
④ 중요성: 다양한 제품 활용으로 고객 만족도 향상 필요

(3) 목욕

샴푸, 린스, 모발 영양제	• 선택 기준: 동물의 pH, 모질, 모색, 코트 상태에 맞춰 선택 예 몰티즈는 하얀색 장모 싱글 코트용 개 전용 백모 샴푸 및 코트 제품 선택 필요
구강 관리 소모품 (치약, 칫솔)	• 특징: 대부분의 동물 치약은 삼켜도 안전한 성분으로 제작됨 • 제품 유형: 칫솔질이 어려운 경우 사용할 수 있는 뿌리거나 바르는 치약도 있음

(4) 소모품

지혈제	• 발톱 관리 시 출혈을 지혈하는 데 사용함 • 가루, 젤, 스프레이 형태로 다양하게 시판되고 있음
이어파우더	귓속 털을 뽑을 때 사용하여 털을 쉽게 잡게 함
이어클리너	귀 세정제로 귀의 이물질 제거 및 소독에 사용됨

(5) 염색

염모제	• 반려동물 털 염색에 사용됨 • 단일 또는 여러 색 혼합 가능
컬러믹스	반려동물 염색약과 섞어 밝은 색 표현 가능
이염 방지제	원치 않는 부위의 염색 방지용
일시적 염색 도구	• 종류: 컬러페이스트, 컬러초크, 컬러젤, 블로펜, 페인트펜 등 • 목욕 시 씻겨나가는 일시적 염색 효과가 있음 • 스텐실이나 그림 그리기에 사용됨
염색 보조 도구	• 종류: 알루미늄 포일, 일회용 장갑, 이염 방지 테이프 • 염색약의 흡수를 돕고 염색 물이 튀는 것을 방지하며 미용사 손을 보호함

(6) 장모관리

브러싱 스프레이	장모종 개의 브러싱 시 마찰로 인한 모발 손상 방지
워터리스 샴푸	• 물 없이 오염 제거 가능 • 액상 또는 파우더 형태를 선택하여 사용
정전기 방지 컨디셔너	코트의 정전기 방지 및 모질 손상 예방
엉킴 제거 제품	엉킨 털을 쉽게 풀어주는 데 사용
래핑지	• 장모종 개의 털 보호 목적 • 종이 또는 비닐 소재로, 색 염색에 주의
고무밴드	• 털 묶기 및 래핑지 고정 목적 • 재질, 크기가 다양하므로 용도에 맞는 선택 필요

(7) 쇼 도그(show dog) 용품

① 헤어스프레이: 동물의 털을 높이 세우고 풍성하게 보이게 하는 용도
② 초크: 흰 털의 동물을 더 하얗게 보이게 하기 위해 사용함

(8) 위그

① 반려동물 미용 연습용 가짜 털
② 위그 견체 모형에 씌워 사용함
③ 전체 위그와 부분 위그로 구분됨
④ 전체 위그: 펫 클립, 쇼 클립, 래핑 연습용 등 다양한 스타일 연습 가능

2. 미용소모품의 재고관리

(1) 소모품의 구매 요구량을 파악하는 방법

1) 일별·주별·월별 사용량 체크

① 고객 수 변동에 따른 소모품 사용량 체크
② 계절과 요일에 따른 사용량 차이 고려

2) 소모품 보유량과 예상 사용량 비교

현재 재고와 예상 소모량을 비교하여 구매량 결정

3) 소모품 수량 결정

① 작업 차질 방지를 위해 소모품 여유분 확보 필요
② 예기치 못한 상황에 대비하여 약간의 여유분 유지

(2) 소모품의 구매 절차

1) 구매 업체 선정

① 거래처 관리 대장과 카드를 통해 취급 업체 선정
② 구매 개수별 할인율, 기간별 할인, 사은품 등 고려하여 비용 대비 효율적인 업체 선택

2) 소모품 주문 방법

① 주문 방법: 전화, 메일, 팩스, 인터넷
② 필요에 따라 주문서 사용 또는 직접 방문하여 구매할 수도 있음

(3) 물품을 납품 받는 방법

1) 주기적인 담당자 방문 납품

① 정해진 날짜에 업체 담당자가 방문하여 납품
② 편리하지만 필요한 물품이 구비되지 않을 수 있음
③ 필요 물품은 업체 방문 전 미리 전화로 주문 권장

2) 주문 후 담당자 방문 납품

① 필요한 소모품 주문 후 담당자가 직접 납품
② 소요 시간이 있지만, 제품 관련 전문 지식 제공 및 질의응답 가능

3) 택배 발송 납품

① 인터넷 주문 후 택배로 소모품 발송
② 어디서나 납품 가능하나, 배송 중 파손이나 분실 위험 있음

4) 직접 방문 구매

① 쉽게 구할 수 있는 일부 소모품은 직접 마트 등을 방문하여 구매
② 특히 일상용품이나 간단한 소모품에 적합

(4) 미용 소모품 재고 관리 시 유의사항

① 정확한 소모품 목록 파악: 반려동물 미용에 필요한 소모품 목록을 정확히 파악하여 작업 불편 방지
② 재고 관리: 필수 소모품의 재고량을 정확하게 관리하여 재고 부족 발생을 예방
③ 소모기간 및 유효기간 확인: 제품별 소모기간을 파악하고, 제품 입고 시 유효기간이 충분한지 확인
④ 주문 및 입고기간 파악: 제품 주문에서 입고까지의 시간을 파악하여 항상 적절한 재고량 유지
⑤ 소모품 정리 보관: 보관 시 재고 파악이 용이하도록 소모품을 체계적으로 정리 및 보관

---

03 미용장비 유지보수

1. 미용장비 관리

(1) 미용장비의 종류

1) 미용 테이블

① 목적
- 반려동물의 불필요한 활동을 제한
- 미용사가 바르고 편한 자세로 작업할 수 있도록 설계

② 종류

접이식 미용 테이블	• 가벼움, 휴대가 용이 • 이동식 미용에 적합함 • 견고함은 떨어짐
수동 미용 테이블	• 높이 조절 가능, 미용사의 키와 작업 스타일에 맞춤 • 접어서 이동 가능, 가격 저렴함 • 수동으로 높이 조절이 필요하며, 불편할 수 있음
유압식 미용 테이블	• 발로 버튼을 눌러 높낮이 조절 가능 • 조절이 편리하고, 가격이 비교적 저렴함
전동식 미용 테이블	• 전력을 이용한 높낮이 조절 가능 • 조절이 매우 편리하나, 부피가 크고 가격이 비싸다는 단점

▲ 접이식 미용 테이블

▲ 수동 미용 테이블

▲ 유압식 미용 테이블

▲ 전동식 미용 테이블

2) 테이블 고정 암과 바구니

테이블 고정 암	• 테이블 위에서 반려동물을 미용할 때 사용 • 동물의 추락 방지 목적
테이블 바구니	• 테이블 아래 부착하여 도구를 올려놓는 용도 • 미용 도구의 접근성 및 정리에 유용

3) 드라이어

개인용 드라이어	• 가정용 드라이어로, 바람의 세기와 단계 조절이 제한적 • 바람 세기가 약하므로 반려동물 미용에는 제한적으로 사용됨 • 이동이 필요하거나 공간이 협소할 때 편리함
스탠드 드라이어	• 바람 세기 및 각도 조절이 용이함 • 반려동물 미용에 자주 사용됨

룸 드라이어	• 동물을 박스 형태의 룸 안에 넣어 사용하는 자동 드라이 시스템 • 미용사가 직접 말리지 않아도 되는 편리성 제공 • 동물이 핥을 수 있는 부분에는 동물에게 유해하지 않은 소독제 사용 필수 • 소독 후 충분한 환기를 통해 동물이 호흡하는 데 불편이 없도록 조치 필요
블로 드라이어	• 강한 바람으로 빠르게 털을 말림 • 호스나 스틱형 관을 사용함 • 바닥이나 테이블, 조절 가능한 스탠드 위에서 사용 가능

4) 샤워 장비

목욕조	• 수도꼭지 및 샤워기가 부착된 형태로 반려동물 목욕에 사용됨 • 편리한 물 조절 및 샤워 기능 제공
스파 기기	• 노폐물과 냄새 제거에 효과적 • 반려동물의 목욕 시 사용하여 깨끗하고 상쾌한 결과 도출

5) 온수기

① 온수를 공급하는 장치로, 전기온수기와 가스온수기가 일반적
② 전기온수기: 설치가 간편하지만 저장된 물을 사용 후 다시 데우는 데 시간이 소요되므로, 연속적인 대량 사용에 불리함
③ 가스온수기: 설치가 복잡하지만 다량의 물을 빠르게 데울 수 있어 대용량 사용에 적합함

6) 소독 기기

① 자외선을 이용한 살균 기계로 반려동물 미용 도구의 소독에 사용됨
② 소독과 건조 기능을 갖춘 제품이 사용에 편리함
③ 가열 살균이나 약제 소독보다 소독 시간이 짧아 사용이 간편함

기자재 관리 연습문제

01

블런트 가위에 대한 설명으로 올바른 것은 무엇인가?

① 동물의 털을 자르는 데 사용되며, 특정 크기만 제공된다.
② 주로 손톱을 자르는 데 사용된다.
③ 모든 미용도구 중 가장 날카로운 가위로 알려져 있다.
④ 민가위라고도 부르며, 반려동물의 털을 자르는 데 사용한다.
⑤ 크기와 길이가 단일 사이즈로 제한되어 있다.

02

시닝 가위의 특징으로 적절하지 <u>않은</u> 것은 무엇인가?

① 숱가위라고도 불리며 숱을 치는 데 사용된다.
② 발 수와 홈에 따라 절삭률이 달라진다.
③ 곡선 부분을 자르는 데 사용된다.
④ 용도에 맞는 가위를 선택하여 사용해야 한다.
⑤ 동물의 털에 숱을 내는 데 주로 사용된다.

03

텐텐 가위의 사용 시 고려해야 할 점은 무엇인가?

① 시닝 가위와 동일하며 절삭률에 차이가 없다.
② 요술 가위라고도 불리며, 시닝 가위보다 절삭률이 더 좋다.
③ 오직 직선 부분만 자르는 데 사용된다.
④ 모든 가위와 동일하게 크기와 길이가 고정되어 있다.
⑤ 발 수와 홈이 없어 다른 가위보다 사용이 제한적이다.

04

커브 가위의 특징에 대한 설명으로 가장 적절한 것은 무엇인가?

① 모든 종류의 털을 자르는 데 사용된다.
② 주로 직선 절단에 사용된다.
③ 가윗날이 휘어져 있어 곡선 부분을 자르는 데 적합하다.
④ 절삭률이 매우 낮아 세밀한 작업에 사용하기 어렵다.
⑤ 크기와 길이가 모든 모델에서 동일하다.

05

미용도구 중 반려동물의 털을 다양한 길이로 자르기 위해 사용되는 가위의 종류에 대한 설명으로 올바른 것은 무엇인가?

① 커브 가위 – 주로 직선 부분을 매끄럽게 자르는 데 사용된다.
② 시닝 가위 – 발 수와 홈은 절삭률과 관계가 없다.
③ 텐텐 가위 – 시닝가위보다 절삭률은 낮지만 모든 종류의 털을 자를 때 사용된다.
④ 블런트 가위 – 민가위라고도 하며, 다양한 크기와 길이로 제공되어 털을 원하는 길이로 자를 수 있다.
⑤ 텐텐 가위 – 오직 직선 절단만을 위한 가위로 사용된다.

06

클리퍼에 대한 설명 중 올바르지 <u>않은</u> 것은?

① 전문가용 클리퍼는 전체 미용에 사용된다.
② 소형 클리퍼는 날의 길이를 조절할 수 있다.
③ 클리퍼 날은 털의 두께를 조절하여 클리핑 길이를 결정한다.
④ 클리퍼 날에 적힌 번호가 클수록 털이 짧게 깎인다.
⑤ 클리퍼 콤은 클리퍼 날에 끼우는 덧빗이다.

07

클리퍼 날에 대한 설명 중 올바르지 <u>않은</u> 것은?

① 클리퍼 날은 클리퍼에 부착하여 털의 길이를 조절한다.
② 날의 아랫부분은 털의 두께를 조절한다.
③ 번호가 클수록 털이 짧게 깎인다.
④ 제조사마다 번호에 따른 날의 길이가 동일하다.
⑤ 날에 표기된 mm 수치는 역방향으로 클리핑 했을 때 남는 털의 길이를 나타낸다.

08

클리퍼 콤에 대한 설명 중 올바르지 <u>않은</u> 것은?

① 클리퍼 콤은 클리퍼 날에 끼우는 덧빗이다.
② 주로 1mm 길이의 클리퍼 날에 사용된다.
③ 덧끼우는 날에 따라 길이를 조절하여 클리핑 할 수 있다.
④ 클리퍼 콤은 보통 길이를 조절하지 않고 사용된다.
⑤ 클리퍼 콤을 사용하여 털을 자를 때 덧빗으로 사용한다.

09

다음 〈보기〉는 어떤 종류의 클리퍼에 대한 설명인가?

┤ 보기 ├

• 전체미용에 적합하다.
• 몸체나 얼굴, 발 등 전반적인 클리핑을 하는 데 다양하게 사용된다.
• 클리퍼 본체 길이가 다른 여러 가지 클리퍼 날을 장착하여 사용할 수 있다.

① 클리퍼 콤   ② 클리퍼 날
③ 전문가용 클리퍼   ④ 소형 클리퍼
⑤ 꼬마클리퍼

10

다음 중 클리퍼에 관한 설명으로 옳지 <u>않은</u> 것은?

① 전문가용 클리퍼는 전체 미용에 사용되며 다양한 길이의 클리퍼 날을 장착할 수 있다.
② 소형 클리퍼는 기본 미용이나 섬세한 부분의 클리핑에 사용되며 날의 길이가 제한적이다.
③ 전문가용 클리퍼는 반려동물의 몸체, 얼굴, 발 등을 포함한 전반적인 클리핑에 사용된다.
④ 소형 클리퍼의 날의 종류가 다양하며, 클리퍼의 종류에 따라 날의 길이 조절이 가능하다.
⑤ 클리퍼는 반려동물의 털을 일정한 길이로 자르는 도구이다.

11

핀 브러시(pin brush)의 주요 사용 목적은 무엇인가?

① 엉킨 털 제거와 오염물 탈락
② 반려동물의 볼륨 표현을 위한 털 부풀리기
③ 동물의 털 세우기 및 방향 만들기
④ 오일이나 파우더를 바르거나 피부 마사지에 사용
⑤ 가르마 나누기

12

브리슬 브러시(bristle brush)의 주요 사용 목적은 무엇인가?

① 엉킨 털 제거와 오염물 탈락
② 반려동물의 볼륨 표현을 위한 털 부풀리기
③ 동물의 털 세우기 및 방향 만들기
④ 오일이나 파우더를 바르거나 피부 마사지에 사용
⑤ 가르마 나누기

13

콤(comb)의 주요 사용 목적은 무엇인가?

① 엉킨 털 제거와 오염물 탈락
② 반려동물의 볼륨 표현을 위한 털 부풀리기
③ 동물의 털 세우기 및 방향 만들기
④ 오일이나 파우더를 바르기
⑤ 가르마 나누기

14

오발빗(5-Toothed comb)의 주요 사용 목적은 무엇인가?

① 엉킨 털 제거와 오염물 탈락
② 반려동물의 볼륨 표현을 위한 털 부풀리기
③ 동물의 털 세우기 및 방향 만들기
④ 털의 오일 바르기
⑤ 동물의 털을 가르거나 래핑할 때 사용

15

슬리커 브러시(slicker brush)의 주요 사용 목적은 무엇인가?

① 엉킨 털 제거와 오염물 탈락
② 반려동물의 볼륨 표현을 위한 털 부풀리기
③ 동물의 털 세우기 및 방향 만들기
④ 털의 오일 바르기
⑤ 동물의 털을 가르거나 래핑할 때 사용

16

꼬리빗(Pointed comb)의 주된 사용 목적은 무엇인가?

① 엉킨 털 제거와 오염물 탈락
② 동물의 털 세우기 및 방향 만들기
③ 피부 마사지에 사용
④ 엉킨 털을 빗거나 드라이하는 데 사용
⑤ 동물의 털을 가르거나 래핑을 할 때 사용

17

스트리핑 나이프의 사용 목적은 무엇인가?

① 머리 모양을 만들기 위해
② 죽은 털을 제거하고 건강한 모질을 유지하기 위해
③ 피부에 수분을 공급하기 위해
④ 탈모를 예방하기 위해
⑤ 발톱을 다듬기 위해

18

미디엄 나이프는 어떤 부분의 털을 제거하기 위해 사용되나?

① 다리   ② 몸통
③ 옆구리   ④ 목
⑤ 얼굴

19

스트리핑 나이프의 종류에는 어떤 것들이 있는가?

① 가늘고 부드러운 종류   ② 긴 날이 달린 종류
③ 코스, 미디엄, 파인   ④ 대형, 중형, 소형
⑤ 고급, 중급, 초급

20

코스 나이프는 어떤 목적으로 사용되는가?

① 언더코트 제거   ② 머리 정리
③ 발톱 다듬기   ④ 몸통 털 정리
⑤ 다리 털 제거

21

스트리핑 나이프의 종류에 대한 설명 중 올바르지 않은 것은 무엇인가?

① 코스 나이프는 세 종류의 나이프 중에서 날이 가장 두껍고 거칠며 언더코트를 제거하는 데 사용된다.
② 미디엄 나이프는 꼬리, 머리, 목 부분의 털을 제거하는 데 사용되며 날이 중간 두께이다.
③ 파인 나이프는 세 종류의 나이프 중에서 날이 가장 얇고 촘촘하며 죽은 털을 제거하고 건강한 모질을 유지
   하는 데 사용된다.
④ 스트리핑 나이프는 주로 발톱을 다듬거나 모양을 만드는 데 사용된다.
⑤ 스트리핑 나이프는 코스, 미디엄, 파인 세 가지 종류로 구분된다.

22

코트킹(coat king)은 무엇을 제거하기 위한 도구인가?

① 발톱   ② 이빨
③ 귀지   ④ 언더코트
⑤ 다리털

23

코트킹(coat king)은 어떤 목적으로 사용되는 도구인가?

① 반려동물의 발톱 다듬기
② 반려동물의 언더코트 제거
③ 반려동물의 이빨 세정
④ 반려동물의 귀 청소
⑤ 반려동물의 다리 마사지

24

겸자(mosquito forceps)의 주 용도는 무엇인가?

① 발톱 다듬기
② 귀속 털 제거/다듬기
③ 이빨 세정
④ 꼬리 정리
⑤ 털 묶기

25

겸자(mosquito forceps)의 특징은 무엇인가?

① 귀속 털을 제거하는 도구
② 발톱을 다듬는 도구
③ 이빨을 정리하는 도구
④ 눈썹을 다듬는 도구
⑤ 입술을 깨끗하게 하는 도구

26

발톱깎이(nail clipper)는 주로 무엇을 깎기 위한 도구인가?

① 털
② 이빨
③ 손톱
④ 귀속
⑤ 발바닥

27

발톱갈이(nail file)의 특징으로 올바르지 <u>않은</u> 것은 무엇인가?

① 절단면을 둥글게 다듬는다.
② 전동식으로 충전이 가능하다.
③ 수동식으로 손으로 양방향으로 움직여 사용한다.
④ 건전지를 사용하지 않는다.
⑤ 전동식으로 손으로 움직여 사용한다.

28

밴딩가위(bending scissors)의 주된 사용 목적은 무엇인가?

① 털 자르기   ② 발톱 깎기
③ 귀털 제거   ④ 고무밴드 자르기
⑤ 종이 자르기

29

도그 위그 견체 모형은 주로 어떤 용도로 사용되고 있는가?

① 실제 강아지 대신하여 산책하기
② 미용을 연습하기 위해 사용되는 모형
③ 강아지의 건강 검진을 위해 사용되는 모형
④ 강아지의 놀이를 위한 장난감 모형
⑤ 강아지의 식사를 위한 모형

30

다음 중 발톱깎이(nail clipper)의 종류로 알맞게 묶인 것은?

① 집게형, 니퍼형, 겸자   ② 니퍼형, 기요틴형, 밴딩가위
③ 기요틴형, 클리퍼, 니퍼형   ④ 집게형, 니퍼형, 기요틴형
⑤ 집게형, 니퍼형, 둥근형

31

엘리자베스 칼라의 주된 용도는 무엇인가?

① 동물을 꾸미기 위한 용도로 사용된다.
② 동물의 호흡을 돕기 위해 사용된다.
③ 수술 후 수술 부위 핥기 방지를 위함 등에 보호용으로 사용된다.
④ 동물의 물리적 통제를 위해 사용된다.
⑤ 동물의 소리를 제어하기 위해 사용된다.

32

입마개의 주요 기능은 무엇인가?

① 동물을 물지 못하게 하는 도구로 사용된다.
② 동물의 호흡을 돕기 위해 사용된다.
③ 동물의 식사를 제어하기 위해 사용된다.
④ 동물의 발톱을 다듬기 위해 사용된다.
⑤ 동물의 소리를 제어하기 위해 사용된다.

33

입마개 종류 중 오리 주둥이를 사용할 수 <u>없는</u> 견종은 무엇인가?

① 비글   ② 프렌치불독
③ 비숑프리제   ④ 푸들
⑤ 말티즈

34

미용도구 소독제 사용에 관한 안전 주의사항으로 올바르지 <u>않은</u> 것은 무엇인가?

① 분사식 소독제는 통풍이 잘되는 곳에서 사용하여야 한다.
② 클리퍼 날을 사용할 때는 과도한 힘을 사용해도 괜찮다.
③ 전기 콘센트 주변을 주기적으로 청소하여야 화재를 예방할 수 있다.
④ 가위를 사용할 때는 털 외의 다른 것을 자르지 않도록 주의하여야 한다.
⑤ 플라스틱이나 고무 제품은 소독제에 부식되지 않도록 주의하여야 한다.

35

미용도구 소독 시 주의사항으로 올바른 것은 무엇인가?

① 클리퍼 날 소독 시 클리퍼에 꽂은 상태로 소독한다.
② 가위 사용 시 마찰로 손상되지 않도록 주의한다.
③ 분사식 소독제는 화기에 가까이 사용할 수 있다.
④ 전기 제품 사용 시 물 접촉이 가능하다.
⑤ 쇠로 된 제품은 소독제 사용 시 녹슬지 않도록 주의해야 한다.

36

가위의 볼트를 조절하는 방법에 대한 설명 중 올바른 것은 무엇인가?

① 볼트가 너무 느슨하거나 꽉 조여져 있어야 한다.
② 볼트가 적절히 조여져 있어야 하며, 너무 느슨하거나 꽉 조여 있지 않아야 한다.
③ 볼트를 꽉 조이면 가위의 수명이 늘어난다.
④ 볼트를 느슨하게 조이면 가위의 예리함이 유지된다.
⑤ 볼트 조절은 가위의 기능과는 상관이 없다.

37

가위의 관리에 관한 설명 중 올바른 것은 무엇인가?

① 윤활제를 사용하지 않고 닦아야 한다.
② 날을 밀면서 닦지 않아도 된다.
③ 가위 손상 시 A/S를 받지 않아도 된다.
④ 가위를 보관할 때에는 열기구 근처에 보관해야 한다.
⑤ 가윗날을 예리하게 유지하기 위해 적절한 소독, 관리, 보관이 필요하다.

38

가위를 관리하는 데 유용한 방법으로 올바르지 <u>않은</u> 것은 무엇인가?

① 사용 전후에는 윤활제를 사용하는 것을 권장한다.
② 날을 밀면서 닦아 이물질을 제거하여 날의 예리함을 유지해야 한다.
③ 가윗날을 예리하게 유지하기 위해 굵고 억센 털은 가볍게 커트해야 한다.
④ 가위 손상 시 숙련된 전문가에게 A/S를 받아야 한다.
⑤ 가위를 사용한 후에는 벌린 상태로 보관해야 한다.

39

클리퍼와 클리퍼 날의 관리 방법에 대한 설명 중 올바른 것은 무엇인가?

① 새 클리퍼를 사용하기 전에는 윤활제를 사용하지 않는다.
② 사용 후에 클리퍼 날을 청소하지 않아도 된다.
③ 클리퍼 날을 보관할 때는 습기가 있는 곳에 보관해야 한다.
④ 클리퍼 날을 연마할 때는 영구적으로 사용되므로 비전문가에게 의뢰해도 된다.
⑤ 사용 후 클리퍼 날을 깨끗이 청소하고 윤활제를 뿌려 건조한 곳에 보관해야 한다.

40

클리퍼 날의 연마에 관한 설명으로 올바른 것은 무엇인가?

① 클리퍼 날을 연마할 때는 사용 후에만 연마가 필요하다.
② 클리퍼 날의 연마는 정기적으로 성능을 유지하기 위해 필요하다.
③ 클리퍼 날의 연마는 모터 성능에 영향을 미친다.
④ 클리퍼 날을 연마할 때에는 자체적으로 연마를 진행해야 한다.
⑤ 클리퍼 날의 연마 후 윤활제로 닦으면 사용기간이 짧아진다.

41

핀 브러시를 관리할 때 올바른 설명은 무엇인가?

① 털을 제거할 때는 엄지와 집게손가락을 이용하고, 세척 후에는 직사광선을 피해야 한다.
② 브러시를 뒤집어 물이 패드의 구멍에 들어가지 않도록 주의하며 세척한다.
③ 세척 후 브러시를 흔들어 물기를 털어내고 뜨거운 바람으로 말려야 한다.
④ 오일이나 제습기를 사용하여 브러시를 보관해야 한다.
⑤ 패드 부분에 물이 들어가지 않도록 세척 후 브러시를 뒤집어 건조시켜야 한다.

42

슬리커 브러시를 관리할 때 올바르지 <u>않은</u> 설명은 무엇인가?

① 콤이나 손으로 털을 제거하고 세척 후 브러시를 뒤집어서 보관해야 한다.
② 세척 후 브러시를 완전히 건조시킨 후 보관하여야 한다.
③ 브러시의 패드 부분에 물이 들어가지 않도록 주의해야 한다.
④ 오일이나 파우더가 묻은 경우 부드럽게 제거하고 세정제로 충분히 닦아야 한다.
⑤ 브러시를 사용한 후에는 바로 보관하면 된다.

43

빗의 브리슬 브러시를 관리할 때 올바르지 <u>않은</u> 설명은 무엇인가?

① 손으로 털을 제거하고, 오일이나 파우더가 묻은 경우에는 세정제로 충분히 닦아야 한다.
② 세척 후에는 브러시를 흔들어 물기를 털어내야 한다.
③ 세척 시 브러시를 뒤집어 물에 적시고 충분히 닦은 후 건조시켜야 한다.
④ 브러시의 털을 손상시키지 않도록 보관해야 한다.
⑤ 직사광선에 건조시킨다.

44

빗의 관리 방법에 대한 설명 중 올바르지 <u>않은</u> 것은 무엇인가?

① 브러시를 사용한 후에는 바로 보관하여도 괜찮다.
② 세척 후에는 브러시를 흔들어 물기를 털어내야 한다.
③ 브러시를 보관할 때에는 직사광선을 피해야 한다.
④ 핀 브러시의 경우 세척 후 브러시를 뒤집어서 보관해야 한다.
⑤ 오일이나 파우더가 묻은 경우 부드럽게 제거하고 세정제로 충분히 닦아야 한다.

45

미용 도구를 안전하게 점검하고 사용하는 방법에 대한 설명 중 올바르지 <u>않은</u> 것은 무엇인가?

① 날카로운 도구를 점검할 때는 베이지 않도록 조심한다.
② 슬리커 브러시 등 뾰족한 도구로 찔리지 않도록 주의한다.
③ 클리퍼 날을 사용할 때 피부에 힘을 너무 주지 않는다.
④ 클리퍼 날에 윤활제를 분무할 때는 날을 분리하지 않고 클리퍼에서 직접 분무한다.
⑤ 가위로 털 이외의 것을 자르거나 무리하게 사용하지 않는다.

46

미용도구를 안전하게 사용하기 위한 환경 조건에 대한 설명 중 올바르지 <u>않은</u> 것은 무엇인가?

① 분사식 윤활제를 사용할 때는 완전히 밀폐된 공간에서 사용해야 한다.
② 윤활제가 바닥이나 작업대에 뿌려져 미끄러운 상황을 만들 수 있으므로 주의한다.
③ 전기 제품 사용 시 감전 사고를 예방하기 위해 물 접촉을 피한다.
④ 문어발식 콘센트 사용을 금지해야 한다.
⑤ 전기 용량 및 전압에 적합한 규격 전선을 사용해야 한다.

47

미용 소모품 중 윤활제에 대한 설명으로 올바른 것은 무엇인가?

① 반려동물 미용도구의 유지보수에 사용되며, 도구의 원활한 작동과 수명 연장을 도와준다.
② 반려동물의 털을 소독하는 데 사용되며, 계면활성제, 과산화물, 알코올 등이 종류에 포함된다.
③ 도구에 윤활제를 사용하는 것은 필요에 따라 사용방법이 달라지진 않는다.
④ 미용사의 손, 작업복, 미용도구 등을 소독하는 데 사용되며, 페놀류(석탄산), 크레졸 등이 종류에 포함된다.
⑤ 장시간 사용으로 인해 발생하는 열을 냉각시키는 데 사용되며, 클리퍼 등 열에 민감한 도구에 사용된다.

48

냉각제에 대한 설명으로 올바른 것은 무엇인가?

① 냉각제는 도구를 소독하는 데 사용되며, 과산화물, 알코올 등이 종류에 포함된다.
② 냉각제는 장시간 사용으로 인해 발생하는 열을 냉각시키는 데 사용되며, 열에 민감한 도구에 사용된다.
③ 냉각제에는 도구의 부식을 방지하는 성분이 있기 때문에 사용 후 바로 보관한다.
④ 윤활제와 마찬가지로 도구의 유지보수에 사용되며, 도구의 수명 연장과 작동을 도와준다.
⑤ 냉각제는 반려동물의 털을 소독하는 데 사용되며, 페놀류(석탄산), 크레졸 등이 종류에 포함된다.

49

미용도구 소독제에 대한 설명으로 올바른 것은 무엇인가?

① 도구를 소독하는 데 사용되며, 도구의 유지보수에 사용된다.
② 도구의 부식을 방지하고 소독하는 데 사용되며, 과산화물, 알코올 등이 종류에 포함된다.
③ 소독제는 도구의 원활한 작동과 수명 연장을 도와준다.
④ 도구에 윤활제를 뿌리거나 도구를 윤활제에 담가 보관하는 등, 사용 방법이 다양하다.
⑤ 소독제는 반려동물의 털을 제거하는 데 사용되며, 계면활성제, 페놀류(석탄산), 크레졸 등이 종류에 포함된다.

50

미용 소모품인 소독제, 윤활제, 그리고 냉각제의 각각에 대한 용도와 관리 방법에 대한 설명 중 올바르지 않은 것은 무엇인가?

① 소독제는 미용사의 손, 작업복, 미용도구, 기자재, 작업장 등을 소독하는 데 사용된다.
② 윤활제는 반려동물 미용도구 및 기자재의 유지보수에 사용되며, 이는 도구의 원활한 작동과 수명 연장에 도움이 된다.
③ 냉각제는 특히 열에 민감한 클리퍼 같은 도구에 사용되며, 사용 후에는 반드시 도구를 깨끗이 닦아서 보관한다.
④ 소독제는 종류에 따라 계면활성제, 과산화물, 알코올 등이 있으며, 윤활제는 도구의 유형과 필요에 따라 종류와 사용 방법이 다를 수 있다.
⑤ 윤활제와 냉각제는 도구의 보호와 유지보수에 사용되며, 소독제는 도구의 성능을 향상시킨다.

51

고객 상담 공간에서 고객에게 편안한 분위기를 조성하기 위해 주로 사용하는 소모품은 무엇인가?

① 사무용품
② 방향제
③ 종이컵
④ 책
⑤ 물티슈

52

고객 상담 공간에서 소모품을 사용하는 주된 목적은 무엇인가?

① 경쟁사 대비 우위 확보
② 상품 판매 증대
③ 비용 절감
④ 고객에게 좋은 인상 제공
⑤ 데이터 관리

53

고객 상담 시 사용되는 소모품의 종류, 용도, 목적, 중요성에 대한 설명 중 틀린 것은 무엇인가?

① 소모품의 종류로는 아로마향, 방향제, 커피나 음료수가 포함된다.
② 소모품은 주로 사무실 작업 효율을 높이기 위해 사용된다.
③ 소모품 사용의 목적은 고객에게 좋은 인상을 제공하고 편안한 상담 분위기를 조성하는 것이다.
④ 소모품의 중요성은 다양한 제품 활용을 통해 고객 만족도를 향상시키는 데 있다.
⑤ 소모품은 반려동물 미용 스타일 및 미용 후 관리 방법을 상담하는 공간에서 사용된다.

54

동물의 목욕용품을 선택할 때 고려해야 하는 기준은 무엇인가?

① 가격
② 브랜드 인지도
③ 동물의 pH 및 코트 상태
④ 포장의 색상
⑤ 상품의 크기

55

구강 관리 소모품을 사용하는 목적 중 **틀린** 것은 무엇인가?

① 구강 건강 유지
② 치석 예방
③ 향수 대용
④ 구취 감소
⑤ 치주 질환 예방

56

동물을 위한 목욕 및 구강 관리 소모품에 대한 설명 중 정확한 설명은 무엇인가?

① 모든 동물의 샴푸는 동일한 pH 값을 가진다.
② 치약은 동물이 삼키면 절대 안 된다.
③ 동물의 모색에 따라 다른 종류의 샴푸를 사용해야 한다.
④ 모든 치약은 칫솔과 함께 사용해야 한다.
⑤ 동물의 코트와 관계없이 한 가지 샴푸를 사용해도 된다.

57

지혈제의 주된 목적은 무엇인가?

① 귀속 털을 뽑을 때 사용한다.
② 귀의 이물질 제거로 사용된다.
③ 깊은 상처의 소독에 사용된다.
④ 입속을 소독할 때 사용된다.
⑤ 발톱 관리 시 출혈을 지혈하는 데 사용된다.

58

이어파우더의 주된 사용 목적은 무엇인가?

① 귀의 가려움증 완화
② 귀의 이물질 제거
③ 털을 쉽게 잡게 함
④ 귓병 예방
⑤ 피부 진정

59

이어클리너는 어떤 용도로 사용되는가?

① 귀의 통증 완화
② 귀의 이물질 제거
③ 청력 개선
④ 귀마개로 사용
⑤ 소음 감소

60

반려동물 털 염색 시 밝은 색상을 표현하기 위해 사용하는 제품은 무엇인가?

① 염모제
② 컬러믹스
③ 이염 방지제
④ 컬러초크
⑤ 일회용 장갑

61

염색 시 사용되는 보조도구 중 염색약이 튀는 것을 방지하고 미용사의 손을 보호하는 물품은 무엇인가?

① 컬러페이스트
② 알루미늄 포일
③ 이염 방지제
④ 컬러젤
⑤ 페인트펜

62

반려동물의 털에 일시적으로 염색 효과를 낼 수 있는 제품이 아닌 것은?

① 컬러젤
② 컬러초크
③ 염모제
④ 블로펜
⑤ 페인트펜

63

반려동물의 털을 염색할 때 원치 않는 부위의 염색을 방지하는 데 사용하는 제품은 무엇인가?

① 컬러믹스   ② 컬러초크
③ 일회용 장갑   ④ 블로펜
⑤ 이염 방지제

64

염색 중 염색약이 튀지 않도록 하고, 미용사의 손을 보호하기 위해 사용되는 보조도구 중 하나는 무엇인가?

① 일회용 장갑   ② 컬러젤
③ 컬러페이스트   ④ 컬러믹스
⑤ 이어클리너

65

장모관리에 사용되는 도구 중, 장모종 개의 털 보호 및 오염 방지에 특히 적합한 재료로 만들어진 것은 무엇인가?

① 워터리스 샴푸   ② 정전기 방지 컨디셔너
③ 엉킴 제거 제품   ④ 브러싱 스프레이
⑤ 래핑지

66

장모관리에 필요한 도구들의 설명 중 틀린 것은 무엇인가?

① 브러싱 스프레이 – 장모종 개 브러싱 시 마찰로 인한 모발 손상 방지
② 워터리스 샴푸 – 물이 있어야 사용 가능하며, 액상 또는 파우더 형태 선택 사용
③ 정전기 방지 컨디셔너 – 코트의 정전기 방지 및 모질 손상 예방
④ 엉킴 제거 제품 – 엉킨 털을 쉽게 풀어주는 데 사용
⑤ 고무밴드 – 털 묶기 및 래핑지 고정 가능하며, 재질과 크기 다양하므로 용도에 맞는 선택 필요

67

도그 쇼에 사용되는 헤어스프레이의 주된 기능은 무엇인가?

① 냄새 제거   ② 털 빗질 용이
③ 털의 풍성함 증대   ④ 기생충 방지
⑤ 상처 치료

68

초크는 도그 쇼 준비 중 어떤 효과를 위해 사용되는가?

① 털의 고정   ② 털의 광택 증진
③ 기분 전환   ④ 흰 털의 밝기 강화
⑤ 열 감소

69

위그의 설명으로 적절하지 <u>않는</u> 것은 무엇인가?

① 위그 견체 모형에 씌워 사용한다.
② 실제 개의 털로 만든 털이다.
③ 실제 동물에 적용하기 전에 기술을 연습할 수 있다.
④ 얼굴, 다리 부위 등 부분적인 연습이 가능한 부분 위그가 있다.
⑤ 전체 위그는 펫 클립용, 쇼 클립용, 래핑 연습용 등이 있다.

70

위그를 견체 모형에 사용하는 이유는 무엇인가?

① 행동 교육   ② 식습관 개선
③ 미용 연습   ④ 건강 검진
⑤ 운동 능력 향상

71

소모품 구매 요구량을 파악할 때 고려해야 할 주요 요소는 무엇인가?

① 고객의 피드백   ② 계절과 요일에 따른 사용량 차이
③ 직원의 선호도   ④ 경쟁사의 가격
⑤ 광고 효과

72

소모품 재고 관리 시 작업 차질을 방지하기 위해 필요한 조치는 무엇인가?

① 정기적인 할인 행사   ② 여유분 확보
③ 신제품 도입   ④ 고객 만족도 조사
⑤ 직원 교육 강화

73

소모품을 구매할 때 업체를 선정하는 기준 중 가장 중요한 것은 무엇인가?

① 업체의 위치
② 고객 서비스 평가
③ 할인율 및 사은품 제공
④ 배송 속도
⑤ 제품의 다양성

74

소모품 주문 시 사용할 수 있는 방법으로 올바르지 <u>않은</u> 것은 무엇인가?

① 전화
② 메일
③ 팩스
④ 인터넷
⑤ 인공지능

75

납품 방식 중 특정 날짜에 업체 담당자가 방문하여 물품을 납품하는 방법의 주요 단점은 무엇인가?

① 높은 배송 비용
② 납품 지연 가능성
③ 필요한 물품 부족 가능성
④ 제품 다양성 부족
⑤ 고객 응대 어려움

76

택배 발송 납품 방법의 가장 큰 위험 요소는 무엇인가?

① 비용 과다
② 상담 서비스 부재
③ 배송 중 파손 또는 분실
④ 인터넷 접속 필요
⑤ 시간 절약 부족

77

직접 방문 구매 방식이 특히 적합한 물품 유형은 무엇인가?

① 대형 기계
② 고가의 전자제품
③ 일상용품 또는 간단한 소모품
④ 맞춤형 소프트웨어
⑤ 전문 의료장비

78

물품을 납품 받는 방법 중 올바르지 <u>않은</u> 것은 무엇인가?

① 주기적인 담당자 방문 납품　　② 주문 후 담당자 방문 납품
③ 택배 발송 납품　　　　　　　④ 직접 방문 구매
⑤ 온라인 가상 납품

79

미용 소모품 재고 관리에서 정확한 소모품 목록을 파악하는 이유는 무엇인가?

① 비용 절감　　　　　　　　　② 작업 효율성 향상
③ 광고 효과 증대　　　　　　　④ 고객 만족도 측정
⑤ 직원 교육 개선

80

미용 소모품을 주문할 때 유효기간 확인이 중요한 이유는 무엇인가?

① 제품의 안전성 보장　　　　　② 배송 비용 절감
③ 광고 캠페인 효과　　　　　　④ 직원 근무 만족도 향상
⑤ 고객 피드백 수집

81

미용 소모품 재고 관리 시 유의사항이 <u>아닌</u> 것은 무엇인가?

① 정확한 소모품 목록 파악　　　② 재고량의 정확한 관리
③ 제품별 소모기간 및 유효기간 확인　④ 주문 및 입고기간 파악
⑤ 제품의 색상 다양성 확보

82

반려동물 미용 테이블의 주된 목적은 무엇인가?

① 미용도구 보관　　　　　　　② 반려동물의 활동 증가
③ 미용사의 편한 자세로 작업을 위함　④ 반려동물의 놀이 시간 제공
⑤ 반려동물의 의사소통 향상

83

접이식 미용 테이블의 주요 장점은 무엇인가?

① 견고하다.
③ 가격이 비싸다.
⑤ 전력이 필요하다.

② 휴대가 용이하다.
④ 높이 조절이 자동이다.

84

수동 미용 테이블에서 높이 조절 시 발생할 수 있는 문제점은 무엇인가?

① 자동 조절이 가능하다.
③ 불편할 수 있다.
⑤ 휴대가 불가하다.

② 비용이 많이 든다.
④ 전기 사용이 필요하다.

85

유압식 미용 테이블의 조절 방식은 어떻게 이루어지는가?

① 전기 버튼
③ 수동 핸들 조작
⑤ 무선 리모콘

② 발로 버튼 눌러 조절
④ 자동 센서

86

전동식 미용 테이블의 단점은 무엇인가?

① 무게가 가볍다.
③ 가격이 비싸고 부피가 크다.
⑤ 휴대가 용이하다.

② 조절이 불편하다.
④ 수동으로 조절한다.

87

다음 중 어떤 유형의 미용 테이블이 미용사의 키와 작업 스타일에 맞춰 높이 조절이 가능하며, 접어서 이동 가능한가?

① 접이식 미용 테이블
③ 유압식 미용 테이블
⑤ 모든 종류

② 수동 미용 테이블
④ 전동식 미용 테이블

88

테이블 고정 암의 주된 사용 목적은 무엇인가?

① 도구 걸이
② 조명 지지
③ 반려동물의 추락 방지
④ 반려동물 먹이주기
⑤ 음료수 보관

89

테이블 바구니의 사용 용도는 무엇인가?

① 추가 좌석 제공
② 음식 보관
③ 미용도구의 정리 및 접근성 향상
④ 쓰레기통으로 사용
⑤ 반려동물의 장난감 보관

90

개인용 드라이어의 주된 단점은 무엇인가?

① 가격이 비싸다.
② 바람의 세기와 단계 조절이 제한적이다.
③ 사용이 복잡하다.
④ 소음이 크다.
⑤ 무게가 무겁다.

91

스탠드 드라이어의 특징 중 하나는 무엇인가?

① 소음이 없다.
② 바람 세기 및 각도 조절이 용이하다.
③ 전기를 사용하지 않는다.
④ 휴대용으로 설계되었다.
⑤ 수동 조작이 필요하다.

92

블로 드라이어가 제공하는 주요 이점은 무엇인가?

① 에너지 절약
② 강한 바람으로 빠른 건조
③ 저소음 작동
④ 최소 크기 및 무게
⑤ 자동 온도 조절

93

다음 중 룸 드라이어 사용 시 동물의 안전을 위해 반드시 고려해야 할 사항은 무엇인가?

① 조명의 밝기 조절
② 동물에게 유해하지 않은 소독제 사용
③ 털 색상 보호
④ 소리 강도 최소화
⑤ 기기의 배치 최적화

94

다음 중 드라이어 종류에 대한 설명 중 **틀린** 것은 무엇인가?

① 개인용 드라이어 – 바람의 세기와 단계 조절이 제한적
② 스탠드 드라이어 – 바람 세기 및 각도 조절이 용이
③ 룸 드라이어 – 미용사가 직접 말리지 않아도 되는 편리성 제공
④ 블로 드라이어 – 강한 바람으로 빠르게 털을 말림
⑤ 스탠드 드라이어 – 이동이 편리하고, 협소한 공간에 편리

95

반려동물 목욕조에 통상적으로 포함된 기능으로, 반려동물의 목욕을 용이하게 하는 것은 무엇인가?

① 자동 털 건조 기능
② 수도꼭지 및 샤워기 부착
③ 물의 자동 순환 시스템
④ 향기 방출 기능
⑤ 조명 시설

96

스파 기기 사용의 주요 이점은 무엇인가?

① 빠른 건조 기능
② 노폐물과 냄새 제거
③ 자동 탈수 기능
④ 에너지 절약
⑤ 소음 감소

97

전기온수기의 주된 단점은 무엇인가?

① 설치가 까다롭다.
② 전기를 사용해야 한다.
③ 물을 데우는 시간이 오래 걸린다.
④ 수압이 약하다.
⑤ 설치비용이 비싸다.

98

가스온수기 사용의 가장 큰 이점은 무엇인가?

① 유지비용이 저렴하다.
② 설치가 간단하다.
③ 물을 빠르게 데울 수 있어 대용량 사용에 적합하다.
④ 전기를 사용하지 않는다.
⑤ 소음이 적다.

99

자외선을 이용한 살균 기계의 주요 이점은 무엇인가?

① 소독 후 추가 청소 필요   ② 반려동물 미용도구 소독에 사용
③ 소독에 오랜 시간 필요   ④ 약제 사용 필수
⑤ 건조 기능 부재

100

자외선 살균 기계의 어떤 기능이 사용에 편리함을 제공하는가?

① 복잡한 조작이 필요   ② 소독과 건조 기능
③ 고온 살균   ④ 연속 사용 제한
⑤ 추가 약제 사용

01	④	02	③	03	②	04	③	05	④	06	②	07	④	08	④	09	③	10	④
11	①	12	④	13	③	14	②	15	①	16	⑤	17	②	18	④	19	③	20	①
21	④	22	④	23	②	24	②	25	①	26	③	27	④	28	④	29	③	30	④
31	③	32	①	33	③	34	③	35	⑤	36	②	37	⑤	38	⑤	39	⑤	40	②
41	⑤	42	⑤	43	⑤	44	①	45	④	46	①	47	①	48	②	49	②	50	⑤
51	②	52	④	53	②	54	②	55	⑤	56	②	57	⑤	58	②	59	⑤	60	②
61	②	62	③	63	⑤	64	①	65	⑤	66	②	67	③	68	④	69	②	70	③
71	②	72	②	73	③	74	⑤	75	③	76	③	77	③	78	⑤	79	②	80	①
81	⑤	82	③	83	②	84	③	85	②	86	③	87	②	88	③	89	③	90	②
91	②	92	②	93	②	94	⑤	95	②	96	②	97	③	98	③	99	②	100	②

01

블런트 가위는 민가위라고도 불리며, 반려동물의 털을 자르는 데 사용되는 가위이다. 사용 용도에 따라 다양한 크기와 길이로 제공된다.

02

시닝 가위는 숱가위라고도 불리며, 주로 숱을 내는 데 사용된다. 발 수와 홈에 따라 절삭률이 달라지는 가위이다. 곡선 부분을 자르는 데 사용되는 것은 커브 가위의 특징이다.

03

텐텐 가위는 요술 가위라고도 불리며, 시닝 가위와 비슷하지만 절삭률이 더 좋은 것이 특징이다. 제품별로 잘리는 양이 다르므로, 사용 전에 각 제품의 절삭률을 숙지하고 사용해야 한다.

04

커브 가위는 가윗날이 휘어진 형태를 가지고 있어서, 반려동물의 몸체 곡선 부분이나 특정 어려운 부위를 자르는 데 특히 적합하다. 이 특성 때문에 정교하고 세밀한 미용 작업에 주로 사용된다.

05

블런트 가위는 민가위라고도 불리며, 반려동물의 털을 다양한 길이로 자를 수 있도록 다양한 크기와 길이로 제공된다. 이 가위는 털을 원하는 길이에 맞게 정확하게 자르는 데 적합하여 미용 시 정밀한 작업을 가능하게 한다.

06

소형 클리퍼는 일반적으로 날의 길이를 조절할 수 없으며, 한 가지 길이의 날을 사용한다.

07

제조사마다 클리퍼 날의 번호에 따른 길이가 차이가 있을 수 있다.

08

클리퍼 콤은 길이를 조절할 수 있는 덧빗이므로, 길이를 조절하여 클리핑 할 수 있다.

09

전문가용 클리퍼는 반려동물 미용 시 몸체나 얼굴, 발 등 전반적인 클리핑을 하는 데 다양하게 사용한다. 클리퍼 본체에 길이가 다른 여러 가지 클리퍼 날을 장착하여 사용할 수 있다.

10

소형 클리퍼의 날의 종류는 한 가지이며, 클리퍼의 종류에 따라 날의 길이 조절이 가능하다고 설명되어 있지 않다.

11

핀 브러시는 장모종 동물의 엉킨 털 제거와 오염물 탈락에 사용된다.

12

브리슬 브러시는 동물의 털로 만들어진 빗으로, 오일이나 파우더를 바르거나 피부 마사지에 사용된다.

13

콤은 털을 세우고 방향을 만들기 위해 사용된다.

14

오발빗은 반려동물의 볼륨을 표현하기 위해 털을 부풀릴 때에 사용된다.

15

슬리커 브러시는 엉킨 털을 빗거나 드라이하는 데 사용된다.

16

꼬리빗은 동물의 털을 가르거나 래핑을 할 때 사용된다.

17

스트리핑 나이프는 죽은 털을 제거하고 건강한 모질을 유지하기 위해 사용된다.

18

미디엄 나이프는 꼬리, 머리, 목 부분의 털을 제거하기 위해 사용된다.

19

스트리핑 나이프는 코스, 미디엄, 파인 세 가지 종류로 나뉜다.

20

코스 나이프는 언더코트 제거에 사용된다.

21

스트리핑 나이프는 죽은 털을 제거하고 건강한 모질을 유지하는 데 주로 사용된다.

22

코트킹은 언더코트를 제거하기 위한 도구로 사용된다.

23

코트킹은 언더코트 제거 도구로, 반려동물의 털을 정리하는 데 사용된다. 이 도구는 반려동물의 모발 특징에 따라 날의 촘촘함과 크기를 선택하여 사용된다.

24

겸자는 귀속 털을 제거하거나 다듬기 위해 사용된다.

25

겸자는 주로 귀속 털을 제거하거나 다듬는 데 사용된다.

26

발톱깎이는 주로 손톱을 깎기 위한 도구다.

27

발톱갈이의 전동식은 전동으로 작동하며 충전이 가능하거나 건전지를 사용할 수 있다.

28

밴딩가위는 고무밴드를 자르거나, 래핑이나 밴딩 작업 시 사용된다.

29

도그 위그 견체 모형은 미용을 연습하기 위해 사용되는 모형이다.

30

발톱깎이의 종류에는 집게형, 니퍼형, 기요틴형이 있다.

31

엘리자베스 칼라는 수술 후 동물의 상처를 보호 및 물지 못하게 하는 용도로 사용된다.

32

입마개는 동물을 물지 못하게 하는 도구로 사용된다.

33

프렌치불독은 단두종 전용 입마개를 사용해야 한다.

34

클리퍼 날을 사용할 때는 과도한 힘을 사용하지 않도록 주의해야 한다.

35

쇠로 된 제품은 소독제 사용 시 녹슬지 않도록 주의해야 한다.

36

볼트가 적절히 조여져 있어야 하며, 너무 느슨하거나 꽉 조여 있지 않아야 가위 날의 균등한 마모와 수명이 유지된다.

37

가윗날을 예리하게 유지하기 위해 적절한 소독, 관리, 보관이 필요하다. 이것은 가위의 수명을 연장하고, 사용 중 효율성을 유지하는 데 도움을 준다.

38

가위를 사용한 후에는 닫힌 상태로 보관하는 것이 안전사고 예방 및 외부 충격으로부터 날을 보호하는 방법이다.

39

사용 후 클리퍼 날을 깨끗이 청소하고 윤활제를 뿌려 건조한 곳에 보관하는 것이 올바른 관리 방법이다.

40

클리퍼 날의 연마는 정기적으로 성능을 유지하기 위해 필요하다.

41

핀 브러시를 관리할 때는 세척 후 브러시를 뒤집어 건조시켜야 하며, 패드 부분에 물이 들어가지 않도록 주의해야 한다.

42

브러시를 사용한 후에는 완전히 건조시킨 후 보관해야 하며, 바로 보관하는 것은 올바른 관리 방법이 아니다.

43

직사광선을 피하고 건조시킬 때 브러시의 털이 손상되지 않도록 주의한다.

44

브러시를 사용한 후에는 바로 보관하는 것은 브러시의 수명을 단축시킬 수 있으므로 권장되지 않는다.

45

클리퍼 날에 윤활제를 분무할 때는 날을 클리퍼에서 분리한 후에 적용한다.

46

분사식 윤활제는 환기가 잘 되는 곳에서 사용해야 하며, 작업 중에는 화기에 주의해야 한다.

47

윤활제는 반려동물 미용도구의 유지보수에 사용되며, 도구의 원활한 작동과 수명 연장을 도와준다.

48

냉각제는 장시간 사용으로 인해 발생하는 열을 냉각시키는 데 사용되며, 열에 민감한 도구에 사용된다.

49

소독제는 도구의 부식을 방지하고 소독하는 데 사용되며, 과산화물, 알코올 등이 종류에 포함된다.

50

윤활제와 냉각제는 도구의 보호와 유지보수에 사용되며, 소독제는 도구의 성능을 향상시키지 않는다. 소독제는 주로 미생물의 증식을 방지하고 사용자와 동물의 안전을 보장하기 위해 사용된다.

51

고객 상담 공간에서는 방향제, 아로마향, 커피나 음료수를 사용하여 고객에게 편안한 분위기를 제공하며 좋은 인상을 남기기 위해 사용한다.

52

고객 상담 공간에서 소모품을 사용하는 주된 목적은 고객에게 좋은 인상을 제공하는 것이다. 이를 통해 고객 만족도를 높이고 상담 분위기를 편안하게 만들 수 있다.

53

올바른 용도는 고객 상담 공간에서 고객에게 좋은 인상을 제공하고 편안한 상담 분위기를 조성하는 것이다.

54

동물의 목욕용품, 특히 샴푸와 린스 선택 시 동물의 pH, 모질, 모색, 코트 상태에 맞는 제품을 선택하는 것이 중요하다.

55

구강 관리 소모품, 즉 치약과 칫솔의 주요 목적은 구강 건강을 유지하고 치석 및 구취를 예방하며 치주 질환을 예방하는 데 있다.

56

동물의 목욕용품, 특히 샴푸와 린스 선택 시 동물의 pH, 모질, 모색, 코트 상태에 맞는 제품을 선택하는 것이 중요하다.

57

지혈제는 발톱 관리 시 발생할 수 있는 출혈을 막기 위해 사용되며, 가루, 젤, 스프레이 형태로 다양하게 시판된다.

58

이어파우더는 주로 귓속 털을 뽑을 때 사용되며, 이를 통해 털을 쉽게 잡을 수 있도록 도와준다.

59

이어클리너는 귀 세정제로 사용되며, 귀의 이물질을 제거하고 소독하는 데에 사용된다.

60

컬러믹스는 반려동물 염색약과 섞어 사용하여 밝은 색상을 표현할 수 있도록 도와주는 제품이다. 이 제품은 다른 염색약과 혼합하여 사용될 때 더 밝고 선명한 색상을 얻을 수 있도록 설계되었다.

61

염색 보조도구 중 알루미늄 포일은 염색약의 흡수를 돕고 염색물이 튀는 것을 방지하는 데 사용된다. 또한 미용사의 손을 보호하는 역할도 한다. 보기의 다른 제품들은 이러한 용도로 사용되지 않는다.

62

염모제는 반려동물의 털을 염색할 때 사용되며, 목욕을 하여도 털에 색이 남아 있는 지속성이 높은 염색제이다.

63

이염 방지제는 염색 시 원하지 않는 부위에 염색약이 닿는 것을 방지하는 데 사용된다. 이 제품은 염색 과정을 더 깔끔하고 정확하게 진행할 수 있게 도와준다.

64

일회용 장갑은 염색 중 염색약이 튀는 것을 방지하고 미용사의 손을 보호하는 데 사용된다. 이는 염색 작업 시 필수적인 보호장비로, 안전하고 위생적인 염색 작업을 가능하게 한다.

65

래핑지는 장모종 개의 털을 보호하기 위해 사용되며, 종이나 비닐 소재로 만들어진 것이 특징이다. 이는 염색 시 사용되어 털이 엉키지 않고 색상이 변하는 것을 방지하는 데 도움을 준다.

66

워터리스 샴푸는 물 없이 오염을 제거할 수 있으며, 액상 또는 파우더 형태가 있다.

67

도그 쇼용 헤어스프레이는 동물의 털을 높이 세우고 풍성하게 보이게 하는 용도로 사용된다. 이는 특히 도그 쇼 대회에서 동물의 외모를 더욱 돋보이게 하기 위해 중요하다.

68

초크는 특히 흰 털을 가진 동물을 더 하얗게 보이게 하기 위해 사용된다. 이 제품은 도그 쇼 대회에서 동물의 털 색상을 더욱 밝고 눈에 띄게 하여 심사위원의 주목을 받는 데 도움을 준다.

69

실제 개를 대신하여 반려동물 미용 연습을 할 때 사용하는 가짜 털이다.

70

위그는 견체 모형에 씌워져 반려동물 미용 연습용으로 사용된다. 이는 미용사가 다양한 미용 기술을 실습할 수 있도록 하여 실제 동물을 다루기 전에 연습할 수 있는 안전하고 효과적인 방법을 제공한다.

71

소모품 구매 요구량을 파악할 때는 계절과 요일에 따른 사용량 차이를 고려하는 것이 중요하다. 이를 통해 예상치 못한 부족이나 과잉 재고를 방지하고, 효율적인 재고 관리를 도모할 수 있다.

72

소모품 재고 관리에서 작업 차질을 방지하기 위해 여유분을 확보하는 것이 필요하다. 이는 예기치 못한 상황에 대비하여 소모품이 부족하지 않도록 하여 연속적이고 원활한 작업 흐름을 유지하는 데 도움을 준다.

73

소모품 구매 시 업체를 선정할 때는 구매 개수별 할인율, 기간별 할인, 사은품 제공 등 비용 효율성을 중요하게 고려한다. 이는 구매 비용을 최적화하고 추가 혜택을 확보할 수 있는 중요한 요소로 작용한다.

74

소모품을 주문할 때 일반적으로 사용되는 방법은 전화, 메일, 팩스, 인터넷을 통한 주문이다. 필요에 따라 주문서 사용 또는 직접 방문하여 구매할 수도 있다.

75

주기적인 담당자 방문 납품은 편리하지만, 필요한 물품이 현장에 구비되어 있지 않을 수 있는 단점이 있다. 이로 인해 필요한 물품을 구할 수 없는 상황이 발생할 수 있다.

76

택배 발송 납품 방식은 어디서나 납품이 가능하지만, 배송 중 파손이나 분실의 위험이 있는 것이 가장 큰 단점이다. 이러한 위험은 물품의 안전한 도착을 보장할 수 없게 만든다.

77

직접 방문 구매는 일상용품이나 간단한 소모품을 쉽게 구할 수 있을 때 특히 적합하다. 이 방식은 편리하며 빠르게 필요한 물품을 손에 넣을 수 있도록 해준다.

78

온라인 가상 납품은 물리적으로 실제 물품을 받는 기존의 납품 방법과는 다르며, 실제 물품 납품 방법 중 하나로 언급되지 않았다.

79

정확한 소모품 목록을 파악하는 것은 반려동물 미용 작업의 효율성을 향상시키기 위해서 중요하다. 이를 통해 작업 중 불편함을 방지하고, 필요한 소모품이 항상 준비되어 있도록 할 수 있다.

80

미용 소모품을 주문할 때 유효기간을 확인하는 것은 제품의 안전성을 보장하기 위해서 중요하다. 유효기간이 충분히 남아있는 제품을 사용함으로써 제품의 효과를 보장하고, 사용 중에 발생할 수 있는 문제를 예방할 수 있다.

81

재고 관리는 주로 소모품의 필요량, 유효기간, 주문 및 입고 시간 등을 효과적으로 관리하여 부족이나 과잉을 방지하는 데 중점을 둔다. 제품의 색상 다양성은 미용 소모품의 품질이나 재고 관리와는 직접적인 연관이 없다.

82

미용 테이블은 미용사가 바르고 편한 자세로 작업할 수 있도록 설계되어 있다. 이는 미용사의 작업 효율성을 높이고 장시간 작업으로 인한 불편함을 최소화하는 데 기여한다.

83

접이식 미용 테이블의 주요 장점은 가벼움과 휴대 용이성이다. 이는 이동식 미용에 적합하게 만들어진 테이블 특성 때문이다.

84

수동 미용 테이블은 수동으로 높이 조절이 필요하며, 이 과정이 불편할 수 있다는 단점이 있다.

85

유압식 미용 테이블은 발로 버튼을 눌러 높낮이를 조절할 수 있는 시스템을 갖추고 있다. 이는 조절이 편리하다는 장점이 있다.

86

전동식 미용 테이블은 높낮이 조절이 매우 편리하지만, 부피가 크고 가격이 비싼 것이 주요 단점이다.

87

수동 미용 테이블은 높이를 조절할 수 있으며, 미용사의 키와 작업 스타일에 맞춰 조정할 수 있는 기능을 가지고 있고, 접어서 이동 가능하다. 또한 가격이 저렴한 편이다.

88

테이블 고정 암은 미용 테이블에서 반려동물을 미용할 때 사용되며, 주로 동물의 추락을 방지하는 목적으로 활용된다. 이는 미용 중 안전을 보장하는 중요한 역할을 한다.

89

테이블 바구니는 미용 테이블 아래 부착되어 도구를 올려놓는 용도로 사용된다. 이는 미용도구의 접근성을 향상시키고, 도구들을 체계적으로 정리하는 데 유용하다.

90

개인용 드라이어는 바람의 세기와 단계 조절이 제한적이라는 주된 단점을 가지고 있으며, 이로 인해 반려동물 미용에 제한적으로 사용될 수 있다.

91

스탠드 드라이어는 바람 세기 및 각도 조절이 용이하여, 반려동물 미용에 자주 사용되며 다양한 상황에 유연하게 대응할 수 있다.

92

블로 드라이어는 강한 바람을 사용하여 털을 빠르게 말리는 이점을 제공한다. 이는 특히 빠른 건조가 필요할 때 유용하며, 미용 시간을 단축시키는데 도움을 준다.

93

룸 드라이어를 사용할 때 동물이 핥을 수 있는 부분에 동물에게 유해하지 않은 소독제 사용이 필수적이다. 이는 동물의 건강을 보호하고 안전한 환경을 유지하기 위해 중요하다.

94

⑤번은 개인용 드라이어에 대한 설명이다. 스탠드 드라이어는 바람 세기 및 각도 조절이 용이하고, 반려동물 미용에 자주 사용된다.

95

목욕조에는 일반적으로 수도꼭지와 샤워기가 부착되어 있어, 반려동물 목욕 시 편리한 물 조절과 샤워 기능을 제공한다. 이는 목욕 과정을 효율적이고 편리하게 만들어준다.

96

스파 기기는 반려동물의 목욕 시 노폐물과 냄새를 효과적으로 제거하여 깨끗하고 상쾌한 결과를 도출하는 데 효과적이다.

97

전기온수기는 설치가 간편하지만, 저장된 물 사용 후 다시 데우는 데 시간이 소요되어 연속적인 대량 사용에 불리한 점이 주된 단점이다. 이로 인해 대량의 물을 지속적으로 필요로 하는 상황에서는 비효율적일 수 있다.

98

가스온수기는 설치가 복잡할 수 있지만, 그 주된 이점은 대량의 물을 빠르게 데울 수 있어 대용량 사용에 적합하다는 점이다. 이 특성은 대량의 온수가 신속하게 필요한 상황에서 매우 유리하다.

99

자외선을 이용한 살균 기계는 주로 반려동물 미용도구의 소독에 사용되며, 이 기술은 가열 살균이나 약제 소독에 비해 소독 시간이 짧아 사용이 간편하다는 큰 이점을 가지고 있다.

100

자외선 살균 기계는 소독과 건조 기능을 갖춘 제품이 있어, 사용에 편리함을 제공한다. 이 기능은 소독한 미용도구를 바로 건조시켜 빠른 재사용이 가능하게 하며, 작업 효율성을 증가시킨다.

CHAPTER 03 고객상담

01 고객 응대

1. 상담 환경 조성과 응대

(1) 고객응대의 태도와 요령

1) 고객응대 기본

① 친절하고 따뜻한 태도: 밝은 표정으로 맞이하고 부드러운 어조와 화법 사용
② 단정한 용모와 복장: 고객에게 신뢰를 줄 수 있는 이미지 유지
③ 정기적인 교육: 불만 고객에게 유연하게 대응할 수 있는 역량 강화
④ 재방문 유도: 고객들이 다시 방문하고 싶은 인상을 남기는 것이 중요

2) 용모 및 복장 체크

① 깨끗한 유니폼: 항상 깨끗한 상태로 유지
② 적절한 액세서리: 과도한 액세서리 사용은 피하고, 고객에게 거부감을 줄 수 있는 것은 사용하지 않음
③ 냄새 관리: 작업자에게 불쾌한 냄새가 나지 않도록 관리함

화장과 액세서리	• 짙은 화장은 피하고, 작고 단정한 귀걸이만 허용 • 작업복 위의 목걸이, 팔찌 등 액세서리 사용은 자제
복장과 손톱	• 작업복 착용을 원칙으로 하되, 작업 외의 시간에는 단정한 근무복 착용 • 맨발이나 짧은 바지, 치마를 피하며, 손톱은 짧게 유지 • 과도한 부착물은 피해야 함

3) 인사 예절과 화법

① 고객과의 만남에서 웃는 표정과 부드러운 말투를 유지하여 밝은 분위기 조성
② 친절한 안내로 고객이 비용 이상의 가치를 느낄 수 있도록 함
③ 처음 방문한 고객에게는 밝은 표정과 미소로 인사하여 친절함을 전달
④ 재방문 고객에게는 친근함을 나타내어 반갑게 맞이함

표정	밝은 미소로 고객을 맞이하여 신뢰감을 높임
상황별 인사	• 고객 방문 시: "안녕하세요?"라는 인사와 미소로 맞이 • 작업 중: "안녕하세요? 잠시만 기다려 주세요. 미용 중입니다." 등의 인사로 양해를 구하고 안전하게 작업 진행 • 전화나 다른 고객 응대 중: 가볍게 목례나 눈인사

호칭	상황과 상대에 알맞은 호칭 사용
목소리	밝고 생기 있는 목소리로 고객에게 응대하여 신뢰감을 높임
긍정적 화법	• 고객의 요구를 최대한 수용하는 화법 사용 • 강한 어조나 과장된 표현은 피함 • 플러스 화법을 사용하여 환한 미소로 응대 TIP　플러스 화법 • 고객과 반려동물의 행동 및 외모 변화에 관심을 보이며 대화 • 배려하는 말투로 칭찬하고 일상적인 주제(예 날씨)를 이야기하며 대화 진행
불만 고객 응대	• 불만 고객은 빠르게 대응해야 하며, 그렇지 않으면 더 큰 불만으로 이어질 수 있음 • 고객의 요구에 귀 기울여야 함 • 해결책 제시가 필요함 TIP　불만 고객 응대 과정 [1단계] 문제 경청: 진지하게 경청하고 구체적인 원인 파악 [2단계] 동감 및 이해: 고객의 입장에 동감하고 있다는 것을 표현 [3단계] 해결 방법 제시: 부드럽게 해결 방법을 제시하고 최선을 다해 설명 [4단계] 마무리: 다시 한번 동감을 표현하고 고객의 불만을 감사하게 여김
경청하는 태도	• 상대방의 이야기에 집중하고 말을 중간에 가로막지 않기 • 판단하지 않고 이야기를 듣기 • 적절한 반응 제공 예 눈 맞춤, 고개 끄덕임, 맞장구치기 • 내용에 맞는 표정 사용 및 몸의 방향을 고객에게 향하기(언어적 및 비언어적 반응 포함)
고객의 불만을 가중시키는 태도	• 고객과 함께 화내기 • 무관심하게 행동하기 • 고객을 무시하기 • 문제에 대해 발뺌하기 • 규정만 앞세우기 • 업무 처리가 미숙하기

4) 고객 응대 매뉴얼 제작

① 고객 응대 매뉴얼의 작성이 필요함

② 상황에 따른 응대 방법을 포함함

③ 유연한 대처를 위해 교육을 진행함

기본 응대 매뉴얼	서비스의 일상적인 응대 행동에 대한 표준을 정리하여 서비스 품질을 향상시키고 불만 고객을 줄임
상황별 응대 매뉴얼	• 불만 고객과 돌발 상황에서 최적 대응 방법을 제시하여 효과적으로 사용 • 함께 금기사항을 제시하여 사용자들에게 유용한 정보 제공

(2) 반려동물 숍 상담실의 대기 환경

반려동물 숍 상담실의 대기 환경은 물건이 정리되어 깔끔하고 청결하며, 냄새가 나지 않아야 함

1) 상담·대기 공간의 위생과 냄새 관리

① 배변 봉투와 위생 용품을 잘 보이는 곳에 비치함
② 사용한 쓰레기통은 수시로 비움
③ 청소기를 사용해 털 날림 방지 및 수시로 청소함
④ 아로마 발향을 이용해 편안하고 아늑한 분위기를 조성함

2) 상담 환경 조성

① 작업자와 고객 간 충분한 상담이 필요함
② 장소가 협소할 경우 서서 대기하거나 상담할 수 있는 작은 공간을 마련함

대기 시간 관리	• 대기 중 지루함 방지를 위해 읽을거리 비치 • 여유가 있을 경우 차 또는 다과 제공
음악	• 외부 소음 차단 • 숍 내부에 잔잔한 음악 틀어 반려동물에게 안정감 제공
대기 공간에서의 좋은 기억 부여	반려동물의 긍정적 조건 형성을 위한 대기 공간에서의 기억 만들기 [예] 대기 공간에서 간식 제공, 놀이를 통해 긍정적 기억 조성, 고객에게 좋은 연관성을 안내
고전적 조건 형성	• 반려동물이 미용할 때 이동장 사용 시 두려움과 연관될 수 있음 • 긍정적인 경험을 연관시켜 거부 반응을 수정해야 함 • 이동장에 간식 등 반려동물이 좋아하는 것을 연결하여 역조건을 형성하고, 이로써 부정적인 연관을 긍정적으로 변화시킴
고양이가 좋아하는 식물 마련	• 변화된 환경에 예민한 고양이를 위해 전용 대기실 조성 권장 • 공간 부족 시에는 가려져 있고 조용한 안정된 공간 확보 • 캣닙, 캣그라스, 마타타비(개다래나무), 캣민트, 곽향, 개밀, 레몬그라스 등 고양이가 좋아하는 식물을 사용하되, 이 식물들은 고양이에게 즐거운 흥분을 유도할 수 있어 사용 시 주의가 필요함

TIP	개와 고양이에게 위험한 식물

- 700가지 이상의 실내 및 실외 식물이 개와 고양이에게 독성을 가짐
- 식물 섭취로 인한 가벼운 반응부터 심각한 건강 문제나 죽음에까지 이를 수 있음
- 환경 조성 전 위험한 식물이 포함되어 있는지 확인 필요

아스파라거스 고사리	• 구토, 설사, 복통 유발 • 지속 노출 시 알레르기성 피부염 발생 가능
옥수수식물	• 사포닌 함유, 구토, 토혈, 식욕 감퇴, 우울증, 유연 증상 • 고양이는 동공 확대
디펜바키아	구강 간지러움, 타액 분비 증가, 구토 증세
백합	• 고양이에게 심각한 독성, 구토, 무기력증, 식욕 감퇴 • 신장 손상 및 죽음의 위험
시클라멘(풍접초)	• 타액 분비 증가, 구토, 설사 • 심장 마비 및 죽음의 위험
몬스테라	입과 혀 간지러움, 타액 분비 증가, 구토
알로에	구토 유발, 소변 붉어짐
아이비	잎과 열매 섭취 시 설사, 위장 장애, 발열, 다음다갈증, 동공 확장, 근육 쇠약, 호흡 곤란 등 발생

3) 상담 환경 조성과 고객 응대 시 유의사항

① 대기 공간이 부족할 경우 고객에게 양해를 구하고 미용 작업의 종료 시간을 사전 안내함
② 반려동물의 배변 처리용 쓰레기통은 뚜껑이 있는 것으로 비치
③ 상담 시 강요하거나 주장하는 행동은 삼가고, 자극적인 단어 선택을 피함
④ 상담 및 대기 공간에 배치할 식물은 반려동물에게 독성이 없는지 확인 필요

2. 반려동물의 개체 특성 파악

(1) 개체 특성 파악을 위한 상담

① 반려동물의 피모 상태, 질병 유무, 미용 후 행동 유형에 대해 고객으로부터 정보 수집
② 문제가 있는 부위는 그림으로 체크하고 필요 시 사진 촬영
③ 작업 전후로 고객에게 상황을 안내하여 오해 방지
④ 반려동물의 개체 특성을 직접적으로 파악하기

직접적인 파악 방법	• 눈으로 파악하기: 반려동물의 행동, 피모 상태, 눈·귀·구강 검사, 걸음걸이를 통해 건강 상태 확인 • 만져 보고 파악하기: 반려동물의 행동과 피모 상태, 신체 건강을 직접 만져보며 검사
간접적인 파악 방법	• 고객과의 대화: 미용 작업 중 가능한 상황에 대해 설명하고, 반려동물의 전신 건강 상태, 질병 유무, 과거 병력 및 미용 전후 행동을 고객에게 듣고 기록 • 지속적인 기록 갱신: 반려동물의 상태가 변할 수 있으므로, 상태를 주기적으로 확인하고 기록을 갱신하며 고객과 소통 유지

(2) 동물 행동 이해

1) 목적

① 반려동물의 행동을 충분히 이해하는 것이 중요
② 낯선 환경에서 나타날 수 있는 행동 분석 및 위험 대비
③ 미용 전 반려동물과 친밀감 형성으로 원활한 미용 작업 진행 가능

2) 개와 친밀감 형성하기

① 개와의 인사법
  • 직접적인 시선과 마주침은 위협적으로 받아들여짐
  • 옆으로 접근하고, 직접적인 눈맞춤을 피하는 것이 예의에 맞음
  • 고객에게 "만져도 될까요?"라고 물어본 후 접근하는 것이 좋음
② 개를 안아서 받기: 고객이 개를 안고 작업자에게 전달해 고객이 개의 얼굴을 볼 수 있도록 하여 분리 불안감을 줄임
③ 개의 움직임을 중지시키기
  • 고개를 숙이고 목줄을 잡아당겨 개가 움직이지 않도록 하는 기술을 사용
  • 작은 몸짓으로도 예민한 개를 멈춰 세울 수 있음
④ 부드러운 어루만짐
  • 고객과 개의 허락 후, 갑작스럽게 머리를 만지지 않고 손을 낮추어 개가 먼저 작업자의 냄새를 맡을 수 있도록 접근
  • 부드럽고 느릿한 마사지로 개를 진정시킴
⑤ 간식을 이용하여 친해지기
  • 개가 작업자에게 인사할 때 이름을 부르며 간식 제공
  • 과거 병력이나 피부 문제가 있는 경우, 간식 제공 전 고객의 동의 필요
⑥ 놀이를 이용하여 친해지기
  • 공이나 장난감을 사용해 놀이를 통해 개와 친밀감 형성
  • 반려동물 숍 방문을 즐거운 경험으로 인식시키는 방법으로 활용

3) 고양이 이해하기

① 특징
  • 고양이는 개와 달리 복종을 강요하거나 길들일 수 없음
  • 자신보다 큰 동물을 사냥하지 않으므로 무리 서열이나 복종적 행동이 없음
  • 낯선 환경에서 고양이와 친밀감을 형성하는 것은 어려움이 따름
② 고양이 의사 표현
  • 고양이는 환경의 변화에 예민하게 반응함
  • 의사소통을 위해서는 고양이의 얼굴 표정과 몸 자세를 관찰하고 이에 따라 접근해야 함

경계	눈을 동그랗게 뜨고 동공이 확장됨
공격 준비	뒷면이 보이도록 돌아감
두려움	납작해진 귀에 입을 벌리고 '하악' 소리를 냄
평화	얼굴에 긴장감이 없고 힘이 빠져 있음
화남	꼬리와 털을 세우고 크게 부풀림
긴장	꼬리를 곧게 내려 팽팽한 상태로 유지함
경계와 호기심	꼬리를 끝 부분만 살짝살짝 움직임
순종	꼬리가 쳐져 있고 배 쪽으로 말려들어 감
기쁨	꼬리를 파르르 떪
평화	꼬리를 편안한 상태로 세우고 걸음
무서움	등을 위쪽으로 세우고 꼬리를 내림
친근함	등과 귀를 세우고 꼬리를 말아 편안하게 앉아 있음
짜증	꼬리를 탁탁 치면서 불쾌함을 표현함

③ 고양이 안기
- 고양이를 안을 때는 손을 넓게 펴서 앞다리 뒤의 가슴과 배 부분을 부드럽게 들어올리고, 동시에 엉덩이와 뒷다리를 받침
- 경계심이 강한 고양이의 경우 일반적으로 안지 않으며, 안을 필요가 있다면 목덜미를 조심스럽게 잡고 빠르게 케이지로 옮김
- 옮기는 과정에서 발이나 아랫배는 만지지 않아야 고양이와 작업자 모두의 안전을 확보할 수 있음

④ 고양이 쓰다듬기
- 고양이가 작업자 옆으로 다가왔을 때 조심스럽고 부드럽게 얼굴을 쓰다듬기 시작
- 가벼운 접촉으로 시작하여 콧등, 입 주위, 목 부위 아래 등을 부드럽게 문지름
- 고양이가 졸거나 쉴 때는 손을 가볍게 닿은 채로 기다림
- 고양이가 조금이라도 싫어하는 반응을 보이면 즉시 쓰다듬는 것을 중단

⑤ 고양이 페로몬 제품의 사용
- 스트레스를 줄이고 불안감을 완화하기 위해 페로몬 성분의 제품 사용
- 이동장이나 대기 공간에 페로몬 제품을 뿌리거나 바르기
- 새로운 환경에서 고양이에게 익숙한 느낌을 주기 위해 사용

4) 그 밖의 동물

① 주로 개와 고양이가 미용숍을 찾지만 페럿, 원숭이, 돼지 등 다른 동물들의 인기도 점차 증가하고 있음
② 이러한 다양한 동물들도 목욕 서비스 등의 미용 서비스를 받기 위해 반려동물 미용숍을 찾음

페럿	• 호기심 많고 훈련이 가능해 인기 있는 반려동물 • 실내에서 기를 경우 특유의 냄새 때문에 자주 목욕이 필요함 • 철장의 경우 대기 장소에서 도주할 수 있으므로, 밀폐된 이동장에서 대기하게 함 • 대기 장소에서 페럿이 편안함을 느낄 수 있도록 해먹이나 전용 이불을 고객이 준비하도록 요청

원숭이	• 집단 생활과 서열 중요성을 가진 동물 • 새로운 환경은 원숭이에게 위협적으로 느껴질 수 있음 • 고객과 함께 미용 작업을 하는 것이 원활하고 안전한 작업을 위해 권장됨
햄스터	• 햄스터의 털은 습기로 인해 뭉칠 수 있음 • 전용 모래를 사용하여 목욕하면 햄스터가 습기를 제거할 수 있음

02 고객관리 차트 작성

1. 차트 작성 매뉴얼 구성

(1) 고객 관리 차트 작성 요령

1) 고객정보 기록하기

① 개인정보보호법을 준수하며 필요한 정보만 수집
② 정보는 숍 내에서만 사용하고 외부 유출 방지

2) 반려동물 정보 기록

① 반려동물의 이름, 품종, 나이, 중성화 여부, 과거 병력 등 기록
② 첫 방문 시 사진 촬영에 대한 동의 필요

3) 미용 스타일 기록

① 미용 스타일은 날짜별 혹은 전자 차트를 통해 기록
② 작업 전후 기록으로 고객과의 원활한 소통 유지

4) 기록 정리와 갱신

고객 및 반려동물 정보의 변동 사항을 작업 전 확인하고 필요 시 갱신

5) 미용 관리 차트 작성

고객 정보와 반려동물 정보를 수기로 작성하여 보관

6) 전자 차트 사용

고객 및 반려동물 정보를 전자 차트 프로그램을 사용하여 보관 및 관리

(2) 전화 응대 요령

1) 목적

- 전화 응대는 반려동물 숍의 첫인상을 결정하는 중요한 요소
- 음성만으로 의사소통하기 때문에 빠른 평가가 일어날 수 있음
- 무성의한 답변이나 빠른 말은 고객 불만을 야기할 수 있음
- 전화 응대 원칙: 친절함, 정확성, 신속함, 예의 바름

2) 전화를 받을 때의 요령

① 메모지와 미용 예약 장부를 전화기 옆에 항상 준비
② 전화벨이 3번 이상 울리기 전에 전화를 받음
③ 환한 미소와 밝은 목소리로 전화 응답
④ 전화를 받을 때 인사말과 함께 소속과 성명을 밝힘
⑤ 고객의 말을 적극적으로 경청
⑥ 고객이 필요한 정보를 충분히 제공
⑦ 고객의 입장과 상황을 배려하여 정중하게 응대
⑧ 고객보다 먼저 전화를 끊지 않음

3) 쿠션 화법 사용하기

① 단답형 응대는 차가운 느낌을 줄 수 있음
② 상대방이 당황하지 않도록 "죄송합니다만", "고맙습니다만", "번거로우시겠지만", "바쁘시겠지만" 등의 쿠션 단어 사용
③ 쿠션 화법은 고객 관계를 부드럽고 만족스럽게 만드는 응대 방법

2. 고객관리 차트 작성 및 전화 응대 시 유의사항

① 고객 정보는 반려동물 미용에 필요한 최소한만 수집하고 다른 용도로 사용하지 않도록 관리
② 반려동물의 미용 스타일 만족도를 고객에게 확인하여 차트에 기록
③ 전화 응대 시 고객의 요구를 빠르게 파악
④ 전화 응대 시 필요한 정보만 친절하고 간단하게 설명하며 불필요한 이야기는 피함
⑤ 과도한 쿠션 화법 사용을 피하여 고객에게 부담감을 주지 않음
⑥ 예약 상황을 기록하여 고객에게 빠짐없이 안내
⑦ 반려동물의 생활 환경에 대해 질문할 때 고객이 부담을 느끼지 않도록 조심스럽게 질문

1. 반려동물의 피모와 건강 상태 확인

(1) 기초 신체검사

1) 목적

① 반려동물의 안전과 미용 금액 책정에 필수
② 작업 전후 고객과의 불필요한 마찰을 피하는 데 중요함
③ 기본 검사로는 체중과 체온 측정이 포함됨

2) 체중 체크

① 반려동물의 정확한 체중 측정이 중요함
② 반려동물용 체중계 사용이 권장됨
③ 움직임이 심한 경우 안고 측정 또는 이동장 활용 가능
④ 안전한 방법으로 체중을 측정하는 것이 필요함

3) 체온 체크

① 반려동물의 체온 체크는 중요함
② 정상 체온을 넘거나 미달 시 문제 발생 가능 예 대사·호흡·신경계·순환기 문제 발생 가능, 위험상황 발생 가능성 높음
③ 정상 체온
- 개와 고양이의 정상 체온: 37.5~39.5℃
- 대형견의 정상 체온: 37.5~38.5℃
- 사람보다 약간 높은 체온을 가짐
④ 비정상 체온일 때 응급 처치 방법

높은 체온	• 얼음 팩을 열이 많은 부위에 올려 열을 식히고, 너무 차게 하지 않음 • 안정을 취할 수 있도록 조용한 장소로 옮겨 탈수 증상을 방지하고 물을 자주 먹이도록 함
낮은 체온	몸을 따뜻하게 하고 찬바람을 피하며, 정상 체온으로 돌아오지 않으면 수의사 진료를 안내함

(2) 건강상태 확인

① 반려동물 건강 확인: 작업 전 체크하여 안내함
② 사고 방지 및 마찰 회피에 도움
③ 수의사 진료 필요 시 작업 중지 후 안내함

눈	충혈, 분비물, 돌출, 눈물 분비 및 주변 발적 확인 후 안내
귀	귀지, 부종, 발적, 진드기 확인 후 안내

구강	구취, 치석, 이상 치아, 출혈, 발적, 부종 확인 후 안내
전신 상태	건강 상태 확인 후 기침, 콧물, 호흡 등 안정 여부 파악하고 불안정 시 작업 중지 안내
걸음걸이	다리 변형이나 이상 발견 시 확인 후 안내

(3) 피모 상태 확인

털 엉킴, 피부 이상(예 종양, 궤양, 홍반), 부스러기, 딱지, 수포, 색소 침착, 가려움 등 확인 후 고객에게 안내함

(4) 미용동의서 작성 요령

① 노령, 미접종, 질병력, 예민성 등 확인 후 미용 진행 여부 결정
② 고객에게 위험성 설명 후 동의서 작성 권고
  • 접종 여부와 건강 검진 내용 확인
  • 과거 및 현재 병력 기록 확인
  • 미용 후 스트레스 관련 2차적 증상 안내
  • 불가항력적인 상황 설명
  • 경계심 높은 동물에 대한 발생 가능 환경 경고 예 쇼크, 경련 가능성
  • 사납거나 물리기 쉬운 동물에 대한 물림방지 도구 사용 안내

(5) 반려동물 건강 상태 확인 시 유의사항

① 체온 측정 시 귀 안쪽에 체온계를 사용하여 안정적으로 측정
② 안정된 상황에서 체온 측정 진행
③ 신체 건강 이상 발견 시 질병 확정을 하지 않으며, 수의사 진료를 권유
④ 털 엉킴 등 확인 시 마찰을 없애기 위해 머리부터 꼬리까지 함께 확인함
⑤ 미용 동의서 작성 안내 시 고객에게 설명하여 필요성을 이해하도록 함
⑥ 건강 확인 시 상담자가 발견한 부분을 설명하여 이해하도록 안내함

1. 미용디자인과 요금 상담

(1) 스크랩북 제작

1) 목적

① 반려동물의 특성 파악 후 고객 상담 진행
② 원하는 미용 스타일을 정확히 이해하기 위해 예시 사진이나 그림 활용 권장
③ 샴푸, 보습제 등 제품 선택을 위해 피모에 맞게 표를 작성하여 고객에게 제공함
④ 제품 선택에 도움이 되도록 함

2) 스타일 북

스타일북 정보 수집방법은 인터넷 검색, 사진 촬영, 스마트 기기 활용 등이 있음

인터넷 검색	• 키워드로 관련 사진 자료를 구분하여 검색 후 확인 • 저작권을 확인하여 취합
사진 촬영	• 미용 작업 후 직접 촬영하여 수집 • 작업자가 직접 작업한 스타일이므로 오차가 작음
스마트 기기 활용	• 사진을 검색하여 모아두면 스타일북 제작 없이도 상담이 용이 • 정보량이 풍부하고 즉시 검색 가능

3) 제품 안내표

① 제품 안내 방법

POP 광고 활용	• 브랜드 식별과 상품 주목성을 강화하여 결정력을 높임 • 충동적 동기를 활용한 직접적인 판매 역할
제품 사진 스크랩	• 주제별로 제품을 스크랩하여 장단점 비교 가능한 소책자 제작 • 브랜드와 관계 없이 선택 가능

② 제품 안내표 게시 방법

POP 광고 활용	가격표를 부착하여 고객에게 쉽게 안내
스크랩북 활용	스타일북이나 제품 스크랩북 내부에 가격표 부착하여 고객에게 안내

(2) 미용 요금 안내

① 미용 작업 전 요금 상담 필요: 작업 후 불필요한 마찰 또는 불만족 방지를 위한 과정
② 요금 안내와 이해 가능한 설명 필요: 책정된 요금을 고객에게 명확히 설명하고 동의를 구해야 서비스 만족 가능
③ 추가 비용 예상 시 미리 안내: 고객의 불만 방지를 위해 예상되는 상황에 대한 추가 비용을 미리 안내함

(3) 미용디자인과 요금 상담 시 유의사항

① 저작권 준수: 자료 수집 시 저작권을 침해하지 않는 선에서 사용
② 파일 정리: 자료를 정리하여 언제든지 고객 상담 가능하도록 준비
③ 스타일북 제작: 가능한 범위 내에서 작업자가 미용 작업을 사진으로 표현
④ 불가능한 스타일 설명: 요구하는 스타일이 불가능할 때는 이해할 수 있게 설명하고, 대체 스타일 안내
⑤ 피모 상태 설명: 작업자가 피모 상태에 따라 스타일 표현 방법을 고객에게 설명
⑥ 제품 안내표: 미용 제품 선택 시 피모 상태에 맞게 안내하며, 고객 부담 없도록 권하지 않음
⑦ 추가 비용 설명: 반려동물 예민성 등으로 인한 추가 비용 발생 시 명확히 설명하고 상담 후 진행함

05 작업 후 상담

1. 미용 후 상담

(1) 고객 만족도의 확인

1) 목적

① 고객 만족도 확인의 중요성: 재방문과 신뢰감 증진
② 작업 후 만족도 확인: 반려동물 스타일과 작업자 태도 평가 후 차트에 기록
③ 정기적 설문 조사: 개별적 피드백을 수렴하여 서비스 품질 향상에 노력함

2) 방법

① 작업 후 확인: 작업 종료 직후 고객 의견을 수렴하여 보완 작업을 실시함으로써 만족도를 높이는 것에 작업 후 확인의 중요성이 있음
② 전화 확인
  • 미용 작업 후 건강 및 피모 상태 확인이 중요
  • 작업 다음 날 확인 권장: 시일이 경과하면 미용 작업과는 관련 없는 불만 요인과 구분 어려움
  • 다음 예상 미용 날짜 안내: 고객 기분 좋은 응대와 재방문 유도 가능
③ 설문조사: 미용 스타일 만족도, 반려동물 건강 상태, 고객 요청사항 등 확인

설문지	• 작업자가 직접 컴퓨터 프로그램으로 작성한 설문지 활용 • 고객이 작업 후 바로 응답하기 쉽도록 내방 시 설문조사 진행 • 불만 내용은 작업자 앞에서 작성하지 않을 수 있으므로 고려 • 미용 만족도 설문조사는 활용 서식을 참고하여 작성함
인터넷 활용	• 포털 사이트의 문서 도구를 활용하여 설문지 작성 • 문자, 이메일, 스마트폰 메신저를 통해 전송 가능 • 무기명으로도 응답 가능하나 응답 확률이 낮음 • 고객의 불만 요소를 확인 가능하나 응답률이 낮은 단점 존재

(2) 반려동물의 상태표 작성

① 작업 중 발견한 건강 상태를 간단히 작성하여 고객에게 설명
② 고객이 알기 쉽게 작성하여 수의사의 진료를 권유함

(3) 사고 발생 시 대처와 고객 안내

① 미용 작업 중 불가피한 사고에 대비하여 응급처치 요령을 숙지함
② 위급한 상황에서는 반드시 수의사에게 진료를 받을 수 있도록 안내함
③ 고객에게 상세한 경위와 반려동물의 상태 설명 후 수의사 진료 안내
- 사고 발생 시 고객에게 사실적인 설명과 방어적 태도를 유지하며, 반려동물의 행동에 핑계 대지 않고 전달함
- 사고 발생 가능한 상황을 설명함

낙상	테이블 위나 케이지에서 발생 가능
미용 도구에 의한 상처	엉킴 부위 등에서 발생 가능
화상	클리퍼나 드라이기 사용 시 발생 가능
도주	보호자나 상담자의 부주의로 발생 가능

④ 반려동물이 서로 공격할 때에는 안전한 방법을 사용하여 떨어뜨림
- 개의 뒷다리를 든다.
- 개와 다른 동물 사이를 막는다.
- 천 패드나 큰 수건으로 눈을 가리고 공격을 방지한다.

(4) 미용 후 상담 시 유의사항

① 선호 스타일 미달 시 이유를 사전에 설명함
② 동물이 싸울 때는 큰 소리나 자극을 피하고 조심함
③ 흥분한 동물에게 물림방지 도구를 착용 시 작업자 안전을 고려함
④ 사고 발생 시 정확히 상황을 설명하고 사과함
⑤ 고객 차트를 통해 기존 질병이나 행동 상태를 지속적으로 안내함
⑥ 작업자는 응급처치 요령을 반드시 숙지해야 함

고객상담 연습문제

01

고객응대 시 친절하고 따뜻한 태도를 나타내는 방법은 무엇인가?

① 고객의 요구를 무시　　　　　　② 부드러운 어조와 화법 사용
③ 단호한 명령어 사용　　　　　　④ 불평등한 대화 유지
⑤ 일관된 무표정 유지

02

고객 서비스의 질을 향상시키기 위해 정기적으로 진행되는 것은 무엇인가?

① 불만 고객 무시　　　　　　　② 임시적인 교육
③ 일회성 피드백 세션　　　　　④ 정기적인 교육
⑤ 소셜 미디어 활용 제한

03

고객응대의 태도와 요령에 관한 설명 중 <u>틀린</u> 것은 무엇인가?

① 밝은 표정으로 고객을 맞이한다.　　② 부드러운 어조와 화법을 사용한다.
③ 단정한 용모와 복장으로 신뢰를 준다.　④ 불만 고객에게 단호하게 대응한다.
⑤ 재방문 유도를 위해 좋은 인상을 남긴다.

04

고객응대의 태도에 대한 대처 요령 중 <u>틀린</u> 부분은 무엇인가?

① 밝은 표정으로 고객을 맞이한다.
② 고객의 요구사항을 무시한다.
③ 부드러운 어조와 화법을 사용한다.
④ 단정한 용모와 복장을 유지한다.
⑤ 고객의 재방문을 유도한다.

05

직장에서 유니폼을 착용할 때 가장 중요한 것은 무엇인가?

① 디자인
② 색상의 다양성
③ 깨끗한 상태 유지
④ 사이즈
⑤ 브랜드

06

직장에서 액세서리 사용에 관한 적절한 지침은 무엇인가?

① 과도한 액세서리 사용
② 거부감을 주는 액세서리 사용
③ 크고 화려한 액세서리 사용
④ 고객에게 거부감을 주지 않는 액세서리
⑤ 흔들리는 장식이 있는 액세서리

07

작업자의 냄새 관리에 대한 적절한 접근 방법은 무엇인가?

① 향수를 많이 뿌린다.
② 작업자에게 불쾌한 냄새가 나지 않도록 관리한다.
③ 개인적인 냄새를 강조한다.
④ 작업 중 냄새를 무시한다.
⑤ 자연적인 냄새만 한다.

08

직장 내에서 허용되는 화장 및 액세서리 수준은 어떻게 해야 하나?

① 짙은 화장
② 크고 눈에 띄는 귀걸이
③ 작고 단정한 귀걸이만 허용
④ 화려한 목걸이 착용
⑤ 얼굴 전체에 화장

09

적절한 직장 복장 및 손톱 관리에 대한 지침은 무엇인가?

① 맨발로 근무
② 작업복 착용을 원칙으로 함
③ 긴 손톱 유지
④ 화려한 복장 착용
⑤ 개인적 스타일 강조

10

다음 중 직장에서의 적절한 용모 및 복장 관리 지침에 대한 설명으로 가장 부적절한 것은 무엇인가?

① 깨끗한 유니폼을 항상 유지하며, 작업 시 편안함을 고려해야 한다.
② 액세서리는 최소한으로 하며, 고객에게 거부감을 주는 액세서리는 피해야 한다.
③ 작업자는 향수를 많이 뿌려 불쾌한 냄새를 커버해야 한다.
④ 화장은 자연스럽게 하며, 크고 눈에 띄는 액세서리 대신 작고 단정한 귀걸이만 허용된다.
⑤ 작업복 착용을 원칙으로 하며, 손톱은 짧게 유지하여 깔끔하고 전문적인 모습을 유지해야 한다.

11

고객과의 첫 만남에서 가장 중요한 인사 예절은 무엇인가?

① 무표정으로 대하기
② 밝은 표정과 미소로 인사하기
③ 소극적인 태도로 맞이하기
④ 표정 없이 정중하게 말하기
⑤ 공식적인 인사만 하기

12

재방문 고객을 맞이할 때 적합한 태도는 무엇인가?

① 무관심하게 대하기
② 서둘러 인사를 마치기
③ 친근함을 나타내어 반갑게 맞이하기
④ 공식적인 태도로 한정하기
⑤ 불편한 분위기 조성하기

13

고객이 방문했을 때 적절한 인사 방법은 무엇인가?

① 밝은 미소와 함께 "안녕하세요?"
② 무관심하게 대하기
③ 바쁘다고 바로 말하기
④ 고객을 무시하고 계속 일하기
⑤ 신경 쓰지 않는 척하기

14

작업 중 고객에게 어떻게 인사하는 것이 좋은가?

① 무시하고 작업에 집중하기
② "잠시만 기다려 주세요. 미용 중입니다."라고 말하며 양해 구하기
③ 큰 소리로 불편함을 표현하기
④ 고객을 다른 곳으로 보내기
⑤ 고객의 질문을 무시하기

15

고객과 응대 시 호칭 사용에 대한 가장 적절한 지침은 무엇인가?

① 무조건 존댓말 사용
② 상황과 상대에 알맞은 호칭 사용
③ 친근감을 위해 반말 사용
④ 모든 고객을 '언니'라고 부르기
⑤ 호칭 사용을 피하고 직접적으로 말하기

16

고객에게 응대할 때 사용해야 할 목소리의 특징은 무엇인가?

① 낮고 짜증나는 목소리
② 밝고 생기 있는 목소리
③ 과도하게 높은 목소리
④ 속삭이는 목소리
⑤ 감정이 없는 목소리

17

고객과의 긍정적인 대화를 위해 사용하는 화법은 무엇인가?

① 강한 어조와 비판적인 말투
② 배려하는 말투로 칭찬하며 대화하기
③ 무조건적인 동의만 하기
④ 부정적인 주제로 대화하기
⑤ 문제만 지적하며 대화하기

18

다음은 고객 응대 시 사용하는 어떤 화법을 설명한 내용이다. 다음 보기에서 해당하는 화법을 고르시오.

┌─ 보기 ├─
고객과 반려동물의 행동과 외모의 변화에 관심을 보이며 대화하는 방법과 배려하는 말투로 칭찬, 날씨 등을 이야기하며 대화하는 방법 등이 있다.

① 곱하기 화법   ② 굿화법
③ 프로젝트화법   ④ 플러스화법
⑤ 더블화법

19

플러스 화법을 고객 응대 시 사용하는 이유는 무엇인가?

① 고객의 요구사항을 무시하기 위해
② 대화를 단절시키기 위해
③ 고객과의 긴장을 높이기 위해
④ 고객과 반려동물의 행동 및 외모에 대해 관심을 보이며 긍정적인 대화를 유도하기 위해
⑤ 고객에게 정보를 제공하지 않기 위해

20

불만 고객을 응대 시 적절하지 <u>않은</u> 것은?

① 구체적인 원인을 파악한다.
② 고객의 불만이 가라앉을 때까지 최대한 늦게 대응한다.
③ 고객의 요구에 귀 기울여야 한다.
④ 해결책을 제시한다.
⑤ 고객의 입장에 동감한다는 표현을 한다.

21

불만 고객 응대 과정 중 첫 번째 단계로 적절한 것은 무엇인가?

① 불만의 원인을 추측하기
② 고객의 불만을 빠르게 거부하기
③ 문제를 진지하게 경청하고 구체적인 원인 파악
④ 해결 방법을 즉시 제시하기
⑤ 고객을 비난하기

22

불만 고객 응대에서 마무리 단계에 포함되어야 할 중요한 요소는 무엇인가?

① 해결 방법을 무시하기
② 고객에게 책임을 전가하기
③ 다시 한번 동감을 표현하고 고객의 불만을 감사하게 여김
④ 서비스 중단
⑤ 추가 불만 제기를 격려하기

23

불만 고객 응대 과정의 올바른 순서는 무엇인가?

① 문제 경청 → 동감 및 이해 → 해결 방법 제시 → 마무리
② 마무리 → 문제 경청 → 동감 및 이해 → 해결 방법 제시
③ 해결 방법 제시 → 문제 경청 → 마무리 → 동감 및 이해
④ 동감 및 이해 → 문제 경청 → 해결 방법 제시 → 마무리
⑤ 해결 방법 제시 → 동감 및 이해 → 문제 경청 → 마무리

24

적절한 경청 태도를 나타내는 행동이 <u>아닌</u> 것은?

① 상대방의 이야기에 집중한다.
② 말을 중간에 가로막지 않는다.
③ 몸의 방향은 고객을 향하지 않는다.
④ 적절한 반응을 제공한다.
⑤ 내용에 맞는 표정을 사용한다.

25

고객의 불만을 가중시킬 수 있는 태도가 <u>아닌</u> 것은 무엇인가?

① 고객과 화내기
② 무관심하게 행동하기
③ 눈 맞춤, 고객 끄덕임, 맞장구치기
④ 문제에 대해 발뺌하기
⑤ 규정만 앞세우기

26

고객 응대 매뉴얼 제작 시 포함되어야 할 내용은 무엇인가?

① 상황에 따른 응대 방법
② 제품의 기술적인 세부사항만 기술
③ 직원 휴가 일정
④ 경쟁사 정보
⑤ 회사의 재정 상태

27

고객 응대 매뉴얼에서 유연한 대처를 위해 권장되는 방법은 무엇인가?

① 직원 개인의 재량에 전적으로 의존
② 일관된 응대 방법 무시
③ 교육 진행
④ 고객 응대 규정 완화
⑤ 서비스 표준의 폐지

28

기본 응대 매뉴얼의 주된 목적은 무엇인가?

① 직원의 자유로운 대응을 촉진
② 서비스 품질 향상
③ 고객 요구사항 무시
④ 매출 증가 집중
⑤ 직원 해고 절차 간소화

29

상황별 응대 매뉴얼의 이점 중 하나는 무엇인가?

① 모든 직원의 자의적 대응
② 상황 무시
③ 돌발 상황에서 최적 대응 방법 제시
④ 서비스 지연
⑤ 직원 규율 감소

30

고객 응대 매뉴얼 제작의 필요성과 관련 없는 것은 무엇인가?

① 상황에 따른 응대 방법
② 직원 개인의 서비스 품질 향상
③ 교육 및 훈련의 기준 마련
④ 모든 고객 불만을 제거
⑤ 유연한 대처 및 문제 해결 능력 강화

31

반려동물 숍 상담실의 대기 환경을 적절하게 유지하기 위해 필요한 조건은 무엇인가?

① 물건이 무질서하게 배치되어 있어야 한다.
② 상담실이 청결하고 깔끔하게 유지되어야 한다.
③ 강한 향수나 방향제를 사용한다.
④ 화려하게 꾸민다.
⑤ 장식품들을 최대한 나열한다.

32

반려동물 상담·대기 공간의 위생과 냄새 관리를 위해 취해야 할 적절한 조치는 무엇인가?

① 청소기 사용을 피하고 털 날림을 방치한다.
② 배변 봉투와 위생 용품을 잘 보이는 곳에 비치한다.
③ 사용한 쓰레기통은 일주일에 한 번만 비운다.
④ 아로마 발향을 사용하지 않고 냄새를 그대로 둔다.
⑤ 공간을 청소하지 않고 자연스러운 상태를 유지한다.

33

반려동물 상담·대기 공간의 위생과 냄새 관리에 대한 조치 중 올바르지 <u>않은</u> 것은 무엇인가?

① 사용한 쓰레기통은 수시로 비움
② 배변 봉투와 위생 용품을 보이지 않는 곳에 숨겨 둠
③ 청소기를 사용해 털 날림 방지 및 수시로 청소
④ 아로마 발향을 이용해 편안한 분위기 조성
⑤ 공간을 깨끗하게 유지하기 위해 주기적으로 청소

34

상담 공간이 협소할 경우, 어떤 조치가 적절한가?

① 모든 고객을 동시에 상담한다.
② 서서 대기하거나 상담할 수 있는 작은 공간을 마련한다.
③ 고객을 밖에서 대기시킨다.
④ 추가 공간 확보 없이 상담을 진행한다.
⑤ 고객을 무작위로 호출한다.

35

대기 시간 관리를 위해 취할 수 있는 행동은 무엇인가?

① 고객을 무시한다.
② 읽을거리를 비치하고 차나 다과를 제공한다.
③ 고객의 대기 시간을 연장한다.
④ 대기실을 닫는다.
⑤ 정보 제공 없이 대기하게 한다.

36

숍 내부에서 잔잔한 음악을 틀어주는 목적은 무엇인가?

① 고객을 쫓아내기 위함이다.
② 외부 소음을 차단하고 반려동물의 안정감을 제공한다.
③ 음악을 듣기 싫어하는 고객을 필터링한다.
④ 불만을 증가시킨다.
⑤ 편안한 수면을 유도하기 위함이다.

37

반려동물의 긍정적 조건 형성을 위한 대기 공간에서의 기억 만들기 방법 중 틀린 것은 무엇인가?

① 간식 제공을 통해 긍정적인 기억 조성
② 놀이를 통해 긍정적 기억 조성
③ 고객에게 좋은 연관성을 안내
④ 고객과 큰소리로 이야기해서 집중할 수 있게 함
⑤ 고전적 조건 형성을 통해 긍정적 경험 연관시킴

38

개와 고양이에게 위험한 식물을 확인하는 이유는 무엇인가?

① 식물 성장을 촉진하기 위해
② 식물의 아름다움을 강조하기 위해
③ 식물의 수분을 보존하기 위해
④ 식물 섭취로 인한 건강 문제나 죽음을 방지하기 위해
⑤ 식물을 더 잘 판매하기 위해

39

다음 중 고양이에게 심각한 독성을 가진 식물은 무엇인가?

① 아스파라거스 고사리　　　　　② 옥수수식물
③ 디펜바키아　　　　　　　　　④ 백합
⑤ 몬스테라

40

대기 공간이 부족할 때 고객응대에서 취해야 할 적절한 조치는 무엇인가?

① 고객을 바로 돌려보내기
② 고객에게 양해를 구하고 미용 작업 종료 시간을 사전 안내하기
③ 불편을 호소하는 고객을 무시하기
④ 추가 대기 공간 확보 노력을 하지 않기
⑤ 고객의 불만을 증폭시키는 대응하기

41

상담 환경에서 배치할 식물을 선정할 때 고려해야 할 사항은 무엇인가?

① 가능한 한 많은 식물을 배치하기
② 가장 비용이 적게 드는 식물 선택하기
③ 식물의 크기만 고려하기
④ 반려동물에게 독성이 없는지 확인하기
⑤ 식물의 색상에만 집중하기

42

상담 환경 조성과 고객응대 시 유의사항 중에서 올바르지 않은 것은 무엇인가?

① 고객에게 불필요한 정보를 강요하기
② 대기 공간이 부족할 경우 고객에게 양해를 구하고 미용 작업 종료 시간을 사전 안내
③ 반려동물의 배변 처리용 쓰레기통은 뚜껑이 있는 것으로 비치
④ 상담 시 강요하거나 주장하는 행동 삼가고, 자극적인 단어 선택을 피함
⑤ 상담과 대기 공간에 배치할 식물은 반려동물에게 독성이 없는지 확인 필요

43

반려동물 미용 상담 중 개체 특성을 파악하기 위해 수행하는 적절한 절차는 무엇인가?

① 고객의 개인 정보를 공개하기
② 반려동물의 피모 상태, 질병 유무, 미용 후 행동 유형에 대해 정보 수집
③ 반려동물을 관찰하지 않고 작업 시작하기
④ 모든 반려동물에 동일한 미용 절차 적용하기
⑤ 상담 중 고객의 의견을 무시하기

44

반려동물의 개체 특성을 직접적으로 파악하는 방법 중 하나는 무엇인가?

① 미용 전후 사진만 찍기
② 고객의 설명에만 의존하기
③ 반려동물의 피모 상태와 건강을 직접 만져보고 검사하기
④ 인터넷 정보 검색
⑤ 다른 반려동물과 비교 분석하기

45

반려동물의 개체 특성을 간접적으로 파악하는 방법 중 적절한 예는 무엇인가?

① 반려동물을 직접 검사하지 않고 추측하기
② 고객과의 대화를 통해 반려동물의 건강 상태와 행동을 듣고 기록하기
③ 반려동물을 다루지 않고 시각적으로만 관찰하기
④ 반려동물의 건강을 전문가에게만 맡기기
⑤ 소셜 미디어에서 정보 수집하기

46

반려동물의 개체 특성을 파악하기 위한 방법 중 올바르지 않은 것은 무엇인가?

① 눈으로 반려동물의 행동, 피모 상태, 눈 · 귀 · 구강을 검사하고 걸음걸이를 관찰하기
② 반려동물의 신체를 직접 만져보며 행동과 피모 상태, 신체 건강 검사하기
③ 고객과의 대화를 통해 반려동물의 전신 건강 상태, 질병 유무, 과거 병력 및 미용 전후 행동 기록하기
④ 반려동물의 상태를 주기적으로 확인하고 기록을 갱신하며 고객과의 소통 유지하기
⑤ 반려동물의 건강 상태와 관련 없이 온라인 리뷰만을 기반으로 진단하기

47

반려동물 미용 전, 행동 이해의 중요성과 관련된 설명 중 올바른 것은 무엇인가?

① 반려동물의 행동을 무시하고 미용을 진행한다.
② 낯선 환경에서의 행동을 분석하고 위험에 대비한다.
③ 반려동물과의 친밀감 형성이 미용에 영향을 미치지 않는다.
④ 반려동물의 행동을 이해할 필요가 없다.
⑤ 행동 분석은 미용사의 업무 범위를 벗어난다.

48

개와의 첫 인사 시 적절한 접근 방법은 무엇인가?

① 직접적인 시선으로 쳐다보기
② 고객의 허락 없이 개를 바로 만지기
③ 옆으로 접근하고 직접적인 눈맞춤을 피하기
④ 고개를 숙이고 갑작스럽게 손을 뻗기
⑤ 목줄을 강하게 잡고 제어하기

49

개를 안아서 받는 상황에서 분리 불안감을 줄이는 방법은 무엇인가?

① 개를 높이 들어 올리기
② 고객이 개의 얼굴을 볼 있도록 안고 작업자에게 전달하기
③ 개를 바닥에 두고 목줄만 사용하기
④ 개를 작업자가 직접 끌고 가기
⑤ 개의 목을 조르기

50

개와 친밀감을 형성하는 데 사용할 수 있는 효과적인 방법은 무엇인가?

① 갑작스러운 움직임으로 개를 놀라게 하기
② 무조건적인 목줄 당김
③ 공이나 장난감을 사용해 놀이하기
④ 개를 다루는 동안 큰 소리로 소리치기
⑤ 고객의 허락 없이 간식을 제공하기

51

개와 친밀감을 형성하는 방법 중 올바르지 않은 것은 무엇인가?

① 직접적인 시선과 눈맞춤을 하며 접근하기
② 고객에게 "만져도 될까요?"라고 물어본 후 접근하기
③ 부드럽고 느릿한 마사지로 개를 진정시키기
④ 간식을 이용하여 친해지기, 고객의 동의 후 제공
⑤ 놀이를 이용하여 친해지기, 장난감 사용

52

고양이를 이해하는 데 중요한 점은 무엇인가?

① 고양이를 길들이기 위해 엄격한 훈련이 필요하다.
② 고양이는 개와 달리 복종을 강요하거나 길들일 수 없다.
③ 고양이에게 무리 서열을 확립시켜야 한다.
④ 고양이는 무조건 낯선 환경에 잘 적응한다.
⑤ 고양이와 친밀감 형성은 쉽게 이루어진다.

53

고양이를 이해하는 방법 중 옳지 않은 것은 무엇인가?

① 고양이의 얼굴 표정과 몸 자세를 관찰하여 의사소통하기
② 직접적인 시선과 마주침으로 고양이에게 접근하기
③ 낯선 환경에서 고양이와 친밀감을 형성하기 위해 시간을 할애하기
④ 고양이의 행동에 따라 적절하게 반응하고 상호작용하기
⑤ 고양이가 보여주는 신호를 기반으로 행동하기

54

고양이의 경계 상태를 알 수 있는 특징은 무엇인가?

① 꼬리를 파르르 떤다.
② 눈을 동그랗게 뜨고 동공이 확장된다.
③ 꼬리를 편안한 상태로 세우고 걷는다.
④ 꼬리를 탁탁 치면서 불쾌함을 표현한다.
⑤ 꼬리가 처져 있고 배 쪽으로 말려들어 간다.

55

고양이가 친근함을 표현할 때 나타내는 행동은 무엇인가?

① 고양이의 꼬리를 세우고 크게 부풀린다.
② 등을 세우고 꼬리를 내린다.
③ 꼬리를 탁탁 치면서 짜증을 낸다.
④ 등과 귀를 세우고 꼬리를 말아 편안하게 앉아 있다.
⑤ 납작해진 귀에 입을 벌리고 '하악' 소리를 낸다.

56

고양이를 안을 때 안전하게 진행하는 방법은 무엇인가?

① 손을 넓게 펴서 앞다리 뒤의 가슴과 배 부분을 부드럽게 들어올리고 동시에 엉덩이와 뒷다리를 받친다.
② 발이나 아랫배를 강하게 쥐어 고양이를 제압한다.
③ 목덜미를 무리하게 잡고 공중에 매달아 이동한다.
④ 고양이의 경계심을 무시하고 강제로 안긴다.
⑤ 경계심이 강한 고양이는 스스로 케이지에 들어가게 한다.

57

고양이를 쓰다듬을 때 주의해야 할 점은 무엇인가?

① 고양이가 싫어하는 반응을 보여도 계속 쓰다듬기
② 고양이가 다가왔을 때 조심스럽고 부드럽게 얼굴을 쓰다듬기 시작
③ 고양이가 잠에서 깨어날 때 강하게 쓰다듬기
④ 고양이에게 갑작스러운 움직임을 보이며 접근하기
⑤ 고양이의 허락 없이 무리하게 몸을 만지기

58

고양이 페르몬 제품 사용의 주된 목적은 무엇인가?

① 고양이에게 지속적인 스트레스를 제공하기 위해
② 이동장이나 대기 공간에서 고양이의 불안감을 완화하기 위해
③ 고양이의 자연스러운 사냥 본능을 촉진하기 위해
④ 고양이에게 공격성을 유도하기 위해
⑤ 새로운 환경에서 고양이를 불편하게 만들기 위해

59

페럿을 반려동물 미용 숍에서 관리할 때 주의해야 할 사항은 무엇인가?

① 페럿을 오픈된 공간에 자유롭게 놓아둔다.
② 실내에서 자주 목욕을 시켜 특유의 냄새를 관리한다.
③ 철장 대기 장소에서 페럿의 도주 가능성을 무시한다.
④ 대기 장소에서 페럿에게 아무런 편의를 제공하지 않는다.
⑤ 도주 위험이 있으므로 밀폐된 이동장에서 페럿을 대기시킨다.

60

원숭이를 미용 숍에서 관리할 때 적절한 접근 방법은 무엇인가?

① 원숭이를 혼자서 미용하도록 한다.
② 고객과 함께 미용 작업을 진행하여 원숭이의 안정감을 높인다.
③ 새로운 환경에 노출시켜 원숭이를 스트레스 받게 한다.
④ 원숭이의 집단 생활과 서열 중요성을 무시한다.
⑤ 원숭이를 미용 숍 밖에서 대기시킨다.

61

햄스터의 목욕 시 사용되는 적절한 방법은 무엇인가?

① 일반 물을 사용하여 목욕한다.
② 햄스터의 털을 물로 적신다.
③ 전용 모래를 사용하여 목욕한다.
④ 햄스터를 자주 샴푸로 목욕시킨다.
⑤ 햄스터의 털을 물에 담근다.

62

고객 관리 차트 작성 시 고객 정보 수집의 원칙은 무엇인가?

① 모든 개인 정보를 무제한 수집한다.
② 개인정보보호법을 준수하며 필요한 정보만 수집한다.
③ 정보를 외부에 자유롭게 공유한다.
④ 모든 정보는 공개적으로 게시한다.
⑤ 정보 보호를 위한 조치를 취하지 않는다.

63

반려동물 정보를 기록할 때 중요한 절차는 무엇인가?

① 반려동물의 정보를 아무런 동의 없이 공개한다.
② 첫 방문 시 사진 촬영에 대한 동의를 받는다.
③ 반려동물 정보를 불규칙하게 기록한다.
④ 반려동물 정보를 전혀 기록하지 않는다.
⑤ 무작위로 반려동물 정보를 수집한다.

64

미용 관리 차트를 작성하는 목적은 무엇인가?

① 고객 정보와 반려동물 정보를 수기로 작성하여 무작위로 보관한다.
② 전자 차트 프로그램을 사용하여 정보를 보관 및 관리한다.
③ 작업 전후 기록으로 고객과의 원활한 소통을 유지한다.
④ 고객 정보를 주기적으로 파기한다.
⑤ 고객 정보를 사이트에 게시하여 마케팅에 사용한다.

65

고객 관리 차트 작성 요령 중 올바르지 않은 것은 무엇인가?

① 개인정보보호법을 준수하며 필요한 정보만 수집한다.
② 정보는 숍 내에서만 사용하고 외부 유출을 방지한다.
③ 정보를 외부에 자유롭게 공개하고 공유한다.
④ 고객 및 반려동물 정보의 변동 사항을 작업 전 확인하고 필요 시 갱신한다.
⑤ 전자 차트 프로그램을 사용하여 정보를 보관 및 관리한다.

66

전화 응대 요령의 목적으로 적절하지 않은 것은?

① 전화 응대는 반려동물 숍의 첫인상을 결정하는 중요한 요소다.
② 전화 응대는 고객 응대 서비스에서 매우 중요한 요소이다.
③ 전화 응대는 고객과의 대면 상담과 마찬가지로 친절함, 정확성, 신속함, 예의 바름을 중시한다.
④ 무성의한 답변이나 빠른 말은 전화 응대의 원칙을 준수하는 데 도움이 된다.
⑤ 음성만으로 의사소통하기 때문에 빠른 평가가 일어날 수 있다.

67

전화 응대 시 중요한 요소는 무엇인가?

① 반려동물 숍의 위치   ② 음성으로의 의사소통
③ 고객의 이메일 주소   ④ 말의 빠른 속도
⑤ 쇼핑 할인 혜택

68

전화 응대 4원칙에 해당되지 <u>않는</u> 것은?

① 친절함   ② 웃음
③ 정확성   ④ 예의 바름
⑤ 신속함

69

전화를 받을 때의 요령 중 어느 것이 올바른 응대 방법인가?

① 전화벨이 울리는 동안 무시하고 다른 일에 집중한다.
② 전화벨이 3번 이상 울릴 때까지 기다린 후 전화를 받는다.
③ 전화를 받을 때에는 음성을 내어 "누구세요?"라고 묻는다.
④ 인사말 없이 그냥 "여보세요"라고 말한다.
⑤ 전화를 받을 때에는 밝은 목소리와 함께 인사말과 함께 소속과 성명을 밝힌다.

70

전화를 받을 때의 요령 중 어느 것이 올바른 응대 방법인가?

① 전화벨이 울리는 동안 무시하고 다른 일에 집중한다.
② 전화벨이 5번 이상 울릴 때까지 기다린 후 전화를 받는다.
③ 전화를 받을 때 인사말을 하지 않는다.
④ 인사말 없이 그냥 "여보세요"라고 말한다.
⑤ 전화를 받을 때에는 밝은 목소리와 함께 인사말과 함께 소속과 성명을 밝힌다.

71

전화를 받을 때의 요령에 대한 설명 중 옳지 <u>않은</u> 것은?

① 메모지와 미용 예약 장부를 전화기 옆에 항상 준비한다.
② 전화벨이 3번 이상 울리기 전에 전화를 받는다.
③ 환한 미소와 밝은 목소리로 전화에 응답한다.
④ 전화를 받을 때 인사말과 함께 소속과 성명을 밝힌다.
⑤ 고객의 말을 적극적으로 경청하지 않는다.

72

쿠션 화법에 관한 설명 중 옳지 <u>않은</u> 것은?

① 단답형 응대는 차가운 느낌을 줄 수 있다.
② 상대방이 당황하지 않도록 "죄송합니다만", "고맙습니다만" 등의 쿠션 단어를 사용한다.
③ 쿠션 화법은 고객 관계를 부드럽고 만족스럽게 만드는 응대 방법이다.
④ "번거로우시겠지만", "바쁘시겠지만" 등의 단어를 쓰지 않는 것이 좋다.
⑤ 고객이 말을 끝내기를 기다리지 않는다.

73

쿠션 화법을 사용할 때 중요한 점은?

① 단답형 응대를 하는 것이 좋다.
② 상대방의 불편을 최소화하기 위해 쿠션 단어를 사용한다.
③ 쿠션 단어를 사용하지 않는 것이 좋다.
④ 상대방의 답변을 기다리지 않는다.
⑤ 과도한 쿠션 화법을 쓴다.

74

고객관리 차트 작성 및 전화응대 시 유의사항에 대한 설명 중 옳지 <u>않은</u> 것은?

① 고객 정보는 반려동물 미용에 필요한 최소한만 수집하고 다른 용도로 사용하지 않도록 관리한다.
② 반려동물의 미용 스타일 만족도를 고객에게 확인하여 차트에 기록한다.
③ 전화 응대 시 필요한 정보만 친절하고 간단하게 설명하며 불필요한 이야기는 피한다.
④ 과도한 쿠션 화법 사용을 피하여 고객에게 부담감을 주지 않는다.
⑤ 예약 상황을 기록하지 않고 진행한다.

75

반려동물 피모와 건강 상태 확인을 위한 기초 신체검사의 목적은 무엇인가?

① 안전과 미용 금액 책정을 위해　　　② 고객과의 마찰을 피하기 위해
③ 반려동물의 건강 상태 파악을 위해　④ 체중과 체온을 측정하기 위해
⑤ 불필요한 작업을 피하기 위해

76

반려동물의 미용하기 전 기초 신체검사에 대한 설명으로 옳지 <u>않은</u> 것은?

① 반려동물의 안전과 미용 금액 책정에 필수다.
② 작업 전후 고객과의 불필요한 마찰을 피하는 데 중요하다.
③ 기본 검사로는 체중과 체온 측정이 포함된다.
④ 신체검사는 반려동물의 건강 상태를 평가하는데 도움을 준다.
⑤ 신체검사는 반려동물의 치아 수를 확인해야 한다.

77

반려동물의 체중 체크 방법으로 옳지 <u>않는</u> 것은?

① 반려동물용 체중계를 사용한다.
② 반려동물과 비슷한 크기의 인형의 무게를 이용한다.
③ 움직임이 심한 반려동물은 직접 안고 측정한다.
④ 경계심이 많은 반려동물은 이동장을 활용해서 측정한다.
⑤ 안전한 방법으로 체중을 측정해야 한다.

78

반려동물의 체중을 측정할 때 올바른 방법은 무엇인가?

① 움직임이 심한 경우 안고 측정한다.
② 체중계가 없어도 주변 물체의 무게를 이용한다.
③ 반려동물을 강제로 고정시킨다.
④ 눈에 보이는 체중과 상관 없이 측정한다.
⑤ 체중 측정은 안전한 방법이 필요 없다.

79

반려동물의 체온 체크에 대한 설명으로 적절하지 <u>않은</u> 것은 무엇인가?

① 기초 신체검사에서 체온 측정은 중요하다.
② 체온이 정상 범위를 넘거나 미달할 경우 문제 발생 가능성이 있다.
③ 대형견은 소형견보다 조금 낮다.
④ 반려동물의 체온은 항상 안정적이다.
⑤ 반려동물 체온계는 적외선 체온계와 전자 체온계 등이 있다.

80

개와 고양이의 체온에 관한 내용으로 옳지 <u>않은</u> 것은 무언인가?

① 개의 정상 체온은 37.5~39.5℃이다.
② 고양이의 정상 체온은 37.5~39.5℃이다.
③ 대형견의 정상 체온은 37.5~38.5℃이다.
④ 사람보다 약간 높은 체온을 가졌다.
⑤ 체온 측정 시 입 속을 측정하는 것이 가장 정확하다.

81

반려동물의 체온이 높을 때의 응급 처치 방법은 무엇인가?

① 차가운 물에 발을 담근다.
② 몸을 뜨겁게 하고, 실내 온도를 높여준다.
③ 얼음 팩을 열이 많은 부위에 올려 열을 식힌다.
④ 도움을 받고자 사람들이 많은 장소로 이동한다.
⑤ 수의사 진료 안내를 받지 않는다.

82

반려동물의 미용 작업 전에 꼭 해야 할 절차는 무엇인가?

① 즉시 미용을 시작한다.　　　　② 주인에게 전화한다.
③ 건강상태를 확인한다.　　　　④ 미용도구를 준비한다.
⑤ 사진을 찍는다.

83

수의사 진료가 필요한 상황이 발견될 경우, 미용사는 어떻게 해야 하는가?

① 계속 작업한다.
② 주인에게 책임을 전가한다.
③ 작업을 중지하고 견주에게 안내한다.
④ 반려동물을 집에 보낸다.
⑤ 더 많은 미용을 시도한다.

84

반려동물의 건강상태를 체크할 때, 눈 관련 확인 사항으로 올바르지 <u>않은</u> 것은 무엇인가?

① 충혈을 확인한다.
② 분비물을 확인한다.
③ 눈물 분비를 확인한다.
④ 체온을 잰다.
⑤ 주변 발적을 확인한다.

85

반려동물의 전신 상태를 점검할 때 중요한 점검 사항은 무엇인가?

① 기침 여부를 확인한다.
② 콧물의 유무를 확인한다.
③ 호흡의 안정성을 파악한다.
④ 털의 길이를 측정한다.
⑤ 건강 상태를 전반적으로 확인한다.

86

반려동물의 건강상태 점검 시, 다음 중 옳지 <u>않은</u> 점검 사항은 무엇인가?

① 눈의 충혈 및 분비물을 확인한다.
② 귀의 귀지 및 발적을 확인한다.
③ 구강 내 치석과 이상 치아를 확인한다.
④ 전신의 기침, 콧물, 호흡 안정성을 확인한다.
⑤ 귀 길이를 측정한다.

87

반려동물의 피모 상태를 점검할 때, 다음 중 확인하지 <u>않는</u> 것은 무엇인가?

① 털의 엉킴 여부를 확인한다.　　② 피부의 종양이나 궤양을 확인한다.
③ 가려움증의 유무를 확인한다.　　④ 색소 침착을 확인한다.
⑤ 체중을 측정한다.

88

반려동물 미용 시 동의서 작성에 필요하지 <u>않은</u> 내용은 무엇인가?

① 접종 여부 및 건강 검진 내용을 확인한다.
② 동물의 취향과 최근 식단변경을 기록한다.
③ 과거 및 현재의 병력을 기록한다.
④ 미용 후 발생할 수 있는 2차적 증상에 대해 안내한다.
⑤ 사납거나 물리기 쉬운 동물에 대한 물림 방지 도구 사용을 안내한다.

89

반려동물 미용 전 동의서 작성 시 반드시 확인해야 하는 사항으로 옳지 <u>않은</u> 것은?

① 반려동물의 털 색깔을 확인한다.
② 접종과 건강 검진의 유무를 확인한다.
③ 과거 또는 현재의 병력을 기록한다.
④ 미용 작업 중 불가항력적인 가능성을 충분히 설명한다.
⑤ 사납거나 무는 동물의 경우에는 물림 방지 도구를 사용할 수 있음을 미리 안내한다.

90

반려동물의 체온을 측정할 때 주로 사용하는 방법은 무엇인가?

① 귀 안쪽에 체온계를 사용한다.　　② 발바닥으로 체온을 측정한다.
③ 머리에 온도 스티커를 붙인다.　　④ 코 온도를 측정한다.
⑤ 구강 체온계를 사용한다.

91

반려동물의 건강상태를 확인하고 나서 발견된 이상이 있을 때, 관리자는 어떤 조치를 취하는가?

① 질병을 확정하고 즉시 치료한다.   ② 수의사 진료를 권유한다.

③ 자가 치료법을 추천한다.   ④ 전문가에게 연락하지 않는다.

⑤ 증상을 무시한다.

92

반려동물 미용 상담에서 스크랩북 제작이 필요한 이유가 <u>아닌</u> 것은?

① 반려동물의 개체별 특성이 파악되면 고객이 요구하는 스타일에 대한 상담이 이루어진다.

② 스타일마다 어려운 이름을 붙여 고객에게 혼란을 주게 한다.

③ 반려동물의 미용 스타일을 정확하게 파악하기 위해서다.

④ 샴푸, 보습제 등 선택을 위해 피모에 맞게 표를 작성하여 고객에게 제공한다.

⑤ 스크랩 내부에 가격표를 부착하여 고객에게 쉽게 안내할 수 있다.

93

미용 상담 시 피모에 맞는 제품 선택을 돕기 위해 어떤 자료를 고객에게 제공하는가?

① 가격 비교 표를 제공한다.   ② 피모 유형별 제품을 나타내는 표를 제공한다.

③ 모든 제품의 성분 분석을 제공한다.   ④ 반려동물의 선호도에 따른 제품 추천을 한다.

⑤ 제품 사용 후기만을 제공한다.

94

스타일북 정보를 수집하는 방법 중, 직접 촬영을 통한 이점은 무엇인가?

① 저작권에 취약하다.   ② 정보량이 매우 많다.

③ 작업한 스타일 오차가 작다.   ④ 즉시 검색이 가능하다.

⑤ 스타일북 제작이 필요하지 않다.

95

스마트 기기를 활용한 스타일북 정보 수집의 장점은 무엇인가?

① 저작권 확인이 필요하다.
② 스타일북 제작이 필수적이다.
③ 정보량이 풍부하고, 즉시 검색이 가능하다.
④ 오차가 크다.
⑤ 작업 후 촬영이 필요하다.

96

제품 안내방법으로 POP 광고를 활용하는 주된 이유는 무엇인가?

① 브랜드 식별을 강화하고 결정력을 높인다.
② 제품 사진을 대량으로 스크랩한다.
③ 주제별로 제품을 정리한다.
④ 장단점 비교를 용이하게 한다.
⑤ 제품 선택에 시간이 많이 걸린다.

97

제품안내 방법으로 제품 사진 스크랩을 활용한 소책자 제작의 장점은 무엇인가?

① 브랜드 식별이 어렵다.
② 제품별 장단점 비교가 가능하다.
③ 충동적 구매를 유도한다.
④ 제품의 주목성을 낮춘다.
⑤ 브랜드와 관계없이 선택이 어렵다.

98

제품 안내표를 게시하는 방법 중, POP 광고에 사용되는 특징은 무엇인가?

① 가격표를 부착하지 않는다.
② 스크랩북에 가격표를 붙이지 않는다.
③ 가격표를 부착하여 고객에게 쉽게 안내한다.
④ 가격표를 온라인으로만 제공한다.
⑤ 제품 정보를 제공하지 않는다.

99

미용 서비스를 제공하기 전 요금 상담을 하는 주된 이유는 무엇인가?

① 추가 비용을 더 많이 청구한다.
② 작업 후 불필요한 마찰 또는 불만족을 방지한다.
③ 고객에게 불편을 제공한다.
④ 요금을 비밀로 한다.
⑤ 서비스 속도를 늦춘다.

100

미용 서비스에서 추가 비용이 예상될 때 취해야 할 조치는 무엇인가?

① 추가 비용을 고객에게 알리지 않는다.
② 미리 추가 비용에 대해 안내한다.
③ 요금을 일괄적으로 증가시킨다.
④ 추가 비용을 무시한다.
⑤ 서비스를 중단한다.

101

미용작업 후 고객 만족도 확인의 주된 목적은 무엇인가?

① 고객의 반응을 무시한다.
② 재방문과 신뢰감을 증진한다.
③ 고객에게 불만을 증가시킨다.
④ 작업자의 스트레스를 높인다.
⑤ 서비스 품질을 감소시킨다.

102

미용 서비스 후 고객 피드백을 수집하는 방법 중 하나는 무엇인가?

① 고객의 의견을 듣지 않는다.
② 정기적인 설문 조사를 실시한다.
③ 피드백을 기록하지 않는다.
④ 오직 긍정적인 피드백만 수집한다.
⑤ 작업 후 즉시 서비스를 종료한다.

103

미용 작업 후 확인의 중요성은 무엇인가?

① 고객의 의견을 무시한다.
② 즉시 퇴장을 권장한다.
③ 작업 종료 직후 고객 의견을 수렴하여 보완 작업을 실시한다.
④ 추가 비용을 청구한다.
⑤ 작업 결과를 공개하지 않는다.

104

미용 작업 후 추후 전화로 확인하는 목적이 <u>아닌</u> 것은 무엇인가?

① 고객의 만족도를 높이기 위해서다.　② 재방문 가능성을 높이기 위해서다.
③ 작업 다음 날 건강 및 피모 상태를 확인한다.　④ 고객의 전화를 차단하기 위해서다.
⑤ 다음 예상 미용 날짜를 안내한다.

105

미용 후 설문조사를 실시하는 주요 이유가 <u>아닌</u> 것은 무엇인가?

① 미용 스타일 만족도를 평가하기 위해서다.
② 반려동물의 건강 상태를 확인하기 위해서다.
③ 고객 요청 사항을 수집하기 위해서다.
④ 고객의 서비스 사용 비용을 증가시키기 위해서다.
⑤ 서비스 품질을 향상시키기 위해서다.

106

미용 후 설문조사를 진행할 때 설문지 방법으로 옳지 <u>않은</u> 것은 무엇인가?

① 고객이 설문에 쉽게 응답할 수 있도록 간단하게 목록을 정한다.
② 작업자가 컴퓨터 프로그램으로 설문지를 작성한다.
③ 고객이 내방 시 설문지에 응답한다.
④ 불만 내용 등을 바로 볼 수 있도록 작업자 앞에서 작성하도록 한다.
⑤ 미용 만족도 조사는 활용 서식을 참고하여 작성한다.

107

인터넷을 활용한 미용 후 설문조사에 대한 설명으로 적절하지 <u>않은</u> 것은?

① 무기명으로 응답이 가능하다.
② 문자, 이메일, 스마트폰 메신저를 통해 전송이 가능하다.
③ 응답 확률이 높다.
④ 고객의 불만 요소 확인이 가능하다.
⑤ 포털 사이트의 문서 도구를 활용하여 설문지를 작성한다.

108

미용 작업 중 사고가 발생했을 때 미용사가 취해야 하는 초기 조치는 무엇인가?

① 사고를 대비하기 위해 응급 처치 요령을 숙지한다.
② 고객에게 사고에 대해 거짓말을 한다.
③ 반려동물에게 약을 제공한다.
④ 즉시 미용을 계속한다.
⑤ 사고를 숨긴다.

109

위급한 상황에서 미용사가 고객에게 제공해야 하는 안내는 무엇인가?

① 직접 치료한다.
② 수의사 진료를 받을 수 있도록 안내한다.
③ 고객에게 조용히 할 것을 요구한다.
④ 아무런 조치를 취하지 않는다.
⑤ 고객에게 법적 조치를 경고한다.

110

사고 발생 시 고객에게 어떻게 통지하는 것이 적절한가?

① 사실적인 설명과 방어적 태도를 유지한다.
② 반려동물의 행동에 핑계를 댄다.
③ 문제를 과장해서 설명한다.
④ 상황을 모호하게 설명한다.
⑤ 고객에게 책임을 전가한다.

111

반려동물이 서로 공격할 때 사용하는 안전한 방법은 무엇인가?

① 개를 자유롭게 놔둔다.
② 개의 뒷다리를 든다.
③ 모든 동물을 한 곳에 모은다.
④ 동물에게 소리를 지른다.
⑤ 공격을 무시한다.

112

반려동물이 서로 공격할 때 안전한 방법으로 떨어뜨려야 한다. 대처방법으로 옳지 <u>않은</u> 것은?

① 개의 뒷다리를 든다.
② 개와 다른 동물 사이를 막는다.
③ 천 패드로 눈을 가리고 공격을 방지한다.
④ 모든 동물을 한 곳에 모은다.
⑤ 큰 수건으로 눈을 가리고 공격을 방지한다.

113

미용 후 상담 시 고객에게 선호 스타일이 미달된 이유를 설명하는 이유는 무엇인가?

① 고객의 기대를 낮추기 위해서다.
② 사전에 고객의 불만을 예방하기 위해서다.
③ 고객에게 추가 요금을 청구하기 위해서다.
④ 고객에게 미용 서비스를 거절하기 위해서다.
⑤ 동물의 스타일을 고객이 선택하지 못하게 하기 위해서다.

114

미용 작업자가 응급 처치 요령을 숙지해야 하는 이유는 무엇인가?

① 모든 사고를 예방하기 위해서다.
② 고객에게 의료 지식을 과시하기 위해서다.
③ 사고 발생 시 즉시 대처하여 동물의 안전을 보장하기 위해서다.
④ 미용 서비스의 시간을 연장하기 위해서다.
⑤ 사고에 대해 책임을 회피하기 위해서다.

CHAPTER 03 고객상담 연습문제 정답과 해설

01	②	02	④	03	④	04	②	05	③	06	④	07	②	08	③	09	②	10	③
11	②	12	③	13	①	14	②	15	②	16	②	17	②	18	④	19	④	20	②
21	③	22	③	23	①	24	②	25	②	26	①	27	②	28	②	29	③	30	④
31	②	32	②	33	②	34	②	35	②	36	②	37	④	38	④	39	④	40	②
41	④	42	①	43	②	44	②	45	②	46	⑤	47	②	48	②	49	②	50	②
51	①	52	②	53	②	54	②	55	④	56	①	57	②	58	②	59	⑤	60	②
61	③	62	②	63	③	64	②	65	②	66	④	67	②	68	②	69	⑤	70	⑤
71	⑤	72	④	73	②	74	⑤	75	③	76	⑤	77	②	78	①	79	④	80	⑤
81	②	82	②	83	②	84	②	85	③	86	⑤	87	②	88	⑤	89	②	90	①
91	②	92	②	93	②	94	②	95	②	96	①	97	②	98	③	99	②	100	②
101	②	102	②	103	②	104	④	105	④	106	②	107	②	108	①	109	②	110	①
111	②	112	④	113	②	114	③												

01

고객응대에서 친절하고 따뜻한 태도를 나타내는 방법으로는 밝은 표정을 유지하고 부드러운 어조와 화법을 사용하는 것이 중요하다. 이는 고객과의 긍정적인 상호작용을 촉진하며, 고객에게 좋은 인상을 남길 수 있게 한다.

02

고객 서비스의 질을 향상시키기 위해서는 정기적인 교육이 중요하다. 이 교육을 통해 직원들은 불만 고객에게 유연하게 대응할 수 있는 역량을 강화하고, 전반적인 서비스 수준을 높일 수 있다.

03

올바른 고객응대에서는 불만이 있는 고객에게도 유연하고 이해심 깊게 대응하여 문제를 해결하려는 태도가 중요하다.

04

고객응대 시 고객의 요구사항을 무시하는 것은 부적절한 대처 요령이며, 효과적인 고객 서비스에 반하는 행위이다. 고객 서비스의 핵심은 고객의 요구를 이해하고 적극적으로 대응하는 것이다.

05

직장에서 유니폼을 착용할 때 가장 중요한 것은 항상 깨끗한 상태로 유지하는 것이다. 깨끗한 유니폼은 전문성을 보여주며 고객에게 좋은 인상을 줄 수 있다.

06

과도한 액세서리 사용은 피하며, 특히 고객에게 거부감을 줄 수 있는 액세서리는 사용하지 않아야 한다. 이 지침은 직장에서의 전문적이고 적절한 외모 유지를 돕는다.

07

작업자는 불쾌한 냄새가 나지 않도록 관리해야 한다. 이는 직장 내에서 동료와 고객 모두에게 쾌적한 환경을 제공하는 기본 예절이다.

08

직장에서는 짙은 화장을 피하고, 작고 단정한 귀걸이만 허용한다. 이는 직장 내에서 전문적이고 적절한 외모 유지에 도움을 준다.

09

작업복 착용은 근무 시간 동안의 원칙이며, 작업 외의 시간에는 단정한 근무복 착용을 권장한다.

10

직장 내에서 불쾌한 냄새를 향수로 커버하는 것은 적절한 접근이 아니다. 올바른 냄새 관리는 깨끗한 개인위생을 유지하고, 불쾌한 냄새가 나지 않도록 관리하는 것을 포함한다.

11

처음 방문한 고객에게는 밝은 표정과 미소로 인사하는 것이 중요하다. 이는 친절함을 전달하고 긍정적인 첫인상을 주어 고객과의 관계를 시작하는 데 매우 효과적이다.

12

재방문 고객에게는 친근함을 나타내어 반갑게 맞이하는 것이 적합하다. 이러한 태도는 고객에게 따뜻하고 환영받는 느낌을 주어 고객의 만족도를 높이고 충성도를 증진시킬 수 있다.

13

고객이 방문했을 때 밝은 미소와 함께 "안녕하세요?"라고 인사하는 것이 적절하다. 이 방법은 고객을 환영하는 긍정적인 분위기를 조성하고 신뢰감을 높이는 데 효과적이다.

14

작업 중에 고객에게 "잠시만 기다려 주세요. 미용 중입니다."라고 말하며 양해를 구하는 것이 적절하다. 이는 고객에게 상황을 이해시키고 안전하게 작업을 계속할 수 있도록 한다.

15

상황과 상대에 알맞은 호칭을 사용하는 것이 중요하다. 이는 존중과 예의를 표하며, 고객과의 관계를 긍정적으로 유지하는 데 기여한다.

16

고객에게 응대할 때 밝고 생기 있는 목소리로 말하는 것이 적절하다. 이는 고객에게 신뢰감을 주고, 긍정적인 대화 분위기를 조성하는 데 도움이 된다.

17

고객과의 긍정적인 대화를 위해 배려하는 말투로 칭찬하며 대화하는 플러스 화법을 사용하는 것이 좋다. 이 방법은 고객과의 관계를 강화하고, 즐거운 대화 환경을 조성하는 데 효과적이다.

18

플러스 화법은 고객과의 긍정적인 대화를 촉진하기 위해 사용되며, 이 방식은 고객의 행동 및 외모 변화에 관심을 보이고, 배려하는 말투로 칭찬하며 일상적인 주제를 이야기하며 대화를 진행함으로써 고객과의 좋은 관계를 구축하는 데 도움이 된다.

19

플러스 화법은 고객과의 긍정적인 대화를 촉진하기 위해 사용되며, 이 방식은 고객의 행동 및 외모 변화에 관심을 보이고, 배려하는 말투로 칭찬하며 일상적인 주제를 이야기하며 대화를 진행함으로써 고객과의 좋은 관계를 구축하는 데 도움이 된다.

20

불만 고객을 응대할 때는 해결책을 제시하는 것이 가장 중요하다. 이는 고객의 불만을 빠르게 해결하고 만족을 도모하기 위한 핵심적인 접근 방식이다. 불만을 무시하거나 느린 대응, 대화 중단은 고객의 불만을 증폭시킬 수 있으며, 고객 관계를 악화시킬 수 있다.

21

불만 고객 응대 과정에서 첫 번째 단계는 문제 경청이다. 이 단계에서는 고객의 말을 진지하게 듣고 구체적인 불만의 원인을 파악하는 것이 중요하다. 이를 통해 고객이 진정으로 무엇에 불만을 느끼는지 이해할 수 있다.

22

불만 고객 응대의 마무리 단계에서는 다시 한번 동감을 표현하고, 고객의 불만을 감사하게 여기는 것이 중요하다. 이는 고객과의 관계를 긍정적으로 마무리하고, 고객의 신뢰를 회복하는 데 기여한다.

23

불만 고객 응대 과정에서 올바른 순서는 먼저 문제를 경청하여 고객의 불만을 정확히 이해하고, 고객의 입장에 동감하며 이해한다는 것을 표현한 후, 부드럽게 해결 방법을 제시하고, 마지막으로 다시 한번 동감을 표현하며 고객의 불만을 감사하게 여기며 마무리하는 것이다. 이 순서는 고객과의 상호작용을 통해 문제를 효과적으로 해결하고 긍정적인 관계를 유지하는 데 도움을 준다.

24

경청하는 태도를 보여주는 적절한 반응은 눈 맞춤, 고개 끄덕임, 맞장구치기를 포함한다. 내용에 맞는 표정을 사용하고, 몸의 방향을 고객에게 향하도록 한다. 이러한 행동들은 상대방이 자신의 이야기에 집중하고 있음을 느끼게 하고, 의사소통을 촉진하는 비언어적 신호들이다.

25

눈 맞춤, 고객 끄덕임, 맞장구치기의 적절한 반응은 고객의 이야기를 경청하고 있다는 뜻이기 때문에 고객의 불만을 가중시키는 태도는 아니다.

26

고객 응대 매뉴얼 제작 시 상황에 따른 응대 방법을 포함하는 것이 중요하다. 이를 통해 직원들이 다양한 상황에서 적절하고 일관된 대응을 할 수 있도록 지원하며, 이는 고객 만족도 향상에 기여한다.

27

고객 응대 매뉴얼에서 유연한 대처를 위해 교육을 진행하는 것이 중요하다. 이는 직원들이 매뉴얼에 기술된 표준과 절차를 이해하고 상황에 맞게 적절히 적용할 수 있도록 도와준다.

28

기본 응대 매뉴얼의 주된 목적은 서비스의 일상적인 응대 행동에 대한 표준을 정리하여 서비스 품질을 향상시키는 것이다. 이는 불만 고객을 줄이고 전반적인 고객 만족도를 높이는 데 기여한다.

29

상황별 응대 매뉴얼의 이점 중 하나는 불만 고객과 돌발 상황에서 최적의 대응 방법을 제시하여 직원들이 효과적으로 대처할 수 있도록 하는 것이다. 이는 고객 문제를 신속하고 효율적으로 해결하는 데 도움을 준다.

30

고객 응대 매뉴얼 제작은 상황에 따른 응대 방법을 일관성 있게 보장하고, 직원 개인의 서비스 품질을 향상시키며, 교육 및 훈련의 기준을 마련하고, 유연한 대처 및 문제 해결 능력을 강화하는 데 도움을 준다. 하지만, 모든 고객 불만을 제거한다는 것은 실현 불가능한 목표이며, 매뉴얼의 직접적인 목적 또는 필요성으로 보기 어렵다. 고객 응대 매뉴얼은 불만을 최소화하고 효과적으로 대처하는 데 도움을 주는 도구일 뿐, 모든 불만을 완전히 제거할 수는 없다.

31

반려동물 숍 상담실의 대기 환경은 물건이 정리되어 있고 청결하며, 냄새가 나지 않는 상태로 유지되어야 한다. 이는 고객과 그들의 반려동물이 편안하고 쾌적한 환경에서 상담을 기다릴 수 있도록 보장한다.

32

반려동물 상담·대기 공간에서 위생과 냄새 관리를 위해 배변 봉투와 위생 용품을 잘 보이는 곳에 비치하는 것이 중요하다. 이는 고객이 쉽게 접근할 수 있게 하여 공간을 깔끔하게 유지하는 데 도움을 준다. 또한 사용한 쓰레기통은 수시로 비우고, 청소기를 사용하여 털 날림을 방지하며 청소를 자주 하고, 아로마 발향을 이용해 편안하고 아늑한 분위기를 조성하는 것도 좋은 방법이다.

33

배변 봉투와 위생 용품을 보이지 않는 곳에 숨겨 두는 것은 올바르지 않다. 이러한 용품들은 고객이 쉽게 접근할 수 있어야 하며, 공간의 위생과 냄새 관리를 효과적으로 수행하기 위해 잘 보이는 곳에 비치하는 것이 중요하다.

34

장소가 협소할 경우에는 서서 대기하거나 상담할 수 있는 작은 공간을 마련하는 것이 적절하다. 이는 고객이 편안하게 대기하며 상담을 받을 수 있는 환경을 제공함으로써 고객 만족도를 향상시킬 수 있다.

35

대기 중인 고객의 지루함을 방지하기 위해 읽을거리를 비치하고, 가능한 경우 차나 다과를 제공하는 것이 좋다. 이러한 조치는 고객의 대기 경험을 개선하고 긍정적인 인상을 남길 수 있다.

36

숍 내부에서 잔잔한 음악을 틀어주는 목적은 외부 소음을 차단하고, 반려동물에게 안정감을 제공하기 위함이다. 이는 숍의 전반적인 분위기를 개선하고, 반려동물이 더 편안하게 느낄 수 있도록 돕는다.

37

반려동물을 혼내어 두려움과 연관시키는 것은 긍정적 조건 형성과 반대되는 행동이다. 대기 공간에서의 기억 만들기는 긍정적인 방식으로 이루어져야 하며, 간식 제공, 놀이, 좋은 연관성 안내 및 고전적 조건 형성을 통해 이를 달성해야 한다.

38

개와 고양이에게 위험한 식물을 확인하는 주된 이유는 식물 섭취가 가벼운 반응부터 심각한 건강 문제나 죽음에 이를 수 있기 때문이다. 이러한 위험을 방지하고 반려동물의 안전을 보장하기 위해 환경 조성 전에 독성을 가진 식물의 유무를 확인하는 것이 중요하다.

39

백합은 고양이에게 심각한 독성을 가진 식물로, 구토, 무기력증, 식욕 감퇴를 유발할 뿐만 아니라 신장 손상 및 죽음의 위험을 초래할 수 있다. 이는 고양이 보호자들이 특히 주의해야 할 식물 중 하나이다. 다른 식물들 역시 독성이 있지만, 백합은 특히 고양이에게 치명적이다.

40

대기 공간이 부족할 경우, 고객에게 상황을 설명하고 양해를 구하는 것이 중요하다. 미용 작업의 종료 시간을 사전에 안내함으로써 고객이 자신의 일정을 조정할 수 있도록 돕고, 불편을 최소화하는 것이 좋은 고객 서비스의 일부이다.

41

상담과 대기 공간에 배치할 식물을 선택할 때는 반려동물에게 독성이 없는지 확인하는 것이 중요하다. 이는 반려동물의 건강과 안전을 보장하고, 식물이 환경에 긍정적인 영향을 미치도록 하기 위함이다. 식물의 아름다움과 비용도 중요할 수 있지만, 반려동물의 안전이 최우선 고려사항이어야 한다.

42

고객에게 불필요한 정보를 강요하는 것은 상담 환경 조성과 고객응대 시 유의사항에 부적합하다. 고객응대에서는 고객의 요구와 상황을 고려하여 적절하고 유용한 정보를 제공해야 하며, 강요는 피해야 한다.

43

반려동물 미용 상담에서 개체 특성을 파악하기 위해 필수적으로 수행해야 하는 절차는 고객으로부터 반려동물의 피모 상태, 질병 유무, 미용 후 행동 유형에 대한 정보를 수집하는 것이다. 이 정보는 개별 반려동물에 맞는 미용 방법을 결정하고, 미용 중 발생할 수 있는 문제를 예방하는 데 도움을 준다. 이외의 보기들은 상담의 질을 저하시키거나 불필요한 절차를 나타내며, 상담 과정에서 바람직하지 않다.

44

반려동물의 개체 특성을 직접적으로 파악하기 위해 반려동물의 피모 상태, 신체 건강을 직접 만져보며 검사하는 것이 효과적이다. 이 방법을 통해 반려동물의 현재 건강 상태를 정확하게 파악할 수 있다.

45

간접적인 방법으로 반려동물의 개체 특성을 파악할 때, 고객과의 대화를 통해 반려동물의 전신 건강 상태, 질병 유무, 과거 병력 및 미용 전후 행동 등을 듣고 기록하는 것은 매우 중요하다. 이 정보는 반려동물의 건강을 이해하고 적절한 미용 방법을 결정하는 데 도움을 준다.

46

올바른 반려동물의 개체 특성 파악 방법에는 눈으로 건강 상태를 검사하는 것, 직접 만져서 건강을 확인하는 것, 고객과의 대화를 통해 필요한 정보를 수집하고 기록하는 것, 그리고 그 정보를 지속적으로 갱신하며 소통을 유지하는 것이 포함된다.

47

낯선 환경에서의 반려동물 행동을 이해하고 분석하는 것은 위험을 사전에 예방하고 대비하는 데 중요하다. 이를 통해 미용 전 반려동물과의 친밀감을 형성하고 원활한 미용 작업을 진행할 수 있으며, 반려동물과 미용사 모두에게 안전한 환경을 제공할 수 있다.

48

개와의 첫 인사 시 직접적인 시선과 마주침을 피하고 옆으로 접근하는 것이 좋다. 이는 개에게 위협적으로 느껴지지 않도록 하며, 예의에 맞는 접근 방법으로 안전하고 긍정적인 상호작용을 촉진한다.

49

고객이 개를 안고 작업자에게 전달하는 것은 개가 고객의 얼굴을 볼 수 있도록 하여 분리 불안감을 줄이는 효과적인 방법이다. 이는 개가 고객의 근처에 있다는 안정감을 느끼도록 돕고, 스트레스를 최소화한다.

50

공이나 장난감을 사용해 놀이를 통해 개와 친밀감을 형성하는 것은 효과적이다. 이 방법은 개와의 긍정적인 상호작용을 촉진하고, 반려동물 숍 방문을 개에게 즐거운 경험으로 인식시키는 데 도움을 준다.

51

개는 직접적인 눈맞춤을 위협적으로 받아들일 수 있으며, 이로 인해 두려움이나 공격성을 유발할 수 있다.

52

고양이는 개와 달리 복종을 강요받거나 길들일 수 없는 독립적인 성향을 가지고 있다. 이는 고양이를 이해하고 다루는 데 매우 중요한 점으로, 고양이에게 무리 서열이나 복종적 행동을 기대하는 것은 부적절하다. 낯선 환경에서의 친밀감 형성에 어려움이 따르기도 하며, 고양이의 행동과 성격을 존중하는 접근이 필요하다.

53

고양이는 직접적인 시선과 마주침을 위협적으로 받아들일 수 있다. 이러한 접근 방법은 고양이를 이해하는 데 적합하지 않으며, 대신 고양이의 자연스러운 행동과 신호를 관찰하고, 적절히 반응하는 것이 중요하다.

54

고양이가 경계 상태일 때는 눈을 동그랗게 뜨고 동공이 확장되는 특징이 있다. 이는 고양이가 주위 환경에 대해 경계하고 있음을 나타내며, 이러한 신체 언어는 고양이가 불안하거나 불편함을 느끼고 있을 가능성이 있음을 보여준다.

55

고양이가 친근함을 느낄 때는 등과 귀를 세우고, 꼬리를 말아 편안하게 앉아 있는 행동을 보인다. 이는 고양이가 안정감을 느끼고 있으며, 주변 사람이나 환경에 대해 편안하고 긍정적인 반응을 보이고 있음을 의미한다.

56

고양이를 안을 때는 손을 넓게 펴서 앞다리 뒤의 가슴과 배 부분을 부드럽게 들어올리고 동시에 엉덩이와 뒷다리를 받쳐야 한다. 이 방법은 고양이와 작업자 모두의 안전을 확보하고 고양이의 불안감을 최소화하는 방법이다. 고양이의 발이나 아랫배는 만지지 않아야 한다. 이는 고양이에게 불편함을 줄 수 있기 때문이다.

57

고양이를 쓰다듬을 때는 고양이가 작업자 옆으로 다가왔을 때 조심스럽고 부드럽게 얼굴을 쓰다듬기 시작하는 것이 적절하다. 시작은 가벼운 접촉으로 하고, 고양이가 싫어하는 반응을 보이면 즉시 쓰다듬는 것을 중단해야 한다. 이는 고양이의 편안함을 유지하고 스트레스를 최소화하는 데 중요하다.

58

고양이 페르몬 제품의 사용은 주로 이동장이나 대기 공간에서 고양이의 불안감을 완화하는 데 목적이 있다. 페르몬은 고양이에게 익숙하고 안정적인 느낌을 주어 새로운 환경에 적응하는 데 도움을 준다. 이러한 제품은 스트레스를 줄이고 고양이가 편안함을 느낄 수 있게 하여 새로운 환경에서의 경험을 긍정적으로 만든다.

59

페럿은 호기심이 많고 활동적인 동물이므로 도주할 수 있는 위험을 고려하여 밀폐된 이동장에서 대기시키는 것이 중요하다. 또한, 실내에서 기를 경우 특유의 냄새 관리를 위해 자주 목욕이 필요하며, 대기 장소에서 페럿이 편안함을 느낄 수 있도록 해먹이나 전용 이불을 고객에 준비하도록 요청하는 것이 좋다.

60

원숭이는 집단 생활과 서열 중요성을 가진 동물이기 때문에 새로운 환경에서는 위협을 느낄 수 있다. 따라서 고객과 함께 미용 작업을 하는 것이 원활하고 안전한 작업을 위해 권장되며, 이를 통해 원숭이의 불안감을 줄일 수 있다.

61

햄스터의 털은 습기로 인해 뭉칠 수 있으므로 전용 모래를 사용하여 목욕하는 것이 적절하다. 이 방법은 햄스터가 자연스럽게 습기를 제거하고 피부 건강을 유지할 수 있도록 돕는다.

62

고객 관리 차트 작성 시 개인정보보호법을 준수하며 필요한 정보만 수집하는 것이 중요하다. 이는 고객의 프라이버시를 보호하고 숍 내에서만 사용하며 외부 유출을 방지하는 데 도움이 된다.

63

반려동물 정보를 기록할 때는 특히 첫 방문 시 사진 촬영에 대한 고객의 동의를 받는 것이 중요하다. 이는 개인정보 보호와 관련된 법적 요구 사항을 준수하며, 반려동물의 정보를 적절하고 책임감 있게 관리하는 데 도움이 된다.

64

미용 관리 차트를 작성하는 주된 목적은 작업 전후의 기록을 통해 고객과의 원활한 소통을 유지하는 것이다. 이는 고객에게 미용 서비스의 진행 상황을 투명하게 공유하고, 기대치를 명확히 설정하는 데 중요하다. 보기 ②번은 미용 관리 목적이 아닌 정보 관리에 관한 부분이다.

65

정보를 외부에 자유롭게 공개하고 공유하는 것은 고객 관리 차트 작성 요령에 위배된다. 고객 정보의 보안과 개인정보보호법의 준수는 필수적이며, 정보는 숍 내에서만 사용하고 외부 유출을 방지하는 것이 중요하다.

66

전화 응대는 고객과 얼굴을 볼 수 없어 눈빛과 표정이 보이지 않아 평가의 요소가 단순하므로 빠른 시간 안에 작업자에 대한 평가를 내리는 경향이 있다. 이때 정확한 표현을 사용하지 않고 무성의하게 답변하거나 빠르게 이야기한다면 고객에게 불만 요소가 생길 수 있다.

67

전화 응대는 음성으로 이루어지기 때문에 빠른 평가가 가능하며, 고객과의 원활한 의사소통이 중요하다.

68

전화 응대 원칙 4가지는 친절, 정확, 신속, 예의이다.

69

전화를 받을 때에는 고객에게 친절하고 예의 바르게 응대해야 한다. 밝은 목소리와 함께 인사말과 함께 소속과 성명을 밝히는 것이 중요하다.

70

전화를 받을 때에는 고객에게 친절하고 예의 바르게 응대해야한다. 밝은 목소리와 함께 인사말과 함께 소속과 성명을 밝히는 것이 중요하다.

71

전화를 받을 때는 고객의 말을 적극적으로 경청해야 한다. 고객의 요구나 질문에 충분히 대응할 수 있도록 듣고 이해하는 것이 중요하다.

72

쿠션 화법은 상대방에게 더 부드럽고 친근한 인상을 주는 응대방법이다. 따라서 상대방이 당황하지 않도록 쿠션 단어를 사용하는 것이 좋다.

73

쿠션 화법은 상대방의 불편을 최소화하기 위해 쿠션 단어를 사용하여 대화를 진행하는 것을 의미한다. 이는 상호 간의 소통을 부드럽고 만족스럽게 만들 수 있다.

74

고객 관리 차트 작성 시에는 예약 상황을 기록하여 고객에게 빠짐없이 안내하는 것이 중요하다. 이를 통해 예약의 혼란을 방지하고 고객 서비스 품질을 유지할 수 있다.

75

기초 신체검사는 반려동물의 건강 상태를 파악하기 위해 수행된다. 체중과 체온 측정은 이 중 일부다.

76

주어진 내용에서는 미용하기 전 기초 신체검사에 대한 내용이다. 치아 수는 기초 신체검사와 무관하다.

77

반려동물의 정확한 체중 측정을 위해 반려동물용 체중계를 사용하는 것을 권장하나, 움직임이 심하거나 경계심이 많은 반려동물은 고객 또는 작업자가 안고 측정하거나 이동장을 활용할 수도 있다.

78

체중을 측정할 때, 반려동물이 움직임이 심한 경우 안고 측정 또는 이동장을 활용해서 측정해야 한다. 안전한 방법으로 체중을 측정하는 것이 필요하다.

79

반려동물의 체온이 정상 범위를 벗어나면 대사, 호흡, 신경계, 순환기 등의 문제가 발생할 수 있다. 이는 위험 상황 발생 가능성을 높일 수 있다.

80

체온 측정 시 귀 안을 측정하는 것이 가장 안정적이다.

81

체온이 높은 경우, 열이 많은 부위에 얼음 팩을 올려 체온을 낮추는 것이 도움이 된다. 이후 안정한 장소로 옮겨 탈수 증상을 방지하고 물을 자주 먹이도록 한다.

82

반려동물 미용 작업 전에 건강상태를 체크하는 것이 중요하다. 이는 사고 방지 및 마찰을 회피하는 데 도움이 된다.

83

반려동물이 수의사 진료가 필요할 경우, 미용사는 작업을 중지하고 견주에게 상황을 안내해야 한다. 이는 반려동물의 건강을 우선시하며, 필요한 치료를 받을 수 있도록 돕는다.

84

눈 관련 건강상태를 체크할 때는 충혈, 분비물, 눈물 분비, 주변 발적을 확인한다. 체온 측정은 눈의 상태와 직접적인 관련이 없다.

85

전신 상태 점검에서는 기침, 콧물, 호흡의 안정성, 건강 상태를 전반적으로 확인한다. 털의 길이는 전신 건강상태와 직접적인 연관이 없는 항목이다.

86

눈, 귀, 구강, 전신 상태 등은 건강상태 점검에 포함되는 중요한 항목들이다.

87

피모 상태 확인에는 털의 엉킴, 피부의 이상 상태(종양, 궤양, 홍반 등), 부스러기, 딱지, 수포, 색소 침착, 가려움증 등이 포함된다. 이들은 모두 피부와 털의 건강과 관련이 있으며, 고객에게 이러한 상태를 안내한다. 반면, 체중 측정은 피모 상태 점검과 직접적인 관련이 없다.

88

미용 동의서 작성 시 접종 여부, 건강 검진 내용, 과거 및 현재 병력, 미용 후 발생할 수 있는 2차적 증상 등을 확인하고 기록해야 한다. 이는 고객과 미용사가 잠재적 위험을 이해하고 동의하는 데 중요하다. 동물의 취향이나 최근 식단 변경은 미용 동의서의 필수 항목이 아니다.

89

미용 동의서 작성 시 반려동물의 접종 여부와 건강 검진 내용, 과거 및 현재의 병력을 확인하고 기록하는 것이 중요하다. 이는 미용을 진행하기 전 반려동물의 건강 상태를 파악하고 위험성을 최소화하기 위함이다. 반려동물의 색깔 확인은 동의서 작성의 필수 요소가 아니다.

90

반려동물의 체온 측정 시 귀 안쪽에 체온계를 사용하여 안정적으로 측정한다. 이 방법은 안정된 상황에서 진행되어야 하며, 다른 방법보다 동물에게 스트레스를 덜 주는 방법으로 선호된다.

91

신체 건강 이상 발견 시 관리자는 질병을 확정하지 않고, 수의사 진료를 권유한다. 이는 전문가의 정확한 진단과 적절한 치료를 받도록 하기 위한 조치이다. 자가 치료법 추천, 증상 무시, 전문가 연락 회피 등은 적절한 관리 방법이 아니다.

92

각 스타일의 이름은 많이 불리는 이름으로 정해주어 고객이 쉽고 혼돈하지 않도록 도와야 한다.

93

미용 상담 시 샴푸, 보습제 등의 제품 선택을 용이하게 하기 위해, 피모 유형별로 적합한 제품을 나타내는 표를 작성하여 고객에게 제공한다. 이는 제품 선택에 있어 고객에게 명확한 정보를 제공하고, 적절한 제품을 선택할 수 있도록 돕는다.

94

스타일북 정보 수집 시 사진 촬영 방법을 사용하면 미용 작업 후 직접 촬영하여 수집하는 방법이기 때문에, 작업자가 직접 작업한 스타일을 정확히 반영하므로 오차가 작다. 이는 사진이 실제 미용 결과와 일치하므로, 상담 시 고객에게 정확한 이미지를 제공할 수 있다는 이점이 있다.

95

스마트 기기를 활용한 스타일북 정보 수집은 사진을 검색하여 모아두는 방법으로, 정보량이 풍부하고 즉시 검색 가능하다는 장점이 있다. 이로 인해 상담 시 다양한 스타일 옵션을 고객에게 신속하게 제시할 수 있으며, 효과적인 의사소통을 돕는다.

96

POP 광고의 사용은 브랜드 식별을 강화하고, 상품의 주목성을 높여 결정력을 강화하는 역할을 한다. 이는 충동적인 구매 동기를 활용한 직접적인 판매에 도움을 준다. 따라서, 제품의 브랜드를 명확히 하고 소비자의 관심을 끌어들이는 데 중점을 둔다.

97

제품 사진 스크랩을 활용하여 소책자를 제작하는 방법은 주제별로 제품을 스크랩하여 각 제품의 장단점을 비교할 수 있게 만든다. 이는 고객이 브랜드에 구애받지 않고 객관적인 정보를 바탕으로 제품을 선택할 수 있도록 도와주는 장점이 있다.

98

POP 광고를 활용한 제품 안내표 게시 방법은 가격표를 부착하여, 이를 통해 고객이 제품 정보를 쉽게 확인할 수 있도록 한다. 이 방법은 고객에게 직접적으로 제품의 가격 정보를 제공함으로써 더 효과적인 구매 결정을 유도하는 데 도움을 준다.

99

미용 서비스를 제공하기 전 요금 상담이 필요한 이유는 작업 후 발생할 수 있는 불필요한 마찰이나 불만족을 방지하기 위해서이다. 이 과정에서 요금을 미리 명확히 설명하고 고객의 동의를 얻음으로써, 서비스 후 만족도를 높일 수 있다.

100

미용 서비스 과정에서 추가 비용이 발생할 가능성이 예상될 때, 고객의 불만을 방지하기 위해 미리 추가 비용에 대해 안내하는 것이 중요하다. 이는 투명한 커뮤니케이션을 통해 고객의 신뢰를 유지하고, 불필요한 문제를 사전에 예방하는 데 기여한다.

101

고객 만족도 확인의 중요성은 재방문을 촉진하고 고객과의 신뢰감을 증진시키는 데 있다. 이를 통해 고객과의 지속적인 관계를 유지하고 서비스의 질을 개선하는 기반이 마련된다.

102

미용 서비스의 질을 향상시키기 위해 고객의 개별적인 피드백을 수렴하는 중요한 방법 중 하나는 정기적인 설문 조사를 실시하는 것이다. 이를 통해 다양한 고객의 의견을 청취하고 서비스에 반영함으로써, 전반적인 서비스 품질을 개선할 수 있다.

103

미용 작업 후 확인의 중요성은 작업 종료 직후 고객의 의견을 수렴하여 필요한 보완 작업을 실시함으로써 고객의 만족도를 높이는 데 있다. 이 과정을 통해 고객의 기대와 만족을 충족시키고, 재방문율을 높이는 결과를 기대할 수 있다.

104

미용 작업 후 추후 전화로 확인하는 주된 목적은 고객의 만족도를 높이기 위해 건강 및 피모 상태를 확인하고, 다음 미용 날짜를 안내하는 것이다. 또한, 시간이 지남에 따라 미용 작업과 관련 없는 불만 요인을 구분하는 데 도움이 된다. 전화를 차단하기 위해 전화를 하는 것은 목적이 아니며, 이는 오히려 고객과의 소통을 방해하는 행위이다.

105

미용 후 설문조사의 주요 목적은 미용 스타일 만족도를 평가하고, 반려동물의 건강 상태를 확인하며, 고객 요청 사항을 수집하여 서비스 품질을 향상시키는 것이다. 이러한 조사는 고객 만족도를 높이고 서비스 개선을 위한 중요한 정보를 제공한다. 고객의 서비스 사용 비용을 증가시키는 목적으로 설문조사를 실시하는 것은 아니다.

106

설문지 방법에서 고객은 작업자 앞에서 불만 내용을 작성할 수 없다는 점이 중요하다. 이는 고객이 편안하게 자신의 의견을 표현할 수 있도록 보장하고, 더 솔직한 피드백을 유도하기 위함이다.

107

인터넷을 활용한 미용 후 설문조사의 주요 단점은 응답률이 낮을 수 있다는 점이다. 설문이 포털 사이트의 문서 도구를 통해 작성되고, 문자, 이메일, 또는 스마트폰 메신저를 통해 전송될 수 있지만, 무기명으로 응답 가능함에도 불구하고 고객의 참여 의지에 따라 응답 확률이 낮아질 수 있다. 이는 설문 결과의 정확성과 유용성에 영향을 미칠 수 있다.

108

미용 작업 중 사고가 발생했을 경우, 미용사는 사전에 응급 처치 요령을 숙지하고 있어야 하며, 이를 적용하여 반려동물의 상태를 안정시키고 추가적인 부상을 방지한다.

109

위급한 상황에서 미용사는 반드시 고객에게 수의사 진료를 받을 수 있도록 안내해야 한다. 이는 반려동물의 건강과 안전을 최우선으로 고려하고, 적절한 전문 치료를 받을 수 있도록 하는 중요한 조치이다.

110

사고 발생 시, 미용사는 사실적으로 상황을 설명하고 방어적인
태도를 유지하며, 반려동물의 행동에 핑계를 대지 않고 정확하고
진실한 정보를 전달해야 한다. 이는 고객의 신뢰를 유지하고 상
황을 투명하게 처리하는 데 중요하다.

111

반려동물, 특히 개가 서로 공격할 때 안전한 방법으로 개의 뒷다
리를 들어 분리하는 것이 권장된다. 이 방법은 공격적인 행동을
즉시 중단시킬 수 있으며, 동물과 사람 모두에게 추가적인 부상
을 방지할 수 있다.

112

반려동물이 서로 공격할 때, 개의 뒷다리를 들거나 천 패드나 큰
수건으로 눈을 가리는 것은 동물을 분리하고 공격을 방지하는
효과적인 방법이다. 하지만 모든 동물을 한 곳에 모으는 것은 오
히려 더 많은 충돌과 위험을 초래할 수 있어 안전하지 않은 방법
으로 간주된다. 이러한 방법은 반려동물 사이의 긴장을 높이고
상황을 더욱 악화시킬 수 있다.

113

선호 스타일이 미달된 이유를 사전에 설명하는 것은 고객의 기
대를 사전에 조정하고, 불만이 발생하는 것을 예방하기 위함이
다. 이는 고객과의 투명한 커뮤니케이션을 통해 신뢰를 구축하
고, 만족도를 높이는 데 도움이 된다.

114

미용 작업자가 응급 처치 요령을 숙지하는 것은 불가피하게 발
생할 수 있는 사고에 즉시 대처하여, 동물의 안전을 보장하고 심
각한 결과를 방지하기 위함이다. 이는 동물의 건강을 우선시하
고, 비상 상황에서 적절하게 대응할 수 있는 능력을 갖추는 것을
목표로 한다.

memo

PART 02
반려견 기초미용

3급 출제영역

CHAPTER 01 목욕

01 빗질

1. 브러싱

(1) 브러싱의 이해

① 브러싱은 그루밍의 기본 작업임
② 반려동물의 피부와 외부 구조에 대해 배우고 이해하는 것이 필요함
③ 품종과 개체별 특성을 파악하는 것은 그루밍에 중요한 요소
④ 털이 심하게 엉킬 경우 동물은 고통과 스트레스를 받기 때문에 털이 너무 엉킨 경우에는 털을 깎아주는 것이 바람직함

(2) 브러싱의 효과

① 피부 자극을 통해 신진 대사와 혈액 순환을 촉진함
② 털 관리를 통해 건강 상태와 기생충, 이물질 점검을 할 수 있음
③ 털갈이 시기 관리에 브러싱은 필수적
④ 브러싱을 통해 반려동물과 작업자 사이의 친숙함이 형성됨

(3) 목욕 전에 빗질을 해야 하는 이유

① 목욕 전 빗질은 겉털뿐만 아니라 엉킨 속털까지 깨끗이 관리함
② 빗질 없이 목욕을 하면 산책 시 붙은 이물질이 털에 뭉쳐 더욱 엉기게 됨
③ 엉킨 털은 브러싱과 드라이 시간을 증가시키고, 과정이 더 힘들어짐
④ 충분한 브러싱은 드라잉 시간을 단축하고 수월하게 만듦

(4) 브러싱 순서

① 털의 결과 방향을 따라서 일정한 순서와 방향을 정함으로써 털을 꼼꼼하게 빠진 부위 없이 관리할 수 있음
② 순서: 머리와 귀 → 몸통과 사지 → 배와 엉덩이 → 꼬리 → 엉킨 곳 남았는지 콤으로 체크 → 엉킨 곳이 있으면 빗질하여 풀기

개체의 특성 파악	• 고객과 상담을 통해 반려동물의 성격과 사육 환경을 파악 • 교상 위험과 스트레스를 최소화하고 빗질 작업을 효과적으로 수행하는 데 도움이 됨
피부와 털의 상태 점검	• 빗질을 통해 털과 피부의 질병 및 관리 상태를 점검 • 점검 결과를 바탕으로 고객과 개체의 상태에 대해 상담
피부 손상과 털의 끊김에 주의하여 빗질	• 엉킨 털을 풀 때는 털을 잡아당겨 빗는 강도를 조절 • 장모의 털을 갖고 있는 개체에게는 엉킴이 있을 경우, 엉킨 털 풀기에 도움이 되는 컨디 셔너를 사용하여 털의 손상을 최소화함
찰과상에 주의하여 빗질	• 브러싱 시 뼈가 돌출된 부위와 얇은 피부를 주의 • 움직임이 많은 부위에서 마찰로 엉킴이 생기는 것을 확인하고 찰과상을 예방
엉킨 부위를 콤으로 점검	브러싱 후 콤으로 털의 흐름을 따라 마지막으로 엉킨 부위를 확인

2. 피부와 털

(1) 피부의 구조와 특징

주모	길고 굵으며 뻣뻣함
표피	• 피부의 가장 바깥쪽 층 • 개와 고양이는 털이 있는 부위가 얇음
진피	입모근, 혈관, 임파관, 신경 등이 존재
입모근	불수의근으로, 추위나 공포 시 털을 세울 수 있음
피하 지방	피부 밑과 근육 사이에 위치한 지방
피지선	털이 난 피부 부위에 있으며, 항균 작용 및 페로몬을 포함
땀샘	• 아포크린선: 털이 나 있는 모든 피부에 분포 • 에크린선: 발볼록살에서만 존재
부모	• 짧은 털 • 보온 및 피부 보호 기능
모낭	• 모근을 싸고 있는 주머니 • 털을 보호하고 단단히 지지

(2) 털의 기능

보호털	• 몸의 외형을 형성 • 길고 두꺼워 방수 및 체온 유지 기능
솜털	보호털보다 짧고 부드러워 단열 기능 제공
촉각털	• 외부 자극 감각 수용 • 보호털보다 두껍고 안면부에 주로 위치

(3) 털 주기

① 털의 성장에는 각기 다른 주기가 존재함

모자이크 타입	개체 내에서 다양한 털 주기를 동시에 보이며, 주로 개와 고양이에 해당
싱크로니스틱 타입	전체 털이 일관된 주기로 동시에 성장하거나 털갈이를 함 예 진돗개

② 털 주기 조절 요인: 광주기, 주위 온도, 영양, 호르몬, 건강 상태, 유전 등에 의해 영향을 받음
- 계절적 털갈이: 온대 기후 지역의 개와 고양이는 봄과 가을에 털갈이가 두드러짐
- 요크셔테리어와 몰티즈: 모자이크 타입으로 일정한 길이를 유지하며 털갈이 진행
- 특수 털갈이: 태아기 배냇털의 빠짐과 출산 후 암컷의 호르몬 변화로 인한 털갈이

(4) 털의 형태적 특징

1) 털의 형태적 다양성

① 개는 털의 모량과 길이에 따라 다양한 형태를 가짐
② 털의 분류: 장모, 단모, 털이 없는 종 등으로 분류 가능
③ 모질 유형: 컬리 코트(곱슬), 실키 코트(부드럽고 매끄러움), 스무스 코트(짧고 매끄러움), 와이어 코트(거칠고 튼튼함)

2) 모량과 길이에 따른 특징

장모	• 코커스패니얼, 포메라니안: 털이 미세하고 단위 면적당 털의 무게가 적은 장모종 • 푸들, 베들링턴테리어, 케리블루테리어: 부모가 전체 무게의 70%, 털 수의 80%를 차지하며, 비교적 거친 털이고, 털 빠짐이 적은 경향이 있음
단모	단모의 분류는 거친 형태와 미세한 형태로 나뉨 • 거친 단모: 주모가 강하게 성장하며, 부모는 무게가 적고 수가 적으며 약하게 성장 예 로트와일러, 많은 테리어 종 등 • 미세한 단모: 단위 면적당 털의 수가 많음 예 복서, 닥스훈트, 미니어처핀셔 등
털이 없는 종 (헤어리스)	• 털이 없는 종: 멕시칸헤어리스, 차이니스헤어리스 • 털 분포: 머리, 다리, 꼬리에 부분적으로 털 존재 • 특징: 털이 없어 피부 분비물이 많아 피부 보호막 형성 필요 • 관리 필요성: 주기적 점검·관리가 없으면 피부 질환 및 나쁜 냄새 발생 • 피부 관리: 샴푸 후 보습과 영양 공급으로 피부 보호 필요

3) 모질에 따른 특징 및 품종

컬리 코트	• 특징: 곱슬거리는 털로, 자주 빗질하고 필요에 따라 털을 잘라야 함 • 대표 견종: 푸들, 에어데일테리어, 베들링턴테리어, 케리블루테리어 등
실키 코트	• 특징: 길고 부드러운 털로, 빗질 시 피부 관리에 주의 필요 • 대표 견종: 요크셔테리어, 몰티즈, 실키테리어 등

스무스 코트	• 특징: 부드럽고 짧은 털로, 루버 브러시를 사용하여 털 관리 및 죽은 털 제거 • 대표 견종: 치와와, 퍼그, 보스톤테리어, 불독 등
와이어 코트	• 특징: 거칠고 두꺼운 털로, 털 뽑기를 통해 아름다움 관리 • 대표 견종: 노리치테리어, 와이어헤어드닥스훈트, 와이어헤어드폭스테리어 등

(5) 빗질 유의사항

① 돌출된 부위는 찰과상에 주의하며 빗질
② 빗 사용 시 피부 손상 방지를 위해 면과 각도 조절 필요
③ 정기적으로 빗의 파손 여부 검사
④ 반려동물의 개체별 특성 숙지
⑤ 건강 상태를 작업 중 수시로 확인
⑥ 작업 장소는 청결하고 통풍이 잘되어야 함
⑦ 고정 장치 사용으로 도주와 낙상 방지
⑧ 노령이나 질병이 있는 동물에게는 각별한 주의
⑨ 미용 도구와 장비는 위생적으로 관리하고 소독
⑩ 슬리커 브러시 사용 시 작업자의 손과 피부 보호
⑪ 작업대 높이는 사람과 반려동물 모두에게 편안해야 함
⑫ 반려동물이 손질을 편안하게 받아들이도록 습관화
⑬ 용도에 알맞은 브러시 사용하여 털 손상 방지
⑭ 빗질은 털의 결을 따라 일정한 순서와 방향으로 진행
⑮ 브러싱으로 눈, 생식기 주변 이물질 제거
⑯ 털갈이 시기에는 목욕 전 빗질로 속털 제거 필요

(6) 슬리커 브러시의 효과적인 사용

1) 사용 목적

① 죽은 털과 엉킨 털 제거에 효과적
② 털갈이 시기에 중요한 관리 도구
③ 곱슬거리는 털은 슬리커 브러시로 효과적으로 관리 가능

2) 관리

① 손상 점검: 사용 후 꺾이거나 손상된 핀 발견 시 교체 필요
② 보관 주의: 물이나 습기에 방치하지 않고, 건조한 곳에 소독 후 보관

(7) 루버 브러시의 특징

① 고무 재질 판과 돌기로 이루어져 있으며, 글로브 형태와 브러시 형태가 존재
② 단모종의 죽은 털 제거 및 피부 마사지에 사용
③ 목욕 중에도 사용하여 효과적
④ 브러싱을 통해 털의 윤기를 유지할 수 있음

02 샴푸

1. 샴핑(shampooing)의 목적

① 반려동물의 피부와 털을 청결하게 유지하여 건강을 보호
② 피부 표면의 피지와 분비물이 자연 보호막을 형성
③ 샴핑을 통해 피부에 쌓인 오염물 제거 및 털 건강 유지
④ 정기적인 샴핑으로 피부와 털의 건강 점검·관리
⑤ 과도한 피지 제거는 피부 보호막 기능을 약화시킬 가능성이 있어 주의 필요

2. 샴푸의 기능과 특징

① 샴푸는 먼지, 때, 피지 제거와 모질 개선을 목적으로 함
② 빗질을 용이하게 하고 빛나게 하며, 잔류물을 남기지 않아야 함
③ 눈에 자극이 없어야 하며, 오염을 효과적으로 제거해야 함
④ 계면 활성제, 향료, 영양성분, 보습물질 등이 포함됨
⑤ 개의 피부는 pH 7~7.4로 중성이며, 사람 피부(pH 4.5~5.5)와 다름
⑥ 사람용 샴푸는 개에게 자극적일 수 있음
⑦ 최근에는 천연 성분을 사용하여 피부 자극을 줄인 제품이 개발됨

3. 항문낭의 관리

(1) 목적

① 항문낭은 개의 체취를 담은 주머니로, 항문 양쪽에 위치함
② 항문낭액은 끈적하고 냄새가 나는 타르 형태
③ 항문낭의 문제로 인한 흔한 행동은 핥기와 엉덩이 끌기, 갑작스러운 놀람 등이 있음
④ 항문선이 붓거나 막히면 통증이 심해지고 염증이 생길 수 있음
⑤ 방치 시 수술이 필요할 정도로 악화될 수 있음
⑥ 꾸준한 점검과 관리로 항문낭 질병을 예방할 수 있음

(2) 항문낭 배출 방법

① 꼬리를 들어 올리고 항문낭을 도출시킴
② 항문의 4시와 8시 방향의 안쪽에 꽉 찬 동그란 형태의 돌출 부위를 엄지손가락과 집게손가락을 이용하여 부드럽게 배출시킴
③ 배출된 항문낭액을 온수로 세척함

(3) 항문낭액을 배출시킬 때 유의할 사항

① 항문낭액 배출 시 작업복과 벽이 오염되지 않도록 주의 필요
② 항문낭이 꽉 차 있어도 배출이 안 될 때는 무리하게 자극하지 말아야 함
③ 배출이 어려운 경우 항문낭선의 막힘 또는 염증이 있을 수 있으므로 수의사에게 진료를 받아야 함

4. 어린 동물의 목욕

① 어린 동물의 첫 손질은 평생 습관에 영향을 줌
② 생후 3~4주에 첫 관리를 시작하며, 무른 변이나 부주의로 인한 피부 문제에 주의함
③ 처음 손질 시 놀라거나 아프지 않게 주의해야 함
④ 어린 동물이 사람 손길에 익숙해지도록 빗질과 만짐을 통해 훈련함
⑤ 털이 엉키는 부위는 짧게 깎아 목욕 필요성을 감소시킴
⑥ 목욕은 온수를 사용하며, 시간 단축 및 호흡기 보호에 신경 써야 함
⑦ 드라이 시 소음에 주의하고, 브러싱은 부드럽게 해 고통 없도록 조치 필요

5. 샴푸의 종류와 기능

(1) 샴푸의 선택

① 시중의 샴푸는 다양한 종류와 기능을 가짐
② 개체 특징에 맞는 샴푸 선택이 중요함
③ 세척력이 강한 샴푸는 알칼리성이 강함
④ 건강한 털 관리를 위해 pH 중성에 가까운 샴푸 사용을 권장
⑤ 자극이 적은 천연성분 샴푸를 선택 가능

(2) 종류 및 기능

1) 털의 모질과 모색에 따라 샴푸를 선택함

① 화이트닝, 블랙 코트, 컬러 코트용 샴푸 사용 가능
② 와이어 코트 털을 눕히거나 가라앉혀 가위질을 도와주는 샴푸도 있음

2) 털의 상태에 따라 샴푸를 선택함

영양 강화, 민감, 보습, 기생충 퇴치, 드라이 샴푸 등 다양한 종류 선택 가능

6. 샴푸 시 유의사항

① 작업 전 반려동물의 건강 상태와 특이사항을 파악해야 함
② 작업 중 반려동물의 건강을 수시로 확인함
③ 개의 정상적인 체온이 38.5~39℃이므로 개의 목욕물 온도는 사람의 손으로 느낄 때 약간 따뜻한 정도인 40℃가 적당함
④ 반려동물의 개체별 특성을 잘 알고 있어야 함
⑤ 목욕 도구와 장비는 위생적으로 관리하고 소독해야 함
⑥ 도구와 장비 사용 방법을 숙지해야 함
⑦ 작업 장소는 청결하고 통풍이 잘 되어야 함
⑧ 작업 장소는 반려동물의 탈출을 방지하도록 구성해야 함
⑨ 물 목욕은 해당 동물에게 적합할 때만 사용해야 함
⑩ 동물 전용 샴푸와 린스를 사용해야 함
⑪ 샴푸와 린스 사용 전 제품 설명서를 충분히 숙지해야 함
⑫ 노령이나 질병이 있는 동물은 목욕 시 특별한 주의 필요
⑬ 욕조 바닥은 미끄럽지 않게 해야 함
⑭ 온수기의 물 온도를 일정하게 유지하며, 충분한 물 공급이 이루어져야 함

03 린스

1. 린싱의 목적

① 린스의 주요 목적은 샴푸로 인한 피부 자극과 알칼리화 상태를 중화시키는 것
② 린스 사용으로 샴푸에 의해 손상된 피부와 털을 회복시킬 수 있음
③ 린스는 일반적으로 농축 형태로 제공되며, 사용 전 적당한 농도로 희석해야 함
④ 과도한 사용은 털을 끈적거리게 하고, 지나친 헹굼은 효과를 감소시킴
⑤ 올바른 사용 방법을 숙지하여 효과적으로 사용해야 함

2. 린스의 종류와 기능

① 린스는 정전기 방지제, 보습제, 오일, 수분 등으로 구성됨
② 털에 윤기와 광택을 부여하고, 정전기 및 엉킴을 방지함
③ 빗질로 인한 손상과 드라이로 인한 열 손상을 보호하는 전처리제 역할을 함

④ 시판 린스 제품은 천연성분을 함유한 자극 적은 제품, 기능 강화 제품, 고농축 크림 형태, 오일과 영양 강화 제품 등 다양함

⑤ 털의 상태에 따라 선택할 수 있는 다양한 종류의 린스가 있음

3. 린스의 올바른 사용 방법

① 린스는 다양한 종류와 기능을 가지며 선택의 폭이 넓음

② 올바른 사용 방법을 숙지해야 린스 효과가 감소되지 않음

③ 건강한 털 관리를 위해 린스의 기능에 대한 정보를 이해해야 함

④ 개체의 특성에 맞는 린스 제품을 선택하여 사용해야 함

⑤ 털 상태에 따라 기능이 강화된 린스 제품의 사용을 고려해야 함

4. 린스 사용 시 유의사항

① 작업 전 반려동물의 건강 상태와 특이사항을 파악해야 함

② 작업 중에도 반려동물의 건강 상태를 수시로 확인함

③ 반려동물의 개체별 특성을 숙지해야 함

④ 목욕 도구와 장비는 위생적으로 관리하고 소독해야 함

⑤ 도구와 장비 사용 방법을 숙지해야 함

⑥ 작업 장소는 청결하고 통풍이 잘 되어야 함

⑦ 작업 장소는 반려동물의 탈출 경로를 차단해야 함

⑧ 물을 사용하는 목욕은 해당 동물에게만 적용해야 함

⑨ 반려동물 목욕 시 동물 전용 린스를 사용해야 함

⑩ 린스 사용 전 제품 설명서를 충분히 숙지하고 사용 방법에 유의해야 함

⑪ 노령이거나 질병이 있는 동물은 목욕 시 상태에 유의해야 함

⑫ 욕조 바닥은 미끄럽지 않게 해야 함

⑬ 온수기의 물 온도는 일정하게 유지하고 충분한 물 공급이 이루어져야 함

04 드라이

1. 드라잉

(1) 드라이 작업 목적

① 드라이 작업의 주 목적은 털을 말리는 것

② 드라이어의 풍향, 풍량, 온도 조절과 브러시 사용 타이밍이 중요함

③ 적절한 타이밍에 빗질을 하지 않으면 털이 곱슬거릴 수 있음

④ 피부에서 털 바깥쪽으로 바람을 불어넣어야 효과적으로 말릴 수 있음
⑤ 효율적인 드라이 작업은 브러싱과 함께 순차적으로 이루어져야 함
⑥ 드라이가 잘 되면 커트 작업도 잘 마무리될 수 있음
⑦ 털의 상태를 최상으로 마무리하기 위해 드라잉과 브러싱은 동시에 이루어져야 함
⑧ 품종과 털의 특성에 따라 드라이 방법이 달라질 수 있음

(2) 여러 가지 드라이 방법

① 드라이 방법은 털의 커트를 위해 바람과 브러싱 타이밍을 정교하게 조절하는 기술을 요구함
② 드라이 동안 털의 수분 함량을 일정하게 유지해야 최상의 결과를 얻을 수 있음
③ 품종과 피모의 특징에 따라 적절한 드라이 방법이 달라질 수 있음

타월링	• 목욕 후 타월을 사용하여 수분을 제거하는 방법 • 적절한 수분 제거는 드라잉 시간을 단축시킬 수 있음 • 지나친 수분 제거는 피부와 털의 건조를 유발할 수 있으므로 조심해야 함 • 와이어 코트의 경우 타월링만으로 드라잉을 대체할 수 있음
새킹	• 커트 전 털이 들뜨고 곱슬거리는 상태로 건조되는 것을 막고, 털을 최적 상태로 유지하기 위해 타월로 몸을 감싸는 기법 • 드라이어 바람이 드라잉 대상 부위에만 집중되도록 유도하는 것이 중요함 • 브러싱 중인 부위 주변의 털이 건조되지 않도록 주의해야 함 • 만약 드라잉 후 털이 곱슬거리면 컨디셔너 스프레이로 수분을 추가하여 다시 드라이함
플러프 드라이	• 털의 모량을 풍성하게 보이도록 하는 드라이 방법 • 특히 짧은 이중모를 가진 페키니즈, 포메라니안, 러프콜리 같은 품종에 적합함 • 핀 브러시를 사용하여 모근에서부터 털을 세워 가며 드라이함
켄넬 드라이	• 케이지 드라이로도 불리며, 동물을 켄넬 박스에 넣고 드라이어 바람을 쏘아 털의 수분을 제거하는 방법 • 드라이어는 켄넬 박스에 걸거나 스탠드 드라이어를 이용해 바람을 쏘임 • 켄넬 드라이 후에는 동물의 피부와 털 상태를 확인하고 귀, 얼굴, 가슴 등을 손으로 추가로 말려줌 • 케이지 드라이어에 익숙하지 않은 동물은 연습이 필요하며, 드라이 중 방치하면 화상이나 호흡곤란이 발생할 수 있으므로 주의해야 함 • 최근에는 드라이어가 부착된 다양한 형태의 켄넬박스 전용 드라이어 제품이 출시되고 있음
룸 드라이어	• 다양한 사이즈와 기능을 갖춘 대형 드라이어 • 목욕과 타월링을 마친 동물을 룸 안에 넣고 타이머, 바람 세기, 음이온, 자외선 소독 등을 조정하여 사용함 • 입체적인 바람으로 털의 수분을 제거하는 방법 • 드라이 후 동물의 피부와 털 상태를 확인하고 귀, 얼굴, 가슴 등을 추가로 말려줌 • 룸 드라이어에 익숙하지 않은 동물은 연습이 필요하며, 방치 시 화상이나 호흡곤란의 위험이 있으므로 주의해야 함

2. 드라이 작업 시 유의사항

① 작업 전에 반려동물의 건강 상태와 특이사항을 파악함
② 작업 중에도 반려동물의 건강 상태를 수시로 확인함
③ 반려동물의 개체별 특성을 숙지해야 함
④ 목욕 도구와 장비는 철저히 위생 관리하고 소독해야 함
⑤ 도구와 장비 사용 방법을 숙지해야 함
⑥ 작업 장소는 청결하고 통풍이 잘 되어야 함
⑦ 작업 장소는 반려동물의 탈출 경로를 차단해야 함
⑧ 노령이거나 질병이 있는 동물은 상태에 유의하여 목욕시켜야 함

3. 드라이 순서

① 타월로 수분을 제거함
② 드라잉 순서를 정하여 털을 건조시킴
③ 엉킨 곳이 남아있는지 콤으로 점검함
④ 스프레이 컨디셔너나 관리제품을 도포하여 드라잉을 마무리함
⑤ 드라잉이 끝난 후 고객에게 반려동물의 특이사항을 전달함

4. 드라잉 마무리하기

① 드라잉이 끝난 후 덜 마른 부위를 점검함
② 귀, 머리, 배, 다리 안쪽의 덜 마른 부위를 꼼꼼히 말려 줌
③ 마지막으로 엉킴이 있는지 콤으로 확인함

목욕 연습문제

01

브러싱의 중요성에 대한 설명으로 옳지 <u>않은</u> 것은?

① 브러싱은 그루밍의 기본 작업이다.
② 반려동물의 피부와 외부 구조에 대해 배우고 이해하는 것이 필요하다.
③ 품종과 개체별 특성을 파악하는 것은 그루밍에 중요하지 않다.
④ 털이 심하게 엉킬 경우, 동물은 고통과 스트레스를 받는다.
⑤ 털이 너무 엉킨 경우, 털을 깎아 주는 것이 바람직하다.

02

털이 심하게 엉킨 경우에 취해야 할 조치로 옳은 것은?

① 엉킨 털을 그대로 두어 동물이 스스로 해결하게 한다.
② 브러싱을 하지 않고 다른 방법으로 해결한다.
③ 털이 너무 엉킨 경우, 털을 깎아 주는 것이 바람직하다.
④ 반려동물의 피부와 외부 구조를 이해하지 않고 무작정 브러싱한다.
⑤ 엉킨 털을 물로 적셔서 빗질한다.

03

브러싱의 효과로 옳지 <u>않은</u> 것은?

① 브러싱은 피부 자극을 통해 신진 대사와 혈액 순환을 촉진한다.
② 털 관리를 통해 건강 상태와 기생충, 이물질 점검을 할 수 있다.
③ 털갈이 시기 관리에 브러싱은 필수적이다.
④ 브러싱을 통해 반려동물과 작업자 사이의 친숙함이 형성된다.
⑤ 브러싱은 털을 엉키게 하여 관리가 어려워진다.

04

브러싱의 중요성에 대한 설명으로 옳은 것은?

① 브러싱은 피부 자극을 통해 신진 대사와 혈액 순환을 촉진하지 않는다.
② 털 관리는 건강 상태 점검에 도움이 되지 않는다.
③ 털갈이 시기 관리에 브러싱은 필요하지 않다.
④ 브러싱을 통해 반려동물과 작업자 사이의 친숙함이 형성된다.
⑤ 브러싱은 반려동물에게 불편함만을 준다.

05

목욕 전에 빗질을 해야 하는 이유로 옳지 <u>않은</u> 것은?

① 목욕 전 빗질은 겉털뿐 아니라 엉킨 속털까지 깨끗이 관리한다.
② 빗질 없이 목욕을 하면 산책 시 붙은 이물질이 털에 뭉쳐 더욱 엉킨다.
③ 엉킨 털은 브러싱과 드라이 시간을 증가시키고, 과정이 더 힘들어진다.
④ 충분한 브러싱은 드라잉 시간을 단축하고 수월하게 만든다.
⑤ 빗질 없이 목욕하면 털이 더욱 부드럽고 관리하기 쉬워진다.

06

목욕 전에 빗질을 해야 하는 이유로 옳은 것은?

① 빗질 없이 목욕하면 털이 엉키지 않는다.
② 빗질 없이 목욕해도 드라잉 시간이 단축된다.
③ 엉킨 털은 브러싱과 드라이 시간을 증가시킨다.
④ 목욕 전 빗질은 겉털만 관리한다.
⑤ 충분한 브러싱은 드라잉 시간을 연장시킨다.

07

브러싱 순서에 대한 설명으로 옳지 <u>않은</u> 것은?

① 털의 결과 방향을 따라서 일정한 순서와 방향을 정한다.
② 털을 꼼꼼하게 빠진 부위 없이 관리할 수 있다.
③ 머리와 귀 → 몸통과 사지 → 배와 엉덩이 → 꼬리 → 엉킨 곳 체크 → 엉킨 곳 빗질 순서로 진행한다.
④ 순서와 방향을 정하지 않아도 털 관리가 잘 된다.
⑤ 엉킨 곳을 콤으로 체크하고 빗질하여 푼다.

08

브러싱 시 개체의 특성을 파악하는 방법으로 옳은 것은?

① 고객과 상담하지 않아도 개체의 특성을 파악할 수 있다.
② 개체의 성격과 사육 환경을 파악한다.
③ 교상 위험과 스트레스를 무시하고 작업한다.
④ 반려동물의 성격을 파악하는 것은 불필요하다.
⑤ 빗질 작업을 효과적으로 수행하는 데 특성 파악은 중요하지 않다.

09

브러싱 시 피부와 털의 상태를 점검하는 방법으로 옳은 것은?

① 빗질을 통해 피부와 털의 상태를 점검한다.
② 점검 결과를 고객과 상의하지 않는다.
③ 빗질 과정에서 질병 상태는 점검하지 않는다.
④ 털의 상태만 점검하고 피부 상태는 무시한다.
⑤ 점검 후 고객과 상담할 필요는 없다.

10

브러싱 시 피부 손상과 털의 끊김을 방지하는 방법으로 옳지 <u>않은</u> 것은?

① 엉킨 털을 풀 때 강하게 잡아당겨 빗질한다.
② 털을 잡아당겨 빗는 강도를 조절한다.
③ 장모 개체에는 엉킨 털 풀기 위한 컨디셔너를 사용한다.
④ 엉킨 털을 부드럽게 풀어야 털의 손상을 최소화할 수 있다.
⑤ 엉킨 털을 풀기 위해 컨디셔너를 사용하면 털의 손상을 줄일 수 있다.

11

브러싱 시 유의사항으로 옳지 <u>않은</u> 것은?

① 개체의 특성을 파악한다.
② 피부와 털의 상태를 점검한다.
③ 피부 손상과 털의 끊김에 주의하여 빗질한다.
④ 찰과상에 주의하여 빗질한다.
⑤ 빗질 후 털의 엉킴을 방치한다.

12

피부의 구조와 특징에 대한 설명으로 옳지 <u>않은</u> 것은?

① 표피는 피부의 가장 바깥쪽 층으로, 개와 고양이는 털이 있는 부위가 얇다.
② 진피에는 입모근, 혈관, 임파관, 신경 등이 존재한다.
③ 입모근은 불수의근으로, 추위나 공포 시 털을 세울 수 있다.
④ 피하 지방은 피부 밑과 근육 사이에 위치한 지방이다.
⑤ 피지선은 털이 나지 않은 피부 부위에 있으며, 항균 작용 및 페로몬을 포함한다.

13

피부의 구조와 특징에 대한 설명으로 옳지 <u>않은</u> 것은?

① 주모는 길고, 굵고, 뻣뻣하다.
② 피하 지방은 피부 밑과 근육 사이에 위치한 지방이다.
③ 에크린선은 털이 나 있는 모든 피부에 분포한다.
④ 모낭은 모근을 싸고 있는 주머니로, 털을 보호하고 단단히 지지한다.
⑤ 표피는 피부의 가장 바깥쪽 층이다.

14

털의 기능에 대한 설명으로 옳은 것은?

① 보호털은 몸의 외형을 형성하며, 짧고 부드러워 단열 기능을 제공한다.
② 솜털은 보호털보다 길고 두꺼워 방수 및 체온 유지 기능을 한다.
③ 촉각털은 외부 자극을 감각 수용하며, 보호털보다 얇고 짧다.
④ 보호털은 길고 두꺼워 방수 및 체온 유지 기능을 한다.
⑤ 솜털은 외부 자극을 감각 수용하며, 안면부에 주로 위치한다.

15

피부의 구조에 속하지 <u>않는</u> 것은?

① 표피
② 진피
③ 피하 지방
④ 보호털
⑤ 피지선

16

촉각털의 기능에 대한 설명으로 옳은 것은?

① 외부 자극을 감각 수용한다.　　② 방수 및 체온 유지 기능을 한다.
③ 짧고 부드러워 단열 기능을 제공한다.　　④ 피부 밑과 근육 사이에 위치한 지방이다.
⑤ 피부의 가장 바깥쪽 층이다.

17

털 주기와 관련된 설명으로 옳지 <u>않은</u> 것은?

① 털의 성장에는 각기 다른 주기가 존재한다.
② 모자이크 타입은 전체 털이 일관된 주기로 동시에 성장하거나 털갈이를 한다.
③ 싱크로니스틱 타입은 전체 털이 일관된 주기로 동시에 성장하거나 털갈이를 한다.
④ 털 주기는 광주기, 주위 온도, 영양, 호르몬, 건강 상태, 유전 등에 의해 영향을 받는다.
⑤ 온대 기후 지역의 개와 고양이는 봄과 가을에 털갈이가 두드러진다.

18

털 주기와 관련된 설명으로 옳지 <u>않은</u> 것은?

① 털의 성장에는 각기 다른 주기가 존재한다.
② 모자이크 타입은 개체 내에서 다양한 털 주기를 동시에 보인다.
③ 특수 털갈이는 태아기 배냇털의 빠짐과 출산 후 암컷의 호르몬 변화로 인한 털갈이다.
④ 요크셔테리어와 몰티즈는 싱크로니스틱 타입으로 일정한 길이를 유지하며 털갈이를 한다.
⑤ 털 주기는 광주기, 주위 온도, 영양, 호르몬, 건강 상태, 유전 등에 의해 영향을 받는다.

19

털 주기를 조절하는 요인으로 옳은 것은?

① 털 주기는 일정한 주기로만 조절된다.
② 광주기, 주위 온도, 영양, 호르몬, 건강 상태, 유전 등이 영향을 미친다.
③ 털 주기는 외부 요인과는 무관하다.
④ 계절적 변화는 털 주기에 영향을 주지 않는다.
⑤ 털 주기는 오직 유전에 의해서만 결정된다.

20

다음 중 모자이크 타입 털 주기의 동물에 관한 설명으로 옳은 것은?

① 전체 털이 일관된 주기로 동시에 성장하거나 털갈이를 한다.
② 요크셔테리어와 몰티즈는 모자이크 타입으로 일정한 길이를 유지하며 털갈이를 한다.
③ 모자이크 타입은 주로 진돗개와 같은 품종에 해당된다.
④ 모자이크 타입 털 주기는 외부 요인에 영향을 받지 않는다.
⑤ 모자이크 타입은 털이 자라지 않는 시기가 있다.

21

털의 형태적 특징에 대한 설명으로 옳지 <u>않은</u> 것은?

① 개는 털의 모량과 길이에 따라 다양한 형태를 가진다.
② 털은 장모, 단모, 털이 없는 종 등으로 분류될 수 있다.
③ 모질 유형에는 컬리 코트, 실키 코트, 스무스 코트, 와이어 코트가 포함된다.
④ 실키 코트는 거칠고 튼튼한 모질 유형을 나타낸다.
⑤ 스무스 코트는 짧고 매끄러운 모질 유형이다.

22

다음 중 모질 유형에 대한 설명으로 옳은 것은?

① 컬리 코트는 짧고 매끄럽다.
② 실키 코트는 거칠고 튼튼하다.
③ 스무스 코트는 부드럽고 매끄럽다.
④ 와이어 코트는 거칠고 튼튼하다.
⑤ 실키 코트는 곱슬이다.

23

장모종에 대한 설명으로 옳지 <u>않은</u> 것은?

① 코커스패니얼과 포메라니안은 털이 미세하고 단위 면적당 털의 무게가 적은 장모종이다.
② 푸들, 베들링턴테리어, 케리블루테리어는 부모가 전체 무게의 70%, 털 수의 80%를 차지한다.
③ 장모종은 비교적 거친 털을 가지며 털 빠짐이 적은 경향이 있다.
④ 장모종의 털은 주로 거칠고 튼튼하다.
⑤ 푸들은 장모종에 속한다.

24

단모종에 대한 설명으로 옳지 <u>않은</u> 것은?

① 단모는 거칠고 미세한 형태로 나뉜다.
② 거친 단모는 주모가 강하게 성장하고, 부모는 무게가 적고 수가 적다.
③ 미세한 단모는 단위 면적당 털의 수가 많다.
④ 복서, 닥스훈트, 미니어처핀셔는 미세한 단모종이다.
⑤ 많은 테리어 종은 거친 단모종이다.

25

털이 없는 종(헤어리스)에 대한 설명으로 옳지 <u>않은</u> 것은?

① 멕시칸헤어리스와 차이니스헤어리스는 털이 없는 종이다.
② 털이 없는 종은 머리, 다리, 꼬리에 부분적으로 털이 존재할 수 있다.
③ 털이 없어 피부 분비물이 많아 피부 보호막 형성이 필요하다.
④ 주기적 점검 및 관리가 없으면 피부 질환 및 나쁜 냄새가 발생할 수 있다.
⑤ 털이 없는 종은 피부 보호를 위해 보습과 영양 공급이 필요 없다.

26

거친 단모종에 속하는 개는?

① 로트와일러
② 코커스패니얼
③ 포메라니안
④ 차이니스헤어리스
⑤ 요크셔테리어

27

털이 없는 종의 관리 필요성에 대한 설명으로 옳은 것은?

① 주기적 점검과 관리가 필요 없다.
② 피부 질환 예방을 위해 관리가 필요하다.
③ 보습과 영양 공급은 불필요하다.
④ 털이 없어도 피부 보호막이 필요 없다.
⑤ 관리 없이도 나쁜 냄새가 나지 않는다.

28

컬리 코트의 특징으로 옳지 <u>않은</u> 것은?

① 곱슬거리는 털을 가진다.
② 자주 빗질하고 필요에 따라 털을 잘라야 한다.
③ 대표견종으로 푸들, 에어데일테리어 등이 있다.
④ 길고 부드러운 털을 가진다.
⑤ 곱슬거리는 털 관리가 필요하다.

29

실키 코트에 대한 설명으로 옳은 것은?

① 곱슬거리는 털이다.
② 대표견종으로 푸들, 에어데일테리어 등이 있다.
③ 길고 부드러운 털을 가지며, 빗질 시 피부 관리에 주의가 필요하다.
④ 거칠고 두꺼운 털이다.
⑤ 부드럽고 짧은 털이다.

30

스무스 코트의 특징으로 옳지 <u>않은</u> 것은?

① 부드럽고 짧은 털을 가진다.
② 루버 브러시를 사용하여 털을 관리한다.
③ 죽은 털을 제거하는 데 용이하다.
④ 거칠고 두꺼운 털을 가진다.
⑤ 대표견종으로 치와와, 퍼그, 보스톤테리어 등이 있다.

31

와이어 코트에 속하는 개의 특징으로 옳은 것은?

① 곱슬거리는 털을 가진다.
② 길고 부드러운 털을 가진다.
③ 루버 브러시로 관리한다.
④ 거칠고 두꺼운 털을 가지며, 털 뽑기로 아름다움을 관리한다.
⑤ 부드럽고 짧은 털을 가진다.

32

모질에 따른 특징으로 옳지 <u>않은</u> 것은?

① 컬리 코트는 곱슬거리는 털로, 자주 빗질하고 필요에 따라 털을 잘라야 한다.
② 실키 코트는 길고 부드러운 털로, 빗질 시 피부 관리에 주의가 필요하다.
③ 스무스 코트는 부드럽고 짧은 털로, 루버 브러시를 사용하여 털을 관리한다.
④ 와이어 코트는 거칠고 두꺼운 털로, 털 뽑기로 아름다움을 관리한다.
⑤ 실키 코트는 거칠고 두꺼운 털로, 털 뽑기로 관리가 필요하다.

33

모질에 따른 품종으로 옳지 <u>않은</u> 것은?

① 컬리 코트 - 푸들
② 실키 코트 - 요크셔테리어
③ 스무스 코트 - 보스톤테리어
④ 와이어 코트 - 와이어헤어드닥스훈트
⑤ 실키 코트 - 차이니스헤어리스

34

빗질 시 유의사항에 대한 설명으로 옳지 <u>않은</u> 것은?

① 돌출된 부위는 찰과상에 주의하며 빗질해야 한다.
② 빗 사용 시 피부 손상을 방지하기 위해 면과 각도를 조절해야 한다.
③ 정기적으로 빗의 파손 여부를 검사하지 않아도 된다.
④ 반려동물의 개체별 특성을 숙지해야 한다.
⑤ 노령이나 질병이 있는 동물에게는 각별한 주의가 필요하다.

35

빗질 시 유의사항에 대한 설명으로 옳지 <u>않은</u> 것은?

① 작업 장소는 청결하고 통풍이 잘 되어야 한다.
② 고정 장치 사용으로 도주와 낙상을 방지한다.
③ 슬리커 브러시 사용 시 작업자의 손과 피부를 보호해야 한다.
④ 빗질은 털의 결을 거슬러 일정한 순서와 방향으로 한다.
⑤ 용도에 알맞은 브러시를 사용하여 털 손상을 방지한다.

36

슬리커 브러시의 효과적인 사용에 대한 설명으로 옳지 <u>않은</u> 것은?

① 슬리커 브러시는 죽은 털과 엉킨 털 제거에 효과적이다.
② 털갈이 시기에 중요한 관리 도구이다.
③ 곱슬거리는 털을 효과적으로 관리할 수 있다.
④ 사용 후 핀의 손상을 점검하고 필요시 교체해야 한다.
⑤ 물이나 습기에 방치해도 슬리커 브러시는 손상되지 않는다.

37

슬리커 브러시 사용 시 유의사항으로 옳은 것은?

① 죽은 털 제거에는 슬리커 브러시를 사용하지 않는다.
② 털갈이 시기에는 슬리커 브러시를 사용하지 않는다.
③ 사용 후 슬리커 브러시의 핀 손상을 점검해야 한다.
④ 곱슬거리는 털에는 슬리커 브러시가 효과적이지 않다.
⑤ 슬리커 브러시는 항상 습기가 있는 곳에 보관해야 한다.

38

루버 브러시의 특징에 대한 설명으로 옳지 <u>않은</u> 것은?

① 고무 재질 판과 돌기로 이루어져 있다.
② 글로브 형태와 브러시 형태가 존재한다.
③ 단모종의 죽은 털 제거 및 피부 마사지에 사용된다.
④ 목욕 중에는 사용할 수 없다.
⑤ 브러싱을 통해 털의 윤기를 유지할 수 있다.

39

샴핑(shampooing)의 목적에 대한 설명으로 옳지 <u>않은</u> 것은?

① 샴핑은 반려동물의 피부와 털을 청결하게 유지하여 건강을 보호하는 목적이 있다.
② 샴핑을 통해 피부 표면의 피지와 분비물이 제거된다.
③ 피부 표면의 피지와 분비물은 자연 보호막을 형성한다.
④ 정기적인 샴핑으로 피부와 털의 건강을 점검하고 관리할 수 있다.
⑤ 과도한 피지 제거는 피부 보호막 기능을 강화시킨다.

40

샴핑(shampooing)에 대한 설명으로 옳은 것은?

① 샴핑은 오염물을 제거하지 못한다.
② 피부에 쌓인 오염물을 제거하고 털의 건강을 유지한다.
③ 피부와 털의 건강 점검 및 관리는 샴핑과 무관하다.
④ 과도한 피지 제거는 피부 보호막을 강화한다.
⑤ 정기적인 샴핑은 피부와 털의 건강에 부정적인 영향을 준다.

41

샴푸의 기능과 특징에 대한 설명으로 옳지 <u>않은</u> 것은?

① 샴푸는 먼지, 때, 피지 제거와 모질 개선을 목적으로 한다.
② 샴푸는 빗질을 용이하게 하고, 빛나게 하며, 잔류물을 남기지 않아야 한다.
③ 샴푸는 눈에 자극이 없어야 하며, 오염을 효과적으로 제거해야 한다.
④ 개의 피부는 사람 피부와 같아 사람용 샴푸를 사용해도 된다.
⑤ 최근에는 천연 성분을 사용하여 피부 자극을 줄인 샴푸가 개발되었다.

42

샴푸의 성분과 특징에 대한 설명으로 옳은 것은?

① 샴푸는 먼지와 때를 제거하지만 피지는 제거하지 않는다.
② 샴푸에는 계면 활성제, 향료, 영양 성분, 보습 물질 등이 포함되어 있다.
③ 사람용 샴푸는 개의 피부에 적합하다.
④ 개의 피부는 사람 피부와 같은 pH를 가진다.
⑤ 샴푸는 잔류물을 남겨야 한다.

43

항문낭의 관리에 대한 설명으로 옳지 <u>않은</u> 것은?

① 항문낭은 개의 체취를 담은 주머니로, 항문 양쪽에 위치한다.
② 항문낭액은 끈적하고 냄새가 나는 타르 형태이다.
③ 항문낭 문제로 인한 행동에는 핥기와 엉덩이 끌기, 또는 갑작스러운 놀람이 있다.
④ 항문선이 붓거나 막히면 통증이 없고, 염증이 생길 가능성이 적다.
⑤ 꾸준한 점검과 관리로 항문낭 질병을 예방할 수 있다.

44

항문낭 배출 방법에 대한 설명으로 옳지 <u>않은</u> 것은?

① 꼬리를 들어 올리고 항문낭을 도출시킨다.
② 안쪽에 꽉 찬 동그란 형태의 돌출 부위를 엄지손가락과 집게손가락을 이용하여 부드럽게 배출시킨다.
③ 배출된 항문낭액을 온수로 세척한다.
④ 항문의 2시와 10시 방향에서 배출 부위를 찾는다.
⑤ 배출 과정에서 부드럽게 압력을 가해야 한다.

45

항문낭액을 배출시킬 때 유의할 사항으로 옳지 <u>않은</u> 것은?

① 항문낭을 짜기 전에 손을 깨끗이 씻고 손톱을 정돈한다.
② 항문낭이 꽉 차 있어도 배출이 안 될 때는 무리하게 자극하지 말아야 한다.
③ 배출이 어려운 경우 항문낭선의 막힘 또는 염증이 있을 수 있으므로 수의사에게 진료를 받아야 한다.
④ 항문낭액 배출 시 작업복이 오염되어도 상관없다.
⑤ 목욕 시 항문낭액을 배출시킬 때에는 엉덩이를 욕조 벽 쪽으로 향하게 하고 항문낭액을 배출시킨 후 물로 헹군다.

46

어린 동물의 목욕에 대한 설명으로 옳지 <u>않은</u> 것은?

① 털이 엉키는 부위는 길게 유지하여 목욕의 필요성을 증가시킨다.
② 생후 3~4주에 첫 관리를 시작하며, 무른 변이나 부주의로 인한 피부 문제에 주의해야 한다.
③ 처음 손질 시 놀라거나 아프지 않게 주의해야 한다.
④ 어린 동물의 첫 손질은 평생 습관에 영향을 준다.
⑤ 목욕은 온수를 사용하고, 시간 단축 및 호흡기 보호에 신경 써야 한다.

47

샴푸의 종류와 기능에 대한 설명으로 옳지 <u>않은</u> 것은?

① 시중의 샴푸는 다양한 종류와 기능을 가진다.
② 건강한 털 관리를 위해 pH가 산성에 가까운 샴푸를 사용 권장한다.
③ 세척력이 강한 샴푸는 일반적으로 알칼리성이 강하다.
④ 개체의 특징에 맞는 샴푸를 선택하는 것이 중요하다.
⑤ 자극이 적은 천연 성분 샴푸를 선택할 수 있다.

48

샴푸 선택 시 고려해야 할 요소에 대한 설명으로 옳은 것은?

① 화이트닝 샴푸는 모든 개체에게 적합하다.
② 블랙 코트용 샴푸는 털의 모색을 더욱 선명하게 유지한다.
③ 와이어 코트 털을 눕히는 샴푸는 효과가 없다.
④ 영양 강화 샴푸는 털 상태와 상관없이 사용해도 된다.
⑤ 드라이 샴푸는 기생충 퇴치에 효과적이다.

49

샴푸 선택 시 고려해야 할 요소에 대한 설명으로 옳지 않은 것은?

① 화이트닝 샴푸는 흰색 털을 더 밝고 깨끗하게 유지하는 데 도움을 준다.
② 블랙 코트용 샴푸는 검은색 털을 더욱 선명하게 만든다.
③ 컬러 코트용 샴푸는 다양한 색상의 털을 더욱 돋보이게 한다.
④ 와이어 코트 털을 눕히는 샴푸는 와이어 코트의 특성을 유지하지 않는다.
⑤ 영양 강화 샴푸는 털의 건강을 증진시키는 데 도움을 준다.

50

샴푸 시 유의사항에 대한 설명으로 옳지 않은 것은?

① 작업 전 반려동물의 건강 상태와 특이 사항을 파악해야 한다.
② 작업 중에도 반려동물의 건강을 수시로 확인해야 한다.
③ 개의 목욕물 온도는 사람의 손으로 느낄 때 약간 차가운 정도인 30℃가 적당하다.
④ 동물 전용 샴푸와 린스를 사용해야 한다.
⑤ 작업 장소는 반려동물의 탈출을 방지하도록 구성해야 한다.

51

샴푸 시 유의사항으로 옳은 것은?

① 작업 도구와 장비는 위생적으로 관리하지 않아도 된다.
② 작업 장소는 통풍이 잘 되지 않아도 된다.
③ 물 목욕은 모든 동물에게 항상 적합하다.
④ 노령이나 질병이 있는 동물은 목욕 시 특별한 주의가 필요하다.
⑤ 욕조 바닥은 미끄러워도 된다.

52

린스의 목적에 대한 설명으로 옳지 <u>않은</u> 것은?

① 린스는 샴푸로 인한 피부 자극과 알칼리화 상태를 중화시키는 목적이 있다.
② 린스 사용으로 샴푸에 의해 손상된 피부와 털을 회복시킬 수 있다.
③ 린스는 일반적으로 농축 형태로 제공되며, 사용 전 적당한 농도로 희석해야 한다.
④ 린스를 과도하게 사용하면 털을 끈적거리게 한다.
⑤ 린스를 지나치게 헹구면 효과가 증가한다.

53

린스 사용 시 유의사항으로 옳은 것은?

① 린스를 과도하게 사용해도 털에 끈적임이 없다.
② 린스를 사용 전 적당한 농도로 희석해야 한다.
③ 린스를 지나치게 헹구면 효과가 증가한다.
④ 린스를 올바르게 사용하지 않아도 효과적이다.
⑤ 린스는 사용 후 헹굼이 필요하지 않다.

54

린스의 기능에 대한 설명으로 옳지 <u>않은</u> 것은?

① 린스는 털을 완전히 건조시킨 후에 사용해야 한다.
② 린스는 털에 윤기와 광택을 부여하며, 정전기 및 엉킴을 방지한다.
③ 린스는 빗질로 인한 손상과 드라이로 인한 열 손상을 보호하는 전처리제 역할을 한다.
④ 린스는 정전기 방지제, 보습제, 오일, 수분 등으로 구성된다.
⑤ 시판 린스 제품은 천연 성분을 함유한 자극 적은 제품, 기능 강화 제품, 고농축 크림 형태, 오일과 영양 강화 제품 등 다양하다.

55

린스의 종류와 선택에 대한 설명으로 옳은 것은?

① 모든 린스는 동일한 성분으로 구성되어 있다.
② 린스는 털의 상태와 상관없이 사용해도 된다.
③ 시판 린스 제품에는 자극 적은 천연 성분 제품, 기능 강화 제품, 고농축 크림 형태 제품, 오일과 영양 강화 제품 등이 있다.
④ 린스는 정전기 방지 기능이 없다.
⑤ 린스는 빗질로 인한 손상과 드라이로 인한 열 손상을 악화시킨다.

56

린스의 올바른 사용 방법에 대한 설명으로 옳지 않은 것은?

① 린스는 다양한 종류와 기능을 가지며 선택의 폭이 넓다.
② 올바른 사용 방법을 숙지해야 린스 효과가 감소되지 않는다.
③ 건강한 털 관리를 위해 린스의 기능에 대한 정보를 이해해야 한다.
④ 모든 린스 제품은 동일하므로 개체의 특성에 관계없이 사용해도 된다.
⑤ 털 상태에 따라 기능이 강화된 린스 제품의 사용을 고려해야 한다.

57

린스 사용 시 유의사항에 대한 설명으로 옳지 않은 것은?

① 물을 사용하는 목욕은 해당 동물에게만 적용해야 한다.
② 반려동물 목욕 시 동물 전용 린스를 사용해야 한다.
③ 린스 사용 전 제품 설명서를 충분히 숙지하고 사용 방법에 유의해야 한다.
④ 노령이거나 질병이 있는 동물은 목욕 시 상태에 유의해야 한다.
⑤ 욕조 바닥은 미끄럽게 해야 한다.

58

드라이 작업의 목적과 방법에 대한 설명으로 옳지 않은 것은?

① 드라이 작업의 주 목적은 털을 말리는 것이다.
② 드라이어의 풍향, 풍량, 온도 조절과 브러시 사용 타이밍이 중요하다.
③ 적절한 타이밍에 빗질을 하지 않으면 털이 곱슬거릴 수 있다.
④ 드라잉과 브러싱은 시간차를 두고 이루어져야 한다.
⑤ 드라이가 잘 되면 커트 작업도 잘 마무리될 수 있다.

59

효율적인 드라이 작업을 위해 고려해야 할 사항으로 옳은 것은?

① 브러싱과 드라잉은 순차적으로 이루어지지 않아도 된다.
② 드라이와 브러싱은 동시에 이루어져야 한다.
③ 품종과 털의 특성에 관계없이 동일한 드라이 방법을 사용한다.
④ 적절한 타이밍에 빗질을 하지 않아도 된다.
⑤ 드라이어의 풍향과 온도 조절은 중요하지 않다.

60

여러 가지 드라이 방법에 대한 설명으로 옳지 <u>않은</u> 것은?

① 드라이 방법은 털의 커트를 위해 바람과 브러싱 타이밍을 정교하게 조절하는 기술을 요구한다.
② 드라이 동안 털의 수분 함량을 일정하게 유지해야 최상의 결과를 얻을 수 있다.
③ 모든 품종과 피모의 특징에 상관없이 동일한 드라이 방법을 사용한다.
④ 품종과 피모의 특징에 따라 적절한 드라이 방법이 달라질 수 있다.
⑤ 드라이 방법은 털의 상태와 품종에 따라 조절해야 한다.

61

타월링에 대한 설명으로 옳지 <u>않은</u> 것은?

① 타월링은 목욕 후 타월을 사용하여 수분을 제거하는 것이다.
② 적절한 수분 제거는 드라잉 시간을 단축시킬 수 있다.
③ 지나친 수분 제거는 피부와 털의 건조를 유발할 수 있다.
④ 와이어 코트의 경우 타월링만으로 드라잉을 대체할 수 없다.
⑤ 타월링은 드라잉의 일부로 중요한 단계이다.

62

새킹에 대한 설명으로 옳지 <u>않은</u> 것은?

① 새킹은 털이 들뜨고 곱슬거리는 상태로 건조되는 것을 막기 위해 타월로 몸을 감싸는 기법이다.
② 드라이어 바람이 드라잉 대상 부위에만 집중되도록 유도하는 것이 중요하다.
③ 브러싱 중인 부위 주변의 털이 건조되지 않도록 주의해야 한다.
④ 드라이 후 털이 곱슬거리면 컨디셔너 스프레이로 수분을 추가하여 다시 드라이한다.
⑤ 새킹은 드라잉 후 털을 곱슬거리게 하기 위해 사용된다.

63

플러프 드라이에 대한 설명으로 옳지 <u>않은</u> 것은?

① 플러프 드라이는 털의 모량을 풍성하게 보이도록 하는 드라이 방법이다.
② 플러프 드라이는 특히 짧은 이중모를 가진 페키니즈, 포메라니안, 러프콜리 같은 품종에 적합하다.
③ 핀 브러시를 사용하여 모근에서부터 털을 세워 가며 드라이한다.
④ 플러프 드라이는 털을 평평하게 눕히기 위한 방법이다.
⑤ 플러프 드라이는 페키니즈에게 효과적인 드라이 방법이다.

64

켄넬 드라이에 대한 설명으로 옳지 <u>않은</u> 것은?

① 켄넬 드라이 중 방치해도 안전하다.
② 드라이어는 켄넬 박스에 걸거나 스탠드 드라이어를 이용해 바람을 쏜다.
③ 켄넬 드라이 후에는 동물의 피부와 털 상태를 확인하고, 귀, 얼굴, 가슴 등을 손으로 추가로 말려준다.
④ 켄넬 드라이는 케이지 드라이로도 불리며, 동물을 켄넬 박스에 넣고 드라이어 바람을 쏘아 털의 수분을 제거하는 방법이다.
⑤ 드라이어가 부착된 다양한 형태의 켄넬 박스 전용 드라이어 제품이 있다.

65

룸 드라이어에 대한 설명으로 옳지 <u>않은</u> 것은?

① 룸 드라이어는 다양한 사이즈와 기능을 갖춘 대형 드라이어이다.
② 목욕과 타월링을 마친 동물을 룸 안에 넣고 타이머, 바람 세기, 음이온, 사외선 소독 등을 조정하여 사용한나.
③ 입체적인 바람으로 털의 수분을 제거하는 방법이다.
④ 드라이 후 동물의 피부와 털 상태를 확인하고, 귀, 얼굴, 가슴 등을 추가로 말려준다.
⑤ 룸 드라이어에 익숙하지 않은 동물이라도 연습 없이 사용해도 된다.

66

드라이 작업 시 유의사항에 대한 설명으로 옳지 <u>않은</u> 것은?

① 작업 전에 반려동물의 건강 상태와 특이사항을 파악해야 한다.
② 작업 중에도 반려동물의 건강 상태를 수시로 확인해야 한다.
③ 반려동물의 개체별 특성을 숙지해야 한다.
④ 목욕 도구와 장비는 위생 관리 없이 사용해도 된다.
⑤ 작업 장소는 청결하고 통풍이 잘 되어야 한다.

67

드라이 순서에 대한 설명으로 옳지 <u>않은</u> 것은?

① 타월로 수분을 제거한다.
② 드라잉 순서를 정하여 털을 건조시킨다.
③ 엉킨 곳이 남아있는지 콤으로 점검한다.
④ 드라이가 끝난 후 반려동물을 바로 집으로 돌려보낸다.
⑤ 스프레이 컨디셔너나 관리제품을 도포하여 드라이를 마무리한다.

68

드라잉 마무리하기에 대한 설명으로 옳지 <u>않은</u> 것은?

① 드라잉이 끝난 후 덜 마른 부위를 점검한다.
② 귀, 머리, 배, 다리 안쪽의 덜 마른 부위를 꼼꼼히 말려준다.
③ 마지막으로 엉킴이 있는지 콤으로 확인한다.
④ 덜 마른 부위는 자연 건조되도록 남겨둔다.
⑤ 드라잉 마무리 시 꼼꼼하게 확인하여 반려동물이 완전히 건조되도록 한다.

01	③	02	③	03	⑤	04	④	05	⑤	06	③	07	④	08	②	09	①	10	①
11	⑤	12	⑤	13	③	14	④	15	④	16	①	17	②	18	④	19	②	20	②
21	④	22	④	23	④	24	④	25	④	26	③	27	④	28	④	29	③	30	④
31	④	32	⑤	33	⑤	34	③	35	④	36	⑤	37	④	38	④	39	⑤	40	②
41	④	42	②	43	④	44	④	45	④	46	①	47	④	48	④	49	④	50	③
51	④	52	⑤	53	②	54	①	55	③	56	④	57	⑤	58	④	59	②	60	③
61	④	62	⑤	63	④	64	①	65	⑤	66	④	67	④	68	④				

01

품종과 개체별 특성을 파악하는 것은 그루밍에 매우 중요하다.

02

털이 너무 엉킨 경우, 동물의 고통과 스트레스를 줄이기 위해 털을 깎아주는 것이 바람직하다.

03

브러싱은 털을 엉키게 하는 것이 아니라 엉킴을 방지하고 관리하기 쉽게 한다.

04

브러싱은 반려동물과 작업자 사이의 친숙함을 형성하는 데 도움을 준다.

05

빗질 없이 목욕하면 털이 엉켜 관리하기 더 어려워지므로, 빗질은 필수적이다.

06

엉킨 털은 브러싱과 드라이 시간을 증가시키고, 과정을 더 힘들게 만든다.

07

일정한 순서와 방향을 정하지 않으면 털 관리를 꼼꼼하게 할 수 없다.

08

고객과 상담을 통해 반려동물의 성격과 사육 환경을 파악하면 교상 위험과 스트레스를 최소화할 수 있다.

09

빗질을 통해 피부와 털의 질병 및 관리 상태를 점검하고, 결과를 고객과 상담해야 한다.

10

엉킨 털을 강하게 잡아당기면 털과 피부가 손상될 수 있으므로 부드럽게 풀어야 한다.

11

빗질 후 털의 엉킴을 방치하면 안 되며, 콤으로 엉킨 부위를 점검해야 한다.

12

피지선은 털이 난 피부 부위에 있으며, 항균 작용 및 페로몬을 포함한다.

13

에크린선은 털이 나 있는 모든 피부가 아닌 발볼록살에만 존재한다.

14

보호털은 길고 두꺼워 방수 및 체온 유지 기능을 한다. 솜털은 보호털보다 짧고 부드러워 단열 기능을 제공한다. 촉각털은 외부 자극을 감각 수용하고, 보호털보다 두껍고 안면부에 주로 위치한다.

15

보호털은 털의 종류로, 피부의 구조에 속하지 않는다.

16

촉각털은 외부 자극을 감각 수용하는 역할을 한다.

17

모자이크 타입은 개체 내에서 다양한 털 주기를 동시에 보이며, 전체 털이 일관된 주기로 성장하거나 털갈이 하는 것은 싱크로니스틱 타입이다.

18

요크셔테리어와 몰티즈는 싱크로니스틱 타입이 아닌 모자이크 타입으로, 일정한 길이를 유지하며 털갈이가 진행된다.

19

털 주기는 광주기, 주위 온도, 영양, 호르몬, 건강 상태, 유전 등 여러 요인에 의해 영향을 받는다.

20

요크셔테리어와 몰티즈는 모자이크 타입으로 일정한 길이를 유지하며 털갈이가 진행된다.

21

실키 코트는 부드럽고 매끄러운 모질 유형을 나타낸다. 거칠고 튼튼한 모질 유형은 와이어 코트다.

22

와이어 코트는 거칠고 튼튼한 모질 유형이다. 컬리 코트(곱슬), 실키 코트(부드럽고 매끄러움), 스무스 코트(짧고 매끄러움)가 있다.

23

장모종의 털은 미세하고 단위 면적당 털의 무게가 적은 특징을 가진다. 거칠고 튼튼한 털은 와이어 코트의 특징이다.

24

복서, 닥스훈트, 미니어처핀셔는 거친 단모종에 속한다.

25

털이 없는 종은 피부 보호를 위해 샴푸 후 보습과 영양 공급이 필요하다.

26

로트와일러는 거친 단모종에 속한다.

27

털이 없는 종은 피부 질환 예방을 위해 주기적 점검과 관리가 필요하며, 샴푸 후 보습과 영양 공급이 중요하다.

28

컬리 코트는 길고 부드러운 털이 아닌 곱슬거리는 털이다. 길고 부드러운 털은 실키 코트의 특징이다.

29

실키 코트는 길고 부드러운 털을 가지며, 빗질 시 피부 관리에 주의가 필요하다.

30

스무스 코트는 거칠고 두꺼운 털이 아니라 부드럽고 짧은 털을 가진 것이 특징이다. 거칠고 두꺼운 털은 와이어 코트의 특징이다.

31

와이어 코트는 거칠고 두꺼운 털을 가지며, 털 뽑기로 아름다움을 관리한다.

32

실키 코트는 거칠고 두꺼운 털이 아닌 길고 부드러운 털을 가진 모질이다. 거칠고 두꺼운 털은 와이어 코트의 특징이다.

33

차이니스헤어리스는 실키 코트를 가진 품종이 아니라 털이 없는 종(헤어리스)이다.

34

정기적으로 빗의 파손 여부를 검사하지 않으면, 빗이 파손된 상태에서 사용할 경우 반려동물의 피부를 손상시킬 수 있다. 따라서 정기적인 검사는 필수다.

35

빗질은 털의 결을 따라 일정한 순서와 방향으로 해야 한다. 결을 거슬러 빗질하면 털이 엉키고 손상될 수 있다.

36

슬리커 브러시는 물이나 습기에 방치하면 손상될 수 있으므로 건조한 곳에 소독 후 보관해야 한다.

37

슬리커 브러시 사용 후 핀의 손상을 점검하고 필요시 교체해야 슬리커 브러시를 효과적으로 사용할 수 있다.

38

루버 브러시는 목욕 중에도 사용하여 효과를 발휘할 수 있다.

39

과도한 피지 제거는 피부 보호막 기능을 약화시킬 수 있으므로 주의가 필요하다.

40

샴핑은 피부에 쌓인 오염물을 제거하고 털의 건강을 유지하는 데 도움이 된다.

41

개의 피부는 pH 7~7.4로 중성이며, 사람 피부(pH 4.5~5.5)와 다르다. 사람용 샴푸는 개에게 자극적일 수 있다.

42

샴푸에는 계면 활성제, 향료, 영양 성분, 보습 물질 등이 포함되어 있어 다양한 기능을 제공한다.

43

항문선이 붓거나 막히면 통증이 심해지고, 염증이 생길 가능성이 높으며, 방치 시 수술이 필요할 정도로 악화될 수 있다.

44

항문낭 배출 부위는 항문의 4시와 8시 방향에 위치해 있다.

45

항문낭액은 끈적하고 냄새가 나는 타르 형태이므로 항문낭액 배출 시 작업복과 벽이 오염되지 않도록 주의해야 한다. 오염되도록 방치하면 비위생적이고 불쾌할 수 있다. 그리고 항문낭을 짤 때 항문 가까이에서 힘을 주어야 하기 때문에 손이 더럽다면 다른 감염으로 이어질 수 있고, 손톱이 거칠거나 너무 길면 상처를 낼 수 있다.

46

털이 엉키는 부위는 짧게 깎아 목욕의 필요성을 감소시킨다.

47

건강한 털 관리를 위해 pH가 중성에 가까운 샴푸를 사용하는 것이 권장된다. pH가 산성에 가까운 샴푸는 개의 피부에 자극적일 수 있다.

48

블랙 코트용 샴푸는 털의 모색을 더욱 선명하게 유지하는 데 도움을 준다. 샴푸는 털의 모질과 모색에 따라 선택해야 한다.

49

와이어 코트 털을 눕히는 샴푸는 와이어 코트의 특성을 유지하고 가위질을 도와주는 역할을 한다.

50

개의 목욕물 온도는 사람의 손으로 느낄 때 약간 따뜻한 정도인 40℃가 적당하다. 30℃는 너무 차가울 수 있다.

51

노령이나 질병이 있는 동물은 목욕 시 특별한 주의가 필요하다.

52

린스를 지나치게 헹구면 효과가 감소한다. 린스는 적당히 헹궈야 효과가 제대로 발휘된다.

53

린스는 일반적으로 농축 형태로 제공되며, 사용 전 적당한 농도로 희석해야 효과적으로 사용할 수 있다.

54

린스는 털을 완전히 건조시키기 전에 사용하는 것이 일반적이다. 털을 완전히 건조시킨 후 사용하는 것은 올바른 방법이 아니다.

55

시판 린스 제품에는 자극 적은 천연 성분 제품, 기능 강화 제품, 고농축 크림 형태 제품, 오일과 영양 강화 제품 등 다양한 종류가 있다.

56

린스 제품은 개체의 특성에 맞게 선택하여 사용해야 한다.

57

욕조 바닥은 미끄럽지 않게 해야 한다. 미끄러운 바닥은 동물에게 위험할 수 있다.

58

드라잉에서 가장 중요한 것은 털을 커트하기 위해 털의 상태를 최상으로 마무리하는 것이므로 드라잉 바람과 브러싱이 동시에 이루어져야 한다.

59

털의 상태를 최상으로 마무리하기 위해 드라잉과 브러싱은 동시에 이루어져야 한다.

60

모든 품종과 피모의 특징에 상관없이 동일한 드라이 방법을 사용하는 것은 옳지 않다. 품종과 피모의 특징에 따라 적절한 드라이 방법이 달라질 수 있다.

61

와이어 코트의 경우 타월링만으로도 드라잉을 대체할 수 있다.

62

새킹은 드라잉 후 털을 곱슬거리게 하는 것이 아니라, 곱슬거리는 상태로 건조되는 것을 막기 위해 사용된다.

63

플러프 드라이는 털을 평평하게 눕히는 것이 아니라, 털의 모량을 풍성하게 보이도록 하는 드라이 방법이다.

64

켄넬 드라이 중 동물을 방치하면 화상이나 호흡 곤란이 발생할 수 있으므로 주의가 필요하다.

65

룸 드라이어에 익숙하지 않은 동물은 연습이 필요하며, 방치 시 화상이나 호흡 곤란 위험이 있으므로 주의해야 한다.

66

목욕 도구와 장비는 철저히 위생 관리하고 소독해야 한다. 이는 반려동물의 건강을 보호하기 위해 필수적이다.

67

드라이가 끝난 후에는 고객에게 반려동물의 특이사항을 전달해야 한다. 이를 통해 고객이 반려동물의 상태를 정확히 알 수 있도록 해야 한다.

68

덜 마른 부위를 자연 건조되도록 남겨두지 않고, 꼼꼼히 말려야 한다. 이는 반려동물의 건강을 위해 중요하다.

기본미용

01 미용도구 활용

1. 콤의 활용

(1) 콤의 종류 및 용도

페이스 콤	• 핀의 길이가 짧음 • 얼굴, 눈 앞과 풋라인을 자를 때 주로 사용
푸들 콤	• 핀의 길이가 긺 • 파상모의 피모를 빗을 때 사용
콤	• 핀 간격이 넓은 면은 털을 세우거나 엉킨 털을 제거할 때 사용 • 핀의 간격이 좁은 면은 섬세하게 털을 세울 때 사용
실키 콤	• 길고 짧은 핀이 어우러진 빗 • 부드러운 피모를 빗을 때 사용

2. 가위의 활용

(1) 가위의 정의

반려동물의 털을 자를 때 사용하는 도구로, 지렛대의 원리를 응용하여 만든 도구

(2) 가위의 종류와 용도

블런트 가위	• 민가위 또는 스트레이트 시저라고도 불림 • 털의 길이를 자르고 다듬는 데 사용됨 • 크기는 평균 7인치(약 20cm)가 기준임 • 인치 수가 높을수록 초벌 미용이나 대형견 미용에 사용됨
시닝 가위	• 모량이 많은 털의 숱을 치거나 털의 흐름을 자연스럽게 연결시킬 때 사용함 • 실키 코트의 부드럽고 쳐진 털을 가위 자국 없이 자를 수 있음 • 한쪽 면(정날)은 빗살, 다른 한쪽 면(동날)은 자르는 면으로 구성됨 • 빗살 사이 간격에 따라 절삭력이 달라짐

보브 가위	• 블런트 가위와 같은 모양의 가위 • 크기는 평균 5.5인치(13.97cm)임 • 눈 앞의 털, 풋라인의 털, 귀 끝의 털을 자를 때 많이 사용됨
커브 가위	• 가윗날이 휘어져 있어 동그랗게 자를 부분을 쉽게 자를 수 있는 가위 • 볼륨감을 주어야 하는 부위에 사용하기 좋음 • 얼굴, 몸통, 다리의 각을 없애는 데 사용하기 쉽게 제작됨

(3) 가위의 각 부분별 명칭 및 내용

가위 끝(edge point)	정인(靜刃)과 동인(動刃) 양쪽의 뾰족한 앞쪽 끝
날 끝(cutting edge)	정인과 동인의 안쪽 면을 자르는 날 끝
동날(moving blade)	엄지의 움직임으로 조작되는 움직이는 날
정날(still blade)	약지의 움직임으로 조작되는 움직이지 않는 날
선회축(pivot point)	가위를 느슨하게 하거나 조이는 역할을 하며, 양쪽 날을 하나로 고정시켜 주는 중심축
다리(shank)	선회축 나사와 환(環) 사이의 부분
약지환(finger grip)	정날에 연결된 원형의 고리로 약지를 끼워 조작
엄지환(thumb grip)	동날에 연결된 원형의 고리로 엄지를 끼워 조작
소지걸이(finger brace)	정날과 약지환에 이어져 있으며, 없는 가위도 있음

3. 클리퍼의 활용

(1) 클리퍼 날의 사이즈와 종류에 따른 적용 부위

클리퍼 날은 mm 수에 따라 클리퍼 날 사이의 간격이 좁거나 넓음

① 클리퍼 날의 mm 수가 작으면: 날의 간격이 좁음

② 클리퍼 날의 mm 수가 클수록: 클리퍼 날의 간격이 넓음

③ 클리퍼 날의 mm 수가 클수록: 피부에 상처를 입힐 수 있는 위험성이 높음

(2) 클리퍼 날의 적용 부위

0.1~1mm	주둥이, 발바닥, 발등, 항문, 꼬리, 복부, 귀
2mm	슈나우저 · 코커스패니얼의 얼굴부 등
3~20mm	개체의 몸통부

4. 콤의 활용

콤 사용 시 안전·유의 사항은 다음과 같음

① 반려동물의 도주와 낙상 방지를 위해 테이블 고정 장치를 사용함

② 콤으로 눈을 찌르지 않도록 주의함

③ 콤을 힘을 주어 잡지 않음

④ 한 부위만 지속적으로 빗지 않도록 주의함

⑤ 빗질할 때 관절 부위에 무리가 가지 않게 주의함

⑥ 겨드랑이, 다리 안쪽, 턱 아래, 발가락 사이, 귀 끝의 약한 피부에 상처가 나지 않도록 주의함

---

02 발톱 관리

1. 발톱의 구조

(1) 발톱의 이해

① 개나 고양이의 앞발에는 다섯 개, 뒷발에는 네 개의 발톱이 있음

② 발톱에는 혈관과 신경이 연결되어 있으며, 발톱이 자라면서 혈관과 신경도 같이 자람

③ 발톱은 지면으로부터 발을 보호하기 위해 단단하게 되어 있음

(2) 발톱의 역할

① 발가락뼈는 반려동물이 보행할 때 힘을 지탱함

② 발톱은 발가락뼈를 보호하고 그 역할을 보조함

(3) 발바닥의 역할

① 발바닥의 패드는 털이 없고 각질화된 피부로 되어 있어 미끄러지지 않도록 함

② 패드에는 많은 신경과 혈관이 있어 지면 상태를 감지하고 충격을 완화함

2. 발톱의 혈관

① 발톱 안에는 혈관이 분포함

② 혈관이 보이는 발톱은 혈관을 주의하며 잘라야 하며, 혈관이 보여서 발톱 관리에 유리함

③ 멜라닌 색소로 인해 검게 보이는 발톱, 갈색 발톱, 어두운 색의 발톱은 혈관이 보이지 않아 발톱 관리가 어려움

3. 발톱 관리 시 안전 유의사항

① 반려동물의 도주와 낙상 방지를 위해 테이블 고정 장치를 사용함
② 발톱을 자를 때 반려동물이 움직이지 않도록 안정적인 보정 자세를 취함
③ 발톱 안의 신경과 혈관을 고려해 너무 짧게 자르지 않도록 유의함
④ 발톱은 한 달에 2회 정도 관리함
⑤ 발톱에 출혈이 있을 경우 바로 지혈제로 지혈함
⑥ 산책을 자주 하는 반려동물이나 실외에서 생활하는 반려동물의 경우, 보행으로 발톱이 자연적으로 관리되나 며느리발톱은 따로 관리해야 함
⑦ 발톱을 제때 관리하지 않으면 옆으로 휘면서 자라 이상 보행을 초래할 수 있음

03 귀 관리

1. 귀의 구조

① 반려동물의 귀는 외이, 중이, 내이로 나뉨
② L자형 구조로 고막을 보호하지만, 공기가 잘 통하지 않아 세균 번식, 염증, 악취가 발생하기 쉬움

외이	• 수직 이도와 수평 이도로 구성되어 있으며 소리를 고막으로 전달하는 역할 • 모낭, 피지샘, 귀지샘 등 피부와 동일한 구조의 표면을 가짐
중이	• 고막, 이소골, 고실, 유스타키오관으로 구성됨 • 고막은 중이를 보호하고 이소골을 진동시켜 소리를 내이로 전달하는 역할 • 고실은 이소골이 있는 공간이고, 유스타키오관은 고막 안팎의 기압을 일정하게 유지하는 역할
내이	• 반고리관, 전정 기관, 달팽이관으로 구성됨 • 반고리관은 회전 감지, 전정 기관은 위치와 균형 감지, 달팽이관은 듣기 담당 역할

2. 귀 청소

① 귓속을 관리하지 않으면 외부 기생충이 기생하여 귓병이 발생함
② 대부분의 견종은 귓속에 털이 자라며, 주기적으로 뽑아 관리해야 함
③ 소형견과 중형견은 외이염 예방을 위해 귓속 털을 뽑아야 함
④ 귀가 밑으로 쳐진 견종은 습기가 차고 세균이 번식하기 쉬워 귓병의 원인이 됨
⑤ 귓속 털이 자라지 않는 견종은 탈지면과 이어클리너로 귓속을 닦아줌
⑥ 귀 청소에는 겸자, 이어파우더, 이어클리너, 탈지면이 필요함
⑦ 귀 관리가 안 될 경우 나타나는 증상
  • 귀에서 냄새가 나고 이물질이 쌓임
  • 귀를 자주 긁음
  • 외이의 피부가 두꺼워지고 붉어짐

- 이도가 좁아짐
- 머리가 한쪽으로 기울어짐
- 비틀거리며 빙빙 돎
- 귀의 표면이 부어 있음
- 한쪽 귀가 쳐짐
- 귀 만지는 것을 싫어함

3. 귀 관리를 위한 필수용품

① 이어파우더: 미끄럼 방지, 모공 수축, 피부 자극과 피부 장벽을 느슨하게 해주는 효과
② 이어클리너: 귀지의 용해, 귓속의 이물질 제거, 귓속 미생물의 번식 억제, 귓속의 악취 제거 효과

4. 귀 청소를 할 때 겸자의 방향

겸자에 탈지면을 말아 귓속의 이물질을 제거 시 겸자의 방향을 귓속을 향해 일직선이 되게 함

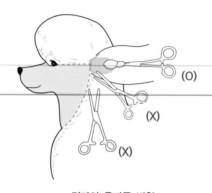

▲ 겸자의 올바른 방향

5. 귀 관리 시 안전 유의사항

① 겸자로 귓속의 피부를 찌르지 않도록 주의함
② 이어파우더 용기 안의 공기를 빼서 귓속에 많은 양이 들어가지 않게 함
③ 겸자의 끝이 탈지면 밖으로 나오지 않도록 주의함
④ 고름이 많이 찬 귀는 겸자로 털을 뽑지 않고 이어클리너로 가볍게 닦음
⑤ 귓속 피부 상태가 좋지 않아 피가 나는 경우 귀 청소를 중단함
⑥ 귓속 털에 수분이 있으면 잘 뽑히지 않기 때문에, 귀 청소는 목욕 전에 함
⑦ 귓속 털을 완전히 제거하지 않으면 목욕 후 이물질이 계속 올라오게 됨
⑧ 귀 관리 후 미용도구는 소독해야 함

1. 클리핑의 이해

① 클리핑은 클리퍼로 털의 길이를 자르고 깎아내는 작업
② 기본 클리핑은 0.1~1mm의 클리퍼 날을 이용해 발바닥, 발등, 항문, 복부, 귀, 꼬리, 얼굴 부위의 털을 제거함

2. 클리퍼 날의 이해

(1) 클리퍼 날의 각도

① 클리퍼는 피부와 평행하게 사용해야 함
② 클리퍼 날을 피부에 세우면 상처를 낼 수 있음

(2) 클리퍼를 사용할 때의 주의사항

① 장시간 사용 시 기계가 뜨거워져 화상을 입힐 수 있으므로 냉각제로 열을 식히면서 사용함
② 클리퍼 날의 밀리미터 수가 클수록 피부에 해를 입힐 수 있으므로 주의함
③ 클리퍼 날은 세우지 않고 피모와 평행하게 사용함
④ 사용 후 클리퍼 날 사이의 털을 제거하고 소독제로 소독함

3. 기본 클리핑

(1) 발바닥과 발등의 클리핑

1) 발의 뼈 구조

① 사람은 발뒤꿈치와 발가락이 지지면에 접하면서 걷고, 개는 발바닥 패드가 쿠션 역할을 하여 지면으로부터 발을 보호함
② 발가락뼈는 보행 시 힘을 받쳐주는 역할을 함

2) 발 모양에 따른 분류

캣 풋	발가락뼈(지골)의 끝 부위가 작아 고양이 발을 닮은 발 모양
헤어 풋	• 가운데 두 발가락이 긴 발 모양 • 베들링턴테리어, 보르조이, 사모예드에 많음
페이퍼 풋	발바닥이 종이처럼 얇고 패드의 움직임이 빈약한 발

3) 패스턴

① 발목뼈를 말함
② 발등을 클리핑 할 때 패스턴 위치까지 클리핑함

(2) 복부 기본 클리핑

① 암컷의 경우 배꼽 위에서 역U자형으로 클리핑함
② 수컷의 경우 배꼽 위에서 역V자형으로 클리핑함

(3) 귀를 클리핑하는 견종

① 귀 시작부의 1/2을 클리핑: 코커스패니얼
② 귀의 장식 털 끝만 남기고 클리핑: 베들링턴테리어, 댄디디몬드테리어
③ 귀의 전체를 클리핑: 슈나우저, 케리블루테리어
④ 귀 끝의 1/3 클리핑: 요크셔테리어, 스코티시테리어, 화이트테리어

(4) 주둥이 클리핑

1) 주둥이 형태

① 주둥이는 머즐이라 불리며, 견종에 따라 길이가 다름
② 주둥이 길이에 따라 후각 차이가 있음
③ 긴 주둥이의 셰퍼드 등은 후각이 발달함
④ 짧은 주둥이의 견종은 콧구멍이 작아 후각이 약함

2) 주둥이 털의 클리핑 부위

① 귀 시작점에서 눈 끝
② 귀 시작점에서 애담스애플에서 1~2cm 내려간 곳을 V자형으로 클리핑
③ 주둥이 털 클리핑
④ 턱 밑을 주둥이와 같은 길이로 클리핑
⑤ 눈과 눈 사이 역V자형인 인덴테이션을 클리핑

(5) 기본 클리핑으로 털을 제거하는 목적

① 발바닥 털이 자라면 미끄러지며 보행에 불편함을 줌
② 발바닥 패드에 털이 많이 자라면 습진이 발생할 수 있음
③ 항문에 배변이 묻지 않도록 청결을 유지하기 위해 털을 제거함
④ 항문 주위 털을 방치하면 배변과 함께 뭉쳐 항문을 막아 건강에 해로움
⑤ 주둥이 부위에 피부병이 있는 경우 치료를 위해 털을 제거함
⑥ 푸들 견종의 표준 미용으로 주둥이(머즐) 털을 제거함

(6) 클리퍼로 발의 털 제거 시 안전 유의사항

① 클리퍼 날에 반려동물이 상처를 입지 않도록 유의함
② 클리퍼 날에 깨진 곳이 있는지 확인하여 상처를 방지함
③ 클리퍼 날을 안전하게 장착하고 탈착함
④ 반려동물의 도주와 낙상을 방지하기 위해 테이블 고정 장치를 사용함
⑤ 반려동물이 클리퍼 날이나 전선을 물지 않도록 주의함
⑥ 클리퍼 날의 온도를 확인하여 뜨거운 날에 의한 화상을 방지함
⑦ 클리퍼 각도에 유의하여 작업하며, 힘을 주어 다치지 않도록 함
⑧ 한 부위만 계속 클리핑하지 않아 피부에 상처가 생기지 않도록 유의함
⑨ 대형견은 발바닥 패드 안쪽의 털을 제거하지 않아 다칠 위험을 방지함

(7) 클리퍼로 복부, 항문, 생식기 털 제거 시 안전 유의사항

① 클리퍼 날에 반려동물이 상처를 입지 않도록 유의함
② 항문과 생식기 사이의 털은 클리퍼로 자르지 않음
③ 고환의 피부는 얇아 상처가 나기 쉬우므로 주의함
④ 반려동물의 도주와 낙상을 방지하기 위해 테이블 고정 장치를 사용함
⑤ 찰과상을 예방하기 위해 도구가 파손되지 않았는지 정기적으로 확인함
⑥ 암컷은 역U자, 수컷은 역V자 형태로 털을 제거함
⑦ 가슴(젖꼭지)에 클리퍼가 닿지 않도록 주의함
⑧ 수컷은 복부에 있는 생식기 털도 같이 제거함

(8) 클리퍼로 주둥이의 털 제거 시 안전 유의사항

① 클리퍼 날에 반려동물이 상처를 입지 않도록 유의함
② 뜨거운 클리퍼 날에 의한 화상을 방지하기 위해 온도를 확인하며 작업함
③ 반려동물의 도주와 낙상을 방지하기 위해 테이블 고정 장치를 사용함
④ 찰과상을 예방하기 위해 도구가 파손된 곳이 없는지 정기적으로 확인함
⑤ 엄지손가락으로 주둥이 윗부분을 살며시 잡아 반려동물이 움직이지 않도록 고정함

1. 기초 시저링 부위

(1) 발 주변의 털

① 발바닥을 클리핑한 발의 시저링: 발바닥 패드를 가리고 있는 털을 제거하고, 발톱이 가려지도록 발 주변의 털을 동그란 모양으로 자름
② 발바닥과 발등을 클리핑한 발의 시저링: 클리핑한 라인이 보이도록 풋 라인을 자름
③ 발 주변의 털을 제거하는 목적
   • 발바닥 패드를 가리고 있는 털을 잘라 보행 시 미끄러지지 않도록 함
   • 발등을 클리핑한 라인을 따라 시저링하여 발의 아름다움을 보여줌

(2) 눈 주변의 털

① 눈이 보이도록 눈 앞의 털을 시저링
② 눈 위 부분의 털 시저링
③ 눈 주변의 털을 제거하는 목적
   • 눈 주위의 털이 자라면서 눈을 찔러 눈병의 원인이 됨
   • 털이 길면 시야를 가려 반려동물의 생활에 지장을 줌
   • 눈물이 흐르면 피부병의 원인이 될 수 있음

(3) 항문 주변의 털

청결함을 위해 클리핑 후 항문 주위의 털을 제거하고 처리

(4) 언더라인

① 복부 주변의 털을 클리핑한 후 클리핑 라인을 가리고 있는 털을 제거함
② 가슴 밑부터 턱 앞까지의 라인

(5) 꼬리털

① 꼬리 끝의 살이 다치지 않도록 주의하며, 남길 꼬리털의 길이를 결정함
② 꼬리의 종류별로 털을 정리함

직립 테일	비글
컬트 테일	• 페키니즈 • 꼬리 끝 길이 시저링

스탭 테일	• 포메라이안 • 꼬리 끝 털 길이 시저링, 전체적으로 부채꼴 모양으로 시저링
꼬리를 단미하는 견종	푸들, 슈나우저, 요크셔테리어 등
꼬리가 없는 견종	웰시코기, 올드잉글리시시프도그 등

(6) 귀 털

① 귀 끝을 일직선 및 라운드로 시저링
② 귀 모양별 종류 및 대표 견종

쫑긋 선 귀	요크셔테리어, 슈나우저, 화이트테리어 등
늘어진 귀	코커스패니얼, 몰티즈 등
앞으로 꺾인 귀	폭스테리어 등

(7) 발의 미용 종류

동그란 발	• 발바닥 클리핑 • 발의 모양을 따라 동그랗게 시저링 • 대표견종: 포메라니안, 페키니즈, 슈나우저
푸들 발	• 발바닥 클리핑 • 발등 클리핑 • 풋 라인을 시저링 • 대표 견종: 푸들
포메라이언 발	• 발바닥 클리핑 • 동그란 발의 모양에 발톱이 보이게 시저링 • 대표 견종: 포메라이언

2. 기초 시저링 시 안전 유의사항

① 테이블 위에서 반려동물이 뛰어내리지 않도록 주의함
② 잘못된 보정 방법이나 무리한 힘으로 반려동물을 다치게 하지 않음
③ 가위를 지면에 떨어뜨리지 않음
④ 가위에 반려동물이 다치지 않도록 보정함
⑤ 미용도구 사용 시 안전사고에 주의함
⑥ 항문 주변 털은 항문이 보이도록 자름
⑦ 생식기 주변 털은 배변 활동에 지장이 없도록 짧게 자름
⑧ 반려동물이 중심이 되어 작업을 실행함

기본미용 연습문제

01

페이스 콤의 특징과 용도로 옳지 않은 것은?

① 핀의 길이가 짧다.
② 얼굴, 눈 앞과 풋라인을 자를 때 주로 사용된다.
③ 핀 간격이 넓어 엉킨 털을 제거하기에 적합하다.
④ 핀의 길이가 짧아 섬세한 작업에 적합하다.
⑤ 얼굴 부위의 털을 다듬는 데 사용된다.

02

푸들 콤의 특징으로 옳은 것은?

① 핀의 길이가 짧다.   ② 핀의 간격이 좁다.
③ 파상모의 피모를 빗을 때 사용된다.   ④ 얼굴 부위의 털을 다듬는 데 사용된다.
⑤ 섬세한 작업에 적합하다.

03

콤의 용도로 옳지 않은 것은?

① 핀 간격이 넓은 면은 털을 세우거나 엉킨 털을 제거할 때 사용된다.
② 핀 간격이 좁은 면은 섬세하게 털을 세울 때 사용된다.
③ 핀 간격이 좁은 면은 엉킨 털을 제거하는 데 사용된다.
④ 콤은 다양한 핀 간격을 가지고 있다.
⑤ 콤은 엉킨 털을 풀거나 털을 세울 때 유용하다.

04

실키 콤의 특징으로 옳은 것은?

① 핀의 길이가 짧다.   ② 핀의 간격이 좁다.
③ 길고 짧은 핀이 어우러진 빗이다.   ④ 얼굴 부위의 털을 다듬는 데 사용된다.
⑤ 엉킨 털을 제거하는 데 적합하다.

05

콤의 사용 시 유의사항으로 옳은 것은?

① 페이스 콤은 핀의 간격이 넓어 엉킨 털을 제거할 때 사용된다.
② 푸들 콤은 핀의 길이가 짧아 섬세한 작업에 적합하다.
③ 실키 콤은 길고 짧은 핀이 어우러져 있어 파상모의 피모를 빗을 때 사용된다.
④ 콤의 핀 간격이 넓은 면은 섬세한 작업에 적합하다.
⑤ 콤의 핀 간격이 좁은 면은 섬세하게 털을 세울 때 사용된다.

06

블런트 가위에 대한 설명으로 옳지 <u>않은</u> 것은?

① 민가위 또는 스트레이트 시저라고도 불린다.
② 털의 길이를 자르고 다듬는 데 사용된다.
③ 크기는 평균 7인치(약 20cm)이다.
④ 털을 자연스럽게 연결시킬 때 사용한다.
⑤ 인치 수가 높을수록 초벌 미용이나 대형견 미용에 사용된다.

07

시닝 가위의 용도에 대한 설명으로 옳은 것은?

① 털의 길이를 자르고 다듬는 데 사용된다.
② 한쪽 면(정날)은 자르는 면으로만 구성된다.
③ 모량이 많은 털의 숱을 치거나 털의 흐름을 자연스럽게 연결시킬 때 사용된다.
④ 눈 앞의 털을 자를 때 사용된다.
⑤ 볼륨감을 주어야 하는 부위에 사용하기 좋다.

08

보브 가위에 대한 설명으로 옳지 <u>않은</u> 것은?

① 보브 가위는 블런트 가위와 같은 모양이다.
② 크기는 평균 5.5인치(13.97cm)이다.
③ 눈 앞의 털, 풋 라인의 털, 귀 끝의 털을 자를 때 많이 사용된다.
④ 볼륨감을 주어야 하는 부위에 사용된다.
⑤ 주로 소형견 미용에 사용된다.

09

커브 가위의 용도에 대한 설명으로 옳은 것은?

① 커브 가위는 가윗날이 휘어져 있어 동그랗게 자를 부분을 쉽게 자를 수 있다.
② 커브 가위는 털의 길이를 자르고 다듬는 데 사용된다.
③ 커브 가위는 평균 5.5인치(13.97cm) 크기이다.
④ 커브 가위는 실키 코트의 부드럽고 처진 털을 가위 자국 없이 자를 수 있다.
⑤ 커브 가위는 주로 눈 앞의 털을 자를 때 사용된다.

10

다음 중 각 가위의 용도에 대한 설명으로 옳은 것은?

① 블런트 가위는 동그랗게 자를 부분을 쉽게 자르는 데 사용된다.
② 시닝 가위는 모량이 많은 털의 숱을 치거나 털의 흐름을 자연스럽게 연결시킬 때 사용된다.
③ 보브 가위는 커브가 있어 동그랗게 자를 부분을 쉽게 자를 수 있다.
④ 커브 가위는 눈 앞의 털을 자르는 데 많이 사용된다.
⑤ 블런트 가위는 실키 코트의 부드럽고 처진 털을 가위 자국 없이 자르는 데 사용된다.

11

반려동물의 털을 자를 때 사용하는 도구로 지렛대의 원리를 응용하여 만든 도구는 무엇인가?

① 겸자   ② 가위
③ 발톱깎기   ④ 드라이기
⑤ 클리퍼

12

다음 중 정날(still blade)에 대한 설명으로 옳은 것은?

① 엄지의 움직임으로 조작되는 움직이는 날이다.
② 가위를 느슨하게 하거나 조이는 역할을 하며 양쪽 날을 하나로 고정시켜 주는 중심축이다.
③ 약지의 움직임으로 조작되는 움직이지 않는 날이다.
④ 동날에 연결된 원형의 고리로 엄지를 끼워 조작한다.
⑤ 정날과 약지환에 이어져 있으며, 없는 가위도 있다.

13

다음 중 가위의 엄지환(thumb grip)에 대한 설명으로 옳은 것은?

① 정날에 연결된 원형의 고리로 약지를 끼워 조작한다.
② 동날에 연결된 원형의 고리로 엄지를 끼워 조작한다.
③ 정날과 약지환에 이어져 있으며, 없는 가위도 있다.
④ 정인과 동인의 안쪽 면을 자르는 날 끝이다.
⑤ 가위를 느슨하게 하거나 조이는 역할을 하며 양쪽 날을 하나로 고정시켜 주는 중심축이다.

14

다음 중 가위의 각 부분별 명칭에 대한 설명으로 옳지 <u>않은</u> 것은?

① 가위 끝(edge point)은 정인(靜刃)과 동인(動刃) 양쪽의 뾰족한 앞쪽 끝이다.
② 날 끝(cutting edge)은 정인과 동인의 안쪽 면을 자르는 날 끝이다.
③ 동날(moving blade)은 약지의 움직임으로 조작되는 움직이는 날이다.
④ 선회축(pivot point)은 가위를 느슨하게 하거나 조이는 역할을 하며 양쪽 날을 하나로 고정시켜 주는 중심 축이다.
⑤ 소지걸이(finger brace)는 정날과 약지환에 이어져 있으며, 없는 가위도 있다.

15

다음 중 클리퍼 날의 mm 수와 간격에 대한 설명으로 옳지 <u>않은</u> 것은?

① 클리퍼 날의 mm 수가 작으면 날의 간격이 좁다.
② 클리퍼 날의 mm 수가 클수록 날의 간격이 넓다.
③ 클리퍼 날의 mm 수가 작으면 날의 간격이 넓다.
④ 클리퍼 날의 mm 수가 클수록 피부에 상처를 입힐 수 있는 위험성이 높다.
⑤ 클리퍼 날의 mm 수가 작을수록 세밀한 작업에 적합하다.

16

0.1~1mm 클리퍼 날의 적용 부위로 옳지 <u>않은</u> 것은?

① 주둥이   ② 발바닥
③ 슈나우저 얼굴부   ④ 꼬리
⑤ 항문

17

3~20mm 클리퍼 날의 적용 부위로 옳은 것은?

① 주둥이, 발바닥, 발등
② 슈나우저 · 코커스패니얼의 얼굴부
③ 개체의 몸통부
④ 꼬리와 복부
⑤ 귀와 항문

18

다음 중 콤 사용 시 안전 유의사항으로 옳지 <u>않은</u> 것은?

① 반려동물의 도주와 낙상을 방지하기 위해 테이블 고정 장치를 사용한다.
② 콤으로 눈을 찌르지 않도록 주의한다.
③ 콤을 힘을 주어 잡지 않는다.
④ 한 부위만 지속적으로 빗질하지 않도록 주의한다.
⑤ 콤 사용 시 반려동물의 털을 강하게 당겨 빗질한다.

19

다음 중 개나 고양이의 발톱 구조에 대한 설명으로 옳지 <u>않은</u> 것은?

① 개나 고양이의 앞발에는 다섯 개, 뒷발에는 네 개의 발톱이 있다.
② 발톱에는 혈관과 신경이 연결되어 있다.
③ 발톱이 자라면서 혈관과 신경도 같이 자란다.
④ 발톱은 지면으로부터 발을 보호하기 위해 단단하게 되어 있다.
⑤ 발톱은 발가락뼈와 연결되지 않아 보호 역할을 하지 않는다.

20

다음 중 발톱의 역할로 옳은 것은?

① 발톱은 미끄러지지 않도록 발바닥의 패드 역할을 한다.
② 발톱은 발가락뼈를 보호하고 그 역할을 보조한다.
③ 발톱은 지면 상태를 감지하고 충격을 완화한다.
④ 발톱은 발톱만 보호하고 발가락뼈와는 무관하다.
⑤ 발톱은 혈관과 신경의 역할을 보조한다.

21

다음 중 발바닥의 역할에 대한 설명으로 옳은 것은?

① 발바닥의 패드는 지면에서 받는 충격을 완화시켜 준다.
② 발바닥의 패드는 발톱을 보호하는 역할을 한다.
③ 발바닥의 패드는 발가락뼈를 보호하는 역할을 한다.
④ 발바닥의 패드는 털이 있어 미끄러지지 않도록 주의해야 한다.
⑤ 발바닥의 패드는 발톱을 자라게 하는 역할을 한다.

22

다음 중 발바닥의 패드에 대한 설명으로 옳지 <u>않은</u> 것은?

① 패드는 털이 없다.
② 패드에는 많은 신경과 혈관이 있어 지면 상태를 감지하고 충격을 완화한다.
③ 패드는 발가락뼈를 보호하고 그 역할을 보조한다.
④ 패드는 각질화된 피부로 되어 있다.
⑤ 패드는 미끄러지지 않도록 하는 기능을 갖고 있다.

23

다음 중 혈관이 보이는 발톱에 대한 설명으로 옳지 <u>않은</u> 것은?

① 발톱 안에는 혈관이 분포한다.
② 혈관을 주의하며 잘라야 한다.
③ 혈관이 보여서 발톱 관리에 유리하다.
④ 멜라닌 색소로 인해 발톱의 혈관이 보인다.
⑤ 발톱 안의 신경과 혈관을 너무 짧게 자르지 않도록 유의한다.

24

다음 중 혈관이 보이지 않는 발톱에 대한 설명으로 옳은 것은?

① 발톱 안에는 혈관이 분포하지 않는다.
② 혈관이 보이지 않아 발톱 관리가 쉽다.
③ 멜라닌 색소로 인해 검게 보이는 발톱은 혈관이 보이지 않는다.
④ 갈색 발톱과 어두운 색의 발톱은 혈관이 보여서 관리가 유리하다.
⑤ 혈관이 보이지 않아 발톱을 자를 때 주의가 필요하지 않다.

25

다음 중 반려동물의 귀 구조에 대한 설명으로 옳지 <u>않은</u> 것은?

① 귀는 외이, 중이, 내이로 나뉜다.
② 귀는 공기가 잘 통해 세균 번식이 어렵다.
③ 귀의 L자형 구조는 고막을 보호한다.
④ 외이는 소리를 고막으로 전달한다.
⑤ 내이는 균형과 위치를 감지한다.

26

다음 중 반려동물의 귀 구조에 대한 설명으로 옳지 <u>않은</u> 것은?

① 반려동물의 귀는 외이, 중이, 내이로 나뉜다.
② 귀는 L자형 구조로 고막을 보호하지만, 공기가 잘 통하지 않아 세균 번식, 염증, 악취가 발생하기 쉽다.
③ 외이는 수직 이도와 수평 이도로 구성되어 있으며, 소리를 고막으로 전달한다.
④ 중이는 고막, 이소골, 고실, 유스타키오관으로 구성되어 있다.
⑤ 내이는 회전을 감지하는 전정 기관과 듣기를 담당하는 반고리관으로 구성되어 있다.

27

다음 중 반려동물의 귀 구조에 대한 설명으로 옳지 <u>않은</u> 것은?

① 외이는 수직 이도와 수평 이도로 구성되어 있다.
② 외이는 소리를 유스타키오관으로 전달하는 기능을 한다.
③ 중이는 고막, 이소골, 고실, 유스타키오관(이관) 등으로 구성되어 있다.
④ 내이는 반고리관, 전정 기관, 달팽이관으로 구성되어 있다.
⑤ 고막은 중이를 보호하고, 이소골을 진동시켜 소리를 내이로 전달하는 기능을 한다.

28

외이에 대한 설명으로 옳지 <u>않은</u> 것은?

① 수직 이도와 수평 이도로 구성된다.
② 소리를 고막으로 전달한다.
③ 모낭, 피지샘, 귀지샘 등이 포함된다.
④ 이소골을 진동시켜 소리를 전달한다.
⑤ 피부와 동일한 구조를 가진다.

29

중이에 대한 설명으로 옳지 <u>않은</u> 것은?

① 고막, 이소골, 고실, 유스타키오관으로 구성된다.
② 고막은 중이를 보호한다.
③ 고실은 이소골이 있는 공간이다.
④ 유스타키오관은 기압을 일정하게 유지한다.
⑤ 반고리관은 위치와 균형을 감지한다.

3급

30

내이에 대한 설명으로 옳은 것은?

① 수직 이도와 수평 이도로 구성된다.
③ 유스타키오관은 기압을 조절한다.
⑤ 고실은 소리를 듣는 역할을 한다.

② 고막은 소리를 내이로 전달한다.
④ 달팽이관은 듣기를 담당한다.

31

반려동물의 귀 구조에서 고막의 역할은?

① 고막은 내이를 보호한다.
② 듣기를 담당한다.
③ 이소골을 진동시켜 소리를 내이로 전달한다.
④ 기압을 일정하게 유지한다.
⑤ 균형을 감지한다.

32

다음 중 귀 청소의 필요성에 대한 설명으로 옳지 <u>않은</u> 것은?

① 귓속을 관리하지 않으면 외부 기생충이 기생하여 귓병이 발생할 수 있다.
② 대부분의 견종은 귓속에 털이 자라며, 주기적으로 뽑아 관리해야 한다.
③ 소형견과 중형견은 외이염 예방을 위해 귓속 털을 뽑아야 한다.
④ 귀가 밑으로 처진 견종은 습기가 차고 세균이 번식하기 쉬워 귓병의 원인이 된다.
⑤ 귓속 털이 자라지 않는 견종은 귀청소를 하지 않아도 된다.

33

다음 중 귀 청소 시 필요한 도구로 적절하지 않은 것은?

① 겸자　　　　　　　　　　　　② 이어파우더
③ 이어클리너　　　　　　　　　④ 탈지면
⑤ 손톱깎이

34

다음 중 귀 관리가 안 될 경우 나타나는 증상으로 옳지 않은 것은?

① 귀에서 냄새가 나고 이물질이 쌓인다.　　② 귀를 자주 긁는다.
③ 외이의 피부가 두꺼워지고 붉어진다.　　④ 귀의 상태가 좋아져 냄새가 나지 않는다.
⑤ 머리가 한쪽으로 기울어진다.

35

다음 중 귀 관리가 안 될 경우 나타나는 증상으로 옳은 것은?

① 귀를 만지는 것을 좋아한다.　　　② 외이의 피부가 두꺼워지고 붉어진다.
③ 귀의 표면이 얇아진다.　　　　　④ 귀가 항상 깨끗하게 유지된다.
⑤ 귀에서 아무런 냄새가 나지 않는다.

36

다음 중 이어파우더의 효과로 옳은 것은?

① 귀지의 용해　　　　　　　　② 귀털의 미끄럼 방지
③ 귓속의 악취 제거　　　　　　④ 귓속의 이물질 제거
⑤ 귓속 미생물의 번식 억제

37

다음 중 이어클리너의 효과로 옳지 않은 것은?

① 귀지의 용해　　　　　　　　② 귓속의 이물질 제거
③ 귓속 미생물의 번식 억제　　④ 귓속의 악취 제거
⑤ 모공 수축

38

다음 중 귀 청소를 할 때 겸자의 올바른 방향에 대한 설명으로 옳은 것은?

① 겸자의 방향을 귀 바깥쪽으로 향하게 한다.
② 겸자의 방향을 귓속을 향해 일직선이 되게 한다.
③ 겸자를 비스듬히 향하게 한다.
④ 겸자의 끝이 탈지면 밖으로 나오도록 한다.
⑤ 겸자의 방향을 무작위로 변경한다.

39

다음 중 귀 관리 시 안전 유의사항으로 옳지 <u>않은</u> 것은?

① 겸자로 귓속의 피부를 찌르지 않도록 주의한다.
② 이어파우더 용기 안의 공기를 빼서 귓속에 많은 양이 들어가지 않게 한다.
③ 겸자의 끝이 탈지면 밖으로 나오도록 한다.
④ 고름이 많이 찬 귀는 겸자로 털을 뽑지 않고 이어클리너로 가볍게 닦는다.
⑤ 귓속 피부 상태가 좋지 않아 피가 나는 경우 귀 청소를 중단한다.

40

다음 중 귀 청소와 관련된 유의사항으로 옳은 것은?

① 귀 청소는 목욕 후에 하면 귓속 털에 수분이 있어야 잘 뽑힌다.
② 고름이 많이 찬 귀는 겸자로 털을 최대한 제거하고 이어클리너로 깨끗이 닦는다.
③ 귀 청소를 목욕 전에 하는 이유는 귓속 털에 수분이 있으면 잘 뽑히지 않기 때문이다.
④ 귀 관리 후 미용도구는 소독하지 않아도 된다.
⑤ 귓속 피부 상태가 좋지 않아 피가 나는 경우에도 귀 청소를 계속한다.

41

다음 중 클리핑에 대한 설명으로 옳지 <u>않은</u> 것은?

① 클리핑은 클리퍼로 털의 길이를 자르고 깎아내는 작업이다.
② 기본 클리핑은 0.1~1mm의 클리퍼 날을 이용해 발바닥, 발등, 항문, 복부, 귀, 꼬리, 얼굴 부위의 털을 제거한다.
③ 클리핑은 가위를 사용하여 털의 길이를 자르고 다듬는 작업이다.
④ 클리퍼는 피부와 평행하게 사용해야 한다.
⑤ 클리퍼 날을 피부에 세우면 상처를 낼 수 있다.

42

다음 중 클리퍼 사용 시 주의사항으로 옳은 것은?

① 장시간 사용 시 기계가 뜨거워지지 않으므로 냉각제를 사용할 필요가 없다.
② 클리퍼 날의 밀리미터 수가 클수록 피부에 해를 입힐 수 있으므로 주의해야 한다.
③ 클리퍼 날은 세우고 피모와 평행하게 사용해야 한다.
④ 사용 후 클리퍼 날 사이의 털을 제거하지 않아도 된다.
⑤ 클리퍼 사용 후 소독제로 소독할 필요가 없다.

43

다음 중 개의 발 구조에 대한 설명으로 옳지 않은 것은?

① 사람은 발뒤꿈치와 발가락이 지지면에 접하면서 걷는다.
② 개는 발바닥 패드가 쿠션 역할을 한다.
③ 발가락뼈는 보행 시 힘을 받쳐주는 역할을 한다.
④ 개는 발가락을 사용하지 않고 발뒤꿈치로만 걷는다.
⑤ 개의 발바닥 패드는 지면으로부터 발을 보호한다.

44

다음 중 발 모양의 분류에 대한 설명으로 옳지 않은 것은?

① 캣 풋은 발가락뼈(지골)의 끝 부위가 작아 고양이 발을 닮은 발 모양이다.
② 헤어 풋은 엄지발가락을 제외한 네 발가락 중 가운데 두 발가락이 긴 발 모양이다.
③ 페이퍼 풋은 발바닥이 종이처럼 얇다.
④ 캣 풋은 베들링턴테리어, 보르조이, 사모예드 견종에 많이 보인다.
⑤ 페이퍼 풋은 패드의 움직임이 빈약한 발이다.

45

다음 중 복부 기본 클리핑에 대한 설명으로 옳은 것은?

① 암컷의 경우 배꼽 위에서 역V자형으로 클리핑한다.
② 수컷의 경우 배꼽 위에서 역U자형으로 클리핑한다.
③ 암컷의 경우 배꼽 위에서 역U자형으로 클리핑한다.
④ 수컷의 경우 배꼽 위에서 직선으로 클리핑한다.
⑤ 암컷과 수컷 모두 배꼽 위에서 직선으로 클리핑한다.

46

다음 중 귀 시작부의 1/2을 클리핑하는 견종은?

① 슈나우저
② 요크셔테리어
③ 코커스패니얼
④ 베들링턴테리어
⑤ 스코티시테리어

47

다음 중 귀의 전체를 클리핑하는 견종은?

① 코커스패니얼
② 베들링턴테리어
③ 요크셔테리어
④ 슈나우저
⑤ 화이트테리어

48

다음 중 귀를 클리핑하는 견종이 <u>아닌</u> 것은?

① 푸들
② 베들링턴테리어
③ 요크셔테리어
④ 슈나우저
⑤ 화이트테리어

49

다음 중 귀를 클리핑하는 방법과 견종의 연결이 올바른 것은?

① 코커스패니얼 – 귀의 전체를 클리핑
② 베들링턴테리어 – 귀 끝의 1/3 클리핑
③ 슈나우저 – 귀의 장식 털 끝만 남기고 클리핑
④ 케리블루테리어 – 귀의 전체를 클리핑
⑤ 요크셔테리어 – 귀 시작부의 1/2을 클리핑

50

다음 중 주둥이 털의 클리핑 부위에 대한 설명으로 옳지 <u>않은</u> 것은?

① 귀 시작점에서 눈 끝까지 클리핑
② 귀 시작점에서 애담스애플에서 1~2cm 내려간 곳을 V자형으로 클리핑
③ 주둥이 털을 클리핑
④ 턱 밑을 주둥이와 같은 길이로 클리핑
⑤ 눈과 눈 사이를 W자형으로 클리핑

51

다음 중 기본 클리핑으로 털을 제거하는 목적에 대한 설명으로 옳지 <u>않은</u> 것은?

① 발바닥 털이 자라면 미끄러지며 보행에 불편함을 준다.
② 발바닥 패드에 털이 많이 자라면 습진이 발생할 수 있다.
③ 항문에 배변이 묻지 않도록 청결을 유지하기 위해 털을 제거한다.
④ 주둥이 부위에 피부병이 있는 경우 치료를 위해 털을 제거한다.
⑤ 푸들 견종은 표준 미용에서 주둥이(머즐) 털을 제거하지 않는다.

52

다음 중 클리퍼로 발의 털을 제거할 때 안전 유의사항으로 옳지 <u>않은</u> 것은?

① 클리퍼 날에 반려동물이 상처를 입지 않도록 유의한다.
② 클리퍼 날에 깨진 곳이 있는지 확인하여 상처를 방지한다.
③ 대형견은 발바닥 패드 안쪽의 털을 제거하지 않아 다칠 위험을 방지한다.
④ 털이 제거될 때까지 한 부위만 계속 클리핑하여도 무방하다.
⑤ 반려동물이 클리퍼 날이나 전선을 물지 않도록 주의한다.

53

다음 중 클리퍼로 복부, 항문, 생식기 털을 제거할 때 안전 유의사항으로 옳지 <u>않은</u> 것은?

① 항문과 생식기 사이의 털은 클리퍼로 제거한다.
② 고환의 피부는 얇아 상처가 나기 쉬우므로 주의한다.
③ 반려동물의 도주와 낙상을 방지하기 위해 테이블 고정 장치를 사용한다.
④ 수컷은 복부에 있는 생식기 털도 같이 제거한다.
⑤ 가슴(젖꼭지)에 클리퍼가 닿지 않도록 주의한다.

54

다음 중 클리퍼로 주둥이의 털을 제거할 때 안전 유의사항으로 옳지 <u>않은</u> 것은?

① 클리퍼 날에 반려동물이 상처를 입지 않도록 유의한다.
② 뜨거운 클리퍼 날에 의한 화상을 방지하기 위해 온도를 확인하며 작업한다.
③ 반려동물이 클리퍼 날이나 전선을 물지 않도록 주의한다.
④ 엄지손가락으로 주둥이 윗부분을 살며시 잡아 반려동물이 움직이지 않도록 고정한다.
⑤ 찰과상을 예방하기 위해 도구가 파손된 곳이 있는지 확인하지 않아도 된다.

55

다음 중 발바닥을 클리핑한 발의 시저링에 대한 설명으로 옳은 것은?

① 발바닥 패드를 가리고 있는 털을 남겨둔다.
② 발톱이 보이도록 발 주변의 털을 자른다.
③ 발톱이 가려지도록 발 주변의 털을 동그란 모양으로 자른다.
④ 발바닥 패드를 클리핑하지 않고 발등만 클리핑한다.
⑤ 발 주변의 털을 자르지 않는다.

56

다음 중 발바닥과 발등을 클리핑한 발의 시저링에 대한 설명으로 옳은 것은?

① 클리핑한 라인이 보이지 않도록 풋 라인을 자른다.
② 발바닥만 클리핑하고 발등은 클리핑하지 않는다.
③ 발등만 클리핑하고 발바닥은 클리핑하지 않는다.
④ 클리핑한 라인이 보이도록 풋 라인을 자른다.
⑤ 발바닥과 발등을 클리핑하지 않는다.

57

다음 중 발 주변의 털을 제거하는 목적에 대한 설명으로 옳지 <u>않은</u> 것은?

① 발바닥 패드를 가리고 있는 털을 잘라 보행 시 미끄러지지 않도록 한다.
② 발등을 클리핑한 라인을 따라 시저링하여 발의 아름다움을 보여준다.
③ 발 주변의 털을 제거하여 보행을 방해한다.
④ 발톱이 가려지도록 발 주변의 털을 동그란 모양으로 자른다.
⑤ 발바닥 패드에 털이 많으면 습진이 발생할 수 있다.

58

다음 중 눈 주변의 털을 시저링하는 방법으로 옳은 것은?

① 눈 앞의 털은 그대로 두고 눈 위 부분만 시저링한다.
② 눈이 보이도록 눈 앞의 털을 시저링한다.
③ 눈 앞의 털을 시저링하지 않고 눈 위 부분만 자른다.
④ 눈 앞과 눈 위 부분의 털을 모두 그대로 둔다.
⑤ 눈 주변의 털을 모두 제거하지 않는다.

59

다음 중 눈 주변의 털을 제거하는 목적에 대한 설명으로 옳지 <u>않은</u> 것은?

① 눈 주위의 털이 자라면서 눈을 찔러 눈병의 원인이 된다.
② 털이 길면 시야를 가려 반려동물의 생활에 지장을 준다.
③ 눈물이 흐르면 피부병의 원인이 될 수 있다.
④ 눈 주변의 털을 제거하여 눈을 보호한다.
⑤ 눈 주위의 털이 자라면서 시력을 개선한다.

60

다음 중 항문 주변의 털을 제거하는 주된 이유는?

① 예뻐지기 위해
② 피부를 보호하기 위해
③ 청결함을 유지하기 위해
④ 털의 성장을 촉진하기 위해
⑤ 반려동물의 체온을 유지하기 위해

61

다음 중 언더라인의 클리핑 부위에 대한 설명으로 옳은 것은?

① 복부 주변의 털을 클리핑하지 않는다.
② 클리핑 라인을 가리고 있는 털을 제거하지 않는다.
③ 가슴 밑부터 턱 앞까지의 라인에서 복부 주변의 털을 클리핑한 후 클리핑 라인을 가리고 있는 털을 제거한다.
④ 가슴 밑부터 꼬리 끝까지의 라인에서 털을 클리핑한다.
⑤ 복부 주변의 털을 클리핑한 후 턱 앞의 털을 제거하지 않는다.

62

다음 중 꼬리털을 정리할 때 주의할 점으로 옳은 것은?

① 꼬리 끝의 살이 다치지 않도록 주의하며, 남길 꼬리털의 길이를 결정한다.
② 꼬리털의 길이를 결정할 필요 없이 모든 털을 짧게 자른다.
③ 꼬리 끝의 살을 보호할 필요 없이 자유롭게 자른다.
④ 꼬리 끝의 살이 다치지 않도록 주의할 필요 없다.
⑤ 꼬리털의 길이를 정하지 않고 무작위로 자른다.

63

다음 중 꼬리의 종류와 대표 견종에 대한 설명으로 옳지 <u>않은</u> 것은?

① 직립 테일 – 비글
② 컬트 테일 – 페키니즈
③ 스냅 테일 – 포메라이안
④ 꼬리를 단미하는 견종 – 푸들, 슈나우저, 요크셔테리어
⑤ 꼬리가 없는 견종 – 비글, 포메라이안

64

다음 중 귀 끝을 시저링하는 방법으로 옳은 것은?

① 귀 끝을 뾰족뾰족하게 자른다.
② 귀 끝을 사각형 모양으로 자른다.
③ 귀 끝을 일직선 및 라운드로 시저링한다.
④ 귀 끝을 오각형으로 자른다.
⑤ 귀 전체를 삼각형으로 자른다.

65

다음 중 귀 모양별 종류와 대표 견종에 대한 설명으로 옳지 <u>않은</u> 것은?

① 쫑긋 선 귀 – 요크셔테리어
② 늘어진 귀 – 코커스패니얼
③ 앞으로 꺾인 귀 – 폭스테리어
④ 늘어진 귀 – 슈나우저
⑤ 쫑긋 선 귀 – 화이트테리어

66

다음 중 발의 미용스타일에 설명으로 옳지 <u>않은</u> 것은?

① 동그란 발 – 발등을 클리핑하고, 발의 모양을 따라 동그랗게 시저링하는 미용스타일
② 푸들 발 – 발등을 클리핑을 하고, 풋 라인을 시저링하는 미용스타일
③ 포메라이언 발 – 발바닥을 클리핑하고, 동그란 발의 모양에 발톱이 보이게 시저링하는 미용스타일
④ 동그란 발을 미용하는 스타일은 대표견종은 페키니즈
⑤ 푸들 발을 미용하는 스타일의 대표견종은 푸들

67

기초 시저링 작업 시 안전을 위해 주의해야 할 사항이 <u>아닌</u> 것은 무엇인가?

① 가위를 지면에 떨어뜨리지 않는다.
② 반려동물이 중심이 되어 작업을 실행한다.
③ 생식기 주변 털은 짧게 자른다.
④ 보정할 때 무리하게 힘을 가해 반려동물을 보정한다.
⑤ 반려동물이 뛰어내리지 않도록 테이블에서 주의한다.

68

다음 중 기초 시저링 시 안전 유의사항으로 옳지 <u>않은</u> 것은?

① 테이블 위에서 반려동물이 뛰어내리지 않도록 주의한다.
② 잘못된 보정 방법이나 무리한 힘으로 반려동물을 다치게 하지 않는다
③ 가위를 지면에 떨어뜨리지 않는다.
④ 항문 주변 털은 항문이 보이지 않도록 주변만 정리한다.
⑤ 생식기 주변 털은 배변 활동에 지장이 없도록 짧게 자른다.

01	③	02	③	03	③	04	③	05	⑤	06	④	07	③	08	④	09	①	10	②
11	②	12	③	13	②	14	①	15	③	16	③	17	③	18	⑤	19	⑤	20	②
21	①	22	③	23	④	24	③	25	②	26	⑤	27	②	28	④	29	⑤	30	④
31	③	32	⑤	33	⑤	34	④	35	②	36	②	37	⑤	38	②	39	③	40	③
41	③	42	②	43	④	44	④	45	②	46	③	47	④	48	①	49	④	50	⑤
51	⑤	52	④	53	①	54	⑤	55	③	56	④	57	③	58	②	59	⑤	60	③
61	③	62	①	63	⑤	64	③	65	④	66	①	67	④	68	④				

01

페이스 콤은 핀 간격이 좁고, 주로 얼굴, 눈 앞과 풋라인을 자를 때 사용된다. 핀 간격이 넓은 콤은 엉킨 털을 제거할 때 사용된다.

02

푸들 콤은 핀의 길이가 길고, 파상모의 피모를 빗을 때 사용된다.

03

핀 간격이 좁은 면은 섬세하게 털을 세울 때 사용되며, 엉킨 털을 제거하는 데는 핀 간격이 넓은 면이 더 적합하다.

04

실키 콤은 길고 짧은 핀이 어우러진 빗으로, 부드러운 피모를 빗을 때 사용된다.

05

콤의 핀 간격이 좁은 면은 섬세하게 털을 세울 때 사용되며, 넓은 면은 엉킨 털을 제거하거나 털을 세울 때 사용된다.

06

털을 자연스럽게 연결시킬 때 사용하는 가위는 시닝가위가 주로 쓰인다.

07

시닝 가위는 모량이 많은 털의 숱을 치거나 털의 흐름을 자연스럽게 연결시킬 때 사용된다.

08

보브 가위는 눈 앞의 털, 풋 라인의 털, 귀 끝의 털을 자를 때 많이 사용된다. 볼륨감을 주는 데는 커브 가위가 적합하다.

09

커브 가위는 가윗날이 휘어져 있어 동그랗게 자를 부분을 쉽게 자를 수 있다. 볼륨감을 주어야 하는 부위에 사용하기 좋다.

10

시닝 가위는 모량이 많은 털의 숱을 치거나 털의 흐름을 자연스럽게 연결시킬 때 사용된다.

11

가위는 반려동물의 털을 자를 때 사용하는 도구로 지렛대의 원리를 응용하여 만든 도구이다.

12

정날(still blade)은 약지의 움직임으로 조작되는 움직이지 않는 날이다.

13

엄지환(thumb grip)은 동날에 연결된 원형의 고리로 엄지를 끼워 조작하는 부분이다.

14

동날(moving blade)은 엄지의 움직임으로 조작되는 움직이는 날이다. 약지의 움직임으로 조작되는 것은 정날(still blade)이다.

15

클리퍼 날의 mm 수가 작으면 날의 간격이 좁다. mm 수가 클수록 날의 간격이 넓다.

16

0.1~1mm 클리퍼 날은 주둥이, 발바닥, 발등, 항문, 꼬리, 복부, 귀 등의 부위에 사용된다.

17

3~20mm 클리퍼 날은 개체의 몸통부에 사용된다.

18

콤 사용 시 반려동물의 털을 강하게 당겨 빗질하면 안 된다. 관절 부위에 무리가 가지 않도록 주의해야 한다.

19

발톱은 발가락뼈와 연결되어 보호 역할을 한다.

20

발톱은 발가락뼈를 보호하고 그 역할을 보조한다.

21

발바닥에서 땅에 닿는 부분은 발이 미끄러지지 않도록 털이 나지 않고 피부가 각화한 패드로 되어 있다. 발바닥의 패드에는 많은 신경과 혈관이 있어 지면 상태를 감지하는 역할을 하고 지면에서 받는 충격을 완화시켜 준다.

22

발바닥의 패드는 발가락뼈를 보호하는 역할이 아니라 지면 상태를 감지하고 충격을 완화하는 역할을 한다.

23

발톱에 있는 멜라닌 색소로 검게 보이는 발톱과 갈색의 발톱 또는 어두운 색의 발톱은 혈관이 보이지 않아 발톱 관리가 다소 어렵다.

24

멜라닌 색소로 인해 검게 보이는 발톱은 혈관이 보이지 않아 발톱 관리가 어렵다.

25

귀는 공기가 잘 통하지 않아 세균 번식, 염증, 악취가 발생하기 쉽다.

26

내이는 회전을 감지하는 반고리관, 위치와 균형을 감지하는 전정기관, 듣기를 담당하는 달팽이관으로 구성되어 있다.

27

외이는 소리를 고막으로 전달하는 기능을 하며, 중이의 유스타키오관은 고막 안팎의 기압을 일정하게 유지해 준다.

28

이소골을 진동시켜 소리를 전달하는 것은 중이의 역할이다.

29

반고리관은 내이에 있으며 회전을 감지한다.

30

달팽이관은 내이에 있으며, 듣기를 담당한다.

31

고막은 중이를 보호하고, 이소골을 진동시켜 소리를 내이로 전달하는 기능을 한다.

32

귓속 털이 자라지 않는 견종은 탈지면에 이어클리너를 사용하여 귓속을 닦아 준다.

33

귀 청소에는 겸자, 이어파우더, 이어클리너, 탈지면이 필요하며, 손톱깎이는 필요하지 않다.

34

귀 관리가 안 될 경우 귀의 상태가 악화되어 냄새가 나고 이물질이 쌓인다.

35

귀 관리가 안 될 경우 외이의 피부가 두꺼워지고 붉어지며, 귀의 표면이 부어오르고, 이도가 좁아지는 등의 증상이 나타난다.

36

이어파우더는 미끄럼 방지, 모공 수축, 피부 자극과 피부 장벽을 느슨하게 해주는 효과가 있다.

37

이어클리너는 귀지의 용해, 귓속의 이물질 제거, 귓속 미생물의 번식 억제, 귓속의 악취 제거 등의 효과가 있다. 모공 수축은 이어파우더의 효과다.

38

귀 청소를 할 때 겸자의 방향을 귓속을 향해 일직선이 되게 해야 이물질을 효과적으로 제거할 수 있다.

39

겸자의 끝이 탈지면 밖으로 나오지 않도록 주의해야 한다. 겸자의 끝이 탈지면 밖으로 나오면 귓속을 찌를 수 있다.

40

귀 청소는 목욕 전에 하는 것이 좋으며, 귓속 털에 수분이 있으면 잘 뽑히지 않기 때문이다. 또한 귀 관리 후 미용도구는 소독해야 한다.

41

클리핑은 클리퍼를 사용하여 털의 길이를 자르고 깎아내는 작업이다. 가위를 사용하는 작업은 클리핑이 아니다.

42

클리퍼 날의 밀리미터 수가 클수록 피부에 해를 입힐 수 있으므로 주의해야 한다. 장시간 사용 시 기계가 뜨거워질 수 있으므로 냉각제를 사용해 열을 식혀야 하며, 클리퍼 날은 세우지 않고 피모와 평행하게 사용해야 한다. 사용 후에는 클리퍼 날 사이의 털을 제거하고 소독제로 소독해야 한다.

43

개는 발뒤꿈치로만 걷지 않으며, 발바닥 패드가 쿠션 역할을 하여 지면으로부터 발을 보호하고 발가락뼈는 보행 시 힘을 받쳐주는 역할을 한다.

44

베들링턴테리어, 보르조이, 사모예드 견종에 많이 보이는 발은 헤어 풋이다.

45

암컷의 경우 배꼽 위에서 역U자형으로 클리핑하고, 수컷의 경우 배꼽 위에서 역V자형으로 클리핑한다.

46

코커스패니얼은 귀 시작부의 1/2을 클리핑한다.

47

슈나우저와 케리블루테리어는 귀의 전체를 클리핑한다.

48

푸들은 귀를 클리핑하지 않는 견종이다.

49

케리블루테리어는 귀의 전체를 클리핑한다. 코커스패니얼은 귀 시작부의 1/2을 클리핑, 베들링턴테리어는 귀의 장식 털 끝만 남기고 클리핑, 슈나우저는 귀의 전체를 클리핑, 요크셔테리어는 귀 끝의 1/3 클리핑을 한다.

50

눈과 눈 사이 역V자형인 인덴테이션을 클리핑한다.

51

푸들 견종의 표준 미용으로 주둥이(머즐) 털을 제거한다.

52

한 부위만 계속 클리핑하면 피부에 상처가 생길 수 있으므로 주의해야 한다.

53

항문과 생식기 사이의 털은 클리퍼로 자르지 않는다.

54

찰과상을 예방하기 위해 도구가 파손된 곳이 있는지 정기적으로 확인해야 한다.

55

발바닥을 클리핑한 후 발톱이 가려지도록 발 주변의 털을 동그란 모양으로 자른다.

56

발바닥과 발등을 클리핑한 후 클리핑한 라인이 보이도록 풋 라인을 자른다.

57

발 주변의 털을 제거하는 목적은 보행을 방해하기 위한 것이 아니라, 미끄러지지 않도록 하고 발의 아름다움을 보여주기 위함이다.

58

눈 주변의 털을 시저링할 때는 눈이 보이도록 눈 앞의 털을 시저링해야 한다.

59

눈 주위의 털이 자라면서 시력을 개선하는 것이 아니라, 눈을 찔러 눈병의 원인이 될 수 있다. 털이 길면 시야를 가려 생활에 지장을 주고, 눈물이 흐르면 피부병의 원인이 될 수 있다.

60

항문 주변의 털을 제거하는 주된 이유는 청결함을 유지하기 위해서다.

61

언더라인의 클리핑 부위는 가슴 밑부터 턱 앞까지의 라인에서 복부 주변의 털을 클리핑한 후 클리핑 라인을 가리고 있는 털을 제거하는 것이다.

62

꼬리털을 정리할 때는 꼬리 끝의 살이 다치지 않도록 주의하며, 남길 꼬리털의 길이를 결정해야 한다.

63

비글과 포메라이안은 꼬리가 있는 견종이며, 꼬리가 없는 견종은 웰시코기와 올드잉글리시시프도그 등이 있다.

64

귀 끝을 일직선 및 라운드로 시저링한다.

65

쫑긋 선 귀는 요크셔테리어, 슈나우저, 화이트테리어 등이다. 코커스패니얼과 몰티즈는 늘어진 귀다.

66

동그란 발의 미용 종류는 발바닥 클리핑 후 발의 모양을 따라 동그랗게 시저링하며, 대표견종은 포메라니안, 페키니즈, 슈나우저다.

67

반려동물을 보정할 때는 무리한 힘을 가하지 않고, 부드럽게 보정하여 안전을 보장해야 한다. 과도한 힘을 주면 반려동물이 다칠 수 있다.

68

항문 주변 털은 항문이 보이도록 자른다.

PART 03

반려견 일반미용1

3급 출제영역

CHAPTER 01 일반미용

01 개체 특성 파악

1. 반려동물 미용 스타일 제안

(1) 대상에 맞는 미용스타일 선정하는 방법

1) 몸의 구조에 문제가 있을 때

① 몸의 구조에 문제가 있으면 해당 부위의 털로 단점을 보완함
② 이상적인 체형에 대한 지식이 필요함
③ 이상적인 체형에서 벗어난 단점을 보완하는 미용 방법을 선택함
　예 뒷다리의 무릎이 안쪽으로 휘어 있고 발이 바깥쪽을 향한 자세, 무릎이 바깥쪽으로 휘어 있고 발이 안쪽을 향한 자세의 단점을 보완하여 일자로 뻗은 바람직한 뒷다리 자세로 보이게 미용을 함
④ 먼저 이상적인 몸의 구조를 파악하고 단점을 보완하는 미용 스타일을 구상함
⑤ 신체에 장애 부위가 있는 경우, 그 부위를 감출지 개성으로 부각시킬지를 결정하여 미용 스타일을 선택함

2) 털 길이가 짧으나 고객이 털이 긴 미용 스타일을 원할 때

① 고객이 원하는 긴 털 스타일을 위해 털을 관리하며 틀을 잡아줌
② 짧은 털을 즉시 길게 할 방법은 없으므로 털이 자라는 동안 관리가 필요함
③ 미용사는 고객이 원하는 스타일을 파악하고, 이를 실현하기 위한 시간을 고객에게 안내함
④ 이후 미용 스타일을 완성하기 위해 털을 기르는 관리 방법을 설명함

3) 털에 오염된 부분이 있을 때

① 오염이 일시적인지, 미용 후에도 재발할 가능성이 있는지 파악함
② 일시적인 착색은 털을 제거하고 다시 관리할 수 있으나, 지속적으로 착색될 우려가 있으면 문제를 해결해야
③ 스트레스로 발을 핥아 변색된 경우 스트레스 요인을 제거하며, 일시적으로 동물이 그 부위를 핥지 못하도록 조치함

4) 반려동물이 예민하거나 사나울 때

① 반려동물의 예민함과 사나움의 정도를 파악함
② 미용이 불가능한 경우 이유를 고객에게 설명함
③ 미용이 가능한 경우 물림방지 도구 사용 여부를 고객에게 알리고 동의를 얻음

5) 반려동물이 특정 부위의 미용을 거부할 때

① 예민한 반응 부위를 확인함
② 예민한 부위는 시간을 최소화하거나 대체 방법을 사용함

6) 반려동물이 날씨나 온도의 영향을 받는 곳에서 생활할 때

① 추운 곳에서 생활하면 털을 짧게 자르지 않음
② 뜨거운 햇볕에 노출되면 피부가 드러나지 않는 미용 스타일을 선택함

7) 반려동물이 미끄러운 곳에서 생활할 때

발바닥 아래 털을 짧게 유지할 수 있는 미용 스타일을 선택함

8) 고객이 시간적 여유가 없을 때

① 손질이 간단한 미용 방법을 선택함
② 얼굴 부위는 짧게 하고, 빗질 시간을 최소화할 수 있는 스타일을 선택함

9) 반려동물이 노령이거나 지병이 있을 때

① 보호자에게 반려동물의 나이와 질병 종류를 설명받고 정확히 파악함
② 내용을 차트에 기록하고, 필요한 경우 미용 동의서를 작성하도록 함
③ 디자인보다 위생 관리에 초점을 맞춘 미용 스타일을 선택함

반려동물이 노령일 때	• 피부에 탄력이 없고 주름이 많으므로 클리핑 시 상처에 주의함 • 오래 서 있기 힘들기 때문에 오랜 시간 서 있어야 하는 미용 스타일은 피함 • 체력이 저하되어 시간이 오래 걸리는 미용 스타일은 피함 • 모질과 모량이 적으므로 이를 고려한 미용 스타일을 선택함 • 청각이나 시각을 잃은 경우 예민할 수 있으므로 주의함 • 심장병 등 지병이 있는 경우, 미용이 가능한 상태인지 확인함
질병이 있을 때	• 건강하지 않으면 시간이 오래 걸리는 미용 스타일은 피함 • 질병 부위에 접촉을 거부할 수 있으므로 특이사항을 고려해 미용 스타일을 결정함 • 미용이 질병을 악화시킬 가능성이 있으면 미용을 하지 않음

(2) 미용 스타일 제안하기 전 수행방법

① 반려동물 종의 특성을 파악함
② 몸의 구조적 특징을 파악함
③ 털의 특징을 파악함
④ 성격을 파악함
⑤ 생활 환경을 파악함
⑥ 나이, 질병 등을 파악하여 미용 스타일을 구상함
⑦ 고객의 특성을 파악함
⑧ 대상에 맞는 미용 방법을 선정함

⑨ 고객에게 미용 스타일을 제안함

- 고객의 의견을 우선적으로 반영
- 제안하는 미용 스타일의 필요성을 고객이 이해하기 쉽게 설명
- 스타일북을 활용하여 고객과 미용사 간에 생길 수 있는 생각의 오차를 줄임
- 미용 스타일의 제안과 동시에 미용 요금도 함께 안내

(3) 반려동물 미용 스타일 제안하기에서 안전 유의사항

① 미용 전에 반려동물의 건강 상태를 확인하여 사고를 방지함
② 파악한 자료는 고객 차트에 작성하여 보관함
③ 고객의 다음 방문 시 같은 내용을 묻지 않도록 상담 내용을 자세히 기록함
④ 반려동물의 단점을 이야기할 때는 단어 선택에 주의하여 고객이 불쾌하지 않도록 함
⑤ 미용 스타일 결정 시 고객의 의견을 우선적으로 반영해 불만사항을 줄임
⑥ 미용 스타일 상담 시 고객이 반려동물을 통제하게 하여 낙상, 도주 등의 안전사고를 예방함
⑦ 반려동물이 사나울 때는 고객에게 동물의 공격성 여부를 확인하여 미용사의 상해를 방지함
⑧ 털이 심하게 엉킨 반려동물은 피부 질환이 발생하기 쉽기 때문에 미용사는 미용 전에 이를 고객에게 설명해 마찰을 예방함
⑨ 상담 때 발견하지 못한 외부기생충이 미용 중 발견되면, 미용을 중단하고 보호자에게 연락해 동물을 인계함
⑩ 실외생활 반려동물을 짧게 미용할 경우 추운 계절에는 동사 위험, 직사광선 아래서는 화상, 수풀에서는 찰과상을 입을 수 있음
⑪ 비용 안내는 미용 스타일 상담 때 이루어져야 하며, 각 스타일에 따른 비용 추가 원인과 최종 가격을 자세히 설명함
⑫ 고양이의 수염은 자르면 안 됨
⑬ 고양이의 발톱을 너무 짧게 깎거나 제거해서는 안 됨

| TIP | 고양이의 발톱 관리 |

- 고양이의 날카로운 발톱은 사냥, 기어오르기에 유리하며 필요 시 빠르게 나오고 감춰짐
- 발톱을 너무 짧게 깎으면 물건을 잡거나 움직이는 데 불편함
- 발톱을 깎으면 고양이가 방어 수단을 잃어 스트레스 받기 쉬움
- 실내 고양이는 발톱이 자라 부러지거나 갈라질 수 있어 끝부분만 잘라줘야 함
- 발톱을 너무 짧게 깎거나 제거해서는 안 됨
- 고양이는 본능적으로 발톱을 갈기 때문에 적절한 도구를 제공하는 것이 좋음

> **TIP** **고양이의 특징**
>
> • 고양이의 수염은 자르면 안 되며, 감각모는 이동과 먹이의 움직임을 파악하는 데 중요함
> • 눈이 푸른 흰 고양이 중에는 난청이 많음
> • 고양이는 입으로 냄새를 맡을 수 있는데, 플레만 반응으로 입천장의 '야콥슨' 조직이 냄새를 인식하기 때문
> • 고양이는 자기 키의 5배가 넘는 높이를 뛰어넘을 수 있음

02 클리핑

1. 다양한 클리퍼 날의 사용

(1) 전체 클리핑이란

① 반려동물의 몸 전체(등, 배, 다리, 가슴, 얼굴, 머리, 귀, 꼬리) 털을 모두 클리퍼로 깎는 작업
② 고객의 요청, 개체의 특성, 상황 등에 따라 전체 클리핑을 함

(2) 전체 클리핑을 하는 이유

① 고객 요청 예 털 알레르기, 비염 등
② 털이 심하게 엉킨 경우
③ 수술 등 치료를 위한 보조적 필요
④ 약물 목욕이나 연고 사용을 위한 피부 질환 관리
⑤ 털이 심하게 오염된 경우 예 껌, 끈끈이 등

(3) 클리퍼의 선택

① 전체 클리핑 시 전문가용 클리퍼를 사용함
② 소형 클리퍼는 날의 폭이 좁고 얇아 작업 시간이 길어지고, 피부에 자극을 줄 수 있음

(4) 클리퍼 날의 선택

전체 클리핑 시 클리퍼 날의 사이즈(mm)에 따라 털을 정방향 또는 역방향으로 깎아 털 길이를 조절함

역방향으로 클리핑할 때 클리퍼 날의 사용 방법	• 클리퍼 날에 표기된 숫자는 역방향 클리핑 시 남는 털 길이를 의미함 • 역방향 클리핑은 털을 더 짧게 깎아 관리가 편하지만, 미용 주기가 길어지고 피모 손상 우려가 있음
정방향으로 클리핑할 때 클리퍼 날의 사용 방법	• 클리퍼 날에 표기된 숫자는 역방향 클리핑 시 남는 털 길이를 의미함 • 정방향 클리핑 시 표기된 길이의 2배 털 길이가 남아 미용 주기가 짧고 피모 손상 우려가 적음
1mm 클리퍼 날의 사용 방법	• 정교한 클리핑 시 사용하며, 역방향으로 클리핑할 경우 1mm 정도의 털이 남음 • 3mm 클리핑 시 역방향으로 어려운 경우 1mm 클리퍼 날을 정방향으로 사용함 • 겨드랑이 털이 많이 엉키거나 귀 안쪽 부위일 경우 3mm 클리퍼 날이 위험할 수 있어 1mm 클리퍼 날을 사용함

(5) 이미지너리 라인

① 이미지너리 라인이란 클리핑하기 전에 만들어 놓는 가상선을 뜻함
② 정방향 클리핑: 털이 난 방향에 따라 이미지너리 라인 생성
③ 역방향 클리핑: 털이 난 반대 방향에 따라 이미지너리 라인 생성
④ 얼굴 클리핑: 항상 털이 난 반대 방향으로 이미지너리 라인 생성
⑤ 개체 특성에 따라 정방향으로 이미지너리 라인 생성 가능

(6) 전체 클리핑할 때 부위별 보정 방법

등	등이 구부러지거나 휘지 않게 곧게 펴서 보정
뒷다리	관절이 움직이지 않게 고정하여 보정
앞다리	관절이 움직이지 않게 겨드랑이에 손을 넣어 보정
가슴	주둥이를 잡고 얼굴을 위로 들어 올려 보정
얼굴	양쪽 입꼬리를 귀 쪽으로 당겨 보정
머리	주둥이를 잡고 바닥을 향하게 보정
겨드랑이	피부를 잡아당겨 주름 없이 역방향으로 클리핑
입	입을 벌리지 못하게 주둥이를 잘 잡아줌

(7) 클리핑 작업 시 안전 유의사항

① 물거나 산만한 반려동물은 입마개를 씌움
② 클리퍼를 장시간 사용할 경우 화상 주의
③ 항문 및 생식기 주변을 클리핑할 때 찰과상 주의
④ 작업 후 클리퍼를 소독함
⑤ 클리퍼 날 손상 여부를 수시로 확인하고 교체함
⑥ 반려동물의 몸에 상처가 있는지 확인하고 주의하여 작업함
⑦ 노령견의 경우 피부에 탄력이 없어 주의함
⑧ 사타구니와 겨드랑이를 클리핑할 때 더욱 주의함
⑨ 얼굴을 클리핑할 때 눈과 입 주변에 상해 주의
⑩ 겨드랑이는 상처가 잘 나므로 1mm 클리퍼 날을 사용
⑪ 1mm 클리퍼 날은 겨드랑이 안쪽 부위에만 사용
⑫ 겨드랑이는 피부를 잡아당겨 주름 없이 역방향으로 클리핑
⑬ 입을 벌리지 못하게 주둥이를 잘 잡아줌
⑭ 미간은 클리퍼 날 모서리 끝부분으로 클리핑
⑮ 꼬리는 휘지 않게 손바닥 위에 올려 클리핑
⑯ 꼬리털이 많을 때는 바로 역방향 클리핑하지 않음
⑰ 털이 피부에 붙어 잘 깎이지 않으면 목욕 후 마무리 작업 시 클리핑

⑱ 마무리 작업 후 클리핑이 덜 된 곳과 상해 여부를 확인

⑲ 산만한 개체는 앞발을 들어 올려 보정하며 클리핑

03 시저링

1. 시저링의 이해(개, 고양이 기준)

① 시저링은 커트의 한 종류로, 블런트 가위로 털을 자르는 작업을 뜻함

② 신체의 단점을 보완하여 개체의 모양을 만듦

③ 개체의 신체 구조와 특징을 파악해야 함

2. 모질에 따른 가위 선택 방법

블론트 가위를 사용하는 경우	• 모질이 굵고 건강하여 콤으로 빗질하였을 때 털이 잘 서는 모질에 사용 • 전반적인 커트와 마무리 작업에 사용
시닝 가위를 사용하는 경우	• 모질이 부드럽고 힘이 없어 빗질하였을 때 처지는 모질에 사용 • 모량이 많은 털을 가볍게 할 때 사용 • 털의 단사를 자연스럽게 연결할 때 사용 • 얼굴 라인 작업에 좋으며, 실수 시 라인이 뚜렷하지 않아 수정 가능
커브 가위를 사용하는 경우	• 부위별 커트 후 각을 없앨 때 사용 • 아치형 또는 동그랗게 커트할 때 쉽고 간단함 • 얼굴 머리 부분이나 다리 장식 털 커트에 많이 사용

3. 반려동물의 신체적 체형 파악

다리와 몸통 길이에 따른 특성을 파악하여, 그에 알맞은 미용 스타일을 찾고 단점을 보완

(1) 하이온 타입

1) 특징

몸 높이가 몸 길이보다 긴 체형으로, 몸에 비해 다리가 긺

2) 단점 보완을 위한 미용

① 긴 다리를 짧아 보이게 커트함

② 백 라인(D)을 짧게 커트하여 키를 작아 보이게 함

③ 언더라인(A)의 털을 길게 남겨 다리를 짧아 보이게 함

④ 가슴(C) 앞부분과 엉덩이(B) 뒷부분을 털을 길게 남겨 체장이 길어보이게 함

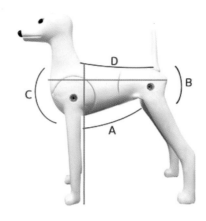

▲ 하이온 타입

(2) 드워프 타입

1) 특징

몸 길이가 몸 높이보다 긴 체형으로, 다리에 비해 몸이 긺

2) 단점 보완을 위한 미용

① 긴 몸의 길이를 짧아 보이게 커트함

② 가슴(B)과 엉덩이(C) 부분의 털을 짧게 커트하여 몸길이를 짧아 보이게 함

③ 등선의 털은 길게 커트하고, 언더라인(A)의 털을 짧게 커트하여 다리를 길어 보이게 함

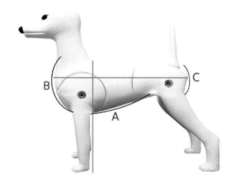

▲ 드워프 타입

(3) 스퀘어 타입

① 몸 길이와 몸 높이의 길이가 1:1의 이상적인 체형
② 단점이 없음

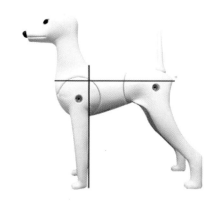

▲ 스퀘어 타입

4. 푸들의 램클립

(1) 램클립이란?

어린 양의 모습에서 나온 미용 스타일로, 푸들의 클립 중에서 가장 보편화된 미용 방법

(2) 램클립의 특징

① 푸들의 램클립은 다른 미용 방법과 달리 얼굴을 클리핑함
② 클리핑 부위(0.1~1mm)는 머즐, 발바닥, 발등, 복부, 항문, 꼬리
③ 시저링 부위

머리 부분		• 머즐 클리핑 후 이미지너리 라인이 보이도록 잘라줌 • 얼굴 옆면은 눈 끝과 귀의 끝을 일직선, 스톱에서 크라운까지 볼륨감을 주고, 눈 시작점에서 귀 앞부분까지의 머리 부분의 높이는 가장 높게 시저링함 • 머리 위에서 봤을 때 머리에서 목까지 밸러스를 맞추고, 머리의 앞부분은 동그랗게 시저링함
몸통	백라인	꼬리 앞에서 위더스 부분까지, 꼬리에서 엉덩이(좌골단)은 30° 각도로 각을 주어 시저링
	언더라인	턱업에서 뒷다리를 잇는 아치형으로 시저링. 턱업에서 엘보까지 대각선으로 시저링
	앞가슴	아담스애플에서 볼륨감 있게 시저링, 앞다리 시작점 전까지 시저링
	뒷다리	엉덩이에서 비절까지 아치형으로 시저링, 비절에서 지면까지 일직선으로 시저링
다리		• 앞다리는 원통형으로 시저링 • 앞면, 뒷면, 옆면, 안쪽 털을 잘라 네모형으로 시저링. 네 부분의 각을 잡아 원형으로 만듦
꼬리		꼬리의 1/3을 클리핑. 클리핑 라인을 시저링, 어느 각도에서 봐도 동그랗게 시저링
퍼프		다리에 구슬 모양으로 동그랗게 만드는 장식털

일반미용 연습문제

01

몸의 구조에 문제가 있는 경우 미용 스타일을 선정하는 방법은 무엇인가?

① 단점을 감추기 위해 털을 제거한다.
② 단점을 보완하기 위해 해당 부위의 털을 이용한다.
③ 이상적인 체형을 유지하기 위해 모든 털을 짧게 자른다.
④ 고객의 요구에 따라 무조건 길게 자른다.
⑤ 신체의 모든 부위를 동일한 길이로 자른다.

02

신체에 장애 부위가 있는 경우 미용 스타일을 결정하는 방법은 무엇인가?

① 그 부위를 감추거나 개성으로 부각시킬지를 결정한다.
② 문제가 있는 부위의 털을 모두 제거한다.
③ 문제가 있는 부위를 염색하여 감춘다.
④ 신체의 모든 부위를 동일하게 자른다.
⑤ 문제가 있는 부위를 따로 미용하지 않는다.

03

이상적인 체형에 대한 지식이 필요한 이유는 무엇인가?

① 모든 부위의 털을 동일한 길이로 자르기 위해서
② 단점을 보완하는 미용 방법을 선택하기 위해서
③ 털을 염색하여 단점을 감추기 위해서
④ 신체의 모든 부위를 감추기 위해서
⑤ 문제가 있는 부위의 털을 짧게 깎기 위해서

04

고객이 털이 긴 미용 스타일을 원하지만 털 길이가 짧은 경우 미용사는 어떻게 해야 하는가?

① 짧은 털을 즉시 길게 할 수 있도록 한다.
② 고객에게 긴 털 스타일은 불가능하다고 말한다.
③ 털이 자라는 동안 관리 방법을 설명한다.
④ 털을 염색하여 길어 보이게 한다.
⑤ 고객이 원하는 스타일을 포기하게 한다.

05

털에 오염된 부분이 있을 때 무엇을 파악해야 하는가?

① 오염된 털을 그대로 두어야 한다.
② 오염이 일시적인지, 지속적인지 파악한다.
③ 오염된 털을 염색한다.
④ 오염 부위를 무조건 제거한다.
⑤ 오염된 털을 숨길 방법을 찾는다.

06

반려동물이 예민하거나 사나울 때 미용사의 첫 번째 조치는 무엇인가?

① 바로 미용을 시작한다.
② 반려동물의 예민함과 사나움의 정도를 파악한다.
③ 반려동물을 진정시키기 위해 약을 사용한다.
④ 주인에게 반려동물을 제지해달라고 요청한다.
⑤ 미용 도구를 모두 소독한다.

07

반려동물이 특정 부위의 미용을 거부할 때 어떻게 해야 하는가?

① 미용을 포기한다.
② 그 부위를 강제로 미용한다.
③ 예민한 부위를 최소한의 시간 내에 끝낸다.
④ 미용할 수 있을 때까지 무조건 기다린다.
⑤ 주인에게 그 부위를 자르지 않겠다고 말한다.

08

반려동물이 추운 곳에서 생활하는 경우 어떤 미용 스타일을 선택해야 하는가?

① 털을 모두 밀어버린다.
② 털을 짧게 자르지 않는다.
③ 짧게 자른 후 옷을 입힌다.
④ 털을 염색하여 따뜻하게 보이게 한다.
⑤ 발바닥 털만 자른다.

09

반려동물이 뜨거운 햇볕에 노출될 때 어떤 미용 스타일을 선택해야 하는가?

① 털을 모두 밀어버린다.
② 피부가 드러나지 않도록 미용 스타일을 선택한다.
③ 피부가 드러나게 털을 자른다.
④ 털을 염색하여 햇볕을 반사시킨다.
⑤ 발바닥 털만 자른다.

10

반려동물이 미끄러운 곳에서 생활할 때 어떤 미용 스타일을 선택해야 하는가?

① 발바닥 털을 길게 유지한다.
② 발바닥 아래 털을 짧게 유지한다.
③ 발바닥 털을 염색한다.
④ 발바닥 털을 중간 길이로 자른다.
⑤ 발바닥 털을 자르지 않는다.

11

고객이 시간적 여유가 없을 때 어떤 미용 방법을 선택해야 하는가?

① 복잡한 디자인의 미용 스타일을 선택한다.
② 손질이 간단한 미용 방법을 선택한다.
③ 고객이 원하지 않는 스타일을 강요한다.
④ 고객에게 시간을 더 내달라고 한다.
⑤ 미용을 포기한다.

12

반려동물이 노령이거나 지병이 있을 때 미용 스타일의 초점은 무엇인가?

① 디자인에 중점을 둔다.
② 위생 관리에 중점을 둔다.
③ 털을 염색하여 건강해 보이게 한다.
④ 고객의 요구에 따라 디자인을 선택한다.
⑤ 미용을 포기한다.

13

반려동물이 노령일 때 미용 시 주의해야 할 사항은 무엇인가?

① 피부가 탄력적이므로 클리핑 시 강하게 자른다.
② 오래 서 있을 수 있으므로 장시간 미용이 가능하다.
③ 체력이 저하되어 시간이 오래 걸리는 미용 스타일을 피한다.
④ 모질과 모량이 많아 이를 고려한 미용 스타일을 선택한다.
⑤ 시각과 청각이 예민하지 않으므로 주의가 필요 없다.

14

반려동물이 노령일 때 미용 시 주의해야 할 사항으로 잘못된 것은?

① 모질과 모량이 적으므로 이를 고려한 미용 스타일을 선택한다.
② 체력이 저하되어 시간이 오래 걸리는 미용 스타일은 피한다.
③ 오래 서 있기 힘드므로 오랜 시간 서 있어야 하는 미용 스타일은 피한다.
④ 피부에 탄력이 없고 주름이 많아 클리핑 시 상처에 주의한다.
⑤ 피부가 탄력적이므로 클리핑 시 강하게 자른다.

15

반려동물이 질병이 있는 경우 미용 시 주의해야 하는 경우가 아닌 것은?

① 건강하지 않으면 시간이 오래 걸리는 미용 스타일은 피한다.
② 질병 부위에 접촉을 거부할 수 있으므로 특이사항을 고려해 미용 스타일을 결정한다.
③ 질병 상태에 확인 후 미용스타일을 결정한다.
④ 질병 부위를 염색하여 숨긴다.
⑤ 미용이 질병을 악화시킬 가능성이 있으면 미용을 하지 않는다.

16

미용 스타일을 제안하기 전에 수행해야 할 단계 중 하나가 <u>아닌</u> 것은 무엇인가?

① 반려동물 종의 특성을 파악한다.
② 몸의 구조적 특징을 파악한다.
③ 반려동물의 눈 색깔을 확인한다.
④ 생활 환경을 파악한다.
⑤ 나이와 질병을 파악하여 미용 스타일을 구상한다.

17

고객에게 미용 스타일을 제안할 때 우선적으로 반영해야 하는 것은 무엇인가?

① 미용사의 의견   ② 고객의 의견
③ 다른 고객의 의견   ④ 최신 유행 스타일
⑤ 미용 도구의 종류

18

미용 스타일을 제안할 때 스타일북을 활용하는 가장 큰 이유는 무엇인가?

① 미용 요금을 안내하기 위해
② 미용 도구를 소개하기 위해
③ 고객과 미용사 간의 생각의 오차를 줄이기 위해
④ 최신 유행 스타일을 보여주기 위해
⑤ 미용사의 경험을 과시하기 위해

19

반려동물의 미용 전에 가장 먼저 확인해야 하는 것은 무엇인가?

① 고객의 취향
② 반려동물의 건강 상태
③ 최신 유행 미용 스타일
④ 미용 도구의 상태
⑤ 미용실의 청결 상태

20

반려동물 미용 스타일에 관한 설명 중 틀린 것은 무엇인가?

① 미용 전에 반려동물의 건강 상태를 확인하여 사고를 방지한다.
② 파악한 자료는 고객 차트에 작성하여 보관한다.
③ 고객의 다음 방문 시 같은 내용을 묻지 않도록 상담 내용을 자세히 기록한다.
④ 반려동물의 단점을 이야기할 때는 단어 선택에 주의하여 고객이 불쾌하지 않도록 한다.
⑤ 고양이의 수염은 자르면 더 건강해진다.

21

반려동물 미용 스타일에 관한 설명 중 틀린 것은 무엇인가?

① 미용 스타일 결정 시 고객의 의견을 우선적으로 반영해 불만 사항을 줄인다.
② 미용 스타일 상담 시 고객이 반려동물을 통제하게 하여 낙상, 도주 등의 안전사고를 예방한다.
③ 반려동물이 사나울 때는 고객에게 동물의 공격성 여부를 확인하여 미용사의 상해를 방지한다.
④ 털이 심하게 엉킨 반려동물은 피부 질환이 발생하기 쉬우므로 미용 전 이를 고객에게 설명한다.
⑤ 비용 안내는 미용이 끝난 후에 이루어진다.

22

고양이의 발톱 관리에 대한 설명 중 옳지 않은 것은 무엇인가?

① 고양이의 날카로운 발톱은 사냥, 기어오르기에 유리하다.
② 발톱을 너무 짧게 깎으면 물건을 잡거나 움직이는 데 불편하다.
③ 발톱을 깎으면 고양이가 방어 수단을 잃어 스트레스를 받기 쉽다.
④ 고양이의 발톱이 길면 생활에 불편을 느끼니 제거하는 것이 좋다.
⑤ 실내 고양이의 발톱은 자라서 부러지거나 갈라질 수 있어 끝부분만 잘라줘야 한다.

23

고양이 발톱 관리 시 적절한 방법은 무엇인가?

① 고양이 발톱을 완전히 제거한다.
② 발톱을 너무 짧게 깎는다.
③ 발톱 끝부분만 잘라준다.
④ 발톱을 깎지 않고 그대로 둔다.
⑤ 고양이의 발톱을 매일 깎는다.

24

다음 중 고양이의 특징에 대한 설명으로 옳지 <u>않은</u> 것은 무엇인가?

① 고양이의 수염은 자르면 안 된다.
② 눈이 푸른 흰 고양이 중에는 난청이 많다.
③ 고양이는 코로만 냄새를 맡을 수 있다.
④ 미세모는 이동과 먹이의 움직임을 파악하는 데 중요하다.
⑤ 고양이는 자기 키의 5배가 넘는 높이를 뛰어넘을 수 있다.

25

전체 클리핑이란 무엇을 의미하는가?

① 반려동물의 등과 배 털만 클리퍼로 깎는 작업이다.
② 반려동물의 다리와 가슴털만 클리퍼로 깎는 작업이다.
③ 반려동물의 특정 부위 털을 가위로 다듬는 작업이다.
④ 반려동물의 몸 전체(등, 배, 다리, 가슴, 얼굴, 머리, 귀, 꼬리) 털을 모두 클리퍼로 깎는 작업이다.
⑤ 반려동물의 털을 염색하는 작업이다.

26

전체 클리핑을 하는 이유로 옳지 <u>않은</u> 것은 무엇인가?

① 고객의 요청으로 인해
② 털이 심하게 엉킨 경우
③ 수술 등 치료를 위한 보조적 필요
④ 약물 목욕이나 연고 사용을 위한 피부 질환 관리
⑤ 반려동물이 야외에서 뛰어노는 것을 좋아하는 경우

27

전체 클리핑 시 적절한 클리퍼 선택에 대한 설명으로 옳지 <u>않은</u> 것은 무엇인가?

① 여러 회사의 제품들이 있으니 크기, 성능 등을 비교하며 선택한다.
② 소형 클리퍼는 날의 폭이 좁고 얇아 작업 시간이 길어진다.
③ 소형 클리퍼는 피부에 자극을 줄 수 있다.
④ 전문가용 클리퍼는 전체 클리핑에 적합하지 않다.
⑤ 전문가용 클리퍼는 작업 시간을 단축시킬 수 있다.

28

전체 클리핑 시 클리퍼 날의 사이즈(mm)에 따라 털 길이를 조절하는 방법으로 옳지 <u>않은</u> 것은 무엇인가?

① 클리퍼 날의 사이즈는 정방향 클리핑 시 남는 털 길이를 의미한다.
② 역방향 클리핑은 털을 더 짧게 깎아 관리가 편하다.
③ 정방향 클리핑 시 표기된 길이의 두 배 털 길이가 남는다.
④ 정방향 클리핑은 미용 주기가 짧고 피모 손상 우려가 적다.
⑤ 역방향 클리핑은 미용 주기가 길어지고 피모 손상 우려가 있다.

29

클리퍼 날에 표기된 숫자는 무엇을 의미하는가?

① 정방향 클리핑 시 남는 털 길이를 의미한다.
② 역방향 클리핑 시 남는 털 길이를 의미한다.
③ 클리퍼 날의 길이를 의미한다.
④ 클리퍼 날의 두께를 의미한다.
⑤ 클리퍼 날의 크기를 의미한다.

30

정방향으로 클리핑할 때 남는 털 길이는 어떻게 되는가?

① 표기된 길이만큼 남는다.
② 표기된 길이의 절반만큼 남는다.
③ 표기된 길이의 두 배만큼 남는다.
④ 털 길이와 상관없이 깎인다.
⑤ 표기된 길이의 세 배만큼 남는다.

31

1mm 클리퍼 날을 사용하는 이유로 옳지 <u>않은</u> 것은 무엇인가?

① 정교한 클리핑 시 사용한다.
② 역방향으로 클리핑할 경우 1mm 정도의 털이 남는다.
③ 겨드랑이 털이 많이 엉키거나 귀 안쪽 부위에 사용한다.
④ 귀 안쪽 부위는 3mm 클리퍼 날이 위험할 수 있어 1mm 클리퍼 날을 사용한다.
⑤ 전신 클리핑 시 모든 부위에 사용한다.

32

겨드랑이 털이 많이 엉키거나 귀 안쪽 부위에 사용하기에 적합한 클리퍼 날은 무엇인가?

① 1mm 클리퍼 날
② 3mm 클리퍼 날
③ 5mm 클리퍼 날
④ 10mm 클리퍼 날
⑤ 15mm 클리퍼 날

33

이미지너리 라인에 대한 설명으로 옳지 않은 것은 무엇인가?

① 클리핑하기 전에 만들어 놓는 가상선이다.
② 정방향 클리핑 시 털이 난 방향에 따라 이미지너리 라인을 생성한다.
③ 역방향 클리핑 시 털이 난 반대 방향에 따라 이미지너리 라인을 생성한다.
④ 얼굴 클리핑 시 항상 털이 난 방향으로 이미지너리 라인을 생성한다.
⑤ 개체 특성에 따라 정방향으로 이미지너리 라인을 생성할 수 있다.

34

전체 클리핑 시 등 부위를 보정하는 방법으로 옳은 것은 무엇인가?

① 등이 구부러지거나 휘지 않게 곧게 펴서 보정한다.
② 관절이 움직이지 않게 고정하여 보정한다.
③ 주둥이를 잡고 바닥을 향하게 보정한다.
④ 피부를 잡아당겨 주름 없이 역방향으로 클리핑한다.
⑤ 주둥이를 잡고 얼굴을 위로 들어 올려 보정한다.

35

전체 클리핑 시 가슴 부위를 보정하는 방법으로 옳은 것은 무엇인가?

① 주둥이를 잡고 얼굴을 위로 들어 올려 보정한다.
② 양쪽 입꼬리를 귀 쪽으로 당겨 보정한다.
③ 관절이 움직이지 않게 겨드랑이에 손을 넣어 보정한다.
④ 주둥이를 잡고 바닥을 향하게 보정한다.
⑤ 피부를 잡아당겨 주름 없이 역방향으로 클리핑한다.

36

전체 클리핑할 때 부위별 보정 방법으로 올바르지 <u>않은</u> 것은?

① 등: 등이 구부러지거나 휘지 않게 곧게 펴서 보정한다.
② 뒷다리: 관절이 움직이지 않게 고정하여 보정한다.
③ 가슴: 주둥이를 잡고 얼굴을 위로 들어 올려 보정한다.
④ 얼굴: 주둥이를 잡고 바닥을 향하게 보정한다.
⑤ 겨드랑이: 피부를 잡아당겨 주름 없이 역방향으로 클리핑한다.

37

전체 클리핑할 때 부위별 보정 방법으로 올바르지 <u>않은</u> 것은?

① 등: 등이 구부러지거나 휘지 않게 곧게 펴서 보정한다.
② 뒷다리: 관절이 움직이지 않게 고정하여 보정한다.
③ 앞다리: 관절이 움직이지 않게 겨드랑이에 손을 넣어 보정한다.
④ 입: 입을 벌리지 못하게 주둥이를 잘 잡아준다.
⑤ 머리: 양쪽 입꼬리를 귀 쪽으로 당겨 보정한다.

38

클리핑 작업 시 안전 유의사항으로 옳지 <u>않은</u> 것은 무엇인가?

① 물거나 산만한 반려동물은 입마개를 씌운다.
② 항문 및 생식기 주변을 클리핑할 때 찰과상에 주의한다.
③ 작업 후 클리퍼를 소독한다.
④ 꼬리를 휘지 않게 손바닥 위에 올려 클리핑한다.
⑤ 클리퍼 날은 미용 전에만 확인하는 것이 좋다.

39

클리핑 작업 시 안전 유의사항으로 옳지 <u>않은</u> 것은 무엇인가?

① 노령견의 경우 피부에 탄력이 없어 주의해야 한다.
② 클리퍼를 장시간 사용할 경우 화상에 주의한다.
③ 작업 후 클리퍼를 소독한다.
④ 사타구니와 겨드랑이를 클리핑할 때 주의한다.
⑤ 꼬리털이 많을 때는 바로 역방향 클리핑한다.

40

클리핑 작업 시 안전 유의사항으로 옳지 <u>않은</u> 것은 무엇인가?

① 항문 및 생식기 주변을 클리핑할 때 찰과상에 주의한다.
② 클리퍼 날 손상 여부를 수시로 확인하고 교체한다.
③ 겨드랑이는 상처가 잘 나므로 1mm 클리퍼 날을 사용한다.
④ 얼굴을 클리핑할 때 눈과 입 주변의 상해에 주의한다.
⑤ 꼬리 클리핑 시 꼬리 끝을 잡고 위로 들어 클리핑한다.

41

클리핑 작업 시 1mm 클리퍼 날을 사용하는 부위는 어디인가?

① 등 전체   ② 꼬리 전체
③ 겨드랑이 안쪽 부위   ④ 머리 전체
⑤ 다리 전체

42

시저링에 관한 설명으로 옳은 것은?

① 시저링은 털을 길게 유지하기 위해 사용되는 기법이다.
② 시저링은 블런트 가위를 사용하여 털을 정리하는 커트 기법이다.
③ 시저링은 동물의 털을 모두 제거하는 방법 중 하나이다.
④ 시저링은 동물의 신체 구조와 특징을 무시하고 행해지는 작업이다.
⑤ 시저링은 특별한 도구 없이 손으로만 털을 정리하는 방법이다.

43

시저링을 시행할 때 중요한 고려사항은 무엇인가?

① 동물의 나이만을 고려하여 털을 자른다.
② 동물의 신체 구조와 특징을 파악하여 커트를 계획한다.
③ 가능한 한 빨리 커트를 완료하는 것이 목표다.
④ 모든 동물에게 동일한 커트 스타일을 적용한다.
⑤ 동물에게 아무런 안전장치를 하지 않고 커트를 진행한다.

44

블런트 가위는 언제 사용하는 것이 적합한가?

① 모질이 부드럽고 힘이 없을 때
② 전반적인 커트와 마무리 작업을 할 때
③ 얼굴 라인 작업에 사용할 때
④ 아치형 또는 동그랗게 커트할 때
⑤ 털의 단사를 자연스럽게 연결할 때

45

다음 중 블런트 가위의 사용 특징을 잘못 설명한 것은?

① 모질이 굵고 건강할 때 사용
② 빗질 시 털이 잘 서는 털에 적합
③ 털의 단사를 자연스럽게 연결할 때 사용
④ 전반적인 커트에 적합
⑤ 마무리 작업에도 사용

46

시닝 가위의 사용 목적으로 올바르지 않은 것은?

① 모질이 부드럽고 힘이 없어 빗질하였을 때 처지는 모질에 사용한다.
② 모량이 많은 털을 가볍게 할 때 사용한다.
③ 눈 앞의 털, 풋라인의 털, 귀 끝의 털을 자를 때 사용한다.
④ 털의 단사를 자연스럽게 연결할 때 사용한다.
⑤ 라인 작업을 할 때, 실수를 해도 라인이 뚜렷하지 않기 때문에 수정이 가능하다.

47

커브 가위가 주로 사용되는 상황은 무엇인가?

① 모질이 굵고 건강한 털을 자를 때
② 모량이 많은 털을 가볍게 할 때
③ 각을 없애고 아치형이나 동그랗게 커트할 때
④ 털의 단사를 자연스럽게 연결할 때
⑤ 처지는 모질에 사용

48

가위 유형별 주 사용 목적을 적절히 연결한 것은?

① 블런트 가위는 모질이 부드럽고 힘이 없을 때 사용하고, 시닝 가위는 각을 없앨 때 사용하며, 커브 가위는 전반적인 커트에 사용된다.

② 블런트 가위는 전반적인 커트와 마무리 작업에 사용되고, 시닝 가위는 얼굴 라인 작업과 실수 수정에 사용되며, 커브 가위는 아치형이나 동그랗게 커트할 때 사용된다.

③ 블런트 가위는 모량이 많은 털을 가볍게 할 때 사용되고, 시닝 가위는 모질이 굵고 건강한 털을 자르며, 커브 가위는 털의 단사를 자연스럽게 연결하는데 사용된다.

④ 모든 가위는 모질에 관계없이 동일하게 사용될 수 있다.

⑤ 시닝 가위는 모질이 굵고 건강할 때, 블런트 가위는 각을 없앨 때, 커브 가위는 전반적인 커트에 사용된다.

49

모질에 따른 가위 선택 유형의 특징으로 적절하지 <u>않은</u> 것은?

① 블런트 가위는 모질이 굵고 건강하여 콤으로 빗질하였을 때 털이 잘 서는 모질에 사용

② 시닝 가위는 얼굴 라인 작업에 좋으며, 실수 시 라인이 뚜렷하지 않아 수정 가능

③ 커브 가위는 부위별 커트 후 각을 없앨 때 사용

④ 시닝 가위는 전반적인 커트와 마무리 작업에 사용

⑤ 커브 가위는 아치형 또는 동그랗게 커트할 때 쉽고 간단하게 사용

50

반려동물의 신체적 체형을 파악할 때 중요한 고려사항과 적절한 미용 스타일 선택에 대한 설명으로 가장 올바른 것은 무엇인가?

① 다리 길이와 상관없이 모든 반려동물에게 동일한 미용 스타일을 적용한다.

② 반려동물의 다리 길이만을 고려하여 미용 스타일을 결정한다.

③ 몸통의 길이와 다리의 길이를 모두 고려하여, 그에 맞는 미용 스타일을 선택하고 체형의 단점을 보완한다.

④ 몸통의 길이만을 고려하여 미용 스타일을 선택하며, 다리 길이는 중요하지 않다.

⑤ 다리와 몸통 길이를 파악하지 않고, 주로 털의 색과 질감에 따라 미용 스타일을 결정한다.

51

하이온 타입 반려동물의 미용방법으로 가장 적절한 것은?

① 긴 다리를 길어 보이게 커트하여 비례를 강조한다.
② 다리의 털을 짧게 커트하여 다리를 길어 보이게 한다.
③ 백 라인을 길게 커트하여 키를 크게 보이게 한다.
④ 몸의 길이를 강조하기 위해 언더라인의 털을 짧게 남겨 둔다.
⑤ 언더라인의 털을 길게 남겨 다리를 짧아 보이게 한다.

52

드워프 타입 반려동물에게 적합한 미용 방법은?

① 긴 몸의 길이를 더 길어 보이게 하는 커트를 한다.
② 가슴과 엉덩이 부분의 털을 짧게 커트하여 몸길이를 짧아 보이게 한다.
③ 다리의 털을 길게 남겨 다리를 짧아 보이게 한다.
④ 전체적으로 털을 길게 유지하여 몸길이를 강조한다.
⑤ 백 라인의 털을 길게 커트하여 체형을 강조한다.

53

스퀘어 타입 반려동물의 미용 관련 올바른 설명은?

① 몸길이를 짧아 보이게 하는 특별한 미용이 필요하다.
② 다리를 길어 보이게 하는 커트를 적용해야 한다.
③ 별도의 단점 보완이 필요 없는 이상적인 체형이다.
④ 다리의 털을 짧게 커트하여 비례를 맞춘다.
⑤ 긴 다리를 강조하기 위해 백 라인의 털을 짧게 남긴다.

54

다음 중 반려동물의 체형에 따라 특정한 미용 방식을 적용할 때, 설명이 올바른 것은 무엇인가?

① 하이온 타입에서는 다리의 털을 길게 남겨 다리를 길어 보이게 하며, 백 라인을 길게 커트하여 키를 크게 보이게 한다.

② 드워프 타입에서는 긴 몸을 더 길어 보이게 하기 위해 가슴과 엉덩이 부분의 털을 길게 남긴다.

③ 스퀘어 타입에서는 가슴과 엉덩이 부분의 털을 짧게 커트하여 몸길이를 짧아 보이게 한다.

④ 하이온 타입에서는 다리를 짧아 보이게 하기 위해 언더라인의 털을 길게 남겨 두고, 백 라인을 짧게 커트하여 키를 작아 보이게 한다.

⑤ 드워프 타입에서는 몸의 길이를 강조하기 위해 언더라인의 털을 길게 남겨 다리가 짧아 보이게 한다.

55

반려동물 체형에 관한 설명에서 괄호 안에 알맞은 단어를 선택하시오.

┤ 보기 ├

- (Ⓐ): 몸높이가 몸길이보다 긴 체형으로, 몸에 비해 다리가 길다.
- (Ⓑ): 몸길이와 몸높이의 길이가 1:1의 이상적인 체형이다.
- (Ⓒ): 몸길이가 몸높이보다 긴 체형으로, 다리에 비해 몸이 길다.

① Ⓐ 하이온 타입, Ⓑ 드워프 타입, Ⓒ 스퀘어 타입

② Ⓐ 드워프 타입, Ⓑ 하이온 타입, Ⓒ 스퀘어 타입

③ Ⓐ 스퀘어 타입, Ⓑ 하이온 타입, Ⓒ 스퀘어 타입

④ Ⓐ 하이온 타입, Ⓑ 스퀘어 타입, Ⓒ 드워프 타입

⑤ Ⓐ 드워프 타입, Ⓑ 스퀘어 타입, Ⓒ 하이온 타입

56

다음은 푸들 클립 중 한 가지를 설명한 내용이다. 어떤 클립인가?

┤ 보기 ├

어린 양의 모습에서 나온 미용 스타일로 푸들의 클립 중에서 가장 보편화된 미용 방법이다.

① 램클립   ② 콘티넬탈클립

③ 퍼피클립   ④ 맨하탄클립

⑤ 다이아몬드클립

일반미용 연습문제 정답과 해설

01	②	02	①	03	②	04	③	05	②	06	②	07	③	08	②	09	②	10	②
11	②	12	②	13	③	14	⑤	15	④	16	③	17	②	18	③	19	②	20	⑤
21	⑤	22	④	23	③	24	③	25	④	26	⑤	27	④	28	①	29	②	30	③
31	⑤	32	①	33	④	34	①	35	①	36	④	37	⑤	38	⑤	39	⑤	40	⑤
41	③	42	②	43	②	44	②	45	③	46	③	47	③	48	②	49	④	50	③
51	⑤	52	②	53	③	54	④	55	④	56	①								

01
몸의 구조에 문제가 있을 때는 해당 부위의 털로 단점을 보완한다.

02
신체에 장애 부위가 있는 경우, 그 부위를 감추거나 개성으로 부각시킬지를 결정하여 미용 스타일을 선택한다.

03
이상적인 체형에 대한 지식이 있어야 이상적인 체형에서 벗어난 단점을 보완하는 미용 방법을 선택할 수 있다.

04
짧은 털을 즉시 길게 할 방법은 없으므로 털이 자라는 동안 관리 방법을 설명한다.

05
오염이 일시적인지, 지속적으로 착색될 우려가 있는지를 파악한다.

06
반려동물의 예민함과 사나움의 정도를 파악한다.

07
예민한 부위는 시간을 최소화하거나 대체 방법을 사용한다.

08
추운 곳에서 생활하면 털을 짧게 자르지 않는다.

09
뜨거운 햇볕에 노출되면 피부가 드러나지 않는 미용 스타일을 선택한다.

10
발바닥 아래 털을 짧게 유지할 수 있는 미용 스타일을 선택한다.

11
고객이 시간적 여유가 없을 때는 손질이 간단한 미용 방법을 선택한다.

12
반려동물이 노령이거나 지병이 있을 때는 위생 관리에 초점을 맞춘 미용 스타일을 선택한다.

13

노령인 반려동물은 체력이 저하되어 시간이 오래 걸리는 미용 스타일을 피한다.

14

노령인 반려동물은 피부에 탄력이 없고 주름이 많아 클리핑 시 강하게 자르면 상처가 생길 수 있다.

15

질병 부위를 염색하여 숨기는 것은 미용 시 주의해야 하는 사항이 아니다.

16

반려동물의 눈 색깔을 확인하는 것은 미용스타일 제안과 무관하다.

17

고객에게 미용 스타일을 제안할 때는 고객의 의견을 우선적으로 반영한다.

18

스타일북을 활용하여 고객과 미용사 간에 생길 수 있는 생각의 오차를 줄인다.

19

미용 전에 반려동물의 건강 상태를 확인하여 사고를 방지한다.

20

고양이 수염을 자르면 안 되는 주된 이유는 수염이 고양이에게 매우 중요한 감각 기관이기 때문이다. 고양이의 수염은 환경을 탐지하고, 거리를 측정하며, 공간의 크기를 파악하는 데 도움을 준다. 수염을 자르면 고양이가 주변 환경에 대한 중요한 정보를 잃어버려 혼란을 겪거나 스트레스를 받을 수 있다. 이는 고양이의 균형 감각과 이동 능력에도 영향을 미칠 수 있다.

21

비용 안내는 미용 스타일 상담 때 이루어져야 한다.

22

고양이의 발톱을 너무 짧게 깎거나 제거해서는 안 된다.

23

실내 고양이의 발톱은 자라서 부러지거나 갈라질 수 있어 끝부분만 잘라줘야 한다.

24

고양이는 입으로도 냄새를 맡을 수 있다. 플레만 반응으로 입천장의 '야콥슨' 조직이 냄새를 인식한다.

25

전체 클리핑이란 반려동물의 몸 전체(등, 배, 다리, 가슴, 얼굴, 머리, 귀, 꼬리) 털을 모두 클리퍼로 깎는 작업이다.

26

전체 클리핑을 하는 이유는 고객 요청, 털이 심하게 엉킨 경우, 수술 등 치료를 위한 보조적 필요, 약물 목욕이나 연고 사용을 위한 피부 질환 관리 등이 있다.

27

전문가용 클리퍼는 전체 클리핑에 적합하다. 소형 클리퍼는 날의 폭이 좁고 얇아 작업 시간이 길어지고 피부에 자극을 줄 수 있다.

28

클리퍼 날에 표기된 숫자는 역방향 클리핑 시 남는 털 길이를 의미한다.

29

클리퍼 날에 표기된 숫자는 역방향 클리핑 시 남는 털 길이를 의미한다.

30

정방향 클리핑 시 표기된 길이의 두 배 털 길이가 남는다.

31

1mm 클리퍼 날은 정교한 클리핑, 겨드랑이 털이 엉키거나 귀 안쪽 부위에 사용하며, 전신 클리핑 시 모든 부위에 사용하지는 않는다.

32

겨드랑이 털이 많이 엉키거나 귀 안쪽 부위는 3mm 클리퍼 날이 위험할 수 있어 1mm 클리퍼 날을 사용한다.

33

얼굴 클리핑 시 항상 털이 난 반대 방향으로 이미지너리 라인을 생성한다.

34

전체 클리핑 시 등 부위는 등이 구부러지거나 휘지 않게 곧게 펴서 보정한다.

35

전체 클리핑 시 가슴 부위는 주둥이를 잡고 얼굴을 위로 들어 올려 보정한다.

36

전체 클리핑 시 얼굴 부위는 양쪽 입꼬리를 귀 쪽으로 당겨 보정해야 한다.

37

전체 클리핑 시 머리 부위는 양쪽 입꼬리를 귀 쪽으로 당겨 보정하는 것이 아니라, 주둥이를 잡고 얼굴을 위로 들어 올려 보정한다.

38

클리퍼 날 손상 여부를 수시로 확인하고 문제가 있을 시 즉시 교체해야 한다.

39

꼬리털이 많을 때는 바로 역방향 클리핑하지 않는다.

40

꼬리는 휘지 않게 손바닥 위에 올려 클리핑해야 한다.

41

1mm 클리퍼 날은 겨드랑이 안쪽 부위에 사용한다.

42

시저링은 블런트 가위를 사용하여 털을 자르는 커트 기법으로, 개와 고양이 등의 동물에게 사용되어 신체의 단점을 보완하고 개체의 모양을 개선한다.

43

시저링을 할 때는 동물의 신체 구조와 특징을 잘 파악하여 커트 계획을 세우는 것이 중요하다. 이는 동물의 모양을 개선하고, 신체적 단점을 보완하기 위함이다.

44

블런트 가위는 모질이 굵고 건강하며 빗질 시 털이 잘 서는 경우에 사용된다. 이런 특성은 전반적인 커트와 마무리 작업에 적합하다.

45

블런트 가위는 전반적인 커트와 마무리 작업에 사용되며, 모질이 굵고 건강할 때 효과적이다. 털의 단사를 자연스럽게 연결하는 작업은 시닝 가위의 기능이다.

46

눈 앞의 털, 풋라인의 털, 귀 끝의 털을 자를 때 사용하는 가위는 보브 가위가 적합하다.

47

커브 가위는 부위별 커트 후 각을 없앨 때, 특히 아치형 또는 동그랗게 커트할 때 사용하기 쉽고 간단하다.

48

블런트 가위는 전반적인 커트와 마무리 작업에 적합하며, 시닝 가위는 부드러운 모질에 사용되어 얼굴 라인 작업과 실수 수정에 유리하다. 커브 가위는 특정 형태(아치형, 동그랗게)의 커트를 용이하게 할 때 사용된다.

49

전반적인 커트와 마무리 작업에 주로 사용하는 가위는 블런트 가위다.

50

반려동물의 미용 시, 다리와 몸통의 길이를 포함한 신체적 체형을 정확히 파악하는 것이 중요하다. 이를 통해 반려동물의 체형에 가장 잘 어울리는 스타일을 선택하고, 체형의 단점을 효과적으로 보완할 수 있다.

51

하이온 타입은 다리가 길어 보이는 체형이므로, 다리의 털을 길게 남겨 두어 다리가 짧아 보이게 하는 미용 방법이 가장 적절하다.

52

드워프 타입은 몸이 긴 체형이므로 가슴과 엉덩이 부분의 털을 짧게 커트하여 몸길이가 짧아 보이도록 하는 방법이 적합하다.

53

스퀘어 타입은 몸길이와 몸높이가 1:1로 이상적인 비율을 가진 체형이기 때문에 특별한 단점 보완이 필요 없다.

54

하이온 타입의 반려동물은 몸에 비해 다리가 긴 체형을 가지고 있으므로, 다리의 털을 길게 남겨 다리를 짧아 보이게 하고 백 라인을 짧게 커트하여 전체적인 키를 작아 보이게 하는 미용 방법이 적절하다.

55

하이온 타입은 몸높이가 몸길이보다 긴 체형으로, 몸에 비해 다리가 길다. 스퀘어 타입은 몸길이와 몸높이의 길이가 1:1의 이상적인 체형이다. 드워프 타입은 몸길이가 몸높이보다 긴 체형으로, 다리에 비해 몸이 길다.

56

램클립은 어린 양의 모습에서 나온 미용 스타일로 푸들의 클립 중에서 가장 보편화된 미용 방법이다.

트리밍 용어

1	그루머(groomer)	• 반려동물 미용사 • 동물의 피모 관리를 전문적으로 하는 사람으로 트리머(trimmer)라고 부르기도 함
2	그루밍(grooming)	• 피모에 대한 일상적인 손질을 모두 포함하는 포괄적인 것 • 몸을 청결하게 하고 건강하게 하기 위한 브러싱, 베이싱, 코밍, 트리밍 등의 피모에 대한 모든 작업을 포함
3	그리핑(gripping)	트리밍 나이프로 소량의 털을 골라 뽑는 것
4	네일 트리밍(nail trimming)	발톱 손질
5	듀플렉스 쇼튼 (duplex-shorten)	듀플렉스 트리밍(duplex trimming) 스트리핑 후 일정 기간 새 털이 자라날 때까지 들뜬 오래된 털을 다시 뽑는 것
6	드라잉(drying)	• 드라이어로 코트를 말리는 과정 • 모질이나 품종의 스탠더드에 따라 여러 가지 드라이 방법을 달리 활용할 수 있음
7	래핑(wrapping)	• 장모종의 긴 털을 보호하기 위해 적당한 양의 털을 나누어 래핑지로 감싸주는 작업 • 동물의 보행에 불편함이 없어야 하며 털을 보호할 수 있도록 해야 함
8	레이저 커트(razor cut)	면도날로 털을 잘라내는 것
9	레이킹(raking)	스트리핑 후 남은 오버코트나 언더코트를 일정 간격으로 제거해 주는 것
10	린싱(rinsing)	• 샴푸 후 린스를 뿌려 코트를 마사지하고 헹구어내는 작업 • 털을 부드럽게 하여 정전기를 방지하고 샴푸로 인한 알칼리 성분을 중화하는 작업
11	밥 커트(bob cut)	털을 가위로 잘라 일직선으로 가지런히 하는 것
12	밴드(band)	띠 모양으로 형태를 잡아 깎아 들어간 부분
13	베이싱(bathing)	• 목욕, 입욕 • 물로 코트를 적셔 샴푸로 세척하고 충분히 헹구어내는 작업
14	브러싱(brushing)	• 브러시를 이용하여 빗질하는 것 • 피부를 자극하여 마사지 효과를 주고 노폐모와 탈락모를 제거함 • 피부의 혈액 순환을 좋게 하고 신진대사를 촉진하여 건강한 피모가 되도록 함 • 엉킨 털 뭉치를 제거하고 피모를 청결하게 함
15	블렌딩(blending)	털의 길이가 다른 곳의 층을 연결하여 자연스럽게 하는 것
16	블로 드라잉(blow drying)	드라이어를 사용하여 코트를 말리는 작업
17	새킹(sacking)	베이싱 후 털이 튀어나오거나 뜨는 것을 막아 가지런히 하기 위해 신체를 타월로 싸놓는 것
18	샴핑(shampooing)	• 샴푸를 이용하여 씻기는 것 • 몸을 따뜻한 물로 적시고 손가락으로 마사지하여 세척한 후 헹구어내는 작업
19	세트 스프레이(set spray)	톱 노트 부분의 코트를 세우기 위해 스프레이 등을 뿌리는 작업
20	세트업(set up)	톱 노트를 형성시키기 위해 두부의 코트를 밴딩하고 세트 스프레이를 하는 작업

21	셰이빙(shaving)	드레서나 나이프를 이용하여 털을 베듯이 자르는 기법
22	쇼 클립(show clip)	• 쇼에 출진하기 위한 그루밍으로 쇼에서 요구하는 타입의 미용 스타일을 완성해야 함 • 보통 각 견종의 표준에 맞는 그루밍 방법이 정해져 있으며, 출진할 시기에 맞추어 출진견이 최고의 상태로 돋보일 수 있도록 쇼 당일에 초점을 맞추어 계획적으로 피모를 정돈해 두어야 함
23	스웰(swell)	두부를 부풀려 볼륨 있게 모양을 낸 것
24	스테이징(staging)	미니어처슈나우저 등에게 하는 스트리핑 방법의 순서
25	스트리핑(stripping)	트리밍 나이프를 사용해 노폐물 및 탈락된 언더코트를 제거하거나 과도한 언더코트 양을 줄이기 위해 털을 뽑아 스타일을 만들어내는 미용 방법
26	스펀징(sponging)	샴핑할 때 스펀지를 이용하는 것
27	시닝(thinning)	빗살 가위로 과도하게 많은 부분의 털을 잘라내어 모량을 감소시키고 형태를 만드는 것
28	시저링(scissoring)	가위로 털을 잘라내는 것
29	오일 브러싱(oil brushing)	피모에 오일을 발라 브러싱하는 것
30	이미지너리 라인 (imaginary line)	외부에 설정하는 가상의 선
31	인덴테이션(indentation)	• 우묵한 패임을 만드는 것 • 푸들의 스톱에 역V형 표현
32	초킹(chalking)	냄새나 더러움을 제거하기 위해 흰색 털에 흰색을 표현할 수 있는 제품을 문질러 바르는 것
33	치핑(chipping)	가위나 빗살 가위를 사용하여 털끝을 잘라내는 미용 방법
34	카딩(carding)	빗질하거나 긁어내어 털을 제거하는 미용 방법
35	커팅(cutting)	가위나 클리퍼로 털을 잘라 원하는 형태를 만들어내는 것
36	코밍(combing)	• 털을 가지런하게 빗질하는 것 • 보통 털의 방향으로 일정하게 정리하는 것이 기본적인 의미
37	클리핑(clipping)	클리퍼를 사용하여 스타일 완성에 불필요한 털을 잘라내는 것
38	타월링(toweling)	베이싱 후 타월을 감싸 닦아내는 것
39	토핑오프(topping-off)	스트리핑 후 완성된 아웃코트 위에 튀어나오는 털을 뽑아 정리하는 것
40	트리밍(trimming)	• 털을 자르거나 뽑거나 미는 등의 모든 미용 작업을 일컫는 말 • 불필요한 부분의 털을 제거하여 스타일을 만듦
41	파팅(parting)	• 털을 좌우로 분리시키는 것 • 분리한 선은 파팅 라인이라고 함
42	페이킹(faking)	• 눈속임 • 여러 기법으로 모색 및 모질에 대한 눈속임을 하는 것
43	펫 클립(pet clip)	• 쇼 클립을 제외한 나머지 미용을 대부분 펫 클립이라고 함 • 가정에서 반려견으로 키우기 위하여 털을 청결하게 관리해 건강을 유지할 수 있어야 하며, 견종에 따른 피모의 특성, 생활환경, 개체의 성격과 보호자의 생활 방식이나 취향 등을 고려하여 다양한 스타일을 연출함
44	플러킹(plucking)	트리밍 칼로 털을 뽑아 원하는 미용 스타일을 만드는 것

45	피킹(picking)	• 듀플렉스 쇼트와 같은 작업 • 주로 손가락을 사용하여 오래된 털을 정리함
46	핑거 앤드 섬 워크 (finger and thumb work)	• 엄지손가락과 집게손가락을 이용해 털을 제거하는 것 • 기구로 하는 방법보다 자연스러운 표현이 가능
47	화이트닝(whitening)	견체의 하얀 털 부분을 더욱 하얗게 보이게 하기 위한 작업

트리밍 용어 연습문제

※ 다음 괄호 안에 들어갈 단어로 알맞은 것을 고르시오. (1~24번)

01

| 보기 |

( )는 반려동물 미용사로 동물의 피모 관리를 전문적으로 하는 사람을 말하며, 트리머라고 부르기도 한다.

① 그루밍   ② 그리핑
③ 그루머   ④ 레이저 커트
⑤ 래핑

02

| 보기 |

샴푸 후 린스를 뿌려 코트를 마사지하고 헹구어 내는 작업을 ( )이라고 한다.

① 드라잉   ② 네일 트리밍
③ 린싱   ④ 레이저 커트
⑤ 래핑

03

| 보기 |

트리밍 나이프로 소량의 털을 골라 뽑는 것을 ( )이라고 한다.

① 그리핑   ② 레이킹
③ 듀플렉스 쇼튼   ④ 드라잉
⑤ 네일 트리밍

04

┤ 보기 ├
드라이어로 코트를 말리는 과정을 (   )이라고 한다.

① 레이저 커트   ② 그루밍
③ 드라잉   ④ 린싱
⑤ 래핑

05

┤ 보기 ├
(   )는 털을 가위로 잘라 일직선으로 가지런히 하는 것을 말한다.

① 블렌딩   ② 밴드
③ 밥 커트   ④ 드라잉
⑤ 네일 트리밍

06

┤ 보기 ├
(   )는 띠 모양으로 형태를 잡아 깎아 들어간 부분을 말한다.

① 밴드   ② 브러싱
③ 블렌딩   ④ 세트 스프레이
⑤ 시닝

07

┤ 보기 ├
목욕, 입욕. 물로 코트를 적셔 샴푸로 세척하고 충분히 헹구어 내는 작업을 (   )이라 말한다.

① 브러싱   ② 베이싱
③ 블렌딩   ④ 스트리핑
⑤ 코밍

08

(   )은 브러시를 이용하여 빗질하는 것이다.

① 브러싱
② 블로 드라잉
③ 샴핑
④ 시저링
⑤ 화이트닝

09

털의 길이가 다른 곳의 층을 연결하여 자연스럽게 하는 것을 (   )이라고 한다.

① 블렌딩
② 밴드
③ 새킹
④ 시닝
⑤ 트리밍

10

(   )은 드라이어를 사용하여 코트를 말리는 작업을 의미한다.

① 파팅
② 드라잉
③ 브러싱
④ 세트업
⑤ 블로 드라잉

11

(   )은 베이싱 후 털이 튀어나오거나 뜨는 것을 막아 가지런히 하기 위해 신체를 타월로 싸 놓는 것이다.

① 세트업
② 샴핑
③ 새킹
④ 트리밍
⑤ 클리핑

12

┤ 보기 ├
( )은 샴푸를 이용하여 씻기는 것을 의미한다.

① 시닝   ② 샴핑
③ 세트업   ④ 스펀징
⑤ 파팅

13

┤ 보기 ├
( )는 톱 노트 부분의 코트를 세우기 위해 스프레이 등을 뿌리는 작업이다.

① 세트 스프레이   ② 샴핑
③ 스트리핑   ④ 클리핑
⑤ 플러킹

14

┤ 보기 ├
( )은 톱 노트를 형성시키기 위해 두부의 코트를 밴딩하고 세트 스프레이를 하는 작업이다.

① 트리밍   ② 브러싱
③ 세트업   ④ 스펀징
⑤ 파팅

15

┤ 보기 ├
( )은 드레서나 나이프를 이용하여 털을 베듯이 자르는 기법이다.

① 플러킹   ② 브러싱
③ 파팅   ④ 셰이빙
⑤ 코밍

16

( )은 쇼에 출진하기 위한 그루밍으로 쇼에서 요구하는 타입의 미용 스타일을 완성하는 것이다.

① 블렌딩   ② 트리밍
③ 클리핑   ④ 쇼 클립
⑤ 시닝

17

두부를 부풀려 볼륨 있게 모양을 낸 것을 ( )이라고 한다.

① 블렌딩   ② 스웰
③ 스트리핑   ④ 클리핑
⑤ 플러킹

18

( )은 미니어처슈나우저 등에게 하는 스트리핑 방법의 순서를 의미한다.

① 플러킹   ② 블렌딩
③ 코밍   ④ 파팅
⑤ 스테이징

19

( )은 나이프를 사용하여 오버코트를 제거하는 작업이다.

① 스트리핑   ② 블렌딩
③ 브러싱   ④ 코밍
⑤ 파팅

20

| 보기 |

(   )은 트리밍 나이프를 사용해 노폐물 및 탈락된 언더코트를 제거하거나 과도한 언더코트 양을 줄이기 위해 털을 뽑아 스타일을 만들어 내는 미용 방법이다.

① 코밍   ② 블렌딩
③ 브러싱   ④ 스트리핑
⑤ 파팅

21

| 보기 |

(   )은 샴핑할 때 스펀지를 이용하는 것을 의미한다.

① 파팅   ② 코밍
③ 스펀징   ④ 플러킹
⑤ 브러싱

22

| 보기 |

빗살 가위로 과도하게 많은 부분의 털을 잘라 내어 모량을 감소시키고 형태를 만드는 것을 (   )이라고 한다.

① 시닝   ② 블렌딩
③ 코밍   ④ 파팅
⑤ 플러킹

23

| 보기 |

(   )은 가위로 털을 잘라 내는 것을 의미한다.

① 시저링   ② 블렌딩
③ 코밍   ④ 파팅
⑤ 플러킹

24

┤ 보기 ├

(   )은 피모에 오일을 발라 브러싱하는 것을 말한다.

① 플러킹
② 코밍
③ 파팅
④ 오일 브러싱
⑤ 브러싱

25

'그루머(groomer)'의 역할은 무엇인가?

① 반려동물의 영양 상담을 한다.
② 반려동물의 건강을 검사한다.
③ 반려동물의 피모 관리를 전문적으로 한다.
④ 반려동물의 훈련을 담당한다.
⑤ 반려동물의 행동 교정을 한다.

26

'그루밍(grooming)'이란 무엇을 포함하는 포괄적인 용어인가?

① 발톱 손질
② 피모에 대한 일상적인 손질
③ 스트리핑
④ 염색
⑤ 세트업

27

'그리핑(gripping)'이란 무엇을 의미하는가?

① 트리밍 나이프로 소량의 털을 골라 뽑는 것
② 두부의 코트를 밴딩하고 세트 스프레이를 하는 작업
③ 샴푸를 이용하여 씻기는 것
④ 브러시를 이용하여 빗질하는 것
⑤ 드라이어로 코트를 말리는 것

28

'듀플렉스 쇼튼(duplex-shorten)'이란 무엇인가?

① 드라이어로 코트를 말리는 과정
② 듀플렉스 트리밍 후 들뜬 오래된 털을 다시 뽑는 것
③ 브러시를 이용하여 빗질하는 것
④ 클리퍼로 털을 자르는 것
⑤ 견체의 하얀 털 부분을 더욱 하얗게 보이게 하기 위해 작업하는 것

3급

29

'레이킹(raking)'이란 무엇인가?

① 베이싱 후 타월을 감싸 닦아내는 것
② 트리밍 나이프를 사용해 언더코트를 제거하는 것
③ 드라이어로 코트를 말리는 과정
④ 브러시를 이용하여 빗질하는 것
⑤ 면도날로 털을 잘라내는 것

30

'샴핑(shampooing)'이란 무엇인가?

① 드라이어로 코트를 말리는 과정
② 트리밍 나이프로 소량의 털을 골라 뽑는 것
③ 브러시를 이용하여 빗질하는 것
④ 샴푸를 이용하여 씻기는 것
⑤ 클리퍼로 털을 자르는 것

31

'스웰(swell)'이란 무엇을 의미하는가?

① 드라이어로 코트를 말리는 과정
② 트리밍 나이프로 소량의 털을 골라 뽑는 것
③ 두부를 부풀려 볼륨 있게 모양을 내는 것
④ 외부에 설정하는 가상의 선
⑤ 띠 모양으로 형태를 잡아 깎아 들어간 부분

32

‘스테이징(staging)’이란 무엇인가?

① 드라이어로 코트를 말리는 과정
② 트리밍 나이프로 소량의 털을 골라 뽑는 것
③ 스트리핑 방법의 순서
④ 나이프를 사용하여 오버코트를 제거하는 작업하는 것
⑤ 브러시를 이용하여 빗질하는 것

33

‘스펀징(sponging)’이란 무엇인가?

① 드라이어로 코트를 말리는 과정
② 트리밍 나이프로 소량의 털을 골라 뽑는 것
③ 샴핑할 때 스펀지를 이용하는 것
④ 브러시를 이용하여 빗질하는 것
⑤ 클리퍼로 털을 자르는 것

34

‘시닝(thinning)’이란 무엇인가?

① 드라이어로 코트를 말리는 과정
② 트리밍 나이프로 소량의 털을 골라 뽑는 것
③ 빗살 가위로 과도하게 많은 부분의 털을 잘라 내어 모량을 감소시키는 것
④ 브러시를 이용하여 빗질하는 것
⑤ 드라이어를 사용하여 코트를 말리는 작업

35

‘코밍(combing)’이란 무엇인가?

① 드라이어로 코트를 말리는 과정
② 트리밍 나이프로 소량의 털을 골라 뽑는 것
③ 털을 가지런하게 빗질하는 것
④ 가위로 털을 잘라 내는 것
⑤ 트리밍 나이프로 소량의 털을 골라 뽑는 것

36

'타월링(toweling)'이란 무엇인가?

① 드라이어로 코트를 말리는 과정
② 트리밍 나이프로 소량의 털을 골라 뽑는 것
③ 베이싱 후 타월을 감싸 닦아 내는 것
④ 샴푸를 이용하여 씻기는 것
⑤ 브러시를 이용하여 빗질하는 것

37

'토핑오프(topping-off)'란 무엇인가?

① 드라이어로 코트를 말리는 과정
② 트리밍 나이프로 소량의 털을 골라 뽑는 것
③ 스트리핑 후 완성된 아웃코트 위에 튀어나오는 털을 뽑아 정리하는 것
④ 완성된 아웃코트 위에 튀어나오는 털을 뽑아 정리하는 것
⑤ 띠 모양으로 형태를 잡아 깎아 들어간 부분

38

'파팅(parting)'이란 무엇인가?

① 드라이어로 코트를 말리는 과정
② 트리밍 나이프로 소량의 털을 골라 뽑는 것
③ 털을 좌우로 분리시키는 것
④ 샴푸를 이용하여 씻기는 것
⑤ 클리퍼로 털을 자르는 것

39

'플러킹(plucking)'이란 무엇인가?

① 트리밍 칼로 털을 뽑아 원하는 미용 스타일을 만드는 것
② 드라이어로 코트를 말리는 과정
③ 브러시를 이용하여 빗질하는 것
④ 나이프를 사용하여 오버코트를 제거하는 작업
⑤ 클리퍼로 털을 자르는 것

40

'밥 커트(bob cut)'에 대한 설명으로 옳은 것은?

① 드라이어로 코트를 말리는 과정
② 털을 가위로 잘라 일직선으로 가지런히 하는 것
③ 트리밍 나이프로 소량의 털을 골라 뽑는 것
④ 드레서나 나이프를 이용하여 털을 베듯이 자르는 기법
⑤ 장모종의 긴 털을 보호하기 위해 래핑지로 감싸주는 작업

41

'브러싱(brushing)'에 대한 설명으로 옳은 것은?

① 브러시를 이용하여 빗질하는 것
② 두부를 부풀려 볼륨 있게 모양을 낸 것
③ 면도날로 털을 잘라 내는 것
④ 두부를 부풀려 볼륨 있게 모양을 내는 것
⑤ 트리밍 나이프로 소량의 털을 골라 뽑는 것

42

'블렌딩(blending)'이란 무엇인가?

① 드라이어로 코트를 말리는 과정을 말한다.
② 털의 길이가 다른 곳의 층을 연결하여 자연스럽게 하는 것이다.
③ 발톱 손질을 말한다.
④ 띠 모양으로 형태를 잡아 깎아 들어간 부분을 말한다.
⑤ 목욕, 입욕을 하는 과정을 말한다.

43

'셰이빙(shaving)'이란 무엇인가?

① 드레서나 나이프를 이용하여 털을 베듯이 자르는 기법
② 트리밍 나이프로 소량의 털을 골라 뽑는 것
③ 드라이어로 코트를 말리는 과정
④ 샴푸 후 린스를 뿌려 코트를 마사지하는 작업
⑤ 브러시를 이용하여 빗질하는 것

44

'카딩(carding)'이란 무엇인가?

① 가위로 털을 잘라내는 것
② 빗질하거나 긁어내어 털을 제거하는 미용 방법
③ 면도날로 털을 잘라 내는 것
④ 드라이어로 코트를 말리는 것
⑤ 가위로 털을 잘라 내는 것

45

'래핑(wrapping)'에 대한 설명으로 옳은 것은?

① 두부를 부풀려 볼륨 있게 모양을 낸 것이다.
② 트리밍 나이프로 소량의 털을 골라 뽑는 것이다.
③ 장모종의 긴 털을 보호하기 위해 래핑지로 감싸주는 작업이다.
④ 드레서나 나이프를 이용하여 털을 베듯이 자르는 기법이다.
⑤ 브러시를 이용하여 빗질하는 것이다.

46

'새킹(sacking)'이란 무엇인가?

① 드라이어로 코트를 말리는 과정을 말한다.
② 트리밍 나이프로 소량의 털을 골라 뽑는 것을 말한다.
③ 베이싱 후 털이 튀어나오거나 뜨는 것을 막아 타월로 싸 놓는 것을 말한다.
④ 샴푸를 이용하여 씻기는 것을 말한다.
⑤ 브러시를 이용하여 빗질하는 것을 말한다.

47

'쇼 클립(show clip)'에 대한 설명으로 옳은 것은?

① 드라이어로 코트를 말리는 과정이다.
② 트리밍 나이프로 소량의 털을 골라 뽑는 것이다.
③ 쇼에 출진하기 위한 그루밍으로 쇼에서 요구하는 타입의 미용 스타일을 완성하는 것이다.
④ 가위나 클리퍼로 털을 잘라 원하는 형태를 만들어 내는 것이다.
⑤ 브러시를 이용하여 빗질하는 것이다.

48

'스트리핑(stripping)'이란 무엇인가?

① 가위로 털을 잘라내는 것이다.
② 트리밍 나이프를 사용해 털을 제거하는 것이다.
③ 면도날로 털을 잘라 내는 것이다.
④ 드라이어로 코트를 말리는 것이다.
⑤ 가위나 클리퍼로 털을 잘라 원하는 형태를 만들어 내는 것이다.

49

'세트 스프레이(set spray)'란 무엇인가?

① 드라이어로 코트를 말리는 과정이다.
② 트리밍 나이프로 소량의 털을 골라 뽑는 것이다.
③ 톱 노트 부분의 코트를 세우기 위해 스프레이 등을 뿌리는 작업이다.
④ 트리밍 칼로 털을 뽑아 원하는 미용 스타일을 만드는 것이다.
⑤ 브러시를 이용하여 빗질하는 것이다.

50

'페이킹(faking)'이란 무엇인가?

① 엄지손가락과 집게손가락을 이용해 털을 제거하는 것이다.
② 여러 기법으로 모색 및 모질에 대한 눈속임을 하는 것이다.
③ 트리밍 나이프로 소량의 털을 골라 뽑는 것이다.
④ 드라이어로 코트를 말리는 과정이다.
⑤ 브러시를 이용하여 빗질하는 것이다.

51

'플러킹(plucking)'이란 무엇인가?

① 트리밍 칼로 털을 뽑아 원하는 미용 스타일을 만드는 것
② 드라이어로 코트를 말리는 과정
③ 브러시를 이용하여 빗질하는 것
④ 가위나 클리퍼로 털을 잘라 원하는 형태를 만들어 내는 것
⑤ 트리밍 나이프로 소량의 털을 골라 뽑는 것

52

'핑거 앤드 섬 워크(finger and thumb work)'란 무엇인가?

① 엄지손가락과 집게손가락을 이용해 털을 제거하는 것
② 드라이어로 코트를 말리는 과정
③ 브러시를 이용하여 빗질하는 것
④ 피모에 오일을 발라 브러싱하는 것
⑤ 트리밍 나이프로 소량의 털을 골라 뽑는 것

53

'화이트닝(whitening)'이란 무엇인가?

① 견체의 하얀 털 부분을 더욱 하얗게 보이게 하기 위한 작업이다.
② 드라이어로 코트를 말리는 과정이다.
③ 브러시를 이용하여 빗질하는 것이다.
④ 털을 가위로 잘라 일직선으로 가지런히 하는 것이다.
⑤ 트리밍 나이프로 소량의 털을 골라 뽑는 것이다.

54

'초킹(chalking)'이란 무엇인가?

① 빗질하거나 긁어내어 털을 제거하는 미용 방법이다.
② 털을 자르거나 뽑거나 미는 등의 모든 미용 작업을 일컫는 말이다.
③ 듀플렉스 쇼트와 같은 작업, 주로 손가락을 사용하여 오래된 털을 정리하는 것이다.
④ 털의 길이가 다른 곳의 층을 연결하여 자연스럽게 하는 것이다.
⑤ 더러움을 제거하기 위해 흰색 털에 흰색을 표현할 수 있는 제품을 문질러 바르는 것이다.

01	③	02	③	03	①	04	③	05	③	06	①	07	②	08	①	09	①	10	⑤
11	③	12	②	13	①	14	③	15	④	16	④	17	②	18	⑤	19	①	20	④
21	③	22	①	23	①	24	④	25	③	26	②	27	①	28	③	29	②	30	④
31	③	32	③	33	③	34	③	35	③	36	③	37	③	38	③	39	①	40	②
41	①	42	③	43	①	44	②	45	③	46	③	47	③	48	②	49	③	50	②
51	①	52	①	53	①	54	⑤												

01

그루머는 반려동물의 피모 관리를 전문적으로 하는 사람을 의미하며, 트리머라고 부르기도 한다.

02

린싱은 샴푸 후 린스를 뿌려 코트를 마사지하고 헹구어 내는 작업으로, 털을 부드럽게 하여 정전기를 방지하고 샴푸로 인한 알칼리 성분을 중화하는 작업이다.
.

03

그리핑은 트리밍 나이프로 소량의 털을 골라 뽑는 것을 의미한다.

04

드라잉은 드라이어로 코트를 말리는 과정으로, 모질이나 품종의 스탠더드에 따라 여러 가지 드라이 방법을 달리 활용할 수 있다.

05

밥 커트는 털을 가위로 잘라 일직선으로 가지런히 하는 것을 말한다.

06

밴드는 띠 모양으로 형태를 잡아 깎아 들어간 부분을 말한다.

07

베이싱은 목욕, 입욕. 물로 코트를 적셔 샴푸로 세척하고 충분히 헹구어 내는 작업을 말한다.

08

브러싱은 브러시를 이용하여 빗질하는 것을 말한다. 피부를 사극하여 마사지 효과를 주고 노폐모와 탈락모를 제거한다.

09

블렌딩은 털의 길이가 다른 곳의 층을 연결하여 자연스럽게 하는 것을 말한다.

10

블로 드라잉은 드라이어를 사용하여 코트를 말리는 작업을 의미한다.

11

새킹은 베이싱 후 털이 튀어나오거나 뜨는 것을 막아 가지런히 하기 위해 신체를 타월로 싸 놓는 것을 말한다.

12

샴핑은 샴푸를 이용하여 씻기는 것을 의미한다. 몸을 따뜻한 물로 적시고 손가락으로 마사지하여 세척한 후 헹구어 내는 작업이다.

13

세트 스프레이는 톱 노트 부분의 코트를 세우기 위해 스프레이 등을 뿌리는 작업이다.

14

세트업은 톱 노트를 형성시키기 위해 두부의 코트를 밴딩하고 세트 스프레이를 하는 작업이다.

15

셰이빙은 드레서나 나이프를 이용하여 털을 베듯이 자르는 기법이다.

16

쇼 클립은 쇼에 출진하기 위한 그루밍으로 쇼에서 요구하는 타입의 미용 스타일을 완성하는 것이다.

17

스웰은 두부를 부풀려 볼륨 있게 모양을 낸 것이다.

18

스테이징은 미니어처슈나우저 등에게 하는 스트리핑 방법의 순서를 의미한다.

19

스트리핑은 나이프를 사용하여 오버코트를 제거하는 작업이다.

20

스트리핑은 트리밍 나이프를 사용해 노폐물 및 탈락된 언더코트를 제거하거나 과도한 언더코트 양을 줄이기 위해 털을 뽑아 스타일을 만들어 내는 미용 방법이다.

21

스펀징은 샴핑할 때 스펀지를 이용하는 것을 의미한다.

22

시닝은 빗살 가위로 과도하게 많은 부분의 털을 잘라 내어 모량을 감소시키고 형태를 만드는 것이다.

23

시저링은 가위로 털을 잘라 내는 것을 의미한다.

24

오일 브러싱은 피모에 오일을 발라 브러싱하는 것을 말한다.

25

반려동물 미용사로, 동물의 피모 관리를 전문적으로 하는 사람으로 트리머(trimmer)라고 부르기도 한다.

26

피모에 대한 일상적인 손질을 모두 포함하는 포괄적인 것이다. 몸을 청결하게 하고 건강하게 하기 위한 브러싱, 베이싱, 코밍, 트리밍 등의 피모에 대한 모든 작업을 포함한다.

27

트리밍 나이프로 소량의 털을 골라 뽑는 것이다.

28

듀플렉스 트리밍(duplex trimming) 스트리핑 후 일정 기간 새 털이 자라날 때까지 들뜬 오래된 털을 다시 뽑는 것이다.

29

스트리핑 후 남은 오버코트나 언더코트를 일정 간격으로 제거해 주는 것이다.

30

샴푸를 이용하여 씻기는 것이다. 몸을 따뜻한 물로 적시고 손가락으로 마사지하여 세척한 후 헹구어 내는 작업이다.

31

두부를 부풀려 볼륨 있게 모양을 낸 것이다.

32

미니어처슈나우저 등에게 하는 스트리핑 방법의 순서이다.

33

샴핑할 때 스펀지를 이용하는 것이다.

34

빗살 가위로 과도하게 많은 부분의 털을 잘라 내어 모량을 감소시키고 형태를 만드는 것이다.

35

털을 가지런하게 빗질하는 것이다. 보통 털의 방향으로 일정하게 정리하는 것이 기본적인 의미이다.

36

베이싱 후 타월을 감싸 닦아 내는 것이다.

37

스트리핑 후 완성된 아웃코트 위에 튀어나오는 털을 뽑아 정리하는 것이다.

38

털을 좌우로 분리시키는 것이며, 분리한 선은 파팅 라인이라고 한다.

39

트리밍 칼로 털을 뽑아 원하는 미용 스타일을 만드는 것이다.

40

털을 가로로 잘라 일직선으로 가지런히 하는 것이다.

41

브러시를 이용하여 빗질하는 것이다. 피부를 자극하여 마사지 효과를 주고 노폐모와 탈락모를 제거한다. 피부의 혈액 순환을 좋게 하고 신진대사를 촉진하여 건강한 피모가 되도록 한다. 엉킨 털 뭉치를 제거하고 피모를 청결하게 한다.

42

털의 길이가 다른 곳의 층을 연결하여 자연스럽게 하는 것이다.

43

드레서나 나이프를 이용하여 털을 베듯이 자르는 기법이다.

44

빗질하거나 긁어내어 털을 제거하는 미용 방법이다.

45

장모종의 긴 털을 보호하기 위해 적당한 양의 털을 나누어 래핑지로 감싸주는 작업이다. 동물의 보행에 불편함이 없어야 하며 털을 보호할 수 있도록 해야 한다.

46

베이싱 후 털이 튀어나오거나 뜨는 것을 막아 가지런히 하기 위해 신체를 타월로 싸 놓는 것이다.

47

쇼에 출진하기 위한 그루밍으로 쇼에서 요구하는 타입의 미용 스타일을 완성하기 위한 것이다. 보통 각 견종의 표준에 맞는 그루밍 방법이 정해져 있으며, 출진할 시기에 맞추어 출진 견이 최고의 상태로 돋보일 수 있도록 쇼 당일에 초점을 맞추어 계획적으로 피모를 정돈해 두어야 한다.

48

트리밍 나이프를 사용해 노폐물 및 탈락된 언더코트를 제거하거나 과도한 언더코트 양을 줄이기 위해 털을 뽑아 스타일을 만들어 내는 미용 방법이다.

49

톱 노트 부분의 코트를 세우기 위해 스프레이 등을 뿌리는 작업이다.

50

눈속임이라는 뜻이다. 여러 기법으로 모색 및 모질에 대한 눈속임을 하는 것이다.

51

트리밍 칼로 털을 뽑아 원하는 미용 스타일을 만드는 것이다.

52

엄지손가락과 집게손가락을 이용해 털을 제거하는 것이다. 기구로 하는 방법보다 자연스러운 표현이 가능이다.

53

견체의 하얀 털 부분을 더욱 하얗게 보이게 하기 위한 작업이다.

54

냄새나 더러움을 제거하기 위해 흰색 털에 흰색을 표현할 수 있는 제품을 문질러 바르는 것이다.

3급

PART 04

반려견 일반미용2

CHAPTER 01 일반미용

• 연습문제 및 해설

2급 출제영역

일반미용

01 견체 용어

1. 머리

1	노즈 브리지(nose bridge)	비량, 사람의 콧등과 같은 부분
2	다운 페이스(down face)	• 디시 페이스의 반대 • 두개에서 코끝 아래쪽으로 경사진 얼굴
3	단두형(短頭型)	짧고 넓은 두개
4	돔 헤드(dome head)	애플 헤드와 동일한 의미
5	드라이 스컬(dry skull)	• 얼굴 피부가 밀착해 주름이 없는 얼굴 • 클린 헤드와 같은 의미
6	디시 페이스(dish face)	• 접시 모양의 얼굴 • 스톱보다 콧대가 높아 옆에서 보면 코가 휘어져 접시 모양을 띤 것
7	링클(wrinkle)	• 주름 • 앞머리 부분이나 얼굴의 이완된 피부 예 바센지의 전두부 주름, 샤페이, 블러드하운드
8	몰레라(molera)	치와와 두개의 패임으로 부드러운 부분
9	밸런스트 헤드(balanced head)	균형 잡힌 머리, 스톱을 중심으로 머리 부분과 얼굴 부분의 길이가 동일하게 균형 잡힌 것 예 고든세터
10	블로키 헤드(blocky head)	두부에 각이 지거나 펑퍼짐하게 퍼져 길이에 비해 폭이 매우 넓은 네모난 모양의 각진 머리형 예 보스턴테리어
11	스니피 페이스(snipy face)	주둥이가 뾰족해 약한 느낌의 얼굴
12	스컬(skull)	• 두개 • 앞머리의 후두골, 두정골, 전두골, 측두골 등을 포함한 머리부 뼈 조직
13	스톱(stop)	• 액단 • 눈 사이의 패인 부분
14	애플 헤드(apple head)	사과 모양의 머리, 뒷머리 부분이 부풀어 올라 있는 모양 예 치와와
15	옥시풋(occiput)	후두부 뒷부분, 양 귀 사이의 주먹 모양의 뼈

16	와안(frog face)	• 개구리 모양 얼굴 • 아래턱이 들어가고 코가 돌출된 얼굴 • 오버숏이 됨
17	장두형(長頭型)	길고 좁은 형태의 머리
18	전안부(fore face)	두부의 앞면으로 눈에서 앞쪽, 주둥이 부위
19	중두형(中頭型)	길이와 폭이 중간 정도의 두개
20	치즐드(chiselled)	눈 아래가 건조하고 살집이 없어 윤곽이 도드라지는 형태의 얼굴
21	치키(cheeky)	• 볼이 발달해서 팽창되고 불거진 얼굴, 발달이 현저해서 둥근 느낌을 주거나 근육이 두껍게 발달된 것, 얼굴뼈가 돌출된 것 • 스탠포드셔 불테리어에 한해 바람직한 표현임
22	크라운(crown)	• 두부의 가장 높은 정수리 부분 • 두정부, 톱 스컬(top skull)이라고 함
23	클린 헤드(clean head)	주름이 없고 앙상한 머리형 예 살루키
24	타입 오브 스컬(type of skull)	두개(頭蓋)의 타입
25	투 앵글드 헤드(tow angled head)	옆에서 보았을 때 두개면과 주둥이의 평면이 평행하지 않고 각도가 있는 것
26	퍼로(furrow)	• 세로 주름 • 스컬 중앙에서 스톱 방향으로 세로로 가로지르는 이마 부분의 주름
27	페어 셰이프트 헤드 (pear-shaped head)	서양배 형의 머리 예 베들링턴테리어
28	폭시(foxy)	• 전안부가 짧고 코끝이 뾰족한 것 • 여우의 표정을 띠는 것 예 포메라니안
29	플랫 스컬(flat skull)	앞이나 옆에서 보아서 평평한 두개 예 에어데일테리어, 스탠더드 슈나우저

CHAPTER 01 · 일반미용 **273**

2. 눈

1	라운드 아이(round eye)	동그란 눈 예 몰티즈
2	마블 아이(marble eye)	대리석 색상의 눈 예 블루멀콜리나 웰시코기카디건
3	벌징 아이(bulging eye)	튀어나와 볼록하게 보이는 눈
4	아몬드 아이(almond eye)	• 아몬드 모양 눈 • 눈 양 끝이 뾰족한 아몬드 모양의 눈 예 저먼셰퍼드, 도베르만핀셔
5	아이 스테인(eye stain)	눈물 자국
6	아이라인(eye line)	눈꺼풀 가장자리
7	아이리드(eyelid)	눈꺼풀
8	오벌 아이(oval eye)	일반적인 모양의 타원형, 계란형 눈 예 푸들, 살루키
9	차이나 아이(china eye)	• 밝은 청색의 눈 • 마루색 유전자를 가진 견종에게서 나타나는 불완전한 눈으로, 보통은 결점으로 간주되나 모색과 관계해 허용되는 견종도 있음 예 시베리안 허스키, 블루멀콜리나 웰시코기카디건
10	트라이앵글러 아이(triangular eye)	눈꺼풀의 바깥쪽이 올라가 삼각형 모양을 이루는 눈 예 아프간하운드
11	풀 아이(full eye)	둥글게 튀어나온 눈

3. 입

1	결치	• 선천적으로 정상 치아 수에 비해 치아 수가 없는 것 • 단두종에게 많음 • 제1 전구치에 많이 발생함
2	과리치	• 결치의 반대말 • 표준 치아 수보다 많은 것
3	라이 마우스(wry mouth)	뒤틀려 삐뚤어진 입
4	리피(lippy)	아래로 늘어진 입술, 턱이 밀착되지 않은 입술
5	머즐(muzzle)	주둥이, 입, 얼굴부
6	부정 교합	견종 표준이 요구하는 교합 외의 교합
7	손상치	후천적으로 파손된 치아
8	스니피 머즐(snipy muzzle)	날카롭고 좁으며 뾰족한 주둥이
9	시저스 바이트(scissors bite)	• 협상 교합 • 위턱 앞니와 아래턱 앞니가 조금 접촉되어 맞물린 것
10	실치	후천적으로 상실한 치아

11	언더숏(undershot)	• 반대 교합 • 아래턱 전출 • 아래턱 앞니가 위턱 앞니보다 앞쪽으로 돌출되어 맞물린 것
12	오버숏(overshot)	• 과리 교합 • 위턱의 앞니가 아래턱 앞니보다 전방으로 돌출되어 맞물린 것
13	이븐 바이트(even bite)	• 절단 교합 • 위턱과 아래턱이 맞물린 것
14	정상 교합	• 견종 표준에서 요구하는 교합 • 각 견종에 따라 정상 교합이 다름 • 일반적으로 시저스 바이트를 정상 교합으로 하는 견종이 많으나, 견종의 목적에 따라 정상 교합이 다름
15	조(jaw)	턱
16	조율(jowel)	• 두터운 입술과 턱 • 촙과 같은 말
17	촙(chop)	두터운 입술과 턱 예 불도그

18	치아의 수	• 개의 유치: 28개
		  – 생후 3~4주경에 절치, 견치, 구치의 순서로 나오기 시작해 생후 6주 정도에 모두 완성
		  – 절치(앞니, 문치, incisor teeth) 6개, 견치(송곳니, canine tooth) 2개, 구치(어금니, molar tooth) 6개
		• 어른 견의 영구치: 42개
		  – 생후 4~8개월이 되면 유치의 치근이 융해되면서 영구치가 유치를 밀어내어 빠지고 이갈이를 하는데, 7~8개월쯤이면 거의 모두 영구치로 바뀜
		  – 영양 상태가 좋지 않거나 단두종의 경우 이갈이가 다소 늦을 수 있음
		  – 전구치와 후구치는 유치 없이 나옴
		  – 윗니 20개: 절치(앞니, 문치, incisor teeth) 3개, 견치(송곳니, canine tooth) 1개, 전구치(어금니, 소구치, molar tooth) 4개, 후구치(어금니, 대구치, molar tooth) 2개가 좌우로 위치함
		• 아랫니 22개: 절치(앞니, 문치 incisor teeth) 3개, 견치(송곳니, canine tooth) 1개, 전구치(어금니, 소구치, molar tooth) 4개, 후구치(어금니, 대구치, molar tooth) 3개가 좌우로 위치함

19	쿠션(cushion)	윗입술이 두껍고 풍만한 것 예 페키니즈
20	템퍼치	디스템퍼나 고열에 의해 변화되어 변색된 치아
21	플루즈(flews)	늘어진 윗입술
22	피그 조(pig jow)	과도한 오버숏

4. 코

1	노즈 밴드(nose band)	주둥이를 둘러싼 흰색의 띠를 이룬 반점
2	노즈 브리지(nose bridge)	• 스톱에서 코까지 주둥이 면 • 코 근육
3	더들리 노즈(dudley nose)	색소가 부족한 살빛의 코, 빨간 코
4	로만 노즈(roman nose)	독수리 코, 매부리코 예 보르조이
5	리버 노즈(liver nose)	간장색 코
6	버터플라이 노즈(butterfly nose)	• 반점 모양의 코 • 살색 코에 검은 반점이 있거나 검은 코에 살색 반점이 있는 것
7	스노 노즈(snow nose)	평소에는 코가 검은색이나, 겨울철에 핑크색 줄무늬가 생기는 코
8	프레시 노즈(fresh nose)	살색 코

5. 귀

1	드롭 이어(drop ear)	아래로 늘어진 귀 예 바셋하운드
2	로즈 이어(rose ear)	귀의 안쪽이 보이며 뒤틀려 작게 늘어진 귀 예 불도그, 휘핏
3	배트 이어(bat ear)	귀 아랫부분이 넓고 박쥐 날개같이 둥글게 선 귀 예 프렌치불도그, 웰시코기
4	버터플라이 이어(butterfly ear)	나비 모양 귀, 긴 장식 털에 서 있는 큰 귀가 두개 바깥쪽으로 약 45° 기운 나비 모양 귀 예 파피용
5	버튼 이어(button ear)	아래 부위는 직립해 있고 귓불이 두개 앞쪽으로 v 모양으로 늘어진 귀 예 보더테리어, 폭스테리어
6	벨 이어(bell ear)	• 종 모양의 귀 • 끝이 둥근 벨과 같은 형태의 둥근 귀
7	V형 귀(V-shaped ear)	삼각형 모양의 귀, 늘어진 귀와 선 귀 2가지 타입이 있음 예 불마스티프, 에어데일테리어(늘어진 귀), 시베리안허스키(선 귀)
8	세미프릭 이어(semiprick ear)	• 반직립형 귀 • 직립한 귀의 끝부분이 앞으로 기울어진 것 예 폭스테리어, 러프콜리, 그레이하운드
9	이렉트(erect)	귀나 꼬리를 위쪽으로 세운 것
10	이어 프린지(ear fringe)	길게 늘어진 귀 주변의 장식 털 예 세터
11	캔들 프레임 이어 (candle flame ear)	촛불 모양의 귀 예 잉글리시토이테리어

12	크롭트 이어(cropped ear)	귀를 세우기 위해 자른(크로핑–cropping) 귀 예 복서, 도베르만핀셔
13	파렌 이어(phalene ear)	• 늘어진 귀 타입 • 파피용의 늘어진 타입은 그 수가 매우 적음 • 늘어진 타입의 파피용의 경우 완전하게 늘어져야만 함
14	펜던트 이어(pendant ear)	늘어진 귀 예 닥스훈트, 바셋하운드
15	프릭 이어(prick ear)	• 직립 귀, 앞쪽 끝부분이 뾰족하게 선 귀 • 귀를 잘라 인위적으로 만든 직립 귀와 자연적인 직립 귀가 있음 예 저먼셰퍼드(자연적인 직립 귀), 도베르만핀셔, 복서, 그레이트데인(귀를 잘라 세운 귀)
16	플레어링 이어(flaring ear)	나팔꽃 모양 귀 예 치와와
17	필버트 타입 이어 (fillbert shaped ear)	개암나무 열매 형태의 귀 예 베들링턴테리어
18	하이셋 이어(highset ear)	• 높은 위치에 귀가 있는 것 • 반대로 낮은 위치에 귀가 있는 것은 로셋 이어(lowset ear)라고 함

6. 몸통

1	구스 럼프(goose rump)	• 근육 발달이 불충분해 엉덩이 골반의 경사가 급한 것 • 보통 꼬리가 낮게 자리잡음
2	다운힐(dowunhill)	등선이 허리로 갈수록 낮아지는 모양
3	듀클로(dewclaw)	• 다리 안쪽 엄지발톱 • 낭조 • 며느리발톱
4	럼프(rump)	• 엉덩이 • 골반 상부의 근육이 연결된 부위
5	레벨 백(level back)	• 수평한 등 • 기갑에서 허리에 걸쳐 평편한 모양 • 바람직한 등의 모양
6	레이시(racy)	• 껑충하게 긴 다리 • 등이 높고 비교적 가는 체구의 몸통 타입 • 균형 잡히고 세련된 모양
7	레인지(rangy)	흉심이 얕은 긴 몸통의 타입
8	로인(loin)	허리, 요부
9	로치 백(roach back)	• 잉어 등 • 등선이 허리로 향하여 부드럽게 커드한 모양
10	롱 바디(long body)	긴 몸통 예 닥스훈트

11	리브(rib)	• 늑골, 갈비뼈 • 13대로 흉추에 연결됨
12	리브케이지(ribcage)	• 흉곽 • 심장이나 폐 등을 수용하는 바구니 형태의 골격
13	바디(body)	몸통
14	배럴 체스트(barrel chest)	술통 모양의 가슴
15	백 라인(back line)	• 등선 • 기갑에서 시작해 꼬리 뿌리 부분까지의 등선
16	백(back)	등
17	버톡(buttock)	엉덩이
18	보시(bossy)	어깨 근육이 과도하게 발달해 두꺼운 몸통 타입
19	브리스킷(brisket)	• 하흉부 • 몸통 앞쪽의 가슴 아랫부분
20	비피(beefy)	근육이나 살이 과도하게 발달해 비만인 몸통 타입
21	쇼트 백(short back)	기갑의 높이보다 짧은 등
22	쇼트커플드(short-coupled)	라스트 리브에서 둔부까지 거리가 짧은 것
23	숄더(shoulder)	어깨
24	스웨이 백(sway back)	• 캐밀 백의 반대 • 등선이 움푹 파인 모양
25	스트레이드 숄더(straight shoulder)	어깨 전출, 어깨가 전방으로 기울어짐
26	슬로핑 숄더(sloping shoulder)	견갑골이 뒤쪽으로 길게 경사를 이루어 후방으로 경사진 어깨
27	아웃 오브 숄더(out of shoulder)	• 전구가 매우 넓어진 상태 • 두드러지게 벌어진 어깨 예 불도그
28	앵귤레이션(angulation)	뼈와 뼈가 연결되는 각도
29	언더 라인(under line)	가슴 아랫부분에서 배를 따라 만들어진 아랫면의 윤곽선
30	에이너스(anus)	항문
31	오벌 체스트(oval chest)	계란 모양의 가슴
32	위더스(withers)	• 기갑 • 목 아래에 있는 어깨의 가장 높은 점 • 키를 이 위치에서 측정
33	위디(weedy)	• 골량 부족으로 가느다란 모양 • 골격이 가늘고 왜소한 모양 • 미발육의 신체 상태
34	인 숄더(in shoulder)	• 등뼈와 평행하지 않은 어깨 끝 • 어깨가 앞으로 나온 모양
35	체스트(chest)	가슴, 흉부
36	캐멀 백(camel back)	• 낙타 등 • 어깨 쪽이 낮고 허리 부분이 둥글게 올라가고 엉덩이가 내려간 모양

37	캣 풋(cat foot)	고양이 발
38	커플링(coupling)	• 요부 • 늑골과 관골 사이를 연결하는 몸통 부위 • 흉부와 엉덩이의 중간 부위
39	코비(cobby)	몸통이 짧고 간결한 모양의 몸통 타입 예 몰티즈
40	크루프(croup)	엉덩이
41	클로디(cloddy)	등이 낮고 몸통이 굵어 무겁게 느껴지는 몸통의 타입
42	턱 업(tuck up)	허리 부분에서 복부가 감싸 올려진 상태
43	톱 라인(top line)	기갑 직후부터 뿌리까지의 등선
44	파텔라(patella)	슬개골
45	페이퍼 풋(paper foot)	• 종이발 • 발바닥이 너무 얇아 움직임이 빈약함
46	플랭크(flank)	• 옆구리 • 라스트 리브와 엉덩이 사이의 몸통 측면
47	헤어 풋(hare foot)	• 토끼발 • 긴 발가락
48	흉심	• 가슴의 깊이 • 기갑부 최고점에서 가슴 아래에 이르는 수직 거리
49	힙 본(hip bone)	• 관골 • 장골, 좌골, 치골로 이루어지며 고관절을 형성함 • 장골이 가장 큼
50	힙 조인트(hip joint)	고관절

7. 다리

1	내로 사이(narrow thigh)	폭이 좁은 대퇴부
2	내로 프런트(narrow front)	• 앞가슴 폭이 좁은 프런트 • 앞다리 간격이 좁음 예 보르조이
3	다운 인 패스턴(down in pastern)	• 패스턴이 앞쪽으로 경사진 것 • 지구력이 결여되어 결점
4	배럴 호크(barrel hock)	발가락 부분이 안쪽으로 굽어 밖으로 돌아간 비절
5	보우드 프런트(bowed front)	• 활 모양의 전반부 • 팔꿈치가 바깥쪽으로 굽은 안짱다리
6	사이(thigh)	• 어퍼 사이(upper thigh) 대퇴부 • 후지 엉덩이에서 무릎 관절까지의 부위
7	세컨드 사이(second thigh)	• 로어 사이(lower thigh) 하퇴부 • 후지 무릎 관절부터 비절까지의 부위

8	스타이플(stiffle)	• 무릎 관절 • 대퇴골과 하퇴골을 연결하는 부위
9	스트레이트 프런트(straight front)	• 테리어의 프런트 • 일직선상의 프런트
10	스트레이트 호크(straight hock)	각도가 없는 관절
11	스팁 프런트(steep front)	어깨가 높아서 깎아지는 듯한 프런트
12	시클 호크(sickle hock)	비절이 낮아 낫 모양 관절
13	아웃 앳 엘보(out at elbow)	팔꿈치가 밖으로 돈 것
14	어퍼 암(upper arm)	상완부
15	엘보(elbow)	팔꿈치
16	와이드 프런트(wide front)	앞발 간격이 넓은 프런트 예 불도그
17	웰 벤트 호크(well bent hock)	이상적인 각도의 비절
18	카우 호크(cow hock)	뒷다리 양쪽이 소처럼 안쪽으로 구부러진 다리
19	트위스팅 호크(twisting hock)	체중이 과도해 지탱이 어려워 좌우 비절 관절이 염전된 것
20	패스턴(pastern)	• 중수골 • 손의 관절과 손가락 뼈 사이의 부위 • 앞다리의 가운데 뼈 뒷다리의 가운데 뼈
21	포어 암(fore arm)	전완부
22	프런트(front)	앞다리, 앞가슴, 기슴, 어깨 목 등을 포함한 개 전반부
23	피들 프런트(fiddle front)	• 팔꿈치가 바깥쪽으로 굽은 프런트 • 발가락도 밖으로 향함
24	호크(hock)	• 비절 • 아랫다리와 패스턴 사이의 뒷다리 관절

8. 꼬리

1	게이 테일(gay tail)	치켜든 꼬리 예 스코티시테리어
2	독(dock)	• 잘린 꼬리, 단미 • 보통 생후 4~7일에 실시
3	랫 테일(rat tail)	• 쥐꼬리 모양 • 뿌리 부분이 두텁고 부드러운 털이 있는 반면 끝 쪽에는 털이 없고 가는 꼬리 예 아이리시워터스패니얼
4	로셋 테일(low set tail)	낮게 달린 꼬리
5	링 테일(ring tail)	• 커브진 꼬리 • 바퀴 모양으로 꼬리 뿌리가 높게 올려져 원형을 이루는 꼬리 예 아프간하운드

6	밥 테일(bob tail)	선천적으로 꼬리가 없는 것, 또는 잘린 꼬리
7	브러시 테일(brush tail)	• 여우처럼 길고 늘어진 둥근 브러시 모양의 꼬리 • 폭스 브렛슈라고도 함 예 시베리안허스키
8	세이버 테일(saver tail)	바셋하운드처럼 부드럽게 커브를 그리며 올라간 형태와 저먼셰퍼드처럼 반원형을 이루며 낮게 유지한 2가지 형태가 있음
9	셋온(set-on)	• 꼬리와 몸통의 연결점 • 꼬리의 뿌리 부분
10	스냅 테일(snap tail)	• 낫 모양 꼬리 • 꼬리 끝이 등에 접촉된 꼬리 예 알래스칸맬러뮤트
11	스쿼럴 테일(squirrel tail)	다람쥐 꼬리 예 파피용
12	스크루 테일(screw tail)	와인 오프너 같은 모양의 나선형 꼬리 예 불도그, 보스턴테리어
13	시클 테일(sickle tail)	• 낫 모양 꼬리 • 뿌리부터 등 위로 높게 자리 잡고 중간에 반원형을 그리며 낫 모양으로 구부러진 꼬리
14	오터 테일(otter tail)	• 수달 꼬리 모양 • 뿌리 부분이 두껍고 둥글며 끝은 가는 꼬리 예 래브라도리트리버
15	이렉트 테일(erect tail)	• 직립 꼬리 • 위를 향해 선 꼬리 예 스코티시테리어, 폭스테리어
16	컬드 테일(curled tail)	심하게 말려 올라가 등 가운데 짊어진 꼬리 예 페키니즈
17	콕트업 테일(cocked-up tail)	등선에 직각으로 구부러져 올려진 꼬리
18	크랭크 테일(crank tail)	• 굴곡진 꼬리 • 짧고 아래를 향한 꼬리로 말단이 위쪽으로 꼬부라짐 예 불도그
19	크룩 테일(crook tail)	구부러진 꼬리
20	킹크 테일(kink tail)	비틀린 꼬리 예 프렌치불도그
21	테일(tail)	꼬리
22	테일리스(tailless)	• 꼬리가 없는 것 • 선천적으로 꼬리가 없는 경우
23	판 테일(fan tail)	풍부한 모량의 장모 꼬리를 등위로 말아 올리고 있거나 부채를 편 것 같은 형태의 꼬리 예 포메라니안
24	플래그 테일(flag tail)	깃발 형태의 꼬리 예 잉글리시세터

25	플래그풀 테일(flagpoles tail)	등선에 대해 직각으로 올라간 꼬리 예 비글
26	플룸 테일(plume tail)	깃털 모양의 장식 털이 아래로 늘어진 꼬리 예 잉글리시세터
27	하이셋 테일(high set tail)	높게 달린 꼬리
28	훅 테일(hook tail)	갈고리 모양 꼬리 예 브리아드, 피레니언마운틴도그
29	휩 테일(whip tail)	• 채찍형 꼬리 • 곧고 길며 끝이 가늘고 뾰족한 꼬리 예 잉글리시포인터

2과목

※ 머리의 용어에 대한 다음의 설명에 해당하는 것을 고르시오. (1~29번)

01

┤ 보기 ├

비량이라고 하며, 사람의 콧등과 같은 부분이다.

① 스컬(skull) ② 다운 페이스(down face)
③ 노즈 브리지(nose bridge) ④ 치키(cheeky)
⑤ 타입 오브 스컬(type of skull)

02

┤ 보기 ├

디시 페이스의 반대이며, 두개골에서 코끝 아래쪽으로 경사진 얼굴이다.

① 다운 페이스(down face) ② 돔 헤드(dome head)
③ 링클(wrinkle) ④ 밸런스트 헤드(balanced head)
⑤ 블로키 헤드(blocky head)

03

┤ 보기 ├

짧고 넓은 두개이다.

① 장두형(長頭型) ② 중두형(medium head)
③ 단두형(短頭型) ④ 폭시(foxy)
⑤ 플랫 스컬(flat skull)

04

┤ 보기 ├

애플 헤드와 동일한 의미다.

① 스톱(stop)
② 돔 헤드(dome head)
③ 애플 헤드(apple head)
④ 퍼로(furrow)
⑤ 클린 헤드(clean head)

05

┤ 보기 ├

얼굴 피부가 밀착해 주름이 없는 얼굴이며, 클린 헤드와 같은 의미이다.

① 클린 헤드(clean head)
② 드라이 스컬(dry skull)
③ 링클(wrinkle)
④ 몰레라(molera)
⑤ 스톱(stop)

06

┤ 보기 ├

접시 모양의 얼굴이며, 스톱보다 콧대가 높아 옆에서 보면 코가 휘어져 접시 모양을 띤다.

① 디시 페이스(dish face)
② 스톱(stop)
③ 다운 페이스(down face)
④ 링클(wrinkle)
⑤ 옥시풋(occiput)

07

┤ 보기 ├

주름을 말하며, 앞머리 부분이나 얼굴의 이완된 피부다.

① 링클(wrinkle)
② 몰레라(molera)
③ 스톱(stop)
④ 클린 헤드(clean head)
⑤ 치즐드(chiselled)

08

┤ 보기 ├

치와와 두개의 패임으로 부드러운 부분이다.

① 몰레라(molera)
② 스톱(stop)
③ 스컬(skull)
④ 옥시풋(occiput)
⑤ 크라운(crown)

09

┤ 보기 ├

균형 잡힌 머리이며, 스톱을 중심으로 머리 부분과 얼굴 부분의 길이가 동일하게 균형 잡힌 것이다.

① 밸런스트 헤드(balanced head)
② 블로키 헤드(blocky head)
③ 스니피 페이스(snipy face)
④ 스컬(skull)
⑤ 스톱(stop)

10

┤ 보기 ├

두부에 각이 지거나 펑퍼짐하게 퍼져 길이에 비해 폭이 매우 넓은 네모난 모양의 각진 머리형이다.

① 다운 페이스(down face)
② 돔 헤드(dome head)
③ 링클(wrinkle)
④ 밸런스트 헤드(balanced head)
⑤ 블로키 헤드(blocky head)

11

┤ 보기 ├

주둥이가 뾰족해 약한 느낌의 얼굴이다.

① 스니피 페이스(snipy face)
② 스컬(skull)
③ 스톱(stop)
④ 애플 헤드(apple head)
⑤ 옥시풋(occiput)

12

┤ 보기 ├
두개이며, 앞머리의 후두골, 두정골, 전두골, 측두골 등을 포함한 머리부 뼈 조직이다.

① 다운 페이스(down face)　　　　　② 스컬(skull)
③ 스톱(stop)　　　　　　　　　　　④ 애플 헤드(apple head)
⑤ 옥시풋(occiput)

13

┤ 보기 ├
액단이라고도 하며, 눈 사이의 패인 부분이다.

① 스니피 페이스(snipy face)　　　　② 스컬(skull)
③ 스톱(stop)　　　　　　　　　　　④ 애플 헤드(apple head)
⑤ 옥시풋(occiput)

14

┤ 보기 ├
사과 모양의 머리이며, 뒷머리 부분이 부풀어 올라 있는 모양이다.

① 스니피 페이스(snipy face)　　　　② 스컬(skull)
③ 스톱(stop)　　　　　　　　　　　④ 애플 헤드(apple head)
⑤ 옥시풋(occiput)

15

┤ 보기 ├
후두부 뒷부분이며, 양 귀 사이의 주먹 모양의 뼈다.

① 스니피 페이스(snipy face)　　　　② 스컬(skull)
③ 스톱(stop)　　　　　　　　　　　④ 애플 헤드(apple head)
⑤ 옥시풋(occiput)

16

┤ 보기 ├

개구리 모양 얼굴이며, 아래턱이 들어가고 코가 돌출된 얼굴로 오버숏이다.

① 와안(frog face)

② 스니피 페이스(snipy face)

③ 플랫 스컬(flat skull)

④ 폭시(foxy)

⑤ 치즐드(chiselled)

17

┤ 보기 ├

길고 좁은 형태의 머리다.

① 단두형(短頭型)

② 중두형(中頭型))

③ 장두형(長頭型)

④ 돔 헤드(dome head)

⑤ 플랫 스컬(flat skull)

18

┤ 보기 ├

두부의 앞면으로 눈에서 앞쪽, 주둥이 부위다.

① 전안부(fore face)

② 스니피 페이스(snipy face)

③ 스컬(skull)

④ 스톱(stop)

⑤ 옥시풋(occiput)

19

┤ 보기 ├

길이와 폭이 중간 정도의 두개다.

① 단두형(短頭型)

② 중두형(中頭型))

③ 장두형(長頭型)

④ 애플 헤드(apple head)

⑤ 밸런스트 헤드(balanced head)

20

보기

눈 아래가 건조하고 살집이 없어 윤곽이 도드라지는 형태의 얼굴이다.

① 치즐드(chiselled)
② 치키(cheeky)
③ 클린 헤드(clean head)
④ 스컬(skull)
⑤ 스톱(stop)

21

보기

볼이 발달해서 팽창되고 불거진 얼굴이다. 발달이 현저해서 둥근 느낌을 주거나 근육이 두껍게 발달된 것, 얼굴뼈가 돌출된 것이다.

① 스니피 페이스(snipy face)
② 치키(cheeky)
③ 클린 헤드(clean head)
④ 스컬(skull)
⑤ 밸런스트 헤드(balanced head)

22

보기

두부의 가장 높은 정수리 부분이며, 두정부, 톱 스컬(top skull)이라고 한다.

① 크라운(crown)
② 치즐드(chiselled)
③ 치키(cheeky)
④ 클린 헤드(clean head)
⑤ 퍼로(furrow)

23

보기

주름이 없고 앙상한 머리형이다.

① 클린 헤드(clean head)
② 링클(wrinkle)
③ 몰레라(molera)
④ 밸런스트 헤드(balanced head)
⑤ 블로키 헤드(blocky head)

24

┤ 보기 ├

두개(頭蓋)의 타입이다.

① 타입 오브 스컬(type of skull)
③ 퍼로(furrow)
⑤ 폭시(foxy)

② 투 앵글드 헤드(two angled head)
④ 페어 셰이프트 헤드(pear-shaped head)

25

┤ 보기 ├

옆에서 보았을 때 두개면과 주둥이의 평면이 평행하지 않고 각도가 있는 것이다.

① 타입 오브 스컬(type of skull)
③ 퍼로(furrow)
⑤ 폭시(foxy)

② 투 앵글드 헤드(two angled head)
④ 페어 셰이프트 헤드(pear-shaped head)

26

┤ 보기 ├

세로 주름이며, 스컬 중앙에서 스톱 방향으로 세로로 가로지르는 이마 부분의 세로 주름이다.

① 퍼로(furrow)
③ 투 앵글드 헤드(two angled head)
⑤ 폭시(foxy)

② 타입 오브 스컬(type of skull)
④ 페어 셰이프트 헤드(pear-shaped head)

27

┤ 보기 ├

서양배 형의 머리이다.

① 투 앵글드 헤드(two angled head)
③ 타입 오브 스컬(type of skull)
⑤ 폭시(foxy)

② 퍼로(furrow)
④ 페어 셰이프트 헤드(pear-shaped head)

28

전안부가 짧고 코끝이 뾰족한 것이며, 여우의 표정을 띠는 것이다.

① 폭시(foxy)
② 페어 셰이프트 헤드(pear-shaped head)
③ 퍼로(furrow)
④ 타입 오브 스컬(type of skull)
⑤ 투 앵글드 헤드(two angled head)

29

앞이나 옆에서 보아 평평한 두개이다.

① 페어 셰이프트 헤드(pear-shaped head)
② 폭시(foxy)
③ 플랫 스컬(flat skull)
④ 퍼로(furrow)
⑤ 타입 오브 스컬(type of skull)

30

'클린 헤드(clean head)'라는 특징을 가장 잘 나타내는 견종을 고르시오.

① 슈나우저
② 살루키
③ 치와와
④ 불도그
⑤ 포메라이안

31

'페어 셰이프트 헤드(pear-shaped head)'라는 특징을 가장 잘 나타내는 견종을 고르시오.

① 베들링턴테리어
② 에어데일테리어
③ 스탠더드 슈나우저
④ 푸들
⑤ 보르조이

32

'밸런스트 헤드(balanced head)'라는 특징을 가장 잘 나타내는 견종을 고르시오.

① 비글   ② 웰시 테리어
③ 샤페드   ④ 도베르만
⑤ 고든세터

33

'블로키 헤드(blocky head)'라는 특징을 가장 잘 나타내는 견종을 고르시오.

① 아키타   ② 보더 콜리
③ 보스턴테리어   ④ 불마스티프
⑤ 비숑 프리제

34

'애플 헤드(apple head)'라는 특징을 가장 잘 나타내는 견종을 고르시오.

① 치와와   ② 바셋 하운드
③ 포메라니안   ④ 슈나우저
⑤ 코카 스파니엘

35

'치키(cheeky)'라는 특징을 가장 잘 나타내는 견종을 고르시오.

① 비글   ② 베이글
③ 요크셔 테리어   ④ 스탠포드셔 불테리어
⑤ 말티즈

36

'페어 셰이프트 헤드(pear-shaped head)'라는 특징을 가장 잘 나타내는 견종을 고르시오.

① 시츄   ② 로트와일러
③ 베들링턴테리어   ④ 슈나우저
⑤ 보더 콜리

37

'폭시(foxy)'라는 특징을 가장 잘 나타내는 견종을 고르시오.

① 치와와
② 말티즈
③ 포메라니안
④ 시츄
⑤ 비숑 프리제

38

'플랫 스컬(flat skull)'라는 특징을 가장 잘 나타내는 견종을 고르시오.

① 에어데일테리어
② 보스턴 테리어
③ 아메리칸 스태퍼드셔 테리어
④ 잭 러셀 테리어
⑤ 슈나우저

39

'노즈 브리지(nose bridge)'는 개에서 어떤 부위를 가리키는가?

① 꼬리 끝
② 콧등
③ 귀 뒤
④ 앞발
⑤ 뒷발

40

'드라이 스컬(dry skull)'은 어떤 특징을 가진 얼굴인가?

① 주름이 많은 얼굴
② 둥근 얼굴
③ 주름이 없는 얼굴
④ 긴 얼굴
⑤ 날카로운 얼굴

41

'디시 페이스(dish face)'의 특징은 무엇인가?

① 콧대가 높고 옆에서 보면 코가 휘어져 있음
② 콧대가 낮고 평평함
③ 주둥이가 길고 좁음
④ 주둥이가 짧고 폭이 넓음
⑤ 얼굴에 주름이 많음

42

'블로키 헤드(blocky head)'의 특징을 가진 견종의 예로 올바른 것은?

① 보스턴 테리어
② 살루키
③ 포메라니안
④ 치와와
⑤ 코카 스파니엘

43

'와안(frog face)'의 특징은 무엇인가?

① 코가 돌출되고 아래턱이 들어간 얼굴
② 코가 평평하고 주둥이가 긴 얼굴
③ 얼굴에 주름이 많고 볼이 발달함
④ 얼굴이 사과 모양을 띠고 후두부가 부풀어 올라옴
⑤ 얼굴이 매우 마른 모습을 보임

44

다음 중 용어에 대한 설명이 올바르지 <u>않은</u> 것은?

① 노즈 브리지(nose bridge): 사람의 콧등과 같은 부분
② 몰레라(molera): 치와와 두개의 패임으로 부드러운 부분
③ 스톱(stop): 눈 사이의 패인 부분
④ 옥시풋(occiput): 귀 뒤쪽의 부드러운 부분
⑤ 장두형(長頭型): 길고 좁은 형태의 머리

45

다음 중 용어에 대한 설명이 올바르지 <u>않은</u> 것은?

① 스니피 페이스(snipy face): 주둥이가 뾰족해 약한 느낌의 얼굴
② 다운 페이스(down face): 두개에서 코끝 아래쪽으로 경사진 얼굴
③ 드라이 스컬(dry skull): 얼굴에 주름이 많은 형태
④ 디시 페이스(dish face): 스톱보다 콧대가 높아 옆에서 보면 코가 휘어져 접시 모양을 띤 것
⑤ 블로키 헤드(blocky head): 폭이 매우 넓은 네모난 모양의 머리형

46

다음 중 용어에 대한 설명이 올바르지 <u>않은</u> 것은?

① 블로키 헤드(blocky head): 머리가 펑퍼짐하게 퍼져 있고 각진 모양
② 클린 헤드(clean head): 주름이 많고 피부가 느슨한 머리형
③ 애플 헤드(apple head): 뒷머리 부분이 부풀어 올라 있는 사과 모양의 머리
④ 치키(cheeky): 볼이 팽창되고 불거진 얼굴
⑤ 폭시(foxy): 전안부가 짧고 코끝이 뾰족한 것

47

다음 중 용어에 대한 설명이 올바르지 <u>않은</u> 것은?

① 페어 셰이프트 헤드(pear-shaped head): 서양배 형의 머리
② 치즐드(chiselled): 눈 아래가 윤곽이 도드라지지 않은 상태
③ 스컬(skull): 머리부 뼈 조직
④ 스톱(stop): 눈 사이의 깊은 패임
⑤ 투 앵글드 헤드(two-angled head): 두개면과 주둥이의 평면이 각도가 있는 것

48

다음 설명 중 정확하지 <u>않은</u> 것은?

① 스톱(stop): 눈 사이의 깊은 패임
② 중두형(中頭型): 길이와 폭이 중간 정도의 머리
③ 장두형(長頭型): 넓고 짧은 형태의 머리
④ 다운 페이스(down face): 두개에서 코끝 아래쪽으로 경사진 얼굴
⑤ 옥시풋(occiput): 후두부 뒷부분, 양 귀 사이의 주먹 모양의 뼈

49

다음 용어 설명 중 올바르지 <u>않은</u> 것은?

① 링클(wrinkle): 얼굴의 이완된 피부에 형성된 주름
② 디시 페이스(dish face): 스톱보다 콧대가 낮아 옆에서 보면 코가 평평한 것
③ 치즐드(chiselled): 눈 아래가 건조하고 살집이 없어 윤곽이 도드라지는 형태의 얼굴
④ 퍼로(furrow): 이마 부분을 가로지르는 세로 주름
⑤ 페어 셰이프트 헤드(pear-shaped head): 서양배 형의 머리

50

다음 설명 중 정확하지 <u>않은</u> 것은?

① 블로키 헤드(blocky head): 머리가 네모나고 각진 모양
② 몰레라(molera): 치와와의 두개에 있는 부드러운 부분
③ 애플 헤드(apple head): 뒷머리 부분이 부풀어 올라 있지 않은 사과 모양의 머리
④ 와안(frog face): 아래턱이 들어가고 코가 돌출된 얼굴
⑤ 스컬(skull): 머리부 뼈 조직

51

다음 용어 중 설명이 <u>잘못된</u> 것은?

① 스톱(stop): 눈 사이의 패인 부분
② 크라운(crown): 두부의 가장 낮은 부분
③ 드라이 스컬(dry skull): 주름이 없는 깨끗한 얼굴
④ 스니피 페이스(snipy face): 주둥이가 뾰족해 약한 느낌의 얼굴
⑤ 폭시(foxy): 코끝이 뾰족하고 전안부가 짧은 것

52

다음 설명 중 정확하지 <u>않은</u> 것은?

① 옥시풋(occiput): 후두부 뒷부분, 양 귀 사이의 주먹 모양의 뼈
② 치키(cheeky): 볼이 발달하지 않아 평평한 얼굴
③ 투 앵글드 헤드(two-angled head): 두개면과 주둥이의 평면이 평행하지 않고 각도가 있는 것
④ 플랫 스컬(flat skull): 앞이나 옆에서 보아서 평평한 두개
⑤ 중두형(中頭型): 길이와 폭이 중간 정도의 머리

53

다음 용어 중 설명이 <u>잘못된</u> 것은?

① 중두형(中頭型): 길이와 폭이 중간 정도의 머리
② 장두형(長頭型): 넓고 짧은 형태의 머리
③ 스컬(skull): 머리부 뼈 조직
④ 페어 셰이프트 헤드(pear-shaped head): 서양배 형의 머리
⑤ 클린 헤드(clean head): 주름이 없고 앙상한 머리형

※ 눈의 용어에 대한 다음의 설명에 해당하는 것을 고르시오. (54~64번)

54

┤ 보기 ├

동그란 눈을 뜻한다.

① 라운드 아이(round eye)　　　　　　② 마블 아이(marble eye)
③ 풀 아이(full eye)　　　　　　　　④ 오벌 아이(oval eye)
⑤ 트라이앵글러 아이(triangular eye)

55

┤ 보기 ├

대리석 색상의 눈을 뜻한다.

① 아이라인(eye line)　　　　　　　② 마블 아이(marble eye)
③ 차이나 아이(china eye)　　　　　④ 트라이앵글러 아이(triangular eye)
⑤ 풀 아이(full eye)

56

┤ 보기 ├

튀어나와 볼록하게 보이는 눈을 뜻한다.

① 아몬드 아이(almond eye)　　　　　② 벌징 아이(bulging eye)
③ 차이나 아이(china eye)　　　　　④ 오벌 아이(oval eye)
⑤ 풀 아이(full eye)

57

┤ 보기 ├

아몬드 모양 눈 또는 눈 양끝이 뾰족한 아몬드 모양의 눈을 뜻한다.

① 아이라인(eye line)　　　　　　　② 라운드 아이(round eye)
③ 아몬드 아이(almond eye)　　　　④ 오벌 아이(oval eye)
⑤ 아이 스테인(eye stain)

58

┤ 보기 ├

눈물 자국을 뜻한다.

① 아이리드(eyelid)
② 차이나 아이(china eye)
③ 아몬드 아이(almond eye)
④ 아이 스테인(eye stain)
⑤ 트라이앵글러 아이(triangular eye)

59

┤ 보기 ├

눈꺼풀 가장자리를 뜻한다.

① 아이라인(eye line)
② 라운드 아이(round eye)
③ 오벌 아이(oval eye)
④ 아몬드 아이(almond eye)
⑤ 아이 스테인(eye stain)

60

┤ 보기 ├

눈꺼풀을 뜻한다.

① 아이리드(eyelid)
② 차이나 아이(china eye)
③ 아몬드 아이(almond eye)
④ 아이 스테인(eye stain)
⑤ 트라이앵글러 아이(triangular eye)

61

┤ 보기 ├

일반적인 모양의 타원형 또는 계란형 눈을 뜻한다.

① 아이라인(eye line)
② 라운드 아이(round eye)
③ 오벌 아이(oval eye)
④ 풀 아이(full eye)
⑤ 아몬드 아이(almond eye)

62

밝은 청색의 눈으로, 마루색 유전자를 가진 견종에게서 나타나는 불완전한 눈으로 보통은 결점으로 간주되나 모색과 관계해 허용되는 견종도 있다.

① 차이나 아이(china eye)　　　　② 마블 아이(marble eye)
③ 아이리드(eyelid)　　　　　　　④ 풀 아이(full eye)
⑤ 트라이앵글러 아이(triangular eye)

63

보기

눈꺼풀의 바깥쪽이 올라가 삼각형 모양을 이루는 눈을 뜻한다.

① 아이라인(eye line)　　　　　② 차이나 아이(china eye)
③ 마블 아이(marble eye)　　　④ 트라이앵글러 아이(triangular eye)
⑤ 벌징 아이(bulging eye)

64

보기

둥글게 튀어나온 눈을 뜻한다.

① 라운드 아이(round eye)　　　② 마블 아이(marble eye)
③ 풀 아이(full eye)　　　　　　④ 오벌 아이(oval eye)
⑤ 트라이앵글러 아이(triangular eye)

65

'라운드 아이(round eye)'라는 특징을 가장 잘 나타내는 견종을 고르시오.

① 웰시코기카디건　　　　② 몰티즈
③ 살루키　　　　　　　　④ 푸들
⑤ 시베리안 허스키

66

'마블 아이(marble eye)'라는 특징을 가장 잘 나타내는 견종을 고르시오.

① 몰티즈
② 푸들
③ 살루키
④ 도베르만핀셔
⑤ 웰시코기카디건

67

'아몬드 아이(almond eye)'라는 특징을 가장 잘 나타내는 견종을 고르시오.

① 저먼셰퍼드
② 푸들
③ 살루키
④ 아메리칸 불독
⑤ 아프간하운드

68

'오벌 아이(oval eye)'라는 특징을 가장 잘 나타내는 견종을 고르시오.

① 푸들, 살루키
② 몰티즈, 푸들
③ 저먼셰퍼드, 도베르만핀셔
④ 도베르만핀셔, 푸들
⑤ 살루키, 아프간하운드

69

'차이나 아이(china eye)'라는 특징을 가장 잘 나타내는 견종을 고르시오.

① 몰티즈, 푸들
② 푸들, 살루키
③ 살루키, 아프간하운드
④ 시베리안 허스키, 웰시코기카디건
⑤ 시베리안 허스키, 아프간하운드

70

'트라이앵글러 아이(triangular eye)'라는 특징을 가장 잘 나타내는 견종을 고르시오.

① 아프간하운드
② 푸들
③ 독일 셰퍼드
④ 래브라도 리트리버
⑤ 골든 리트리버

71

'라운드 아이(round eye)'의 특징이 <u>잘못</u> 설명된 것은?

① 동그란 눈
② 눈의 양끝이 뾰족한 아몬드 모양
③ 몰티즈에게 흔히 나타남
④ 눈이 크게 튀어나와 보이는 것
⑤ 일반적인 둥근 형태의 눈

72

'벌징 아이(bulging eye)'에 대한 설명으로 올바르지 <u>않은</u> 것은?

① 튀어나와 볼록하게 보이는 눈
② 눈이 평평하게 보이는 것
③ 몰티즈에게서 종종 보이는 특징
④ 시각적으로 눈이 크게 보임
⑤ 눈꺼풀이 작아 보일 수 있음

73

'오벌 아이(oval eye)'에 대한 설명으로 <u>틀린</u> 것은?

① 일반적인 모양의 타원형 눈
② 계란형 눈
③ 푸들과 살루키에게 나타남
④ 눈꺼풀의 바깥쪽이 올라가 삼각형 모양
⑤ 눈 모양이 자연스럽고 부드럽게 보임

74

다음 중 '마블 아이(marble eye)'의 설명으로 올바른 것은?

① 눈 색상이 단일 색
② 대리석처럼 여러 색이 섞인 눈
③ 항상 단색인 눈
④ 주로 푸들에게 나타나는 눈
⑤ 눈이 매우 작은 형태

75

'아이 스테인(eye stain)'에 관한 설명으로 <u>틀린</u> 것은?

① 눈물 자국
② 눈 주변에 어두운 색소 침착
③ 주로 밝은 색의 견종에게 나타남
④ 눈물이 많이 나는 특성 때문에 생기는 자국
⑤ 눈 색상이 변하는 현상

76

다음 용어 설명들 중 올바르지 <u>않은</u> 것은?

① 라운드 아이(round eye): 동그란 눈, 예를 들어 몰티즈에 흔히 보임
② 마블 아이(marble eye): 여러 색이 섞인 눈, 예를 들어 블루멀콜리나 웰시코기카디건에 나타남
③ 벌징 아이(bulging eye): 눈이 평평하게 보이는 것
④ 아몬드 아이(almond eye): 눈 양끝이 뾰족한 아몬드 모양의 눈, 예를 들어 저먼셰퍼드, 도베르만 핀셔에게 나타남
⑤ 오벌 아이(oval eye): 일반적인 모양의 타원형 눈, 예를 들어 푸들, 살루키에 나타남

77

다음 설명 중 정확하지 <u>않은</u> 것은?

① 아이 스테인(eye stain): 눈물 자국, 주로 밝은 색의 견종에게 나타남
② 아이리드(eyelid): 눈꺼풀을 가리키는 용어
③ 차이나 아이(china eye): 모든 색의 견종에게 허용되는 밝은 청색의 눈
④ 트라이앵글러 아이(triangular eye): 눈꺼풀의 바깥쪽이 올라가 삼각형 모양을 이루는 눈, 예를 들어 아프간하운드에게 나타남
⑤ 풀 아이(full eye): 둥글게 튀어나온 눈

78

다음 중 올바르지 <u>않은</u> 용어 설명은?

① 아몬드 아이(almond eye): 눈 모양이 완전히 둥근 형태
② 오벌 아이(oval eye): 타원형 눈, 푸들과 살루키에게 나타남
③ 마블 아이(marble eye): 대리석처럼 여러 색이 섞인 눈
④ 라운드 아이(round eye): 동그란 눈, 몰티즈에 흔함
⑤ 벌징 아이(bulging eye): 눈이 볼록하게 튀어나와 있는 형태

79

설명이 올바르지 <u>않은</u> 용어는?

① 벌징 아이(bulging eye): 눈이 튀어나와 볼록하게 보이는 형태
② 트라이앵글러 아이(triangular eye): 눈 모양이 직사각형
③ 차이나 아이(china eye): 밝은 청색의 눈, 일부 견종에서 나타나며 종종 결점으로 간주됨
④ 마블 아이(marble eye): 여러 색상이 섞인 눈
⑤ 라운드 아이(round eye): 동그란 형태의 눈, 몰티즈에서 자주 보임

80

설명이 올바르지 <u>않은</u> 용어는?

① 아이 스테인(eye stain): 눈 주변에 흔적이 남는 눈물 자국
② 아이리드(eyelid): 눈의 색소를 의미하는 용어
③ 오벌 아이(oval eye): 타원형 눈, 예를 들어 푸들에게 나타남
④ 아몬드 아이(almond eye): 눈 양끝이 뾰족한 아몬드 모양의 눈
⑤ 마블 아이(marble eye): 여러 색이 섞인 눈

※ 입의 용어에 대한 다음의 설명에 해당하는 것을 고르시오. (81~101번)

81

┤ 보기 ├
선천적으로 정상 치아 수에 비해 치아 수가 없는 것이다. 단두종에게 많으며, 제1 전구치에 많이 발생한다.

① 결치   ② 과리치
③ 리피(lippy)   ④ 스니피 머즐(snipy muzzle)
⑤ 머즐(muzzle)

82

┤ 보기 ├
결치의 반대말이며, 표준 치아 수보다 많다.

① 언더숏(undershot)   ② 오버숏(overshot)
③ 과리치   ④ 조(jaw)
⑤ 이븐 바이트(even bite)

83

┤ 보기 ├

뒤틀려 삐뚤어진 입이다.

① 실치   ② 리피(lippy)
③ 머즐(muzzle)   ④ 부정 교합
⑤ 라이 마우스(wry mouth)

84

┤ 보기 ├

아래로 늘어진 입술이며, 턱이 밀착되지 않은 입술이다.

① 스니피 머즐(snipy muzzle)   ② 리피(lippy)
③ 시저스 바이트(scissors bite)   ④ 조울(jowel)
⑤ 촙(chop)

85

┤ 보기 ├

주둥이, 입이라고 한다.

① 쿠션(cushion)   ② 손상치
③ 플루즈(flews)   ④ 피그 조(pig jow)
⑤ 머즐(muzzle)

86

┤ 보기 ├

견종 표준이 요구하는 교합 외의 교합이다.

① 실치   ② 스니피 머즐(snipy muzzle)
③ 시저스 바이트(scissors bite)   ④ 부정 교합
⑤ 정상 교합

87

┤ 보기 ├

후천적으로 파손된 치아다.

① 손상치

② 조(jaw)

③ 조율(jowel)

④ 촙(chop)

⑤ 쿠션(cushion)

88

┤ 보기 ├

날카롭고 좁으며 뾰족한 주둥이다.

① 시저스 바이트(scissors bite)

② 스니피 머즐(snipy muzzle)

③ 실치

④ 언더숏(undershot)

⑤ 오버숏(overshot)

89

┤ 보기 ├

협상 교합이며, 위턱 앞니와 아래턱 앞니가 조금 접촉되어 맞물린 것이다.

① 이븐 바이트(even bite)

② 실치

③ 언더숏(undershot)

④ 오버숏(overshot)

⑤ 시저스 바이트(scissors bite)

90

┤ 보기 ├

후천적으로 상실한 치아다.

① 촙(chop)

② 정상 교합

③ 조(jaw)

④ 조율(jowel)

⑤ 실치

91

┤ 보기 ├

반대 교합이며, 아래턱 전출로, 아래턱 앞니가 위턱 앞니보다 앞쪽으로 돌출되어 맞물린 것이다.

① 언더숏(undershot)　　　　　　　② 오버숏(overshot)
③ 이븐 바이트(even bite)　　　　　④ 정상 교합
⑤ 스니피 머즐(snipy muzzle)

92

┤ 보기 ├

과리 교합이며, 위턱의 앞니가 아래턱 앞니보다 전방으로 돌출되어 맞물린 것이다.

① 언더숏(undershot)　　　　　　　② 오버숏(overshot)
③ 이븐 바이트(even bite)　　　　　④ 정상 교합
⑤ 피그 조(pig jow)

93

┤ 보기 ├

절단 교합이며, 위턱과 아래턱이 정확히 맞물린 것이다.

① 이븐 바이트(even bite)　　　　　② 언더숏(undershot)
③ 오버숏(overshot)　　　　　　　　④ 조(jaw)
⑤ 조율(jowel)

94

┤ 보기 ├

견종 표준에서 요구하는 교합이다. 각 견종에 따라 정상 교합이 다르며, 일반적으로 시저스 바이트를 정상 교합으로 하는 견종이 많다.

① 스니피 머즐(snipy muzzle)　　　② 정상 교합
③ 오버숏(overshot)　　　　　　　　④ 이븐 바이트(even bite)
⑤ 플루즈(flews)

95

턱을 말한다.

① 조(jaw)
③ 춉(chop)
⑤ 쿠션(cushion)

② 조율(jowel)
④ 머즐(muzzle)

96

두터운 입술과 턱이며, 춉과 같은 말이다.

① 조(jaw)
③ 춉(chop)
⑤ 쿠션(cushion)

② 조율(jowel)
④ 플루즈(flews)

97

두터운 입술과 턱이며, 조율과 같은 말이다.

① 조(jaw)
③ 춉(chop)
⑤ 쿠션(cushion)

② 이븐 바이트(even bite)
④ 플루즈(flews)

98

윗입술이 두껍고 풍만한 것이다.

① 플루즈(flews)
③ 춉(chop)
⑤ 조(jaw)

② 조율(jowel)
④ 쿠션(cushion)

99

┤ 보기 ├

디스템퍼나 고열에 의해 변화되어 변색된 치아를 말한다.

① 템퍼치
② 손상치
③ 실치
④ 과리치
⑤ 결치

100

┤ 보기 ├

늘어진 윗입술이다.

① 조(jaw)
② 플루즈(flews)
③ 조율(jowel)
④ 춉(chop)
⑤ 쿠션(cushion)

101

┤ 보기 ├

과도한 오버숏이며, 과도하게 전출된 아래턱이 특징이다.

① 언더숏(undershot)
② 오버숏(overshot)
③ 이븐 바이트(even bite)
④ 피그 조(pig jow)
⑤ 조(jaw)

102

'춉(chop)'이라는 특징을 가장 잘 나타내는 견종을 고르시오.

① 말티즈
② 불도그
③ 비글
④ 파피용
⑤ 비숑 프리제

103

개의 영구치 중 절치는 윗니와 아랫니에 각각 (   )개씩 있으며, 좌우로 위치하고 있다. 괄호에 들어갈 단어를 고르시오.

① 2개
② 3개
③ 4개
④ 5개
⑤ 6개

104

개의 영구치 중 후구치의 총 개수는?

① 4개
② 6개
③ 8개
④ 10개
⑤ 12개

105

개의 영구치 중 견치의 총 개수는?

① 2개
② 4개
③ 6개
④ 8개
⑤ 10개

106

개의 유치의 총 개수는 얼마인가?

① 27개
② 28개
③ 40개
④ 41개
⑤ 42개

107

어른 견의 영구치의 총 개수는 얼마인가?

① 38개
② 39개
③ 40개
④ 41개
⑤ 42개

108

다음은 개의 치아에 관한 내용이다. 괄호 안의 단어가 알맞게 순서대로 나열된 것을 고르시오.

┤ 보기 ├

생후 3~4주경에 (ⓐ), (ⓑ), (ⓒ)의 순서로 나오기 시작해 생후 6주 정도에 모두 완성된다.

① ⓐ 견치, ⓑ 절치, ⓒ 구치
② ⓐ 절치, ⓑ 구치, ⓒ 견치
③ ⓐ 절치, ⓑ 견치, ⓒ 구치
④ ⓐ 구치, ⓑ 견치, ⓒ 문치
⑤ ⓐ 문치, ⓑ 견치, ⓒ 구치

109

어른 견의 영구치 중 윗니와 아랫니는 각각 몇 개씩인가?

① 윗니 20개, 아랫니 22개
② 윗니 22개, 아랫니 24개
③ 윗니 18개, 아랫니 20개
④ 윗니 14개, 아랫니 14개
⑤ 윗니 20개, 아랫니 24개

110

개 유치가 모두 나오는 기간은 대략 몇 주인가?

① 4주
② 5주
③ 6주
④ 7주
⑤ 8주

111

개의 영구치 중 후구치가 나오는 시기는 언제인가?

① 생후 2~3개월
② 생후 3~4개월
③ 생후 4~5개월
④ 생후 7~8개월
⑤ 유치 없이 나온다.

112

개가 영구치로 완전히 바뀌는 시기는 보통 언제까지인가?

① 생후 5~6개월까지
② 생후 7~8개월까지
③ 생후 9~10개월까지
④ 생후 11~12개월까지
⑤ 생후 14~16개월까지

113

다음 입의 용어 설명 중 올바르지 <u>않은</u> 것은?

① 결치: 선천적으로 치아 수가 부족한 상태
② 과리치: 치아 수가 표준보다 많은 상태
③ 라이 마우스: 입이 정상적으로 맞물리는 형태
④ 리피: 아래로 늘어진 입술
⑤ 머즐: 주둥이

114

다음 입의 용어 설명 중 올바르지 <u>않은</u> 것은?

① 스니피 머즐: 날카롭고 좁은 주둥이
② 시저스 바이트: 절단 교합
③ 언더숏: 아래턱이 위턱보다 뒤쪽에 위치하는 교합
④ 오버숏: 위턱 앞니가 아래턱 앞니보다 전방으로 돌출
⑤ 이븐 바이트: 위턱과 아래턱이 동일하게 맞물림

115

다음 입의 용어들 중 설명이 올바르지 <u>않은</u> 것은?

① 정상 교합: 각 견종의 목적에 따라 다른 정상 교합을 가짐
② 조(jaw): 눈
③ 조율(jowel): 두터운 입술과 턱
④ 춉(chop): 두터운 입술과 턱
⑤ 쿠션(cushion): 윗입술이 두껍고 풍만한 것

116

다음 입의 용어들 중 설명이 올바르지 <u>않은</u> 것은?

① 템퍼치: 고열에 의해 변색된 치아
② 플루즈(flews): 늘어진 윗입술
③ 피그 조(pig jow): 과도한 언더숏
④ 손상치: 선천적으로 결손된 치아
⑤ 부정 교합: 견종 표준이 요구하는 교합 외의 교합

117

다음 중 설명이 정확하지 <u>않은</u> 용어를 선택하시오.

① 부정 교합: 정상 교합이 아닌 모든 교합 상태
② 언더숏: 위턱 앞니가 아래턱 앞니보다 뒤쪽으로 위치
③ 오버숏: 아래턱 앞니가 위턱 앞니보다 뒤쪽으로 위치
④ 이븐 바이트: 위턱과 아래턱의 앞니가 완벽하게 맞물림
⑤ 정상 교합: 견종에 따라 다르지만 일반적으로 시저스 바이트를 포함함

118

다음 입의 용어들 중 설명이 올바르지 <u>않은</u> 것은?

① 템퍼치: 디스템퍼나 고열에 의해 변색된 치아
② 조율(jowel): 견종에 따라 정상적인 교합을 가리키는 용어
③ 라이 마우스(wry mouth): 뒤틀려 삐뚤어진 입
④ 리피(lippy): 아래로 늘어진 입술
⑤ 마블 아이(marble eye): 대리석처럼 여러 색이 섞인 눈

119

다음 입의 용어들 중 설명이 올바르지 <u>않은</u> 것은?

① 피그 조(pig jow): 페키니즈와 같은 견종에서 나타나는 두터운 입술과 턱
② 오벌 아이(oval eye): 일반적인 모양의 타원형 눈
③ 시저스 바이트(scissors bite): 위턱 앞니와 아래턱 앞니가 서로 조금 접촉되어 맞물리는 교합
④ 춥(chop): 두터운 입술과 턱
⑤ 스니피 머즐(snipy muzzle): 날카롭고 좁으며 뾰족한 주둥이

120
다음 입의 용어들 중 설명이 올바르지 <u>않은</u> 것은?

① 쿠션(cushion): 날카롭고 좁으며 뾰족한 주둥이
② 언더숏(undershot): 아래턱이 위턱보다 앞쪽으로 돌출된 교합 상태
③ 조(jaw): 턱을 의미하는 용어
④ 이븐 바이트(even bite): 위턱과 아래턱이 동일하게 맞물린 교합
⑤ 플루즈(flews): 늘어진 윗입술

※ 코의 용어에 대한 다음의 설명에 해당하는 것을 고르시오. (121~128번)

121
┤ 보기 ├
주둥이를 둘러싼 흰색의 띠를 이룬 반점이다.

① 노즈 밴드(nose band)　　　　② 노즈 브리지(nose bridge)
③ 더들리 노즈(dudley nose)　　④ 로만 노즈(roman nose)
⑤ 스노 노즈(snow nose)

122
┤ 보기 ├
스톱에서 코까지 주둥이 면을 말한다.

① 프레시 노즈(fresh nose)　　　② 노즈 브리지(nose bridge)
③ 더들리 노즈(dudley nose)　　④ 로만 노즈(roman nose)
⑤ 리버 노즈(liver nose)

123

┤ 보기 ├

색소가 부족한 살빛의 코, 빨간 코를 말한다.

① 스노 노즈(snow nose)　　　　　② 프레시 노즈(fresh nose)
③ 더들리 노즈(dudley nose)　　　④ 로만 노즈(roman nose)
⑤ 노즈 밴드(nose band)

124

┤ 보기 ├

독수리 코 또는 매부리코라고 한다.

① 노즈 밴드(nose band)　　　　　② 버터플라이 노즈(butterfly nose)
③ 더들리 노즈(dudley nose)　　　④ 로만 노즈(roman nose)
⑤ 리버 노즈(liver nose)

125

┤ 보기 ├

간장 색 코를 말한다.

① 더들리 노즈(dudley nose)　　　② 노즈 브리지(nose bridge)
③ 노즈 밴드(nose band)　　　　　④ 버터플라이 노즈(butterfly nose)
⑤ 리버 노즈(liver nose)

126

┤ 보기 ├

반점 모양의 코이며, 살색 코에 검은 반점이 있거나 검은 코에 살색 반점이 있는 것이 특징이다.

① 버터플라이 노즈(butterfly nose)　② 스노 노즈(snow nose)
③ 프레시 노즈(fresh nose)　　　　④ 더들리 노즈(dudley nose)
⑤ 로만 노즈(roman nose)

127

┤ 보기 ├

평소에는 코가 검은색이나 겨울철에 핑크색 줄무늬가 생기는 코를 말한다.

① 리버 노즈(liver nose)　　　　　　② 스노 노즈(snow nose)
③ 프레시 노즈(fresh nose)　　　　　④ 더들리 노즈(dudley nose)
⑤ 로만 노즈(roman nose)

128

┤ 보기 ├

살색 코를 말한다.

① 노즈 브리지(nose bridge)　　　　② 스노 노즈(snow nose)
③ 프레시 노즈(fresh nose)　　　　　④ 더들리 노즈(dudley nose)
⑤ 리버 노즈(liver nose)

129

'로만 노즈(roman nose)'라는 특징을 가장 잘 나타내는 견종을 고르시오.

① 치와와　　　　　　　　　　　② 샤페이
③ 보르조이　　　　　　　　　　④ 복서
⑤ 로트와일러

130

다음 코의 용어들 중 설명이 올바르지 않은 것은?

① 노즈 밴드(nose band): 주둥이를 둘러싼 흰색의 띠를 이룬 반점
② 노즈 브리지(nose bridge): 스톱에서 코까지 주둥이 면, 코 근육
③ 더들리 노즈(dudley nose): 독수리 코, 매부리코 예) 보르조이
④ 로만 노즈(roman nose): 독수리 코, 매부리코 예) 보르조이
⑤ 리버 노즈(liver nose): 간장 색 코

131

다음 코의 용어들 중 설명이 올바르지 <u>않은</u> 것은?

① 버터플라이 노즈(butterfly nose): 반점 모양의 코, 살색 코에 검은 반점이 있거나 검은 코에 살색 반점이 있는 것
② 스노 노즈(snow nose): 평소에는 코가 검은색이나 겨울철에 핑크색 줄무늬가 생기는 코
③ 프레시 노즈(fresh nose): 간장 색 코
④ 리버 노즈(liver nose): 간장 색 코
⑤ 노즈 브리지(nose bridge): 스톱에서 코까지 주둥이 면, 코 근육

132

다음 코의 용어들 중 설명이 올바르지 <u>않은</u> 것은?

① 노즈 브리지(nose bridge): 스톱에서 코까지 주둥이 면, 코 근육
② 더들리 노즈(dudley nose): 색소가 부족한 살빛의 코, 빨간 코
③ 로만 노즈(roman nose): 독수리 코, 매부리코 예) 보르조이
④ 스노 노즈(snow nose): 반점 모양의 코, 살색 코에 검은 반점이 있거나 검은 코에 살색 반점이 있는 것
⑤ 프레시 노즈(fresh nose): 살색 코

133

다음 코의 용어들 중 설명이 올바르지 <u>않은</u> 것은?

① 더들리 노즈(dudley nose): 색소가 부족한 살빛의 코, 빨간 코
② 로만 노즈(roman nose): 독수리 코, 매부리코 예) 보르조이
③ 리버 노즈(liver nose): 간장 색 코
④ 버터플라이 노즈(butterfly nose): 평소에는 코가 검은색이나 겨울철에 핑크색 줄무늬가 생기는 코
⑤ 노즈 밴드(nose band): 주둥이를 둘러싼 흰색의 띠를 이룬 반점

※ 귀의 용어에 대한 다음의 설명에 해당하는 것을 고르시오. (134~151번)

134

┤ 보기 ├

아래로 늘어진 귀를 말한다.

① 드롭 이어(drop ear)   ② 로즈 이어(rose ear)
③ 배트 이어(bat ear)   ④ 버튼 이어(button ear)
⑤ 펜던트 이어(pendant ear)

135

┤ 보기 ├

귀의 안쪽이 보이며 뒤틀려 작게 늘어진 귀를 말한다.

① 필버트 타입 이어(fillbert shaped ear)   ② 로즈 이어(rose ear)
③ 프릭 이어(prick ear)   ④ 버튼 이어(button ear)
⑤ 파렌 이어(phalene ear)

136

┤ 보기 ├

귀 아랫부분이 넓고 박쥐 날개같이 둥글게 선 귀를 말한다.

① 배트 이어(bat ear)   ② 드롭 이어(drop ear)
③ 로즈 이어(rose ear)   ④ 버튼 이어(button ear)
⑤ 벨 이어(bell ear)

137

┤ 보기 ├

긴 장식 털에 서 있는 큰 귀가 두개 바깥쪽으로 약 45° 기운 나비 모양 귀를 말한다.

① 버터플라이 이어(butterfly ear)   ② 크롭트 이어(cropped ear)
③ 세미프릭 이어(semiprick ear)   ④ 버튼 이어(button ear)
⑤ 하이셋 이어(highset ear)

138

| 보기 |

아래 부위는 직립해 있고 귓불이 두개 앞쪽으로 V 모양으로 늘어진 귀를 말한다.

① 드롭 이어(drop ear)   ② 로즈 이어(rose ear)
③ 배트 이어(bat ear)   ④ 버튼 이어(button ear)
⑤ 펜던트 이어(pendant ear)

139

| 보기 |

종 모양의 귀이며, 끝이 둥근 벨과 같은 형태의 둥근 귀를 말한다.

① 캔들 프레임 이어(candle flame ear)   ② 로즈 이어(rose ear)
③ 배트 이어(bat ear)   ④ 버튼 이어(button ear)
⑤ 벨 이어(bell ear)

140

| 보기 |

삼각형 모양의 귀이며, 늘어진 귀와 선 귀 두 가지 타입이 있다.

① V형 귀(V-shaped ear)   ② 드롭 이어(drop ear)
③ 로즈 이어(rose ear)   ④ 배트 이어(bat ear)
⑤ 버튼 이어(button ear)

141

| 보기 |

반직립형 귀이며, 직립한 귀의 끝부분이 앞으로 기울어진 것이 특징이다.

① 세미프릭 이어(semiprick ear)   ② 크롭트 이어(cropped ear)
③ 하이셋 이어(highset ear)   ④ 배트 이어(bat ear)
⑤ 펜던트 이어(pendant ear)

142

┤ 보기 ├

귀나 꼬리를 위쪽으로 세운 것을 말한다.

① 이어 프린지(ear fringe)　　　　② 드롭 이어(drop ear)
③ 로즈 이어(rose ear)　　　　　　④ 이렉트(erect)
⑤ 버튼 이어(button ear)

143

┤ 보기 ├

길게 늘어진 귀 주변의 장식 털을 말한다.

① 하이셋 이어(highset ear)　　　② 이어 프린지(ear fringe)
③ 로즈 이어(rose ear)　　　　　　④ 배트 이어(bat ear)
⑤ 세미프릭 이어(semiprick ear)

144

┤ 보기 ├

촛불 모양의 귀를 말한다.

① 캔들 프레임 이어(candle flame ear)　　② 이렉트(erect)
③ 크롭트 이어(cropped ear)　　　　　　④ 플레어링 이어(flaring ear)
⑤ 버튼 이어(button ear)

145

┤ 보기 ├

귀를 세우기 위해 자른(크로핑-cropping) 귀를 말한다.

① 크롭트 이어(cropped ear)　　　　② 캔들 프레임 이어(candle flame ear)
③ 로즈 이어(rose ear)　　　　　　　④ 플레어링 이어(flaring ear)
⑤ 버튼 이어(button ear)

146

┤ 보기 ├

늘어진 귀 타입이며, 파피용의 늘어진 타입은 그 수가 매우 적다. 늘어진 타입의 파피용의 경우 완전하게 늘어져야만 한다.

① 로즈 이어(rose ear)
② 벨 이어(bell ear)
③ 프릭 이어(prick ear)
④ V형 귀(V-shaped ear)
⑤ 파렌 이어(phalene ear)

147

┤ 보기 ├

늘어진 귀를 말한다.

① 펜던트 이어(pendant ear)
② 필버트 타입 이어(fillbert shaped ear)
③ 하이셋 이어(highset ear)
④ 이어 프린지(ear fringe)
⑤ 세미프릭 이어(semiprick ear)

148

┤ 보기 ├

직립 귀를 말하며, 앞쪽 끝부분이 뾰족하게 선 귀다. 귀를 잘라 인위적으로 만든 직립 귀와 자연적인 직립 귀가 있다.

① 배트 이어(bat ear)
② 버튼 이어(button ear)
③ 로즈 이어(rose ear)
④ 프릭 이어(prick ear)
⑤ 드롭 이어(drop ear)

149

┤ 보기 ├

나팔꽃 모양 귀를 말한다.

① 플레어링 이어(flaring ear)
② 필버트 타입 이어(fillbert shaped ear)
③ 파렌 이어(phalene ear)
④ 벨 이어(bell ear)
⑤ 버터플라이 이어(butterfly ear)

150

┤ 보기 ├

개암나무 열매 형태의 귀를 말한다.

① 크롭트 이어(cropped ear)
② 드롭 이어(drop ear)
③ 펜던트 이어(pendant ear)
④ 필버트 타입 이어(filbert shaped ear)
⑤ 캔들 프레임 이어(candle flame ear)

151

┤ 보기 ├

높은 위치에 귀가 있는 것을 말한다.

① 하이셋 이어(highset ear)
② 버터플라이 이어(butterfly ear)
③ 이렉트(erect)
④ 크롭트 이어(cropped ear)
⑤ 버튼 이어(button ear)

152

'드롭 이어(drop ear)'라는 특징을 가장 잘 나타내는 견종을 고르시오.

① 바셋하운드
② 슈나우저
③ 그레이하운드
④ 블러드하운드
⑤ 버니즈 마운틴 도그

153

'로즈 이어(rose ear)'라는 특징을 가장 잘 나타내는 견종을 고르시오.

① 닥스훈트, 치와와
② 불도그, 휘핏
③ 휘핏, 말티즈
④ 비글, 웰시 테리어
⑤ 불도그, 도베르만

154

'배트 이어(bat ear)'라는 특징을 가장 잘 나타내는 견종을 고르시오.

① 프렌치불도그, 시츄

② 불 테리어, 코카 스파니엘

③ 시베리안 허스키, 래브라도 리트리버

④ 웰시코기, 오스트레일리안 셰퍼드

⑤ 프렌치불도그, 웰시코기

155

'버터플라이 이어(butterfly ear)'라는 특징을 가장 잘 나타내는 견종을 고르시오.

① 치와와

② 파피용

③ 콜리

④ 보더 콜리

⑤ 도베르만

156

'버튼 이어(button ear)'라는 특징을 가장 잘 나타내는 견종을 고르시오.

① 보더테리어, 폭스테리어

② 프렌치불도그, 웰시코기

③ 불도그, 휘핏

④ 도베르만핀셔, 복서

⑤ 불 테리어, 코카 스파니엘

157

'V형 귀(V-shaped ear)'라는 특징을 가장 잘 나타내는 견종을 고르시오.

① 시베리안허스키, 잉글리시 불독, 코카 스파니엘

② 에어데일테리어, 보더 콜리, 비글

③ 프렌치불도그, 웰시코기, 파피용

④ 불도그, 휘핏, 폭스테리어

⑤ 불마스티프, 에어데일테리어, 시베리안허스키

158

'세미프릭 이어(semiprick ear)'라는 특징을 가장 잘 나타내는 견종이 아닌 것은?

① 폭스테리어

② 보더 콜리

③ 러프콜리

④ 파피용

⑤ 그레이하운드

159

'이어 프린지(ear fringe)'라는 특징을 가장 잘 나타내는 견종을 고르시오.

① 세터
② 말티즈
③ 슈나우저
④ 비글
⑤ 비숑 프리제

160

'캔들 프레임 이어(candle flame ear)'라는 특징을 가장 잘 나타내는 견종을 고르시오.

① 잉글리시토이테리어
② 비글
③ 도베르만
④ 시츄
⑤ 말티즈

161

'크롭트 이어(cropped ear)'라는 특징을 가장 잘 나타내는 견종이 <u>아닌</u> 것은?

① 복서
② 노베르트반씬서
③ 그레이트 데인
④ 미니어처 핀셔
⑤ 시베리안 허스키

162

'펜던트 이어(pendant ear)'라는 특징을 가장 잘 나타내는 견종을 고르시오.

① 닥스훈트
② 코커 스파니엘
③ 그레이하운드
④ 비글
⑤ 바셋하운드

163

'프릭 이어(prick ear)'라는 특징을 가장 잘 나타내는 견종이 <u>아닌</u> 것은?

① 저먼셰퍼드
② 도베르만핀셔
③ 그레이트데인
④ 시베리안 허스키
⑤ 닥스훈트

164

'플레어링 이어(flaring ear)'라는 특징을 가장 잘 나타내는 견종을 고르시오.

① 말티즈   ② 치와와
③ 코카 스파니엘   ④ 비글
⑤ 골든 리트리버

165

'필버트 타입 이어(fillbert shaped ear)'라는 특징을 가장 잘 나타내는 견종을 고르시오.

① 프렌치 불도그   ② 베들링턴테리어
③ 샤페이   ④ 요크셔 테리어
⑤ 보스턴 테리어

166

다음 귀의 용어들 중 설명이 올바르지 <u>않은</u> 것은?

① 드롭 이어(drop ear): 아래로 늘어진 귀다.
② 로즈 이어(rose ear): 귀의 안쪽이 보이며 뒤틀려 작게 늘어진 귀다.
③ 배트 이어(bat ear): 귀 아랫부분이 넓고 박쥐 날개같이 둥글게 선 귀다.
④ 버튼 이어(button ear): 나비 모양 귀, 긴 장식 털에 서 있는 큰 귀가 두개 바깥쪽으로 약 45° 기운 나비
   모양 귀다.
⑤ 벨 이어(bell ear): 종 모양의 귀다. 끝이 둥근 벨과 같은 형태의 둥근 귀다.

167

다음 귀의 용어들 중 설명이 올바르지 <u>않은</u> 것은?

① 프릭 이어(prick ear): 나팔꽃 모양 귀다.
② 세미프릭 이어(semiprick ear): 반직립형 귀다. 직립한 귀의 끝부분이 앞으로 기울어진 것이다.
③ 이렉트(erect): 귀나 꼬리를 위쪽으로 세운 것이다.
④ V형 귀(V-shaped ear): 삼각형 모양의 귀다. 늘어진 귀와 선 귀 두 가지 타입이 있다.
⑤ 크롭트 이어(cropped ear): 귀를 세우기 위해 자른(크로핑-cropping) 귀다.

168

다음 귀의 용어들 중 설명이 올바르지 <u>않은</u> 것은?

① 버터플라이 이어(butterfly ear): 나비 모양 귀다. 긴 장식 털에 서 있는 큰 귀가 두개 바깥쪽으로 약 45°
   기운 나비 모양 귀다.
② 플레어링 이어(flaring ear): 개암나무 열매 형태의 귀다.
③ 캔들 프레임 이어(candle flame ear): 촛불 모양의 귀다.
④ 파렌 이어(phalene ear): 늘어진 귀 타입이다. 파피용의 늘어진 타입은 그 수가 매우 적다.
⑤ 하이셋 이어(highset ear): 높은 위치에 귀가 있는 것이다.

169

다음 귀의 용어들 중 설명이 올바르지 <u>않은</u> 것은?

① 드롭 이어(drop ear): 아래로 늘어진 귀다.
② 로즈 이어(rose ear): 귀의 안쪽이 보이며 뒤틀려 작게 늘어진 귀다.
③ 배트 이어(bat ear): 귀 아랫부분이 넓고 박쥐 날개같이 둥글게 선 귀다.
④ 이어 프린지(ear fringe): 직립 귀다. 앞쪽 끝부분이 뾰족하게 선 귀다.
⑤ 펜던트 이어(pendant ear): 늘어진 귀다.

170

다음 귀의 용어들 중 설명이 올바르지 <u>않은</u> 것은?

① 드롭 이어(drop ear): 아래로 늘어진 귀다.
② 버튼 이어(button ear): 아래 부위는 직립해 있고 귓불이 두개 앞쪽으로 V 모양으로 늘어진 귀다.
③ 플레어링 이어(flaring ear): 나팔꽃 모양 귀다.
④ 크롭트 이어(cropped ear): 귀를 세우기 위해 자른(크로핑-cropping) 귀다.
⑤ 캔들 프레임 이어(candle flame ear): 긴 장식 털에 서 있는 큰 귀가 두개 바깥쪽으로 약 45° 기운 나비
   모양 귀다.

171

다음 귀의 용어들 중 설명이 올바르지 <u>않은</u> 것은?

① 로즈 이어(rose ear): 귀의 안쪽이 보이며 뒤틀려 작게 늘어진 귀다.
② V형 귀(V-shaped ear): 귀나 꼬리를 위쪽으로 세운 것이다.
③ 프릭 이어(prick ear): 직립 귀다. 앞쪽 끝부분이 뾰족하게 선 귀다. 귀를 잘라 인위적으로 만든 직립 귀와 자연적인 직립 귀가 있다.
④ 벨 이어(bell ear): 종 모양의 귀다. 끝이 둥근 벨과 같은 형태의 둥근 귀다.
⑤ 필버트 타입 이어(filbert shaped ear): 개암나무 열매 형태의 귀다.

172

다음 귀의 용어들 중 설명이 올바르지 <u>않은</u> 것은?

① 드롭 이어(drop ear): 아래로 늘어진 귀다.
② 파렌 이어(phalene ear): 나비 모양 귀다. 긴 장식 털에 서 있는 큰 귀가 두개 바깥쪽으로 약 45° 기운 나비 모양 귀다.
③ 이렉트(erect): 귀나 꼬리를 위쪽으로 세운 것이다.
④ 버튼 이어(button ear): 아래 부위는 직립해 있고 귓불이 두개 앞쪽으로 V 모양으로 늘어진 귀다.
⑤ 펜던트 이어(pendant ear): 늘어진 귀다.

173

다음 귀의 용어들 중 설명이 올바르지 <u>않은</u> 것은?

① 로즈 이어(rose ear): 귀의 안쪽이 보이며 뒤틀려 작게 늘어진 귀다.
② 벨 이어(bell ear): 종 모양의 귀다. 끝이 둥근 벨과 같은 형태의 둥근 귀다.
③ 이어 프린지(ear fringe): 길게 늘어진 귀 주변의 장식 털이다.
④ 캔들 프레임 이어(candle flame ear): 개암나무 열매 형태의 귀다.
⑤ 플레어링 이어(flaring ear): 나팔꽃 모양 귀다.

174

다음 귀의 용어들 중 설명이 올바르지 <u>않은</u> 것은?

① 드롭 이어(drop ear): 아래로 늘어진 귀다.

② 로즈 이어(rose ear): 귀의 안쪽이 보이며 뒤틀려 작게 늘어진 귀다.

③ 벨 이어(bell ear): 종 모양의 귀다. 끝이 둥근 벨과 같은 형태의 둥근 귀다.

④ 펜던트 이어(pendant ear): 늘어진 귀다.

⑤ 파렌 이어(phalene ear): 나비 모양 귀다. 긴 장식 털에 서 있는 큰 귀가 두개 바깥쪽으로 약 45° 기운 나비 모양 귀다.

※ 몸통의 용어에 대한 다음의 설명에 해당하는 것을 고르시오. (175~224번)

175

┤ 보기 ├─

근육 발달이 불충분해 엉덩이 골반의 경사가 급하며, 보통 꼬리가 낮게 자리잡고 있다.

① 구스 럼프(goose rump)　　　② 레벨 백(level back)

③ 로인(loin)　　　　　　　　　④ 리브(rib)

⑤ 쇼트 백(short back)

176

┤ 보기 ├─

등선이 허리로 갈수록 낮아지는 모양을 말한다.

① 다운힐(downhill)　　　　　② 백(back)

③ 로치 백(roach back)　　　　④ 숄더(shoulder)

⑤ 스웨이 백(sway back)

177

다리 안쪽 엄지발톱을 말하며, 낭조 또는 며느리발톱이라고 말한다.

① 턱 업(tuck up)
② 바디(body)
③ 브리스킷(brisket)
④ 듀클로(dewclaw)
⑤ 플랭크(flank)

178

골반 상부의 근육이 연결된 부위인 엉덩이를 말한다.

① 크루프(croup)
② 커플링(coupling)
③ 럼프(rump)
④ 백 라인(back line)
⑤ 파텔라(patella)

179

수평한 등을 말하며, 기갑에서 허리에 걸쳐 평편한 모양이다. 즉 바람직한 등의 모양이다.

① 레벨 백(level back)
② 쇼트커플드(short-coupled)
③ 롱 바디(long body)
④ 인 숄더(in shoulder)
⑤ 앵귤레이션(angulation)

180

껑충하게 긴 다리이며, 등이 높고 비교적 가는 체구의 몸통 타입이다. 균형 잡히고 세련된 모양을 말한다.

① 클로디(cloddy)
② 레인지(rangy)
③ 쇼트 백(short back)
④ 비피(beefy)
⑤ 레이시(racy)

181

흉심이 얕은 긴 몸통의 타입을 말한다.

① 레인지(rangy)   ② 구스 럼프(goose rump)
③ 롱 바디(long body)   ④ 보시(bossy)
⑤ 힙 조인트(hip joint)

182

허리 또는 요부라고 칭한다.

① 브리스킷(brisket)   ② 레벨 백(level back)
③ 로인(loin)   ④ 체스트(chest)
⑤ 크루프(croup)

183

등선이 허리로 향하여 부드럽게 커드한 모양이며, 잉어 등이라고도 한다.

① 스트레이트 숄더(straight shoulder)   ② 캐멀 백(camel back)
③ 쇼트커플드(short-coupled)   ④ 언더 라인(under line)
⑤ 로치 백(roach back)

184

긴 몸통을 말하며, 대표견종은 닥스훈트다.

① 롱 바디(long body)   ② 쇼트 백(short back)
③ 페이퍼 풋(paper foot)   ④ 구스 럼프(goose rump)
⑤ 헤어 풋(hare foot)

185

보기

갈비뼈 13대로 흉추에 연결되어 있으며, 늑골이라고도 한다.

① 구스 럼프(goose rump)　　② 리브(rib)
③ 힙 본(hip bone)　　④ 백(back)
⑤ 듀클로(dewclaw)

186

보기

심장이나 폐 등을 수용하는 바구니 형태의 골격이며, 흉곽이라고 한다.

① 커플링(coupling)　　② 스웨이 백(sway back)
③ 로치 백(roach back)　　④ 리브케이지(ribcage)
⑤ 숄더(shoulder)

187

보기

몸통이라고 한다.

① 바디(body)　　② 턱 업(tuck up)
③ 백 라인(back line)　　④ 레벨 백(level back)
⑤ 오벌 체스트(oval chest)

188

보기

술통 모양의 가슴을 말한다.

① 배럴 체스트(barrel chest)　　② 쇼트커플드(short-coupled)
③ 슬로핑 숄더(sloping shoulder)　　④ 쇼트 백(short back)
⑤ 스트레이트 숄더(straight shoulder)

189

---| 보기 |---

기갑에서 시작해 꼬리 뿌리 부분까지의 등선을 말한다.

① 브리스킷(brisket) ② 쇼트커플드(short-coupled)
③ 백 라인(back line) ④ 플랭크(flank)
⑤ 듀클로(dewclaw)

190

---| 보기 |---

등이라고 한다.

① 백(back) ② 바디(body)
③ 쇼트 백(short back) ④ 스웨이 백(sway back)
⑤ 롱 바디(long body)

191

---| 보기 |---

엉덩이를 칭한다.

① 롱 바디(long body) ② 럼프(rump)
③ 브리스킷(brisket) ④ 쇼트커플드(short-coupled)
⑤ 버톡(buttock)

192

---| 보기 |---

어깨 근육이 과도하게 발달해 두꺼운 몸통 타입을 칭한다.

① 보시(bossy) ② 앵귤레이션(angulation)
③ 클로디(cloddy) ④ 위디(weedy)
⑤ 슬로핑 숄더(sloping shoulder)

193

┤ 보기 ├
몸통 앞쪽의 가슴 아랫부분이며, 하흉부라고 칭한다.

① 플랭크(flank)
② 브리스킷(brisket)
③ 페이퍼 풋(paper foot)
④ 힙 본(hip bone)
⑤ 쇼트커플드(short-coupled)

194

┤ 보기 ├
근육이나 살이 과도하게 발달해 비만인 몸통 타입을 말한다.

① 비피(beefy)
② 레이시(racy)
③ 리브(rib)
④ 턱 업(tuck up)
⑤ 헤어 풋(hare foot)

195

┤ 보기 ├
기갑의 높이보다 짧은 등을 말한다.

① 롱 바디(long body)
② 쇼트 백(short back)
③ 플랭크(flank)
④ 듀클로(dewclaw)
⑤ 브리스킷(brisket)

196

┤ 보기 ├
라스트 리브에서 둔부까지 거리가 짧은 것을 말한다.

① 쇼트커플드(short-coupled)
② 쇼트 백(short back)
③ 턱 업(tuck up)
④ 클로디(cloddy)
⑤ 에이너스(anus)

197

┤ 보기 ├

어깨라고 칭한다.

① 로인(loin)
③ 숄더(shoulder)
⑤ 슬로핑 숄더(sloping shoulder)

② 리브(rib)
④ 쇼트커플드(short-coupled)

198

┤ 보기 ├

캐멀 백의 반대로, 등선이 움푹 파인 모양을 말한다.

① 스웨이 백(sway back)
③ 쇼트 백(short back)
⑤ 바디(body)

② 로치 백(roach back)
④ 쇼트커플드(short-coupled)

199

┤ 보기 ├

어깨 전출로 어깨가 전방으로 기울어진 것을 말한다.

① 스트레이트 숄더(straight shoulder)
③ 롱 바디(long body)
⑤ 페이퍼 풋(paper foot)

② 슬로핑 숄더(sloping shoulder)
④ 오벌 체스트(oval chest)

200

┤ 보기 ├

견갑골이 뒤쪽으로 길게 경사를 이루어 후방으로 경사진 어깨를 말한다.

① 리브케이지(ribcage)
③ 쇼트 백(short back)
⑤ 아웃 오브 숄더(out of shoulder)

② 쇼트커플드(short-coupled)
④ 슬로핑 숄더(sloping shoulder)

201

┤ 보기 ├
전구가 매우 넓어진 상태로 두드러지게 벌어진 어깨를 말한다. 대표견종은 불도그다.

① 아웃 오브 숄더(out of shoulder)　　② 구스 럼프(goose rump)
③ 쇼트커플드(short-coupled)　　　　　④ 레벨 백(level back)
⑤ 스웨이 백(sway back)

202

┤ 보기 ├
뼈와 뼈가 연결되는 각도를 말한다.

① 로치 백(roach back)　　　　　　　② 앵귤레이션(angulation)
③ 쇼트커플드(short-coupled)　　　　　④ 숄더(shoulder)
⑤ 브리스킷(brisket)

203

┤ 보기 ├
가슴 아랫부분에서 배를 따라 만들어진 아랫면의 윤곽선을 말한다.

① 언더 라인(under line)　　　　　　② 커플링(coupling)
③ 리브케이지(ribcage)　　　　　　　④ 롱 바디(long body)
⑤ 쇼트커플드(short-coupled)

204

┤ 보기 ├
항문을 칭한다.

① 로인(loin)　　　　　　　　　　　② 위더스(withers)
③ 에이너스(anus)　　　　　　　　　④ 쇼트커플드(short-coupled)
⑤ 헤어 풋(hare foot)

205

┤ 보기 ├
계란 모양의 가슴을 말한다.

① 오벌 체스트(oval chest)　　　　② 쇼트커플드(short-coupled)
③ 롱 바디(long body)　　　　　　 ④ 리브케이지(ribcage)
⑤ 브리스킷(brisket)

206

┤ 보기 ├
목 아래에 있는 어깨의 가장 높은 점으로, 키를 이 위치에서 측정한다. 기갑이라 칭한다.

① 쇼트 백(short back)　　　　　　② 리브(rib)
③ 쇼트커플드(short-coupled)　　　④ 위더스(withers)
⑤ 힙 본(hip bone)

207

┤ 보기 ├
골량 부족으로 가느다란 모양을 말하며, 골격이 가늘고 왜소한 모양, 즉 미발육의 신체 상태를 나타낸다.

① 위디(weedy)　　　　　　　　　② 헤어 풋(hare foot)
③ 리브케이지(ribcage)　　　　　　④ 레인지(rangy)
⑤ 페이퍼 풋(paper foot)

208

┤ 보기 ├
등뼈와 평행하지 않은 어깨 끝이며, 어깨가 앞으로 나온 모양을 말한다.

① 인 숄더(in shoulder)　　　　　　② 스트레이트 숄더(straight shoulder)
③ 레벨 백(level back)　　　　　　 ④ 쇼트커플드(short-coupled)
⑤ 리브(rib)

209

┤ 보기 ├

가슴 또는 흉부를 칭한다.

① 체스트(chest)
② 플랭크(flank)
③ 쇼트커플드(short-coupled)
④ 턱 업(tuck up)
⑤ 레벨 백(level back)

210

┤ 보기 ├

어깨 쪽이 낮고 허리 부분이 둥글게 올라가고 엉덩이가 내려간 모양으로 낙타등이라고도 칭한다.

① 캐멀 백(camel back)
② 로치 백(roach back)
③ 스웨이 백(sway back)
④ 쇼트커플드(short-coupled)
⑤ 리브케이지(ribcage)

211

┤ 보기 ├

고양이 발이라고 칭한다.

① 페이퍼 풋(paper foot)
② 헤어 풋(hare foot)
③ 캣 풋(cat foot)
④ 쇼트커플드(short-coupled)
⑤ 리브케이지(ribcage)

212

┤ 보기 ├

늑골과 관골 사이를 연결하는 몸통 부위, 흉부와 엉덩이의 중간 부위를 말하며, 요부라고 칭한다.

① 쇼트 백(short back)
② 쇼트커플드(short-coupled)
③ 롱 바디(long body)
④ 위디(weedy)
⑤ 커플링(coupling)

213

┤ 보기 ├

몸통이 짧고 간결한 모양의 몸통 타입을 말한다. 대표견종은 몰티즈다.

① 페이퍼 풋(paper foot)
② 코비(cobby)
③ 레벨 백(level back)
④ 리브케이지(ribcage)
⑤ 턱 업(tuck up)

214

┤ 보기 ├

엉덩이라고 칭한다.

① 리브(rib)
② 버톡(buttock)
③ 크루프(croup)
④ 커플링(coupling)
⑤ 쇼트커플드(short-coupled)

215

┤ 보기 ├

등이 낮고 몸통이 굵어 무겁게 느껴지는 몸통의 타입을 말한다.

① 클로디(cloddy)
② 쇼트커플드(short-coupled)
③ 턱 업(tuck up)
④ 레벨 백(level back)
⑤ 리브케이지(ribcage)

216

┤ 보기 ├

허리 부분에서 복부가 감싸 올려진 상태를 말한다.

① 쇼트커플드(short-coupled)
② 롱 바디(long body)
③ 리브케이지(ribcage)
④ 턱 업(tuck up)
⑤ 쇼트 백(short back)

217

기갑 직후부터 뿌리까지의 등선을 말한다.

① 리브케이지(ribcage)
② 숄더(shoulder)
③ 톱 라인(top line)
④ 쇼트커플드(short-coupled)
⑤ 플랭크(flank)

218

슬개골이라고 칭한다.

① 파텔라(patella)
② 오벌 체스트(oval chest)
③ 리브케이지(ribcage)
④ 쇼트커플드(short-coupled)
⑤ 쇼트 백(short back)

219

발바닥이 너무 얇아 움직임이 빈약하며, 종이발이라고도 칭한다.

① 리브케이지(ribcage)
② 캣 풋(cat foot)
③ 헤어 풋(hare foot)
④ 쇼트커플드(short-coupled)
⑤ 페이퍼 풋(paper foot)

220

라스트 리브와 엉덩이 사이의 몸통 측면을 말하며, 옆구리라 칭한다.

① 플랭크(flank)
② 쇼트커플드(short-coupled)
③ 쇼트 백(short back)
④ 헤어 풋(hare foot)
⑤ 턱 업(tuck up)

221

┤ 보기 ├

토끼발처럼 긴 발가락을 말한다.

① 헤어 풋(hare foot)
② 캣 풋(cat foot)
③ 페이퍼 풋(paper foot)
④ 쇼트커플드(short-coupled)
⑤ 리브케이지(ribcage)

222

┤ 보기 ├

기갑부 최고점에서 가슴 아래에 이르는 수직 거리이며, 가슴의 깊이를 말한다.

① 턱 업(tuck up)
② 흉심
③ 쇼트커플드(short-coupled)
④ 쇼트 백(short back)
⑤ 리브케이지(ribcage)

223

┤ 보기 ├

장골, 좌골, 치골로 구성되어있으며, 고관절을 형성한다. 이를 관골이라고 칭하며, 세 개의 뼈 중 장골이 가장 크다.

① 쇼트커플드(short-coupled)
② 위디(weedy)
③ 리브케이지(ribcage)
④ 플랭크(flank)
⑤ 힙 본(hip bone)

224

┤ 보기 ├

고관절이라 칭한다.

① 힙 조인트(hip joint)
② 쇼트커플드(short-coupled)
③ 쇼트 백(short back)
④ 리브케이지(ribcage)
⑤ 플랭크(flank)

225

'롱 바디(long body)'라는 특징을 가장 잘 나타내는 견종을 고르시오.

① 푸들
② 요크셔 테리어
③ 치와와
④ 닥스훈트
⑤ 말티즈

226

다음 용어들 중 설명이 올바르지 <u>않은</u> 것은?

① 구스 럼프(goose rump): 엉덩이가 급격하게 경사지면서 꼬리가 낮게 위치하는 형태
② 다운힐(dowunhill): 등이 전체적으로 평평한 형태
③ 듀클로(dewclaw): 다리 안쪽의 추가 발톱, 흔히 '며느리발톱'으로 불림
④ 럼프(rump): 엉덩이 부위, 특히 골반과 연결되는 근육이 있는 곳
⑤ 레벨 백(level back): 등이 완전히 수평인 모양

227

다음 설명 중 올바르지 <u>않은</u> 것은?

① 레이시(racy): 몸통이 길고 다리가 짧은 타입
② 레인지(rangy): 몸통이 길고 흉심이 얕은 형태
③ 로인(loin): 허리 부분을 지칭하는 용어
④ 로치 백(roach back): 등선이 허리로 갈수록 부드럽게 굽은 모양
⑤ 롱 바디(long body): 특히 긴 몸통을 가진 개, 예를 들어 닥스훈트가 있음

228

다음 설명 중 올바르지 <u>않은</u> 것은?

① 배럴 체스트(barrel chest): 술통 모양으로 둥근 가슴
② 백 라인(back line): 꼬리 뿌리까지 이어지는 등의 선
③ 버톡(buttock): 다리가 시작되는 엉덩이 부위
④ 보시(bossy): 어깨가 낮은 모양
⑤ 브리스킷(brisket): 가슴 아랫부분, 하흉부

229

다음 설명 중 올바르지 <u>않은</u> 것은?

① 쇼트 백(short back): 등이 상대적으로 짧은 모양
② 쇼트커플드(short-coupled): 라스트 리브부터 엉덩이까지 거리가 짧음
③ 숄더(shoulder): 다리의 연결 부위
④ 스웨이 백(sway back): 등선이 움푹 파인 모양
⑤ 스트레이트 숄더(straight shoulder): 어깨가 전방으로 기울어진 상태

230

다음 용어 설명 중 올바르지 <u>않은</u> 것은?

① 슬로핑 숄더(sloping shoulder): 견갑골이 뒤쪽으로 길게 경사진 어깨
② 아웃 오브 숄더(out of shoulder): 어깨가 매우 좁은 상태
③ 앵귤레이션(angulation): 뼈와 뼈가 연결되는 각도
④ 언더 라인(under line): 가슴 아래에서 배로 이어지는 부드러운 선
⑤ 에이너스(anus): 항문

231

다음 설명 중 올바르지 <u>않은</u> 것은?

① 오벌 체스트(oval chest): 가슴이 타원형으로 넓은 모양
② 위더스(withers): 목 아래에서 허리까지 이어지는 높은 부분
③ 위디(weedy): 근육 발달이 좋아 강인한 모양
④ 인 숄더(in shoulder): 어깨가 앞으로 나온 모양
⑤ 체스트(chest): 가슴, 흉부를 의미함

232

다음 용어 설명 중 정확하지 <u>않은</u> 것은?

① 캐멀 백(camel back): 낙타처럼 등이 둥글게 올라간 모양
② 캣 풋(cat foot): 발가락이 긴 발
③ 커플링(coupling): 늑골과 엉덩이 사이의 연결 부위
④ 코비(cobby): 몸통이 길고 날씬한 타입
⑤ 크루프(croup): 엉덩이 부위

233

다음 설명 중 올바르지 <u>않은</u> 것은?

① 클로디(cloddy): 몸통이 굵고 무거운 타입
② 턱 업(tuck up): 복부가 매우 편평한 상태
③ 톱 라인(top line): 등선, 기갑부터 꼬리 뿌리까지 이어지는 선
④ 파텔라(patella): 슬개골
⑤ 페이퍼 풋(paper foot): 발바닥이 얇고 움직임이 빈약한 상태

234

다음 설명 중 올바르지 <u>않은</u> 것은?

① 플랭크(flank): 옆구리 부위
② 헤어 풋(hare foot): 발바닥이 넓고 평평한 발
③ 흉심: 가슴의 깊이를 나타냄
④ 힙 본(hip bone): 고관절을 형성하는 장골, 좌골, 치골 등의 결합 부위
⑤ 힙 조인트(hip joint): 고관절

235

다음 중 설명이 <u>잘못된</u> 것은?

① 배럴 체스트(barrel chest): 술통처럼 둥근 가슴
② 백 라인(back line): 등선이 수평인 상태
③ 버톡(buttock): 엉덩이 부위
④ 보시(bossy): 어깨 근육이 발달하지 않은 상태
⑤ 브리스킷(brisket): 가슴 아랫부분, 하흉부

236

다음 설명 중 올바르지 <u>않은</u> 것은?

① 쇼트 백(short back): 등이 상대적으로 긴 상태
② 쇼트커플드(short-coupled): 늑골에서 엉덩이까지 거리가 짧은 상태
③ 숄더(shoulder): 어깨 부위
④ 스웨이 백(sway back): 등선이 중간 부분에서 움푹 파인 상태
⑤ 스트레이트 숄더(straight shoulder): 어깨가 전방으로 기울지 않은 상태

237

다음 설명 중 정확하지 <u>않은</u> 것은?

① 슬로핑 숄더(sloping shoulder): 어깨가 매끄럽게 경사지지 않은 상태
② 아웃 오브 숄더(out of shoulder): 어깨가 벌어진 상태
③ 앵귤레이션(angulation): 관절의 각도
④ 언더 라인(under line): 가슴부터 배까지의 선
⑤ 에이너스(anus): 항문

238

다음 설명 중 올바르지 <u>않은</u> 것은?

① 오벌 체스트(oval chest): 가슴이 길쭉한 타원형
② 위더스(withers): 어깨의 가장 높은 점
③ 위디(weedy): 튼튼하고 강한 몸통
④ 인 숄더(in shoulder): 어깨가 앞으로 나온 상태
⑤ 체스트(chest): 가슴

239

다음 설명 중 올바르지 <u>않은</u> 것은?

① 캐멀 백(camel back): 어깨 쪽이 높고 허리가 낮은 상태
② 캣 풋(cat foot): 발바닥이 넓고 평평한 발
③ 커플링(coupling): 늑골과 엉덩이를 연결하는 몸통의 중간 부위
④ 코비(cobby): 몸통이 짧고 간결한 형태
⑤ 크루프(croup): 엉덩이 부위

240

다음 설명 중 <u>잘못된</u> 것을 고르시오.

① 클로디(cloddy): 등이 낮고 몸통이 굵은 타입
② 턱 업(tuck up): 복부가 매우 감싸져 올라간 상태
③ 톱 라인(top line): 기갑에서 꼬리 뿌리까지 이어지는 등선
④ 파텔라(patella): 발목
⑤ 페이퍼 풋(paper foot): 발바닥이 얇아 움직임이 빈약한 상태

※ 다리의 용어에 대한 다음의 설명에 해당하는 것을 고르시오. (241~264번)

241

┤ 보기 ├

폭이 좁은 대퇴부를 말한다.

① 스트레이트 프런트(straight front)
② 내로 프런트(narrow front)
③ 내로 사이(narrow thigh)
④ 피들 프런트(fiddle front)
⑤ 시클 호크(sickle hock)

242

┤ 보기 ├

앞가슴 폭이 좁은 프런트를 말하며, 앞다리 간격이 좁다. 대표견종은 보르조이다.

① 웰 벤트 호크(well bent hock)
② 내로 프런트(narrow front)
③ 배럴 호크(barrel hock)
④ 세컨드 사이(second thigh)
⑤ 엘보(elbow)

243

┤ 보기 ├

패스턴이 앞쪽으로 경사진 것을 말하며, 이는 지구력이 결여되는 결점이 있다.

① 다운 인 패스턴(down in pastern)
② 내로 프런트(narrow front)
③ 트위스팅 호크(twisting hock)
④ 피들 프런트(fiddle front)
⑤ 카우 호크(cow hock)

244

┤ 보기 ├

발가락 부분이 안쪽으로 굽어 밖으로 돌아간 비절을 말한다.

① 배럴 호크(barrel hock)
② 내로 사이(narrow thigh)
③ 어퍼 암(upper arm)
④ 엘보(elbow)
⑤ 사이(thigh)

245

| 보기 |

팔꿈치가 바깥쪽으로 굽은 안짱다리를 말하며, 활 모양의 전반부이다.

① 시클 호크(sickle hock)
② 카우 호크(cow hock)
③ 보우드 프런트(bowed front)
④ 트위스팅 호크(twisting hock)
⑤ 웰 벤트 호크(well bent hock)

246

| 보기 |

후지 엉덩이에서 무릎 관절까지의 부위를 말하며, 대퇴부라고도 칭한다.

① 사이(thigh)
② 엘보(elbow)
③ 호크(hock)
④ 내로 프런트(narrow front)
⑤ 스트레이트 프런트(straight front)

247

| 보기 |

후지 무릎 관절부터 비절까지의 부위를 말한다.

① 세컨드 사이(second thigh)
② 내로 사이(narrow thigh)
③ 어퍼 암(upper arm)
④ 엘보(elbow)
⑤ 카우 호크(cow hock)

248

| 보기 |

대퇴골과 하퇴골을 연결하는 부위를 말하며, 무릎 관절을 의미한다.

① 스타이플(stiffle)
② 내로 프런트(narrow front)
③ 패스턴(pastern)
④ 피들 프런트(fiddle front)
⑤ 트위스팅 호크(twisting hock)

249

┤ 보기 ├

일직선상의 프런트를 의미하며, 테리어 프런트라고도 칭한다.

① 시클 호크(sickle hock)　　　　　② 배럴 호크(barrel hock)
③ 스트레이트 프런트(straight front)　　④ 아웃 앳 엘보(out at elbow)
⑤ 내로 사이(narrow thigh)

250

┤ 보기 ├

각도가 없는 관절을 말한다.

① 엘보(elbow)　　　　　　　　　　② 내로 프런트(narrow front)
③ 트위스팅 호크(twisting hock)　　　④ 카우 호크(cow hock)
⑤ 스트레이트 호크(straight hock)

251

┤ 보기 ├

어깨가 높아서 깎아지는 듯한 프런트를 말한다.

① 스트레이트 호크(straight hock)　　② 내로 사이(narrow thigh)
③ 패스턴(pastern)　　　　　　　　　④ 피들 프런트(fiddle front)
⑤ 스팁 프런트(steep front)

252

┤ 보기 ├

비절이 낮아 낫 모양 관절을 말한다.

① 스트레이트 프런트(straight front)　② 세컨드 사이(second thigh)
③ 내로 프런트(narrow front)　　　　④ 시클 호크(sickle hock)
⑤ 웰 벤트 호크(well bent hock)

253

| 보기 |

팔꿈치가 밖으로 돈 것을 말한다.

① 엘보(elbow)
② 배럴 호크(barrel hock)
③ 사이(thigh)
④ 아웃 앳 엘보(out at elbow)
⑤ 트위스팅 호크(twisting hock)

254

| 보기 |

상완부를 말한다.

① 어퍼 암(upper arm)
② 스트레이트 호크(straight hock)
③ 시클 호크(sickle hock)
④ 피들 프런트(fiddle front)
⑤ 내로 프런트(narrow front)

255

| 보기 |

팔꿈치를 칭한다.

① 세컨드 사이(second thigh)
② 내로 사이(narrow thigh)
③ 트위스팅 호크(twisting hock)
④ 시클 호크(sickle hock)
⑤ 엘보(elbow)

256

| 보기 |

앞발 간격이 넓은 프런트를 말한다. 대표견종은 불도그다.

① 와이드 프런트(wide front)
② 스트레이트 프런트(straight front)
③ 배럴 호크(barrel hock)
④ 내로 프런트(narrow front)
⑤ 아웃 앳 엘보(out at elbow)

257

━┥ 보기 ┝━━━

이상적인 각도의 비절을 말한다.

① 웰 벤트 호크(well bent hock)　　　　② 내로 사이(narrow thigh)
③ 피들 프런트(fiddle front)　　　　　　④ 스트레이트 호크(straight hock)
⑤ 스팁 프런트(steep front)

258

━┥ 보기 ┝━━━

뒷다리 양쪽이 소처럼 안쪽으로 구부러진 다리를 말한다.

① 스트레이트 프런트(straight front)　　② 세컨드 사이(second thigh)
③ 내로 프런트(narrow front)　　　　　　④ 카우 호크(cow hock)
⑤ 엘보(elbow)

259

━┥ 보기 ┝━━━

체중이 과도해 지탱이 어려워 좌우 비절 관절이 염전된 것을 말한다.

① 스트레이트 호크(straight hock)　　　② 트위스팅 호크(twisting hock)
③ 내로 프런트(narrow front)　　　　　　④ 스팁 프런트(steep front)
⑤ 시클 호크(sickle hock)

260

━┥ 보기 ┝━━━

손의 관절과 손가락 뼈 사이의 부위, 앞다리의 가운데 뼈, 뒷다리의 가운데 뼈를 말한다. 이를 중수골이라 칭한다.

① 시클 호크(sickle hock)　　　　　　　② 내로 사이(narrow thigh)
③ 배럴 호크(barrel hock)　　　　　　　④ 패스턴(pastern)
⑤ 엘보(elbow)

261

| 보기 |

전완부라 칭한다.

① 포어 암(fore arm)　　　　　② 어퍼 암(upper arm)
③ 내로 프런트(narrow front)　　④ 세컨드 사이(second thigh)
⑤ 카우 호크(cow hock)

262

| 보기 |

앞다리, 앞가슴, 가슴, 어깨 목 등을 포함한 개 전반부를 말한다.

① 프런트(front)　　　　　　　　② 배럴 호크(barrel hock)
③ 스트레이트 호크(straight hock)　④ 아웃 앳 엘보(out at elbow)
⑤ 사이(thigh)

263

| 보기 |

팔꿈치가 바깥쪽으로 굽은 프런트를 말하며, 발가락도 밖으로 향하고 있다.

① 피들 프런트(fiddle front)　　　② 내로 프런트(narrow front)
③ 세컨드 사이(second thigh)　　　④ 패스턴(pastern)
⑤ 트위스팅 호크(twisting hock)

264

| 보기 |

아랫다리와 패스턴 사이의 뒷다리 관절을 말하며, 비절이라 칭한다.

① 피들 프런트(fiddle front)　　　② 배럴 호크(barrel hock)
③ 내로 사이(narrow thigh)　　　　④ 스트레이트 호크(straight hock)
⑤ 호크(hock)

265

'내로 프런트(narrow front)'라는 특징을 가장 잘 나타내는 견종을 고르시오.

① 보르조이
② 시베리안 허스키
③ 로트와일러
④ 웰시 테리어
⑤ 알래스칸 맬러뮤트

266

'와이드 프런트(wide front)'라는 특징을 가장 잘 나타내는 견종을 고르시오.

① 독일 셰퍼드
② 푸들
③ 코카 스파니엘
④ 보더 콜리
⑤ 불도그

267

다음 설명 중 올바르지 <u>않은</u> 것은?

① 내로 프런트(narrow front): 앞가슴 폭이 넓은 프런트
② 다운 인 패스턴(down in pastern): 패스턴이 앞쪽으로 경사져 지구력 결여가 있음
③ 배럴 호크(barrel hock): 발가락 부분이 안쪽으로 굽어 밖으로 돌아간 비절
④ 보우드 프런트(bowed front): 활 모양의 전반부, 팔꿈치가 바깥쪽으로 굽음
⑤ 사이(thigh): 대퇴부, 어퍼 사이는 엉덩이에서 무릎 관절까지의 부위

268

다음 중 설명이 <u>잘못된</u> 것은?

① 스타이플(stiffle): 무릎 관절
② 스트레이트 프런트(straight front): 테리어의 프런트, 일직선상의 프런트
③ 스트레이트 호크(straight hock): 각도가 있는 관절
④ 스팁 프런트(steep front): 어깨가 높아 깎아지는 듯한 프런트
⑤ 시클 호크(sickle hock): 비절이 낮아 낫 모양 관절

269

다음 설명 중 올바르지 <u>않은</u> 것은?

① 아웃 앳 엘보(out at elbow): 팔꿈치가 밖으로 돈 것
② 어퍼 암(upper arm): 상완부
③ 엘보(elbow): 무릎 관절
④ 와이드 프런트(wide front): 앞발 간격이 넓은 프런트
⑤ 웰 벤트 호크(well bent hock): 이상적인 각도의 비절

270

다음 설명 중 올바르지 <u>않은</u> 것은?

① 카우 호크(cow hock): 뒷다리 양쪽이 소처럼 안쪽으로 구부러진 다리
② 트위스팅 호크(twisting hock): 체중으로 인해 좌우 비절 관절이 염전됨
③ 패스턴(pastern): 손의 관절과 손가락 뼈 사이의 부위
④ 포어 암(fore arm): 전완부
⑤ 프런트(front): 뒷다리, 뒷가슴, 가슴, 어깨 목 등을 포함한 개 후반부

271

다음 설명 중 <u>잘못된</u> 것은?

① 피들 프런트(fiddle front): 팔꿈치가 바깥쪽으로 굽은 프런트
② 호크(hock): 뒷다리와 패스턴 사이의 관절
③ 캣 풋(cat foot): 고양이 발처럼 긴 발가락을 가진 발
④ 헤어 풋(hare foot): 발바닥이 넓고 평평한 발
⑤ 흉심: 가슴의 깊이를 나타내는 용어

272

다음 설명 중 올바르지 <u>않은</u> 것은?

① 힙 본(hip bone): 관골을 포함하여 고관절을 형성하는 부위
② 힙 조인트(hip joint): 고관절
③ 내로 사이(narrow thigh): 폭이 넓은 대퇴부
④ 내로 프런트(narrow front): 앞가슴 폭이 좁은 프런트
⑤ 다운 인 패스턴(down in pastern): 패스턴이 앞쪽으로 경사진 것

273

다음 설명 중 올바르지 <u>않은</u> 것은?

① 배럴 호크(barrel hock): 발가락 부분이 안쪽으로 굽어 밖으로 돌아간 비절
② 보우드 프런트(bowed front): 팔꿈치가 바깥쪽으로 굽은 안짱다리
③ 사이(thigh): 대퇴부, 후지 엉덩이에서 무릎 관절까지의 부위
④ 세컨드 사이(second thigh): 하퇴부, 무릎 관절부터 비절까지의 부위
⑤ 스타이플(stiffle): 무릎 뒤쪽의 부드러운 근육 부위

※ 꼬리의 용어에 대한 다음의 설명에 해당하는 것을 고르시오. (274~302번)

274

┤ 보기 ├

치켜든 꼬리를 말하며, 대표견종으론 스코티시테리어가 있다.

① 독(dock)   ② 게이 테일(gay tail)
③ 랫 테일(rat tail)   ④ 로셋 테일(low set tail)
⑤ 링 테일(ring tail)

275

┤ 보기 ├

보통 생후 4~7일에 실시하며, 이를 잘린 꼬리, 단미라고 칭한다.

① 독(dock)   ② 밥 테일(bob tail)
③ 게이 테일(gay tail)   ④ 스쿼럴 테일(squirrel tail)
⑤ 플래그 테일(flag tail)

276

┤ 보기 ├

뿌리 부분이 두텁고 부드러운 털이 있는 반면 끝 쪽에는 털이 없고 가는 꼬리를 말하며 쥐꼬리 모양이다. 대표견종으론 아이리시워터스패니얼이 있다.

① 랫 테일(rat tail)
② 오터 테일(otter tail)
③ 브러시 테일(brush tail)
④ 스크루 테일(screw tail)
⑤ 스냅 테일(snap tail)

277

┤ 보기 ├

낮게 달린 꼬리를 말한다.

① 플래그풀 테일(flagpoles tail)
② 게이 테일(gay tail)
③ 랫 테일(rat tail)
④ 스쿼럴 테일(squirrel tail)
⑤ 로셋 테일(low set tail)

278

┤ 보기 ├

바퀴 모양으로 꼬리 뿌리가 높게 올려져 원형을 이루는 꼬리를 말하며, 커브진 꼬리를 의미한다. 대표견종은 아프간하운드다.

① 브러시 테일(brush tail)
② 로셋 테일(low set tail)
③ 플래그 테일(flag tail)
④ 스크루 테일(screw tail)
⑤ 링 테일(ring tail)

279

┤ 보기 ├

선천적으로 꼬리가 없는 것을 말하며, 잘린 꼬리를 의미한다.

① 스쿼럴 테일(squirrel tail)
② 크룩 테일(crook tail)
③ 밥 테일(bob tail)
④ 랫 테일(rat tail)
⑤ 플룸 테일(plume tail)

280

┤ 보기 ├

여우처럼 길고 늘어진 둥근 브러시 모양의 꼬리를 말하여, 폭스 브렛슈라고도 칭한다. 대표견종으로 시베리안허스키가 있다.

① 스크루 테일(screw tail)
② 오터 테일(otter tail)
③ 브러시 테일(brush tail)
④ 휩 테일(whip tail)
⑤ 플래그풀 테일(flagpoles tail)

281

┤ 보기 ├

바셋하운드처럼 부드럽게 커브를 그리며 올라간 형태와 저먼세퍼드처럼 반원형을 이루며 낮게 유지한 두 가지 형태가 있다.

① 세이버 테일(saver tail)
② 스냅 테일(snap tail)
③ 브러시 테일(brush tail)
④ 랫 테일(rat tail)
⑤ 스쿼럴 테일(squirrel tail)

282

┤ 보기 ├

꼬리와 몸통의 연결점을 말하며, 꼬리의 뿌리 부분에 있다.

① 셋온(set-on)
② 하이셋 테일(high set tail)
③ 플래그 테일(flag tail)
④ 플룸 테일(plume tail)
⑤ 브러시 테일(brush tail)

283

┤ 보기 ├

낫 모양이며, 꼬리 끝이 등에 접촉된 꼬리를 말한다. 대표견종으로 알래스칸맬러뮤트가 있다.

① 링 테일(ring tail)
② 스냅 테일(snap tail)
③ 스쿼럴 테일(squirrel tail)
④ 플래그풀 테일(flagpoles tail)
⑤ 오터 테일(otter tail)

284

┤ 보기 ├
다람쥐 꼬리라고 말한다. 대표견종으로 파피용이 있다.

① 스쿼럴 테일(squirrel tail)　　　　② 스냅 테일(snap tail)
③ 링 테일(ring tail)　　　　　　　　④ 브러시 테일(brush tail)
⑤ 플래그풀 테일(flagpoles tail)

285

┤ 보기 ├
와인 오프너 같은 모양의 나선형 꼬리를 말한다. 대표견종으로 불도그, 보스턴테리어가 있다.

① 브러시 테일(brush tail)　　　　　② 플룸 테일(plume tail)
③ 스냅 테일(snap tail)　　　　　　　④ 스크루 테일(screw tail)
⑤ 랫 테일(rat tail)

286

┤ 보기 ├
뿌리부터 등 위로 높게 자리 잡고 중간에 반원형을 그리며 낫 모양으로 구부러진 꼬리를 말한다.

① 시클 테일(sickle tail)　　　　　　② 스냅 테일(snap tail)
③ 세이버 테일(saver tail)　　　　　④ 스쿼럴 테일(squirrel tail)
⑤ 플래그풀 테일(flagpoles tail)

287

┤ 보기 ├
수달 꼬리 모양이며, 뿌리 부분이 두껍고 둥글며 끝은 가는 꼬리를 말한다. 대표견종으론 래브라도리트리버가 있다.

① 오터 테일(otter tail)　　　　　　② 랫 테일(rat tail)
③ 스냅 테일(snap tail)　　　　　　④ 플래그풀 테일(flagpoles tail)
⑤ 브러시 테일(brush tail)

288

| 보기 |

위를 향해 선 꼬리를 말하며, 직립꼬리라 칭한다. 대표견종으론 스코티시테리어, 폭스테리어가 있다.

① 플래그풀 테일(flagpoles tail) ② 스크루 테일(screw tail)
③ 브러시 테일(brush tail) ④ 세이버 테일(saver tail)
⑤ 이렉트 테일(erect tail)

289

| 보기 |

심하게 말려 올라가 등 가운데 짊어진 꼬리를 말한다. 대표견종으론 페키니즈가 있다.

① 오터 테일(otter tail) ② 링 테일(ring tail)
③ 브러시 테일(brush tail) ④ 스냅 테일(snap tail)
⑤ 컬드 테일(curled tail)

290

| 보기 |

등선에 직각으로 구부러져 올려진 꼬리를 말한다.

① 콕트업 테일(cocked-up tail) ② 로셋 테일(low set tail)
③ 랫 테일(rat tail) ④ 브러시 테일(brush tail)
⑤ 플래그풀 테일(flagpoles tail)

291

| 보기 |

짧고 아래를 향한 꼬리로 말단이 위쪽으로 꼬부라져 있으며, 굴곡진 꼬리를 말한다. 대표견종으론 불도그가 있다.

① 스쿼럴 테일(squirrel tail) ② 시클 테일(sickle tail)
③ 스냅 테일(snap tail) ④ 크랭크 테일(crank tail)
⑤ 플래그 테일(flag tail)

292

보기

구부러진 꼬리를 말한다.

① 브러시 테일(brush tail)
② 크룩 테일(crook tail)
③ 랫 테일(rat tail)
④ 스크루 테일(screw tail)
⑤ 게이 테일(gay tail)

293

보기

비틀린 꼬리를 말한다. 대표견종으론 프렌치불도그가 있다.

① 스냅 테일(snap tail)
② 킹크 테일(kink tail)
③ 게이 테일(gay tail)
④ 스쿼럴 테일(squirrel tail)
⑤ 브러시 테일(brush tail)

294

보기

꼬리를 칭한다.

① 테일(tail)
② 스냅 테일(snap tail)
③ 브러시 테일(brush tail)
④ 크룩 테일(crook tail)
⑤ 로셋 테일(low set tail)

295

보기

선천적으로 꼬리가 없는 것을 말한다.

① 게이 테일(gay tail)
② 크룩 테일(crook tail)
③ 랫 테일(rat tail)
④ 스냅 테일(snap tail)
⑤ 테일리스(tailless)

296

┤ 보기 ├

풍부한 모량의 장모 꼬리를 등 위로 말아 올리고 있거나 부채를 편 것 같은 형태의 꼬리를 말한다. 대표견종으론 포메라니안이 있다.

① 플룸 테일(plume tail)
② 스쿼럴 테일(squirrel tail)
③ 브러시 테일(brush tail)
④ 판 테일(fan tail)
⑤ 플래그풀 테일(flagpoles tail)

297

┤ 보기 ├

깃발 형태의 꼬리를 말한다. 대표견종으론 잉글리시세터가 있다.

① 플래그 테일(flag tail)
② 플래그풀 테일(flagpoles tail)
③ 스냅 테일(snap tail)
④ 브러시 테일(brush tail)
⑤ 로셋 테일(low set tail)

298

┤ 보기 ├

등선에 대해 직각으로 올라간 꼬리를 말한다. 대표견종으론 비글이 있다.

① 플래그풀 테일(flagpoles tail)
② 컬드 테일(curled tail)
③ 로셋 테일(low set tail)
④ 브러시 테일(brush tail)
⑤ 오터 테일(otter tail)

299

┤ 보기 ├

깃털 모양의 장식 털이 아래로 늘어진 꼬리를 말한다. 대표견종은 잉글리시세터가 있다.

① 플룸 테일(plume tail)
② 플래그풀 테일(flagpoles tail)
③ 스냅 테일(snap tail)
④ 랫 테일(rat tail)
④ 브러시 테일(brush tail)

300

┌─ 보기 ├──

높게 달린 꼬리를 말한다.

└───

① 스냅 테일(snap tail)
② 로셋 테일(low set tail)
③ 플래그풀 테일(flagpoles tail)
④ 브러시 테일(brush tail)
⑤ 하이셋 테일(high set tail)

301

┌─ 보기 ├──

갈고리 모양 꼬리를 말한다. 대표견종으론 브리아드, 피레니언마운틴도그가 있다.

└───

① 플룸 테일(plume tail)
② 스크루 테일(screw tail)
③ 브러시 테일(brush tail)
④ 훅 테일(hook tail)
⑤ 플래그풀 테일(flagpoles tail)

302

┌─ 보기 ├──

곧고 길며 끝이 가늘고 뾰족한 채찍형 꼬리를 말한다. 대표견종으론 잉글리시포인터가 있다.

└───

① 휩 테일(whip tail)
② 스크루 테일(screw tail)
③ 스냅 테일(snap tail)
④ 브러시 테일(brush tail)
⑤ 플래그 테일(flag tail)

303

'게이 테일(gay tail)'이라는 특징을 가장 잘 나타내는 견종을 고르시오.

① 스코티시테리어
② 닥스훈트
③ 래브라도 리트리버
④ 골든 리트리버
⑤ 잉글리시 불독

304

'랫 테일(rat tail)'이라는 특징을 가장 잘 나타내는 견종을 고르시오.

① 보더 콜리
② 아이리시워터스패니얼
③ 비글
④ 웰시 테리어
⑤ 비숑 프리제

305

'링 테일(ring tail)'이라는 특징을 가장 잘 나타내는 견종을 고르시오.

① 보스턴테리어
② 스코티시테리어
③ 알래스칸맬러뮤트
④ 불도그
⑤ 아프간하운드

306

'브러시 테일(brush tail)'이라는 특징을 가장 잘 나타내는 견종을 고르시오.

① 말티즈
② 치와와
③ 시베리안허스키
④ 푸들
⑤ 잉글리시 불독

307

'스냅 테일(snap tail)'이라는 특징을 가장 잘 나타내는 견종을 고르시오.

① 시츄
② 말티즈
③ 알래스칸맬러뮤트
④ 슈나우저
⑤ 비숑 프리제

308

'스쿼럴 테일(squirrel tail)'이라는 특징을 가장 잘 나타내는 견종을 고르시오.

① 아키타
② 샤페이
③ 말티즈
④ 파피용
⑤ 슈나우저

309

'스크루 테일(screw tail)'이라는 특징을 가장 잘 나타내는 견종이 <u>아닌</u> 것은?

① 불도그
② 보스턴테리어
③ 퍼그
④ 프렌치 불도그
⑤ 시베리안허스키

310

'오터 테일(otter tail)'이라는 특징을 가장 잘 나타내는 견종을 고르시오.

① 시츄
② 말티즈
③ 도베르만
④ 잭 러셀 테리어
⑤ 래브라도리트리버

311

'이렉트 테일(erect tail)'이라는 특징을 가장 잘 나타내는 견종을 고르시오.

① 페키니즈, 말티즈
② 스코티시테리어, 폭스테리어
③ 폭스테리어, 파피용
④ 알래스칸 맬러뮤트
⑤ 스코티시테리어, 알래스칸맬러뮤트

312

'컬드 테일(curled tail)'이라는 특징을 가장 잘 나타내는 견종을 고르시오.

① 페키니즈
② 스코티시테리어
③ 폭스테리어
④ 파피용
⑤ 프렌치불도그

313

'크랭크 테일(crank tail)'이라는 특징을 가장 잘 나타내는 견종을 고르시오.

① 불도그
② 아키타
③ 비글
④ 웰시 테리어
⑤ 비숑 프리제

314

'킨크 테일(kink tail)'이라는 특징을 가장 잘 나타내는 견종을 고르시오.

① 슈나우저   ② 코카 스파니엘
③ 프렌치불도그   ④ 치와와
⑤ 도베르만

315

'판 테일(fan tail)'이라는 특징을 가장 잘 나타내는 견종을 고르시오.

① 코카 스파니엘   ② 포메라니안
③ 슈나우저   ④ 달마시안
⑤ 도베르만

316

'플래그 테일(flag tail)'이라는 특징을 가장 잘 나타내는 견종을 고르시오.

① 그레이하운드   ② 포메라니안
③ 페키니즈   ④ 잉글리시세터
⑤ 스코티시테리어

317

'플래그풀 테일(flagpoles tail)'이라는 특징을 가장 잘 나타내는 견종을 고르시오.

① 래브라도 리트리버   ② 비글
③ 골든 리트리버   ④ 샤페이
⑤ 로트와일러

318

'플룸 테일(plume tail)'이라는 특징을 가장 잘 나타내는 견종을 고르시오.

① 달마시안   ② 잉글리시세터
③ 도베르만   ④ 샤페드
⑤ 잭 러셀 테리어

319

'훅 테일(hook tail)'이라는 특징을 가장 잘 나타내는 견종을 고르시오.

① 브리아드
② 슈나우저
③ 불 테리어
④ 웰시 테리어
⑤ 로트와일러

320

'휩 테일(whip tail)'이라는 특징을 가장 잘 나타내는 견종을 고르시오.

① 잉글리시포인터
② 콜리
③ 그레이하운드
④ 블러드하운드
⑤ 로트와일러

321

다음 중 설명이 잘못된 것은?

① 게이 테일(gay tail): 항상 꼬리가 내려져 있는 상태
② 독(dock): 생후 초기에 일반적으로 실시하는 꼬리 절단
③ 랫 테일(rat tail): 꼬리 끝에 털이 없고 가늘게 늘어진 형태
④ 로셋 테일(low set tail): 낮게 달린 꼬리
⑤ 링 테일(ring tail): 꼬리가 원형으로 커브진 형태

322

다음 설명 중 정확하지 않은 것은?

① 밥 테일(bob tail): 선천적으로 꼬리가 짧은 상태
② 브러시 테일(brush tail): 꼬리가 여우 꼬리처럼 길고 둥글게 퍼진 모양
③ 세이버 테일(saver tail): 꼬리가 부드럽게 커브를 그리며 올라간 형태
④ 셋온(set-on): 꼬리가 몸통에 연결되는 정확한 지점
⑤ 스냅 테일(snap tail): 꼬리가 늘 펴져 있는 상태

323

다음 설명 중 정확하지 <u>않은</u> 것은?

① 스쿼럴 테일(squirrel tail): 꼬리가 다람쥐처럼 위로 말려 있는 상태
② 스크루 테일(screw tail): 꼬리가 나선형으로 말려 있는 모양
③ 시클 테일(sickle tail): 꼬리가 낫 모양으로 구부러져 있는 상태
④ 오터 테일(otter tail): 꼬리가 수달처럼 길고 가늘게 늘어진 형태
⑤ 이렉트 테일(erect tail): 꼬리가 아래로 향해 있는 상태

324

다음 설명 중 정확하지 <u>않은</u> 것은?

① 컬드 테일(curled tail): 꼬리가 심하게 말려 올라가 있는 상태
② 콕트업 테일(cocked-up tail): 꼬리가 등선에 직각으로 올라가 있는 모양
③ 크랭크 테일(crank tail): 꼬리가 짧고 위로 굽은 상태
④ 크룩 테일(crook tail): 꼬리가 완전히 직선인 상태
⑤ 킹크 테일(kink tail): 꼬리에 비틀림이 있는 상태

325

다음 중 올바르지 <u>않은</u> 설명은?

① 테일(tail): 꼬리를 일컫는 일반적인 용어
② 테일리스(tailless): 선천적으로 꼬리가 매우 짧은 상태
③ 판 테일(fan tail): 꼬리가 부채처럼 펼쳐져 있는 모양
④ 플래그 테일(flag tail): 깃발처럼 펄럭이는 꼬리
⑤ 플룸 테일(plume tail): 꼬리에 깃털처럼 털이 길게 자라 있는 상태

326

다음 중 올바르지 <u>않은</u> 설명은?

① 하이셋 테일(high set tail): 꼬리가 몸통의 높은 위치에 달린 상태
② 훅 테일(hook tail): 꼬리가 직선으로 뻗은 상태
③ 휩 테일(whip tail): 길고 가늘며 끝이 뾰족한 꼬리
④ 게이 테일(gay tail): 치켜든 꼬리
⑤ 독(dock): 일반적으로 생후 초기에 실시하는 꼬리 절단

327

다음 설명 중 정확하지 <u>않은</u> 것은?

① 스쿼럴 테일(squirrel tail): 꼬리가 다람쥐처럼 위로 말려 있는 상태
② 스크루 테일(screw tail): 나선형으로 꼬인 꼬리
③ 시클 테일(sickle tail): 낫 모양으로 굽은 꼬리
④ 오터 테일(otter tail): 수달 꼬리처럼 둥글고 털이 무성한 꼬리
⑤ 이렉트 테일(erect tail): 꼬리가 항상 아래로 향해 있는 상태

328

다음 설명 중 정확하지 <u>않은</u> 것은?

① 컬드 테일(curled tail): 꼬리가 심하게 말려 올라가 있는 상태
② 콕트업 테일(cocked-up tail): 꼬리가 등선에 직각으로 구부러져 올라간 모양
③ 크랭크 테일(crank tail): 꼬리가 짧고 아래를 향한 모양
④ 크룩 테일(crook tail): 꼬리가 완전히 직선인 상태
⑤ 킹크 테일(kink tail): 꼬리에 비틀림이 있는 상태

329

다음 설명 중 정확하지 <u>않은</u> 것은?

① 테일(tail): 꼬리를 일컫는 일반적인 용어
② 테일리스(tailless): 선천적으로 꼬리가 짧은 상태
③ 판 테일(fan tail): 꼬리가 부채처럼 펼쳐져 있는 모양
④ 플래그 테일(flag tail): 깃발처럼 펄럭이는 꼬리
⑤ 플룸 테일(plume tail): 꼬리에 깃털처럼 털이 길게 자라 있는 상태

330

다음 중 올바르지 <u>않은</u> 설명은?

① 훅 테일(hook tail): 꼬리가 갈고리 모양으로 구부러진 상태
② 휩 테일(whip tail): 채찍처럼 길고 가늘며 끝이 뾰족한 꼬리
③ 게이 테일(gay tail): 꼬리가 지속적으로 아래로 향하는 상태
④ 독(dock): 일반적으로 생후 초기에 실시하는 꼬리 절단
⑤ 랫 테일(rat tail): 꼬리 뿌리가 두텁고 끝에 털이 거의 없는 상태

일반미용 연습문제 정답과 해설

01	③	02	①	03	③	04	②	05	②	06	①	07	①	08	①	09	①	10	⑤
11	①	12	②	13	③	14	④	15	⑤	16	①	17	③	18	①	19	②	20	①
21	②	22	①	23	①	24	①	25	②	26	①	27	④	28	①	29	③	30	②
31	①	32	⑤	33	③	34	①	35	④	36	③	37	③	38	①	39	②	40	③
41	①	42	①	43	①	44	④	45	③	46	②	47	②	48	③	49	②	50	③
51	②	52	②	53	②	54	①	55	②	56	①	57	③	58	④	59	①	60	①
61	③	62	①	63	④	64	③	65	②	66	⑤	67	①	68	①	69	④	70	①
71	②	72	②	73	④	74	②	75	⑤	76	③	77	③	78	①	79	②	80	②
81	①	82	③	83	⑤	84	②	85	⑤	86	④	87	①	88	②	89	⑤	90	⑤
91	①	92	②	93	①	94	②	95	①	96	②	97	③	98	④	99	①	100	②
101	④	102	②	103	②	104	④	105	②	106	②	107	⑤	108	③	109	①	110	③
111	⑤	112	②	113	③	114	③	115	②	116	④	117	①	118	②	119	①	120	①
121	①	122	②	123	③	124	④	125	⑤	126	①	127	②	128	③	129	③	130	③
131	③	132	④	133	④	134	①	135	②	136	①	137	①	138	④	139	⑤	140	①
141	①	142	④	143	②	144	①	145	①	146	⑤	147	①	148	④	149	①	150	④
151	①	152	①	153	②	154	⑤	155	②	156	①	157	⑤	158	④	159	①	160	①
161	⑤	162	③	163	⑤	164	②	165	②	166	④	167	①	168	②	169	④	170	⑤
171	②	172	②	173	④	174	⑤	175	①	176	①	177	④	178	③	179	①	180	⑤
181	①	182	③	183	⑤	184	①	185	②	186	④	187	①	188	①	189	③	190	①
191	⑤	192	①	193	②	194	①	195	②	196	④	197	①	198	①	199	①	200	④
201	①	202	②	203	①	204	③	205	①	206	④	207	①	208	①	209	①	210	①
211	③	212	⑤	213	②	214	③	215	①	216	④	217	③	218	①	219	⑤	220	①
221	①	222	②	223	⑤	224	①	225	④	226	②	227	①	228	④	229	①	230	②
231	③	232	④	233	②	234	②	235	④	236	①	237	①	238	③	239	②	240	④
241	③	242	①	243	①	244	①	245	②	246	①	247	①	248	①	249	①	250	⑤
251	⑤	252	④	253	④	254	①	255	⑤	256	①	257	①	258	④	259	②	260	④
261	①	262	①	263	①	264	⑤	265	①	266	⑤	267	①	268	③	269	③	270	⑤
271	④	272	③	273	⑤	274	②	275	①	276	①	277	⑤	278	⑤	279	③	280	②
281	①	282	②	283	③	284	②	285	④	286	①	287	①	288	⑤	289	⑤	290	①
291	④	292	②	293	②	294	①	295	⑤	296	④	297	①	298	①	299	①	300	⑤
301	④	302	①	303	①	304	②	305	⑤	306	③	307	④	308	④	309	⑤	310	⑤
311	②	312	①	313	①	314	③	315	①	316	④	317	②	318	②	319	①	320	①
321	①	322	⑤	323	⑤	324	④	325	②	326	②	327	⑤	328	④	329	②	330	③

2과목

39

노즈 브리지는 사람의 콧등과 같은 부분을 의미한다.

40

드라이 스컬은 얼굴 피부가 밀착해 주름이 없는 얼굴을 말한다.

41

디시 페이스는 콧대가 높아 옆에서 보면 코가 휘어져 접시 모양을 띤 얼굴 형태를 의미한다.

42

블로키 헤드는 두부에 각이 지거나 펑퍼짐하게 퍼져 길이에 비해 폭이 매우 넓은 네모난 모양의 각진 머리형을 가진다.

43

와안(frog face)은 개구리 모양 얼굴로, 아래턱이 들어가고 코가 돌출된 특징을 가진다.

44

옥시풋은 귀 뒤쪽의 부드러운 부분이 아니라 양 귀 사이의 주먹 모양의 뼈를 의미한다.

45

드라이 스컬은 주름이 없는 얼굴을 의미한다.

46

클린 헤드는 주름이 없고 깨끗한 머리형을 의미한다.

47

치즐드는 눈 아래가 건조하고 살집이 없어 윤곽이 도드라지는 형태를 의미한다.

48

장두형은 길고 좁은 형태의 머리를 의미한다.

49

디시 페이스는 스톱보다 콧대가 높아 옆에서 보면 코가 휘어져 접시 모양을 띠는 것이다.

50

애플 헤드는 뒷머리 부분이 부풀어 올라 있는 모양을 의미한다.

51

크라운은 두부의 가장 높은 정수리 부분을 의미한다.

52

치키는 볼이 발달해서 팽창되고 불거진 얼굴을 의미한다.

53

장두형은 길고 좁은 형태의 머리를 의미한다.

71

'라운드 아이'는 동그란 형태의 눈을 의미하며, 뾰족한 아몬드 모양은 '아몬드 아이'의 특징이다.

72

'벌징 아이'는 눈이 튀어나와 볼록한 형태를 띠며, 평평한 눈은 이와 상반된 형태이다.

73

'오벌 아이'는 타원형 눈을 의미하며, 삼각형 모양의 눈은 '트라이앵글러 아이'의 특징이다.

74

'마블 아이'는 눈의 색상이 대리석처럼 여러 색이 섞여 있어 이러한 명칭이 붙었다.

75

'아이 스테인'은 눈물로 인해 발생하는 얼룩이며, 눈 색상이 변하는 현상과는 관련이 없다.

76

벌징 아이는 눈이 볼록하게 튀어나와 있는 형태를 의미하며, 평평하게 보이는 것이 아니다.

77

차이나 아이는 일반적으로 결점으로 간주되지만, 특정 모색과 관계해 허용되는 견종이 있으며 모든 견종에 허용되는 것은 아니다.

78

아몬드 아이는 눈 양끝이 뾰족한 아몬드 모양을 가지며, 완전히 둥근 형태가 아니다.

79

트라이앵글러 아이는 눈꺼풀의 바깥쪽이 올라가 삼각형 모양을 이루는 눈을 의미하며, 직사각형 모양이 아니다.

80

아이리드는 눈의 색소가 아닌 눈꺼풀을 의미하는 용어이다.

103

개의 윗니와 아랫니 절치는 각각 3개씩 있다.

104

개의 윗니에는 후구치가 2개, 아랫니에는 3개씩, 좌우로 위치하고 있으니 총 10개이다.

105

개의 윗니와 아랫니 견치는 각각 1개씩, 좌우로 위치하고 있으니 총 4개이다.

106

개의 유치는 28개다.

107

어른 견의 영구치는 42개이다.

108

치아는 생후 3~4주경에 절치, 견치, 구치의 순서로 나오기 시작해 생후 6주 정도에 모두 완성된다.

109

어른 견의 영구치는 총 42개이다. 이 중 윗니는 20개로, 절치 3개, 견치 1개, 전구치 4개, 후구치 2개가 좌우로 배열되어 있다. 아랫니는 22개로, 절치 3개, 견치 1개, 전구치 4개, 후구치 3개가 좌우로 배열되어 있다.

110

개의 유치는 생후 3~4주경에 절치, 견치, 구치의 순서로 나오기 시작해 생후 6주 정도에 모두 완성된다.

111

개에서 전구치와 후구치는 유치가 없이 나온다. 이는 이 두 유형의 치아가 개의 치아 교체 과정에서 유치를 대체하는 형태로 나타나지 않고, 직접 영구 치아로 처음 나타난다는 것을 의미한다.

112

개의 영구치는 일반적으로 생후 4~8개월 사이에 유치를 대체하여 나온다. 이 과정은 7~8개월쯤이면 거의 모든 영구치가 나왔다고 볼 수 있으며, 영양 상태가 좋지 않거나 특정 품종의 경우 이 시기가 조금 늦어질 수 있다.

113

라이 마우스는 입이 뒤틀리고 삐뚤어진 상태를 의미한다.

114

언더숏은 아래턱이 위턱보다 앞쪽으로 돌출된 교합 상태를 의미한다.

115

조(jaw)는 턱을 의미하는 용어이다.

116

손상치는 후천적으로 파손된 치아를 의미한다.

117

오버숏은 위턱의 앞니가 아래턱의 앞니보다 전방으로 돌출된 상태를 의미한다.

118

조울(jowel)은 두터운 입술과 턱을 의미하는 용어이며, 교합 상태와는 관련이 없다.

119

피그 조(pig jow)는 과도한 오버숏을 의미하는 용어이다.

120

쿠션(cushion)은 윗입술이 두껍고 풍만한 것을 의미한다.

130

더들리 노즈(dudley nose)는 색소가 부족한 살빛의 코, 빨간 코를 의미한다.

131

프레시 노즈(fresh nose)는 살색 코를 의미한다.

132

스노 노즈(snow nose)는 평소에는 코가 검은색이나 겨울철에 핑크색 줄무늬가 생기는 코를 의미한다.

133

버터플라이 노즈(butterfly nose)는 반점 모양의 코로, 살색 코에 검은 반점이 있거나 검은 코에 살색 반점이 있는 것을 의미한다.

158

파피용은 버터플라이 이어(butterfly ear)이며, 긴 장식 털에 서 있는 큰 귀가 두개 바깥쪽으로 약 45° 기운 나비 모양 귀가 특징이다.

162

그레이하운드는 세미프릭 이어(semiprick ear)이며, 직립한 귀의 끝부분이 앞으로 기울어져 있는 것이 특징이다.

163

닥스훈트는 펜던트 이어(pendant ear)이며, 귀가 늘어진 것이 특징이다.

166

버튼 이어(button ear)는 아래 부위는 직립해 있고 귓볼이 두개 앞쪽으로 V 모양으로 늘어진 귀를 의미한다.

167

프릭 이어(prick ear)는 직립 귀로, 앞쪽 끝부분이 뾰족하게 선 귀를 의미한다.

168

플레어링 이어(flaring ear)는 나팔꽃 모양의 귀를 의미한다.

169

이어 프린지(ear fringe)는 길게 늘어진 귀 주변의 장식 털을 의미한다.

170

캔들 프레임 이어(candle flame ear)는 촛불 모양의 귀를 의미한다.

171

V형 귀(V-shaped ear)는 삼각형 모양의 귀로, 늘어진 귀와 선 귀 두 가지 타입이 있다.

172

파렌 이어(phalene ear)는 늘어진 귀 타입을 의미한다.

173

캔들 프레임 이어(candle flame ear)는 촛불 모양의 귀를 의미한다.

174

파렌 이어(phalene ear)는 늘어진 귀 타입을 의미한다.

226

다운힐은 등선이 허리 쪽으로 갈수록 낮아지는 형태를 의미한다.

227

레이시는 껑충하게 긴 다리와 가는 체구의 몸통 타입을 의미한다.

228

보시는 어깨 근육이 과도하게 발달하여 두꺼운 몸통 타입을 의미한다.

229

숄더는 어깨를 의미하는 용어.

230

아웃 오브 숄더는 전구가 넓어진 상태, 즉 어깨가 두드러지게 벌어진 것을 의미한다.

231

위디는 실제로 골격이 가늘고 왜소하여 미발육의 상태를 의미한다.

232

코비는 실제로 몸통이 짧고 간결한 모양을 의미한다.

233

턱 업은 복부가 등쪽으로 감싸 올려진 상태를 의미한다.

234

헤어 풋은 토끼발처럼 긴 발가락을 가진 발을 의미한다.

235

보시는 어깨 근육이 과도하게 발달해 두꺼운 몸통을 의미한다.

236

쇼트 백은 기갑의 높이보다 짧은 등을 의미한다.

237

슬로핑 숄더는 견갑골이 뒤쪽으로 길게 경사진 어깨를 의미한다.

238

위디는 골격이 가늘고 왜소하여 미발육의 신체 상태를 의미한다.

239

캣 풋은 고양이 발처럼 짧고 둥근 형태로, 발가락이 긴 발을 의미한다.

240

파텔라는 슬개골을 의미한다.

267

내로 프런트는 앞가슴 폭이 좁은 상태를 의미한다.

268

스트레이트 호크는 각도가 없는 관절을 의미한다.

269

엘보는 팔꿈치를 의미한다.

270

프런트는 앞다리, 앞가슴, 가슴, 어깨, 목 등을 포함한 개의 전반부를 의미한다.

271

헤어 풋은 토끼 발처럼 긴 발가락을 가진 발을 의미한다.

272

내로 사이는 폭이 좁은 대퇴부를 의미한다.

273

스타이플은 무릎 관절을 의미한다.

309

시베리안허스키는 브러시 테일(brush tail)이며, 여우처럼 길고 늘어진 둥근 브러시 모양의 특징을 가지고 있다.

321

게이 테일은 꼬리가 치켜 올라간 상태를 의미한다.

322

스냅 테일은 꼬리 끝이 등에 접촉된 상태를 의미한다.

323

이렉트 테일은 꼬리가 위로 선 상태를 의미한다.

324

크룩 테일은 꼬리가 구부러진 모양을 의미한다.

325

테일리스는 선천적으로 꼬리가 없는 상태를 의미한다.

326

훅 테일은 꼬리가 갈고리처럼 구부러진 모양을 의미한다.

327

이렉트 테일은 꼬리가 위로 선 상태를 의미한다.

328

크룩 테일은 꼬리가 구부러진 모양을 의미한다.

329

테일리스는 선천적으로 꼬리가 없는 상태를 의미한다.

330

게이 테일은 꼬리가 치켜 올라간 상태를 의미한다.

PART 05

반려견 특수미용

2급 출제영역

01 응용스타일 구상

1. 고객 요구에 따른 미용 스타일 구상

(1) 푸들의 맨하탄 클립

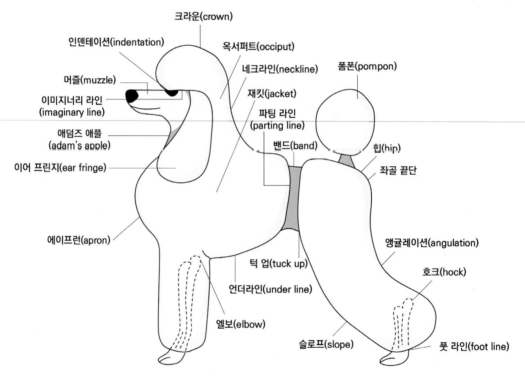

크라운(crown)
인덴테이션(indentation)
옥서퍼트(occiput)
네크라인(neckline)
폼폰(pompon)
머즐(muzzle)
재킷(jacket)
이미지너리 라인
(imaginary line)
파팅 라인
(parting line)
애덤즈 애플
(adam's apple)
밴드(band)
힙(hip)
좌골 끝단
이어 프린지(ear fringe)
에이프런(apron)
앵귤레이션(angulation)
턱 업(tuck up)
호크(hock)
언더라인(under line)
엘보(elbow)
슬로프(slope)
풋 라인(foot line)

▲ 맨하탄 클립의 명칭

1) 특징

    ① 허리와 목 부분의 클리핑 라인이 강조되는 스타일
    ② 허리선을 만들고 목 부분을 클리핑
    ③ 신체적인 장점을 살릴 수 있는 미용 기술

2) 미용 포인트

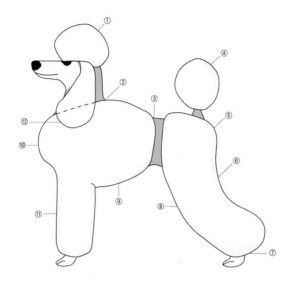

① **머리 크라운:** 인덴테이션에서 옥서퍼트까지 둥근 원형, 뒤통수 부분 너무 짧지 않게
② **목:** 후두부에서 0.5cm 뒤부터 기갑부 위 1~2cm 부분으로 연결
③ **파팅라인:** 최종 늑골에서 0.5cm 뒤, 1.5~2cm 부분에 위치
④ **꼬리:** 원형에서 타원형까지 다양한 모양, 균형미 중요
⑤ **힙 각도:** 꼬리 앞 일직선에서 좌골 끝단으로 30°의 기울어진 라인, 등선은 수직 유지
⑥ **앵귤레이션:** 좌골 끝단에서 아랫부분으로 자연스러운 커브형의 연결 라인
⑦ **풋라인:** 풋라인에서 45° 각도로 올라가는 연결 라인
⑧ **슬로프:** 턱 업에서 풋 라인까지 커브형의 연결 라인
⑨ **언더라인:** 엘보에서 파팅라인으로 연결
⑩ **에어프론:** 자연스럽고 균형미 있는 둥근 원형
⑪ **앞다리:** 원통형으로 일직선이 되도록 하고 몸통과 잘 이어지도록
⑫ **귀:** 얼굴에 알맞은 크기, 귀의 끝이 둥근 원형 라인

3) 유의사항

① 허리와 목 부분의 클리핑이 일반적
② 한국에서는 목 부분 클리핑을 피하고 허리선만 드러냄
③ 클리핑 선의 완벽한 완성과 전체 커트의 선이 매끄러운 연결 필요
④ 밴드의 위치에 따라 체형에 많은 변화를 줄 수 있기 때문에 위치 선정이 매우 중요

(2) 푸들의 퍼스트 콘티넨털 클립

1) 특징

① 쇼 클립에 가장 가까운 스타일
② 허리의 로제트, 꼬리의 폼폰, 다리의 브레이슬릿 커트로 균형과 조화가 좋은 미용
③ 클리핑 면적이 넓고 상대적으로 짧게 커트되어 가정에서 관리하기 용이함

2) 미용방법

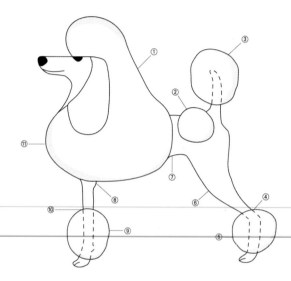

① 탑라인: 크라운과 파팅 라인을 목선에서 등 라인 자연스럽게 연결, 머리는 양쪽이 5~10°로 퍼지는 둥근 형태
② 로제트(rosette): 둥근 원형 커트, 클리핑 앞 라인은 최종 늑골 1cm 뒤, 뒤 라인은 꼬리 시작점 위치, 경계 너비는 꼬리 두께만큼, 원형 유지
③ 폼폰: 타원형으로 라운딩, 클리핑은 꼬리 시작 부분부터 2~2.5cm
④ 브레이슬릿 윗부분: 비절 1~2cm 위에서 45° 각도의 경계 라인
⑤ 리어 브레이슬릿(rear barcelet): 비절 1.5cm 위, 45° 앞으로 기울기, 뒤쪽 돌출된 원형
⑥ 무릎(stifle), 비로제트, 브레이슬릿, 재킷, 폼폰 제외 부분 클리핑
⑦ 최종 늑골에서 1~2cm 뒤에 파팅라인
⑧ 엘보에서 경계라인
⑨ 프런트 브레이슬릿(front bracelet): 타원형 둥근 모양
⑩ 리어 브레이슬릿과 같은 높이의 라인
⑪ 재킷: 90°의 둥근 원형으로 아래 엘보까지 연결 라인, 앞부분 둥글게 볼륨감 있게, 허리선은 계란형, 몸통은 A자 형태에서 엘보에서 둥근 모양

3) 유의사항

① 로제트, 폼폰, 브레이슬릿의 균형미와 조화가 중요
② 클리핑 라인의 위치 선정이 중요
③ 작업 시 위치 선정에 주의 필요

(3) 포메라니안 곰돌이 커트

1) 특징

① 얼굴을 둥근 형태로 연출
② 몸털은 짧게 커트하여 관리가 쉬움
③ 포메라니안의 귀여운 이미지 유지 가능

2) 미용방법

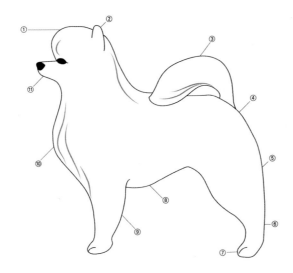

① **머리**: 전체적으로 둥근 형태, 목선은 짧게 느껴지도록 하고, 머리에서 등까지 선 자연스럽게 이어짐
② **귀**: 120° 둥근 형태
③ **꼬리**: 둥근 부채 모양
④ 허리에게 힙의 끝선으로 30°로 기울어진 라인
⑤ **뒷다리 뒷부분**: 엉덩이에서 비절까지 자연스러운 원형 라인
⑥ 둥근 원형의 비절 라인
⑦ **다리**: 둥근 고양이 발 모양, 둥근 원형
⑧ **언더라인**: 엘보에서 턱 업으로 올라가는 듯한 라인
⑨ **앞다리**: 엘보에서 풋 라인으로 좁아지는 라인
⑩ **몸통**: 짧게 보이도록 커트, 답답한 이미지 피하기, 둥근 원형의 가슴
⑪ 입술선과 잔털 제거

3) 유의사항

① 포메라니안의 더블 코트의 특성상 포스트 클리핑 신드롬이 발생 가능성 있음
② 고객에게 충분히 설명 필요
③ 고객 동의 후 진행 권장

(4) 푸들의 브로콜리 커트

1) 특징

① 몸통이 짧게 커트됨
② 다리는 원통형으로 스타일링
③ 비숑 프리제의 머리 형태 사용
④ 입의 머즐 부분만 짧게 커트

2) 미용방법

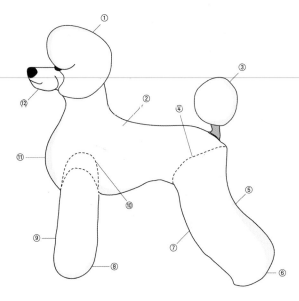

① **머리**: 크라운과 이어 프린지의 자연스러운 라운딩 라인, 비숑 프리제와 유사, 귀는 적당한 길이로 후두부 뒷면과 자연스럽게 연결
② **몸통**: 클리퍼나 클리퍼 콤 사용으로 13~15mm 커트라인
③ **꼬리**: 푸들 특유의 둥근 형태 유지
④ 턱 업과 힙 끝선까지 라운딩 라인
⑤ 좌골 끝단에서 아래로 이어지는 자연스러운 커브 라인, 나팔바지 형태로 볼륨감 있게 커트
⑥ 45° 각도의 라인
⑦ 자연스러운 라운딩 커트라인

⑧ 35~45° 각도의 라인

⑨ 아래로 내려가면서 넓어지는 원통형의 커트라인

⑩ 둥근 원형으로 몸통과 다리의 경계라인

⑪ 흉골단: 몸통은 짧고 자연스럽게 연결

⑫ 머즐: 둥근 원형의 머즐 털, 짧게 커트하여 귀여운 인상 강조

3) 유의사항

① 모량이 충분하고 털에 힘이 있어야 함

② 입선에서부터 후두부, 귀선까지 둥근 이미지 표현 필요

③ 전체적으로 조화로운 둥근 형태 유지 중요

(5) 고객 요구에 따른 미용 스타일 유의사항

① 반려동물의 건강 상태와 특이사항을 사전에 파악

② 반려동물의 개체별 특성 숙지 필요

③ 작업 장소는 청결하고 통풍이 잘 되어야 함

④ 작업 장소는 반려동물의 탈출 경로 차단 필요

⑤ 반려동물이 휴식을 취할 수 있는 장소 제공

⑥ 작업자는 고객의 요구 사항을 정확히 이해하고 소통하며 작업

⑦ 반려동물의 안전을 우선 고려하여 미적 표현 구상

⑧ 이전 미용 스타일에 따른 제약을 이해하고 새로운 스타일 구상

⑨ 최신 유행 이해 및 고객 만족 미용 스타일 구상 필요

(6) 고객 상담 전 미용 스타일 구상 시 고려사항

① 이전 미용 상태(클리핑 라인, 커트 모양) 확인

② 스타일 유행 파악

③ 털 관리 상태 확인

④ 반려동물의 신체적 특징 파악

⑤ 반려동물에게 유해하지 않은 스타일 확인

(7) 유행을 반영하는 미용스타일 구상

① 다양한 채널을 통해 미용 스타일에 대한 자료 찾기

② 항상 고객의 입장에서 소통

③ 고객의 주거 환경과 라이프스타일에 따라 선호하는 미용 스타일 변화 인지

④ 유행을 항상 인지하고 미용 스타일 구상 시 반영 필요

⑤ 최신 유행을 이해하고 고객 만족 미용 스타일 구상 필수

2. 개체 특징에 따른 미용 스타일 구상

(1) 개체별 특징

1) 반려동물의 모질 종류와 털 관리 방법

① 환모기가 없는 권모종

특징	• 오버코트와 언더코트가 자연스럽게 얽혀 새끼줄 모양의 털을 형성함 • 털이 빠르게 자라므로 주기적인 손질이 필요함 • 대표 견종: 푸들, 비숑 프리제, 베들링턴테리어
털 관리 방법	• 슬리커 브러시를 이용해 귀를 제외한 부분은 털의 결 방향과 반대로 빗질함 • 귓속 털은 정기적으로 제거하여 과도하게 자라지 않도록 함 • 털이 엉켜 보이지 않아도 오래 방치하면 심하게 뭉칠 수 있으니 주의함

② 장모종

특징	• 긴 오버코트와 촘촘한 언더코트로 보온성이 뛰어남 • 털이 잘 엉키고 관리하지 않으면 탈모 위험이 있음 • 대표 견종: 몰티즈, 요크셔테리어, 시추 등이 속함
털 관리 방법	• 하루에 한 번 핀 브러시로 털의 결 방향으로 빗질함 • 생식기나 입 주변은 래핑 처리하여 털을 보호함

③ 단모종

특징	• 길이가 매우 짧은 털로 스무드 코트라 불리며 발수성이 좋음 • 털 관리가 매우 쉬움 • 대표 견종: 닥스훈트, 치와와, 미니어처 핀셔, 비글
털 관리 방법	• 털갈이 시기(겨울~봄)에는 주기적으로 빗질해 빠진 속털 제거 • 너무 자주 목욕하면 피모가 건조해질 수 있으므로 주의

2) 반려동물의 신체적 특징

푸들	• 짧은 몸통과 긴 다리, 얼굴을 가진 품종 • 신축성 좋은 털로 다양한 스타일의 미용이 가능 • 모든 부위에 라인을 넣어 시저링하는 반려견 미용의 정점
몰티즈	• 짧은 머즐과 흰색 털을 가진 장방향 몸통의 품종 • 털 방향과 가위 각도를 잘 활용하여 매끄러운 표면을 구현하는 미용이 필요
포메라니안	• 더블 코트를 가진 작고 목과 머즐이 짧은 체형의 품종 • 다양한 스타일의 시저링이 가능하며, 한국에서는 곰돌이 커트가 인기

(2) 개체별 미용 스타일

1) 몰티즈의 판타롱 스타일

① 특징
- 몸을 클리핑하고 다리의 털을 살려서 커트함
- 가정에서 선호하는 스타일
- 머리를 밴드로 묶어 발랄한 느낌 연출 가능

② 유의사항
- 몰티즈의 털은 자라난 방향대로 눕는 형태가 많음
- 전신 커트 시 털의 방향과 가위 방향을 일치시켜야 함

③ 미용 방법: 몰티즈의 털 끝이 오염되었거나 모질 상태가 좋지 않으면 판탈롱 스타일을 제안

발	둥근 형태
꼬리	시작 부분부터 2cm 정도 짧게 커트해 몸통과 분리
몸털	짧게
어깨와 목	정면에서 A자 형태로 연결
가슴	짧게 클리핑
뒷다리	힙에서 풋 라인까지 자연스럽게 이어지게 함
턱 업과 무릎 라인	둥글게 발등으로 이어지게 함
앞다리	엘보 위 클리핑 라인에서 풋 라인까지 원통형으로 이어지게 함
얼굴 머즐	원형
윗머리	옆에서 보았을 때 밴드 및 리본 작업 후 귀 털까지 자연스럽게 이어지게 함
귀	균형감 있게 밴딩
꼬리	반원 모양

2) 비숑 프리제의 펫 스타일 커트

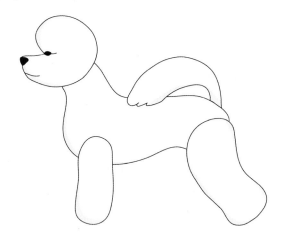

① 특징
- 몸을 짧게 클리핑하고 다리를 원통형으로 시저링함
- 얼굴을 둥글게 커트하며 가정에서 선호하는 스타일

② 유의사항
- 몸을 짧게 클리핑해도 큰 얼굴의 둥근 이미지를 강조
- 다리는 원통형으로, 아래 부분을 넓게 커트하여 균형을 맞춤

③ 미용 방법: 털이 지저분하거나 엉킴이 심해 브러싱으로 풀기 어려울 경우, 몸 부분을 짧게 클리핑하는 미용 스타일을 제안

발	둥근 형태
꼬리	시작 부분부터 2cm까지 짧게 커트해 몸통과 분리
등선	직선 형태
어깨와 목	정면에서 A자 형태로 연결
가슴	짧게 클리핑
뒷다리	엉덩이 클리핑 선에서 풋 라인까지 자연스럽게 이어지게 함
턱 업과 무릎의 라인	둥글게 발등으로 이어지게
앞다리	엘보 위 클리핑 라인에서 풋 라인까지 원통형으로 이어지게 함
얼굴 아래턱	둥근 형태
윗머리	정면에서 턱까지 둥글게 이어지게 함
앞다리	둥근 원형
귀	얼굴 옆면 털과 같은 길이로 균형감 있게 커트
꼬리	반원 형태
뒷다리	위에서 아래로 A자 형태의 원형으로 이어지게 함

3) 푸들의 스포팅 클립

① 특징
- 몸 전체를 짧게 클리핑하고 다리털은 남기는 스타일
- 다리 클리핑 라인을 조절해 다리를 길어 보이게 연출

② 유의사항
- 몸의 굴곡을 살리며 강약을 조절해 클리핑
- 다리 클리핑 라인을 너무 낮추지 않아야 다리가 짧아 보이지 않음

③ 미용 방법

등선	기갑부 털을 너무 짧지 않게 하여 몸높이를 높아 보이게 함
뒷다리	턱 업에서 좌골 선까지 둥글게 하여 다리가 길어 보이게 함
다리	다리가 짧으면 뒷다리와 앞다리 라인을 올려 다리가 길어 보이게 함
앞다리	앞가슴에서 엘보 윗선까지 둥글게 하여 다리가 길어 보이게 함
머리	둥글게 하고 옥서퍼트에서 목의 경계가 생기게 함
귀와 꼬리	적당한 길이로 유지

4) 모질 관리 상태에 따른 미용 스타일 구상

① 장모종과 권모종은 털이 엉키지 않도록 관리가 중요함
② 일반 가정에서는 모질 관리가 어려워 몸 털을 짧게 커트하는 스타일을 제안
③ 몰티즈와 비숑 프리제의 짧은 미용 형태 구상 방법을 소개

5) 개체의 신체적 특징에 따른 미용 스타일 구상

① 품종마다 다리 길이와 몸 상태가 다름
② 미용은 균형미가 중요하므로 개체에 어울리는 스타일을 구상해야 함
③ 미용 스타일을 구상하기 전에 먼저 모질의 관리 상태와 신체 타입을 파악
④ 다리가 짧은 드워프 타입 푸들의 경우 스포팅 클립을 구상하는 방법을 예로 듦

6) 개체 특징에 따른 미용 스타일 구상 시 안전 및 유의사항

① 작업 전에 반려동물의 건강 상태와 특이사항을 파악함
② 반려동물의 개체별 특성을 숙지함
③ 작업 장소는 청결하고 통풍이 잘 되도록 함
④ 작업 장소는 반려동물의 탈출 경로가 차단되어야 함
⑤ 반려동물이 휴식할 수 있는 장소를 제공함
⑥ 작업자는 고객의 요구사항을 정확히 이해하고 소통함
⑦ 미용 스타일 구상 시 반려동물의 안전을 최우선으로 고려함
⑧ 이전 미용 스타일의 제약을 이해하고 현재 스타일에 적용 가능하도록 구상함
⑨ 최신 유행을 이해하고 고객이 만족하는 미용 스타일을 구상함

02 도구 응용 사용

1. 도구의 응용, 사용

(1) 미용도구

적합한 미용 도구를 선택하려면 다양한 도구의 종류와 활용 기술을 알아야 함

(2) 반려동물의 신체 구조

① 개체마다 신체 조건과 골격 구성 형태가 다름
② 신체 각 부분의 명칭과 위치 등 기본 구성을 이해해야 함
③ 이를 통해 다양한 개체의 장단점을 보완하는 미용 스타일을 구현할 수 있음

(3) 미용스타일

1) 맨해튼 클립의 변형 미용

① 밴드의 위치에 따라 체형에 많은 변화를 줄 수 있기 때문에 위치 선정이 매우 중요

② 드워프 타입일 경우
- 등선의 털은 길게, 배 부분의 털은 짧게 커트해 몸높이를 높아 보이게 함
- 가슴과 엉덩이 쪽을 짧게 커트해 몸길이를 짧아 보이게 연출할 수 있음

밍크칼라 클립	• 허리와 목 부분에 파팅 라인을 넣어 체형의 단점을 보완 • 머리와 목의 재킷을 분리하는 칼라를 넣어 목을 길어 보이게 연출
볼레로 클립	• 맨해튼 클립의 변형으로 짧은 상의를 의미 • 앞다리의 엘보를 가리는 브레이슬릿을 만드는 것이 특징

(4) 도구 사용하여 응용미용하기

1) 개요

① 구상한 미용 스타일에 맞는 도구를 선택하여 커트함
② 개체의 장점과 단점을 보완하여 커트함
③ 반려동물의 개체마다 신체 조건과 골격 구성 형태가 다름
④ 표준 체형을 고려해 장점을 부각시키고 단점을 보완하도록 커트해야 함
   예 드워프 타입인 경우에는 앞뒤를 짧게 하고, 하이온 타입인 경우에는 등 라인을 낮추어 커트해야 함
⑤ 구상한 스타일의 완성된 모습의 이미지를 생각하며 커트하면 전체적인 완성도를 높일 수 있음

2) 포메라이안의 곰돌이 커트 방법

① 등선: 기갑부 털을 너무 짧지 않게 하여 몸높이를 높아 보이게 함
② 발: 고양이 발 모양으로 둥글게, 발바닥 주위는 블런트 가위로, 발등은 커브 가위로 커트함
③ 꼬리와 엉덩이 사이: 시닝 가위로 커트한 후 커브 가위로 둥글게 커트해 볼륨감을 줌
④ 옆구리: 커브 가위로 볼륨감을 주면서 허리선을 짧게 연출함
⑤ 아랫배 언더라인: 블런트 가위와 커브 가위로 둥근 형태로 만듦
⑥ 어깨와 목의 네크라인: 정면에서 A자 모양이 되도록 커트함
⑦ 목 부분: 시닝 가위와 블런트 가위로 둥근 원형으로 이어지게 커트함
⑧ 가슴: 커브 가위로 둥글게 표현하되, 균형 있게 커트함
⑨ 뒷다리: 엉덩이에서 비절까지 완만한 경사를 이루도록, 안쪽은 커브 가위로 커트함
⑩ 앞다리: 팔꿈치에서 발목으로 좁아지게 블런트 가위로 커트함
⑪ 꼬리: 블런트 가위로 시작과 끝 부분을 커트하고 둥근 부채 모양으로 만듦
⑫ 귀 끝부분: 커브 가위로 120°로 커트하고 시닝 가위로 둥글게 정리함
⑬ 눈 밑털과 입술 앞부분: 커트하여 깔끔한 이미지를 연출함
⑭ 아래턱 부분: 둥글게 커트한 후 귀로 이어지는 라인을 커트함
⑮ 얼굴: 커브 가위와 시닝 가위로 전체적으로 둥글게 커트함
⑯ 전체적인 균형미를 체크한 후 마무리함

3) 푸들의 맨해튼 클립 커트 방법

① 기본 클리핑

② 허리 밴드: 최종 늑골 0.5cm 뒤를 기준으로 1~2cm 위치에 커트함

③ 풋 라인: 라운딩으로 커트함

④ 허리 밴드는 클리핑함

⑤ 허리 밴드 라인: 빗질한 후 가위로 파팅 라인을 만듦

⑥ 허리 밴드: 일직선으로, 엉덩이는 30° 각도로 짧게 커트해 체형이 길어 보이지 않도록 함

⑦ 앵귤레이션: 뒷다리 안쪽은 짧게 커트해 다리가 길어 보이게 함

⑧ 허리 밴드 라인에서 턱 업, 뒷발 앞부분까지 라운딩으로 커트

⑨ 뒷다리 바깥쪽: 위에서 아래로 일직선이 되도록 커트함

⑩ 몸통: 둥글게, 가슴은 볼륨감을 주되 다소 짧게 커트해 체형이 길어 보이지 않도록 함

⑪ 앞다리: 엘보 윗부분을 기준으로 둥글게 커트함

⑫ 꼬리: 끝부분을 먼저 커트한 후 둥글게 만듦

⑬ 앞머리: 45°로 커트하고 눈과 귀 사이를 10°가량 벌어지게 커트함

⑭ 귀 라인: 일직선으로 커트하고 목선으로 이어지게 함

⑮ 머리: 둥글게, 기갑부 뒷부분까지 완만하게 경사를 주며 커트함

⑯ 귀 끝: 라운드 형태로 커트함

⑰ 드워프 타입의 단점을 보완하며 전체적인 균형미를 체크하고 마무리함

4) 맨해튼 클립에서 밍크칼라 클립으로 응용 커트 방법

① 밍크칼라 클립의 목 부분 포인트 라인을 선호하지 않으면 전형적인 맨해튼 클립으로 변화함

② 긴 목선을 강조하고 싶으면 목의 장식 털을 제거해 짧은 털과 긴 목선을 강조함

• 기갑부 2cm 위에서 옥서퍼트까지 목 부분을 3등분하여 가위로 파팅 라인을 만듦

• 파팅 라인을 적당한 크기로 클리핑함

• 3등분한 목 부분을 적당한 길이의 둥근 원형으로 시저링함

• 기갑부의 파팅 라인을 시저링하여 몸의 재킷 라인과 연결함

• 완성된 밍크칼라 클립의 전체적인 균형미와 커트라인을 확인하고 마무리함

5) 밍크칼라 클립에서 맨해튼 클립으로 응용 커트 방법

① 목 부분의 장식 털을 완전히 클리핑하여 제거함

② 완성된 맨해튼 클립의 전체적인 균형미를 확인하고 마무리함

6) 맨해튼 클립에서 볼레로 클립으로 응용 커트 방법

① 뒷다리 호크 1.5~2cm 위에 가위로 45° 각도의 파팅 라인을 만듦
② 파팅 라인의 2cm 위까지 클리핑함
③ 뒷다리의 클리핑 라인과 같은 높이로 앞다리의 파팅 라인을 정함
④ 앞다리의 파팅 라인을 클리핑함
⑤ 앞다리의 파팅 라인을 볼륨감 있게 시저링함
⑥ 뒷다리의 파팅 라인도 볼륨감 있게 시저링함
⑦ 뒷다리와 앞다리의 브레이슬릿을 둥근 원형으로 시저링함
⑧ 완성된 볼레로 클립의 전체적인 균형미를 확인하고 마무리함

7) 볼레로 클립의 응용 미용

① 귀의 털이 엉켜 관리가 어렵다면, 귀 끝의 장식 털만 남기는 응용 미용을 함
② 목선을 강조해 길어 보이게 연출하려면, 귀 끝의 장식 털만 남기는 미용을 함
  • 귀 끝 털의 1/3을 남기고 클리핑하여 태슬을 만듦
  • 귀 끝을 둥근 원형으로 시저링함
  • 완성된 볼레로 클립의 전체적인 균형미를 확인하고 마무리함

(5) 클리퍼날 콤, 나이프로 커트하기

1) 개요

① 반려동물의 종류가 다양해지면서 클리퍼 콤 미용과 나이프를 사용한 미용이 발전함
② 각 도구의 올바른 사용 방법과 미용 기술을 숙지하고 실습하여 숙련시킴

2) 비숑 프리제의 펫 스타일 커트방법

① 비숑 프리제의 털이 너무 길어 관리가 어렵거나 여름철에 더워하면 펫 스타일 커트로 연출함
② 펫 스타일 커트는 등과 가슴, 배의 털을 짧게 커트하고 다리의 털을 남김
③ 다리가 긴 하이온 타입은 등 털을 짧게, 엉덩이, 가슴, 배의 털을 길게 남겨 체형을 다운시킴

목	길이의 반 정도 또는 기갑부의 3cm 위에서 등선, 옆구리, 아랫배까지 클리핑함
꼬리	털의 결과 같은 방향으로 클리핑한 후 반대 방향으로도 클리핑함
다리	뒷다리와 앞다리에 클리핑 라인을 만들고 다리털을 남김
목과 가슴	이어지도록 클리핑하며, 목 앞부분은 반대 방향으로 짧게 클리핑 가능
배와 가슴	겨드랑이 부분을 클리핑하며 반대 방향으로도 클리핑 가능
뒷다리	앵귤레이션을 강조하고 둥근 형태로 시저링함
앞다리	원통형으로 커트하고 발바닥 뒤쪽이 살짝 올라가도록 함
꼬리	반원 모양으로 둥글게 커트함

눈 사이	소형 클리퍼 또는 가위로 짧게 커트함
입술선	소형 클리퍼 또는 가위로 짧게 커트함
턱	귀와 후두부로 둥글게 연결되도록 시저링함
눈 윗부분	삼각형의 둥근 원형으로 시저링하고 두상에서 귀까지 둥근 이미지를 줌
머리와 목	자연스럽게 이어지도록 시저링함
전체	짧고 단정하게 커트되었는지 균형미를 확인하며 마무리함

3) 푸들의 스포팅 클립(브로콜리 커트) 커트하기

① 다리: 둥근 형태로 커트하고 발등은 클리핑하지 않음

② 목 길이의 반 정도 또는 1/3 정도를 남기고 등선, 옆구리까지 털의 결과 같은 방향으로 클리핑함

③ 목: 가슴, 아랫배까지 클리핑함

④ 클리핑한 부분을 가위로 깔끔하게 면처리함

⑤ 뒷다리: 앵귤레이션을 강조하고 둥근 원형으로 시저링함

⑥ 앞다리: 윗부분은 짧게 커트하고 아래로 내려가면서 둥글게 시저링함

⑦ 꼬리: 푸들의 둥근 기본 형태 또는 고객이 원하는 형태로 시저링함

⑧ 머즐: 원형으로 짧게 커트하여 두상과 경계선을 만듦

⑨ 입술: 짧게 가위로 시저링하여 깨끗한 인상을 줌

⑩ 귀: 원형으로 짧게 커트하되 앞이 길게 시저링함

> **TIP**
>
> 귀의 경우 자연스러움을 강조하기 위해 나이프를 사용하여 커트해도 무방하다.

⑪ 앞머리: 45° 각도의 원형이 되도록 시저링하며, 윗부분으로 둥글게 시저링함

⑫ 머리 측면: 귀 뒷선까지 자연스럽게 이어지도록 시저링함

⑬ 귀와 머리 옆면 부위의 자연스러움을 위해 시닝 가위로 커트함

⑭ 옥서퍼트와 귀 뒷면: 둥근 원형으로 연결되도록 시저링함

⑮ 전체적인 균형미를 확인하며 마무리함

2. 미용스타일 연출

(1) 아트 미용

① 개성 있는 미용 스타일을 연출하려면 아트 미용을 이해해야 함

② 기존의 미용 상식과 기술을 기초로 함

③ 미용사의 창작력과 숙련된 기술로 개성을 표현함

④ 유해하지 않은 재료를 사용함

⑤ 자연의 동식물 및 사물의 형태와 색채를 반려동물에게 표현함

(2) 아트 미용에 필요한 도구 및 재료

1) 개요

① 개성 있는 미용 스타일을 위해 다양한 미용 재료와 사용 방법을 알아야 함
② 반려동물의 신체에 직접 적용되므로 재료의 유해성을 반드시 확인해야 함

2) 헤어스프레이 사용 방법

① 머리 위 털이나 등 털을 세우는 세팅 작업용
② 반려동물의 눈, 호흡기, 피부에 닿지 않도록 주의
③ 코트를 고정시키는 정도로 적당히 분사

3) 글리터 젤 사용 방법

① 털과 장식 털에 포인트를 주어 화사한 이미지 연출
② 글리터 젤을 뿌린 후 헤어스프레이를 사용하면 고정 효과 증가

(3) 미용 스타일 연출 시 안전 및 유의사항

① 작업 전 반려동물의 건강 상태와 특이사항을 파악하고, 작업 중 건강상태 수시 체크
② 반려동물의 개체별 특성 숙지
③ 작업 장소는 청결하고 통풍이 잘 되도록 유지
④ 작업 장소는 반려동물의 탈출 경로가 차단되어야 함
⑤ 반려동물이 휴식을 취할 수 있는 장소 제공
⑥ 미용 도구와 장비는 위생과 소독을 철저히 관리
⑦ 도구와 장비 사용 방법의 숙지 및 숙련
⑧ 도구가 파손될 경우를 대비해 여분의 도구 준비
⑨ 가위, 클리퍼 등을 미용 테이블 위에 올려놓지 않음으로써 파손 및 상해 예방

(4) 아트미용 스타일 연출

① 미용 도구와 재료를 사용하여 개성 있게 연출
② 베이싱과 기초 미용이 끝난 반려동물에 유해하지 않은 재료 사용
③ 헤어스프레이, 글리터 젤, 장식 털 등을 사용해 창의적인 모양 연출
④ 반려동물에게 유해하지 않은 염색제를 사용하여 스타일을 꾸밈
⑤ 글리터 젤은 고르게 뿌려 한 부분에 몰리지 않도록 함

03 응용스타일 완성

1. 액세서리 부착

(1) 다양한 액세서리와 의상

헤어핀	털의 양이나 스타일에 따라 다양한 연출에 사용
목걸이	• 미용 스타일과 의상 콘셉트에 맞게 활용 • 이름표 기능 포함
봄가을 의상	• 보온 목적 및 미용 스타일에 맞춰 선택 • 털이 없는 경우에도 착용 • 수컷은 생식기를 고려해 배 부분이 깊고 넓게 파인 것을 선택 • 활동량이 많은 반려동물은 신축성 좋은 원단을 사용
겨울 의상	• 보온 목적 및 미용 스타일에 맞춰 선택 • 산책 시나 추위를 많이 타는 반려동물에게 활용도 높음

(2) 유사 시 필요한 용품

1) 하니스(harness)

① 산책 시 목줄이 불편한 개를 위한 안전벨트 형식의 용구
② 다양한 컬러와 디자인으로 선택의 폭이 넓음

2) 스누드(snood)

① 얼굴 주변 털이 길거나 귀가 늘어진 개의 털 오염 방지
② 귀가 더러워지거나 털이 입 안으로 들어가는 것을 방지
③ 산책 시 얼굴 주변 털이 땅에 끌리는 것을 방지
④ 눈곱을 떼거나 세수할 때 털이 물에 젖는 것을 방지
⑤ 필요할 때마다 다양한 상황에서 사용

3) 매너 벨트(manner belt)

① 수컷 개의 영역 표시 시 소변을 흡수하는 패드 부착을 도와줌
② 반려견카페, 낯선 곳, 공공장소 방문 시 사용
③ 민감한 부위를 보호하기 위해 면 원단 사용
④ 생식기가 짓무르지 않도록 패드는 자주 교체

4) 드라이빙 키트(driving kit)

① 차 안에서 개의 편안하고 안전한 이동을 도와줌
② 차에서 산만하고 불안해하는 개에게 사용
③ 차 바닥으로 굴러 떨어지는 것을 방지
④ 사방이 막힌 케널을 두려워하거나 싫어하는 개에게 적합

(3) 용도별 사이즈 측정 방법

① 개체별 특성에 따라 사이즈 차이 존재
② 사이즈 측정 방법과 기준표는 제조업체마다 다를 수 있음

(4) 액세서리 부착 시 안전 및 유의사항

① 헤어핀의 무게가 무거우면 털에 자극을 줄 수 있으니 주의
② 구슬 목걸이용 우레탄 줄은 신축성이 좋지 않으면 피부에 자극을 주므로 주의하며, 우레탄 줄이 쉽게 끊어지지 않는지 확인
③ 신축성이 없는 의상은 활동 시 불편하므로 원단 선택 시 주의
④ 액세서리를 장시간 착용하면 피부 자극과 스트레스 유발 가능성 주의
⑤ 액세서리가 떨어졌을 때 잔여물을 삼키지 않도록 주의
⑥ 하니스가 작으면 겨드랑이에 끼고 불편하며, 피모 손상 가능성 주의
⑦ 하니스가 크면 벗겨져서 위험에 노출될 수 있으므로 주의
⑧ 드라이빙 키트가 차의 안전벨트에서 떨어지지 않도록 주의

(5) 반려동물에게 액세서리 장식하기

① 미용 스타일에 어울리는 헤어핀, 헤어밴드, 목걸이 선택 및 착용
② 반려동물의 스타일에 맞는 의상 착용
③ 미용 스타일과 개체 특성에 맞는 의상 선택
④ 착용한 액세서리와 의상이 스타일에 잘 어울리는지 확인

2. 미용 스타일 점검

(1) 완성한 미용 스타일을 체크하는 방법

1) 개요

① 완성된 미용 스타일의 전체적인 균형과 조화 체크
② 필요 시 수정 작업 진행
③ 전체적인 균형과 조화를 체크하는 방법 숙지

2) 콤으로 균형미를 체크하는 방법

털 깊숙이 콤을 넣어 빗질해 전체적인 커트 흐름을 고려하고 표면이 고르게 커트되었는지 확인

3) 신체 부위별 균형미 체크 및 유의사항

① 풋 라인 및 다리 부분: 풋 라인의 원형 체크, 앞다리 엘보 안쪽과 뒷다리 턱 업 안쪽 빗질
② 몸 전체: 엉덩이와 등선 연결, 가슴 아랫부분과 배 부분 연결 체크

③ 얼굴 및 목 부분: 얼굴 양쪽 길이 확인, 귀 뒷면 빗질해 균형미 확인
④ 꼬리 부분: 꼬리 전체를 원하는 모양으로 커트, 털이 튀어나와 미관상 좋지 않은 부분 확인

(2) 개체에 따라 미용 스타일을 체크하는 방법

1) 개요

개체의 모질을 살리면서 모양 변화를 준 미용이 적용되었는지 확인

2) 장모종 체크 방법 및 유의사항

① 털의 힘이 약해 쳐질 수 있으므로 빗질 시 힘을 약하게 하고 천천히 빗질
② 털의 결 방향을 고려해 피모에서 털 끝까지 완전히 빗질

3) 중장모종 체크 방법 및 유의사항

① 언더코트가 많은 더블 코트이므로 피모 깊숙이 콤을 넣어 빗질
② 털의 볼륨을 고려하여 피모와 90°를 이루도록 빗질

4) 권모종 체크 방법 및 유의사항

① 웨이브가 생긴 털을 살피며 빗질
② 넓게 전체적으로 빗질하여 균형미 체크

(3) 잔여물 체크하는 방법

1) 개요

① 미용 후 털에 붙은 잔여물을 제거하지 않으면 주변이 더러워질 수 있음
② 육안으로 확인되지 않는 경우도 있으므로 드라이어로 털어내는 마무리 작업 필요

2) 드라이어로 잔여물 제거

드라이어 온도를 낮추고 몸 전체를 드라잉하며 빗질하여 잔여물 제거

3) 브러시로 잔여물 제거

① 커트된 털이 몸에 남지 않도록 피모 바깥쪽으로 브러싱
② 전체적으로 약하게 브러싱하여 체크

4) 콤으로 잔여물 제거

① 커트된 털이 몸에 남지 않도록 피모 바깥쪽으로 빗질
② 균형미를 살리며 빗질하고 다리 안쪽을 주의 깊게 체크

(4) 스타일 완성 후 고객 피드백에 응대하는 방법

① 스타일 완성 후 고객 피드백 받기
② 수정 필요 시 고객 입장에서 이해하고 상의 후 절차 진행
③ 미용으로 상해 발생 시 충분히 상의하여 대응

(5) 미용스타일 점검 시 안전 및 유의사항

① 작업 전 반려동물의 건강 상태와 특이사항 파악, 작업 중에도 수시로 체크
② 반려동물의 개체별 특성 숙지
③ 작업 장소는 청결하고 통풍이 잘 되어야 함
④ 작업 장소는 반려동물의 탈출 경로 차단
⑤ 반려동물이 휴식할 수 있는 장소 제공
⑥ 미용 도구와 장비는 위생과 소독 철저히 관리
⑦ 도구와 장비의 사용법 숙지 및 숙련 필요
⑧ 도구 파손 시 대비해 여분의 도구 준비
⑨ 미용 후 드라이어로 반려동물의 몸에 붙은 털 제거
⑩ 미용 작업 후 가위와 클리퍼를 털어 내고 소독 후 윤활제 도포, 안전한 장소에 보관

(6) 미용 스타일 점검하는 방법

1) 완성된 미용 스타일의 전체적인 균형과 조화를 체크

① 콤으로 풋 라인 및 다리 부분의 균형미와 커트 상태 확인
② 엉덩이, 등선, 옆구리, 가슴으로 이어지는 몸 전체의 균형미와 조화 확인
③ 얼굴과 목 부분이 균형미와 조화를 이루는지 확인
④ 꼬리 위 털의 길이와 크기가 신체 균형미에 맞는지 확인

2) 개체에 따른 미용 스타일을 잘 표현하였는지 체크

① 장모종, 중장모종, 단모종, 권모종 등 모질 특성 파악 및 체크
② 장모종: 털 방향을 고려해 균형미 있게 커트, 층이 생기지 않도록 주의
③ 권모종: 균형미 있게 커트되었는지 확인

3) 커트된 털, 오염물질 등 잔여물이 붙어 있는지 전체적으로 체크한 후 제거

① 몸에 잔여물 확인 후 드라이어, 브러시, 콤으로 제거
② 다리에 잔여물 확인 후 드라이어, 브러시, 콤으로 제거
③ 머리, 목, 꼬리에 잔여물 확인 후 드라이어, 브러시, 콤으로 제거

4) 완성된 미용 스타일에 대해 고객의 피드백을 받고 부족한 부분은 수정

   ① 고객에게 미용 스타일 설명 후 수정 요청 시 충분히 상의하고 수정

   ② 미용으로 상해 발생 시 고객과 상의하여 문제 해결

   ③ 꼼꼼한 체크 후 잔여물 제거로 고객 만족도 향상

응용미용 연습문제

01

푸들의 맨하탄 클립에 관한 설명 중 올바르지 <u>않은</u> 것은?

① 허리선을 만들고 목 부분도 클리핑하는 스타일이다.
② 허리선만을 만들고 목 부분은 자연스럽게 남겨두는 스타일이다.
③ 신체적인 장점을 살릴 수 있는 미용 기술로 널리 사용된다.
④ 허리와 목 부분에 클리핑 라인을 강조하여 독특한 외관을 제공한다.
⑤ 밴드의 위치에 따라 체형에 많은 변화를 줄 수 있어 위치 선정이 중요하다.

02

푸들의 퍼스트 콘티넨털 클립에 대한 설명으로 옳지 <u>않은</u> 것은?

① 쇼 클립에 가장 가까운 스타일로 알려져 있다.
② 허리의 로제트와 꼬리의 폼폰이 특징적인 커트이다.
③ 다리의 브레이슬릿 커트로 균형과 조화가 좋다.
④ 클리핑 면적이 매우 적고 복잡하게 커트된다.
⑤ 가정에서의 관리가 용이하도록 클리핑 면적이 넓고 상대적으로 짧게 커트된다.

03

포메라니안 곰돌이 커트의 특징에 관한 설명 중 <u>잘못된</u> 것은?

① 얼굴을 둥근 형태로 연출하는 스타일이다.
② 몸털을 매우 길게 유지하여 복잡한 관리가 필요하다.
③ 포메라니안의 귀여운 이미지를 유지할 수 있다.
④ 몸털은 짧게 커트하여 관리가 쉽다.
⑤ 얼굴과 몸털의 스타일링으로 포메라니안의 매력을 강조한다.

04

푸들의 브로콜리 커트에 대한 설명 중 올바르지 <u>않은</u> 것은?

① 몸통이 짧게 커트됨
② 다리는 원통형으로 스타일링됨
③ 비숑 프리제의 머리 형태를 사용함
④ 머즐 부분만 길게 유지하여 독특한 외관을 제공함
⑤ 입의 머즐 부분만 짧게 커트하여 관리가 용이함

05

푸들의 맨하탄 클립에 대한 유의사항 중 <u>잘못된</u> 것은?

① 허리와 목 부분의 클리핑이 일반적이다.
② 밴드의 위치는 체형에 크게 변형을 주지 않는다.
③ 클리핑 선의 완벽한 완성과 전체 커트의 선이 매끄러운 연결이 필요하다.
④ 한국에서는 목 부분을 클리핑하지 않고 허리선만 드러나게 하는 경우가 많다.
⑤ 모든 클리핑은 각 개체의 신체적 특징에 맞추어 개별적으로 조정된다.

06

푸들의 퍼스트 콘티넨털 클립의 유의사항 중 올바르지 <u>않은</u> 것은?

① 로제트, 폼폰, 브레이슬릿의 균형미가 중요하다.
② 클리핑 라인의 위치 선정이 중요하다.
③ 로제트, 폼폰, 브레이슬릿의 조화가 잘 이루어져야 한다.
④ 클리핑은 느낌대로 빠르게 진행되어야 한다.
⑤ 전체적인 밸런스가 흐트러지지 않게 주의해야 한다.

07

포메라니안 곰돌이 커트 시 유의할 점 중 <u>잘못된</u> 것은?

① 작업자는 포스트 클리핑 신드롬에 대해 파악하고 있어야 한다.
② 고객에게 포스트 클리핑 신드롬에 대해 충분히 설명할 필요가 있다.
③ 커트 시 고객 동의 없이 진행하는 것이 바람직하다.
④ 전체적인 밸런스가 흐트러지지 않게 주의해야 한다.
⑤ 커트 후 관리 방법에 대한 충분한 설명이 필요하다.

08

푸들의 브로콜리 커트 시 유의사항 중 올바르지 <u>않은</u> 것은?

① 모량이 충분하고 털에 힘이 있어야 한다.
② 입선에서부터 후두부, 귀선까지 둥근 이미지를 표현하는 것이 필요하다.
③ 전체적으로 조화로운 둥근 형태를 유지하는 것이 중요하다.
④ 브로콜리 커트는 최소한의 위생클리핑으로 유지된다.
⑤ 다리와 몸통의 털 길이를 균일하게 유지하는 것이 중요하다.

09

다음 〈보기〉에서 설명하는 미용스타일은 어떤 것인가?

┤ 보기 ├

• 허리와 목 부분의 클리핑 라인이 강조되는 스타일이다.
• 크라운은 인덴테이션에서 옥서퍼트까지 둥근 원형, 뒤통수 부분이 너무 짧지 않게 미용한다.
• 목은 후두부에서 0.5cm 뒤부터 기갑부 위 1~2cm 부분으로 연결한다.
• 앵귤레이션은 좌골 끝단에서 아랫부분으로 자연스러운 커브형으로 연결하여 라인을 만든다.

① 푸들의 맨하탄 클립   ② 푸들의 퍼스트 콘티넨털 클립
③ 포메라니안 곰돌이 커트   ④ 푸들의 브로콜리 커트
⑤ 비숑 프리제의 펫 스타일 커트

10

다음 〈보기〉에서 설명하는 미용스타일은 어떤 것인가?

┤ 보기 ├

• 몸체와 다리 부분이 짧게 커트되어 있어서 관리가 편리하다.
• 얼굴은 둥근 형태로 트리밍되어 귀여운 이미지를 강조한다.
• 더블 코트의 특성을 고려하여 포스트 클리핑 신드롬을 방지하기 위한 세심한 주의가 요구된다.
• 고객에게 미용 전후의 변화와 관리 방법에 대해 충분한 설명이 필요하다.

① 푸들의 맨하탄 클립   ② 푸들의 퍼스트 콘티넨털 클립
③ 포메라니안 곰돌이 커트   ④ 푸들의 브로콜리 커트
⑤ 비숑 프리제의 펫 스타일 커트

11

다음 〈보기〉에서 설명하는 미용스타일은 어떤 것인가?

┤ 보기 ├

• 전체적으로 몸통의 털은 짧게 유지되며, 다리 부분은 원통형으로 긴 털을 유지한다.
• 헤드는 풍성하게 털을 남겨 둥글게 커트하여 부드러운 인상을 제공한다.
• 귀는 자연스러운 길이로 유지되며, 얼굴의 형태와 조화를 이룬다.
• 특히, 머즐은 둥근 원형의 머즐 털을 짧게 커트하여 귀여운 인상을 강조한다.

① 푸들의 맨하탄 클립   ② 푸들의 퍼스트 콘티넨털 클립
③ 포메라니안 곰돌이 커트   ④ 푸들의 브로콜리 커트
⑤ 비숑 프리제의 펫 스타일 커트

12

다음 〈보기〉에서 설명하는 미용스타일은 어떤 것인가?

┤ 보기 ├

• 머리는 전체적으로 둥근 형태로 커트되며, 목선은 짧게 느껴지도록 커트하여 머리에서 등까지의 선이 자연스럽게 이어진다.
• 꼬리는 둥근 부채 모양으로 스타일링되어 귀여운 이미지를 강조한다.
• 허리에서 힙의 끝선까지 30°로 기울어진 라인을 유지하여 몸통의 형태를 강조한다.
• 뒷다리는 엉덩이에서 비절까지 자연스러운 원형 라인을 가지며, 전체적으로 몸통은 짧게 보이도록 커트하여 답답한 이미지를 피한다.

① 푸들의 맨하탄 클립   ② 푸들의 퍼스트 콘티넨털 클립
③ 포메라니안 곰돌이 커트   ④ 푸들의 브로콜리 커트
⑤ 비숑 프리제의 펫 스타일 커트

13

다음 〈보기〉에서 설명하는 미용스타일은 어떤 것인가?

┤ 보기 ├

- 탑라인은 크라운과 파팅 라인을 목선에서 등 라인까지 자연스럽게 연결하며, 머리는 양쪽으로 5~10°로 퍼지는 둥근 형태를 유지한다.
- 로제트는 둥근 원형 커트로, 클리핑 앞 라인은 최종 늑골 1cm 뒤에 위치하고, 뒤 라인은 꼬리 시작점에 위치한다. 경계 너비는 꼬리 두께만큼 유지하며 원형을 유지한다.
- 폼폰은 타원형으로 라운딩되며, 클리핑은 꼬리 시작 부분부터 2~2.5cm 범위에서 수행된다.
- 브레이슬릿은 비절 1~2cm 위에서 시작하여 45° 각도의 경계 라인을 형성하며, 리어 브레이슬릿은 비절 1.5cm 위에서 45° 앞으로 기울어진 뒤쪽으로 돌출된 원형을 유지한다.
- 프런트 브레이슬릿은 타원형 둥근 모양으로, 리어 브레이슬릿과 같은 높이의 라인을 가진다.
- 재킷은 90°의 둥근 원형으로 아래 엘보까지 연결 라인을 가지며, 앞부분은 둥글게 볼륨감 있게, 허리선은 계란형, 몸통은 A자 형태에서 엘보에서 둥근 모양으로 커트된다.

① 푸들의 맨하탄 클립   ② 푸들의 퍼스트 콘티넨털 클립
③ 포메라니안 곰돌이 커트   ④ 푸들의 브로콜리 커트
⑤ 비숑 프리제의 펫 스타일 커트

14

다음 설명하는 반려동물 미용 스타일 관련 유의사항 중 올바르지 <u>않은</u> 것은 무엇인가?

① 고객의 요구사항을 무시하고, 오직 미용사의 경험에만 의존하여 작업한다.
② 반려동물의 건강 상태와 특이 사항을 사전에 파악하여 작업에 반영한다.
③ 작업 장소는 청결하고 통풍이 잘 되어야 하며, 반려동물의 탈출 경로를 차단해야 한다.
④ 작업자는 고객과의 정확한 소통을 통해 요구사항을 이해하고, 반려동물의 안전을 우선으로 고려한다.
⑤ 최신 유행을 이해하고, 고객의 만족을 위한 미용 스타일을 구상하는 것이 필요하다.

15

반려동물 미용 시 고려해야 할 유의사항에 대한 설명으로 적절하지 <u>않은</u> 것은 무엇인가?

① 작업 장소는 반려동물이 자유롭게 돌아다닐 수 있도록 열려 있어야 한다.
② 작업자는 반려동물의 개체별 특성을 숙지하고 그에 맞추어 미용해야 한다.
③ 반려동물의 휴식을 취할 수 있는 장소를 제공하여 미용 중 스트레스를 최소화한다.
④ 이전 미용 스타일에 따른 제약을 이해하고 새로운 스타일을 구상할 때 참고한다.
⑤ 최신 유행을 반영하여 고객 만족을 도모하는 미용 스타일을 구상해야 한다.

16

반려동물 미용 서비스를 제공하기 전에 미용사가 고려해야 할 사항 중 잘못된 것은 무엇인가?

① 이전 미용 상태(클리핑 라인, 커트 모양)를 확인하지 않고 새로운 스타일을 제안한다.
② 스타일의 유행을 파악하여 고객의 요구와 현재 트렌드를 조화롭게 반영한다.
③ 털 관리 상태를 확인하여 반려동물의 털이 적절한 상태인지 평가한다.
④ 반려동물의 신체적 특징을 파악하여 개체별로 최적화된 미용 방안을 구상한다.
⑤ 반려동물에게 유해하지 않고 안전한 스타일을 확인하고 적용한다.

17

유행을 반영하는 미용스타일 구상 시 고려해야 할 사항 중 잘못된 것은 무엇인가?

① 최신 유행을 이해하고, 고객 만족을 위한 미용 스타일을 구상하는 것이 필수적이다.
② 항상 고객의 입장에서 소통하며, 고객의 요구와 기대를 이해한다.
③ 고객의 주거 환경과 라이프스타일에 따라 선호하는 미용 스타일의 변화를 인지한다.
④ 유행을 항상 인지하고, 미용 스타일 구상 시 최신 트렌드를 반영한다.
⑤ 다양한 채널을 통해 미용 스타일에 대한 자료를 찾지 않고 직관에만 의존한다.

18

환모기가 없는 권모종에 대한 설명 중 올바르지 않은 것은 무엇인가?

① 오버코트와 언더코트가 자연스럽게 얽혀 새끼줄 모양의 털을 형성한다.
② 털이 빠르게 자라므로 주기적인 손질이 필요하다.
③ 슬리커 브러시를 이용해 귀를 제외한 부분은 털의 결 방향으로 빗질한다.
④ 대표 견종으로는 푸들, 비숑 프리제, 베들링턴테리어가 있다.
⑤ 귓속 털은 정기적으로 제거하여 과도하게 자라지 않도록 한다.

19

장모종의 특징에 대한 설명으로 올바르지 않은 것은 무엇인가?

① 긴 오버코트와 촘촘한 언더코트로 보온성이 뛰어나다.
② 털이 잘 엉키고 관리하지 않으면 탈모 위험이 있다.
③ 대표 견종으로는 몰티즈, 요크셔테리어, 시추 등이 있다.
④ 하루에 한 번 핀 브러시로 털의 결 방향으로 빗질해야 한다.
⑤ 빗질만 잘해주면 목욕 관리는 월 1회 정도로 충분하다.

20

단모종의 특징에 대한 설명 중 올바르지 <u>않은</u> 것은 무엇인가?

① 길이가 매우 짧은 털로 스무드 코트라 불리며 발수성이 좋다.
② 털 관리가 매우 쉽다.
③ 대표 견종으로는 닥스훈트, 치와와, 미니어처 핀셔, 비글이 있다.
④ 털갈이 시기(겨울~봄)에는 주기적으로 빗질해 빠진 속 털을 제거해야 한다.
⑤ 자주 목욕하면 피모가 윤기 있어진다.

21

환모기가 없는 권모종의 털 관리 방법에 대한 설명으로 적절하지 <u>않은</u> 것은 무엇인가?

① 슬리커 브러시를 이용해 귀를 제외한 부분은 털의 결 방향과 반대로 빗질한다.
② 귓속 털은 정기적으로 제거하여 과도하게 자라지 않도록 한다.
③ 털이 엉켜 보이지 않아도 오래 방치하면 심하게 뭉칠 수 있으니 주의한다.
④ 최대한 털을 기른 다음에 커트를 해야 한다.
⑤ 주기적인 손질을 통해 털을 관리한다.

22

장모종의 털 관리 방법에 대한 설명 중 올바르지 <u>않은</u> 것은 무엇인가?

① 하루에 한 번 핀 브러시로 털의 결 방향으로 빗질한다.
② 생식기나 입 주변은 래핑 처리하여 털을 보호한다.
③ 털이 잘 엉키므로 자주 빗질해주는 것이 중요하다.
④ 주기적인 목욕은 필요하지 않으며, 자연 건조가 가장 좋다.
⑤ 털 관리가 소홀하면 탈모 위험이 있다.

23

단모종의 털 관리 방법에 대한 설명으로 적절하지 <u>않은</u> 것은 무엇인가?

① 털갈이 시기(겨울~봄)에는 주기적으로 빗질해 빠진 속 털을 제거한다.
② 털 관리가 매우 쉽다.
③ 너무 자주 목욕하면 피모가 건조해질 수 있으므로 주의한다.
④ 대표 견종으로는 닥스훈트, 치와와, 미니어처 핀셔, 비글이 있다.
⑤ 털이 짧으므로 털 관리가 필요하지 않다.

24

다음 중 환모기가 없는 권모종의 대표 견종이 <u>아닌</u> 것은 무엇인가?

① 토이 푸들
② 비숑 프리제
③ 베들링턴테리어
④ 몰티즈
⑤ 미니어쳐 푸들

25

다음 중 장모종의 대표 견종이 <u>아닌</u> 것은 무엇인가?

① 몰티즈
② 요크셔테리어
③ 시추
④ 치와와
⑤ 꼬동 드 툴레아

26

다음 중 단모종의 대표 견종이 <u>아닌</u> 것은 무엇인가?

① 닥스훈트
② 치와와
③ 미니어처 핀셔
④ 비글
⑤ 비숑 프리제

27

다음 중 권모종, 장모종, 단모종에 대한 설명이 올바른 것은 무엇인가?

① 권모종의 대표 견종으로는 몰티즈, 요크셔테리어가 포함된다.
② 장모종의 대표 견종으로는 푸들, 비숑프리제가 있다.
③ 단모종의 대표 견종으로는 시추, 요크셔테리어가 있다.
④ 장모종의 대표 견종으로는 몰티즈, 요크셔테리어, 시추가 있다.
⑤ 단모종의 대표 견종으로는 푸들, 비숑 프리제가 있다.

28

다음 〈보기〉는 어떤 견종의 신체적 특징을 설명하고 있다. 〈보기〉에서 설명하는 견종은?

┤ 보기 ├
- 짧은 머즐과 흰색 털을 가진 장방형 몸통의 품종이다.
- 털 방향과 가위 각도를 잘 활용하여 매끄러운 표면을 구현하는 미용이 필요하다.

① 푸들
② 몰티즈
③ 포메라니안
④ 슈나우저
⑤ 비숑 프리제

2급

29

다음 〈보기〉는 어떤 견종의 신체적 특징을 설명하고 있다. 〈보기〉에서 설명하는 견종은?

┤ 보기 ├
- 더블 코트를 가진 작고 목과 머즐이 짧은 체형의 품종이다.
- 다양한 스타일의 시저링이 가능하며, 한국에서는 곰돌이 커트가 인기가 많다.

① 포메라니안
② 몰티즈
③ 푸들
④ 시추
⑤ 치와와

30

다음 〈보기〉는 어떤 견종의 신체적 특징을 설명하고 있다. 〈보기〉에서 설명하는 견종은?

┤ 보기 ├
- 정사각형의 몸통의 품종이다.
- 짧은 몸통과 긴 다리, 얼굴을 가진 품종이다.
- 신축성 좋은 털로 다양한 스타일의 미용이 가능하다.
- 모든 부위에 라인을 넣어 시저링하는 반려견 미용의 정점이다.

① 몰티즈
② 푸들
③ 포메라니안
④ 슈나우저
⑤ 요크셔테리어

31

다음 중 견종별 신체적 특징으로 <u>잘못된</u> 것은 무엇인가?

① 치와와: 작은 체구와 둥근 사과형 머리를 가진 품종으로, 부드럽고 긴 털이 특징이며, 털 엉킴을 방지하기 위해 매일 빗질해 주어야 한다.
② 비숑 프리제: 머즐과 둥근 눈, 곱슬거리는 털을 가진 작고 균형 잡힌 품종으로, 둥글고 풍성한 얼굴 미용이 특징이다.
③ 포메라니안: 더블 코트를 가진 작고 목과 머즐이 짧은 체형의 품종으로, 다양한 스타일의 시저링이 가능하며, 한국에서는 곰돌이 커트가 인기다.
④ 몰티즈: 짧은 몸통과 긴 다리, 얼굴을 가진 품종으로, 신축성 좋은 털로 다양한 스타일의 미용이 가능하며, 모든 부위에 라인을 넣어 시저링한다.
⑤ 시추: 작고 넓은 머즐과 짧은 다리, 긴 몸통을 가진 품종으로, 두꺼운 이중 모질을 가지며, 눈 주변과 머리 부분은 정기적인 손질이 중요하다.

32

다음 중 푸들의 신체적 특징에 대한 설명으로 <u>올바르지 않은</u> 것은?

① 짧은 몸통과 긴 다리, 얼굴을 가진 품종이다.
② 신축성 좋은 털로 다양한 스타일의 미용이 가능하다.
③ 모든 부위에 라인을 넣어 시저링하는 반려견 미용의 정점이다.
④ 짧은 머즐과 흰색 털을 가진 장방향 몸통의 품종이다.
⑤ 푸들은 다양한 미용 스타일을 시도할 수 있는 신축성 있는 털을 가지고 있다.

33

다음 중 몰티즈의 신체적 특징에 대한 설명으로 <u>올바르지 않은</u> 것은?

① 짧은 머즐과 흰색 털을 가진 장방향 몸통의 품종이다.
② 털 방향과 가위 각도를 잘 활용하여 매끄러운 표면을 구현하는 미용이 필요하다.
③ 더블 코트를 가진 작고 목과 머즐이 짧은 체형의 품종이다.
④ 몰티즈는 털 관리가 중요하며, 정기적인 미용이 필요하다.
⑤ 몰티즈는 장모종으로, 관리가 소홀하면 털이 엉킬 수 있다.

34

다음 중 포메라니안의 신체적 특징에 대한 설명으로 올바르지 <u>않은</u> 것은?

① 더블 코트를 가진 작고 목과 머즐이 짧은 체형의 품종이다.
② 다양한 스타일의 시저링이 가능하며, 한국에서는 곰돌이 커트가 인기이다.
③ 짧은 몸통과 긴 다리, 얼굴을 가진 품종이다.
④ 포메라니안은 작은 크기에도 불구하고 풍성한 털을 가지고 있다.
⑤ 포메라니안의 털은 정기적으로 손질해줘야 한다.

35

다음 중 신축성 좋은 털로 다양한 스타일의 미용이 가능하며, 모든 부위에 라인을 넣어 시저링하는 반려견 미용의
정점으로 불리는 견종은?

① 푸들   ② 몰티즈
③ 포메라니안   ④ 슈나우저
⑤ 시츄

36

다음 〈보기〉는 어떤 견종의 신체적 특징과 미용 스타일을 설명하고 있다. 보기에서 설명하는 견종은?

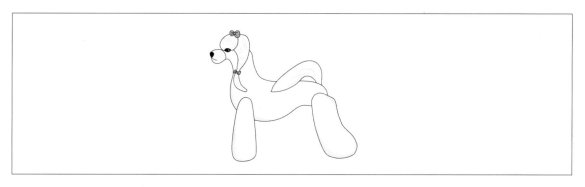

┤ 보기 ├

• 몸을 클리핑하고 다리의 털을 살려서 커트함
• 가정에서 선호하는 스타일
• 머리를 밴드로 묶어 발랄한 느낌 연출 가능

① 비숑 프리제의 펫 스타일 커트   ② 포메라니안 곰돌이 커트
③ 몰티즈의 판타롱 스타일   ④ 푸들의 스포팅 클립
⑤ 푸들의 퍼스트 콘티넨털 클립

37

다음 중 비숑 프리제의 펫 스타일 커트에 대한 특징으로 올바르지 <u>않은</u> 것은?

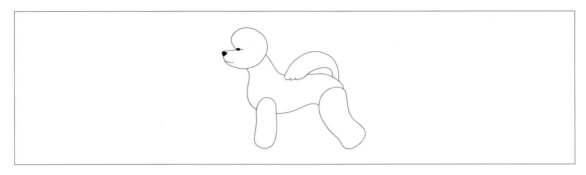

① 몸을 짧게 클리핑한다.
② 얼굴을 둥글게 커트하며 가정에서 선호하는 스타일이다.
③ 다리를 길어 보이게 하기 위해 다리 털을 매우 짧게 클리핑한다.
④ 둥근 얼굴 커트가 특징적인 미용 스타일이다.
⑤ 다리를 원통형으로 시저링한다.

38

다음 중 푸들의 스포팅 클립에 대한 특징으로 올바르지 <u>않은</u> 것은?

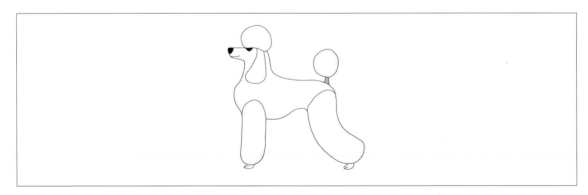

① 몸 전체를 짧게 클리핑하고 다리털은 남기는 스타일이다.
② 다리 클리핑 라인을 조절해 다리를 길어 보이게 연출할 수 있다.
③ 다리털을 매우 짧게 클리핑하여 깔끔한 이미지를 연출한다.
④ 이 스타일은 관리가 편하다.
⑤ 다리털은 남겨 두어 전체적인 균형을 맞춘다.

39

다음 중 스포팅 스타일 미용 시 유의사항이 <u>아닌</u> 것은?

① 몰티즈의 털은 자라난 방향대로 눕는 형태가 많으니 전신 커트 시 털의 방향과 가위 방향을 일치시켜야 한다.
② 비숑프리제는 몸을 짧게 클리핑해도 큰 얼굴의 둥근 이미지를 강조해야 한다.
③ 푸들은 몸의 굴곡을 살리며 강약을 조절해 클리핑해야 한다.
④ 다리 클리핑 라인을 많이 낮추어야 다리가 길어보인다.
⑤ 비숑프리제는 다리는 원통형으로, 아래 부분을 넓게 커트하여 균형을 맞춰야 한다.

40

스포팅 스타일 미용 추천 시 해당하는 사항이 <u>아닌</u> 것은?

① 털이 지저분하거나 엉킴이 심해 브러싱으로 풀기 어려울 경우 스포팅 스타일을 제안한다.
② 말티즈의 털 끝이 오염되었거나 모질 상태가 좋지 않으면 판탈롱 스타일을 제안한다.
③ 평상시 관리를 어려워 할 때 스포팅 스타일을 제안한다.
④ 몸은 짧고, 다리털이 있는 것을 원할 때 스포팅 스타일을 제안한다.
⑤ 털이 많이 빠지는 웰시코기나 치와와 견종에게 추천한다.

41

다음 〈보기〉는 어떤 견종의 미용 스타일의 미용방법에 대한 설명이다. 〈보기〉에서 설명하는 미용 스타일은?

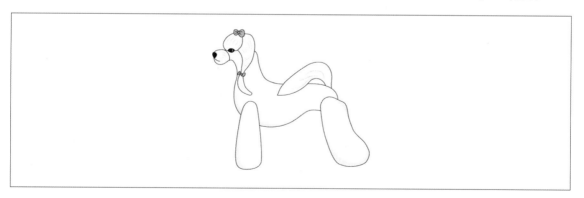

┤ 보기 ├

몸을 클리핑하고 다리의 털을 살려서 커트하며, 머리를 밴드로 묶어 발랄한 느낌을 연출할 수 있는 스타일이다.

① 푸들의 맨하탄 클립　　　　　　　② 푸들의 퍼스트 콘티넨털 클립
③ 포메라니안 곰돌이 커트　　　　　④ 몰티즈의 판탈롱 스타일
⑤ 비숑 프리제의 펫 스타일 커트

42

다음 〈보기〉는 어떤 견종의 미용 스타일의 미용방법에 대한 설명이다. 〈보기〉에서 설명하는 미용 스타일은?

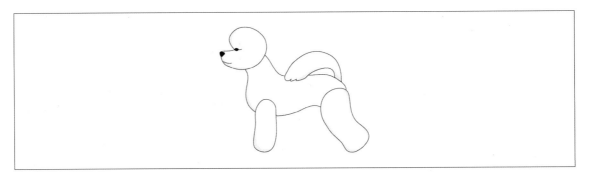

┤ 보기 ├

몸을 짧게 클리핑하고 다리를 원통형으로 시저링하며, 얼굴을 둥글게 커트하여 가정에서 선호하는 스타일이다.

① 푸들의 맨하탄 클립
② 비숑 프리제의 펫 스타일 커트
③ 포메라니안 곰돌이 커트
④ 몰티즈의 판탈롱 스타일
⑤ 푸들의 퍼스트 콘티넨털 클립

43

다음 〈보기〉는 어떤 견종의 미용 스타일을 설명하고 있다. 〈보기〉에서 설명하는 미용 스타일은?

┤ 보기 ├

몸 전체를 짧게 클리핑하고 다리털은 남겨 다리 클리핑 라인을 조절해 다리를 길어 보이게 연출하는 스타일이다.

① 푸들의 맨하탄 클립
② 푸들의 퍼스트 콘티넨털 클립
③ 포메라니안 곰돌이 커트
④ 몰티즈의 판탈롱 스타일
⑤ 푸들의 스포팅 클립

44

모질 관리 상태에 따른 미용 스타일 구상에 대한 설명 중 올바르지 <u>않은</u> 것은 무엇인가?

① 장모종과 권모종은 털이 엉키지 않도록 관리가 중요하다.
② 일반 가정에서는 모질 관리가 어려워 몸 털을 짧게 커트하는 스타일을 제안한다.
③ 털이 지저분하거나 엉킴이 심해 브러싱으로 풀기 어려울 경우 스포팅 스타일을 제안한다.
④ 권모종은 일반적으로 모질 관리가 필요 없으므로 짧게 커트하지 않는다.
⑤ 장모종의 경우 털 관리가 소홀하면 엉키기 쉬우므로 주의가 필요하다.

45

개체의 신체적 특징에 따른 미용 스타일 구상에 대한 설명 중 올바르지 <u>않은</u> 것은 무엇인가?

① 품종마다 다리 길이와 몸 상태가 다르다.
② 미용은 균형미가 중요하므로 개체에 어울리는 스타일을 구상해야 한다.
③ 미용 스타일을 구상하기 전에 먼저 모질의 관리 상태와 신체 타입을 파악해야 한다.
④ 다리가 긴 하이온 타입 푸들의 경우 스포팅 클립을 구상하는 방법을 예로 든다.
⑤ 다리가 짧은 드워프 타입 푸들의 경우 스포팅 클립을 구상하는 방법을 예로 든다.

46

개체 특징에 따른 미용 스타일 구상 시 안전 및 유의사항에 대한 설명 중 올바르지 <u>않은</u> 것은 무엇인가?

① 반려동물의 탈출 경로는 필요 없으므로 차단하지 않는다.
② 작업 장소는 청결하고 통풍이 잘 되도록 한다.
③ 작업자는 고객의 요구 사항을 정확히 이해하고 소통한다.
④ 작업 전에 반려동물의 건강 상태와 특이 사항을 파악한다.
⑤ 미용 스타일 구상 시 반려동물의 안전을 최우선으로 고려한다.

47

개체 특징에 따른 미용 스타일 구상 시 안전 및 유의사항에 대한 설명 중 올바른 것은 무엇인가?

① 작업 장소는 반려동물이 불편하지 않도록 어두운 곳에서 진행한다.
② 작업자는 고객의 요구사항을 무시하고 본인만의 스타일로 작업한다.
③ 이전 미용 스타일의 제약을 무시하고 새로운 스타일만 구상한다.
④ 최신 유행을 이해하고 고객이 만족하는 미용 스타일을 구상한다.
⑤ 반려동물이 휴식할 수 있는 장소는 따로 제공하지 않는다.

48

미용도구 응용 시 미용도구 종류 및 기술과 동물의 신체구조를 알아야 하는 이유가 <u>아닌</u> 것은?

① 미용도구의 종류와 특성을 이해하고 적절히 사용하기 위해서다.
② 다양한 개체의 장단점을 보완하는 미용 스타일을 구현할 수 있기 위해서이다.
③ 미용 결과를 소셜 미디어에 공유하여 홍보 효과를 높이기 위해서다.
④ 동물의 신체 부위와 골격 구조에 맞는 미용 방법을 선택할 수 있도록 하기 위해서다.
⑤ 동물의 안전과 건강을 보호하면서 미용을 진행할 수 있도록 하기 위해서다.

49

드워프 타입의 반려동물에 대한 맨해튼 클립 변형 미용에서 등선의 털을 길게 유지하고 배 부분의 털을 짧게 커트하는 목적은 무엇인가?

① 반려동물의 몸높이를 높아 보이게 하기 위해서다.
② 더운 날씨에 반려동물이 시원하게 지낼 수 있도록 하기 위해서다.
③ 반려동물의 체형을 더욱 도드라지게 보이게 하기 위해서다.
④ 미용 과정에서 시간을 절약하기 위해서다.
⑤ 반려동물의 몸을 더욱 길어 보이게 하기 위해서다.

50

다음 〈보기〉의 내용은 반려동물 체형을 단점을 보완하는 클립 중 한 가지를 설명한 내용이다. 어떤 클립의 내용인가?

┤ 보기 ├
맨해튼 클립에서 허리와 목 부분의 파팅 라인을 넣어 체형의 단점을 보완하는 미용 방법이다. 머리와 목의 재킷을 분리하는 칼라를 넣어줌으로써 목이 길어 보이게 하면서 모양에 변화를 주는 연출이 가능하다.

① 볼레로 클립   ② 다이아몬드클립
③ 퍼피클립   ④ 소리터리클립
⑤ 밍크칼라 클립

51

다음 〈보기〉의 내용은 반려동물 체형을 단점을 보완하는 클립 중 한 가지를 설명한 내용이다. 어떤 클립의 내용인가?

┤ 보기 ├

맨해튼의 변형 클립 중 하나이며, 다리에 브레이슬릿을 만드는 클립으로 앞다리의 엘보를 가리는 브레이슬릿을 만드는 것이 특징이다.

① 볼레로 클립   ② 다이아몬드클립
③ 퍼피클립   ④ 소리터리클립
⑤ 밍크칼라 클립

52

다음 〈보기〉의 신체 용어에 대한 설명에 해당하는 것을 고르시오.

┤ 보기 ├

견갑골의 돌출된 윗부분과 등뼈가 만나는 부분으로 발바닥에서 이 부분까지의 높이가 반려견의 몸높이를 결정하기 때문에 중요한 부위이다.

① 턱업   ② 비절
③ 엘보   ④ 흉골단
⑤ 위더스

53

드워프 타입 반려동물을 미용할 때 앞뒤를 짧게 커트하는 목적은 무엇인가?

① 반려동물의 몸길이를 짧아 보이게 하기 위해서다.
② 미용 도구의 사용을 최적화하기 위해서다.
③ 반려동물의 움직임을 더욱 자유롭게 하기 위해서다.
④ 청결을 유지하기 쉽게 하기 위해서다.
⑤ 털이 덜 뭉치도록 하기 위해서다.

54

반려동물 미용에서 구상한 스타일에 따라 적절한 도구를 선택하고, 개체의 체형적 특징을 고려하여 장단점을 보완하는 미용 방법을 선택하는 이유는 무엇인가?

① 미용 중 신체 손상을 최소화하기 위해서다.
② 개체의 외관을 개선하고 체형적 특징을 극대화하기 위해서다.
③ 미용 시간을 효율적으로 관리하기 위해서다.
④ 반려동물의 스트레스를 줄이기 위해서다.
⑤ 반려동물의 털이 건강하게 유지되도록 하기 위해서다.

55

볼레로 클립에서 귀 끝의 장식 털만 남기는 응용 미용을 선택하는 이유는 무엇인가?

① 귀의 털이 엉켜 관리가 어려울 때이다.
② 미용 시간을 단축하려고 할 때이다.
③ 얼굴이 작아보이게 하고 싶을 때이다.
④ 목선이 짧아 보이게 연출하기 위해서이다.
⑤ 반려동물의 행동이 활발하여 털 관리가 어려울 때이다.

56

비숑프리제의 펫 스타일 커트를 실시하는 이유와 방법 중 옳지 <u>않은</u> 것은 무엇인가?

① 펫 스타일 커트는 관리가 어렵거나 여름철 더위에 대응하기 위해 사용된다.
② 등과 가슴, 배의 털을 짧게 커트하고, 다리의 털은 길게 남겨 체형의 균형을 유지한다.
③ 다리가 긴 하이온 타입에는 등 털을 길게, 엉덩이, 가슴, 배의 털을 짧게 커트하여 체형을 다운시킨다.
④ 털이 너무 길어 관리가 어렵거나 더워하는 반려동물에게 적용된다.
⑤ 펫 스타일 커트는 반려동물의 활동성을 제한하지 않으면서 시원함을 제공한다.

57

아트 미용을 실시할 때 미용사가 창작력과 숙련된 기술을 사용하는 이유는 무엇인가?

① 반려동물의 개성을 돋보이게 하기 위해서다.
② 미용 시간을 단축하기 위해서다.
③ 미용 비용을 절감하기 위해서다.
④ 미용 도구의 내구성을 향상시키기 위해서다.
⑤ 반려동물의 행동을 개선하기 위해서다.

58

아트 미용에서 유해하지 않은 재료를 사용하는 이유는 무엇인가?

① 반려동물의 건강을 보호하기 위해서다.
② 미용 결과를 오래 유지하기 위해서다.
③ 미용 재료의 비용을 저렴하게 하기 위해서다.
④ 미용 재료를 더 쉽게 구할 수 있기 때문이다.
⑤ 미용 후 청소가 간편하도록 하기 위해서다.

59

아트 미용에 관한 설명으로 옳지 않은 것은 무엇인가?

① 아트 미용은 기존의 미용 상식과 기술을 기초로 한다.
② 아트 미용에서는 미용사의 숙련된 기술로 개성을 표현한다.
③ 아트 미용에서 사용되는 재료는 자연의 동식물 및 사물의 형태와 색체를 표현하는 데 사용된다.
④ 아트 미용은 미용 도구의 내구성을 향상시키기 위해 사용된다.
⑤ 아트 미용 재료의 유해성 여부를 확인하는 것은 필수적이다.

60

아트 미용에서 헤어스프레이를 사용할 때 주의해야 하는 이유는 무엇인가?

① 반려동물의 눈, 호흡기, 피부에 해를 주지 않도록 하기 위해서다.
② 헤어스프레이의 사용량을 절약하기 위해서다.
③ 코트에 지나친 무게를 주지 않기 위해서다.
④ 헤어스프레이의 향이 반려동물을 불안하게 할 수 있기 때문이다.
⑤ 미용 시간을 단축하기 위해서다.

61

글리터 젤을 사용한 후 헤어스프레이를 추가로 사용하는 목적은 무엇인가?

① 글리터 젤의 고정 효과를 증가시키기 위해서다.
② 글리터 젤의 색상을 더욱 밝게 만들기 위해서다.
③ 반려동물의 피부를 보호하기 위해서다.
④ 미용 과정에서의 시간 효율을 높이기 위해서다.
⑤ 글리터 젤의 향기를 강화하기 위해서다.

62

아트 미용에서 사용하는 헤어스프레이와 글리터 젤의 사용 방법 중 옳지 <u>않은</u> 것은 무엇인가?

① 헤어스프레이는 머리 위 털이나 등 털을 세우는 세팅 작업용으로 사용된다.
② 글리터 젤은 반려동물의 눈, 호흡기, 피부에 직접 분사하여 사용한다.
③ 글리터 젤 사용 후 헤어스프레이를 사용하면 고정 효과가 증가한다.
④ 헤어스프레이는 코트를 고정시키는 정도로 적당히 분사한다.
⑤ 글리터 젤은 털과 장식 털에 포인트를 주어 화사한 이미지를 연출한다.

63

반려동물 미용 시 작업 전 반려동물의 건강 상태를 확인하는 이유는 무엇인가?

① 미용 중 건강 문제를 예방하기 위해서다.
② 미용 시간을 효율적으로 사용하기 위해서다.
③ 반려동물에게 적합한 미용 도구를 선택하기 위해서다.
④ 작업에 필요한 자료를 수집하기 위해서다.
⑤ 반려동물과의 교감을 증진시키기 위해서다.

64

미용 작업 중 가위나 클리퍼를 미용 테이블 위에 올려놓지 않는 이유는 무엇인가?

① 도구의 파손을 방지하기 위해서다.
② 작업 효율을 높이기 위해서다.
③ 작업 장소의 청결을 유지하기 위해서다.
④ 미용 도구의 사용 수명을 연장하기 위해서다.
⑤ 반려동물의 탈출을 막기 위해서다.

65

미용 스타일 연출 시 안전 및 유의사항이 <u>아닌</u> 것은 무엇인가?

① 미용 도구와 장비는 항상 위생적으로 관리되어야 한다.
② 미용 작업 중 반려동물의 건강 상태를 수시로 체크한다.
③ 작업 장소의 통풍을 방해하는 물건은 제거한다.
④ 미용 도구를 사용하기 전에 반려동물에게 스낵을 제공한다.
⑤ 작업 장소는 반려동물의 탈출 경로가 차단되어야 한다.

66

아트미용 스타일 연출 시 올바르지 <u>않은</u> 방법은 무엇인가?

① 베이싱과 기초 미용 후에 유해하지 않은 재료를 사용한다.
② 반려동물에게 유해하지 않은 염색제를 사용하여 스타일을 꾸민다.
③ 헤어스프레이와 글리터 젤을 사용해 창의적인 모양을 연출한다.
④ 글리터 젤을 한쪽에 집중적으로 뿌린다.
⑤ 미용 도구와 재료를 사용하여 반려동물의 개성을 돋보이게 한다.

67

아트미용 스타일 연출 시 도구 사용방법으로 <u>잘못된</u> 것은?

① 글리터 젤은 고르게 뿌려 한 부분에 몰리지 않도록 한다.
② 반려동물에게 유해하지 않은 염색제를 사용하여 스타일을 꾸민다.
③ 헤어스프레이와 글리터 젤을 사용해 창의적인 모양을 연출한다.
④ 미용 도구와 재료를 사용하여 반려동물의 개성을 돋보이게 한다.
⑤ 헤어스프레이를 뿌린 후 글리터 젤을 사용하면 효과가 증가한다.

68

응용스타일을 완성하기 위한 다양한 액세서리와 의상에 관한 설명 중 옳지 <u>않은</u> 것은 무엇인가?

① 헤어핀은 털의 양이나 스타일에 따라 다양한 연출에 사용된다.
② 목걸이는 주로 미용 스타일과 의상 콘셉트에 맞게 선택되며, 이름표 기능이 포함된다.
③ 봄가을 의상은 주로 미용적인 목적만 선택된다.
④ 겨울 의상은 보온 목적으로 선택되며, 특히 추위를 많이 타는 반려동물에게 적합하다.
⑤ 의상의 원단은 반려동물의 활동량을 고려해서 신축성이 좋은 원단을 사용한다.

69

하니스의 주된 사용 목적은 무엇인가?

① 안전벨트 형식의 용구로 산책 시 목줄이 불편한 개를 위함이다.
② 개의 색상을 돋보이게 하기 위해서다.
③ 산책 시 얼굴 주변 털이 땅에 끌리는 것을 방지한다.
④ 개에게 다양한 액세서리를 달기 위해서다.
⑤ 개를 더욱 건강하게 유지하기 위해서다.

70

스누드 사용의 효과 중 하나가 <u>아닌</u> 것은 무엇인가?

① 귀가 더러워지는 것을 방지한다.
② 눈곱이 많이 생기는 것을 방지한다.
③ 털이 입 안으로 들어가는 것을 방지한다.
④ 얼굴 주변 털이 땅에 끌리는 것을 방지한다.
⑤ 털이 물에 젖는 것을 방지한다.

71

매너 벨트 사용의 이유 중 옳지 <u>않은</u> 것은 무엇인가?

① 수컷 개의 영역 표시 시 소변을 흡수하기 위해서다.
② 반려견 카페와 같은 공공장소에서 사용하기 위해서다.
③ 수컷 개의 생식기를 보호하기 위해서다.
④ 소변 냄새를 완전히 제거하기 위해서다.
⑤ 민감한 부위를 보호하기 위해 면 원단을 사용한다.

72

드라이빙 키트의 주요 기능 중 올바르지 <u>않은</u> 것은 무엇인가?

① 차 안에서 개의 편안한 이동을 도와준다.
② 개가 차 안에서 산만해지는 것을 방지한다.
③ 차 안에서 개의 속도를 제어한다.
④ 차 바닥으로 굴러 떨어지는 것을 방지한다.
⑤ 차에서 산만하고 불안해하는 개에게 사용한다.

73

얼굴 주변 털이 길거나 귀가 늘어진 개의 털 오염 방지를 위한 용품은 무엇인가?

① 하니스(harness)
② 스누드(snood)
③ 매너 벨트(manner belt)
④ 드라이빙 키트(driving kit)
⑤ 헤어핀

74

영역 표시를 하는 수컷의 생식기에 소변을 흡수하는 패드를 붙이는 과정을 용이하게 도와주는 용도로 사용하는 용품은?

① 하니스(harness)
② 스누드(snood)
③ 매너 벨트(manner belt)
④ 드라이빙 키트(driving kit)
⑤ 헤어핀

75

유사시 필요한 용품별로 사용하는 이유 중 옳지 <u>않은</u> 것은 무엇인가?

① 하니스는 산책 시 목줄의 불편함을 줄이기 위해 사용된다.
② 스누드는 특히 얼굴 주변 털의 오염을 방지하기 위해 사용된다.
③ 매너 벨트는 소변 냄새를 완전히 제거하기 위해 사용된다.
④ 드라이빙 키트는 차 안에서 개의 편안한 이동을 도와주기 위해 사용된다.
⑤ 스누드는 귀가 더러워지거나 털이 입 안으로 들어가는 것을 방지한다.

76

유사시 필요한 용품의 사이즈 측정 시 고려해야 하는 주요 사항은 무엇인가?

① 모든 용품은 표준 사이즈로 제작된다.
② 개체별 특성에 따라 사이즈가 달라질 수 있다.
③ 사이즈 측정은 오직 몸무게만으로 결정된다.
④ 모든 제조업체의 사이즈 기준표는 동일하다.
⑤ 사이즈 측정은 단일 방법으로 이루어진다.

77

액세서리 부착 시 안전 및 유의사항 중 옳지 <u>않은</u> 것은 무엇인가?

① 헤어핀 무게가 무거우면 털에 자극을 줄 수 있다.
② 구슬 목걸이용 우레탄 줄의 신축성이 좋지 않으면 피부에 자극을 줄 수 있다.
③ 우레탄 줄이 쉽게 끊어지지 않는지 확인해야 한다.
④ 신축성이 없는 의상은 활동 시 불편하므로 원단 선택 시 주의해야 한다.
⑤ 액세서리는 반려동물에게 크게 위험이 되지 않기 때문에 오래 착용해도 무관하다.

CHAPTER 01 · 응용미용 417

78

액세서리 부착 시 안전 및 유의사항 중 옳지 <u>않은</u> 것은 무엇인가?

① 헤어핀을 너무 꽉 조이면 반려동물의 불편함을 유발할 수 있다.
② 하니스가 크면 반려동물이 쉽게 빠져나가 안전사고가 발생할 수 있다.
③ 의상은 신축성이 없어야 하며, 딱 맞는 옷으로 입히는 것이 좋다.
④ 액세서리가 떨어졌을 때 반려동물이 잔여물을 삼킬 위험이 있다.
⑤ 액세서리의 색상이 반려동물의 스타일을 결정한다.

79

미용 스타일 완성 후 체크하는 과정에서 가장 중요한 것은 무엇인가?

① 미용 도구의 청결 상태를 확인한다.
② 미용 스타일의 전체적인 균형과 조화를 체크한다.
③ 반려동물의 반응을 확인한다.
④ 사용된 미용 제품의 양을 측정한다.
⑤ 반려동물의 몸무게 변화를 확인한다.

80

미용 스타일 완성 후 콤을 사용하여 균형미를 체크하는 주된 이유는 무엇인가?

① 콤으로 털의 매듭을 풀기 위해서다.
② 콤을 사용해 전체적인 커트 흐름을 확인하기 위해서다.
③ 털에 남아 있는 미용 제품을 제거하기 위해서다.
④ 반려동물의 피부 건강을 점검하기 위해서다.
⑤ 미용 도구의 성능을 테스트하기 위해서다.

81

미용 스타일 완성 후 신체 부위별 균형미 체크 및 유의사항 중 옳지 <u>않은</u> 것은 무엇인가?

① 풋 라인의 원형을 체크하여 다리 부분의 균형을 평가한다.
② 앞다리 엘보 안쪽과 뒷다리 턱 업 안쪽을 꼼꼼히 빗질한다.
③ 몸 전체에서 엉덩이와 등선의 연결 부위의 균형을 확인한다.
④ 꼬리 부분의 털을 완전히 제거하여, 깔끔함을 확인한다.
⑤ 얼굴의 양쪽 길이를 확인하여 균형미를 확인한다.

82

장모종 개체의 미용 스타일을 체크할 때 가장 중요한 고려사항은 무엇인가?

① 털의 볼륨을 최대한 증가시킨다.
② 털의 힘이 약해 처질 수 있으므로 빗질 시 힘을 약하게 한다.
③ 털을 가능한 짧게 커트한다.
④ 털의 자연스러운 컬을 제거한다.
⑤ 모든 털을 동일한 방향으로 빗질한다.

83

중장모종 개체의 미용 스타일 체크 시 언더코트를 적절히 관리하는 방법은?

① 털의 결을 무시하고 빗질한다.
② 피모 깊숙이 콤을 넣어 빗질한다.
③ 털을 빗질하지 않고 자연 상태로 유지한다.
④ 모든 털을 같은 길이로 맞춘다.
⑤ 털을 염색하여 색상을 변경한다.

84

권모종 개체의 미용 스타일을 체크할 때 빗질하는 방법은?

① 특정 부위만 집중적으로 빗질한다.
② 넓게 전체적으로 빗질하여 균형미를 체크한다.
③ 빗질 없이 자연스러운 스타일을 유지한다.
④ 털의 끝부분만 가볍게 빗질한다.
⑤ 물을 사용하여 털을 젖게 한 후 빗질한다.

85

개체에 따라 미용 스타일을 체크하는 방법으로 옳지 않은 것은 무엇인가?

① 풋 라인의 원형을 체크하여 다리 부분의 균형을 평가한다.
② 털의 결 방향을 고려하지 않고 빗질한다.
③ 털의 힘이 약해 처질 수 있으므로 빗질 시 힘을 약하게 한다.
④ 언더코트가 많은 더블 코트의 피모 깊숙이 콤을 넣어 빗질한다.
⑤ 웨이브가 있는 털을 가진 권모종은 넓게 전체적으로 빗질하여 균형미를 체크한다.

86

개체 모질에 따라 미용 스타일을 체크하는 방법으로 옳지 <u>않은</u> 것은 무엇인가?

① 장모종은 털의 결 방향을 고려해 피모에서 털 중간까지만 빗질한다.
② 중장모종은 털의 볼륨을 고려하여 피모와 90°를 이루도록 빗질한다.
③ 권모종은 웨이브가 생긴 털을 살피며 빗질한다.
④ 중장모종은 언더코트가 많은 더블 코트이므로 피모 깊숙이 콤을 넣어 빗질한다.
⑤ 장모종은 털의 힘이 약해 처질 수 있으므로 빗질 시 힘을 약하게 하고 천천히 빗질한다.

87

미용 스타일 완성 후 잔여물을 체크하는 방법으로 옳지 <u>않은</u> 것은 무엇인가?

① 드라이어로 잔여물을 제거하며 드라이어 온도를 높여서 빠른 건조를 시도한다.
② 브러시로 커트된 털이 몸에 남지 않도록 피모 바깥쪽으로 브러싱한다.
③ 콤을 사용하여 커트된 털이 몸에 남지 않도록 피모 바깥쪽으로 빗질한다.
④ 균형미를 살리며 빗질하고 다리 안쪽을 주의 깊게 콤으로 체크한다.
⑤ 전체적으로 약하게 브러싱하여 잔여물을 체크한다.

88

스타일 완성 후 고객 피드백에 응대하는 방법으로 옳지 <u>않은</u> 것은 무엇인가?

① 고객의 피드백을 받고 수정이 필요 없다면 추가 변경을 강요한다.
② 수정 필요 시 고객의 입장에서 이해하고 상의 후 절차를 진행한다.
③ 미용으로 인한 상해가 발생했을 경우 충분히 상의하여 적절하게 대응한다.
④ 고객의 피드백을 세심하게 듣고 이해한다.
⑤ 고객의 요청에 따라 스타일을 수정하기 전에 상의를 거쳐 진행한다.

89

미용 스타일 완성 후 점검 시 안전 및 유의사항으로 옳지 <u>않은</u> 것은 무엇인가?

① 미용 도구를 사용한 후에는 소독하지 않고 바로 다음 반려동물에게 사용한다.
② 작업 장소는 청결하고 통풍이 잘 되어야 한다.
③ 반려동물이 휴식할 수 있는 장소를 제공한다.
④ 미용 후 드라이어로 반려동물의 몸에 붙은 털을 제거한다.
⑤ 미용 작업 후 가위와 클리퍼를 청소하고 소독 후 윤활제를 도포한다.

90

완성된 미용 스타일 점검 시, 전체적인 균형과 조화를 체크하는 방법으로 옳지 <u>않은</u> 것은 무엇인가?

① 콤으로 풋 라인 및 다리 부분의 균형미와 커트 상태를 확인한다.
② 엉덩이, 등선, 옆구리, 가슴으로 이어지는 몸 전체의 균형미와 조화를 확인한다.
③ 얼굴과 목 부분이 균형미와 조화를 이루는지 확인한다.
④ 꼬리 위 털의 길이와 크기가 신체 균형미에 맞는지 확인한다.
⑤ 털의 색상을 변화시켜 균형미를 조정한다.

91

장모종 개체의 미용 점검에서 중요한 것은 무엇인가?

① 털 방향을 고려하여 균형있게 커트한다.
② 털의 색상을 변화시킨다.
③ 균형을 무시하고 털을 짧게 커트한다.
④ 모든 털을 같은 길이로 자른다.
⑤ 꼬리 털만을 점검한다.

92

개체에 따른 미용 스타일을 잘 표현하였는지 체크하는 방법으로 옳지 <u>않은</u> 것은 무엇인가?

① 장모종의 경우 털 방향을 고려해 균형미 있게 커트한다.
② 중장모종의 경우 언더코트를 피모 깊숙이 빗질하여 털의 볼륨을 체크한다.
③ 권모종의 경우 웨이브가 생긴 털을 살피며 균형미 있게 커트한다.
④ 단모종의 경우 털의 길이를 최대한 길게 남긴다.
⑤ 장모종의 경우 층이 생기지 않도록 주의한다.

93

미용 완성 후 잔여물 제거 방법으로 적절한 것은 무엇인가?

① 드라이어와 브러시를 사용하여 제거한다.
② 물로만 씻어내고 자연 건조한다.
③ 손으로 털어내기만 한다.
④ 전문적인 청소 도구를 사용하지 않고 제거한다.
⑤ 고온의 스팀을 사용하여 제거한다.

94

미용 스타일 완성 후 고객 피드백을 받는 이유가 <u>아닌</u> 것은 무엇인가?

① 고객의 요구사항을 정확히 이해하기 위해
② 미용 스타일을 최종 확정하기 위해
③ 부족한 부분을 수정하기 위해
④ 미용 서비스의 품질을 개선하기 위해
⑤ 미용 도구의 성능을 평가하기 위해

95

미용 스타일을 점검하는 방법으로 옳지 <u>않은</u> 것은 무엇인가?

① 완성된 미용 스타일의 전체적인 균형과 조화를 체크한다.
② 개체에 따른 미용 스타일을 잘 표현하였는지 체크한다.
③ 커트된 털이나 오염물질 등 잔여물이 붙어 있는지 전체적으로 체크한 후 제거한다.
④ 완성된 미용 스타일에 대해 고객의 피드백을 받고 부족한 부분은 수정한다.
⑤ 미용 도구의 종류를 다양하게 사용했는지 확인한다.

응용미용 연습문제 정답과 해설

01	②	02	④	03	②	04	④	05	②	06	④	07	③	08	④	09	①	10	③
11	④	12	③	13	②	14	①	15	①	16	①	17	⑤	18	③	19	⑤	20	⑤
21	④	22	④	23	⑤	24	④	25	④	26	⑤	27	④	28	②	29	①	30	①
31	④	32	④	33	③	34	③	35	①	36	③	37	③	38	③	39	④	40	⑤
41	④	42	②	43	⑤	44	④	45	④	46	①	47	⑤	48	①	49	①	50	⑤
51	①	52	⑤	53	①	54	②	55	①	56	③	57	①	58	①	59	④	60	①
61	①	62	⑤	63	①	64	①	65	④	66	④	67	⑤	68	⑤	69	①	70	②
71	④	72	③	73	②	74	③	75	③	76	②	77	⑤	78	③	79	②	80	②
81	④	82	②	83	②	84	②	85	②	86	①	87	①	88	①	89	①	90	⑤
91	①	92	④	93	①	94	⑤	95	⑤										

01

맨하탄 클립은 허리와 목 부분 모두 클리핑하여 라인을 강조하는 스타일이다.

02

퍼스트 콘티넨털 클립은 클리핑 면적이 넓고 상대적으로 짧게 커트되어 가정에서의 관리가 용이한 스타일이다.

03

곰돌이 커트는 몸털을 짧게 커트하여 관리를 용이하게 하는 스타일이다.

04

브로콜리 커트는 입의 머즐 부분을 짧게 커트하는 것을 포함하며, 이를 통해 관리가 용이해진다.

05

맨하탄 클립은 밴드의 위치에 따라 체형에 많은 변화를 줄 수 있기 때문에 위치 선정이 매우 중요하다.

06

클리핑 과정에서 정밀성과 정확한 위치 선정이 중요하므로, 위치를 확인하지 않고 느낌대로 빠르게 진행하는 것은 잘못된 설명이다.

07

커트는 반드시 고객의 동의를 받은 후에 진행해야 하므로 고객동의 없이 진행하는 것은 바람직하지 않다.

08

브로콜리 커트는 몸통이 짧게 커트되며, 다리는 원통형으로 스타일링되는 등 상당한 양의 클리핑이 필요하므로, 최소한의 위생클리핑으로 유지된다는 것은 잘못된 설명이다.

09

푸들의 맨하탄 클립 커트에 관한 설명이다.

10

이 문제에서 설명하는 미용스타일은 포메라니안 곰돌이 커트이다. 얼굴을 둥글게 커트하고, 몸체를 짧게 유지하여 포메라니안의 귀여운 이미지를 강조하는 스타일로, 포스트 클리핑 신드롬 방지와 고객 설명이 중요한 요소로 강조된다.

11

이 설명은 푸들의 브로콜리 커트에 관한 설명이다. 이 스타일은 몸통이 짧게 커트하여 관리가 편하고, 다리는 원통형으로 스타일링한다. 비숑프리제의 머리 형태를 사용하고, 특히 입은 머즐 부분만 짧게 커트한다.

12

이 설명은 포메라니안 곰돌이 커트에 대한 설명이다. 이 스타일은 포메라니안의 귀여운 외모를 더욱 부각시키기 위해 둥근 형태의 머리, 꼬리 및 뒷다리 스타일을 특징으로 하며, 전체적으로 몸통을 짧게 유지하여 관리가 쉽고 시각적으로 매력적인 모습을 제공한다.

13

이 설명은 푸들의 퍼스트 콘티넨털 클립 커트에 관한 설명이다. 이 스타일은 로제트, 폼폰, 브레이슬릿과 같은 독특한 디자인 요소들이 포함된 매우 세부적이고 섬세한 클리핑 스타일을 특징으로 한다. 이 스타일은 클리핑의 정확한 위치 선정과 라인의 섬세한 처리가 중요하며, 전체적으로 조화롭고 균형 잡힌 외관을 제공하는 것이 특징이다.

14

반려동물 미용 시 고객의 요구사항을 정확히 이해하고 소통하는 것은 매우 중요하다. 고객의 요구를 무시하고 미용사의 경험에만 의존하는 것은 올바른 접근 방식이 아니다.

15

작업 장소는 청결하고 통풍이 잘 되어야 하며, 반려동물의 안전을 고려하여 탈출 경로를 차단해야 한다.

16

미용 전에 반려동물의 이전 미용 상태를 확인하는 것은 중요하다. 이를 통해 적합한 미용 방향을 결정하고, 반려동물에게 맞는 스타일을 제공할 수 있으며, 이전에 적용된 스타일이 반려동물에게 어떤 영향을 미쳤는지 평가할 수 있다.

17

유행을 반영하는 미용 스타일 구상 시, 최신 트렌드와 미용 기술에 대한 정보를 다양한 채널을 통해 수집하는 것은 필수적이다. 이를 통해 고객에게 혁신적이고 만족스러운 서비스를 제공할 수 있다.

18

슬리커 브러시를 이용해 귀를 제외한 부분은 털의 결 방향과 반대로 빗질해야 한다.

19

장모종의 경우 털이 잘 엉키고 관리하지 않으면 탈모 위험이 있으므로 하루에 한 번 핀 브러시로 털의 결 방향으로 빗질해야 하며, 목욕 관리 또한 주기적으로 해줘야한다.

20

너무 자주 목욕하면 피모가 건조해질 수 있으므로 주의해야 한다.

21

권모종은 털이 빨리 자라기 때문에 주기적으로 털 손질을 해줘야 한다.

22

장모종의 경우 주기적인 목욕과 건조가 필요하며, 털 관리에 신경을 써야 한다.

23

단모종이라도 주기적인 털 관리는 필요하다. 털이 짧다고 해서 관리를 하지 않아도 된다는 것은 잘못된 설명이다.

24

몰티즈는 장모종에 속하는 견종이다. 환모기가 없는 권모종의 대표 견종으로는 푸들, 비숑 프리제, 베들링턴테리어가 있다.

25

치와와는 단모종에 속하는 견종이다. 장모종의 대표 견종으로는 몰티즈, 요크셔테리어, 시추가 있다.

26

비숑 프리제는 환모기가 없는 권모종에 속하는 견종이다. 단모종의 대표 견종으로는 닥스훈트, 치와와, 미니어처 핀셔, 비글이 있다.

27

몰티즈, 요크셔테리어, 시추는 장모종에 속하는 대표 견이다. 환모기가 없는 권모종에는 푸들, 비숑 프리제, 베들링턴테리어가 포함되며, 단모종에는 닥스훈트, 치와와, 미니어처 핀셔, 비글이 대표적이다.

28

몰티즈는 짧은 머즐과 흰색 털을 가진 장방형 몸통의 품종으로, 털 방향과 가위 각도를 잘 활용하여 매끄러운 표면을 구현하는 미용이 필요하다.

29

포메라니안은 더블 코트를 가진 작고 목과 머즐이 짧은 체형의 품종으로, 다양한 스타일의 시저링이 가능하며, 특히 한국에서는 곰돌이 커트가 인기가 있다.

30

푸들은 짧은 몸통과 긴 다리, 얼굴을 가진 품종으로, 신축성 좋은 털로 다양한 스타일의 미용이 가능하며, 모든 부위에 라인을 넣어 시저링하는 반려견 미용의 정점으로 알려져 있다.

31

몰티즈는 짧은 머즐과 흰색 털을 가진 장방향 몸통의 품종이다. 짧은 몸통과 긴 다리, 다양한 스타일의 미용이 가능한 특징은 푸들에 해당된다.

32

짧은 머즐과 흰색 털을 가진 장방향 몸통의 품종은 몰티즈의 특징이다.

33

더블 코트를 가진 작고 목과 머즐이 짧은 체형의 품종은 포메라니안의 특징이다.

34

짧은 몸통과 긴 다리, 얼굴을 가진 품종은 푸들의 특징이다.

35

푸들은 신축성 좋은 털로 다양한 스타일의 미용이 가능하며, 모든 부위에 라인을 넣어 시저링하는 반려견 미용의 정점으로 불린다.

36

몰티즈의 판탈롱 스타일은 몸을 클리핑하고 다리의 털을 살려서 커트하며, 머리를 밴드로 묶어 발랄한 느낌을 연출할 수 있는 가정에서 선호하는 스타일이다.

37

비숑 프리제의 펫 스타일 커트는 몸을 짧게 클리핑하고 다리를 원통형으로 시저링하여 둥근 얼굴 커트와 함께 가정에서 선호하는 스타일이다. 비숑프리제 견종은 다리를 길어보이게 미용하는 견종이 아니다.

38

푸들의 스포팅 클립은 몸 전체를 짧게 클리핑하고 다리털을 남겨 다리 클리핑 라인을 조절해 다리를 길어 보이게 연출하는 스타일이다.

39

다리 클리핑 라인을 많이 낮추면 다리가 짧아지기 때문에 체형에 맞게 조절해야 한다.

40

단모종의 경우에는 다리에 털이 거의 없어 스포팅 스타일을 표현하지 못하며, 털이 많이 빠지는 경우는 전체 클리핑 미용방법이 더 적합하다.

41

이 설명은 몰티즈의 판탈롱 스타일 미용방법에 관한 것이다. 몸을 클리핑하고 다리의 털을 살려서 커트하며, 머리를 밴드로 묶어 발랄한 느낌을 연출할 수 있는 스타일이다.

42

이 설명은 비숑 프리제의 펫 스타일 커트 방법에 관한 내용이다. 몸을 짧게 글리핑하고 다리를 원통형으로 시저링하며, 얼굴을 둥글게 커트하여 가정에서 선호하는 스타일이다.

43

이 설명은 푸들의 스포팅 미용방법에 관한 것이다. 몸 전체를 짧게 클리핑하고 다리털은 남겨 다리 클리핑 라인을 조절해 다리를 길어 보이게 연출하는 스타일이다.

44

권모종 역시 모질 관리가 중요하며, 일반 가정에서는 관리가 어려운 경우 몸 털을 짧게 커트하는 스타일을 제안하는 것이 일반적이다.

45

드워프 타입 푸들은 다리가 짧은 것이 특징이다. 다리가 짧은 드워프 타입 푸들의 경우 스포팅 클립을 구상하는 방법이 맞다.

46

작업 장소는 반려동물이 탈출할 수 없도록 경로를 차단해야 한다.

47

최신 유행을 이해하고 고객이 만족하는 미용 스타일을 구상하는 것은 고객 만족도를 높이기 위한 중요한 요소이다. 다른 보기들은 안전 및 유의사항에 반하는 내용이다.

48

미용도구의 종류와 사용법을 알아야 하며, 동물의 신체구조를 이해해야 하는 이유는 안전하고 효과적인 미용을 위해서다. 이는 동물의 건강과 직결되며, 미용도구를 올바르게 사용하여 효율적으로 작업을 수행하는 데 필수적이다. 반면, 미용 결과를 소셜 미디어에 공유하는 것은 홍보와 관련된 부차적인 활동이며, 미용도구 선택이나 신체구조 이해와는 직접적인 연관이 없다.

49

드워프 타입의 반려동물에서 맨해튼 클립의 변형 미용법을 적용 시, 등선의 털을 길게 유지하고 배 부분의 털을 짧게 기트한디. 그 이유는 반려동물의 몸높이를 더 높아 보이게 하기 위함이다. 이런 미용 방식은 반려동물의 체형적 특징을 보완하고 더욱 균형 잡힌 외관을 연출할 수 있게 한다.

53

반려동물의 몸길이를 시각적으로 더 짧아 보이게 만들어 체형의 균형을 맞추고 외관상의 매력을 높이는 것이다. 이렇게 함으로써 반려동물의 체형적 특성을 보완하고, 전체적인 미용 스타일에 조화를 이루도록 한다.

54

반려동물의 외관을 향상시키고 체형적 특징을 더욱 부각시켜 궁극적으로는 개체의 매력을 극대화하기 위해서다. 이 과정은 반려동물의 장점을 더욱 돋보이게 하고, 단점을 효과적으로 보완하여 전체적인 미적 외형을 개선하는데 중점을 둔다.

55

귀의 털이 엉키는 경우가 많아 관리가 어렵거나 복선을 강조하여 더 길어 보이게 연출하고 싶으면 귀 끝의 장식 털만 남기는 응용 미용을 할 수 있다.

56

비숑프리제에 적용하는 펫 스타일 커트 방법은 일반적으로 등과 가슴, 배의 털을 짧게 하고 다리의 털을 길게 남기는 것이 기본이다. 이는 관리를 용이하게 하고, 여름철 더위에 대응하기 위한 목적으로 사용된다. 다리가 긴 하이온 타입은 등 털을 기존보다 짧게 커트하고 엉덩이, 가슴, 배의 털을 길게 남겨 전체적인 체형을 다운시켜 주어야 한다.

57

아트 미용에서 미용사의 창작력과 숙련된 기술을 활용하는 주된 목적은 반려동물의 개성을 돋보이게 하고, 독창적이며 매력적인 스타일을 창출하기 위해서다. 이를 통해 각 반려동물에게 특화된 미용을 제공하여 그들의 독특한 매력을 최대로 표현할 수 있다.

58

아트 미용에서 유해하지 않은 재료를 사용하는 가장 중요한 이유는 반려동물의 피부와 건강을 보호하기 위해서다. 반려동물의 신체에 직접 적용되는 재료는 안전성이 확보되어야 하며, 이는 반려동물이 장기간 건강하게 생활할 수 있도록 하는 데 필수적이다. 유해한 물질이 함유된 재료는 반려동물에게 알레르기 반응이나 다른 건강 문제를 일으킬 수 있으므로, 안전한 재료 선택은 아트 미용의 필수 요소다.

59

아트 미용은 반려동물의 개성을 표현하고 독창적인 스타일을 창출하는 데 초점을 맞춘 미용 기법이다.

60

아트 미용에서 헤어스프레이를 사용할 때는 반려동물의 눈, 호흡기, 피부에 닿지 않도록 주의해야 한다. 헤어스프레이의 화학 성분이 이러한 민감한 부위에 닿게 되면 자극을 줄 수 있으며, 이는 반려동물에게 불편함이나 건강 문제를 일으킬 수 있기 때문이다.

61

아트 미용에서 글리터 젤을 사용한 후 헤어스프레이를 추가로 사용하는 주된 목적은 글리터 젤이 코트에 잘 고정되도록 효과를 증가시키기 위함이다. 이러한 단계를 거치면 글리터 젤이 더 오랫동안 털에 붙어있어 화사한 이미지를 유지할 수 있다.

62

글리터 젤을 사용할 때는 반려동물의 눈, 호흡기, 피부에 직접 분사해서는 안 된다. 이는 반려동물에게 자극을 줄 수 있으며, 특히 민감한 부위에 해를 끼칠 수 있다.

63

반려동물 미용 시 작업 전에 반려동물의 건강 상태를 확인하는 것은 미용 중 발생할 수 있는 건강 문제를 미리 예방하고, 반려동물이 미용 과정에서 겪을 수 있는 스트레스를 최소화하기 위해 중요하다. 건강한 상태에서의 미용은 반려동물에게 더 안전하고 쾌적한 경험을 제공한다.

64

미용 작업 중 가위나 클리퍼와 같은 도구를 테이블 위에 올려놓지 않는 이유는 도구가 떨어져 파손되거나, 미용 중 반려동물이 움직임으로 인해 상해를 입을 가능성을 줄이기 위해서다. 이 조치는 미용 도구의 안전한 사용을 보장하고, 반려동물과 미용사 모두에게 안전한 환경을 제공하는 데 중요하다.

65

보기 ④번에서 언급한 "미용 도구를 사용하기 전에 반려동물에게 스낵을 제공한다."는 미용 안전 및 유의사항과 직접적인 연관이 없으며, 미용 작업의 안전성 증진과는 무관한 내용이다. 이는 일반적인 미용 안전 지침에 포함되지 않는 사항이다.

66

글리터 젤은 고르게 뿌려 한 부분에 몰리지 않도록 한다.

67

글리터 젤을 뿌린 후 헤어스프레이를 사용하면 고정 효과가 증가한다.

68

봄가을 의상은 미용적인 목적뿐만 아니라 보온 목적으로도 중요하다. 따라서 보기 ③번은 이를 잘못 표현하고 있어 옳지 않다.

69

하니스는 목줄이 불편한 개를 위해 안전벨트 형식으로 디자인된 용구로, 산책 시 목줄로 인한 불편함을 감소시키고 안전하게 걷도록 도와준다.

70

스누드는 주로 얼굴 주변 털이 땅에 끌리거나 더러워지는 것을 방지하며, 털이 입 안이나 눈에 들어가는 것을 막는 데 사용된다.

71

매너 벨트는 수컷 개의 영역 표시 시 소변을 흡수하는 역할을 하지만, 소변 냄새를 완전히 제거하는 것은 아니다. 매너 벨트는 주로 소변을 흡수하여 공공장소 등에서의 위생을 유지하고 불필요한 냄새나 오염을 최소화하는 목적이 있으나, 완전한 제거까지 보장하지는 않는다.

72

드라이빙 키트는 차량 내에서 개의 편안함과 안전을 보장하며, 산만함과 불안함을 감소시키는 역할을 한다.

73

얼굴 주변의 털이 길거나 귀가 늘어져 있는 개에게 털이 오염되는 것을 방지하기 위한 용도로 얼굴에 씌워 사용한다. 귀가 늘어진 경우에는 귀가 더럽혀지는 것을 방지하고 귀 털이 길어서 음식을 먹을 때나 입 안으로 털이 들어갈 경우, 산책 시 얼굴 주변의 털이 땅에 끌리는 경우, 눈곱을 떼거나 세수를 할 때에도 주변의 털이 물에 젖는 것을 방지하기 위해도 사용하며 그 밖에 필요할 때에 사용한다.

74

영역 표시를 하는 수컷의 생식기에 소변을 흡수하는 패드를 붙이는 과정을 용이하게 도와주는 용도이다. 영역 표시를 많이 하는 개에게 사용한다. 반려견 카페나 낯선 곳, 공공장소를 방문할 때 사용하며 민감한 부위에 닿으므로 원단은 면으로 하고 생식기가 짓무르지 않게 매너 벨트 안쪽에 있는 패드는 자주 갈아 준다.

75

매너 벨트의 주요 사용 이유는 수컷 개의 영역 표시 시 소변을 흡수하고 공공장소에서의 위생을 유지하기 위한 것이며, 소변 냄새를 완전히 제거하는 것은 아니다.

76

유사시 필요한 용품의 사이즈를 측정할 때 가장 중요한 것은 각 개체의 특성을 고려하는 것이다. 동물마다 체형과 크기가 다르기 때문에 이를 고려하지 않고 일률적인 사이즈를 선택하는 것은 적합하지 않다. 또한, 제조업체마다 제공하는 사이즈 기준표가 다를 수 있으므로, 정확한 측정과 맞는 제품을 선택하기 위해 여러 정보를 참고해야 한다.

77

액세서리를 장시간 착용하면 피부 자극과 스트레스 유발 가능성이 있으므로 주의해야 한다.

78

신축성이 없는 의상은 활동 시 불편하므로 원단 선택 시 주의해야 한다.

79

미용을 완료한 후에는 스타일의 전체적인 균형과 조화를 체크하는 것이 중요하다. 이는 미용 결과가 반려동물의 외형에 잘 어울리는지, 미적으로 조화롭게 완성되었는지를 평가하기 위함이다. 필요한 경우 이 단계에서 미용의 불균형을 조정하고 개선 작업을 진행한다.

80

콤을 사용하여 미용 스타일의 균형미를 체크하는 과정에서 주로 털을 깊숙이 빗질하여 전체 커트의 흐름과 표면의 균일성을 확인한다. 이는 스타일의 완성도를 높이고 균형을 확실히 맞추기 위함이다.

81

일반적으로 꼬리 털은 원하는 모양으로 커트되지만, 완전히 제거하여 미관상의 문제를 숨기는 것은 적절하지 않으며, 꼬리의 털은 보호 기능도 하므로 적절한 길이와 스타일을 유지하는 것이 중요하다.

82

장모종의 특성상 털이 쳐질 수 있기 때문에 빗질 시 너무 세게 빗질하지 않고, 부드럽게 빗질하는 것이 중요하다. 이는 털의 손상을 방지하고 개체의 모질을 유지하는 데 도움이 된다.

83

중장모종은 언더코트가 많기 때문에 피모 깊숙이 콤을 넣어서 빗질해야 볼륨을 유지하면서 털이 엉키는 것을 방지할 수 있다.

84

권모종은 웨이브가 있는 털이 특징인 만큼, 넓게 전체적으로 빗질하여 털의 균형과 모양을 유지하는 것이 중요하다. 이 방법으로 균형미를 체크하고, 전체적인 스타일을 조화롭게 만든다.

85

털의 자연스러운 결을 따라 빗질하는 것이 털의 건강을 유지하고, 균형 있는 미용 결과를 얻는 데 중요하다.

86

털의 결 방향을 고려해 피모에서 털 끝까지 완전히 빗질한다.

87

드라이어로 잔여물을 제거할 때 온도를 높이는 것은 옳지 않다. 높은 온도는 반려동물의 피부를 손상시킬 수 있고 불편함을 유발할 수 있으므로, 잔여물 제거 시 드라이어의 온도를 낮추고 부드럽게 드라잉하는 것이 권장된다.

88

적절한 고객 서비스는 고객의 요구와 피드백에 따라 필요한 경우에만 수정을 진행하며, 고객에게 불필요한 변경을 강요하지 않는다.

89

적절한 미용 작업 후의 절차에는 사용된 도구를 청소하고 소독하는 것이 포함된다.

90

미용 스타일 점검 시 중요한 것은 전체적인 균형과 조화를 체크하는 것이며, 털의 색상을 변화시켜 균형미를 조정하는 것은 일반적인 방법에 포함되지 않는다.

91

장모종의 경우, 털 방향을 고려하여 균형있게 커트하는 것이 중요하다. 이는 털의 자연스러운 흐름을 유지하고 미관상 좋은 결과를 얻기 위해 필수적이다.

92

단모종의 경우, 털을 최대한 길게 남기는 것은 일반적으로 필요하지 않다. 단모종은 짧은 털을 유지하면서 균형미와 깔끔함을 강조하는 것이 일반적이다.

93

드라이어와 브러시를 사용하여 미용 후에 몸에 남은 커트된 털이나 오염물질을 철저하게 제거하는 것이 효과적이다.

94

고객 피드백은 주로 고객의 만족도를 확인하고, 부족한 부분을 수정하며, 서비스 품질을 개선하기 위한 목적으로 받는다. 미용 도구의 성능 평가와는 직접적인 관련이 없다.

95

미용 스타일을 점검하는 주요 목적은 스타일의 균형과 조화를 확인하고, 개체의 특성에 맞게 미용이 잘 이루어졌는지, 잔여물은 제거되었는지, 그리고 고객의 피드백을 반영하여 부족한 부분을 수정하는 것이다.

02 염색

01 염색 준비

1. 염색 실행 여부 결정

> **TIP** 반려동물의 피모
>
> 피부와 털을 말함

(1) 반려동물 염색 작업 전의 피부 트러블 가능성 여부

① 피부가 예민하여 사소한 자극에 이상 반응이 있었는지 확인
② 이전 미용이나 염색 작업 시 피부 트러블 발생 여부 확인
③ 클리핑 후 이상 반응, 샴푸 교체 후 이상 반응, 드라이 온도에 따른 이상 반응 확인

(2) 반려동물의 염색 작업 후 피부 트러블 확인 방법

① 염색 후 피부가 발갛게 되거나 부었는지 확인
② 염색한 부위를 가려워하거나 계속 핥는지 확인
③ 탈락한 코트가 적당량을 넘어 피부 트러블로 보이는지 확인

(3) 염색 전에 반려동물의 털 엉킴과 오염 제거 방법

① 엉킨 털을 제거하거나 풀어낸 후 염색
② 오염을 제거한 후 염색
③ 엉킨 털과 오염을 제거하지 않으면 색이 얼룩지거나 염색이 안 되는 부분이 발생

염색 전에 엉킨 털 풀기	• 간단한 브러싱이나 손가락으로 털을 나누어 풀기 • 세부적인 브러싱으로 풀리지 않으면 엉킨 털 제거 제품 사용이나 가위로 풀기
염색하기 전에 오염 제거	• 간단한 브러싱이나 물티슈로 닦아내기 • 오염이 심하면 물 세척, 더 심하면 샴푸 목욕으로 씻어내기

(4) 염색 준비 시 안전 및 유의사항

① 염색 중 반려동물이 작업 테이블에서 뛰어내리지 않도록 보정
② 염색제와 새로운 도구에 대한 두려움이나 불안을 배려하고 주의
③ 피모 상태 체크 시 공격성 있는 동물에게 물리지 않도록 주의
④ 염색 전처리 작업 시 반려동물의 피모 손상 주의

2. 염색 재료의 사용 방법 파악

(1) 염색제와 이염

① **염색제**: 동물의 털에 컬러를 내기 위한 약제
② **이염**: 염색 작업 시 염료가 염색해야 할 부위가 아닌 다른 곳에 물드는 것

일회성 염색제	• 1~2회의 샴푸로 제거 가능 • 염색 실수나 이염 시 목욕으로 손쉽게 제거 • 일반적으로 액체, 겔, 초크, 펜 타입으로 제공
지속성 염색제	• 한 번 염색하면 샴푸로 제거가 어려워 반영구적 • 털이 자라서 커트할 때까지 지속됨 • 일반적으로 튜브형 겔 타입으로 제공

(2) 색상환

보색 대비	• 색상환에서 반대되는 색상끼리 배색하여 얻어지는 조화 • 색상환에서 마주 보고 있는 색상들
유사 대비	• 색상환에서 근접한 색상끼리 배색하여 얻어지는 조화 • 투 톤 이상의 그러데이션 염색 작업에 적합

(3) 염색 재료 준비 시 안전 및 유의사항

① 염색제 유통기한 확인
② 초크 염색제는 쉽게 파손되지 않도록 주의
③ 튜브형 염색제의 용기 손상 주의
④ 사용 후 염색제는 바로 뚜껑을 닫아서 굳거나 이물질이 들어가지 않게 함
⑤ 지속성 염색제 사용 시 작업복과 일회용 장갑 착용
⑥ 반려동물의 종 특성을 파악해 염색제 적용이 가능한 동물에게만 실시
⑦ 유해하지 않은 염색 제품 선택
⑧ 염색제의 매뉴얼 숙지
⑨ 염색제가 염색하지 않을 털에 묻으면 알칼리 성분 샴푸로 빠르게 제거
⑩ 테이핑 작업용 테이프는 피부 자극이 적은 접착력이 약한 종이테이프 사용

1. 부위별 염색

(1) 다양한 일회성 염색제

일회성 염색제는 염색 후 1~2회의 목욕으로 제거 가능

튜브형 용기에 담긴 겔 타입 염색제	• 튜브에 들어 있으며 손가락에 짜서 사용 • 수분감이 있어 적은 양으로도 뭉침 없이 얇게 도포 가능 • 발림성과 발색력이 좋음 • 작업 후 목욕으로 제거 가능
분말로 된 초크형 염색제	• 수분을 흡수해주며 겔 타입, 펜 타입 염색제와 함께 사용 • 지속성 염색제 사용 전 초벌용으로 사용 • 발림성과 발색력이 좋고 작업 후 목욕으로 제거 가능 • 쉽게 파손되므로 떨어뜨리지 않도록 주의 • 보관 시 뚜껑을 잘 닫아 습기가 생기지 않게 함

(2) 지속성 염색제

① 목욕으로 제거되지 않고 영구적
② 튜브형 겔 타입, 도포 후 제거 어려움
③ 적은 양 도포 시에도 일회용 장갑 착용 필수
④ 염색 부위 제거는 가위로 커트
⑤ 작업 후 염색제가 굳지 않도록 뚜껑을 잘 닫아 보관

(3) 이염 방지제

염색할 부위가 아닌 다른 부위에 염색되는 것을 방지

이염 방지 크림	• 수분감이 거의 없는 크림 타입 • 수분이 많으면 염색 부위까지 흘러내려 작업에 지장 발생 • 염색 부위에 묻으면 염색이 되지 않음 • 목욕으로 제거 가능
이염 방지 테이프	• 발, 다리, 꼬리 부위에 사용하기 편리 • 테이프를 한 바퀴 돌려서 테이프끼리 접착 • 반려동물의 털에는 접착이 잘 되지 않음 • 물에 닿으면 쉽게 제거 가능
부직포	• 일회성 염색이나 간단한 염색에 적합 • 목욕이 필요 없는 염색 작업에 권장 • 지속성 염색제 사용 시 느슨하게 고정하면 벗겨져 작업에 지장을 줄 수 있음

(4) 알코올 소독 패드

① 탈지면에 알코올이 적셔져 소독과 이물질 제거에 사용
② 일회성 염색제 사용 시 컬러 교체 시 붓 닦기에 위생적
③ 물로 세척할 경우보다 빠르게 건조되어 바로 사용 가능

(5) 염색 작업 시 안전 및 유의사항

① 염색 작업 시 고정 중 반려동물이 불편해하면 이염될 가능성 주의
② 염색제 사용 시 이염 방지 주의
③ 이염이 진행되면 빠른 조치 필요
④ 테이핑 작업 시 너무 당기지 않도록 주의
⑤ 고무밴드 사용 시 혈액순환 저해 주의
⑥ 염색 작업으로 반려동물이 스트레스 받지 않도록 주의
⑦ 염색제 도포 전 드라이 작업과 브러싱을 잘해야 발색이 잘됨

(6) 염색 작업 시 알아두어야 사항

① 귀 털 뽑기와 귀 세정은 염색 작업 후에 할 것을 권장
② 일회성 염색제 사용 시 부직포로 염색 부위 보호
③ 염색제 도포 후 드라이와 초크 사용으로 수분 증발 가속
④ 염색용 초크는 같은 색상을 사용하며, 없을 경우 흰색 초크 사용
⑤ 수분이 남아 있을 때 초크 염색제로 건조를 도움
⑥ 염색 마무리 후 가위로 커트하여 밸런스 맞춤
⑦ 볼 염색 시 초벌용으로 사용해 실수를 줄임
⑧ 염색 부위가 잘못되면 물티슈로 쉽게 제거
⑨ 이염 방지제는 면봉이나 손가락 사용 가능
⑩ 고무밴드는 조이지 않게 고정하여 피부 자극 방지
⑪ 드라이어 가온으로 염색 시간 단축
⑫ 드라이 작업 시 따뜻한 바람으로 온도 확인
⑬ 보정 손은 테이핑 경계선에 위치하며, 꼬리털 염색제 묻지 않게 조심함
⑭ 피부와 가까운 부위는 염색 속도가 빠름
⑮ 피부에서 먼 부위는 염색제를 더 많이 도포
⑯ 전체적으로 같은 양 도포 시 피부에서 먼 부위의 털 색이 연하게 발색됨
⑰ 볼 염색 작업 시 탈지면이나 면봉 사용 가능

(7) 염색하는 방법

1) 일회성 염색제로 염색하는 방법

① 반려동물의 긴장을 풀어주고 바른 자세로 대기시킴
② 이염 방지를 위해 부직포나 종이 테이프를 사용해 염색할 부위 주변을 보호
③ 염색제를 손가락으로 뭉치지 않게 조금씩 문질러 가며 도포
④ 콤으로 빗질하며 안쪽 털까지 꼼꼼히 도포
⑤ 도포 후 브러싱하면서 드라이 작업으로 염색제 뭉침과 수분 제거
⑥ 초크 염색제를 함께 사용해 남은 수분 제거 및 마무리
⑦ 브러싱과 빗질로 마무리한 후 좌우 밸런스 확인, 액세서리로 장식

2) 지속성 염색제로 염색하는 방법

① 꼬리빗으로 염색 부위의 경계선을 나눔
② 염색하지 않을 부위에 이염 방지 크림 도포
③ 보정 손으로 경계선 가까이 고정하고 염색제를 도포
④ 콤으로 빗질하며 안쪽 털까지 꼼꼼히 도포
⑤ 콤으로 여러 번 빗질해 염색제가 잘 도포되었는지 확인
⑥ 염색제 도포 후 알루미늄 포일로 감싸 이염 방지
⑦ 알루미늄 포일을 고무밴드로 고정하고 20분 동안 자연 건조

2. 투 톤 이상의 컬러 연출

(1) 투 톤 이상의 염색

1) 투 톤 염색

① 특징
  • 두 가지 컬러를 한 부위에 동시에 염색
  • 피부와 가까운 부위에는 더 연한 컬러 사용 권장
  • 시간이 지나도 자연스러운 컬러 유지 가능
  • 보색 대비보다 유사 대비 컬러에 적합
  • 보색 대비 시 경계선을 만들어 이염 방지 필요
② 투톤 염색하기
  • 염색할 부위에 전처리 작업 후 브러싱하여 준비함
  • 1번 염색제와 2번 염색제를 준비함
  • 염색할 부위를 전처리하고 브러싱하여 준비함
  • 꼬리빗으로 염색할 부위의 경계선을 나눔
  • 경계선에 종이테이프로 감아 이염을 방지함
  • 손바닥 위에 발을 올리고 1번 컬러를 도포함

- 1번 컬러 도포 후 1/3~1/2 지점에 2번 컬러를 도포함
- 2번 컬러 도포 후 알루미늄 포일로 감쌈
- 알루미늄 포일로 감싼 부위를 고무밴드로 고정함
- 염색제 작용 시간은 20분으로 자연 건조시킴
- 드라이어로 가온하면 염색제 작용 시간을 단축시킬 수 있음

2) 그러데이션 염색

① 특징
- 두 가지 이상의 컬러를 동시에 염색
- 색 번짐과 겹침을 이용한 자연스러운 연결
- 유사 대비 컬러 활용 권장

② 그라데이션 염색하기
- 염색할 부위에 전처리 작업 후 브러싱하여 준비함
- 염색하지 않을 부위를 종이테이프로 감아 이염을 방지함
- 염색할 전체 털 길이의 1/3 위치를 체크함
- 한 손으로 고정하고 경계선부터 1/3 선까지 1번 염색제를 도포함
- 콤으로 빗질하며 안쪽 털까지 꼼꼼하게 도포함
- 1번 염색제 도포 후 1cm 정도 띄우고 고정함
- 나머지 부분의 털에 2번 염색제를 꼼꼼하게 도포함
- 1번과 2번 염색제를 모두 도포한 후 중간 부분을 섞어가며 도포함
- 콤으로 빗질하며 안쪽 털까지 염색제가 도포되었는지 확인함
- 1번과 2번 컬러가 겹쳐 잘 도포되었는지 확인함
- 염색제 도포가 잘 되었는지 확인 후 알루미늄 포일로 감쌈
- 포일로 감싼 부위를 고무밴드로 고정하고 20분간 자연 건조하거나 드라이어로 가온함

3) 부분(블리치) 염색

① 특징
- 염색할 부위에 전체적으로 컬러를 입히지 않고 포인트를 줌
- 염색제 도포는 피부에서 1cm 정도 떨어진 곳에서 시작
- 염색 후 마음에 안 들면 염색한 털만 커트 가능
- 컬러 발색을 미리 보기 위한 테스트용으로 활용 가능
- 피부가 예민한 반려동물에게 적합
- 알루미늄 포일 한 개당 털의 양이 많지 않기 때문에 다른 염색 작업보다 염색제의 작용 시간이 짧음

② 부분염색하기
- 염색할 부위에 전처리 작업 후 브러싱하여 준비함
- 귀뿌리에서 1cm 정도 띄우고 털을 원하는 양만큼 도포함
- 도포한 부위에 알루미늄 포일로 감싸 이염을 방지함

- 원하는 컬러로 1번, 2번 염색제를 반복하여 도포하고 알루미늄 포일로 감쌈
- 염색제 도포와 알루미늄 포일 감싸기를 반복하고 핀으로 고정함
- 다른 한쪽 귀 부위도 동일하게 작업함
- 15분 동안 자연 건조하거나 드라이어로 가온하여 건조함

(2) 염색제 도포 후 작용 시간

① 자연건조 상태로 20~25분 기다리거나 드라이 작업으로 시간을 단축
② 염색제 도포 후 자연건조 시간은 20~25분이며, 드라이 작업으로 시간 단축 가능
③ 염색제를 도포한 털의 양, 길이에 따라 작용 시간 차이가 발생
④ 드라이 작업을 거부하는 반려동물은 자연건조 상태로 대기
⑤ 작용 시간 동안 고무밴드가 너무 조이지 않는지 확인
⑥ 반려동물이 산만해지지 않도록 옆에서 계속 지켜보며 보정

(3) 투톤 염색 시 안전 및 유의사항

① 투톤 염색: 보색 대비 시 두 가지 컬러가 섞이지 않도록 이염 방지에 주의
② 그러데이션 염색: 1번과 2번 염색제의 배치 비율을 미리 구상하여 한 가지 컬러만 발색되지 않도록 주의
③ 부분(블리치) 염색: 털의 양을 너무 적게 하면 털이 뽑히거나 끊어질 수 있으므로 주의
④ 꼬리빗 사용: 빗의 꼬리 끝이 날카로워 찔릴 수 있으므로 주의

3. 다양한 도구 염색의 활용

(1) 염색 도구 준비

1) 블로펜

① 특징
- 일회성 염색제로 펜을 입으로 불어서 사용함
- 분사량과 분사 거리에 따라 발색력이 다르므로 작업 전에 미리 연습함
- 작업 후 목욕으로 제거 가능함
- 털 길이가 긴 반려동물에게 활용할 수 있음
- 블로펜을 반려동물의 몸에 바로 대고 세게 불면 놀랄 수 있으므로 부는 강도를 조절하여 조심히 불어야 함
② 블로 도구로 염색하기
- 염색할 등 부위에 전처리 작업 후 브러싱하여 준비함
- 염색할 부위를 정하고 도안을 올려놓고 고정함
- 염색제의 분사 강도와 농도를 미리 체크함

- 반려동물을 고정하고 분사 거리와 강도를 조절하며 염색제를 도포함
- 염색제를 도포한 후 도안을 떼어내고 건조함
- 원하는 스타일과 발색이 잘 되었는지 확인함

2) 초크

① 특징
- 수분을 흡수해주며 겔 타입, 펜 타입 염색제와 함께 사용
- 지속성 염색제 사용 전 초벌용으로 사용
- 발림성과 발색력이 좋고 작업 후 목욕으로 제거 가능
- 쉽게 파손되므로 떨어뜨리지 않도록 주의
- 보관 시 뚜껑을 잘 닫아 습기가 생기지 않게 함

② 초크 염색제로 염색하기
- 염색할 등 부위에 전처리 작업 후 브러싱하여 준비함
- 원하는 그림의 도안을 염색할 부위에 올려놓고 염색제 도포 위치를 정함
- 도안을 고정하고 도안 밖에서 안쪽으로 염색 붓으로 초크 염색제를 꼼꼼하게 도포함
- 초크 염색제를 도포한 후 도안을 떼어내고 컬러 발색과 디자인을 확인함
- 다른 그림의 도안을 고정하고 다른 컬러의 초크 염색제를 도포함
- 초크 염색제 도포가 끝난 후 도안을 떼어내고 컬러 발색과 스타일을 확인함
- 액세서리를 활용하여 장식함

3) 페인트펜

① 특징
- 일회성 염색제로, 펜 타입이어서 정교한 작업이 가능함
- 발림성과 발색력이 좋고 사용이 편리함
- 초보자도 빠르게 익숙해질 수 있음
- 작업 후 목욕으로 제거 가능함

② 페인트펜 염색제로 염색하기
- 염색할 등 부위에 전처리 작업 후 브러싱하여 준비함
- 원하는 그림의 도안을 염색할 부위에 올려놓고 염색제 도포 위치를 정함
- 도안을 고정하고 염색 붓으로 초크 염색제를 꼼꼼하게 도포함
- 페인트펜 염색제를 도포한 후 도안을 떼어내고 발색과 디자인을 확인함
- 남아 있는 수분은 흰색 초크 염색제를 활용하여 제거함
- 글리터 젤을 활용하여 장식함
- 액세서리를 활용하여 장식함

4) 글리터 젤

- 글리터 젤은 장식용 반짝이로, 젤 타입으로 되어 있어 쉽게 활용할 수 있음
- 반짝이 가루의 날림을 줄이고 접착력이 있음

(2) 스탬프 효과

1) 스탬프

① 스탬프는 고무도장에 잉크를 도포하여 찍는 작업임
② 우체국에서 엽서 등에 찍는 도장을 의미함
③ 커피숍에서 쿠폰에 찍어 주는 도장도 해당됨

2) 스텐실

① 도안을 만들어 오려낸 후, 그 자리에 물감 등으로 칠하는 작업임
② 그림이 완성되면 도안지를 떼어냄

3) 도안지

① 물감에 흡수되지 않도록 코팅된 종이가 좋음
② 초기 작업에는 간단한 그림이 활용하기에 좋음
③ 도안지 고정 작업이 잘 되어야 깔끔한 그림을 그릴 수 있음
④ 도안 작업은 반려동물 염색뿐만 아니라 여러 곳에 활용됨

(3) 장식

① 염색 작업 후 구슬 진주, 반쪽 진주, 리본 등을 활용해 목걸이와 핀을 만듦
② 다양한 컬러의 인디언 깃털을 활용하여 고급스럽게 연출할 수 있음
③ 반려동물의 이름을 넣어 만든 액세서리 핀을 이름표로 활용할 수 있음

(4) 다양한 도구로 염색작업 시 안전 및 유의사항

① 이염을 방지하기 위해 도안 작업을 함
② 블로펜 작업 전 다른 곳에 분사해서 컬러 농도를 체크함
③ 블로펜 작업 시 반려동물이 놀라지 않도록 미리 피모에 바람을 불어봄
④ 스텐실과 페인팅 작업 시 염색제가 너무 차가우면 반려동물이 놀랄 수 있으므로 주의함
⑤ 염색용 붓을 여러 컬러로 자주 교체할 경우 알코올 패드로 닦아 내며 작업함
⑥ 블로펜을 반려동물의 몸에 바로 대고 세게 불면 놀랄 수 있으므로 부는 강도를 조절하여 조심히 불어야 함
⑦ 도안지는 흡수가 잘 되지 않는 코팅 처리된 제품을 사용함
⑧ 글리터 젤의 컬러를 교체할 때는 알코올 패드로 붓을 닦은 후 사용함

⑨ 보습 영양제는 염색제를 도포하기 전에 수분이 남지 않게 조금씩 도포함

⑩ 페인트펜 염색 시 컬러를 바꿀 때 손에 묻어 있는 다른 컬러는 물티슈로 닦아내어 염색 작업을 함

03 염색 마무리

1. 염색제 세척

(1) 염색 작업 후 반려동물을 안정적인 자세로 목욕시키는 방법

1) 귀의 세척

① 방법
- 귀 속에 물이 들어가지 않게 한 손으로 계속 보정함
- 물이 흐르는 상태에서 귀 안쪽이 보이지 않게 함
- 물소리가 너무 크게 들리면 반려동물이 놀랄 수 있음

② 귀 세척하기
- 도포된 염색제가 남아 있지 않게 깨끗하게 세척함
- 염색제의 작용 시간이 경과하면 귀 끝이 바닥을 향하게 고정하고 알루미늄 포일과 고무밴드를 제거함
- 귀 끝이 욕조 바닥을 향하게 고정하고 귀뿌리에서 귀 끝으로 물을 흘려 맑은 물이 나올 때까지 세척함

2) 꼬리의 세척

① 방법
- 꼬리를 흔들거나 올리면 다른 부위에 이염될 수 있으므로 꼬리 끝을 욕조 바닥으로 향하게 함
- 항문 부위는 반려동물이 놀라지 않게 조심스럽게 천천히 샤워기를 댐
- 항문 속으로 이물질이 들어가지 않도록 주의함

② 꼬리 세척하기
- 염색제 작용 시간 경과 후 고무밴드, 알루미늄 포일, 이염 방지 테이프 제거
- 한 손으로 보정하고 꼬리 뿌리부터 끝까지 물로 깨끗이 세척
- 맑은 물이 흐를 때까지 도포된 염색제를 완전히 제거

3) 발과 다리의 세척

① 방법
- 발바닥이 모두 지면에 닿은 상태에서 시작함
- 발바닥을 지면에서 뗄 때에는 천천히 올려야 함
- 발은 한쪽씩 천천히 세척함
- 발바닥과 발가락 사이는 부드럽게 마사지하듯이 세척함

② 발과 다리 세척하기
- 염색제 작용 시간 경과 후 고무밴드, 알루미늄 포일, 이염 방지 테이프 제거
- 보정하는 손으로 다리를 고정하고 발바닥을 꼼꼼히 세척
- 맑은 물이 흐를 때까지 염색제를 깨끗하게 제거

4) 볼의 세척
① 방법
- 물티슈를 사용할 때는 털이 당기지 않게 부드럽게 닦아냄
- 물을 사용할 때는 부드러운 천을 조금만 적셔서 닦아냄
- 볼 염색 후 세척하지 않으면 염색제가 계속 묻어 나옴
- 물티슈 사용 후 염색제 컬러 유지와 묻어 나오는 것을 방지해야 함
- 1주일 후 리터치를 해 줌
② 볼 세척하기: 염색제를 자연 건조시킨 후 물티슈로 살짝 눌러가며 반복하여 깨끗이 닦아냄

(2) 염색 작업 후 샴핑해야 할 경우
① 염색제 찌꺼기나 이염 방지제를 많이 사용했을 때 샴핑함
② 염색 작업 중 이물질이 묻었을 때도 샴핑함

(3) 염색 작업 후 린싱을 해야 할 경우
① 샴핑 후에도 털이 거칠거나 염색제가 제거되지 않아 여러 번 샴핑을 했을 때
② 물로 세척한 후에 털이 거칠 때에는 샴핑을 하지 않고 린싱만 함

(4) 염색제 세척 시 안전 및 유의사항
① 알루미늄 포일을 제거할 때 고무밴드를 과하게 당기지 않음
② 염색제 잔여물이 피모에 남아 있지 않게 함
③ 염색제를 세척할 때 눈, 귀, 호흡기에 염색제와 물이 들어가지 않게 함
④ 염색제를 세척할 때 물살을 너무 세게 하지 않음
⑤ 염색제를 세척할 때 물의 온도를 너무 높지 않게 함

2. 염색 상태의 점검 및 확인

(1) 영양 보습제

① 영양 보습제는 건조하고 푸석한 피모에 영양과 수분을 공급함

② 손상된 코트에 영양을 공급하고 정전기를 방지함

③ 미용이나 염색 작업 전후에 피모 상태에 따라 제품 타입을 선택해 사용함

④ 제품마다 향의 정도가 다르므로 취향에 따라 선택함

크림 타입	• 피모가 많이 건조한 반려동물에게 효과적임 • 목욕 후 타월링한 후 드라이 전, 또는 드라이 후 건조 상태에서 발라줌 • 심하게 건조한 피모는 매일 발라주고 브러싱함
로션 타입	• 크림보다 수분 함량이 많아 발림성이 좋음 • 목욕 후 드라이한 후 발라줌 • 피모에 수분기가 없어도 흡수력이 빠름 • 1일 2~3회 발라도 부담이 없으며, 바른 후 브러싱함
액상 타입	• 스프레이 형태가 많아 수시로 분사 가능함 • 털의 엉킴과 정전기를 방지해 줌 • 미용 전후에 가볍게 많이 사용됨 • 건조한 피모에 수시로 분사함

(2) 염색제 컬러의 발색

① 염색제 고유의 컬러가 두드러지게 나타나는 정도를 말함

② 하얀색 털의 반려동물에게 효과적이며, 부드러운 털에 더 잘 발색됨

③ 발색력 최대치는 이염되지 않은 선명한 컬러임

④ 브러싱, 샴핑, 꼼꼼한 드라이 작업이 발색에 도움을 줌

⑤ 컬러의 발색력을 잘 나타내려면 염색제 용량, 도포 후 소요 시간, 세척 방법을 기준치에 맞춰야 함

⑥ 염색제 도포 시 피부에서 먼 털은 용량을 늘려 도포함

⑦ 세척 시 물의 온도가 높으면 컬러가 쉽게 빠지므로 목욕할 때보다 조금 낮게 함

(3) 염색 마무리 시 안전 및 유의사항

① 타월링 시 타월에 염색제가 묻어 나오는지 확인함

② 낮은 온도의 약한 바람으로 드라이함

③ 마무리 작업 직후 재염색을 피함

④ 과도한 브러싱을 피함

⑤ 반려동물이 싫어하는 장식을 피함

⑥ 반려동물의 부위별로 타월링과 브러싱과 드라이 작업을 동시에 하고 마무리함

⑦ 염색제 세척 후 타월링을 하고 피모에 이상이 있는지 확인하면서 마무리함

⑧ 스프레이형 에센스는 적당한 거리를 두고 피모에 골고루 분사해 줌

(4) 부위별로 염색 마무리 작업

1) 귀의 염색 마무리 작업하기

① 타월링 후 드라이와 브러싱으로 피모 상태를 확인함
② 드라이 후 컬러 발색과 좌우 밸런스 확인, 염색 전후 피모 상태를 비교함
③ 귀 염색 마무리 후 액세서리 핀이나 목걸이로 장식함
④ 염색 마무리 후 피모 상태를 확인하고, 건조한 피모에 영양 보습 크림이나 에센스를 발라줌

2) 꼬리의 염색 마무리 작업하기

① 세척 작업 후 타월링과 드라이 작업을 함
② 타월링 후 피모 이상 여부를 확인하며 드라이와 브러싱을 동시에 함
③ 드라이 후 컬러 발색과 피모 상태를 염색 전과 비교함
④ 그러데이션 염색 마무리 후 컬러 비율과 경계선의 자연스러운 연결 여부를 확인함
⑤ 염색 마무리 후 피모 상태를 확인하고 건조한 피모에 영양 보습 크림이나 에센스를 발라줌

3) 발과 다리의 염색 마무리 작업하기

① 세척 후 타월링, 드라이, 브러싱을 동시에 하며 발가락 사이까지 확인함
② 드라이 후 컬러 발색과 피모 상태를 염색 전과 비교함
③ 발과 다리 네 곳의 염색 위치와 밸런스를 확인하고, 고르지 못한 털은 가위로 다듬어 마무리함
④ 염색 미무리 후 피모 상태를 확인히고 건조한 피모에 영양 보습 크림이나 에센스를 발라줌

4) 볼의 염색 마무리 작업하기

① 물티슈로 염색제를 닦아내고 마무리 작업을 함
② 콤으로 빗질하며 드라이 작업을 동시에 함
③ 컬러 발색과 볼 좌우의 밸런스를 확인하고 혀가 염색 부위에 닿지 않는지 확인함
④ 염색 마무리 후 피모 상태를 확인하고 건조한 피모에 영양 보습 크림이나 에센스를 발라줌

염색 연습문제

01

반려동물 염색 작업 전에 피부 트러블 가능성을 확인하는 방법으로 옳지 <u>않은</u> 것은 무엇인가?

① 피부가 예민하여 사소한 자극에 이상 반응이 있었는지 확인한다.
② 이전 미용이나 염색 작업 시 피부 트러블 발생 여부를 확인한다.
③ 클리핑 후 이상 반응을 확인한다.
④ 샴푸 교체 후 이상 반응을 확인한다.
⑤ 발톱의 색상을 확인한다.

02

반려동물 염색 작업 후 피부 트러블을 확인하는 방법으로 옳지 <u>않은</u> 것은 무엇인가?

① 염색 후 피부가 발갛게 되거나 부었는지 확인한다.
② 염색한 부위를 가려워하거나 계속 핥는지 확인한다.
③ 탈락한 코트가 적당량을 넘어 피부 트러블로 보이는지 확인한다.
④ 염색 후 반려동물의 체중 변화를 확인한다.
⑤ 염색 후 피부 상태를 관찰한다.

03

염색 전에 반려동물의 털 엉킴과 오염을 제거하는 방법으로 옳지 <u>않은</u> 것은 무엇인가?

① 엉킨 털을 제거하거나 풀어낸 후 염색한다.
② 오염을 제거한 후 염색한다.
③ 엉킨 털과 오염을 제거하지 않고 바로 염색한다.
④ 엉킨 털을 빗질하여 풀어낸다.
⑤ 오염이 심하면 염색 전에 샴푸로 털을 깨끗이 세척한다.

04

반려동물의 엉킨 털을 풀기 위한 방법으로 옳지 않은 것은 무엇인가?

① 엉킨 털을 간단한 브러싱으로 풀어낸다.
② 세부적인 브러싱으로 풀리지 않으면 엉킨 털 제거 제품을 사용한다.
③ 엉킨 털이 풀리지 않으면 가위로 자른다.
④ 엉킨 털은 제거하지 않고 바로 염색을 시작한다.
⑤ 엉킨 털을 손가락으로 풀어낸다.

05

반려동물을 염색하기 전에 오염을 제거하기 위한 방법으로 옳지 않은 것은 무엇인가?

① 간단한 브러싱으로 오염을 제거한다.
② 오염이 심하면 물 세척을 한다.
③ 오염이 더 심하면 샴푸 목욕으로 씻어낸다.
④ 오염을 제거하지 않고 바로 염색을 시작한다.
⑤ 물티슈로 닦아낸다.

06

염색 전에 반려동물의 털 엉킴과 오염 제거 방법으로 옳지 않은 것은 무엇인가?

① 염색 전에 엉킨 털을 간단한 브러싱이나 손가락으로 풀어낸다.
② 세부적인 브러싱으로 풀리지 않으면 엉킨 털 제거 제품을 사용하거나 가위로 푼다.
③ 오염을 간단한 브러싱이나 물티슈로 닦아낸다.
④ 오염이 심하면 물 세척을 하고, 더 심하면 샴푸 목욕으로 씻어낸다.
⑤ 엉킨 털과 오염을 제거하지 않고 바로 염색한다.

07

염색 준비 시 안전 및 유의사항으로 옳지 않은 것은 무엇인가?

① 염색 중 반려동물이 작업 테이블에서 뛰어내리지 않도록 보정한다.
② 염색제와 새로운 도구에 대한 두려움이나 불안을 배려하고 주의한다.
③ 피모 상태 체크 시 공격성 있는 동물에게 물리지 않도록 주의한다.
④ 염색 전처리 작업 시 반려동물의 피모 손상에 주의한다.
⑤ 반려동물에게 현재 유행하는 동일한 염색제를 준비한다.

08

다음 괄호 안에 들어갈 단어를 순서대로 나열한 것을 고르시오.

┌ 보기 ┐
- (   )은 반려동물의 털에 컬러를 내기 위한 약제이다.
- (   )은 염색 작업 시 염료가 염색해야 할 부위가 아닌 다른 곳에 물드는 것을 말한다.

① 아이브로우, 역모   ② 염색제, 새들
③ 이염, 염색제   ④ 염색제, 이염
⑤ 블론, 새기

09

염색 관련 용어에 대한 설명으로 옳지 <u>않은</u> 것은?

① 일회성 염색제는 1~2회의 샴푸로 제거 가능하다.
② 지속성 염색제는 한 번 염색하면 샴푸로 제거가 어려워 반영구적이다.
③ 보색 대비는 색상환에서 반대되는 색상끼리 배색하여 얻어지는 조화이다.
④ 유사 대비는 색상환에서 마주 보고 있는 색상들을 말한다.
⑤ 이염은 염색 작업 시 염료가 염색해야 할 부위가 아닌 다른 곳에 물드는 것을 말한다.

10

염색 재료 준비 시 안전 및 유의사항으로 옳지 <u>않은</u> 것은 무엇인가?

① 염색제의 유통 기한을 확인한다.
② 초크 염색제가 쉽게 파손되지 않도록 주의한다.
③ 튜브형 염색제의 용기 손상에 주의한다.
④ 염색제를 사용 후 바로 뚜껑을 닫아 굳거나 이물질이 들어가지 않게 한다.
⑤ 염색제를 모든 반려동물에게 무조건 적용한다.

11

염색 재료 준비 시 안전 및 유의사항으로 옳지 <u>않은</u> 것은 무엇인가?

① 지속성 염색제 사용 시 작업복과 일회용 장갑을 착용한다.
② 염색제의 매뉴얼을 숙지한다.
③ 사용 후 염색제를 바로 뚜껑을 닫아 굳거나 이물질이 들어가지 않게 한다.
④ 테이핑 작업용 테이프는 접착력이 강한 플라스틱 테이프를 사용한다.
⑤ 염색제가 염색하지 않을 털에 묻으면 알칼리 성분 샴푸로 빠르게 제거한다.

12

일회성 염색제인 겔 타입 염색제의 설명으로 옳지 <u>않은</u> 것은 무엇인가?

① 지속성 염색제 사용 전 초벌용으로 사용한다.
② 수분감이 있어 적은 양으로도 뭉침 없이 얇게 도포 가능하다.
③ 발림성과 발색력이 좋다.
④ 작업 후 목욕으로 제거 가능하다.
⑤ 튜브에 들어 있으며 손가락에 짜서 사용한다.

13

일회성 염색제인 분말로 된 초크형 염색제의 설명으로 옳지 <u>않은</u> 것은 무엇인가?

① 수분을 흡수해주며 겔 타입, 펜 타입 염색제와 함께 사용된다.
② 지속성 염색제 사용 전 초벌용으로 사용된다.
③ 발림성과 발색력이 좋고 작업 후 목욕으로 제거 가능하다.
④ 쉽게 파손되므로 떨어뜨리지 않도록 주의해야 한다.
⑤ 보관 시 통풍이 잘 되게 뚜껑을 열어 습기가 생기지 않게 한다.

14

지속성 염색제에 대한 설명으로 옳지 <u>않은</u> 것은 무엇인가?

① 목욕으로 제거되지 않고 영구적이다.
② 염색 부위 제거는 물티슈로 닦아낸다.
③ 적은 양 도포 시에도 일회용 장갑 착용이 필수이다.
④ 튜브형 겔 타입으로 도포 후 제거가 어렵다.
⑤ 작업 후 염색제가 굳지 않도록 뚜껑을 잘 닫아 보관한다.

15

이염 방지제 중 이염 방지 크림에 대한 설명으로 옳지 <u>않은</u> 것은?

① 수분감이 거의 없는 크림 타입이다.
② 수분이 많으면 염색 부위까지 흘러내려 작업에 지장을 준다.
③ 염색 부위에 묻으면 염색이 되지 않는다.
④ 휴지로 닦으면 쉽게 제거가 가능하다.
⑤ 목욕으로 제거 가능하다.

16

이염 방지제 중 이염 방지 테이프에 대한 설명으로 옳지 <u>않은</u> 것은?

① 발, 다리, 꼬리 부위에 사용하기 편리하다.
② 테이프를 한 바퀴 돌려서 테이프끼리 접착한다.
③ 반려동물의 털에는 접착이 잘 되지 않는다.
④ 물에 닿으면 더 단단해져 제거하기 쉽지 않다.
⑤ 이염 방지 테이프는 쉽게 뜯을 수 있도록 주로 종이테이프를 이용한다.

17

이염 방지제 중 부직포에 대한 설명으로 옳지 <u>않은</u> 것은?

① 일회성 염색에 적합하다.
② 목욕이 필요 없는 염색 작업에 권장된다.
③ 지속성 염색제 사용 시 느슨하게 고정하면 벗겨질 수 있다.
④ 염색 후 바로 버리는 것이 좋다.
⑤ 섬세한 부분이나 복합한 염색에 적합하다.

18

알코올 소독 패드 사용에 관한 방법으로 옳지 <u>않은</u> 것은 무엇인가?

① 탈지면에 알코올이 적셔져 소독과 이물질 제거에 사용된다.
② 일회성 염색제 사용 시 컬러 교체 시 붓 닦기에 위생적이다.
③ 물로 세척할 경우보다 빠르게 건조되어 바로 사용할 수 있다.
④ 염색 작업 전 피부의 기름기와 먼지를 제거하는 데 사용된다.
⑤ 염색 작업 후 피부 보습을 위해 사용된다.

19

이염 방지제를 위한 도구들의 사용 방법으로 옳지 <u>않은</u> 것은 무엇인가?

① 알코올 소독 패드는 염색 방지 목적으로 사용한다.
② 이염 방지 테이프는 발, 다리, 꼬리 부위에 사용하기 편리하며, 테이프를 한 바퀴 돌려서 테이프끼리 접착한다.
③ 이염 방지 테이프는 물에 닿으면 쉽게 제거할 수 있다.
④ 부직포는 일회성 염색이나 간단한 염색에 적합하며, 목욕이 필요 없는 염색 작업에 권장된다.
⑤ 이염 방지 크림은 수분감이 거의 없는 크림 타입으로, 수분이 많으면 염색 부위까지 흘러내려 작업에 지장을 줄 수 있다.

20

염색 작업 시 안전 및 유의사항으로 옳지 <u>않은</u> 것은 무엇인가?

① 염색 작업 시 고정 중 반려동물이 불편해하면 이염될 가능성에 주의한다.
② 염색제 사용 시 이염 방지에 주의한다.
③ 이염이 진행되면 빠른 조치를 취한다.
④ 테이핑 작업 시 너무 당기지 않도록 주의한다.
⑤ 염색제 도포 전 드라이 작업과 브러싱은 생략해도 발색에 영향을 주지 않는다.

21

염색 작업 시 안전 및 유의사항으로 옳지 <u>않은</u> 것은 무엇인가?

① 염색 작업 중 반려동물이 스트레스를 받지 않도록 주의한다.
② 염색제 사용 시 이염 방지에 주의한다.
③ 이염이 발생하면 즉시 조치를 취한다.
④ 고무밴드를 사용할 때 혈액순환이 저해되지 않도록 주의한다.
⑤ 염색 작업 후 반려동물을 바로 목욕시킨다.

22

염색 작업 시 알아두어야 할 사항으로 옳지 <u>않은</u> 것은 무엇인가?

① 귀 털 뽑기와 귀 세정은 염색 작업 후에 할 것을 권장한다.
② 염색제 도포 후 드라이와 초크 사용으로 수분 증발을 가속한다.
③ 고무밴드는 조이지 않게 고정하여 피부 자극을 방지한다.
④ 염색 마무리 후 가위로 커트하여 밸런스를 맞춘다.
⑤ 염색 부위가 잘못되면 즉시 재염색한다.

23

염색 작업 중 초크 사용에 대한 설명으로 옳지 <u>않은</u> 것은 무엇인가?

① 염색제 도포 후 드라이와 초크 사용으로 수분 증발을 가속한다.
② 초크는 염색 작업 후 제거가 불가능하다.
③ 같은 색상이 없을 경우 흰색 초크를 사용한다.
④ 수분이 남아 있을 때 초크 염색제로 건조를 돕는다.
⑤ 염색용 초크는 같은 색상을 사용한다.

24

염색 작업 중 드라이 작업 시 주의사항으로 옳지 <u>않은</u> 것은 무엇인가?

① 드라이 작업 시 따뜻한 바람으로 온도를 확인한다.
② 드라이어 가온으로 염색 시간을 단축한다.
③ 염색제 도포 후 드라이로 수분을 증발시킨다.
④ 염색 중에는 드라이어 사용을 피한다.
⑤ 피부와 가까운 부위는 염색 속도가 빠르다.

25

염색 시 이염 방지제 사용에 대한 설명으로 옳지 <u>않은</u> 것은 무엇인가?

① 이염 방지제는 면봉이나 손가락으로 사용할 수 있다.
② 이염 방지 크림은 수분감이 거의 없다.
③ 염색 부위가 잘못되면 물티슈로 쉽게 제거할 수 있다.
④ 이염 방지제는 피부 자극이 심하다.
⑤ 고무밴드는 조이지 않게 고정하여 피부 자극을 방지한다.

26

다음 중 투 톤 염색에 대한 설명으로 올바르지 <u>않은</u> 것은?

① 두 가지 컬러를 한 부위에 동시에 염색한다.
② 피부와 가까운 부위에는 더 연한 컬러를 사용하는 것이 권장된다.
③ 시간이 지나도 자연스러운 컬러를 유지할 수 있다.
④ 보색 대비보다 유사 대비 컬러에 적합하다.
⑤ 보색 대비 시 이염 방지를 위해 경계선이 필요 없다.

27

다음 중 그러데이션 염색에 대한 설명으로 올바르지 <u>않은</u> 것은?

① 두 가지 이상의 컬러를 동시에 염색한다.
② 색 번짐과 겹침을 이용한 자연스러운 연결이 특징이다.
③ 유사 대비 컬러를 활용하는 것이 권장된다.
④ 보색 대비 컬러를 사용하는 것이 권장된다.
⑤ 자연스러운 색상 변화를 위해 여러 색상의 그러데이션을 사용할 수 있다.

28

다음 중 부분(블리치) 염색에 대한 설명으로 올바르지 <u>않은</u> 것은?

① 염색할 부위에 전체적으로 컬러를 입히지 않고 포인트를 준다.
② 염색제 도포는 피부에서 1cm 정도 떨어진 곳에서 시작한다.
③ 염색 후 마음에 들지 않으면 염색한 털만 커트할 수 있다.
④ 컬러 발색을 미리 보기 위한 테스트용으로 활용할 수 있다.
⑤ 알루미늄 포일 한 개당 털의 양이 많아 다른 염색 작업보다 염색제의 작용 시간이 길다.

29

다음 〈보기〉에서 설명하는 염색 방법은?

┤ 보기 ├─

- 두 가지 컬러를 한 부위에 동시에 염색하는 방법이다.
- 보색 대비보다 유사 대비 컬러에 적합하다.
- 시간이 지나도 자연스러운 컬러 유지가 가능하다.
- 보색 대비 시 경계선을 만들어 이염 방지가 필요하다.

① 투 톤 염색　　　　　　　　　② 그러데이션 염색
③ 부분(블리치) 염색　　　　　　④ 볼터치 염색
⑤ 발색 염색

30

다음 〈보기〉에서 설명하는 염색 방법은?

─┤ 보기 ├─
- 두 가지 이상의 컬러를 동시에 염색하는 방법이다.
- 색 번짐과 겹침을 이용하여 자연스럽게 연결한다.
- 유사 대비 컬러 활용을 권장한다.

① 투 톤 염색   ② 그러데이션 염색
③ 부분(블리치) 염색   ④ 볼터치 염색
⑤ 발색 염색

31

다음 〈보기〉에서 설명하는 염색 방법은?

─┤ 보기 ├─
- 염색할 부위에 전체적으로 컬러를 입히지 않고 포인트를 준다.
- 염색제 도포는 피부에서 1cm 정도 떨어진 곳에서 시작한다.
- 염색 후 마음에 안 들면 염색한 털만 커트 가능하다.
- 컬러 발색을 미리 보기 위한 테스트용으로 활용 가능하다.
- 피부가 예민한 반려동물에게 적합하다.
- 알루미늄 포일 한 개당 털의 양이 많지 않기 때문에 다른 염색 작업보다 염색제의 작용 시간이 짧다.
- 보색 대비 시 경계선을 만들어 이염 방지가 필요하다.

① 투 톤 염색   ② 그러데이션 염색
③ 부분(블리치) 염색   ④ 볼터치 염색
⑤ 발색 염색

32

다음 중 염색제 도포 후 작용 시간에 대한 설명으로 올바르지 <u>않은</u> 것은?

① 자연 건조 상태로 20~25분 기다린다.
② 드라이 작업으로 시간을 단축할 수 있다.
③ 염색제를 도포한 털의 양과 길이에 따라 작용 시간에 차이가 발생한다.
④ 드라이 작업을 거부하는 반려동물은 자연 건조 상태로 대기한다.
⑤ 작용 시간 동안 고무밴드를 계속 조여준다.

33

다음 중 염색제 도포 후 올바른 작용 시간 관리를 위한 방법은?

① 자연 건조 상태로 30~35분 기다린다.
② 드라이 작업으로 시간을 단축할 수 없다.
③ 염색제 도포 후 바로 물로 헹군다.
④ 드라이 작업을 거부하는 반려동물은 자연 건조 상태로 대기한다.
⑤ 작용 시간 동안 반려동물을 혼자 놔둔다.

34

다음 중 투톤 염색 시 안전 및 유의사항에 대한 설명으로 올바르지 <u>않은</u> 것은?

① 보색 대비 시 두 가지 컬러가 섞이지 않도록 이염 방지에 주의한다.
② 그러데이션 염색 시 한 가지 컬러만 발색되지 않도록 배치 비율을 구상한다.
③ 부분(블리치) 염색 시 털의 양을 너무 적게 하면 뽑히거나 끊어질 수 있으므로 주의한다.
④ 꼬리빗 사용 시 빗의 꼬리 끝이 날카로워 찔릴 수 있으므로 주의한다.
⑤ 그러데이션 염색 시 두 가지 컬러를 섞어 한 번에 발색시킨다.

35

다음 중 블로펜을 사용할 때 주의해야 할 사항으로 올바르지 <u>않은</u> 것은?

① 분사량과 분사 거리에 따라 발색력이 달라지므로 미리 연습한다.
② 작업 후 목욕으로 염색을 제거할 수 있다.
③ 블로펜을 반려동물의 몸에 바로 대고 세게 불지 않는다.
④ 털 길이가 짧은 반려동물에게 활용한다.
⑤ 부는 강도를 조절하여 조심히 사용한다.

36

다음 중 초크를 사용할 때 주의해야 할 사항으로 올바르지 <u>않은</u> 것은?

① 수분을 흡수해주며 겔 타입, 펜 타입 염색제와 함께 사용한다.
② 지속성 염색제 사용 전 초벌용으로 사용한다.
③ 작업 후 목욕으로 염색을 제거할 수 있다.
④ 쉽게 파손되므로 떨어뜨리지 않도록 주의한다.
⑤ 보관 시 뚜껑을 열어 습기가 생기도록 한다.

37

다음 중 페인트펜을 사용할 때 주의해야 할 사항으로 올바르지 <u>않은</u> 것은?

① 일회성 염색제로 펜 타입이어서 정교한 작업이 가능하다.
② 발림성과 발색력이 좋고 사용이 편리하다.
③ 초보자도 빠르게 익숙해질 수 있다.
④ 작업 후 목욕으로 염색을 제거할 수 없다.
⑤ 정교한 작업을 위해 사용된다.

38

다음 중 글리터 젤을 사용할 때 주의해야 할 사항으로 올바르지 <u>않은</u> 것은?

① 글리터 젤은 장식용 반짝이로 젤 타입으로 되어 있어 쉽게 활용할 수 있다.
② 반짝이 가루의 날림을 줄이고 접착력이 있다.
③ 털에 고르게 바르기 위해 강하게 문지른다.
④ 장식용 반짝이로 사용된다.
⑤ 접착력이 있어 쉽게 떨어지지 않는다.

39

다음 중 염색 도구에 대한 설명으로 올바르지 <u>않은</u> 것은?

① 블로펜은 작업 후 목욕으로 제거 가능하다.
② 초크는 지속성 염색제 사용 전 초벌용으로 사용한다.
③ 페인트펜은 초보자도 쉽게 사용할 수 있다.
④ 글리터 젤은 수분을 흡수한다.
⑤ 초크는 보관 시 뚜껑을 잘 닫아 습기가 생기지 않게 한다.

40

다음 〈보기〉에서 설명하는 염색 도구는 무엇인가?

┤ 보기 ├
• 일회성 염색제로 펜을 입으로 불어서 사용한다.
• 털 길이가 긴 반려동물에게 활용할 수 있다.

① 블로펜   ② 초크
③ 페인트펜   ④ 글리터 젤
⑤ 파스텔

41

다음 〈보기〉에서 설명하는 염색 도구는 무엇인가?

┤ 보기 ├

- 수분을 흡수해주며 겔 타입, 펜 타입 염색제와 함께 사용한다.
- 지속성 염색제 사용 전 초벌용으로 사용한다.
- 발림성과 발색력이 좋고 작업 후 목욕으로 제거 가능하다.

① 블로펜   ② 스탬프
③ 글리터 젤   ④ 페인트펜
⑤ 초크

42

다음 〈보기〉에서 설명하는 염색 도구는 무엇인가?

┤ 보기 ├

- 일회성 염색제로 펜 타입이어서 정교한 작업이 가능하다.
- 발림성과 발색력이 좋고 사용이 편리하다.
- 초보자도 빠르게 익숙해질 수 있다.
- 작업 후 목욕으로 제거 가능하다.

① 도안지   ② 초크
③ 페인트펜   ④ 글리터 젤
⑤ 파스텔

43

다음 〈보기〉에서 설명하는 염색 도구는 무엇인가?

┤ 보기 ├

- 장식용 반짝이로 젤 타입으로 되어 있어 쉽게 활용할 수 있다.
- 반짝이 가루의 날림을 줄이고 접착력이 있다.

① 블로펜   ② 파스텔
③ 글리터 젤   ④ 스텐실
⑤ 초크

44

다음 중 스텐실에 대한 설명으로 올바르지 <u>않은</u> 것은?

① 도안을 만들어 오려 낸 후, 그 자리에 물감 등으로 칠하는 작업이다.
② 그림이 완성되면 도안지를 떼어 낸다.
③ 스텐실은 물감을 사용하지 않는다.
④ 스텐실 작업은 다양한 디자인을 구현할 수 있다.
⑤ 스텐실은 도안을 이용한 염색 방법이다.

45

다음 중 도안지에 대한 설명으로 올바르지 <u>않은</u> 것은?

① 물감에 흡수되지 않도록 코팅된 종이가 좋다.
② 초기 작업에는 간단한 그림이 활용하기에 좋다.
③ 도안지 고정 작업이 잘 되어야 깔끔한 그림을 그릴 수 있다.
④ 도안 작업은 반려동물 염색에만 활용된다.
⑤ 도안지는 여러 용도로 활용될 수 있다.

46

다음 중 스탬프 효과를 내기 위한 도구 설명으로 올바르지 <u>않은</u> 것은?

① 스탬프는 고무도장에 잉크를 도포하여 찍는 작업을 말한다.
② 스탬프는 우체국에서 엽서 등에 찍는 도장을 의미한다.
③ 스텐실은 도안을 이용한 염색 방법이다.
④ 도안지는 물감에 잘 흡수되는 종이가 좋다.
⑤ 도안지는 고정 작업이 잘 되어야 깔끔한 그림을 그릴 수 있다.

47

다음 〈보기〉는 어떤 염색 방법에 관한 내용인가?

┤ 보기 ├

• 도안을 만들어 오려 낸 후, 그 자리에 물감 등으로 칠하는 작업이다.
• 그림이 완성되면 도안지를 떼어 낸다.

① 스탬프   ② 도안지
③ 글리터 젤   ④ 스텐실
⑤ 초크

48

다음 〈보기〉는 어떤 염색 방법에 관한 내용인가?

| 보기 |

- 고무도장에 잉크를 도포하여 찍는 작업이다.
- 우체국에서 엽서 등에 찍는 도장을 의미한다.
- 커피숍에서 쿠폰에 찍어 주는 도장도 해당된다.

① 스탬프   ② 도안지

③ 글리터 젤   ④ 스텐실

⑤ 초크

49

다음 설명은 특정 염색 도구를 사용하는 방법에 관한 내용이다. 어떤 염색 도구인가?

| 보기 |

(1) 염색할 등 부위에 전처리 작업 후 브러싱하여 준비한다.
(2) 염색할 부위를 정하고 도안을 올려놓고 고정한다.
(3) 염색제의 분사 강도와 농도를 미리 체크한다.
(4) 반려동물을 고정하고 분사 거리와 강도를 조절하며 염색제를 도포한다.
(5) 염색제를 도포한 후 도안을 떼어 내고 건조한다.
(6) 원하는 스타일과 발색이 잘 되었는지 확인한다.

① 스탬프   ② 페인트펜

③ 글리터 젤   ④ 블로펜

⑤ 초크

50

다음 중 염색 작업 후 장식을 활용하는 내용에 대한 설명으로 올바르지 않은 것은?

① 염색 작업 마무리 후 구슬 진주, 반쪽 진주, 리본 등을 활용해 목걸이와 핀을 만든다.
② 다양한 컬러의 인디언 깃털을 활용하여 고급스럽게 연출할 수 있다.
③ 반려동물의 이름을 넣어 만든 액세서리 핀을 이름표로 활용할 수 있다.
④ 염색 작업 후에는 최대한 큰 장식품을 이용한다.
⑤ 장식품을 사용하여 반려동물의 외모를 더 아름답게 꾸밀 수 있다.

51

다음 중 다양한 도구로 염색 작업 시 안전 및 유의사항에 대한 설명으로 올바르지 <u>않은</u> 것은?

① 이염을 방지하기 위해 도안 작업을 한다.
② 블로펜 작업 전 다른 곳에 분사해서 컬러 농도를 체크한다.
③ 스텐실과 페인팅 작업 시 염색제가 너무 차가우면 반려동물이 놀랄 수 있으므로 주의한다.
④ 블로펜을 반려동물의 몸에 바로 대고 세게 불어야 한다.
⑤ 도안지는 흡수가 잘 되지 않는 코팅 처리된 제품을 사용한다.

52

다음 중 염색 도구를 사용할 때 유의사항으로 올바르지 <u>않은</u> 것은?

① 블로펜 작업 시 반려동물이 놀라지 않도록 미리 피모에 바람을 불어 본다.
② 염색용 붓을 여러 컬러로 자주 교체할 경우 알코올 패드로 닦아 내며 작업한다.
③ 글리터 젤의 컬러를 교체할 때는 알코올 패드로 붓을 닦은 후 사용한다.
④ 보습 영양제는 염색제를 도포하기 전에 수분이 남지 않게 조금씩 도포한다.
⑤ 페인트펜 염색 시 컬러를 바꿀 때 손에 묻어 있는 다른 컬러는 그대로 둔다.

53

다음 중 반려동물의 귀를 세척할 때 올바르지 <u>않은</u> 방법은?

① 귀 속에 물이 들어가지 않게 한 손으로 계속 보정한다.
② 물이 흐르는 상태에서 귀 안쪽이 보이지 않게 한다.
③ 물소리가 너무 크게 들리면 반려동물이 놀랄 수 있다.
④ 귀 끝이 욕조 바닥을 향하게 고정하고 귀 뿌리에서 귀 끝으로 물을 흘려 세척한다.
⑤ 귀 안쪽을 깨끗이 세척하기 위해 물을 강하게 분사한다.

54

다음 중 반려동물의 발과 다리를 세척할 때 올바르지 <u>않은</u> 방법은?

① 발과 다리를 한 번에 빠르게 세척한다.
② 발바닥을 지면에서 뗄 때에는 천천히 올린다.
③ 발은 한쪽씩 천천히 세척한다.
④ 발바닥과 발가락 사이는 부드럽게 마사지하듯이 세척한다.
⑤ 발바닥이 모두 지면에 닿은 상태에서 세척을 시작한다.

55

다음 중 반려동물의 꼬리를 세척할 때 올바르지 <u>않은</u> 방법은?

① 꼬리를 흔들거나 올리면 다른 부위에 이염될 수 있으므로 꼬리 끝을 욕조 바닥으로 향하게 한다.
② 항문 부위는 반려동물이 놀라지 않게 조심스럽게 천천히 샤워기를 댄다.
③ 항문 속으로 이물질이 들어가지 않도록 주의한다.
④ 꼬리 세척 후 고무밴드, 알루미늄 포일, 이염 방지 테이프를 제거한다.
⑤ 꼬리를 세척할 때 강한 물줄기로 한 번에 세척한다.

56

다음 중 반려동물의 볼을 세척할 때 올바르지 <u>않은</u> 방법은?

① 물티슈를 사용할 때는 털이 당기지 않게 부드럽게 닦아낸다.
② 물을 사용할 때는 부드러운 천을 조금만 적셔서 닦아낸다.
③ 볼 염색 후 세척하지 않으면 염색제가 계속 묻어 나온다.
④ 물티슈 사용 후 염색제 컬러 유지를 위해 리터치를 한다.
⑤ 염색제를 자연 건조시킨 후 물티슈로 살짝 눌러가며 닦아낸다.

57

다음 중 반려동물 염색 작업 후 세척 시 올바르지 <u>않은</u> 방법은?

① 염색된 귀를 세척할 때 귀 속에 물이 들어가지 않도록 주의한다.
② 꼬리를 세척할 때 다른 부위에 이염되지 않도록 꼬리 끝을 욕조 바닥으로 향하게 한다.
③ 염색제 제거를 위해 강한 물줄기로 귀와 꼬리를 한 번에 세척한다.
④ 볼을 세척할 때 물티슈를 사용하여 부드럽게 닦아낸다.
⑤ 발과 다리를 세척할 때 발바닥과 발가락 사이는 부드럽게 마사지하듯이 세척한다.

58

다음 중 염색 작업 후 반려동물을 안정적인 자세로 목욕시키는 방법에 대한 설명으로 올바르지 <u>않은</u> 것은?

① 귀 속에 물이 들어가지 않게 한 손으로 계속 보정한다.
② 꼬리를 흔들거나 올리면 다른 부위에 이염될 수 있으므로 꼬리 끝을 욕조 바닥으로 향하게 한다.
③ 물로 세척한 후에 털이 거칠 때에는 샴핑을 하지 않고 린싱만 한다.
④ 볼 염색 후 물티슈를 사용하여 부드럽게 닦아낸다.
⑤ 염색제 찌꺼기가 남아 있으면 샴핑을 하지 않는다.

59

다음 중 염색제 세척 시 안전 및 유의사항에 대한 설명으로 올바르지 않은 것은?

① 알루미늄 포일을 제거할 때 고무밴드를 한번에 강하게 당겨 제거한다.
② 염색제 잔여물이 피모에 남아 있지 않게 한다.
③ 염색제를 세척할 때 눈, 귀, 호흡기에 염색제와 물이 들어가지 않게 한다.
④ 염색제를 세척할 때 물살을 너무 세게 하지 않는다.
⑤ 염색제를 세척할 때 물의 온도를 너무 높지 않게 한다.

60

다음 중 영양 보습제에 대한 설명으로 올바르지 않은 것은?

① 영양 보습제는 건조하고 푸석한 피모에 영양과 수분을 공급한다.
② 손상된 코트에 영양을 공급한다.
③ 미용이나 염색 작업 전후에 피모 상태에 따라 제품 타입을 선택해 사용한다.
④ 모든 제품은 같은 향을 가지므로 아무 제품이나 사용해도 된다.
⑤ 코트의 정전기를 방지한다.

61

다음 중 영양 보습제의 종류 및 설명에 대한 내용으로 올바르지 않은 것은?

① 크림 타입은 피모가 많이 건조한 반려동물에게 효과적이다.
② 로션 타입은 크림보다 수분 함량이 많아 발림성이 좋다.
③ 액상 타입은 스프레이 형태가 많아 수시로 분사 가능하다.
④ 크림 타입은 목욕 전에 발라주면 효과를 극대화할 수 있다.
⑤ 로션 타입은 1일 2~3회 발라도 부담이 없다.

62

다음 중 영양 보습제의 종류 및 설명에 대한 내용으로 올바르지 않은 것은?

① 크림 타입은 심하게 건조한 피모에 매일 발라주고 브러싱한다.
② 로션 타입은 피모에 수분기가 없어도 흡수력이 빠르다.
③ 액상 타입은 털의 엉킴과 정전기를 방지해 준다.
④ 로션 타입은 목욕 중에 발라준다.
⑤ 액상 타입은 미용 전후에 가볍게 많이 사용된다.

63

다음 중 염색제 컬러의 발색에 대한 설명으로 올바르지 않은 것은?

① 타월링 시 타월에 염색제가 묻어 나오는지 확인한다.
② 낮은 온도의 약한 바람으로 드라이한다.
③ 마무리 작업 직후 재염색을 한다.
④ 과도한 브러싱을 피한다.
⑤ 스프레이형 에센스는 적당한 거리를 두고 피모에 골고루 분사해 준다.

64

다음 중 염색제 컬러의 발색에 대한 설명으로 올바르지 않은 것은?

① 염색제 세척 후 타월링을 하고 피모에 이상이 있는지 확인한다.
② 반려동물이 싫어하는 장식을 피한다.
③ 염색제 발색을 위해 높은 온도로 드라이한다.
④ 반려동물의 부위별로 타월링과 브러싱과 드라이 작업을 동시에 한다.
⑤ 스프레이형 에센스는 적당한 거리를 두고 피모에 골고루 분사해 준다.

65

염색 마무리 시 스프레이형 에센스를 어떻게 분사해야 하는가?

① 피모에 가까이 대고 분사한다.
② 적당한 거리를 두고 피모에 골고루 분사한다.
③ 타월에 뿌려서 사용한다.
④ 손바닥에 뿌려서 사용한다.
⑤ 드라이 후에 분사하지 않는다.

66

염색 마무리 시 안전 및 유의사항으로 올바르지 않은 것은 무엇인가?

① 타월에 염색제가 묻어 나오는지 확인한다.
② 낮은 온도의 약한 바람으로 드라이한다.
③ 마무리 작업 직후 재염색을 한다.
④ 과도한 브러싱을 피한다.
⑤ 피모에 이상이 있는지 확인하면서 타월링을 한다.

67

염색 마무리 시 안전 및 유의사항으로 올바르지 않은 것은 무엇인가?

① 반려동물의 부위별로 타월링과 브러싱과 드라이 작업을 동시에 하고 마무리한다.
② 반려동물이 싫어하는 장식을 한다.
③ 스프레이형 에센스는 적당한 거리를 두고 피모에 골고루 분사해 준다.
④ 낮은 온도의 약한 바람으로 부드럽게 드라이한다.
⑤ 염색제 세척 후 타월링을 하고 피모에 이상이 있는지 확인하면서 마무리한다.

68

부위별 염색 마무리 작업 방법으로 옳지 않은 것은 무엇인가?

① 귀 염색 마무리 후 액세서리 핀이나 목걸이로 장식한다.
② 꼬리 염색 마무리 후 컬러 비율과 경계선의 자연스러운 연결 여부를 확인한다.
③ 발과 다리 네 곳의 염색 위치와 밸런스를 확인하고 고르지 못한 털은 손으로 눌러 모양을 만들어준다.
④ 볼 염색 마무리 후 컬러 발색과 볼 좌우의 밸런스를 확인하고 혀가 염색 부위에 닿지 않는지 확인한다.
⑤ 꼬리의 염색 마무리 후 영양 보습제를 발라준다.

염색 연습문제 정답과 해설

01	⑤	02	④	03	③	04	④	05	④	06	⑤	07	⑤	08	④	09	④	10	⑤
11	④	12	①	13	⑤	14	②	15	④	16	④	17	⑤	18	⑤	19	①	20	⑤
21	⑤	22	⑤	23	②	24	④	25	④	26	⑤	27	④	28	⑤	29	①	30	②
31	③	32	⑤	33	④	34	⑤	35	⑤	36	⑤	37	④	38	③	39	④	40	①
41	⑤	42	④	43	③	44	③	45	④	46	④	47	④	48	①	49	④	50	④
51	④	52	⑤	53	⑤	54	①	55	⑤	56	④	57	③	58	⑤	59	①	60	④
61	④	62	④	63	③	64	③	65	②	66	④	67	②	68	③				

01

반려동물 염색 작업 전에 피부 트러블 가능성을 확인하는 것은 매우 중요하다. 피부가 예민하여 사소한 자극에 이상 반응이 있었는지 미리 확인한다. 이전에 미용이나 염색 작업 시 피부 트러블이 발생한 적이 있었는지, 클리핑 후 이상 반응이나 샴푸 교체 후 이상 반응, 드라이 온도에 따라 이상 반응이 있었는지 확인한다. 그러나 발톱의 색상은 피부 트러블과 관련이 없는 항목이다.

02

염색 후 피부 트러블을 확인하는 방법으로는 피부의 발적, 부기, 가려움, 탈락한 코트 등의 이상 반응을 살피는 것이 중요하다.

03

염색 전에 엉킨 털과 오염을 제거하지 않으면 색이 얼룩지거나 염색이 제대로 되지 않는 부분이 생길 수 있다. 따라서 엉킨 털과 오염을 제거한 후 염색하는 것이 중요하다.

04

염색 전에 엉킨 털을 풀어야 염색이 고르게 되고, 얼룩이 생기지 않는다. 엉킨 털을 제거하지 않고 염색을 시작하면 염색이 고르지 않게 되어 미용 결과가 좋지 않다.

05

반려동물의 염색 전에 오염을 제거하지 않으면 염색이 고르게 되지 않고 얼룩이 생길 수 있다. 따라서 염색을 시작하기 전에 반드시 오염을 제거해야 한다.

06

염색 전에 엉킨 털과 오염을 제거하지 않으면 색이 얼룩지거나 염색이 제대로 되지 않는 부분이 생길 수 있다. 따라서 엉킨 털과 오염을 반드시 제거한 후 염색하는 것이 중요하다.

07

반려동물에게 염색제를 선택할 때는 유행보다는 반려동물의 피부 상태와 안전을 최우선으로 고려해야 하며, 털 색에 맞춰 염색제를 선택한다. 유행하는 염색제라고 해서 모든 반려동물에게 적합하지 않을 수 있으며, 반려동물의 피부에 맞지 않는 경우 부작용이 발생할 수 있다. 안전과 건강을 위해 신중하게 염색제를 선택하는 것이 중요하다.

09

유사 대비는 상환에서 근접해 있는 색상끼리 배색되었을 때 얻어지는 조화이며, 색상환에서 근접해있는 색상을 말하고 투 톤 이상의 그러데이션 염색 작업을 할 때에 좋다. ④번의 내용은 보색 대비에 관한 설명이다.

10

염색제는 반려동물의 종 특성을 파악하여, 염색제 적용이 가능한 동물에게만 사용해야 한다. 모든 반려동물에게 무조건 적용하는 것은 안전하지 않으며, 반려동물의 건강에 해를 끼칠 수 있다.

11

테이핑 작업용 테이프는 피부 자극이 적고 접착력이 약한 종이 테이프를 사용하는 것이 적절하다. 접착력이 강한 플라스틱 테이프는 반려동물의 피부에 자극을 줄 수 있으므로 옳지 않은 선택이다.

12

지속성 염색제 사용 전 초벌용으로 사용하는 것은 분말로 된 초크형 염색제에 대한 설명이다.

13

초크형 염색제는 보관 시 뚜껑을 잘 닫아 습기가 생기지 않도록 하는 것이 중요하다. 뚜껑을 열어 두면 습기가 들어가 분말이 손상될 수 있다.

14

지속성 염색제는 물티슈로 닦아내어도 제거되지 않으며, 가위로 커트해서 제거해야 한다.

15

이염 방지 크림은 목욕으로 제거할 수 있다.

16

물에 닿으면 쉽게 제거 가능하다.

17

일회성 염색이나 간단한 염색에 적합하다.

18

알코올 소독 패드는 소독과 이물질 제거를 위해 사용되며, 피부 보습을 위해 사용되지 않는다.

19

알코올 소독 패드는 이염 방지 목적이 아닌 소독과 이물질 제거에 사용된다.

20

염색제 도포 전 드라이 작업과 브러싱을 잘해야 염색제가 고르게 도포되고 발색이 잘 된다.

21

염색 작업 후에는 염색제를 충분히 발색시키고 고정한 후에 목욕을 시키는 것이 일반적이다.

22

염색 부위가 잘못되었을 때는 재염색하기 전에 물티슈로 잘못된 부분을 제거해야 한다. 즉시 재염색하면 색이 겹쳐져 예상치 못한 색이 나올 수 있다.

23

초크는 염색 작업 후 물로 쉽게 제거할 수 있다. 초크는 일회성 염색제이기 때문에 작업 후 제거가 가능하고 간편하다.

24

염색 중에는 드라이어를 사용하여 수분을 증발시키고 염색제를 고정시키는 것이 필요하다.

25

이염 방지제는 피부 자극을 최소화하도록 설계되어 있으며, 피부 자극이 심하다면 이염 방지제로 적합하지 않다.

26

보색 대비 시 경계선을 만들어 이염 방지가 필요하다.

27

그러데이션 염색 시 보색 대비 컬러보다는 유사 대비 컬러를 사용하는 것이 권장된다.

28

알루미늄 포일 한 개당 털의 양이 많지 않기 때문에 다른 염색 작업보다 염색제의 작용 시간이 짧다.

32

작용 시간 동안 고무밴드가 너무 조이지 않는지 확인해야 한다. 고무밴드를 계속 조이는 것은 잘못된 방법이다.

33

드라이 작업을 거부하는 반려동물은 자연 건조 상태로 대기하도록 해야 한다.

34

그러데이션 염색 시 두 가지 컬러를 섞지 않고 각각의 배치 비율을 구상하여 발색해야 한다.

35

블로펜은 털 길이가 긴 반려동물에게 활용할 수 있다.

36

초크는 보관 시 뚜껑을 잘 닫아 습기가 생기지 않게 해야 한다.

37

페인트펜은 작업 후 목욕으로 염색을 제거할 수 있다.

38

글리터 젤은 털에 고르게 바르기 위해 강하게 문지르면 안 된다.

39

글리터 젤은 장식용 반짝이로, 수분을 흡수하는 기능이 없다.

44

스텐실은 물감을 사용하여 도안을 통해 그림을 그리는 작업이다.

45

도안 작업은 반려동물 염색뿐만 아니라 여러 곳에 활용될 수 있다.

46

도안지는 물감에 흡수되지 않도록 코팅된 종이가 좋다.

49

블로펜을 사용한 염색 방법은 염색할 부위에 도안을 고정하고, 분사 강도와 농도를 미리 체크하여 분사 거리와 강도를 조절하며 염색제를 도포한 후, 도안을 떼어 내고 건조하는 방식이다.

50

반려동물에게 너무 큰 장식품을 사용하면 불편함을 줄 수 있고, 활동성을 방해할 수 있다. 또한 큰 장식품은 반려동물의 피부나 털에 자극을 줄 가능성도 있기 때문에, 적당한 크기의 장식품을 선택하는 것이 더 안전하고 적합하다. 장식품은 미적 효과를 위해 사용하되, 반려동물의 안전과 편안함이 최우선으로 고려되어야 한다.

51

블로펜을 반려동물의 몸에 바로 대고 세게 불면 놀랄 수 있으므로 부는 강도를 조절하여 조심히 불어야 한다.

52

페인트펜 염색 시 컬러를 바꿀 때 손에 묻어 있는 다른 컬러는 물티슈로 닦아내어 염색 작업을 해야 한다.

53

귓속에 물이 들어가지 않게 한 손은 계속 보정한다. 물이 흐르는 상태에서 귀 안쪽이 보이게 뒤집지 않는다. 물소리가 너무 크게 들리면 반려동물이 놀랄 수 있다.

54

발바닥이 모두 지면에 닿은 상태에서 시작한다. 발바닥을 지면에서 뗄 때에는 천천히 올려야 한다. 발은 한쪽씩 천천히 세척한다. 발바닥과 발가락 사이는 아프지 않게 부드럽게 마사지하듯이 한다.

55

꼬리를 흔들거나 올리면 다른 부위에 이염될 수 있으므로 꼬리 끝을 욕조 바닥으로 향하게 한다. 항문 부위는 반려동물이 놀라지 않게 조심스럽게 천천히 샤워기를 댄다. 항문 속으로 이물질이 들어가지 않도록 한다.

56

물티슈 사용 후 염색제 컬러 유지를 위해 리터치를 하는 것이 아니라, 염색제가 묻어 나오는 것을 방지해야 한다.

57

염색제 제거를 위해 강한 물줄기로 귀와 꼬리를 한 번에 세척하면 안 된다. 세척은 천천히 조심스럽게 진행해야 한다.

58

세척 후에도 염색제 찌꺼기가 남아 있거나 이염 방지제를 지나치게 많이 사용했을 때, 염색 작업 과정에서 이물질이 묻었을 때에는 샴핑을 해야 한다.

59

알루미늄 포일을 제거할 때 고무밴드를 과하게 당기지 않는다.

60

제품마다 향의 정도가 다르므로 취향에 따라 선택해야 한다.

61

크림 타입은 목욕 후 타월링한 후 드라이 전, 또는 드라이 후 건조 상태에서 발라줄 수 있다.

62

로션 타입은 목욕 후 드라이한 후 발라준다.

63

마무리 작업 직후에는 재염색을 피해야 한다.

64

염색제 발색을 위해서는 낮은 온도의 약한 바람으로 드라이해야 한다.

65

스프레이형 에센스는 적당한 거리를 두고 피모에 골고루 분사해 준다.

66

마무리 작업 직후에는 재염색을 피해야 한다.

67

반려동물이 싫어하는 장식을 피해야 한다.

68

발과 다리 네 곳의 염색 위치와 밸런스를 확인하고 고르지 못한 털은 가위로 다듬어 마무리한다.

PART 06
반려견 일반미용3

CHAPTER 01 일반미용

• 연습문제 및 해설

1급 출제영역

일반미용

01 피부와 털

1	더블 코트(double coat)	오버코트와 언더코트의 이중모 구조의 털
2	러프(ruff)	목 주위의 풍부한 장식 털 예 콜리
3	롱 코트(long coat)	장모(長毛), 긴 털
4	머스태시(moustache)	입술과 턱 측면에 난 수염
5	머즐 밴드(muzzle band)	주둥이 주위의 하얀 반점
6	메인 코트(main coat)	몸의 중심이 되는 털
7	몰팅(molting)	자연스러운 계절적인 환모
8	블론(blown)	환모기의 털
9	비어드(beard)	입 주위의 털
10	새들(saddle)	등 부분에 넓은 안장 같은 반점
11	섀기(shaggy)	올드잉글리시시프도그와 같은 덥수룩한 털
12	스무드 코트(smooth coat)	단모(短毛), 짧은 털
13	스커트(skirt)	에이프런 아랫부분의 긴 장식 털
14	스탠드 오프 코트 (stand off coat)	개립모(開立毛), 꼿꼿하게 선 모양의 털 예 스피츠, 포메라니안
15	스테어링 코트(staring coat)	• 건조하고 거칠며 상태가 나빠진 털 • 질병이 있거나 영양 상태가 안 좋을 경우 나타남
16	스트레이트 코트(straight coat)	직립모(直立毛), 털이 구불거리지 않는 직선의 털
17	실키 코트(silky coat)	부드럽고 광택이 있는 실크 같은 긴 모질
18	싱글 코트(single coat)	한 겹의 털
19	아웃 오브 코트(out of coat)	모량이 부족하거나 탈모된 상태
20	아이래시(eyelash)	속눈썹
21	아이브로(eyebrow)	눈썹 부위의 털
22	언더코트(undercoat)	• 아래 털, 하모(下毛), 부모(副毛) • 체온을 유지하고 조절하거나 방수성을 가짐 • 부드럽고 촘촘하게 나 있음
23	에이프런(apron)	가슴 부위의 장식 털

24	역모	• 털 결에서 반대로 자란 털 • 주로 목이나 항문에 있음
25	오버코트(overcoat)	• 위 털, 상모(上毛), 주모(主毛) • 외부 환경으로부터 신체를 보호함 • 언더코트보다 굵고 깊
26	와이어 코트(wire coat)	• 뻣뻣하고 강한 형태의 모질 • 상모가 단단하고 바삭거리는 모질
27	울리 코트(woolly coat)	• 양모상의 털 • 북방 견종에게 많음 • 워터도그의 코트에는 방수 효과가 있음
28	웨이비 코트(wavy coat)	파상모(波狀毛), 상모에 웨이브가 있는 털
29	위스커(whisker)	주둥이 볼 양쪽과 아래턱의 길고 단단한 털 예 미니어처슈나우저
30	컬리 코트(curly coat)	권모(捲毛), 곱슬 모
31	코디드 코트(corded coat)	• 승상모(繩狀毛), 로프 코트(rope coat), 새끼줄 모양으로 된 털 • 언더코트와 오버코트가 자연스럽게 얽혀 새끼줄 모양으로 된 털 예 코몬도르, 풀리
32	코트(coat)	• 털 • 외부 온도 변화와 외상으로부터 피부를 보호함 • 품종에 따라 모색, 강도, 털의 성질이 다양함
33	퀼로트(culotte)	뒷다리의 긴 장식 털
34	타셀(tassel)	귀 끝에 남긴 장식 털 예 베들링턴테리어
35	톱 노트(top knot)	정수리 부분의 긴 장식 털
36	트라우저스(trousers)	다량의 긴 털이 뒷다리에 자라난 헐렁헐렁한 판탈롱 예 아프간하운드
37	팁(tip)	꼬리 끝의 하얀색 털
38	파일(pile)	두껍고 많은 언더코트
39	페더링(feathering)	• 프린지(fringe) • 귀, 다리, 꼬리, 몸통 등에 있는 깃털 모양의 장식 털
40	페셔헤어(festher-hair)	스코티시테리어의 머리, 귀 주변에 남겨진 장식 털
41	펠트(felt)	털이 엉켜 굳은 상태
42	폴(fall)	정수리에서 안면부로 늘어져 내린 털 예 아프간하운드, 스카이테리어
43	프릴(frill)	목 아래와 가슴의 길고 풍부한 털 예 러프콜리
44	플럼(plume)	깃발 모양 꼬리의 장식 털 예 잉글리시세터
45	피부(skin)	외부 병원체로부터 신체를 보호하는 촉각, 온각, 냉각, 통각, 압각 등의 감각 기관
46	하시 코트(harsh coat)	거칠고 단단한 와이어 코트

1	골드 버프(golden buff)	금색에 빨강이 있는 담황색
2	골드(gold)	황금색
3	그레이(gray)	• 회색 • 어두운 회색부터 밝은 색까지 다양한 색이 있음
4	그루즐(gruzzle)	흑색 계통 털에 회색이나 적색이 섞인 색
5	대플(dapple)	• 특별히 도드라지는 색 없이 여러 가지 색으로 반점을 만드는 색 • 불규칙한 반점
6	데드 그래스(dead grass)	옅은 다갈색으로 마른 풀색, 데드 리프라고도 함
7	러스트 탠(rust tan)	녹슨 색의 탠
8	레드(red)	마른 나뭇잎 색, 황갈색, 적색
9	레몬(lemon)	레몬색
10	론(roan)	• 흰색 털과 유색의 털이 섞여 있는 것 • 검은 바탕에 흰색의 털이 섞인 것 • 유색모의 색상에 따라 블루론(blue roan), 오렌지 론(orange roan), 레몬 론(lemon roan), 리버 론(liver roan), 레드론(red roan) 등이 있음
11	루비(ruby)	진한 밤색
12	리버(liver)	진한 적갈색, 붉은 간장 색
13	마스크(mask)	이마, 주둥이 부위가 검은 것으로 블랙 마스크라고 함 예 마스티프, 복서, 페키니즈
14	마우스 그레이(mouse gray)	쥐색
15	마킹(marking)	• 반점 • 부위에 따라 분포와 크기가 다양함
16	마호가니(mahogany)	체스트너트 레드, 적갈색
17	맨틀(mantle)	어깨, 등, 몸통 양쪽에 망토를 걸친 듯한 크고 진한 반점이 있는 것 예 세인트버나드
18	머스터드(mustard)	겨자색, 황색
19	머즐 밴드(muzzle band)	주둥이 주위에 흰색 반점 예 보스턴테리어, 세인트버나드
20	멀(merle)	검정, 블루, 그레이의 배색
21	배저 마킹(badger marking)	• 목, 귀에 탄이나 다른 색의 반점이 있는 것 • 그레이, 진회색, 화이트가 섞인 오소리 색 반점
22	배저(badger)	그레이, 진회색, 화이트가 섞인 모색
23	버프(buff)	부드럽고 연한 느낌의 담황색
24	벨튼(belton)	• 흰색 바탕에 옅은 반점이 흩어져 있는 것 • 모색에 따라 블루 벨튼, 오렌지 벨튼, 리버벨튼, 레몬 벨튼 등이 있음

25	브라운(brown)	갈색, 다갈색
26	브로큰 컬러(broken color)	단일색인 모색이 파괴된 것
27	브론즈(bronze)	전체적으로 어두운 녹색에 털끝이 약간 붉은 색
28	브리칭(breeching)	검은색 개의 대퇴부 안쪽과 후방의 탠 반점 예 맨체스터테리어, 로트와일러
29	브린들(brindle)	• 바탕색에 다른 색의 무늬가 존재하는 털 • 어두운 바탕색에 밝은 모색이 섞이거나 밝은 바탕색에 어두운 모색이 섞인 것 예 스코티시테리어 • 적색이나 황색 바탕에 검정 또는 어두운 색의 줄무늬를 만든 것을 타이거 브린들이라고 함 예 그레이트데인
30	블랙 마스크(black mask)	주둥이 부분이 검은 것
31	블랙 앤드 탠(black and tan)	검은 바탕에 양 눈 위, 귀 안쪽, 주둥이 양측, 목, 아랫다리, 항문 주위에 탠이 있는 것
32	블랭킷(blanket)	목, 꼬리 사이의 등, 몸통 쪽에 넓게 있는 모색 예 아메리칸폭스하운드
33	블레이즈(blaze)	양 눈과 눈 사이에 중앙을 가르는 가늘고 긴 백색의 선 예 파피용
34	블루 마블(blue marble)	• 블루멀(blue merle) • 검정, 블루, 그레이가 섞인 대리석 색
35	블루 블랙(blue black)	블루에 털끝이 검은 털
36	블루(blue)	• 검은 것 같은 청색으로 농도의 폭이 넓음 • 보통 태어날 때는 검은색이나 성장하며 블루로 변함
37	비버(beaver)	브라운과 그레이가 섞인 색
38	삭스(socks)	유색 견이 흰색 양말을 신은 것 같은 무늬 예 이비전하운드
39	새들(saddle)	말안장을 얹은 것 같은 검은색 반점 예 에어데일테리어
40	샌드(sand)	모래색
41	설반(舌班)	반점이 있는 혀 예 차우차우
42	섬 마크(thumb mark)	패스턴에서 볼 수 있는 검은색 반점 예 맨체스터테리어, 토이 맨체스터테리어
43	세이블(sable)	• 연한 기본 모색에 검은색 털이 섞여 있거나 겹쳐 있는 것 • 황색 또는 황갈색 바탕에 털끝이 검은색 • 오렌지색 바탕에 세이블은 오렌지 세이블, 암갈색 바탕에 세이블이 겹쳐진 것은 다크세이블이라고 함
44	셀프 마크드(self marked)	가슴, 발가락, 꼬리 끝에 흰색이나 청색 반점을 가진 한 가지 색으로 보통은 검은색을 띰
45	셀프 컬러(self color)	솔리드 컬러(solid color), 단일색, 몸 전체 모색이 같은 것

46	스모크(smoke)	거무스름한 옅은 흑색의 연기 색
47	스틸 블루(steel blue)	푸른 동색, 청동색
48	스폿(spot)	• 반점 • 흰색 바탕에 검정이나 리버 스폿이 전신에 무늬 예 달마티안
49	슬레이트 블루(slate blue)	검은 회색의 블루, 회색이 있는 청색 예 오스트레일리안 실키테리어
50	실버 그레이(silver gray)	마우스 그레이보다 밝은 은색이 도는 회색 예 와이마리너
51	실버 버프(silver buff)	• 은색의 하얀색 같은 담황색 • 전체적으로 희게 보이며 은색을 띰
52	실버 블랙(silver black)	검은 털 속에 은색 털이 섞인 것 예 스코티시테리어
53	실버(sliver)	밝은 회색, 은색
54	알비노(albino)	선천적 색소 결핍증
55	알비니즘(albinism)	• 백화 현상, 색소 결핍증 • 피부, 털, 눈 등에 색소가 발생하지 않는 이상 현상 • 유전적 원인에 의해 발생함
56	에이프리코트(apricot)	밝은 적황갈색, 살구색
57	옐로(yellow)	• 노란색 • 여우 색부터 크림색까지 범위가 매우 다양함
58	오렌지(orange)	오렌지색
59	울프 그레이(wolf gray)	회색 어두운 정도의 색깔 혼합 비율이 다양함
60	이사벨라(isabela)	연한 밤색
61	제트 블랙(get black)	순수한 검은색
62	체스넛(chestnut)	밤색, 적갈색
63	초콜릿(chocolate)	초콜릿색, 검은 적갈색
64	카페오레(cafe au lait)	커피 우유색
65	칼라(collar)	목 주변을 감싸는 폭 넓은 흰색 반점 예 콜리
66	캡(cap)	캡을 쓴 것 같은 두개 위의 어두운 반점 예 알래스칸맬러뮤트
67	크림(cream)	크림색
68	키스 마크(kiss mark)	검은 모색의 견종의 볼에 있는 진회색 반점 예 도베르만핀셔, 로트와일러
69	타이거 브린들(tiger breindle)	금색의 바탕색에 호랑이무늬가 있는 것
70	탠(tan)	• 황갈색 • 짙은 것은 리치 탠, 옅은 것은 라이트 탠이라고 부름

71	트라이컬러(tri-color)	• 세 가지가 섞인 색 • 흰색, 갈색, 검은색
72	트레이스(trace)	폰 색의 등줄기를 따른 검은 선 예 퍼그의 등줄기 색
73	티킹(ticking)	흰색 바탕에 한 가지나 두 가지의 명확한 독립적인 반점이 있는 것 예 브리타니
74	파울 컬러(foul color)	• 폴트 컬러(fault color), 부정 모색 • 바람직하지 못한 반점이나 모색
75	파티컬러(parti-color)	• 두 가지 색의 구분된 반점의 색깔 • 보통 흰 바탕에 윤곽이 뚜렷한 갈색 또는 검은색 반점이 있음
76	팰로(fallow)	담황색
77	페퍼 앤 솔트 (pepper and solt)	검은색과 흰색의 혼합
78	페퍼(pepper)	• 후추 색 • 어두운 푸른 계통의 검은색에서 밝은 은회색까지 다양함
79	펜실링(penciling) ·	맨체스터테리어의 발가락에 있는 검은 선
80	포인츠(points)	• 안면, 귀, 사지 및 꼬리의 모색 • 보통은 흰색, 검은색, 탠 등임
81	퓨스(puce)	암갈색
82	피그멘테이션(pigmentation)	피모의 멜라닌 색소 과립 침착 상태
83	하운드 마킹(hound marking)	흰색, 검은색, 황갈색의 반점
84	할퀸(harlezuin)	• 흰색 바탕에 검은색이나 그레이의 불규칙한 반점이 있는 것 • 순백색 바탕에 찢긴 것 같은 검은 반점무늬가 있음
85	허니(honey)	벌꿀 색, 연한 적황갈색
86	화운(faun)	금색에 검은색이 조금 섞은 색
87	화이트(white)	흰색, 화이트 컬러 종은 눈, 입술, 코, 패드, 항문이 검은색이며 이것으로 알비노가 아 님을 증명함
88	휘튼(wheaten)	옅은 황색의 털, 황색이 스민 것 같이 보이는 색

일반미용 연습문제

※ 다음 중 피부와 털에 대한 설명으로 알맞은 것을 고르시오. (1~134번)

01

오버코트와 언더코트의 이중모 구조의 털을 무엇이라 하는가?

① 머즐 밴드(muzzle band)
② 러프(ruff)
③ 롱 코트(long coat)
④ 머스태시(moustache)
⑤ 더블 코트(double coat)

02

목 주위의 풍부한 장식 털을 무엇이라 하는가?

① 메인 코트(main coat)
② 러프(ruff)
③ 머스태시(moustache)
④ 롱 코트(long coat)
⑤ 머즐 밴드(muzzle band)

03

긴 털을 무엇이라 하는가?

① 싱글 코트(single coat)
② 스테이링 코트(staring coat)
③ 롱 코트(long coat)
④ 러프(ruff)
⑤ 메인 코트(main coat)

04

입술과 턱 측면에 난 수염을 무엇이라 하는가?

① 머스태시(moustache)
② 머즐 밴드(muzzle band)
③ 롱 코트(long coat)
④ 러프(ruff)
⑤ 메인 코트(main coat)

05

주둥이 주위의 하얀 반점을 무엇이라 하는가?

① 머스태시(moustache)
② 머즐 밴드(muzzle band)
③ 롱 코트(long coat)
④ 러프(ruff)
⑤ 메인 코트(main coat)

06

몸의 중심이 되는 털을 무엇이라 하는가?

① 메인 코트(main coat)
② 몰팅(molting)
③ 블론(blown)
④ 비어드(beard)
⑤ 새들(saddle)

07

자연스러운 계절적인 환모를 무엇이라 하는가?

① 블론(blown)
② 몰팅(molting)
③ 비어드(beard)
④ 새들(saddle)
⑤ 섀기(shaggy)

08

환모기의 털을 무엇이라 하는가?

① 러프(ruff)
② 비어드(beard)
③ 새들(saddle)
④ 블론(blown)
⑤ 스무드 코트(smooth coat)

09

입 주위의 털을 무엇이라 하는가?

① 스커트(skirt)
② 새들(saddle)
③ 언더코트(undercoat)
④ 스무드 코트(smooth coat)
⑤ 비어드(beard)

10

등 부분에 넓은 안장 같은 반점을 무엇이라 하는가?

① 새들(saddle)
② 섀기(shaggy)
③ 스무드 코트(smooth coat)
④ 스커트(skirt)
⑤ 스탠드 오프 코트(stand off coat)

11

올드잉글리시시프도그와 같은 덥수룩한 털을 무엇이라 하는가?

① 스탠드 오프 코트(stand off coat)
② 스무드 코트(smooth coat)
③ 스커트(skirt)
④ 섀기(shaggy)
⑤ 스테이링 코트(staring coat)

12

짧은 털을 무엇이라 하는가?

① 스무드 코트(smooth coat)
② 스커트(skirt)
③ 스탠드 오프 코트(stand off coat)
④ 웨이비 코트(wavy coat)
⑤ 스트레이트 코트(straight coat)

13

에이프런 아랫부분의 긴 장식 털을 무엇이라 하는가?

① 실키 코트(silky coat)
② 스탠드 오프 코트(stand off coat)
③ 스테이링 코트(staring coat)
④ 스트레이트 코트(straight coat)
⑤ 스커트(skirt)

14

꼿꼿하게 선 모양의 털을 무엇이라 하는가?

① 스탠드 오프 코트(stand off coat)
② 톱 노트(top knot)
③ 스트레이트 코트(straight coat)
④ 역모
⑤ 싱글 코트(single coat)

15

건조하고 거칠며 상태가 나빠진 털을 무엇이라 하는가?

① 싱글 코트(single coat)
② 스트레이트 코트(straight coat)
③ 실키 코트(silky coat)
④ 스테이링 코트(staring coat)
⑤ 아웃 오브 코트(out of coat)

16

구불거리지 않는 직선의 털을 무엇이라 하는가?

① 플럼(plume)
② 스트레이트 코트(straight coat)
③ 싱글 코트(single coat)
④ 아웃 오브 코트(out of coat)
⑤ 파일(pile)

17

부드럽고 광택이 있는 실크 같은 긴 모질을 무엇이라 하는가?

① 실키 코트(silky coat)
② 싱글 코트(single coat)
③ 아웃 오브 코트(out of coat)
④ 아이래시(eyelash)
⑤ 아이브로(eyebrow)

18

한 겹의 털을 무엇이라 하는가?

① 언더코트(undercoat)
② 아웃 오브 코트(out of coat)
③ 아이래시(eyelash)
④ 아이브로(eyebrow)
⑤ 싱글 코트(single coat)

19

모량이 부족하거나 탈모된 상태를 무엇이라 하는가?

① 아웃 오브 코트(out of coat)
② 아이래시(eyelash)
③ 아이브로(eyebrow)
④ 언더코트(undercoat)
⑤ 에이프런(apron)

20

속눈썹을 무엇이라 하는가?

① 아이래시(eyelash)
② 울리 코트(woolly coat)
③ 언더코트(undercoat)
④ 웨이비 코트(wavy coat)
⑤ 역모

21

눈썹 부위의 털을 무엇이라 하는가?

① 역모
② 언더코트(undercoat)
③ 에이프런(apron)
④ 아이브로(eyebrow)
⑤ 오버코트(overcoat)

22

아래 털로, 체온을 유지하고 조절하거나 방수성을 가지는 부드럽고 촘촘하게 난 털을 무엇이라 하는가?

① 위스커(whisker)
② 에이프런(apron)
③ 언더코트(undercoat)
④ 오버코트(overcoat)
⑤ 울리 코트(woolly coat)

23

가슴 부위의 장식 털을 무엇이라 하는가?

① 에이프런(apron)
② 역모
③ 오버코트(overcoat)
④ 와이어 코트(wire coat)
⑤ 울리 코트(woolly coat)

24

주로 목이나 항문에 있으며, 털 결에서 반대로 자란 털을 무엇이라 하는가?

① 역모
② 새들(saddle)
③ 메인 코트(main coat)
④ 울리 코트(woolly coat)
⑤ 스커트(skirt)

25

위 털로, 외부 환경으로부터 신체를 보호하는 굵고 긴 털을 무엇이라 하는가?

① 위스커(whisker)
② 와이어 코트(wire coat)
③ 울리 코트(woolly coat)
④ 웨이비 코트(wavy coat)
⑤ 오버코트(overcoat)

26

뻣뻣하고 강한 형태의 모질을 무엇이라 하는가?

① 와이어 코트(wire coat)
② 울리 코트(woolly coat)
③ 웨이비 코트(wavy coat)
④ 위스커(whisker)
⑤ 컬리 코트(curly coat)

27

양모상의 털로 북방 견종에게 많고, 워터도그의 코트에는 방수 효과가 있는 털을 무엇이라 하는가?

① 울리 코트(woolly coat)
② 몰팅(molting)
③ 위스커(whisker)
④ 컬리 코트(curly coat)
⑤ 코디드 코트(corded coat)

28

상모에 웨이브가 있는 털을 무엇이라 하는가?

① 위스커(whisker)
② 웨이비 코트(wavy coat)
③ 컬리 코트(curly coat)
④ 아웃 오브 코트(out of coat)
⑤ 코트(coat)

29

주둥이 볼 양쪽과 아래턱의 길고 단단한 털을 무엇이라 하는가?

① 코트(coat)
② 컬리 코트(curly coat)
③ 코디드 코트(corded coat)
④ 위스커(whisker)
⑤ 퀼로트(culotte)

30

곱슬 모를 무엇이라 하는가?

① 컬리 코트(curly coat)
② 코디드 코트(corded coat)
③ 코트(coat)
④ 퀼로트(culotte)
⑤ 타셀(tassel)

31

승상모(繩狀毛)로, 언더코트와 오버코트가 자연스럽게 얽혀 새끼줄 모양으로 된 털을 무엇이라 하는가?

① 타셀(tassel)
② 코트(coat)
③ 퀼로트(culotte)
④ 코디드 코트(corded coat)
⑤ 톱 노트(top knot)

32

외부 온도 변화와 외상으로부터 피부를 보호하는 털을 무엇이라 하는가?

① 트라우서스(trousers)
② 퀼로드(culotte)
③ 타셀(tassel)
④ 톱 노트(top knot)
⑤ 코트(coat)

33

뒷다리의 긴 장식 털을 무엇이라 하는가?

① 팁(tip)
② 타셀(tassel)
③ 톱 노트(top knot)
④ 트라우저스(trousers)
⑤ 퀼로트(culotte)

34

귀 끝에 남긴 장식 털을 무엇이라 하는가?

① 톱 노트(top knot)
② 타셀(tassel)
③ 트라우저스(trousers)
④ 팁(tip)
⑤ 파일(pile)

35

정수리 부분의 긴 장식 털을 무엇이라 하는가?

① 파일(pile)
② 트라우저스(trousers)
③ 팁(tip)
④ 톱 노트(top knot)
⑤ 페더링(feathering)

36

다량의 긴 털이 뒷다리에 자라난 헐렁헐렁한 판탈롱을 무엇이라 하는가?

① 트라우저스(trousers)
② 팁(tip)
③ 파일(pile)
④ 페더링(feathering)
⑤ 페셔헤어(festher−hair)

37

꼬리 끝의 하얀색 털을 무엇이라 하는가?

① 팁(tip)
② 파일(pile)
③ 페더링(feathering)
④ 페셔헤어(festher−hair)
⑤ 펠트(felt)

38

두껍고 많은 언더코트를 무엇이라 하는가?

① 파일(pile)
② 페더링(feathering)
③ 페셔헤어(festher−hair)
④ 펠트(felt)
⑤ 폴(fall)

39

귀, 다리, 꼬리, 몸통 등에 있는 깃털 모양의 장식 털을 무엇이라 하는가?

① 페셔헤어(festher−hair)
② 페더링(feathering)
③ 펠트(felt)
④ 폴(fall)
⑤ 프릴(frill)

40

스코티시테리어의 머리, 귀 주변에 남겨진 장식 털을 무엇이라 하는가?

① 펠트(felt)
② 페셔헤어(festher-hair)
③ 폴(fall)
④ 프릴(frill)
⑤ 플럼(plume)

41

털이 엉켜 굳은 상태를 무엇이라 하는가?

① 프릴(frill)
② 폴(fall)
③ 펠트(felt)
④ 플럼(plume)
⑤ 피부(skin)

42

정수리에서 안면부로 늘어져 내린 털을 무엇이라 하는가?

① 와이어 코트(wire coat)
② 싱글 코트(single coat)
③ 플럼(plume)
④ 폴(fall)
⑤ 하시 코트(harsh coat)

43

목 아래와 가슴의 길고 풍부한 털을 무엇이라 하는가?

① 프릴(frill)
② 플럼(plume)
③ 피부(skin)
④ 하시 코트(harsh coat)
⑤ 트라우저스(trousers)

44

깃발 모양 꼬리의 장식 털을 무엇이라 하는가?

① 폴(fall)
② 피부(skin)
③ 하시 코트(harsh coat)
④ 트라우저스(trousers)
⑤ 플럼(plume)

45

외부 병원체로부터 신체를 보호하는 촉각, 온각, 냉각, 통각, 압각 등의 감각 기관을 무엇이라 하는가?

① 피부(skin)
② 하시 코트(harsh coat)
③ 트라우저스(trousers)
④ 폴(fall)
⑤ 프릴(frill)

46

거칠고 단단한 와이어 코트를 무엇이라 하는가?

① 프릴(frill)
② 트라우저스(trousers)
③ 폴(fall)
④ 하시 코트(harsh coat)
⑤ 플럼(plume)

47

금색에 빨강이 있는 담황색을 무엇이라 하는가?

① 골드 버프(golden buff)
② 골드(gold)
③ 그레이(gray)
④ 그루즐(gruzzle)
⑤ 대플(dapple)

48

황금색을 무엇이라 하는가?

① 그루즐(gruzzle)
② 데드 그래스(dead grass)
③ 골드(gold)
④ 대플(dapple)
⑤ 러스트 탠(rust tan)

49

회색을 무엇이라 하는가?

① 대플(dapple)
② 골드 버프(golden buff)
③ 레몬(lemon)
④ 그레이(gray)
⑤ 러스트 탠(rust tan)

50

흑색 계통 털에 회색이나 적색이 섞인 색을 무엇이라 하는가?

① 대플(dapple)
② 데드 그래스(dead grass)
③ 레드(red)
④ 그루즐(gruzzle)
⑤ 골드(gold)

51

여러 가지 색으로 반점을 만드는 색을 무엇이라 하는가?

① 데드 그래스(dead grass)
② 레몬(lemon)
③ 러스트 탠(rust tan)
④ 그레이(gray)
⑤ 대플(dapple)

52

엷은 다갈색으로 마른 풀색을 무엇이라 하는가?

① 레몬(lemon)
② 데드 그래스(dead grass)
③ 레드(red)
④ 그루즐(gruzzle)
⑤ 러스트 탠(rust tan)

53

녹슨 색의 탠을 무엇이라 하는가?

① 론(roan)
② 레몬(lemon)
③ 레드(red)
④ 러스트 탠(rust tan)
⑤ 대플(dapple)

54

마른 나뭇잎 색, 황갈색, 적색을 무엇이라 하는가?

① 론(roan)
② 레몬(lemon)
③ 레드(red)
④ 데드 그래스(dead grass)
⑤ 골드(gold)

55

레몬색을 무엇이라 하는가?

① 레몬(lemon)
③ 데드 그래스(dead grass)
⑤ 그레이(gray)

② 론(roan)
④ 레드(red)

56

흰색 털과 유색의 털이 섞여 있는 것을 무엇이라 하는가?

① 론(roan)
③ 데드 그래스(dead grass)
⑤ 그루즐(gruzzle)

② 레몬(lemon)
④ 레드(red)

57

진한 밤색을 무엇이라 하는가?

① 루비(ruby)
③ 마스크(mask)
⑤ 세이블(sable)

② 섬 마크(thumb mark)
④ 브로큰 컬러(broken color)

58

진한 적갈색, 붉은 간장색을 무엇이라 하는가?

① 블루 마블(blue marble)
③ 마스크(mask)
⑤ 마킹(marking)

② 리버(liver)
④ 마우스 그레이(mouse gray)

59

이마, 주둥이 부위가 검은 것을 무엇이라 하는가?

① 루비(ruby)
③ 마스크(mask)
⑤ 마킹(marking)

② 비버(beaver)
④ 브린들(brindle)

60

쥐색을 무엇이라 하는가?

① 샌드(sand)
② 리버(liver)
③ 마스크(mask)
④ 마우스 그레이(mouse gray)
⑤ 삭스(socks)

61

반점을 무엇이라 하는가?

① 셀프 마크드(self marked)
② 리버(liver)
③ 마스크(mask)
④ 설반(舌班)
⑤ 마킹(marking)

62

체스트너트 레드, 적갈색을 무엇이라 하는가?

① 마호가니(mahogany)
② 맨틀(mantle)
③ 블랙 마스크(black mask)
④ 머즐 밴드(muzzle band)
⑤ 멀(merle)

63

어깨, 등, 몸통 양쪽에 망토를 걸친 듯한 크고 진한 반점이 있는 것을 무엇이라 하는가?

① 블루 블랙(blue black)
② 맨틀(mantle)
③ 머스터드(mustard)
④ 섬 마크(thumb mark)
⑤ 멀(merle)

64

겨자색, 황색을 무엇이라 하는가?

① 셀프 마크드(self marked)
② 맨틀(mantle)
③ 머스터드(mustard)
④ 머즐 밴드(muzzle band)
⑤ 멀(merle)

65

주둥이 주위에 흰색 반점을 무엇이라 하는가?

① 알비노(albino)
② 맨틀(mantle)
③ 머스터드(mustard)
④ 머즐 밴드(muzzle band)
⑤ 멀(merle)

66

검정, 블루, 그레이의 배색을 무엇이라 하는가?

① 세이블(sable)
② 맨틀(mantle)
③ 머스터드(mustard)
④ 머즐 밴드(muzzle band)
⑤ 멀(merle)

67

목, 귀에 탄이나 다른 색의 반점이 있는 것을 무엇이라 하는가?

① 배저 마킹(badger marking)
② 배저(badger)
③ 버프(buff)
④ 벨튼(belton)
⑤ 페퍼(pepper)

68

그레이, 진회색, 화이트가 섞인 모색을 무엇이라 하는가?

① 배저 마킹(badger marking)
② 배저(badger)
③ 스폿(spot)
④ 에이프리코트(apricot)
⑤ 브라운(brown)

69

부드럽고 연한 느낌의 담황색을 무엇이라 하는가?

① 제트 블랙(get black)
② 배저(badger)
③ 버프(buff)
④ 벨튼(belton)
⑤ 파울 컬러(foul color)

70

흰색 바탕에 옅은 반점이 흩어져 있는 것을 무엇이라 하는가?

① 파울 컬러(foul color)
② 휘튼(wheaten)
③ 화운(faun)
④ 벨튼(belton)
⑤ 크림(cream)

71

갈색, 다갈색을 무엇이라 하는가?

① 배저 마킹(badger marking)
② 배저(badger)
③ 버프(buff)
④ 벨튼(belton)
⑤ 브라운(brown)

72

단일색인 모색이 파괴된 것을 무엇이라 하는가?

① 브로큰 컬러(broken color)
② 퓨스(puce)
③ 브리칭(breeching)
④ 브린들(brindle)
⑤ 펜실링(penciling)

73

전체적으로 어두운 녹색에 털끝이 약간 붉은 색을 무엇이라 하는가?

① 페퍼 앤 솔트(pepper and solt)
② 브론즈(bronze)
③ 브리칭(breeching)
④ 브린들(brindle)
⑤ 포인츠(points)

74

검은색 개의 대퇴부 안쪽과 후방의 탠 반점을 무엇이라 하는가?

① 피그멘테이션(pigmentation)
② 할퀸(harlezuin)
③ 브리칭(breeching)
④ 브린들(brindle)
⑤ 펜실링(penciling)

75

바탕색에 다른 색의 무늬가 존재하는 털을 무엇이라 하는가?

① 허니(honey)　　　　　　　　　② 화이트(white)
③ 브리칭(breeching)　　　　　　　④ 브린들(brindle)
⑤ 블랙 마스크(black mask)

76

주둥이 부분이 검은 것을 무엇이라 하는가?

① 블랙 마스크(black mask)　　　　② 초콜릿(chocolate)
③ 블랭킷(blanket)　　　　　　　　④ 블레이즈(blaze)
⑤ 블루 마블(blue marble)

77

검은 바탕에 양 눈 위, 귀 안쪽, 주둥이 양측, 목, 아랫다리, 항문 주위에 탠이 있는 것을 무엇이라 하는가?

① 칼라(collar)　　　　　　　　　　② 블랙 앤드 탠(black and tan)
③ 캡(cap)　　　　　　　　　　　　④ 블레이즈(blaze)
⑤ 트레이스(trace)

78

목, 꼬리 사이의 등, 몸통 쪽에 넓게 있는 모색을 무엇이라 하는가?

① 블랙 마스크(black mask)　　　　② 실버 버프(silver buff)
③ 블랭킷(blanket)　　　　　　　　④ 캡(cap)
⑤ 초콜릿(chocolate)

79

양 눈과 눈 사이에 중앙을 가르는 가늘고 긴 백색의 선을 무엇이라 하는가?

① 체스닛(chestnut)　　　　　　　　② 스틸 블루(steel blue)
③ 블랭킷(blanket)　　　　　　　　④ 블레이즈(blaze)
⑤ 블루 마블(blue marble)

80

블루멀(blue merle), 검정, 블루, 그레이가 섞인 대리석 색을 무엇이라 하는가?

① 알비니즘(albinism)
② 카페오레(cafe au lait)
③ 제트 블랙(get black)
④ 블랙 앤드 탠(black and tan)
⑤ 블루 마블(blue marble)

81

블루에 털끝이 검은 털을 무엇이라 하는가?

① 블루 블랙(blue black)
② 브리칭(breeching)
③ 브린들(brindle)
④ 배저 마킹(badger marking)
⑤ 새들(saddle)

82

검은 것 같은 청색으로 농도의 폭이 넓은 색을 무엇이라 하는가?

① 맨틀(mantle)
② 블루(blue)
③ 비버(beaver)
④ 삭스(socks)
⑤ 블랙 마스크(black mask)

83

브라운과 그레이가 섞인 색을 무엇이라 하는가?

① 러스트 탠(rust tan)
② 대플(dapple)
③ 비버(beaver)
④ 삭스(socks)
⑤ 론(roan)

84

유색 견이 흰색 양말을 신은 것 같은 무늬를 무엇이라 하는가?

① 벨튼(belton)
② 블루(blue)
③ 비버(beaver)
④ 삭스(socks)
⑤ 알비니즘(albinism)

85

말안장을 얹은 것 같은 검은색 반점을 무엇이라 하는가?

① 블루 블랙(blue black)
② 블루(blue)
③ 스폿(spot)
④ 울프 그레이(wolf gray)
⑤ 새들(saddle)

86

모래색을 무엇이라 하는가?

① 샌드(sand)
② 설반(舌班)
③ 섬 마크(thumb mark)
④ 세이블(sable)
⑤ 키스 마크(kiss mark)

87

반점이 있는 혀를 무엇이라 하는가?

① 실버 버프(silver buff)
② 설반(舌班)
③ 섬 마크(thumb mark)
④ 세이블(sable)
⑤ 타이거 브린들(tiger breindle)

88

패스턴에서 볼 수 있는 검은색 반점을 무엇이라 하는가?

① 오렌지(orange)
② 설반(舌班)
③ 섬 마크(thumb mark)
④ 세이블(sable)
⑤ 티킹(ticking)

89

연한 기본 모색에 검은색 털이 섞여 있거나 겹쳐 있는 것을 무엇이라 하는가?

① 이사벨라(isabela)
② 데드 그래스(dead grass)
③ 섬 마크(thumb mark)
④ 세이블(sable)
⑤ 셀프 마크드(self marked)

90

가슴, 발가락, 꼬리 끝에 흰색이나 청색 반점을 가진 한 가지 색을 무엇이라 하는가?

① 샌드(sand)
② 레몬(lemon)
③ 루비(ruby)
④ 마우스 그레이(mouse gray)
⑤ 셀프 마크드(self marked)

91

솔리드 컬러(solid color), 단일색, 몸 전체 모색이 같은 것을 무엇이라 하는가?

① 셀프 컬러(self color)
② 스모크(smoke)
③ 배저(badger)
④ 스폿(spot)
⑤ 슬레이트 블루(slate blue)

92

거무스름한 옅은 흑색의 연기 색을 무엇이라 하는가?

① 셀프 컬러(self color)
② 스모크(smoke)
③ 멀(merle)
④ 머즐 밴드(muzzle band)
⑤ 슬레이트 블루(slate blue)

93

푸른 동색, 청동색을 무엇이라 하는가?

① 맨틀(mantle)
② 스모크(smoke)
③ 스틸 블루(steel blue)
④ 배저(badger)
⑤ 슬레이트 블루(slate blue)

94

흰색 바탕에 검정이나 리버 스폿이 전신에 있는 무늬를 무엇이라 하는가?

① 버프(buff)
② 스모크(smoke)
③ 블루 마블(blue marble)
④ 스폿(spot)
⑤ 슬레이트 블루(slate blue)

95

검은 회색의 블루, 회색이 있는 청색을 무엇이라 하는가?

① 브라운(brown)
② 스모크(smoke)
③ 스틸 블루(steel blue)
④ 골드 버프(golden buff)
⑤ 슬레이트 블루(slate blue)

96

마우스 그레이보다 밝은 은색이 도는 회색을 무엇이라 하는가?

① 실버 그레이(silver gray)
② 휘튼(wheaten)
③ 실버 블랙(silver black)
④ 실버(silver)
⑤ 카페오레(cafe au lait)

97

은색의 하얀색 같은 담황색을 무엇이라 하는가?

① 실버 그레이(silver gray)
② 실버 버프(silver buff)
③ 페퍼 앤 솔트(pepper and solt)
④ 실버(silver)
⑤ 에이프리코트(apricot)

98

검은 털 속에 은색 털이 섞인 것을 무엇이라 하는가?

① 러스트 탠(rust tan)
② 화운(faun)
③ 실버 블랙(silver black)
④ 실버(silver)
⑤ 스모크(smoke)

99

밝은 회색, 은색을 무엇이라 하는가?

① 루비(ruby)
② 퓨스(puce)
③ 페퍼(pepper)
④ 실버(silver)
⑤ 탠(tan)

100

선천적 색소 결핍증을 무엇이라 하는가?

① 리버(liver)
② 피그멘테이션(pigmentation)
③ 실버 블랙(silver black)
④ 실버(silver)
⑤ 알비노(albino)

101

백화 현상, 색소 결핍증을 무엇이라 하는가?

① 알비니즘(albinism)
② 초콜릿(chocolate)
③ 펜실링(penciling
④ 오렌지(orange)
⑤ 에이프리코트(apricot)

102

밝은 적황갈색, 살구색을 무엇이라 하는가?

① 머스터드(mustard)
② 크림(cream)
③ 파티컬러(parti-color)
④ 오렌지(orange)
⑤ 삭스(socks)

103

노란색을 무엇이라 하는가?

① 브로큰 컬러(broken color)
② 타이거 브린들(tiger breindle)
③ 옐로(yellow)
④ 오렌지(orange)
⑤ 섬 마크(thumb mark)

104

오렌지색을 무엇이라 하는가?

① 브린들(brindle)
② 티킹(ticking)
③ 칼라(collar)
④ 오렌지(orange)
⑤ 마우스 그레이(mouse gray)

105

회색이 어두운 정도의 색깔 혼합 비율이 다양한 색을 무엇이라 하는가?

① 블랙 마스크(black mask)
② 에이프리코트(apricot)
③ 옐로(yellow)
④ 오렌지(orange)
⑤ 울프 그레이(wolf gray)

106

연한 밤색을 무엇이라 하는가?

① 이사벨라(isabela)
② 제트 블랙(get black)
③ 체스넛(chestnut)
④ 초콜릿(chocolate)
⑤ 마스크(mask)

107

순수한 검은색을 무엇이라 하는가?

① 머즐 밴드(muzzle band)
② 제트 블랙(get black)
③ 체스넛(chestnut)
④ 스폿(spot)
⑤ 루비(ruby)

108

밤색, 적갈색을 무엇이라 하는가?

① 브라운(brown)
② 세이블(sable)
③ 체스넛(chestnut)
④ 옐로(yellow)
⑤ 데드 그래스(dead grass)

109

초콜릿색, 검은 적갈색을 무엇이라 하는가?

① 브리칭(breeching)
② 새들(saddle)
③ 체스넛(chestnut)
④ 초콜릿(chocolate)
⑤ 레몬(lemon)

110

커피 우유색을 무엇이라 하는가?

① 브린들(brindle)
③ 체스넛(chestnut)
⑤ 카페오레(cafe au lait)

② 제트 블랙(get black)
④ 울프 그레이(wolf gray)

111

목 주변을 감싸는 폭 넓은 흰색 반점을 무엇이라 하는가?

① 칼라(collar)
③ 크림(cream)
⑤ 론(roan)

② 캡(cap)
④ 머스터드(mustard)

112

캡을 쓴 것 같은 두개 위의 어두운 반점을 무엇이라 하는가?

① 칼라(collar)
③ 크림(cream)
⑤ 루비(ruby)

② 캡(cap)
④ 배저 마킹(badger marking)

113

크림색을 무엇이라 하는가?

① 스모크(smoke)
③ 크림(cream)
⑤ 마스크(mask)

② 캡(cap)
④ 버프(buff)

114

검은 모색의 견종의 볼에 있는 진회색 반점을 무엇이라 하는가?

① 실버(sliver)
③ 크림(cream)
⑤ 마우스 그레이(mouse gray)

② 캡(cap)
④ 키스 마크(kiss mark)

115

금색의 바탕색에 호랑이무늬가 있는 것을 무엇이라 하는가?

① 오렌지(orange)
② 캡(cap)
③ 크림(cream)
④ 브론즈(bronze)
⑤ 타이거 브린들(tiger brindle)

116

황갈색을 무엇이라 하는가?

① 탠(tan)
② 트라이컬러(tri-color)
③ 트레이스(trace)
④ 티킹(ticking)
⑤ 블랭킷(blanket)

117

세 가지가 섞인 색을 무엇이라 하는가?

① 벨튼(belton)
② 트라이컬러(tri-color)
③ 맨틀(mantle)
④ 티킹(ticking)
⑤ 블레이즈(blaze)

118

폰 색의 등줄기를 따른 검은 선을 무엇이라 하는가?

① 체스넛(chestnut)
② 트라이컬러(tri-color)
③ 트레이스(trace)
④ 티킹(ticking)
⑤ 블루 블랙(blue black)

119

흰색 바탕에 한 가지나 두 가지의 명확한 독립적인 반점이 있는 것을 무엇이라 하는가?

① 크림(cream)
② 트라이컬러(tri-color)
③ 마호가니(mahogany)
④ 티킹(ticking)
⑤ 블루(blue)

120

폴트 컬러(fault color), 부정 모색을 무엇이라 하는가?

① 새들(saddle)
② 트라이컬러(tri-color)
③ 맨틀(mantle)
④ 티킹(ticking)
⑤ 파울 컬러(foul color)

121

두 가지 색의 구분된 반점의 색깔을 무엇이라 하는가?

① 파티컬러(parti-color)
② 팰로(fallow)
③ 페퍼 앤 솔트(pepper and salt)
④ 페퍼(pepper)
⑤ 펜실링(penciling)

122

담황색을 무엇이라 하는가?

① 세트 블랙(get black)
② 팰로(fallow)
③ 알비니즘(albinism)
④ 마호가니(mahogany)
⑤ 펜실링(penciling)

123

검은색과 흰색의 혼합을 무엇이라 하는가?

① 체스넛(chestnut)
② 슬레이트 블루(slate blue)
③ 페퍼 앤 솔트(pepper and salt)
④ 맨틀(mantle)
⑤ 펜실링(penciling)

124

후추 색, 어두운 푸른 계통의 검은색에서 밝은 은회색까지 다양한 색을 무엇이라 하는가?

① 카페오레(cafe au lait)
② 실버 그레이(silver gray)
③ 에이프리코트(apricot)
④ 페퍼(pepper)
⑤ 펜실링(penciling)

125

맨체스터테리어의 발가락에 있는 검은 선을 무엇이라 하는가?

① 칼라(collar)
② 실버 버프(silver buff)
③ 울프 그레이(wolf gray)
④ 멀(merle)
⑤ 펜실링(penciling)

126

안면, 귀, 사지 및 꼬리의 모색을 무엇이라 하는가?

① 포인츠(points)
② 퓨스(puce)
③ 피그멘테이션(pigmentation)
④ 하운드 마킹(hound marking)
⑤ 할퀸(harlequin)

127

암갈색을 무엇이라 하는가?

① 제트 블랙(get black)
② 퓨스(puce)
③ 블랭킷(blanket)
④ 삭스(socks)
⑤ 스틸 블루(steel blue)

128

피모의 멜라닌 색소 과립 침착 상태를 무엇이라 하는가?

① 체스넛(chestnut)
② 블랙 앤드 탠(black and tan)
③ 피그멘테이션(pigmentation)
④ 새들(saddle)
⑤ 셀프 컬러(self color)

129

흰색, 검은색, 황갈색의 반점을 무엇이라 하는가?

① 초콜릿(chocolate)
② 탠(tan)
③ 블레이즈(blaze)
④ 하운드 마킹(hound marking)
⑤ 셀프 마크드(self marked)

1편

130

흰색 바탕에 검은색이나 그레이의 불규칙한 반점을 무엇이라 하는가?

① 캡(cap)
② 블랙 마스크(black mask)
③ 블루 마블(blue marble)
④ 설반(舌班)
⑤ 할퀸(harlequin)

131

벌꿀 색, 연한 적황갈색을 무엇이라 하는가?

① 허니(honey)
② 데드 그래스(dead grass)
③ 화이트(white)
④ 휘튼(wheaten)
⑤ 실버 버프(silver buff)

132

금색에 검은색이 조금 섞인 색을 무엇이라 하는가?

① 머즐 밴드(muzzle band)
② 퐈운(fawn)
③ 화이트(white)
④ 론(roan)
⑤ 삭스(socks)

133

흰색, 눈, 입술, 코, 패드, 항문이 검은색인 것을 무엇이라 하는가?

① 브로큰 컬러(broken color)
② 그루즐(gruzzle)
③ 화이트(white)
④ 골드(gold)
⑤ 실버(silver)

134

옅은 황색의 털을 무엇이라 하는가?

① 브린들(brindle)
② 대플(dapple)
③ 루비(ruby)
④ 휘튼(wheaten)
⑤ 마우스 그레이(mouse gray)

135

'러프(ruff)'라는 특징을 가장 잘 나타내는 견종을 고르시오.

① 콜리
② 아프간하운드
③ 포메라니안
④ 퍼그
⑤ 그레이트데인

136

'스탠드 오프 코트(stand off coat)'의 특징을 가장 잘 나타내는 견종을 고르시오.

① 도베르만
② 말티즈
③ 포메라니안
④ 그레이하운드
⑤ 코몬도르

137

'코디드 코트(corded coat)'의 특징을 가장 잘 나타내는 견종을 고르시오.

① 코몬도르
② 퍼그
③ 베들링턴테리어
④ 샤페이
⑤ 슈나우저

138

'플럼(plume)'의 특징을 가장 잘 나타내는 견종을 고르시오.

① 잉글리시 세터
② 그레이하운드
③ 코기
④ 베들링턴테리어
⑤ 치와와

139

'위스커(whisker)'의 특징을 가장 잘 나타내는 견종을 고르시오.

① 와이마리너
② 미니어처슈나우저
③ 토이 맨체스터테리어
④ 그레이하운드
⑤ 잉글리시세터

140

'타셀(tassel)'이 특징인 견종을 고르시오.

① 베들링턴테리어
② 파피용
③ 말티즈
④ 스코티시테리어
⑤ 세인트버나드

141

'트라우저스(trousers)'의 특징을 가장 잘 나타내는 견종을 고르시오.

① 맨체스터테리어
② 퍼그
③ 아프간하운드
④ 그레이하운드
⑤ 알래스칸맬러뮤트

142

'폴(fall)'의 특징을 가장 잘 나타내는 견종들을 알맞게 묶어놓은 것을 고르시오.

① 아프간하운드, 스카이테리어
② 스카이테리어, 그레이하운드
③ 와이마리너, 이비전하운드
④ 이비전하운드, 잉글리시세터
⑤ 코몬도르, 아프간하운드

143

'프릴(frill)'의 특징을 가장 잘 나타내는 견종을 고르시오.

① 닥스훈트
② 시츄
③ 러프콜리
④ 달마티안
⑤ 미니어처슈나우저

144

'마스크(mask)'의 특징을 가장 잘 나타내는 견종들을 알맞게 묶어놓은 것은?

① 마스티프, 복서, 페키니즈
② 이비전하운드, 오스트레일리안 실키테리어
③ 페키니즈, 미니어처슈나우저, 스카이테리어
④ 베들링턴테리어, 스코티시테리어, 푸들
⑤ 복서, 페키니즈, 말티즈

145

'맨틀(mantle)'의 특징을 가장 잘 나타내는 견종을 고르시오.

① 달마시안
② 콜리
③ 베들링턴테리어
④ 래브라도 리트리버
⑤ 세인트버나드

146

'머즐 밴드(muzzle band)'의 특징을 가장 잘 나타내는 견종을 〈보기〉에서 모두 고르시오.

┤ 보기 ├
Ⓐ 파피용
Ⓑ 퍼그
Ⓒ 래브라도 리트리버
Ⓓ 세인트버나드
Ⓔ 비숑 프리제
Ⓕ 보스턴테리어
Ⓖ 웰시 테리어

① Ⓐ, Ⓑ
② Ⓒ, Ⓓ
③ Ⓑ, Ⓕ, Ⓖ
④ Ⓒ, Ⓔ
⑤ Ⓓ, Ⓕ

147

'브리칭(breeching)'의 특징을 가장 잘 나타내는 견종을 고르시오.

① 살루키
② 로트와일러
③ 시베리안 허스키
④ 아프간하운드
⑤ 베이글

148

'브린들(brindle)'의 특징을 가장 잘 나타내는 견종을 고르시오.

① 비숑 프리제
② 그레이트데인
③ 슈나우저
④ 말티즈
⑤ 베들링턴테리어

149

'스폿(spot)'의 특징을 가장 잘 나타내는 견종을 고르시오.

① 콜리　　　　　　　　　　② 달마티안
③ 아프간하운드　　　　　　④ 비숑 프리제
⑤ 코기

150

'삭스(socks)'의 특징을 가장 잘 나타내는 견종을 고르시오.

① 푸들　　　　　　　　　　② 아프간하운드
③ 베들링턴테리어　　　　　④ 이비전하운드
⑤ 요크셔 테리어

151

'새들(saddle)'의 특징을 가장 잘 나타내는 견종을 고르시오.

① 에어네일테리어　　　　　② 세인트버나드
③ 그레이트데인　　　　　　④ 불 테리어
⑤ 아프간하운드

152

'설반(舌班)'의 특징을 가장 잘 나타내는 견종을 고르시오.

① 퍼그　　　　　　　　　　② 차우차우
③ 비숑 프리제　　　　　　④ 스프링어 스파니엘
⑤ 콜리

153

'섬 마크(thumb mark)'의 특징을 가장 잘 나타내는 견종을 고르시오.

① 콜리　　　　　　　　　　② 시츄
③ 비글　　　　　　　　　　④ 맨체스터테리어
⑤ 불 테리어

154

'슬레이트 블루(slate blue)'의 특징을 가장 잘 나타내는 견종을 고르시오.

① 잉글리시 불독　　　　　　　② 세인트버나드
③ 보스턴 테리어　　　　　　　④ 푸들
⑤ 오스트레일리안 실키테리어

155

'실버 그레이(silver gray)'의 특징을 가장 잘 나타내는 견종을 고르시오.

① 와이마리너　　　　　　　　② 샤페이
③ 비숑 프리제　　　　　　　　④ 불마스티프
⑤ 콜리

156

'실버 블랙(silver black)'의 특징을 가장 잘 나타내는 견종을 고르시오.

① 말티즈　　　　　　　　　　② 코카 스파니엘
③ 스코티시테리어　　　　　　④ 불 테리어
⑤ 비숑 프리제

157

'칼라(collar)'의 특징을 가장 잘 나타내는 견종을 고르시오.

① 콜리　　　　　　　　　　　② 파피용
③ 비글　　　　　　　　　　　④ 아프간하운드
⑤ 시베리안 허스키

158

'캡(cap)'의 특징을 가장 잘 나타내는 견종을 고르시오.

① 알래스칸맬러뮤트　　　　　② 골든 리트리버
③ 콜리　　　　　　　　　　　④ 그레이하운드
⑤ 스프링어 스파니엘

159

'키스 마크(kiss mark)'의 특징을 가장 잘 나타내는 견종을 고르시오.

① 프렌치 불도그　　　　　　　　　② 도베르만핀셔
③ 세인트버나드　　　　　　　　　　④ 퍼그
⑤ 콜리

160

다음 중 설명이 올바르지 <u>않은</u> 용어는?

① 러프(ruff): 목 주위의 풍부한 장식 털 예) 콜리
② 스톱(stop): 눈 바로 아래의 패인 부분
③ 싱글 코트(single coat): 한 겹의 털
④ 스테이링 코트(staring coat): 건조하고 거칠며 상태가 나빠진 털, 질병이 있거나 영양 상태가 안 좋을 경우 나타남
⑤ 비어드(beard): 입술 주위의 털

161

다음 중 설명이 올바르지 <u>않은</u> 용어는?

① 더블 코트(double coat): 오버코트와 언더코트의 이중모 구조의 털
② 스무드 코트(smooth coat): 긴 털을 가진 코트
③ 섀기(shaggy): 올드잉글리시시프도그와 같은 덥수룩한 털
④ 아웃 오브 코트(out of coat): 모량이 부족하거나 탈모된 상태
⑤ 롱 코트(long coat): 장모(長毛), 긴 털

162

다음 중 설명이 올바르지 <u>않은</u> 용어는?

① 코디드 코트(corded coat): 새끼줄 모양으로 된 털
② 와이어 코트(wire coat): 뻣뻣하고 강한 형태의 모질
③ 메인 코트(main coat): 몸의 중심이 되는 모든 털
④ 에이프런(apron): 다리 주위의 장식 털
⑤ 실키 코트(silky coat): 부드럽고 광택이 있는 실크 같은 긴 모질

163

다음 중 설명이 올바르지 <u>않은</u> 용어는?

① 언더코트(undercoat): 아래 털, 부모(副毛), 체온을 유지하고 조절하거나 방수성을 가진 털
② 오버코트(overcoat): 위 털, 주모(主毛), 외부 환경으로부터 신체를 보호하는 털
③ 펠트(felt): 털이 엉켜 굳은 상태
④ 스커트(skirt): 에이프런 아랫부분의 긴 장식 털
⑤ 머스태시(moustache): 입술 위에 난 수염

164

다음 중 설명이 올바르지 <u>않은</u> 용어는?

① 컬리 코트(curly coat): 권모(捲毛), 곱슬 모
② 스트레이트 코트(straight coat): 직립모(直立毛), 털이 구불거리지 않는 직선의 털
③ 몰팅(molting): 털이 자연스럽게 빠지는 현상
④ 플럼(plume): 꼬리 끝의 장식 털
⑤ 퀼로트(culotte): 머리의 긴 장식 털

165

다음 중 설명이 올바르지 <u>않은</u> 용어는?

① 아이래시(eyelash): 속눈썹
② 아이브로(eyebrow): 눈썹 부위의 털
③ 역모: 목 앞부분의 역방향으로 자란 털
④ 블론(blown): 환모기의 털이 자연스럽게 빠지는 상태
⑤ 코트(coat): 털, 외부 온도 변화와 외상으로부터 피부를 보호함

166

다음 중 설명이 올바르지 <u>않은</u> 용어는?

① 더블 코트(double coat): 오버코트와 언더코트의 이중모 구조의 털
② 새들(saddle): 등 부분에 넓은 안장 같은 반점
③ 프릴(frill): 목 아래와 가슴의 길고 풍부한 털
④ 타셀(tassel): 귀 끝에 남긴 장식 털
⑤ 트라우저스(trousers): 앞다리의 긴 털

167

다음 중 설명이 올바르지 <u>않은</u> 용어는?

① 웨이비 코트(wavy coat): 파상모(波狀毛), 상모에 웨이브가 있는 털
② 울리 코트(woolly coat): 양모상의 털, 북방 견종에게 많으며 워터도그의 코트에는 방수 효과가 있음
③ 톱 노트(top knot): 다리 부분의 긴 장식 털
④ 폴(fall): 정수리에서 안면부로 늘어져 내린 털
⑤ 와이어 코트(wire coat): 뻣뻣하고 강한 형태의 모질, 상모가 단단하고 바삭거리는 모질

168

다음 중 설명이 올바르지 <u>않은</u> 용어는?

① 파일(pile): 두껍고 많은 언더코트
② 하시 코트(harsh coat): 거치고 단단한 와이어 코트
③ 비어드(beard): 목 주위의 풍부한 장식 털
④ 페더링(feathering): 귀·다리·꼬리·몸통 등에 있는 깃털 모양의 장식 털
⑤ 코디드 코트(corded coat): 새끼줄 모양으로 된 털

169

다음 중 설명이 올바르지 <u>않은</u> 용어는?

① 스테이링 코트(staring coat): 건조하고 거칠며 상태가 나빠진 털, 질병이 있거나 영양 상태가 안 좋을 경우 나타남
② 피부(skin): 외부 병원체로부터 신체를 보호하는 촉각, 온각, 냉각, 통각, 압각 등의 감각 기관
③ 페셔헤어(festher-hair): 스코티시테리어의 머리, 귀 주변에 남겨진 장식 털
④ 플럼(plume): 꼬리 끝의 하얀색 털
⑤ 머즐 밴드(muzzle band): 주둥이 주위의 하얀 반점

170

다음 중 설명이 올바르지 <u>않은</u> 용어는?

① 골드 버프(golden buff): 금색에 빨강이 있는 담황색
② 골드(gold): 황금색
③ 레몬(lemon): 노란색의 털
④ 그레이(gray): 회색으로, 어두운 회색부터 밝은 색까지 다양한 색이 있음
⑤ 론(roan): 흰색 털과 유색의 털이 섞여 있는 것

171

다음 중 설명이 올바르지 <u>않은</u> 용어는?

① 러스트 탠(rust tan): 녹슨 색의 탠
② 리버(liver): 진한 적갈색, 붉은 간장색
③ 마호가니(mahogany): 초록색의 털
④ 머스터드(mustard): 겨자색, 황색
⑤ 머즐 밴드(muzzle band): 주둥이 주위에 흰색 반점

172

다음 중 설명이 올바르지 <u>않은</u> 용어는?

① 브라운(brown): 갈색, 다갈색
② 브로큰 컬러(broken color): 단일색이 아닌 두 가지 이상의 색이 섞인 것
③ 블랙 마스크(black mask): 주둥이 부분이 검은 것
④ 블랙 앤드 탠(black and tan): 검은 바탕에 양 눈 위, 귀 안쪽, 주둥이 양측에 탠이 있는 것
⑤ 실버 블랙(silver black): 블루 털 속에 은색 털이 섞인 것

173

다음 중 설명이 올바르지 <u>않은</u> 용어는?

① 벨튼(belton): 흰색 바탕에 옅은 반점이 흩어져 있는 것
② 브리칭(breeching): 개의 전체 등 부분에 큰 반점
③ 스폿(spot): 흰색 바탕에 검정이나 리버 스폿이 전신에 무늬
④ 슬레이트 블루(slate blue): 검은 회색의 블루, 회색이 있는 청색
⑤ 실버 그레이(silver gray): 마우스 그레이보다 밝은 은색이 도는 회색

174

다음 중 설명이 올바르지 <u>않은</u> 용어는?

① 삭스(socks): 유색 견이 흰색 양말을 신은 것 같은 무늬
② 새들(saddle): 말안장을 얹은 것 같은 검은색 반점
③ 샌드(sand): 초록색 모래
④ 섬 마크(thumb mark): 패스턴에서 볼 수 있는 검은색 반점
⑤ 세이블(sable): 연한 기본 모색에 검은색 털이 섞여 있거나 겹쳐 있는 것

175

다음 중 설명이 올바르지 <u>않은</u> 용어는?

① 셀프 컬러(self color): 솔리드 컬러, 단일색, 몸 전체 모색이 같은 것
② 스모크(smoke): 빨간색의 연기 색
③ 스틸 블루(steel blue): 푸른 동색, 청동색
④ 티킹(ticking): 흰색 바탕에 한 가지나 두 가지의 명확한 독립적인 반점이 있는 것
⑤ 파티컬러(parti-color): 두 가지 색의 구분된 반점의 색깔

176

다음 중 설명이 올바르지 <u>않은</u> 용어는?

① 페퍼 앤 솔트(pepper and salt): 검은색과 흰색의 혼합
② 페퍼(pepper): 후추 색, 어두운 푸른 계통의 검은색에서 밝은 은회색까지 다양함
③ 펜실링(penciling): 맨체스터테리어의 발가락에 있는 파란 선
④ 포인츠(points): 안면, 귀, 사지 및 꼬리의 모색
⑤ 퓨스(puce): 암갈색

177

다음 중 설명이 올바르지 <u>않은</u> 용어는?

① 하운드 마킹(hound marking): 흰색, 검은색, 황갈색의 반점
② 할퀸(harlequin): 순백색 바탕에 빨간 반점무늬가 있는 것
③ 허니(honey): 벌꿀 색, 연한 적황갈색
④ 화운(faun): 금색에 검은색이 조금 섞인 색
⑤ 화이트(white): 흰색, 화이트 컬러 종은 눈, 입술, 코, 패드, 항문이 검은색이며 이것으로 알비노가 아님을 증명함

178

다음 중 설명이 올바르지 <u>않은</u> 용어는?

① 휘튼(wheaten): 옅은 황색의 털, 황색이 스민 것 같이 보이는 색
② 알비노(albino): 모든 피부와 털이 검은색인 상태
③ 실버 버프(silver buff): 은색의 하얀색 같은 담황색으로, 전체적으로 희게 보이며 은색을 띰
④ 실버(silver): 밝은 회색, 은색
⑤ 실버 그레이(silver gray): 마우스 그레이보다 밝은 은색이 도는 회색

179

다음 중 설명이 올바르지 <u>않은</u> 용어는?

① 오렌지(orange): 오렌지색
② 울프 그레이(wolf gray): 밝은 분홍색의 혼합 비율이 다양함
③ 이사벨라(isabela): 연한 밤색
④ 제트 블랙(jet black): 순수한 검은색
⑤ 체스닛(chestnut): 밤색, 적갈색

180

다음 중 설명이 올바르지 <u>않은</u> 용어는?

① 초콜릿(chocolate): 초콜릿색, 검은 적갈색
② 카페오레(cafe au lait): 커피 우유색
③ 칼라(collar): 목 주변을 감싸는 넓은 노란색 반점
④ 캡(cap): 캡을 쓴 것 같은 두개 위의 어두운 반점
⑤ 크림(cream): 크림색

181

다음 중 설명이 올바르지 <u>않은</u> 용어는?

① 타이거 브린들(tiger brindle): 금색의 바탕색에 호랑이무늬가 있는 것
② 탠(tan): 황갈색으로, 짙은 것은 리치 탠, 엷은 것은 라이트 탠이라고 부름
③ 트라이컬러(tri-color): 흰색, 파란색, 검은색의 세 가지 색이 섞인 색
④ 트레이스(trace): 폰 색의 등줄기를 따른 검은 선
⑤ 티킹(ticking): 흰색 바탕에 한 가지나 두 가지의 명확한 독립적인 반점이 있는 것

182

다음 중 설명이 올바르지 <u>않은</u> 용어는?

① 파울 컬러(foul color): 폴트 컬러(fault color), 부정 모색으로, 바람직하지 못한 반점이나 모색
② 파티컬러(parti-color): 한 가지 색의 단순한 반점
③ 팰로(fallow): 담황색
④ 페퍼 앤 솔트(pepper and salt): 검은색과 흰색의 혼합
⑤ 페퍼(pepper): 후추 색, 어두운 푸른 계통의 검은색에서 밝은 은회색까지 다양함

183

다음 중 설명이 올바르지 <u>않은</u> 용어는?

① 펜실링(penciling): 맨체스터테리어의 발가락에 있는 검은 선
② 포인츠(points): 안면, 귀, 사지 및 꼬리의 모색에 노란색이 포함됨
③ 퓨스(puce): 암갈색
④ 피그멘테이션(pigmentation): 피모의 멜라닌 색소 과립 침착 상태
⑤ 하운드 마킹(hound marking): 흰색, 검은색, 황갈색의 반점

184

다음 중 설명이 올바르지 <u>않은</u> 용어는?

① 할퀸(harlequin): 흰색 바탕에 검은색이나 그레이의 불규칙한 반점이 있는 것
② 허니(honey): 벌꿀 색, 연한 적황갈색
③ 화운(faun): 금색에 검은색이 조금 섞인 색
④ 화이트(white): 흰색으로, 화이트 컬러 종은 눈, 입술, 코가 모두 흰색임을 의미함
⑤ 휘튼(wheaten): 옅은 황색의 털, 황색이 스민 것 같이 보이는 색

185

다음 중 설명이 올바르지 <u>않은</u> 용어는?

① 알비노(albino): 선천적 색소 결핍증
② 알비니즘(albinism): 피부, 털, 눈 등에 색소가 전혀 발생하지 않는 이상 현상
③ 에이프리코트(apricot): 밝은 적황갈색, 살구색
④ 옐로(yellow): 노란색으로, 여우 색부터 크림색까지 범위가 매우 다양함
⑤ 오렌지(orange): 녹색의 변형

186

다음 중 설명이 올바르지 <u>않은</u> 용어는?

① 울프 그레이(wolf gray): 회색이 어두운 정도의 색깔 혼합 비율이 다양한 색
② 이사벨라(isabela): 연한 밤색
③ 제트 블랙(jet black): 순수한 검은색
④ 체스넛(chestnut): 초록색
⑤ 초콜릿(chocolate): 초콜릿색, 검은 적갈색

187

다음 중 설명이 올바르지 <u>않은</u> 용어는?

① 카페오레(cafe au lait): 커피 우유색
② 칼라(collar): 목 주변을 감싸는 폭 넓은 흰색 반점
③ 캡(cap): 머리 위에 있는 어두운 무늬가 아닌 두개의 반점
④ 크림(cream): 크림색
⑤ 키스 마크(kiss mark): 검은 모색의 견종의 볼에 있는 진회색 반점

188

다음 중 설명이 올바르지 <u>않은</u> 용어는?

① 타이거 브린들(tiger brindle): 금색의 바탕색에 호랑이무늬가 있는 것
② 탠(tan): 황갈색이며, 짙은 것은 리치 탠, 엷은 것은 라이트 탠이라고 부름
③ 트라이컬러(tri-color): 흰색, 갈색, 검은색의 세 가지 색이 섞인 색
④ 트레이스(trace): 몸통 전체를 따라 가는 검은 선
⑤ 티킹(ticking): 흰색 바탕에 한 가지나 두 가지의 명확한 독립적인 반점이 있는 것

189

다음 중 설명이 올바르지 <u>않은</u> 용어는?

① 파울 컬러(foul color): 폴트 컬러(fault color), 부정 모색으로, 바람직하지 못한 반점이나 모색
② 파티컬러(parti-color): 두 가지 색의 구분된 반점의 색깔로, 보통 흰 바탕에 윤곽이 뚜렷한 갈색 또는 검은색 반점이 있음
③ 팰로(fallow): 파란색
④ 페퍼 앤 솔트(pepper and salt): 검은색과 흰색의 혼합
⑤ 페퍼(pepper): 후추 색, 어두운 푸른 계통의 검은색에서 밝은 은회색까지 다양함

01	⑤	02	②	03	③	04	①	05	②	06	①	07	②	08	④	09	⑤	10	①
11	④	12	①	13	⑤	14	①	15	④	16	②	17	①	18	⑤	19	①	20	①
21	④	22	③	23	①	24	①	25	⑤	26	①	27	①	28	②	29	④	30	①
31	④	32	①	33	⑤	34	②	35	④	36	①	37	①	38	①	39	②	40	②
41	③	42	①	43	①	44	⑤	45	②	46	④	47	①	48	①	49	④	50	④
51	⑤	52	②	53	④	54	③	55	①	56	①	57	①	58	②	59	③	60	④
61	①	62	①	63	②	64	③	65	④	66	⑤	67	①	68	④	69	①	70	④
71	⑤	72	①	73	②	74	③	75	④	76	①	77	②	78	③	79	④	80	⑤
81	①	82	②	83	③	84	④	85	⑤	86	①	87	②	88	③	89	④	90	⑤
91	①	92	②	93	③	94	④	95	⑤	96	①	97	②	98	③	99	④	100	⑤
101	①	102	②	103	③	104	④	105	⑤	106	①	107	②	108	③	109	④	110	⑤
111	①	112	②	113	③	114	④	115	⑤	116	①	117	②	118	③	119	④	120	⑤
121	①	122	②	123	③	124	④	125	②	126	①	127	①	128	②	129	④	130	⑤
131	①	132	②	133	③	134	④	135	①	136	③	137	①	138	①	139	②	140	①
141	③	142	①	143	①	144	①	145	②	146	⑤	147	②	148	①	149	②	150	④
151	①	152	②	153	④	154	⑤	155	①	156	③	157	①	158	①	159	②	160	②
161	②	162	④	163	⑤	164	⑤	165	②	166	⑤	167	②	168	②	169	④	170	④
171	③	172	⑤	173	②	174	③	175	②	176	⑤	177	②	178	②	179	②	180	③
181	③	182	②	183	②	184	④	185	⑤	186	④	187	①	188	④	189	③		

137

코몬도르, 폴리가 대표적이다.

160

'스톱'은 눈과 주둥이 사이의 패인 부분을 말한다.

161

'스무드 코트'는 짧은 털을 의미한다.

162

'에이프런'은 가슴 부위의 장식 털을 의미한다.

163

'머스태시'는 입술과 턱 측면에 난 수염을 의미한다.

164

'퀼로트'는 뒷다리의 긴 장식 털을 말한다.

165

'역모'는 목이나 항문에 반대 방향으로 자란 털을 의미한다.

166

'트라우저스'는 뒷다리에 자라난 헐렁한 긴 털을 말한다.

167

'톱 노트'는 정수리 부분의 긴 장식 털을 말한다.

168

'비어드'는 입 주위의 털을 말한다.

169

'플럼'은 꼬리 끝의 하얀색 털이 아니라 깃발 모양의 꼬리의 장식 털을 의미한다.

170

레몬(레몬색)은 레몬색 털을 의미한다.

171

마호가니는 체스트너트 레드, 적갈색을 의미한다.

172

'실버 블랙'은 검은 털 속에 은색 털이 섞인 것을 의미한다.

173

'브리칭'은 개의 대퇴부 안쪽과 후방에 탠 반점이 있는 것을 의미한다.

174

'샌드'는 모래색을 의미한다.

175

'스모크'는 거무스름한 옅은 흑색의 연기 색을 의미한다.

176

'펜실링'은 발가락에 있는 검은 선을 의미한다.

177

'할퀸'은 순백색 바탕에 검은색이나 그레이의 불규칙한 반점이 있는 것을 의미한다.

178

'알비노'는 선천적 색소 결핍증으로 인해 피부, 털, 눈 등에 색소가 발생하지 않는 상태를 의미한다.

179

'울프 그레이'는 회색이 어두운 정도의 색깔 혼합 비율이 다양함을 의미한다.

180

'칼라'는 목 주변을 감싸는 폭 넓은 흰색 반점을 의미한다.

181

'트라이컬러'는 흰색, 갈색, 검은색이 섞인 색을 의미한다.

182

'파티컬러'는 두 가지 색의 구분된 반점의 색깔을 의미한다.

183

'포인츠'는 주로 흰색, 검은색, 탠 등의 모색이 있다.

184

'화이트'는 흰색으로, 화이트 컬러 종은 눈, 입술, 코, 패드, 항문이 검은색이며 이것으로 알비노가 아님을 증명하는 것을 의미하며, 모두 흰색인 것은 아니다.

185

'오렌지'는 오렌지색을 의미한다.

186

'체스닛'은 밤색, 적갈색을 의미한다.

187

'캡'은 두개의 어두운 반점을 의미한다.

188

'트레이스'는 등줄기를 따른 검은 선을 의미한다.

189

'팰로'는 담황색을 의미한다.

memo

PART 07
반려견 고급미용

1급 출제영역

쇼미용

01 품종표준미용 파악

1. 도그 쇼의 이해

(1) 도그 쇼의 정의

① 모든 견종은 각각의 목적을 가지고 있으며, 그 목적에 적합한 이상적인 구성을 묘사한 것이 견종 표준
② '도그 쇼'란 견종별 표준에 가장 가까운 신체 구성과 성격 및 기질을 보여 주는 개를 뽑는 대회

(2) 도그 쇼의 역사

① 1859년에 영국의 뉴캐슬에서 개최된 '스포팅 도그 쇼'가 세계 최초의 공식적인 도그 쇼
② 이때 약 60마리의 포인터와 세터가 출진한 사냥개 품평회로 이루어졌다는 기록

(3) 도그 쇼의 목적

① 도그 쇼의 가장 기본적인 목적은 다음 세대를 위한 혈통 번식의 평가를 쉽게 하기 위함
② 견종마다 가장 이상적인 모습을 정한 견종 표준을 기준으로 개를 심사하며 개의 건강함과 상태, 전체적인 몸의 균형, 성격 등도 함께 심사
③ 도그 쇼는 개를 사랑하는 이들이 즐길 수 있는 최고의 스포츠로, 견주와 출진하는 개에게 즐거운 취미
④ 승패에 연연하지 않고 자신의 개를 소중히 여기며, 같은 취미를 가진 사람들과 함께 즐거운 시간을 보내는 것이 올바른 태도
⑤ 도그 쇼의 순수한 목적을 인지하고 참여하면 큰 즐거움과 보람을 얻을 수 있음

(4) 도그 쇼의 구성

도그 쇼를 이끌어가는 주요 구성으로는 크게 핸들러, 심사 위원, 브리더로 나눌 수 있음

1) 핸들러(handler)

① 핸들러는 도그 쇼에 출진하는 개를 심사 위원 앞에 보여줌
② 역할은 경마장에서 기수와 비슷하며, 승리를 목적으로 함
③ 핸들러는 자신이 번식시키거나 소유한 개를 출진시키는 브리더 오너 핸들러(breeder-owner handler)와 사례를 받고 핸들링을 위탁받는 전문 핸들러(professional handler)로 구분

2) 심사 위원(judge)

출진견을 검토하고 평가하여 각 견종의 표준에 따른 '완벽한' 이미지에 가장 가까운 개를 선발

3) 브리더(breeder)

① 일반적으로 번식을 한 어미 개의 소유자를 의미
② 책임감 있는 브리더는 무분별한 번식을 피하고, 번식 전에 개의 장점과 단점을 공정히 평가
③ 브리딩의 목표는 각 견종 표준에 부합하는 더 우수한 개를 생산하는 것

2. 도그 쇼의 행사 규정

도그 쇼의 규칙은 국가와 단체마다 다르지만, 출진견 평가의 원칙은 동일함

(1) 참가 절차

① 출진할 단체에 출진견과 출진자의 등록이 중요
② 출진자는 해당 단체에 회원 가입으로 등록
③ 출진견은 혈통을 단체에 등록하여 혈통서를 발급받음
④ 혈통서는 개의 기본 정보와 조상견을 기재한 등록 증명서로, 순수 혈통의 보존과 유지에 필요
⑤ 출진자와 출진견이 등록되면, 대회의 출진 신청 사항을 단체의 홈페이지에서 참고
⑥ 쇼링 내 매너와 심사 방법을 미리 숙지

(2) 도그 쇼의 진행

① 도그 쇼장 도착 후 접수처에서 대회 프로그램 구입
② 프로그램에는 심사 사항과 출진 등록 번호, 심사 링과 시간 정보 포함
③ 출진표는 본인이 휴대하고 출진 시 왼팔에 착용
④ 궁금한 사항은 링 안의 안내자인 스튜어드에게 문의
⑤ 링 안에서 심사 위원의 지시에 따라 개체 심사 진행
⑥ 개체 심사에서는 골격, 치열, 모질 등을 확인
⑦ 다운 앤 백, 트라이앵글, 라운딩 등의 동작으로 개의 움직임 확인
⑧ 비교 심사를 통해 표준에 가장 가까운 개를 최우수 개로 선택
⑨ 심사는 개별 개끼리 비교가 아닌, 견종 표준에 따라 이루어짐
⑩ 심사 위원은 각 견종의 표준을 기준으로 심사가 이루어지기 때문에 다른 견종끼리라도 심사가 가능

(3) 견종 목적에 따른 분류

① 각 견종은 그룹으로 나뉘며, 클래스(나이 · 성별 구분)와 수상 방식은 나라와 단체마다 다름
② 대회 진행은 토너먼트 방식

베스트 오브 브리드(Best of Breed)	각 견종마다 개체 심사를 거쳐 견종 1위견을 선발
베스트 인 그룹(Best in Group)	견종별 베스트 오브 브리드 견들이 경합하여 그룹 1위견을 선발
베스트 인 쇼(Best in Show)	각 그룹의 베스트 인 그룹 견들이 경합하여 도그 쇼 최고의 견을 선발

(4) 도그 쇼의 심사 진행 절차

베스트 오브 브리드(Best of Breed) → 베스트 인 그룹(Best in Group) → 베스트 인 쇼(Best in Show)

(5) 도그 쇼의 미용

① 성공적인 쇼를 위해 견종의 이상적인 쇼 견을 만드는 것이 첫 단계
② 견종 표준을 정확히 이해하고 친숙해지는 것이 중요
③ 쇼 견은 견종 표준에 맞는 미용과 관리가 필요
④ 쇼 미용의 목표는 견종 특성을 잘 나타내고 좋은 부분을 강조하는 것
⑤ 출진하는 개는 최고의 컨디션을 유지해 도그 쇼 때 가장 아름다운 모습을 보여야 함

(6) 도그 쇼 참가자가 알아두어야 할 행사 규정

반려견 단체의 홈페이지를 검색하여 단체별 행사 규정을 비교함

1) 도그 쇼 참가 절차

① 단체에 회원 가입하는 방법과 반려견 등록하는 절차 확인
② 개체 심사 및 다운 앤백, 트라이앵글, 라운딩 등의 도그 쇼 진행방법 파악
③ 도그 쇼의 정의와 기본 목적 파악
④ 핸들러, 심사위원, 브러더의 역할을 파악

2) 도그 쇼 진행 방법

① 다운 앤 백(업 앤 다운)

정의	• 위아래로 움직이는 동작 • 업 앤 다운이라고도 함
방법	• 출발 전 진행 방향 앞에 목표 지점을 정해 직선을 유지하며 나간다. • 심사 위원 방향으로 되돌아올 때 회전 후 심사 위원의 위치를 확인하고 직선으로 보행, 적당한 거리를 두고 정지한다. • 개의 생생한 표정을 심사 위원에게 보여준다.

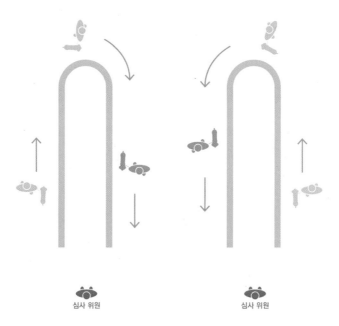

심사 위원   심사 위원

▲ 다운 앤 백

② 트라이앵글

정의	트라이앵글은 링을 삼각형으로 사용하여 보행하는 것
방법	• 링의 한 변을 곧장 나아가서 제1 코너에서 90°로 돈다. • 제2 코너에서 회전하여 심사 위원을 향해 돌아온다.

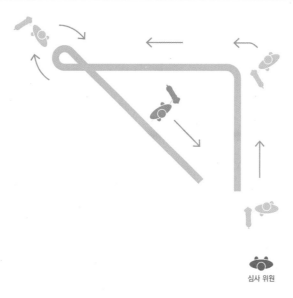

심사 위원

▲ 트라이앵글

③ 라운딩

정의	• 라운딩은 원의 형태로 보행하는 것을 말함 • 심사 위원이 한 클래스의 전원에게 원을 돌게 지시함 • 시계 반대 방향으로 돌고, 개는 핸들러의 왼쪽에 위치함
방법	• 전원의 선두에 있을 때에는 뒷사람들이 준비된 것을 확인한 후 출발한다. • 앞에 출진자가 있을 때에는 충분한 간격을 유지하고 출발한다. • 속도가 필요하면 앞 출진자가 출발하고 몇 초의 간격을 두고 출발한다. • 심사 위원이 개인별로 라운딩을 지시할 때에는 다른 보행 패턴과 동일한 방법으로 보행을 한다.

심사 위원

▲ 라운딩

3. 우수 품종의 기준

(1) 개요

① 단체별로 견종별 그룹 구성은 다르지만, 개의 용도와 목적에 따라 그룹을 형성
② 목적에 가장 부합하는 몸의 구성과 기질을 가진 개를 우수 품종으로 간주

(2) 미국애견협회(AKC: American Kennel Club)의 견종 분류

그룹	설명 및 대표견종
스포팅 그룹 (Sporting Group)	• 사냥꾼을 도와 사냥을 하는 사냥개 • 에너지가 넘치며 안정된 기질을 가짐 • 포인터와 세터: 사냥감을 지목 • 레트리버: 땅 또는 물위의 사냥감 회수 • 대표견종: 아메리칸코커스파니엘, 브리티니, 제서프크베이레트리버, 콜럼버스페니엘. 컬리 코티드 리트리버, 잉글리쉬 코카 스파니엘, 잉글리쉬 세터, 잉글리쉬 스프링거 스파니엘, 플랫-코티드 리트리버,골든 리트리버, 아이리시 세터, 래브라도 리트리버, 서섹스 스파니엘, 비즐라, 와이마라너, 와이어헤어드 포인팅 그리폰

하운드 그룹 (hound group)	• 스스로 사냥하고 사냥감을 궁지에 몰아 사냥꾼이 올 때까지 기다리거나 후각을 이용해 위치를 파악 • 시각형 하운드(Sight Hound): 시각을 이용해 사냥 • 후각형 하운드(Scent Hound): 뛰어난 후각을 이용해 사냥감을 추적 • 대표견종: 아프칸하운드, 바센지, 바셋하운드, 비글, 블랙앤드탄쿤하운드, 블러드하운드, 보르조이, 닥스훈트, 그레이하운드, 아이리시울프하운드, 노르웨이엘크하운드, 로디지아리지백, 살루키, 휘핏
워킹 그룹 (working group)	• 대체로 총명하고 강력한 체격을 가짐 • 집과 가축을 지키고 수레를 끌며 경찰견, 군견 등 다양한 힘든 일을 수행 • 대표견종: 아키타, 알래스칸 맬러뮤트, 버니즈마운틴도그, 복서, 불마스티프, 도베르만핀셔, 자이언트슈나우저, 그레이트데인, 코모도르, 쿠바스, 마스티프, 누펀들랜드, 로트와일러, 세인트버나드, 사모예드, 시베리언허스키
테리어 그룹 (terrier group)	• 확고하고 용감한 기질을 가짐 • 쥐와 여우 등의 사냥감을 쫓아 땅속을 움직일 수 있을 만큼 작고 적합해야 함 • 이름은 지면 또는 땅이라는 라틴어 '테라'에서 유래 • 대표견종: 에어데일 테리어, 오스트레일리안 테리어, 베드링턴 테리어, 보더 테리어, 불 테리어, 케언 테리어, 댄디 딘몬트 테리어, 아이리쉬 테리어, 잭 러셀 테리어, 케리 블루 테리어, 레이크랜드 테리어, 맨체스터 테리어, 미니어쳐슈나우저, 노퍽 테리어, 노리치 테리어, 스코티쉬 테리어, 실리함 테리어, 스카이 테리어, 소프트 코티드 휘튼 테리어, 웨스트 하이랜드 화이트 테리어
토이 그룹 (toy group)	• 사람의 반려동물로 만들어짐 • 생기 넘치고 활기찬 성격 • 보통 큰 종자의 모습을 닮음 • 대표견종: 아펜핀셔, 브뤼셀그리펀, 치와와, 차이니스크레스티드, 이탈리안 그레이하운드, 제피니스친, 몰티즈, 파피용, 패키니즈, 포메라니안, 시츄, 토이푸들, 요크셔테리어
논스포팅 그룹 (nonsporting group)	• 이 그룹은 견종의 다양성이 매우 큼 • 다른 특정 그룹에 속하지 않는 견종들이 모여 있음 • 대표견종: 비숑프리제, 보스턴테리어, 차이니스샤페이, 차우차우, 달마티안, 프렌치불도그, 재퍼니즈스피츠, 라사압소, 샤바이누
목축 그룹 (herding group)	• 목축은 개의 타고난 본능 • 목동과 농부를 도와 가축을 이동시키고 감독하는 것이 목적 • 대표견종: 비어디드콜리, 벨지안 쉽도그 그로넨달, 벨지안 쉽도그 말리노이즈, 벨지안 쉽도그 터뷰렌, 보더콜리, 콜리, 저먼세퍼드도그, 올드일글리시시프도그, 폴리, 셔틀랜드쉽도그, 웰시코기

(3) 세계애견연맹(FCI: Federation Cynologique Internationale)의 견종 분류

세계애견연맹은 다음과 같이 10그룹으로 분류하고 있음

그룹	설명 및 대표견종
1그룹 (목양견 그룹: herding group)	목양견(sheepdogs)과 목축견(cattle dogs)
2그룹 (사역견 그룹: working group)	핀셔(pinscher), 슈나우저(schnauzer), 몰로시안(Molossian type), 스위스캐틀도그(Swiss cattle dogs)
3그룹 (테리어 그룹: 소형 조렵견)	테리어(terrier)
4그룹	닥스훈트 견종(Dachshunds)

5그룹	스피츠(spits)와 프라이미티브 견종(primitive types)
6그룹	후각형 수렵견종(세인트 하운드 견종: scent hounds)
7그룹	조렵견종(포인팅 견종: pointing dogs)
8그룹	영국 총렵견종[레트리버(retrievers), 플러싱 도그(flushing dogs), 워터 도그 견종(water dogs)]
9그룹	반려견(companions)과 토이독(toys)
10그룹	시각형 수렵견종[사이트 하운드 견종(sighthounds)]

4. 도그 쇼의 견종별 표준 미용 규정

(1) 개요

① 우수 품종의 기준을 파악하고, 목적별 견종그룹의 분류를 확인

② 개의 몸 구조와 특징을 파악하기 위해서는 개에 대한 깊은 이해가 필요하므로 충분한 시간을 두고 학습해야 함

③ 도그 쇼에 출진하기 위한 견종별 표준 미용 규정은 주최 단체의 견종 표준서를 따름

　예 미국애견협회의 푸들 미용 규정

　　→ 12개월 미만의 강아지는 퍼피 클립으로 출전 가능

　　→ 12개월 이상의 개들은 잉글리시 새들 클립이나 콘티넨털 클립으로만 출전 가능

　　→ 노션이나 송선 클래스는 스포팅 클립으로 출선 가능

　　→ 위의 클립들 이외의 미용 형태는 출전 자격 상실

(2) 미국애견협회의 푸들 표준 미용

① 아래의 모든 클립에서 머리는 고무밴드로 위치를 잡을 수 있음

② 이마에서 뒤통수까지의 부위에서만 고무밴드를 사용

③ 꼬리 끝에는 폼폰이 있어야 함

④ 단정한 형태를 위한 약간의 손질은 가능하지만 심한 시저링은 허용되지 않음

퍼피 클립 (Puppy Clip)	• 한 살 미만의 푸들은 퍼피 클립으로 출전할 수 있음 • 얼굴, 목, 발과 꼬리의 밑동치만 클립 • 발은 모두 클립되어 그 형태를 다 볼 수 있어야 함 • 꼬리의 끝에는 폼폰이 있으며, 단정한 형태를 보기 위해서 약간의 손질은 할 수 있지만 심한 시저링은 허용되지 않음
잉글리시 새들 클립 (English Saddle Clip)	• 얼굴, 목, 발, 앞다리의 브레이슬릿 상부와 꼬리 밑동치는 면도 • 앞다리와 꼬리 끝에는 브레이슬릿과 폼폰 유지 • 몸의 뒷부분은 짧은 털로 덮고, 관절 있는 곳은 면도하여 뒷다리에 두 개의 면도 선이 있음 • 면도한 발의 전체적인 형태와 뒷다리의 선이 확실히 보여야 함 • 몸의 다른 부위는 깎지 않지만 단정한 형태를 위한 시저링 허용

콘티넨털 클립 (Continental Clip)	• 잉글리시 새들 클립과 동일하지만, 몸의 뒷부분은 모두 면도 • 뒷다리에는 브레이슬릿 유지 • 엉덩이 위에 둥근 로제트(rossette)는 옵션
스포팅 클립 (Sporting Clip)	• 얼굴, 목, 발, 꼬리 밑둥치는 면도 • 머리 위는 시저링으로 손질된 모자 형태 • 꼬리 끝에는 폼폰 유지 • 다른 부위는 면도나 시저링하여 외형상의 아웃라인을 1인치 미만의 짧은 털로 덮음 • 다리의 털은 몸의 털 길이보다 약간 더 길어도 됨

▲ 퍼피 클립

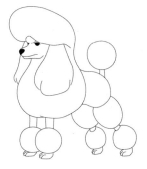

▲ 잉글리시 새들 클립

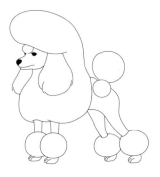

▲ 콘티넨털 클립

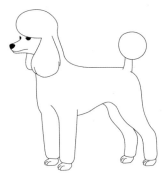

▲ 스포팅 클립

02 테이블 매너 훈련

1. 반려견과의 친화 과정과 상태 관찰

① 미용사와 반려견 간의 교감을 통해 심리적 안정 도모
② 반려견의 테이블 훈련 및 미용 적합성 확인
③ 한 손으로 가슴 부위를 받치고 다른 손으로 부드럽게 감싸 안은 후, 개를 테이블 위에 조심스럽게 내려놓기
④ 상태 관찰은 훈련의 일부로 포함
⑤ 개와 눈을 맞추며 심리적 안정을 돕기
⑥ 개의 눈, 코, 입, 귀, 피모 등 건강 상태 육안 확인
⑦ 부드러운 터치로 개를 안정시킨 후 골격, 근육, 피부, 털, 패드, 발톱 상태 직접 확인

2. 테이블 암의 안전장치를 활용하는 방법

① 테이블 암에 목줄을 걺
② 목줄이 턱 밑에 제대로 위치해 있는지 확인
③ 개가 네 발로 편하게 설 수 있게 함
④ 목 위치를 설정한 후, 암의 높낮이를 조정하여 고정
⑤ 클램프(clamp)가 단단히 고정되었는지 확인

3. 테이블 위의 스태그 자세

① 개가 긴장하지 않은 상태에서 네 발로 편하게 설 수 있게 함
② 편안한 상태가 되도록 개를 가만히 두고 조금 기다림
③ 앞발의 위치는 옆에서 봤을 때에는 앞다리가 기갑(withers)에서 수직으로 내려오며, 정면에서 봤을 때에는 두 다리가 평행을 이룰 수 있도록 발의 위치를 조정
④ 뒷발의 위치는 뒷발허리뼈가 테이블 면과 수직이 되게 조정
⑤ 개가 전방을 주시하여 무게 중심의 60% 정도가 앞으로 올 수 있도록 유도
⑥ 개가 스태그 자세를 유지할 수 있도록 반복적으로 독려
⑦ 스태그 자세를 유지한 상태에서, 손으로 개를 반복적으로 터치하여 미용 도구의 자극에 익숙해지게 함

1. 골격의 이해

개의 골격 이해를 통해 견종 기준서 비교 및 장단점 판단에 도움을 받고, 이를 바탕으로 표준 미용 기초 마련

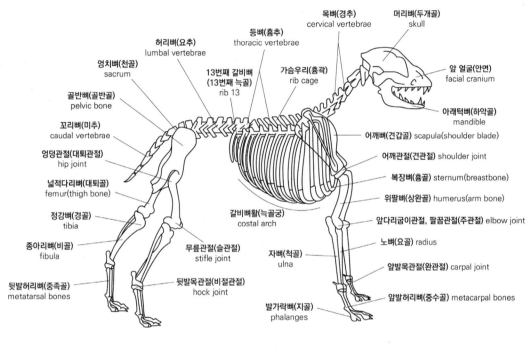

▲ 개의 골격도

2. 밸런스의 이해

① 견종 표준서를 참고하여 이상적인 개의 이미지를 상상하고, 비교를 통해 미용견의 부족한 부분을 보완하여 미용 진행
② 견종 표준서를 잘못 해석하지 않도록 내용을 명확히 파악하고, 도그 쇼 사진 등 이상적인 미용 형태의 예를 함께 참고
③ 각 국가와 단체별로 표준 미용 규정이 다른 점에 유의하여 확인
④ 견종별 쇼 미용 사례를 통해 견종 특징에 맞는 미용 방법을 이해할 수 있으며, 커트 외에 다양한 미용 방법이 존재

머리	개의 두상을 눈과 손으로 확인하고 주둥이 두께, 미간 폭, 귀 위치 등의 장단점을 미용으로 보완
몸	견종 기준서에 따라 이상적인 몸 길이와 둘레를 상상하고, 미용을 통해 미용견의 밸런스를 조절
다리	다리의 형태(예 오 다리)를 털 길이와 커트로 조절하여 단점을 보완하여, 스트레이트하게 보이도록 함
꼬리	꼬리의 위치 및 형태를 미용하여 밸런스를 맞추고, 털 길이나 모양으로 시각적 효과 개선

04 쇼미용 스트리핑

1. 스트리핑(stripping) 개념

① 스트리핑(핸드 스트리핑)은 거친 털을 뽑아내는 작업을 뜻함
② 주로 거칠고 뻣뻣한 털을 가진 견종의 털이 빠지고 자라나는 과정을 도와 견종의 특성을 나타내어 최적의 털 상태를 유지할 수 있도록 하는 작업
③ 스트리핑은 테리어를 포함한 다양한 견종에 적합한 손질 방법
④ 스트리핑 나이프, 스트리핑 스톤 또는 손으로 털의 결 방향으로 살짝 잡아당겨 뽑고, 피부의 당겨짐 없이 쉽게 뽑히는 것이 정상적인 방법
⑤ 정상적인 스트리핑은 개에게 고통을 주지 않으며, 표준이 되는 형태와 털 자라는 주기를 고려해 이상적인 모양 표현

2. 스트리핑 관련 용어

플러킹(plucking)	손끝이나 트리밍 나이프로 적은 양의 털을 뽑는 스트리핑 방법
레이킹(raking)	트리밍 나이프나 콤을 사용하여 죽은 털과 두꺼운 언더코트를 제거하고 새 털의 성장 촉진
롤링(rolling)	• 정기적으로 나이프나 손가락으로 부드러운 털이나 긴 털을 뽑아 코트를 정리하는 작업 • 코트워크(coat work)와 같은 말
스테이지 스트리핑 (stage stripping)	• 스테이지 스트리핑은 단계를 나누어 스트리핑을 진행하는 방법 • 도그 쇼에 맞춰 완성될 시기를 설정함 • 스트리핑할 부분을 구분하고 기간 간격을 두고 순서대로 작업을 진행 • 털이 자라나는 주기를 계산하여 완성 모습을 미리 계획하는 것이 중요
풀 스트리핑(full stripping)	피부가 보일 정도로 털을 뽑아 좋은 털 상태 유지와 발모 촉진
블렌딩(blending)	스트리핑한 털의 경계를 자연스럽게 보이도록 길이를 조정하는 작업

3. 스트리핑(stripping) 계획

① 도그 쇼를 대비하여 견종 표준서에 따라 이상적인 모습을 미리 계획하는 것이 중요
② 견종에 따라 스트리핑 작업을 단계별로 나누어 진행 가능
③ 주기적인 스트리핑으로 원하는 모양을 점차적으로 만들어 감

④ 쇼 도그는 펫보다 자주 스트리핑하여 도그 쇼 시기에 맞춘 모양을 완성

⑤ 각 견종의 특징과 필요에 맞춰 스트리핑 계획을 조정할 수 있음

4. 스트리핑 방법을 선택하여 작업하기

(1) 핸드 스트리핑(hand stripping)

① 핸드 스트리핑은 손을 이용해 죽은 털을 뽑아내는 작업을 뜻함

② 개의 피부에 상처가 있거나 불안정할 경우 스트리핑 작업을 강행하지 않음

③ 한 번에 많은 양의 털을 잡아당기지 않고, 준비되지 않은 털은 무리하게 뽑지 않음

④ 스트리핑할 털은 길이가 약 2.5cm 더 길게 자라거나 밝은 색으로 구별 가능

⑤ 털 구분이 어려울 때는 고무장갑을 끼고 털을 역방향으로 쓸어 올려 정전기로 서 있는 털을 확인 후 뽑음

(2) 스트리핑 나이프(stripping knife)

① 스트리핑 나이프를 사용하면 핸드 스트리핑을 보다 쉽게 수행할 수 있음

② 스트리핑 나이프는 털을 잘라내는 것이 아니라 털을 잡는 데 도움을 주는 도구임

③ 나이프의 손잡이를 집게손가락부터 네 개의 손가락으로 가볍게 움켜쥐고, 나이프와 엄지손가락 사이에 털끝을 잡고 털의 결 방향으로 나이프를 움직여 털을 뽑아줌

④ 털이 잘리지 않고 반드시 뿌리째 뽑아야 함

(3) 스트리핑 스톤(stripping stone)

① 스트리핑 스톤을 사용하여 스트리핑 수행 가능

② 언더코트 제거에 효과적

③ 한 손으로 피부를 팽팽하게 하고 스톤으로 털의 결 방향으로 부드럽게 문질러 줌

(4) 레이킹(raking)

① 레이킹은 트리밍 나이프나 콤을 사용해 죽은 털과 두꺼운 언더코트를 정리하는 작업을 뜻함

② 언더코트 제거 시 거울을 이용해 작업 모양을 확인

③ 필요에 따라 언더코트의 양을 조절하여 목의 아치 모양을 돋보이게 하거나 부드러운 연결 라인을 만듦

5. 쇼 미용 스트리핑 시 안전 및 유의사항

① 견종 표준서를 정확히 이해하고, 도그 쇼 사진과 이상적인 미용 형태의 예를 참고

② 각 국가와 단체별 미용 규정의 차이에 주의하며 확인

③ 스트리핑 전 항상 피부 컨디션을 확인하고 작업 진행

④ 안정적인 스트리핑 방법을 숙지하여 미용견이 아프거나 피부에 무리가 가지 않도록 주의

⑤ 피부에 상처가 있거나 불안정한 경우 스트리핑 작업을 강행하지 않음

⑥ 준비되지 않은 털은 무리해서 뽑지 않음

⑦ 스트리핑 중인 개가 외출할 때는 가벼운 옷을 입히거나 그늘에서 보호하여 피부를 보호

⑧ 털을 뽑은 피부에는 로션 등을 사용하지 않음

⑨ 맨살이 햇볕에 타지 않도록 보호 필요

⑩ 스트리핑한 개는 체온이 급격히 떨어질 수 있으므로 추운 날씨나 비에 노출되지 않도록 주의

⑪ 초크칠이나 제품을 사용한 털을 자를 때 가위를 날카롭게 유지하는 것이 아니라 모양을 잘 내는 것이 목적

⑫ 과도한 힘을 주어 개에게 상처를 주지 않도록 주의

⑬ 나이프가 피부면과 수직일 때는 털이 잘 뽑히지 않고 개에게 고통만 줌

⑭ 손이 미끄러지면 파우더, 초크, 손가락 고무장갑 등을 사용하여 작업을 용이하게 함

⑮ 스트리핑 작업 전 샴푸를 하지 않는 것이 털 뽑기에 더 좋음

05 쇼미용 메이크업

1. 컬러링 전문 제품 유형

컬러링 전문 제품의 유형과 목적별 특징을 정확히 파악해야 함

컬러 전문 샴푸	• 색을 강조하기 위해 일반적으로 염색을 하기도 하지만, 염색은 코트와 피부에 많은 손상을 줌 • 색을 자연스럽게 강조하면서 손상을 최소화하는 방법 제공 • 제품을 골고루 바른 후 일정 시간이 지나야 더 나은 효과를 기대할 수 있음
컬러 초크	• 털이 상해서 색이 바랬으면 컬러 초크를 칠해서 털 색을 더욱 선명하게 할 수 있음 • 분필을 사용하는 것처럼 바를 수 있음
컬러 파우더	컬러 초크보다 입자가 고운 구조로, 미용을 오랜 시간 유지할 수 있음

2. 밴드와 스프레이 제품 유형

밴드	• 고무, 실리콘, 라텍스 재질로 제공 • 크기와 털의 질감에 맞춰 선택 가능
스프레이	• 털의 모양을 고정시키는 데 사용되며, 입자가 섬세해 자연스러운 표현 용이 • 스프레이 사용 후 목욕으로 성분을 제거해 피모 손상 방지 필요 • 스프레이 유형에는 볼륨 스프레이, 고정용 스프레이, 컬러 스프레이, 광택 스프레이 등이 포함

3. 쇼 미용 메이크업 시 안전 및 유의사항

① 과한 메이크업으로 인위적인 표현이 나오지 않도록 주의
② 메이크업 전문 제품 사용 시 사용 설명서를 반드시 숙지
③ 얼굴 주변에 섬세한 메이크업 시 동물에게 해가 되지 않도록 주의
④ 초크나 파우더 사용 시 주변 털에 이염될 수 있으니 주의
⑤ 콜레스테롤 크림을 과하게 사용하면 털의 자연스러운 표현이 어려움
⑥ 밴딩을 너무 타이트하게 하지 않도록 주의하여 털 빠짐 방지
⑦ 밴딩 라인을 주기적으로 변경하여 밴딩 경계 부분의 털 빠짐 방지
⑧ 스프레이를 과하게 사용하지 않고 최소량으로 자연스럽게 세팅할 수 있도록 함

쇼미용 연습문제

01

도그 쇼의 기본적인 목적은 무엇인가?

① 새로운 견종 발견
② 혈통 번식의 평가
③ 견종 보호
④ 상업적 이익
⑤ 품종 개선

02

세계 최초의 공식적인 도그 쇼는 어디에서 개최되었는가?

① 미국 뉴욕
② 영국 뉴캐슬
③ 독일 베를린
④ 프랑스 파리
⑤ 호주 시드니

03

도그 쇼에서 개를 평가할 때 어떤 측면을 고려하지 않는가?

① 개의 건강 상태
② 개의 성격
③ 개의 소유주의 경제적 상태
④ 개의 전체적인 몸의 균형
⑤ 견종의 표준

04

도그 쇼 참가자들에게 올바른 태도는 무엇인가?

① 승패에 연연하기
② 다른 참가자 비방하기
③ 같은 취미를 가진 사람들과 즐거운 시간 보내기
④ 상금에만 관심 가지기
⑤ 출전하지 않기

05

도그 쇼에 대한 내용으로 올바르지 <u>않은</u> 것은?

① 도그 쇼는 개의 건강, 상태, 전체적인 몸의 균형과 성격을 심사 기준으로 삼는다.
② 도그 쇼는 승패에 연연하며 경쟁적으로 참여해야 하는 경연이다.
③ 모든 견종은 각각의 목적에 적합한 이상적인 구성을 묘사하는 견종 표준을 가지고 있다.
④ 1859년 영국 뉴캐슬에서 개최된 '스포팅 도그 쇼'는 세계 최초의 공식적인 도그 쇼로 기록되어 있다.
⑤ 도그 쇼의 주된 목적은 다음 세대를 위한 혈통 번식의 평가를 용이하게 하는 것이다.

06

도그 쇼의 정의로 올바르지 <u>않은</u> 것은?

① 도그 쇼는 견종별 표준에 가장 가까운 신체 구성과 성격 및 기질을 보여 주는 개를 뽑는 대회이다.
② 도그 쇼는 모든 견종에 대해 일괄적인 기준을 적용하여 심사하는 경연이다.
③ 도그 쇼는 각 견종의 이상적인 구성을 묘사한 견종 표준에 따라 개를 평가한다.
④ 도그 쇼는 개의 건강함과 상태, 전체적인 몸의 균형, 성격 등도 함께 심사한다.
⑤ 도그 쇼는 견종마다 목적에 적합한 이상적인 구성을 묘사하는 것을 기반으로 한다.

07

도그 쇼의 목적으로 올바르지 <u>않은</u> 것은?

① 도그 쇼는 다음 세대를 위한 혈통 번식의 평가를 쉽게 하기 위해 개최된다.
② 도그 쇼는 견종마다 이상적인 모습을 평가하고 개의 건강과 전체적인 몸의 균형을 심사한다.
③ 도그 쇼는 모든 참가자에게 상업적 이익을 제공하는 이벤트로 개최된다.
④ 도그 쇼는 개를 사랑하는 이들에게 즐길 수 있는 스포츠이며 취미 활동으로 간주된다.
⑤ 도그 쇼는 승패에 연연하지 않고 자신의 개를 소중히 여기며 같은 취미를 가진 사람들과 즐거운 시간을 보내는 것을 목적으로 한다.

08

도그 쇼에서 핸들러의 역할에 가장 부합하지 <u>않는</u> 것은 무엇인가?

① 심사 위원 앞에서 개를 보여주는 것
② 경마장의 기수와 비슷한 역할을 하는 것
③ 개의 행동을 심사 위원에게 설명하는 것
④ 승리를 목적으로 하는 것
⑤ 자신이 번식시킨 개를 출전시키는 것

09

심사 위원의 주요 업무는 무엇인가?

① 개의 사료를 관리하는 것
② 견종의 표준에 따라 개를 평가하는 것
③ 도그 쇼의 일정을 계획하는 것
④ 개의 의료 상태를 점검하는 것
⑤ 견종별 등록을 담당하는 것

10

브리더의 책임 중 하나로 올바르지 않은 것은 무엇인가?

① 무분별한 번식을 피하는 것
② 개의 장점과 단점을 공정하게 평가하는 것
③ 모든 개를 도그 쇼에 출전시키는 것
④ 각 견종 표준에 부합하는 우수한 개를 생산하는 것
⑤ 건강하고 균형 잡힌 개를 번식시키는 것

11

핸들러의 분류에 해당하지 않는 것은 무엇인가?

① 전문 핸들러
② 브리너 오너 핸들러
③ 야외 활동 전문 핸들러
④ 사례를 받고 핸들링을 위탁받는 핸들러
⑤ 자신이 소유한 개를 출전시키는 핸들러

12

도그 쇼에서 핸들러의 역할은 어떻게 비유할 수 있나?

① 기수
② 조련사
③ 감독
④ 코치
⑤ 심판

13

도그 쇼의 심사 위원의 주요 임무는 무엇인가?

① 경기 규칙 설명
② 견종 표준에 가장 가까운 개 선발
③ 핸들러 훈련
④ 경기 진행 감독
⑤ 시상식 진행

14

도그 쇼에서 핸들러가 분류되는 두 가지 유형은 무엇인가?

① 전문 핸들러와 아마추어 핸들러 ② 심사 위원과 조교
③ 브리더 오너 핸들러와 전문 핸들러 ④ 훈련사와 번식자
⑤ 조련사와 코치

15

브리더의 주된 목적은 무엇인가?

① 대회 우승 ② 무분별한 번식
③ 견종 표준에 부합하는 우수한 개 생산 ④ 상업적 이익 추구
⑤ 개 훈련

16

브리더가 책임감 있는 번식을 위해 피해야 할 행위는 무엇인가?

① 견종의 장단점 평가 ② 무분별한 번식
③ 견종 표준 연구 ④ 개 전시회 참가
⑤ 전문가 상담

17

책임감 있는 브리더가 피하는 행위는 무엇인가?

① 무분별한 번식 ② 개의 장점 평가
③ 견종 표준 준수 ④ 교육 프로그램 개발
⑤ 견종별 특성 연구

18

브리더의 목표로 가장 적절하지 <u>않은</u> 것은 무엇인가?

① 각 견종 표준에 맞는 우수한 개를 생산하는 것 ② 최대한 많은 수익을 창출하는 것
③ 건강하고 균형 잡힌 개를 번식시키는 것 ④ 번식 전에 개의 장점과 단점을 평가하는 것
⑤ 무분별한 번식을 피하는 것

19

도그쇼 참가를 위한 절차 중 출진견 등록 시 필요한 문서는 무엇인가?

① 혈통서
② 건강검진증명서
③ 백신 접종 카드
④ 훈련 증명서
⑤ 소유권 이전 서류

20

도그 쇼 참가자가 도착 후 취해야 할 첫 번째 행동은 무엇인가?

① 대회 프로그램 구입
② 심사 위원과 미팅
③ 출진표를 왼팔에 착용
④ 개를 심사 링으로 데려가기
⑤ 등록 확인 절차 완료

21

도그 쇼에서 개의 움직임을 확인하는 동작은 무엇인가?

① 나운 앤 백
② 스프린드
③ 점프 테스트
④ 빠르기 경쟁
⑤ 허들 레이스

22

도그 쇼 심사 시 비교의 기준은 무엇인가?

① 다른 견종과의 비교
② 개별 개체의 퍼포먼스
③ 견종 표준
④ 관객의 반응
⑤ 참가자의 의상

23

도그 쇼에서 출진 시 참가자가 해야 할 행동은 무엇인가?

① 심사 위원의 지시에 따라 개체 심사 진행
② 자유로운 스타일로 개를 보여주기
③ 개를 쉬게 하기
④ 즉석에서 트릭 수행
⑤ 관객과 상호작용

24

도그 쇼 참가 절차에 관한 설명으로 틀린 것은?

① 출진자는 해당 단체에 회원 가입으로 등록한다.
② 출진견은 혈통을 단체에 등록하여 혈통서를 발급받는다.
③ 혈통서는 개의 기본 정보와 조상견을 기재한 등록 증명서이다.
④ 출진자와 출진견이 등록되면, 대회의 출진 신청 사항을 단체의 홈페이지에서 참고한다.
⑤ 쇼링 내 매너와 심사 방법은 링 앞에서 습득한다.

25

도그 쇼 진행에 관한 설명으로 틀린 것은?

① 도그 쇼장 도착 후 접수처에서 대회 프로그램을 구입한다.
② 프로그램에는 심사 사항과 출진 등록 번호, 심사 링과 시간 정보가 포함된다.
③ 출진표는 본인이 휴대하고 출진 시 오른팔에 착용한다.
④ 궁금한 사항은 링 안의 안내자인 스튜어드에게 문의할 수 있다.
⑤ 링 안에서 심사 위원의 지시에 따라 개체 심사가 진행된다.

26

도그 쇼 진행에 대한 설명 중 잘못된 것은 무엇인가?

① 참가자는 도그 쇼 개시 전에 모든 심사 요소를 완전히 숙지해야 한다.
② 출진 전에 모든 개는 심사 링 외곽에서 대기한다.
③ 다운 앤 백, 트라이앵글, 라운딩 등의 동작으로 개의 움직임을 확인한다.
④ 비교 심사를 통해 표준에 가장 가까운 개를 최우수 개로 선택한다.
⑤ 도그 쇼는 견종 표준에 따르는 것보다 개별 개체 간 비교 심사로 평가하는 것이다.

27

도그 쇼 행사 규정에 대한 설명으로 옳지 않은 것은?

① 도그 쇼의 규칙은 국가와 단체마다 다르지만, 출진견 평가의 원칙은 동일하다.
② 각 견종은 그룹으로 나뉘며, 클래스(나이와 성별 구분)와 수상 방식은 나라와 단체 모두 동일하다.
③ 출진견은 혈통을 단체에 등록하여 혈통서를 발급받아야 한다.
④ 심사는 개별 개끼리 비교가 아닌 견종 표준에 따라 이루어진다.
⑤ 개체 심사에서는 골격, 치열, 모질 등을 확인한다.

28

다음 〈보기〉에서 설명하는 내용과 명칭이 올바르게 짝지어진 것은?

┤ 보기 ├─

Ⓐ 각 견종마다 개체 심사를 거쳐 견종 1위견을 선발
Ⓑ 견종별 1위견들이 경합하여 그룹 1위견을 선발
Ⓒ 각 그룹의 1위견들이 경합하여 도그 쇼 최고의 견을 선발

① Ⓐ 베스트 인 그룹(Best in Group), Ⓑ 베스트 오브 브리드(Best of Breed), Ⓒ 베스트 인 쇼(Best in Show)
② Ⓐ 베스트 오브 브리드(Best of Breed), Ⓑ 베스트 인 쇼(Best in Show), Ⓒ 베스트 인 그룹(Best in Group)
③ Ⓐ 베스트 인 쇼(Best in Show), Ⓑ 베스트 인 그룹(Best in Group), Ⓒ 베스트 오브 브리드(Best of Breed)
④ Ⓐ 베스트 인 그룹(Best in Group), Ⓑ 베스트 인 쇼(Best in Show), Ⓒ 베스트 오브 브리드(Best of Breed)
⑤ Ⓐ 베스트 오브 브리드(Best of Breed), Ⓑ 베스트 인 그룹(Best in Group), Ⓒ 베스트 인 쇼(Best in Show)

29

다음 중 도그 쇼의 심사 진행 절차가 순서대로 나열된 것은?

┤ 보기 ├─

Ⓐ 베스트 인 그룹(Best in Group)
Ⓑ 베스트 인 쇼(Best in Show)
Ⓒ 베스트 오브 브리드(Best of Breed)

① Ⓐ-Ⓑ-Ⓒ
② Ⓐ-Ⓒ-Ⓑ
③ Ⓑ-Ⓐ-Ⓒ
④ Ⓑ-Ⓒ-Ⓐ
⑤ Ⓒ-Ⓐ-Ⓑ

30

도그 쇼 대회에서 클래스 분류의 기준은 무엇인가?

① 나이와 성별
② 견종의 크기
③ 견종의 색상
④ 견종의 목적
⑤ 견종의 행동

31

도그 쇼에서 견종 목적에 따른 분류에 관한 설명으로 <u>틀린</u> 것은 무엇인가?

① 견종은 그룹으로 나뉜다.
② 클래스 분류는 나이와 성별로 이루어진다.
③ 모든 나라와 단체에서 수상 방식이 동일하다.
④ 대회 진행은 토너먼트 방식으로 진행된다.
⑤ 견종의 분류는 각 나라와 단체에 따라 다를 수 있다.

32

도그 쇼 미용에서 가장 중요한 첫 단계는 무엇인가?

① 견종의 이상적인 쇼 견을 만드는 것   ② 최신 미용 도구 구매
③ 미용 전문가 고용   ④ 견종 표준서 구입
⑤ 전시회 일정 확인

33

쇼 미용의 주된 목표는 무엇인가?

① 견종 특성을 잘 나타내고 좋은 부분을 강조하는 것
② 모든 개를 동일하게 미용하는 것
③ 가장 저렴한 미용 방법 사용
④ 가장 빠른 시간 내에 미용 완료
⑤ 견종의 색상을 변경하는 것

34

도그 쇼 미용에 관한 설명 중 적절하지 <u>않은</u> 것은 무엇인가?

① 견종의 이상적인 쇼 견을 만드는 것이 미용의 첫 단계이다.
② 견종 표준에 맞는 미용과 관리가 필요하다.
③ 쇼 미용의 목표는 견종 특성을 잘 나타내고 좋은 부분을 강조하는 것이다.
④ 모든 견종에 동일한 미용 기술을 적용한다.
⑤ 출진하는 개는 최고의 컨디션을 유지해야 한다.

35

도그 쇼 참가자가 반드시 이해해야 하는 참가 절차가 <u>아닌</u> 것은 무엇인가?

① 반려견 단체의 홈페이지를 검색하여 단체별 행사 규정을 비교해본다.
② 단체에 회원 가입하는 방법과 반려견등록하는 절차를 확인한다.
③ 도그 쇼의 핸들러와 브리더의 역할을 파악한다.
④ 개체 심사 및 도그 쇼 진행 방법을 파악한다.
⑤ 도그 쇼의 상업적 이익을 이해한다.

36

아래의 그림은 도그 쇼 진행 방법 중 무엇을 설명한 것인가?

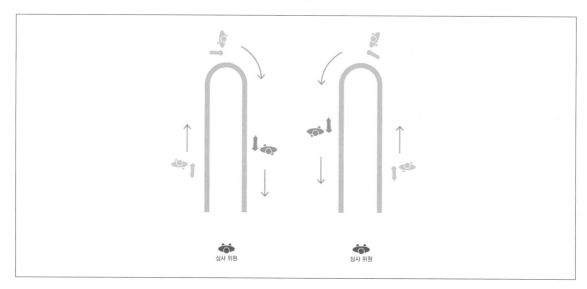

① 다운 앤 백(업 앤 다운)   ② 트라이앵글
③ 라운딩   ④ T자
⑤ L자

37

아래의 그림은 도그 쇼 진행 방법 중 무엇을 설명한 것인가?

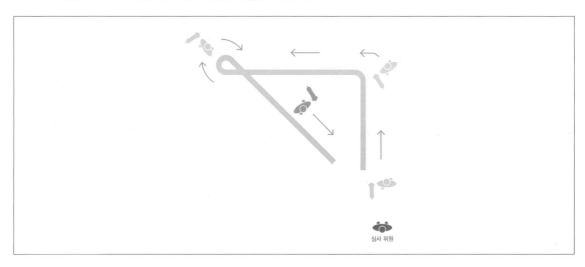

① 다운 앤 백(업 앤 다운)　　② 트라이앵글
③ 라운딩　　④ T자
⑤ L자

38

아래의 그림은 도그 쇼 진행 방법 중 무엇을 설명한 것인가?

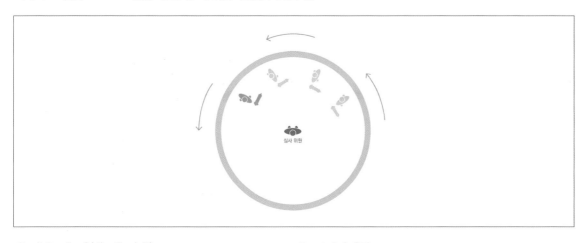

① 다운 앤 백(업 앤 다운)　　② 트라이앵글
③ 라운딩　　④ T자
⑤ L자

39

다음은 도그 쇼 진행 방법 중 보행 심사 동작 한 가지를 설명한 내용이다. 해당하는 용어를 고르시오.

| 보기 |

(1) 출발 전 진행 방향 앞에 목표 지점을 정해 직선을 유지하며 나간다.
(2) 심사 위원 방향으로 되돌아올 때 회전 후 심사 위원의 위치를 확인하고 직선으로 보행, 적당한 거리를 두고 정지한다.
(3) 개의 생생한 표정을 심사 위원에게 보여준다.

① T자
② 트라이앵글
③ 라운딩
④ 다운 앤 백(업 앤 다운)
⑤ 역 L자

40

다음은 도그 쇼 진행 방법 중 보행 심사 동작 한 가지를 설명한 내용이다. 해당하는 용어를 고르시오.

| 보기 |

(1) 링의 한 변을 곧장 나아가서 제1 코너에서 $90°$로 돈다.
(2) 제2 코너에서 회선하여 심사 위원을 향해 돌아온다.

① T자
② 트라이앵글
③ 라운딩
④ 다운 앤 백(업 앤 다운)
⑤ 역 L자

41

다음은 도그 쇼 진행 방법 중 보행 심사 동작 한 가지를 설명한 내용이다. 해당하는 용어를 고르시오.

| 보기 |

(1) 전원의 선두에 있을 때에는 뒷사람들이 준비된 것을 확인한 후 출발한다.
(2) 앞에 출진자가 있을 때에는 충분한 간격을 유지하고 출발한다.
(3) 속도가 필요하면 앞 출진자가 출발하고 몇 초의 간격을 두고 출발한다.
(4) 심사 위원이 개인별로 라운딩을 지시할 때에는 다른 보행 패턴과 동일한 방법으로 보행을 한다.

① T자
② 트라이앵글
③ L자
④ 다운 앤 백(업 앤 다운)
⑤ 라운딩

42

도그 쇼에서 사용되는 보행 심사 동작 중 설명이 올바르지 않은 것은 무엇인가?

① 다운 앤 백은 위아래로 움직이는 동작이다.
② 트라이앵글은 링을 삼각형으로 사용하여 보행하는 것이다.
③ 라운딩은 원의 형태로 보행하며 핸들러의 오른쪽에 개가 위치한다.
④ 라운딩은 심사 위원이 한 클래스의 전원에게 원을 돌게 지시한다.
⑤ 시계 반대 방향으로 돌고 개는 핸들러의 왼쪽에 위치한다.

43

미국애견협회(AKC: American Kennel Club)의 견종 분류로 '사냥꾼을 도와 사냥을 하는 사냥개'가 속한 그룹은?

① 워킹 그룹(working group) ② 테리어 그룹(terrier group)
③ 스포팅 그룹(sporting group) ④ 토이 그룹(toy group)
⑤ 목축 그룹(herding group)

44

미국애견협회(AKC: American Kennel Club)의 견종 분류 중 아래의 내용에 해당하는 그룹은 무엇인가?

┤ 보기 ├
스스로 사냥하고 사냥감을 궁지에 몰아 사냥꾼이 올 때까지 기다리거나 후각을 이용해 위치를 파악한다.

① 워킹 그룹(working group) ② 테리어 그룹(terrier group)
③ 스포팅 그룹(sporting group) ④ 하운드 그룹(hound group)
⑤ 목축 그룹(herding group)

45

미국애견협회(AKC: American Kennel Club)의 견종 분류로 '집과 가축을 지키고 수레를 끌며, 경찰견, 군견으로 다양한 힘든 일을 해온 견종'이 속한 그룹은?

① 워킹 그룹(working group)
② 테리어 그룹(terrier group)
③ 스포팅 그룹(sporting group)
④ 논스포팅 그룹(nonsporting group)
⑤ 목축 그룹(herding group)

46

미국애견협회(AKC: American Kennel Club)의 견종 분류 중 아래의 내용에 해당하는 그룹은 무엇인가?

┤ 보기 ├

- 확고하고 용감한 기질을 가짐
- 쥐와 여우 등의 사냥감을 쫓아 땅속을 움직일 수 있을 만큼 작고 적합해야 함
- 이름은 지면 또는 땅이라는 라틴어 '테라'에서 유래

① 워킹 그룹(working group)
② 테리어 그룹(terrier group)
③ 스포팅 그룹(sporting group)
④ 하운드 그룹(hound group)
⑤ 목축 그룹(herding group)

47

미국애견협회(AKC: American Kennel Club)의 견종 분류 중 아래의 내용에 해당하는 그룹은 무엇인가?

┤ 보기 ├

- 사람의 반려동물로 만들어짐
- 생기 넘치고 활기찬 성격
- 보통 큰 종자의 모습을 닮음

① 워킹 그룹(working group)
② 테리어 그룹(terrier group)
③ 스포팅 그룹(sporting group)
④ 하운드 그룹(hound group)
⑤ 토이 그룹(toy group)

48

미국애견협회(AKC: American Kennel Club)의 견종 분류 중 아래의 내용에 해당하는 그룹은 무엇인가?

┤ 보기 ├

- 이 그룹은 견종의 다양성이 매우 큼
- 다른 특정 그룹에 속하지 않는 견종들이 모여 있음

① 논스포팅 그룹(nonsporting group)
② 테리어 그룹(terrier group)
③ 스포팅 그룹(sporting group)
④ 하운드 그룹(hound group)
⑤ 토이 그룹(toy group)

49

미국애견협회(AKC: American Kennel Club)의 견종 분류 중 아래의 내용에 해당하는 그룹은 무엇인가?

┌ 보기 ┐
- 개의 타고난 본능
- 목동과 농부를 도와 가축을 이동시키고 감독하는 것이 목적

① 논스포팅 그룹(nonsporting group)   ② 목축 그룹(herding group)
③ 스포팅 그룹(sporting group)   ④ 하운드 그룹(hound group)
⑤ 토이 그룹(toy group)

50

미국애견협회(AKC: American Kennel Club)의 견종 분류 중 '스포팅 그룹'의 대표 견종이 아닌 것은?

① 아메리칸코커스파니엘   ② 잉글리쉬 코카 스파니엘
③ 비즐라   ④ 그레이하운드
⑤ 래브라도 리트리버

51

미국애견협회(AKC: American Kennel Club)의 견종 분류 중 '워킹 그룹'의 대표 견종이 아닌 것은?

① 아키타   ② 와이마라너
③ 사모예드   ④ 세인트버나드
⑤ 코몬도르

52

미국애견협회(AKC: American Kennel Club)의 견종 분류 중 '하운드 그룹'의 대표 견종이 아닌 것은?

① 이탈리안 그레이하운드   ② 닥스훈트
③ 휘핏   ④ 바셋하운드
⑤ 아프칸하운드

53

미국애견협회(AKC: American Kennel Club)의 견종 분류 중 '테리어 그룹'의 대표 견종이 <u>아닌</u> 것은?

① 노퍽 테리어
② 노리치 테리어
③ 불 테리어
④ 베드링턴 테리어
⑤ 웰시코기

54

미국애견협회(AKC: American Kennel Club)의 견종 분류 중 '토이 그룹'의 대표 견종이 <u>아닌</u> 것은?

① 비숑프리제
② 파피용
③ 요크셔테리어
④ 몰티즈
⑤ 아펜핀셔

55

미국애견협회(AKC: American Kennel Club)의 견종 분류 중 '논스포팅 그룹'의 대표 견종이 <u>아닌</u> 것은?

① 비숑프리세
② 보스턴테리어
③ 차이니스샤페이
④ 차우차우
⑤ 닥스훈트

56

미국애견협회(AKC: American Kennel Club)의 견종 분류 중 '목축 그룹'의 대표 견종이 <u>아닌</u> 것은?

① 비어디드콜리
② 벨지안 쉽도그
③ 아이리시 세터
④ 웰시코기
⑤ 콜리

57

세계애견연맹(FCI)의 견종 분류 중 '목양견과 목축견'이 속해있는 그룹은?

① 1그룹
② 3그룹
③ 5그룹
④ 7그룹
⑤ 9그룹

58

세계애견연맹(FCI)의 견종 분류 중 '슈나우저, 스위스캐틀도그'가 속해있는 그룹은?

① 1그룹   ② 2그룹
③ 3그룹   ④ 4그룹
⑤ 5그룹

59

세계애견연맹(FCI)의 견종 분류 중 '테리어 그룹 – 테리어'가 속해있는 그룹은?

① 1그룹   ② 2그룹
③ 3그룹   ④ 4그룹
⑤ 5그룹

60

세계애견연맹(FCI)의 견종 분류 중 '닥스훈트 견종'이 속해있는 그룹은?

① 1그룹   ② 2그룹
③ 3그룹   ④ 4그룹
⑤ 5그룹

61

세계애견연맹(FCI)의 견종 분류 중 '스피츠와 프라이미티브 견종'이 속해있는 그룹은?

① 3그룹   ② 5그룹
③ 7그룹   ④ 9그룹
⑤ 10그룹

62

세계애견연맹(FCI)의 견종 분류 중 '조렵견종(포인팅 견종)'이 속해있는 그룹은?

① 3그룹   ② 5그룹
③ 6그룹   ④ 7그룹
⑤ 8그룹

63

세계애견연맹(FCI)의 견종 분류 중 '반려견(companions)과 토이독(toys)'이 속해있는 그룹은?

① 1그룹
② 3그룹
③ 6그룹
④ 9그룹
⑤ 10그룹

64

세계애견연맹(FCI)의 견종 분류 중 '시각형 수렵견종(사이트 하운드 견종)'이 속해있는 그룹은?

① 1그룹
② 3그룹
③ 6그룹
④ 9그룹
⑤ 10그룹

65

도그 쇼의 견종별 표준 미용 규정에 대한 설명으로 적절하지 않은 것은 무엇인가?

① 견종별 표준 미용 규정은 주최 단체의 견종 표준서를 따른다.
② 견종의 분류를 확인하기 위해 목적별 견종 그룹의 분류를 학습한다.
③ 개의 몸 구조와 특징을 파악하기 위해서는 풍부한 경험이 필요하다.
④ 모든 도그 쇼 참가 개는 동일한 미용 기준을 적용받는다.
⑤ 개의 몸 구조와 특징을 파악하기 위해 충분한 시간을 두고 학습해야 한다.

66

미국애견협회의 푸들 미용 규정에 관한 설명 중 올바르지 않은 것은 무엇인가?

① 12개월 미만의 푸들은 퍼피 클립으로 출전 가능하다.
② 12개월 이상의 푸들은 잉글리시 새들 클립, 콘티넨털 클립으로 출전 가능하다.
③ 모견이나 종견 클래스는 스포팅 클립으로 출전 가능하다.
④ 푸들 미용규정에 속해있는 클립 이외의 미용 형태를 사용할 경우 출전 자격을 잃는다.
⑤ 12개월 미만의 푸들은 콘티넨털 클립으로 출전 가능하다.

67

다음은 미국애견협회의 푸들 표준미용 클립 중 한 가지를 설명한 것이다. 해당하는 클립은 무엇인가?

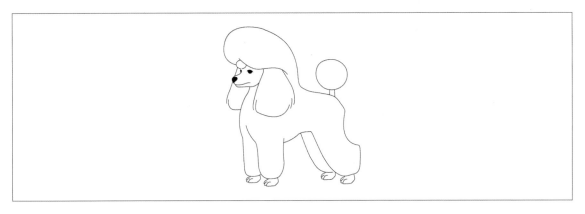

┤ 보기 ├

• 얼굴, 목, 발과 꼬리의 밑동치만 클립
• 발은 모두 클립되어 그 형태를 다 볼 수 있어야 함
• 꼬리의 끝에는 폼폰이 있으며, 단정한 형태를 보기 위해서 약간의 손질은 할 수 있지만 심한 시저링은 허용되지 않음

① 퍼피 클립(Puppy Clip)
② 잉글리시 새들 클립(English Saddle Clip)
③ 콘티넨털 클립(Continental Clip)
④ 스포팅 클립(Sporting Clip)
⑤ 스칸디나비아클립(Scandinavian Clip)

68

다음은 미국애견협회의 푸들 표준미용 클립 중 한 가지를 설명한 것이다. 해당하는 클립은 무엇인가?

| 보기 |

- 얼굴, 목, 발과 앞다리의 브레이슬릿 상부와 꼬리의 밑둥치는 면도를 함
- 앞다리와 꼬리 끝에는 브레이슬릿과 폼폰을 유지함
- 몸의 뒷부분은 짧은 털로 덮지만 관절이 있는 곳은 면도하여 뒷다리에는 2개의 면도한 선이 있어야 함
- 면도한 발의 전체적인 형태를 볼 수 있으며 면도한 뒷다리의 선은 확실히 볼 수 있어야 함

① 스포팅 클립(Sporting Clip)
② 잉글리시 새들 클립(English Saddle Clip)
③ 콘티넨털 클립(Continental Clip)
④ 퍼피 클립(Puppy Clip)
⑤ 스칸디나비아클립(Scandinavian Clip)

69

다음은 미국애견협회의 푸들 표준미용 클립 중 한 가지를 설명한 것이다. 해당하는 클립은 무엇인가?

┤ 보기 ├
- 뒷부분은 모두 면도
- 뒷다리에는 브레이슬릿 유지
- 엉덩이 위에 둥근 로제트(rossette)는 옵션

① 콘티넨털 클립(Continental Clip)
② 잉글리시 새들 클립(English Saddle Clip)
③ 스칸디나비아클립(Scandinavian Clip)
④ 퍼피 클립(Puppy Clip)
⑤ 스포팅 클립(Sporting Clip)

70

다음은 미국애견협회의 푸들 표준미용 클립 중 한 가지를 설명한 것이다. 해당하는 클립은 무엇인가?

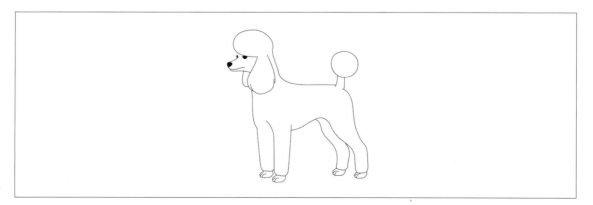

┤ 보기 ├

- 얼굴, 목, 발, 꼬리 밑둥치는 면도
- 머리 위는 시저링으로 손질된 모자 형태
- 꼬리 끝에는 폼폰 유지
- 다른 부위는 면도나 시저링하여 외형상의 아웃라인을 1인치 미만의 짧은 털로 덮음
- 다리의 털은 몸의 털 길이보다 약간 더 길어도 됨

① 콘티넨털 클립(Continental Clip)
② 잉글리시 새들 클립(English Saddle Clip)
③ 스칸디나비아클립(Scandinavian Clip)
④ 퍼피 클립(Puppy Clip)
⑤ 스포팅 클립(Sporting Clip)

71

테이블 매너 훈련 중 반려견과의 친화 과정에 포함되지 않는 행동은 무엇인가?

① 미용사와 반려견 간의 교감을 통해 심리적 안정을 도모한다.
② 반려견의 테이블 훈련 및 미용 적합성을 확인한다.
③ 부드러운 터치로 개를 안정시킨 후 골격, 근육, 피부, 털, 패드, 발톱 상태를 직접 확인한다.
④ 반려견을 들어올릴 때에는 목덜미 뒤쪽을 잡고 안정감 있게 들어올린다.
⑤ 개와 눈을 맞추며 심리적 안정을 돕는다.

72

개의 건강 상태를 육안으로 확인하는 과정에서 주로 검사하지 않는 부위는 무엇인가?

① 눈 　　　　　　　　　② 코
③ 귀 　　　　　　　　　④ 발톱
⑤ 척추

73

테이블 암 사용 시 안전장치를 활용하는 올바른 방법 중 **틀린** 것은 무엇인가?

① 목줄을 테이블 암에 걸고 시작한다.
② 목줄이 개의 목 아래, 목젖 부분에 위치하는지 확인한다.
③ 개가 네 발로 편하게 서 있는 상태를 유지하게 한다.
④ 목 위치를 설정한 후, 암의 높낮이를 조정하여 고정한다.
⑤ 클램프(clamp)가 단단히 고정되었는지 검사한다.

74

테이블 위의 스태그(Stag) 자세에 대한 **틀린** 설명은 무엇인가?

① 개가 긴장하지 않은 상태에서 네 발로 편하게 설 수 있게 한다.
② 앞발의 위치는 옆에서 봤을 때에는 앞다리가 기갑(withers)에서 수직으로 내려오며, 정면에서 봤을 때에는 두 다리가 평행을 이룰 수 있도록 발의 위치를 조정한다.
③ 뒷발의 위치는 뒷발허리뼈가 테이블 면과 수직이 되게 조정한다.
④ 개가 전방을 주시하여 무게 중심의 60% 정도가 뒤로 올 수 있도록 유도한다.
⑤ 스태그 자세를 유지한 상태에서, 손으로 개를 반복적으로 터치하여 미용 도구의 자극에 익숙하게 한다.

75

테이블 위의 스태그 자세에서 적절한 행동은 무엇인가?

① 개가 전방을 주시하며 무게 중심의 70%가 뒤로 기울도록 한다.
② 긴장한 상태가 유지되도록 앞발, 뒷발 등을 지속적으로 자극하며, 터치한다.
③ 개가 긴장하지 않은 상태에서 네 발로 편하게 설 수 있게 한다.
④ 뒷발의 위치는 뒷발허리뼈가 테이블 면과 사선이 되게 조정한다.
⑤ 앞발의 위치를 조정할 때, 앞다리가 기갑(withers)에서 수직으로 내려오지 않고 과도하게 앞으로 뻗게 한다.

76

개의 골격 이해와 관련된 표준 미용 준비에서 중요하지 **않은** 절차는 무엇인가?

① 견종 기준서를 사용하여 각 견종의 골격 특징을 비교한다.
② 개의 장단점을 판단하여 개별 미용 계획을 수립한다.
③ 개의 골격을 이해하여 이상적인 개의 이미지를 그려본다.
④ 표준 미용 기초를 마련하기 위해 개의 골격 구조를 상세하게 학습한다.
⑤ 골격 분석 결과를 바탕으로 견종에 맞지 않는 새로운 미용 스타일을 개발한다.

77

견종 표준서를 이용한 밸런스 미용 접근에서 중요한 단계가 <u>아닌</u> 것은 무엇인가?

① 견종 표준서를 참고하여 이상적인 개의 이미지를 상상한다.
② 미용을 통해 미용견의 밸런스를 조절한다.
③ 다양한 미용 방법을 사용하여 개의 개성을 표현한다.
④ 각 국가와 단체별로 미용 규정이 다르므로 이를 확인한다.
⑤ 견종별 쇼 미용 사례를 통해 견종 특징에 맞는 미용 방법을 이해한다.

78

개의 몸 부위별 미용을 통해 밸런스를 조절하는 방법 중 적절한 것은 무엇인가?

① 머리는 눈과 손으로 개의 두상을 확인 후 주둥이 두께, 미간 폭, 귀 위치 등을 통해 장단점을 보완한다.
② 몸은 이상적인 몸 길이와 둘레를 상상하고 미용을 통해 밸런스를 조절한다.
③ 다리는 다리 형태를 털 길이와 커트로 조절하여 스트레이트하게 보이도록 한다.
④ 꼬리는 꼬리의 위치와 형태를 미용하여 시각적 효과를 개선한다.
⑤ 발톱은 발톱 길이를 늘려 개의 높이를 증가시킨다.

79

아래 그림을 보고 알맞은 개의 골격 명칭을 〈보기〉에서 골라 표를 작성하시오.

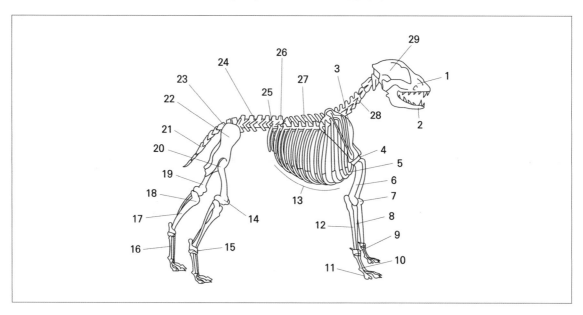

뒷발목관절(비절관절), 앞얼굴(안면), 골반뼈(골반골), 아래턱뼈(하악골), 종아리뼈(비골), 뒷발허리뼈(중족골), 어깨뼈(견갑골), 어깨관절(견관절), 복장뼈(흉골), 위팔뼈(상완골), 앞다리굽이관절·팔꿉관절(주관절), 13번째 갈비뼈(13번째 늑골), 넓적다리뼈(대퇴골), 정강뼈(경골), 노뼈(요골), 앞발목관절(완관절), 등뼈(흉추), 무릎관절(슬관절), 앞발허리뼈(중수골), 발가락뼈(지골), 자뼈(척골), 갈비뼈활(늑골궁), 꼬리뼈(미추), 가슴우리(흉곽), 머리뼈(두개골), 엉덩관절(대퇴관절), 엉치뼈(천골), 허리뼈(요추), 목뼈(경추)

1		16	
2		17	
3		18	
4		19	
5		20	
6		21	
7		22	
8		23	
9		24	
10		25	
11		26	
12		27	
13		28	
14		29	
15			

80

스트리핑 과정에서 적절하지 <u>않은</u> 설명은 무엇인가?

① 스트리핑은 거친 털을 뽑아내는 작업이다.
② 스트리핑은 테리어를 포함한 모든 견종에 적합한 손질 방법이다.
③ 스트리핑 나이프나 스트리핑 스톤을 사용하여 털을 잡아당겨 뽑는다.
④ 정상적인 스트리핑은 개에게 고통을 주지 않는다.
⑤ 스트리핑 과정은 털의 자라는 주기를 고려하여 수행된다.

81

스트리핑을 사용하는 이유로 올바른 설명은 무엇인가?

① 스트리핑은 모든 견종의 미용에 필수적인 절차이다.
② 스트리핑을 통해 개의 건강 상태를 개선할 수 있다.
③ 스트리핑은 견종의 특성을 나타내고 최적의 털 상태를 유지할 수 있게 한다.
④ 스트리핑은 피부 문제를 해결하기 위해 개발된 기술이다.
⑤ 스트리핑은 털의 색상을 변화시키는 방법으로 사용된다.

82

스트리핑 용어 중 '죽은 털과 두꺼운 언더코트를 제거하여 새 털 성장을 촉진하는 기술'은 무엇인가?

① 플러킹(plucking)
② 레이킹(raking)
③ 롤링(rolling)
④ 스테이지 스트리핑(stage stripping)
⑤ 블렌딩(blending)

83

스트리핑 관련 용어 중, '정기적으로 나이프나 손가락으로 부드러운 털이나 긴 털을 뽑아 코트를 정리하는 작업'은 무엇으로 알려져 있는가?

① 레이킹(raking)
② 플러킹(plucking)
③ 롤링(rolling)
④ 스테이지 스트리핑(stage stripping)
⑤ 풀 스트리핑(full stripping)

84

스트리핑 관련 용어 중, 단계를 나누어 스트리핑을 진행하는 방법으로, 도그 쇼에 맞춘 완성 시기를 설정하는 기법은 무엇인가?

① 플러킹(plucking)
② 롤링(rolling)
③ 레이킹(raking)
④ 풀 스트리핑(full stripping)
⑤ 스테이지 스트리핑(stage stripping)

85

스트리핑 관련 용어 중, 피부가 보일 정도로 털을 뽑아 좋은 털 상태 유지와 발모 촉진을 목적으로 하는 스트리핑 방법은 무엇인가?

① 스테이지 스트리핑(stage stripping) ② 플러킹(plucking)
③ 롤링(rolling) ④ 스테이지 스트리핑(stage stripping)
⑤ 풀 스트리핑(full stripping)

86

스트리핑 관련 용어 중, 스트리핑한 털의 경계를 자연스럽게 보이도록 길이를 조정하는 작업을 무엇이라고 하는가?

① 플러킹(plucking) ② 레이킹(raking)
③ 스테이지 스트리핑(stage stripping) ④ 롤링(rolling)
⑤ 블렌딩(blending)

87

스트리핑 방법 중에서 손끝이나 트리밍 나이프를 사용해 적은 양의 털을 뽑는 방법을 무엇이라고 하는가?

① 레이킹(raking) ② 롤링(rolling)
③ 스테이지 스트리핑(stage stripping) ④ 풀 스트리핑(full stripping)
⑤ 플러킹(plucking)

88

다음 Ⓐ, Ⓑ에 들어갈 스트리핑 관련 용어는 무엇인가?

┤ 보기 ├
- Ⓐ: 피부가 보일 정도로 털을 뽑아 좋은 털 상태 유지와 발모 촉진
- Ⓑ: 트리밍 나이프나 콤을 사용하여 죽은 털과 두꺼운 언더코트를 제거하고 새 털 성장 촉진

① Ⓐ 풀 스트리핑(full stripping), Ⓑ 레이킹(raking)
② Ⓐ 롤링(rolling), Ⓑ 레이킹(raking)
③ Ⓐ 스테이지 스트리핑(stage stripping), Ⓑ 플러킹(plucking)
④ Ⓐ 레이킹(raking), Ⓑ 플러킹(plucking)
⑤ Ⓐ 블렌딩(blending), Ⓑ 풀 스트리핑(full stripping)

89

다음 Ⓐ, Ⓑ에 들어갈 스트리핑 관련 용어는 무엇인가?

┤ 보기 ├

- Ⓐ: 스트리핑한 털의 경계를 자연스럽게 보이도록 길이를 조정하는 작업
- Ⓑ: 손끝이나 트리밍 나이프로 적은 양의 털을 뽑는 스트리핑 방법

① Ⓐ 레이킹(raking), Ⓑ 블렌딩(blending)
② Ⓐ 롤링(rolling), Ⓑ 레이킹(raking)
③ Ⓐ 스테이지 스트리핑(stage stripping), Ⓑ 플러킹(plucking)
④ Ⓐ 레이킹(raking), Ⓑ 플러킹(plucking)
⑤ Ⓐ 블렌딩(blending), Ⓑ 플러킹(plucking)

90

스테이지 스트리핑의 주요 목적과 특징을 가장 잘 설명하지 않는 것은 무엇인가?

① 스테이지 스트리핑은 도그 쇼에 맞춰 완성될 시기를 설정한다.
② 스테이지 스트리핑은 단계를 나누어 점진적으로 스트리핑을 진행한다.
③ 스테이지 스트리핑은 각 단계마다 스트리핑할 부위를 특정하여 작업을 진행한다.
④ 스테이지 스트리핑은 털의 자라나는 주기를 계산하여 털의 색을 변화시킨다.
⑤ 스테이지 스트리핑은 완성 모습을 미리 계획하여 효율적인 결과를 도모한다.

91

스트리핑 계획에 대한 설명 중 잘못된 것은 무엇인가?

① 도그 쇼를 대비하여 견종 표준서에 따라 이상적인 모습을 미리 계획한다.
② 스트리핑 작업을 견종에 따라 한 번에 완료하는 것으로 계획한다.
③ 주기적인 스트리핑으로 원하는 모양을 점차적으로 만들어간다.
④ 도그 쇼는 펫보다 자주 스트리핑하여 도그 쇼 시기에 맞춘 모양을 완성한다.
⑤ 각 견종의 특징과 필요에 맞춰 스트리핑 계획을 조정할 수 있다.

92

핸드 스트리핑 시 고려하지 <u>않는</u> 행동은 무엇인가?

① 손을 사용해 죽은 털을 뽑아낸다.
② 개의 피부에 상처가 있을 경우 스트리핑 작업을 진행한다.
③ 한 번에 많은 양의 털을 잡아당기지 않는다.
④ 준비되지 않은 털을 무리하게 뽑지 않는다.
⑤ 털을 역방향으로 쓸어 올려 서 있는 털을 확인 후 뽑는다.

93

스트리핑 나이프 사용의 주된 목적은 무엇인가?

① 털을 잘라내기 위해 사용한다.
② 털을 잡는 데 도움을 주기 위해 사용한다.
③ 나이프로 털의 길이를 조절한다.
④ 스트리핑 나이프로 피부를 보호한다.
⑤ 털을 염색하기 위해 사용한다.

94

스트리핑 스톤 사용 시 고려하지 <u>않는</u> 방법은 무엇인가?

① 스트리핑 스톤을 사용하여 스트리핑을 수행한다.
② 언더코트 제거에 효과적이다.
③ 피부를 팽팽하게 하고 스톤으로 문질러 준다.
④ 스트리핑 스톤으로 피부를 자극하지 않는다.
⑤ 스트리핑 스톤을 이용해 털을 염색한다.

95

레이킹(raking)의 주된 목적은 무엇인가?

① 죽은 털을 제거하고 두꺼운 언더코트를 정리한다.
② 털의 색상을 밝게 한다.
③ 털을 더 길게 자라게 한다.
④ 피부에 영양을 공급한다.
⑤ 털을 곱슬하게 만든다.

96

스트리핑 작업 방식 중 옳지 <u>않은</u> 설명은 무엇인가?

① 핸드 스트리핑은 손을 이용해 죽은 털을 뽑아내는 작업이다.
② 스트리핑 나이프는 털을 잘라내는 용도로 사용된다.
③ 스트리핑 스톤은 언더코트 제거에 효과적이다.
④ 레이킹은 죽은 털과 두꺼운 언더코트를 제거하는 데 사용된다.
⑤ 스트리핑 작업 시 개의 피부에 상처가 있을 경우 작업을 진행하지 않는다.

97

쇼 미용 스트리핑 시 유의해야 할 안전 및 작업 관련 주의사항이 <u>아닌</u> 것은 무엇인가?

① 피부 컨디션을 항상 확인하고 작업을 진행한다.
② 준비되지 않은 털은 무리해서 뽑지 않는다.
③ 스트리핑 작업 후 피부에 로션을 발라주어야 한다.
④ 스트리핑 중인 개가 외출할 때는 가벼운 옷을 입히거나 그늘에서 보호한다.
⑤ 과도한 힘을 주어 개에게 상처를 주지 않도록 주의한다.

98

스트리핑 작업 시 개의 피부와 털을 보호하기 위한 적절한 조치는 무엇인가?

① 스트리핑 후 바로 샴푸를 해서 깨끗이 한다.
② 손이 미끄러지지 않도록 파우더, 초크, 손가락 고무장갑 등을 사용한다.
③ 나이프가 피부면과 수직일 때 털을 뽑는다.
④ 초크칠이나 제품을 사용한 털을 자를 때는 모양을 잘 내는 것이 목적이다.
⑤ 스트리핑 후 맨살이 햇볕에 노출될 수 있도록 한다.

99

쇼 미용 메이크업에서 컬러핑 전문 제품 중 '털이 상해서 색이 바랬으면 이것을 칠해서 털 색을 더욱 선명하게 할 수 있다.'는 설명에 해당하는 제품은 어떤 것인가?

① 컬러 전문 샴푸   ② 컬러 초크
③ 컬러 파우더   ④ 컬러 스프레이
⑤ 컬러 젤

100

쇼 미용 메이크업에서 컬러핑 전문 제품 중 '컬러 초크보다 입자가 고운 구조로, 미용을 오랜 시간 유지할 수 있다.'는 설명에 해당하는 제품은 어떤 것인가?

① 컬러 전문 샴푸
② 컬러 초크
③ 컬러 파우더
④ 컬러 스프레이
⑤ 컬러 젤

101

쇼 미용 메이크업 제품 중 다음 〈보기〉는 어떤 것을 설명하고 있는지 고르시오.

┌ 보기 ┐
- 털의 모양을 고정시키는 데 사용되며, 입자가 섬세해 자연스러운 표현 용이
- 스프레이 사용 후 목욕으로 성분을 제거해 피모 손상 방지 필요
- 스프레이 유형에는 볼륨 스프레이, 고정용 스프레이, 컬러 스프레이, 광택 스프레이 등이 포함

① 밴드
② 컬러 초크
③ 컬러 파우더
④ 스프레이
⑤ 컬러 젤

102

쇼 미용 메이크업 제품에 대한 설명 중 옳지 <u>않은</u> 것은 무엇인가?

① 컬러 전문 샴푸는 색을 강조하면서 코트와 피부에 손상을 최소화하는 방법을 제공한다.
② 컬러 초크는 분필처럼 바르며 털이 상해 색이 바랜 경우 사용하여 털 색을 선명하게 할 수 있다.
③ 컬러 파우더는 사용 후 바로 효과를 볼 수 있으나 지속 시간이 짧다.
④ 스프레이는 털의 모양을 고정시키고 입자가 섬세해 자연스러운 표현이 용이하다.
⑤ 밴드는 크기와 털의 질감에 맞춰 선택 가능하다.

103

쇼 미용 메이크업 시 주의해야 할 사항 중 올바르지 <u>않은</u> 설명은 무엇인가?

① 과한 메이크업은 인위적인 표현을 피하기 위해 자제해야 한다.
② 메이크업 전문 제품 사용 시 사용 설명서를 반드시 숙지해야 한다.
③ 얼굴 주변 메이크업 시 동물에게 해가 되지 않도록 주의해야 한다.
④ 초크나 파우더 사용 시 주변 털에 이염을 방지하기 위해 조심해야 한다.
⑤ 밴딩은 최대한 타이트하게 고정해야 한다.

104

쇼 미용 메이크업에서 사용되는 스프레이 관련 주의해야 할 사항을 올바르게 설명한 것은?

① 얼굴 부위를 작업할 때에는 눈에 스프레이 입자가 들어가지 않도록 주의한다.
② 스프레이를 사용할 때는 해당 부위와 가장 가까이에서 스프레이를 길고 강하게 눌러 입자를 분사한다.
③ 스프레이를 사용 후에는 가능한 늦게 제거하는 것이 피모에 도움이 된다.
④ 스프레이는 많은 양을 사용하여 피부에 두껍게 쌓아야 한다.
⑤ 스프레이 사용 시 항상 피부에 직접 분사하여 빠른 효과를 기대한다.

쇼미용 연습문제 정답과 해설

01	②	02	②	03	③	04	③	05	②	06	②	07	③	08	③	09	②	10	③
11	③	12	①	13	②	14	③	15	③	16	②	17	①	18	②	19	①	20	①
21	①	22	③	23	①	24	⑤	25	③	26	⑤	27	②	28	⑤	29	⑤	30	①
31	③	32	①	33	③	34	④	35	⑤	36	①	37	②	38	③	39	④	40	③
41	⑤	42	③	43	③	44	④	45	①	46	②	47	⑤	48	①	49	②	50	④
51	④	52	③	53	③	54	①	55	③	56	③	57	①	58	③	59	④	60	④
61	②	62	④	63	④	64	⑤	65	④	66	⑤	67	①	68	②	69	①	70	⑤
71	④	72	⑤	73	②	74	④	75	③	76	③	77	③	78	⑤	79	–	80	②
81	③	82	②	83	③	84	⑤	85	⑤	86	⑤	87	⑤	88	①	89	⑤	90	④
91	②	92	②	93	②	94	⑤	95	①	96	②	97	③	98	②	99	②	100	③
101	④	102	③	103	⑤	104	①												

01
도그 쇼의 기본적인 목적은 다음 세대를 위한 혈통 번식의 평가를 용이하게 하기 위해서다.

02
1859년 영국 뉴캐슬에서 개최된 '스포팅 도그 쇼'가 세계 최초의 공식적인 도그 쇼로 기록되어 있다.

03
도그 쇼에서는 개의 건강함, 상태, 전체적인 몸의 균형, 성격 및 견종 표준을 기준으로 심사하며, 소유주의 경제적 상태는 고려 대상이 아니다.

04
도그 쇼는 승패에 연연하지 않고, 같은 취미를 가진 사람들과 즐거운 시간을 보내며 자신의 개를 소중히 여기는 것이 올바른 태도다.

05
도그 쇼에서는 승패에 연연하지 않고 자신의 개를 소중히 여기며, 같은 취미를 가진 사람들과 함께 즐거운 시간을 보내는 것이 올바른 태도로 간주된다.

06
도그 쇼는 각 견종별로 설정된 표준을 기준으로 심사를 진행하며, 각 견종의 특성과 목적에 맞춘 평가를 수행한다.

07
도그 쇼의 주요 목적은 개의 혈통 평가, 견종 표준에 따른 심사, 스포츠 및 취미 활동 제공 등이며, 상업적 이익을 주목적으로 하지 않는다.

08
핸들러의 주된 역할은 개를 심사 위원 앞에 보여주고 최적의 상태로 보이게 하는 것이지, 개의 행동을 설명하는 것은 아니다.

09

심사 위원의 주된 역할은 출전한 개를 검토하고 평가하여 견종의 표준에 가장 부합하는 개를 선발하는 것이다.

10

브리더의 책임은 번식 전에 개의 장단점을 평가하고, 무분별한 번식을 피하는 것 등이지만, 모든 개를 도그 쇼에 출전시키는 것은 그들의 책임이 아니다.

11

핸들러는 자신이 번식시키거나 소유한 개를 출진시키는 브리더 오너 핸들러(breeder-owner handler)와 사례를 받고 핸들링을 위탁받는 전문 핸들러(professional handler)로 구분된다.

12

핸들러의 역할은 경마장에서 기수와 비슷하며, 승리를 목적으로 한다.

13

심사 위원은 출진견을 검토하고 평가하여 각 견종의 표준에 따른 '완벽한' 이미지에 가장 가까운 개를 선발하는 것을 주요 임무로 한다.

14

핸들러는 자신이 번식시키거나 소유한 개를 출진시키는 브리더 오너 핸들러와 사례를 받고 핸들링을 위탁받는 전문 핸들러로 구분된다.

15

브리더의 목표는 각 견종 표준에 부합하는 더 우수한 개를 생산하는 것이다.

16

책임감 있는 브리더는 무분별한 번식을 피하고, 번식 전에 개의 장점과 단점을 공정히 평가하여야 한다.

17

책임감 있는 브리더는 무분별한 번식을 피하고, 번식 전에 개의 장점과 단점을 공정히 평가해야 한다.

18

브리더의 목표는 주로 견종 표준에 맞는 우수한 개의 생산, 건강한 번식, 무분별한 번식 방지에 초점을 맞추며, 최대 수익 창출은 주된 목표가 아니다.

19

출진견은 혈통을 단체에 등록하고 혈통서를 발급받아야 하며, 이 혈통서는 개의 기본 정보와 조상견을 기재한 등록 증명서로 사용된다.

20

도그 쇼장에 도착 후 참가자는 접수처에서 대회 프로그램을 구입해야 하며, 프로그램에는 심사 사항과 출진 등록 번호, 심사 링과 시간 정보가 포함되어 있다.

21

개체 심사에서 개의 움직임을 확인하는 데 사용되는 동작은 다운 앤 백이며, 이 외에도 트라이앵글과 라운딩 등의 동작이 사용된다.

22

도그 쇼에서 개체 심사는 견종 표준을 기준으로 이루어지며, 개별 개체가 아닌, 각 견종의 표준에 얼마나 부합하는지를 평가한다.

23

도그 쇼에서는 링 안에서 심사 위원의 지시에 따라 개체 심사가 진행되며, 참가자는 이 지시를 따라야 한다.

24

쇼링 내 매너와 심사 방법을 미리 숙지하는 것이 바람직하다.

25

출진표는 본인이 휴대하고 출진 시 왼팔에 착용한다.

26

심사는 개별 개끼리 비교가 아닌, 견종 표준에 따라 이루어진다.

27

각 견종은 그룹으로 나뉘며, 클래스(나이와 성별 구분)와 수상 방식은 나라와 단체마다 다르다.

28

베스트 오브 브리드(Best of Breed)는 각 견종마다 개체 심사를 거쳐 견종 1위견을 선발하는 것이고, 베스트 인 그룹(Best in Group)은 견종별 베스트 오브 브리드 견들이 경합하여 그룹 1위 견을 선발하는 것이다. 마지막으로 베스트 인 쇼(Best in Show)는 각 그룹의 베스트 인 그룹 견들이 경합하여 도그 쇼 최고의 견을 선발하는 것이다.

29

베스트 오브 브리드(Best of Breed) → 베스트 인 그룹(Best in Group) → 베스트 인 쇼(Best in Show)

30

견종 대회에서 클래스는 일반적으로 나이와 성별로 구분된다. 이는 다양한 나라와 단체에서 일반적으로 적용되는 분류 방법이다.

31

각 견종은 그룹으로 나뉘며, 클래스(나이와 성별 구분)와 수상 방식은 나라와 단체마다 다를 수 있다.

32

성공적인 도그 쇼 참여를 위해 가장 중요한 첫 단계는 견종의 이상적인 쇼 견을 만드는 것이다. 이는 견종 표준을 정확히 이해하고 적용하는 데 기초가 된다.

33

쇼 미용의 주된 목표는 각 견종의 특성을 정확히 나타내며, 해당 견종의 좋은 부분을 강조하여 심사 위원과 관람객에게 보여주는 것이다. 이를 통해 도그 쇼에서 높은 평가를 받을 수 있다.

34

도그 쇼 미용에서는 각 견종의 특성과 표준에 맞추어 개별적인 미용 기술과 관리 방법이 요구된다.

35

도그 쇼 참가자가 알아야 할 필수 사항은 참가 절차, 개체 심사 및 진행 방법, 그리고 참여 역할들을 이해하는 것이다.

36

다운 앤 백은 위아래로 움직이는 동작으로, 업 앤 다운이라고 한다.

37

트라이앵글은 링을 삼각형으로 사용하여 보행하는 것이다.

38

라운딩은 원의 형태로 보행하는 것을 말하는 것이다.

39

다운 앤 백은 위아래로 움직이는 동작으로, 업 앤 다운이라고 한다.

40

트라이앵글은 링을 삼각형으로 사용하여 보행하는 것이다.

41

라운딩은 원의 형태로 보행하는 것을 말하는 것이다.

42

라운딩 동작에서는 개가 핸들러의 왼쪽에 위치한다.

43

사냥꾼을 도와 사냥을 하는 사냥개로 에너지가 넘치며 안정된 기질을 가지고 있다. 포인터와 세터는 사냥감을 지목하고, 스패니얼은 새를 푸드덕 날아오르게 하며, 레트리버는 땅 또는 물 위의 사냥감을 회수해 온다.

44

하운드 그룹(hound group)은 스스로 사냥을 하고 사냥감을 궁지에 몰아 사냥꾼이 올 때까지 기다리거나 후각을 이용해 사냥감의 위치를 알아낸다. 시각형 하운드(sight hound)는 시각을 이용해 사냥하며, 후각형 하운드(scent hound)는 뛰어난 후각을 이용해 사냥감을 추적한다.

45

대체적으로 총명하고 강력한 체격을 가지고 있다. 집과 가축을 지키고 수레를 끌며 경찰견, 군견으로 다양한 힘든 일을 해낸다.

46

테리어 그룹(terrier group)은 확고하고 용감한 기질의 테리어는 쥐와 여우 등의 사냥감을 쫓아 땅속을 움직이기에 충분히 작고 적합해야 하며 그 때문에 지면 또는 땅이라는 라틴어의 '테라'에서 이름을 따 테리어라는 이름을 가지게 되었다.

47

토이 견은 사람의 반려동물로서 만들어졌다. 이 그룹은 생기 넘치고 활기차며, 보통 그들이 큰 종자의 모습을 닮았다

48

논스포팅 그룹은 다른 그룹에 포함되지 않으면서 굉장히 다양한 특성을 가진, 나머지 견종들로 구성된다.

49

목축 그룹은 개가 가진 타고난 본능이며, 이들의 목적은 목동과 농부를 도와 가축을 다른 장소로 움직이도록 이끌고 감독하는 것이다.

50

그레이하운드는 하운드그룹에 속하는 견종이다. 스포팅 그룹의 대표견종으로 아메리칸코커스패니엘, 브리티니, 제서프크베이레트리버, 콜럼버스페니엘, 컬리 코티드 리트리버, 잉글리쉬 코카스패니엘, 잉글리쉬 세터, 잉글리쉬 스프링거 스패니엘, 플랫–코티드 리트리버, 골든 리트리버, 아이리시 세터, 래브라도 리트리버, 서섹스 스패니엘, 비즐라, 와이마라너, 와이어헤어드 포인팅 그리폰 등이 있다.

51

와이마라너는 스포팅 그룹에 속해있는 견종이다. 워킹 그룹의 대표 견종은 아키타, 알래스칸 맬러뮤트, 버니즈마운틴도그, 복서, 불마스티프, 도베르만핀셔, 자이언트슈나우저, 그레이트데인, 코몬도르, 쿠바스, 마스티프, 누펀들랜드, 로트와일러, 세인트버나드, 사모예드, 시베리언허스키 등이 있다.

52

이탈리안 그레이하운드는 토이그룹에 속해있는 견종이다. 하운드 그룹의 대표 견종은 아프칸하운드, 바센지, 바셋하운드, 비글, 블랙앤드탄쿤하운드, 블러드하운드, 보르조이, 닥스훈트, 그레이하운드, 아이리시울프하운드, 노르웨이엘크하운드, 로디지아리지백, 살루키, 휘핏 등이 있다.

53

웰시코기는 목축 그룹에 속해있는 견종이다. 테리어 그룹의 대표 견종은 에어데일 테리어, 오스트레일리안 테리어, 베드링턴 테리어, 보더 테리어, 불 테리어, 케언 테리어, 댄디 딘몬트 테리어, 아이리쉬 테리어 잭 러셀 테리어, 케리 블루 테리어, 레이크랜드 테리어, 맨체스터 테리어, 미니어쳐슈나우저, 노퍽 테리어, 노리치 테리어, 스코티시 테리어, 실리함 테리어, 스카이 테리어, 소프트 코티드 휘튼 테리어, 웨스트 하이랜드 화이트 테리어 등이 있다.

54

비숑프리제는 논스포팅 그룹에 속해있는 견종이다. 토이 그룹의 대표견종은 아펜핀셔, 브뤼셀그리펀, 치와와, 차이니스크레스티드, 이탈리안 그레이하운드, 제피니스친, 몰티즈, 파피용, 패키니즈, 포메라이안, 시츄, 토이푸들, 요크셔테리어 등이 있다.

55

닥스훈트는 하운드 그룹에 속해있는 견종이다. 논스포팅 그룹의 대표 견종은 비숑프리제, 보스턴테리어, 차이니스샤페이, 차우차우, 달마티안, 프렌치불도그, 재퍼니즈스피츠, 라사압소, 사바이누 등이 있다.

56

아이리시 세터는 스포팅 그룹에 속해있는 견종이다. 목축 그룹의 대표견종은 비어디드콜리, 벨지안 쉽도그 그로넨달, 벨지안 쉽도그 말리노이즈, 벨지안 쉽도그 터뷰렌, 보더콜리, 콜리, 저먼세퍼드도그, 올드잉글리시시프도그, 폴리, 셔틀랜드쉽도그, 웰시코기 등이 있다.

57

1그룹(목양견 그룹: herding group)은 목양견(sheepdogs)과 목축견(cattle dogs)이 속해있다.

58

2그룹(사역견 그룹: working group)에는 핀셔(pinscher), 슈나우저(schnauzer), 몰로시안(Molossian type), 스위스캐틀도그(cattle dogs)가 대표 견종이다.

59

3그룹(테리어 그룹: 소형 조렵견)의 대표 견종은 테리어다.

60

4그룹은 닥스훈트 견종(Dachshunds)이 속해있는 그룹이다.

61

5그룹은 스피츠(spits)와 프라이미티브 견종(primitive types)이 속해있는 그룹이다.

62

7그룹은 조렵견종(포인팅 견종: pointing dogs)이 속해있는 그룹이다.

63

9그룹은 반려견(companions)과 토이독(toys)이 속해있는 그룹이다.

64

10그룹은 시각형 수렵견종[사이트 하운드 견종(sighthounds)]이 속해있는 그룹이다.

65

도그 쇼의 견종별 표준 미용 규정은 각 견종마다 다르게 적용되며, 견종 표준서에 따라 각기 다른 기준과 요구사항을 가진다.

66

미국애견협회의 규정에 따르면, 12개월 미만의 강아지는 퍼피 클립으로 출전 가능하다.

67

퍼피 클립에서는 한 살 미만의 푸들은 퍼피 클립으로 출전할 수 있는데, 얼굴, 목, 발과 꼬리의 밑동치만 클립되며 발은 모두 클립되어 그 형태를 다 볼 수 있어야 한다. 꼬리의 끝에는 폼폰이 있다. 단정한 형태를 보기 위해서 약간의 손질은 할 수 있지만 심한 시저링은 허용되지 않는다.

68

잉글리시 새들 클립에서는 얼굴, 목, 발과 앞다리의 브레이슬릿(bracelet: 앞발의 둥그런 털) 상부와 꼬리의 밑동치는 면도하며, 앞다리와 꼬리 끝에는 브레이슬릿과 폼폰을 유지한다. 몸의 뒷부분은 짧은 털로 덮지만 관절이 있는 곳은 면도하여 뒷다리에는 2개의 면도한 선이 있어야 한다. 면도한 발의 전체적인 형태를 볼 수 있으며 면도한 뒷다리의 선은 확실히 볼 수 있어야 한다. 몸의 다른 부위들은 깎지 않지만 단정한 형태를 위해 시저링은 허용된다.

69

콘티넨털 클립에서는 잉글리시 새들 클립과 동일하지만 몸의 뒷부분은 모두 면도하며, 뒷다리에도 브레이슬릿은 유지한다. 엉덩이 위에 둥근 로제트(rossette)는 옵션이다.

70

스포팅 클립에서는 얼굴, 목, 발과 꼬리의 밑동치는 면도하며 머리 위에는 시저링으로 손질된 모자 형태의 머리여야 하며 꼬리 끝에는 폼폰을 유지한다. 다른 부위는 면도나 시저링하여 개의 외형상 아웃라인을 위주로 1인치 미만의 짧은 털로 덮는다. 다리의 털은 몸의 털 길이보다 약간 더 길어도 된다.

71

테이블 매너 훈련 중 반려견과의 친화 과정에서 중요한 점은 안전하고 부드러운 방식으로 반려견을 테이블 위에 올리는 것이다. 반려견을 들어올릴 때 목덜미 뒤쪽을 잡는 행동은 권장되지 않으며, 오히려 한 손으로 가슴 부위를 받치고 다른 손으로 부드럽게 감싸 안는 것이 적절하다.

72

테이블 매너 훈련 중에 행해지는 건강 상태 검사에서는 주로 눈, 코, 입, 귀, 피모, 패드, 발톱 등이 육안으로 검사된다. 척추는 이러한 일반적인 검사 과정에서 특별히 주목되지 않는 부위로, 주로 내부의 복잡한 문제를 진단할 때 전문적인 검사가 필요하다.

73

목줄이 개의 목젖보다 밑에 위치하게 되면 개가 머리를 숙일 때 불편해하므로 턱 밑에 정확히 오게 한다.

74

개가 전방을 주시하여 무게 중심의 60% 정도가 앞으로 올 수 있도록 유도한다

75

스태그 자세에서 개가 편안하고 안정적으로 서 있도록 하는 것은 중요하다. 이를 통해 개가 자연스러운 포즈를 취하고 최상의 모습을 보여줄 수 있다

76

개의 골격 이해는 표준 미용 기준에 맞추어 장단점을 판단하고 적절한 미용 방법을 확립하는 데 사용되며, 견종에 맞지 않는 새로운 스타일을 개발하는 것은 목적에 부합하지 않는다.

77

밸런스 미용의 주된 목적은 견종 표준에 부합하는 이상적인 모습을 창출하는 것이며, 견종의 개성을 독창적으로 표현하는 것은 기본 목적에서 벗어난다.

78

발톱의 길이는 주로 건강과 편안함을 위해 관리되며, 미용 목적으로 개의 높이를 조정하는 것은 권장되지 않는다.

79

1	앞얼굴(안면)	16	뒷발허리뼈(중족골)
2	아래턱뼈(하악골)	17	종아리뼈(비골)
3	어깨뼈(견갑골)	18	정강뼈(경골)
4	어깨관절(견관절)	19	넓적다리뼈(대퇴골)
5	복장뼈(흉골)	20	엉덩관절(대퇴관절)
6	위팔뼈(상완골)	21	꼬리뼈(미추)
7	앞다리굽이관절·팔꿉관절(주관절)	22	골반뼈(골반골)
8	노뼈(요골)	24	엉치뼈(천골)
9	앞발목관절(완관절)	23	허리뼈(요추)
10	앞발허리뼈(중수골)	25	13번째 갈비뼈(13번째 늑골)
11	발가락뼈(지골)	26	등뼈(흉추)
12	자뼈(척골)	27	가슴우리(흉곽)
13	갈비뼈활(늑골궁)	28	목뼈(경추)
14	무릎관절(슬관절)	29	머리뼈(두개골)
15	뒷발목관절(비절관절)		

80

스트리핑은 주로 거칠고 뻣뻣한 털을 가진 견종에 적합한 손질 방법이며, 모든 견종에 적용되는 것은 아니다.

81

스트리핑은 거친 털을 가진 견종의 특성을 유지하고 최적의 털 상태를 보장하기 위한 손질 방법이다. 이는 견종의 표준을 유지하며 털이 빠지고 자라나는 과정을 돕는 중요한 기술이며, 특히 테리어 등 특정 견종에 매우 중요하다.

82

레이킹은 트리밍 나이프나 콤을 사용하여 죽은 털과 두꺼운 언더코트를 제거하는 기술로, 새로운 털의 성장을 촉진한다.

83

롤링은 정기적으로 나이프나 손가락을 사용하여 부드러운 털이나 긴 털을 뽑아 코트를 정리하는 작업이며, 이를 코트워크(coat work)라고도 한다.

84

스테이지 스트리핑은 단계를 나누어 진행하며, 도그 쇼에 맞춘 완성 시기를 계획하는 스트리핑 방법이다. 특히 털이 자라나는 주기를 계산하여 완성 모습을 미리 계획하는 것이 중요하다.

85

풀 스트리핑은 피부가 보일 정도로 털을 뽑는 방법으로, 좋은 털 상태의 유지와 발모 촉진을 목적으로 한다.

86

블렌딩은 스트리핑한 털의 경계를 자연스럽게 보이도록 길이를 조정하는 작업으로, 미용의 완성도를 높이는 데 기여한다.

87

플러킹은 스트리핑의 한 방법으로, 손끝이나 트리밍 나이프를 사용하여 적은 양의 털을 뽑는 작업이다. 이 방법은 특히 필요한 부위의 털을 제거하여 견종의 특성을 더욱 부각시키는 데 사용된다.

90

스테이지 스트리핑은 단계별로 털을 관리하여 최적의 상태를 유지하고 도그 쇼 등의 이벤트에 맞춰 완성도를 높이는 방법이지만, 털의 색을 변화시키는 것은 스트리핑의 목적이나 기능과 관련이 없다.

91

스트리핑은 통상적으로 단계별로 나누어 진행되며, 각 단계에서 털의 자라는 주기와 도그 쇼의 시기 등을 고려하여 점진적으로 진행된다.

92

핸드 스트리핑 시에는 개의 피부가 불안정하거나 상처가 있는 경우에는 스트리핑 작업을 강행하지 않는 것이 중요하다.

93

스트리핑 나이프는 털을 잘라내는 도구가 아니라, 털을 잡는 데 도움을 주는 도구로 사용된다. 이를 통해 털의 결 방향으로 살짝 잡아당겨 뽑는 작업을 쉽게 수행할 수 있으며, 털이 잘리지 않고 반드시 뿌리째 뽑아야 한다.

94

스트리핑 스톤은 털의 언더코트를 제거하는 데 사용되며, 털을 염색하는 용도로는 사용되지 않는다. 이 도구는 피부를 팽팽하게 한 후 털의 결 방향으로 부드럽게 문질러 사용한다.

95

레이킹은 트리밍 나이프나 콤을 사용해 죽은 털과 두꺼운 언더코트를 제거하는 방법으로, 새 털의 성장을 촉진하고 코트를 깔끔하게 유지하는 데 목적이 있다.

96

스트리핑 나이프는 털을 잘라내는 도구가 아니라, 털을 잡는 데 도움을 주기 위해 사용되는 도구이며, 털이 잘리지 않고 반드시 뿌리째 뽑아야 한다.

97

스트리핑 후에 피부에 로션 등을 사용하지 않는다.

98

손이 미끄러지지 않도록 하는 것은 스트리핑 작업을 더욱 효과적이고 안전하게 수행하는 데 도움을 준다. 이를 통해 정확하고 조심스러운 스트리핑이 가능하며, 피부를 보호할 수 있다.

99

털이 상해서 색이 바랬으면 컬러 초크를 칠해서 털 색을 더욱 선명하게 할 수 있다. 분필을 사용하는 것처럼 바를 수 있다.

100

일반적으로 컬러 초크보다 입자가 곱고 점착력이 우수하여 미용을 더 오랜 시간 유지할 수 있다.

101

털의 모양을 고정시키고자 할 때 사용한다. 입자가 섬세해서 자연스럽게 표현하기가 쉽다. 스프레이와 같은 세팅 제품을 사용한 후에는 가급적 빠른 시간 안에 목욕으로 성분을 제거해 주어야 피모의 손상을 막을 수 있다. 볼륨 스프레이, 고정용 스프레이, 컬러 스프레이, 광택 스프레이 등이 있다.

102

컬러 파우더는 입자가 고운 구조로 되어 있어, 미용을 오랜 시간 동안 유지할 수 있는 특성을 가지고 있다.

103

밴딩을 너무 타이트하게 하지 않도록 주의하여 털 빠짐을 방지할 수 있다.

104

해당 부위에서 15~30cm 정도 떨어진 거리에서 스프레이를 짧고 부드럽게 눌러 고운 입자로 분사한다. 스프레이를 사용 후에는 가능한 빨리 목욕을 하여 성분을 제거해야 한다. 스프레이는 과하게 사용하지 않고 최소량으로 사용하여 자연스럽게 피모의 모양을 고정시키는 것이 좋으며, 많은 양을 사용하여 피부에 두껍게 쌓는 것은 피모 손상과 부자연스러운 외관을 초래할 수 있다.

02 장모관리

01 장모종 브러싱

1. 장모종의 브러싱 관련 제품

브러싱 컨디셔너	• 털의 정전기로 인한 마찰 손상을 줄여 브러싱을 쉽게 해줌 • 손상된 코트에 보습 효과를 주어 피모의 손상을 빨리 회복시켜 줌 • 코트가 건강한 상태로 유지되도록 도움을 줌
워터리스 샴푸	• 더러워지거나 얼룩진 코트 부위에 직접 뿌려서 물로 헹구지 않고 사용함 • 드라이어로 말리거나 수건으로 닦아서 사용함 • 물이 필요 없으므로 목욕 시설이 없는 야외에서도 사용 가능함
정전기 방지 컨디셔너	• 정전기로 코트가 날리는 현상을 해결해 줌 • 목욕 후 완전히 수분이 건조되지 않은 상태의 코트에 직접 분사하여 사용함 • 코트가 완전히 말라 브러싱이 필요한 상태에서도 코트를 보호하며 정전기를 예방해 줌 • 컨디셔너나 오일이 뭉치는 현상이 일어나지 않는 제품을 선택하는 것이 좋음
엉킴 제거 제품	• 엉킨 부분을 브러싱할 때 모질 손상이 적고, 엉킨 털을 더 쉽게 풀어줌 • 엉킨 부위에 도포하여 일정 시간 방치한 후 엉킴을 제거함

2. 장모 관리용 브러시의 종류 및 사용 방법

(1) 슬리커 브러시

① 엄지와 집게손가락으로 손잡이를 쥐고 나머지 세 손가락으로 받침
② 브러시가 흔들리지 않도록 고정하고 손목의 스냅을 이용해 부드럽게 빗질

(2) 콤

① 콤을 가볍게 잡고 흔들리지 않도록 고정
② 팔에 힘을 주지 않고 손목의 움직임으로 털의 결과 수직이 되게 빗질

(3) 핀 브러시

① 핀 브러시를 고정하고 가볍게 쥐며 면 전체를 사용해 빗질
② 빗질하지 않는 손으로 개체를 보정하거나 털과 피부를 고정하고 손목의 탄력으로 빗질

(4) 브리슬 브러시(천연모 브러시)

① 실키 코트에 사용, 멧돼지 털과 돼지 털로 만들어짐
② 털과 피부의 노폐물 제거와 오일 브러싱에 사용
③ 나일론 브러시는 정전기로 털이 손상될 수 있으므로 천연모 브러시 사용 권장
④ 일반적인 빗질용으로 사용하는 경우: 피부 깊숙한 곳에서 털의 바깥쪽으로 빗어주며, 빗질하지 않는 손으로 개체를 보정하고 털과 피부를 고정시킴
⑤ 오일 브러시로 사용하는 경우: 털 관리용 오일을 브러시에 뿌려 한곳에 많이 도포되지 않도록 주의하며, 빗질하지 않는 손으로 개체를 보정하고 털과 피부를 고정시킴

3. 장모종 브러싱할 때 안전 및 유의사항

① 도구와 장비의 사용 방법을 숙지하고 숙련해야 함
② 미용 도구와 장비는 위생과 소독을 철저히 관리해야 함
③ 귀의 털을 브러싱할 때 귓불 피부에 상처가 나지 않도록 주의
④ 목, 겨드랑이, 귀 안쪽까지 꼼꼼하게 브러싱
⑤ 다리 안쪽, 겨드랑이, 살 등의 연약한 피부를 주의하여 브러싱
⑥ 얼굴 부위를 브러싱할 때 안구 손상을 주의
⑦ 제품 사용 시 민감한 반응이 있으면 중지
⑧ 스프레이 제품은 눈에 들어가지 않도록 주의
⑨ 브러싱할 때 모질 손상을 최소화하도록 세심하게 작업
⑩ 끝이 둥글고 면이 고른 브러시를 사용
⑪ 개를 눕힐 때 목베개를 활용하면 효과적임
⑫ 플라스틱 빗은 정전기가 심하고 모질을 손상시킴
⑬ 모량에 맞는 적당한 빗살 길이와 간격을 선택함
⑭ 분무기는 입자가 작고 넓게 퍼지는 제품을 사용함
⑮ 목베개는 견종에 맞는 높낮이를 고려하여 사용함
⑯ 장모견의 엉킨 털은 드라이어를 이용하면 브러싱 시 시야 확보가 용이함
⑰ 귀 뒤, 관절 뒤, 배와 엉덩이 등의 엉킨 털을 꼼꼼하게 확인함

02 장모종 목욕

1. 장모종의 목욕 제품

① 세정 외에 보습, 엉킴 방지, 거칠어진 모질 복원 등의 기능이 필요함
② 견종 모질 특성에 따라 샴푸와 린스를 선택하고, 필요에 따라 컨디셔너나 오일을 효과적으로 활용해야 함

볼륨 목욕 제품	• 푸들, 비숑 프리제, 볼륨이 필요한 테리어 종에 적합 • 털에 볼륨을 주어 풍성하게 보이게 함 • 털 빠짐을 줄이고 모질 관리를 도와주는 제품 선택
디프 클렌징 목욕 제품	• 모발과 모공에 축적되어있는 이물질 제거 • 충분한 디프 클렌징을 하여 빌드업 현상 제거 • 모발에 필요한 수분과 유용한 오일 성분까지 제거하지 않는 제품을 선택
실키코트 목욕 제품	• 몰티즈, 요크셔테리어에 적합 • 털을 부드럽고 차분하게, 모질에 광택을 줌 • 모질에 윤기를 부여하고 정전기와 엉킴을 방지하며, 차분하고 찰랑찰랑하게 보이게 하는 제품 선택
화이트닝 목욕 제품	• 하얀색 개의 모색을 하얗게 유지 • 오래된 얼룩과 먼지를 제거하면서 모질 손상을 최소화하는 제품 선택

2. 장모종 목욕 전 준비사항

목욕 시작 후 반려동물과 떨어지는 것은 불가능하므로, 목욕에 필요한 모든 용품을 미리 준비함

작업자	• 작업화: 미끄럼 방지 제품 • 작업복: 물에 젖지 않는 의복이나 앞치마
목욕실 내 준비물	샴푸, 린스, 트리트먼트, 타월, 콤
드라이실 내 준비물	타월, 핀 브러시, 슬리커 브러시, 고무밴드, 브러싱 스프레이

3. 장모종 목욕 시 안전 및 유의사항

① 장모종 목욕 제품은 견종의 모질 특징을 파악해 전용 제품을 선택함
② 샴푸와 목욕 제품이 피부에 남지 않도록 긴 털 안쪽까지 충분히 헹굼
③ 목욕 시 털을 문지르면 엉킴이 생기므로 주의해야 함
④ 목욕실 바닥이 젖어 미끄러지지 않도록 주의해야 함
⑤ 샴푸의 농도를 일정하게 유지하려면 욕조에 물을 받아 사용함
⑥ 마사지 시 털을 비비거나 문지르면 엉킴이 생기므로 주의해야 함
⑦ 오염이 심한 부위에는 샴푸를 진하게 사용함
⑧ 린스 작업 시 코트 전체를 담그면 모질 개선에 효과적임
⑨ 린스 헹굼 정도를 조절해 코트의 무게감을 조절할 수 있음

1. 모질의 특징

① 모질은 피모의 길이에 따라 장모종과 단모종으로 나눔
② 장모종과 단모종에서 모질의 특성에 의해 싱글 코트와 더블 코트로 구분됨

싱글 코트	• 상모(오버코트: 보호털)만을 가진 일중모의 구조 • 환모기가 없고 털 빠짐이 적음 • 피모가 얇아 추위에 약하며, 장모종은 털 관리 소홀 시 엉킴이 생김 • 대표견종: 푸들, 몰티즈, 요크셔테리어
더블 코트	• 상모(오버코트: 보호털)와 하모(언더코트)의 이중모 구조 • 상모는 보호하는 얇고 거친 털, 하모는 부드럽고 촘촘히 난 털 • 추위에 강하며 환모기가 있어 하모의 털이 많이 빠짐 • 대표견종: 슈나우저, 포메라이안, 시베리안허스키

2. 펫타올

① 장모종의 긴 털을 말릴 때 먼저 수건으로 물기를 닦아내야 함
② 물기를 제거하면 털을 말리는 데 걸리는 시간을 단축할 수 있음
③ 타월에는 습식 타월과 건식 타월이 있음

습식 타월	• 딱딱하게 굳어져 있는 타월을 물에 적신 후 부드러워진 타월의 물기를 짜서 사용 • 한 장의 타월로 여러 번 짜서 쓰며 물기를 제거 가능 • 재질이 매끈하기 때문에 수건에 털이 붙지 않음 • 세탁 후 젖은 상태에서 접어서 보관 가능
건식 타월	• 흡수력이 뛰어나기 때문에 물기를 제거하는 데 효과적임 • 물기를 먹은 수건은 다른 수건으로 교체해서 사용해야 하기 때문에 여러 장의 수건이 필요함

3. 드라이 작업의 풍량과 온도 조절

(1) 풍량 조절

① 물기 제거 직후 강한 풍량으로 재빠르게 말리며 털을 펴서 말림
② 말리는 부위에 드라이 바람을 계속 유지함
③ 물기 제거 후 풍량의 강약을 조절하며 말림
④ 더블 코트는 핀 브러시와 슬리커 브러시로 풍량을 조절해 가며 말림
⑤ 싱글 코트는 물기 제거 후 약한 풍량으로 핀 브러시를 사용해 말림

(2) 드라이 작업의 온도 조절

① 젖은 털은 높은 온도로 말리고 물기 제거 후에는 미지근한 바람으로 말림
② 높은 온도로 말릴 때 피모 손상과 화상을 주의함
③ 눈에 직접 드라이 바람이 가지 않도록 주의함
④ 더블 코트는 이중모로 되어 있어 물기가 남아 있는 경우 피모 속을 확실하게 말림
⑤ 싱글 코트는 피모가 얇아 강한 바람을 한 곳에 계속 쏘면 화상의 위험이 있으므로 빠른 시간 안에 작업을 끝냄

4. 장모종 드라이 작업 시 안전 및 유의사항

① 얼굴을 드라이할 때 안구 손상에 유의함
② 타월링 작업을 완벽하게 하면 드라이 시간을 줄일 수 있음
③ 너무 뜨거운 바람은 모질 손상의 원인이 되므로 온도를 적절하게 조절함
④ 모질의 특성에 따라 수분을 조절하며 드라이함
⑤ 털의 안쪽, 겨드랑이, 살 등 건조가 어려운 부분까지 꼼꼼하게 드라이함
⑥ 드라이어 바람에 털이 흩날려 엉키지 않도록 주의함
⑦ 분사식 제품 사용할 때 동물의 눈에 들어가지 않도록 주의함

---

04 | 장모종 래핑 · 밴딩

1. 래핑

① 모질 손상을 최소화하고 모색 변질을 막기 위해 털을 래핑지로 싸고 밴드로 묶는 작업
② 개의 움직임과 피부 상태를 고려해 가지런히 싸면 모질 손상이 덜함
③ 장모종의 털이 바닥에 쓸리거나 끊어지는 것을 방지
④ 피모에 공기 접촉이 저해되므로 일정 시간마다 풀어서 다시 작업 필요

2. 밴딩

① 래핑과 유사한 목적이지만 래핑지 대신 밴드를 사용하여 털의 끊어짐과 오염을 방지
② 래핑보다 작업이 간단하며 털 구겨짐이 없어 전람회 출진 전 코트 관리에 유용

3. 장모종 밴딩 시 안전 및 유의사항

① 래핑지는 통풍이 잘 되는 재질로 선택
② 래핑 후 반려동물의 움직임을 확인하여 불편함이 없도록 함
③ 반려동물의 성향과 털의 성질에 따라 래핑과 밴딩 적용 여부 결정
④ 래핑지와 밴드는 모질의 특성과 모량에 맞게 선택
⑤ 래핑 부위를 물어뜯을 경우 털 손상 방지를 위해 주의 필요
⑥ 고무밴드는 한쪽 방향으로 감는 회수는 모량이나 래핑 재료 특징에 따라 결정됨
⑦ 브러싱 스프레이 사용 시 동물과 작업자의 눈에 들어가지 않도록 조심
⑧ 분사식 스프레이는 환기가 잘 되는 곳에서 사용 필요
⑨ 래핑 작업 중 귀에 상해가 발생하지 않도록 귀 끝에서 1cm 이상 간격을 유지하여 래핑
⑩ 래핑이 모근에 너무 타이트하게 되면 털의 손상을 초래할 수 있으므로 주의
⑪ 래핑의 모양이 망가지면 즉시 재작업을 하여 털이 끊어지거나 엉키는 것을 방지

01

장모종의 브러싱 관련 제품 중 '브러싱 컨디셔너'의 주요 기능으로 옳지 <u>않은</u> 것은 무엇인가?

① 털의 정전기로 인한 마찰 손상을 줄여준다.
② 손상된 코트에 보습 효과를 제공한다.
③ 털의 색상을 영구적으로 변경한다.
④ 코트가 건강한 상태로 유지될 수 있도록 돕는다.
⑤ 브러싱을 더 쉽게 해준다.

02

장모종의 브러싱 관련 제품 중 '워터리스 샴푸'의 주요 기능으로 옳지 <u>않은</u> 것은 무엇인가?

① 물로 헹구지 않고 사용할 수 있다.
② 얼룩진 부위에 직접 뿌려 사용한다.
③ 야외에서도 사용 가능하다.
④ 보습효과에 탁월하다.
⑤ 드라이어나 수건으로 처리한 후 사용 완료한다.

03

장모종의 브러싱에 사용되는 '정전기 방지 컨디셔너'의 주요 기능 중 옳지 <u>않은</u> 것은 무엇인가?

① 정전기로 인해 날리는 코트를 안정시킨다.
② 목욕 후 코트가 완전히 건조되지 않은 상태에서 사용된다.
③ 컨디셔너나 오일이 뭉치는 현상이 일어나지 않는 제품을 선택하는 것이 좋다.
④ 정전기 방지 외에도 피부 질환을 치료하는 데 효과적이다.
⑤ 코트가 완전히 말라 브러싱이 필요한 상태에서도 정전기를 예방하며 코트를 보호한다.

04

장모종의 브러싱에 사용되는 '엉킴 제거 제품'의 주요 기능 중 옳지 <u>않은</u> 것은 무엇인가?

① 엉킨 부분을 브러싱할 때 모질 손상을 최소화한다.
② 엉킨 부위에 도포하고 일정 시간 방치한 후 부드럽게 브러싱한다.
③ 엉킨 털을 더 쉽게 풀어줌으로써 브러싱을 용이하게 한다.
④ 엉킨 부위의 털의 색상을 복원하는 데 사용된다.
⑤ 엉킴 제거를 통해 털의 자연스러운 느낌을 유지하도록 돕는다.

05

장모종의 브러싱에 사용되는 제품 중 옳지 <u>않은</u> 기능 설명은 무엇인가?

① 브러싱 컨디셔너는 털의 정전기로 인한 마찰 손상을 줄여 브러싱을 용이하게 한다.
② 워터리스 샴푸는 코트의 더러움을 제거하며, 물이 필요한 환경에서만 사용 가능하다.
③ 정전기 방지 컨디셔너는 코트가 완전히 말랐을 때 사용하여 정전기를 예방한다.
④ 엉킴 제거 제품은 엉킨 부분에 도포 후 일정 시간 방치하여 털을 풀어준다.
⑤ 모든 제품은 코트의 보습을 돕고 브러싱을 용이하게 하는 데 목적이 있다.

06

장모 관리용 브러시 종류로 보기 <u>어려운</u> 것은?

① 핀 브러시
② 브리슬 브러시(천연모 브러시)
③ 스트리핑 스톤
④ 콤
⑤ 슬리커 브러시

07

장모 관리용 브러시의 사용 방법 중 옳지 <u>않은</u> 설명은 무엇인가?

① 슬리커 브러시 사용 시 손목의 스냅을 이용해 부드럽게 빗질한다.
② 콤 사용 시 팔에 힘을 주어 털의 그루터기까지 강하게 빗질한다.
③ 핀 브러시를 사용할 때는 빗질하지 않는 손으로 개체를 보정하며 빗질한다.
④ 브리슬 브러시는 실키 코트에 사용되며, 멧돼지 털로 만들어진다.
⑤ 브리슬 브러시를 오일 브러시로 사용할 때는 오일을 브러시에 뿌려 털에 고르게 분포시킨다.

08

브리슬 브러시(천연모 브러시) 사용 시 부적절한 관리 방법은 무엇인가?

① 실키 코트에 사용되며, 멧돼지 털과 돼지 털로 만들어진다.
② 털과 피부의 노폐물 제거에 사용된다.
③ 나일론 브러시 대신 사용하여 정전기로 인한 털 손상을 방지한다.
④ 오일 브러시로 사용 시 털에 도포 후 브러싱한다.
⑤ 일반적인 빗질용으로 사용할 때는 털과 피부를 고정하며 바깥쪽으로 부드럽게 빗질한다.

09

동물의 털로 만든 빗으로, 털과 피부의 노폐물 제거와 오일 브러싱에 사용하는 브러시는 무엇인가?

① 슬리커 브러시   ② 콤
③ 브리슬 브러시   ④ 핀 브러시
⑤ 오발빗

10

장모종 브러싱 시 안전 및 유의사항 중 잘못된 설명은 무엇인가?

① 제품 사용 시 민감한 반응이 있으면 최대한 서둘러 마무리한다.
② 얼굴 부위를 브러싱할 때는 안구 손상에 주의해야 한다.
③ 귀의 털을 브러싱할 때는 귓볼 피부에 상처가 나지 않도록 주의해야 한다.
④ 다리 안쪽과 샅 등 연약한 피부를 브러싱할 때는 특별히 조심해야 한다.
⑤ 스프레이 제품은 사용 중 눈에 들어가지 않도록 주의해야 한다.

11

장모종 브러싱 도구 선택 시 고려해야 할 사항으로 부적절한 것은 무엇인가?

① 플라스틱 빗은 정전기가 심하고 모질을 손상을 최소화시키므로 사용을 권장한다.
② 끝이 둥글고 면이 고른 브러시를 사용하여 모질 손상을 최소화한다.
③ 모량에 맞는 적당한 빗살 길이와 간격을 선택해야 한다.
④ 분무기는 입자가 작고 넓게 퍼지는 제품을 사용하여 효과적인 브러싱을 돕는다.
⑤ 목베개를 사용하면 개를 편안하게 눕힐 수 있으며 브러싱을 용이하게 한다.

12

장모종의 목욕 제품 선택에 관한 설명 중 옳지 않은 것은 무엇인가?

① 샴푸와 린스는 견종 상관없이 같은 제품으로 사용한다.
② 보습, 엉킴 방지 및 거칠어진 모질 복원 기능이 있는 제품을 선호해야 한다.
③ 견종의 모질 특성에 따라 샴푸와 린스를 적절히 선택해야 한다.
④ 필요에 따라 컨디셔너나 오일을 사용하여 추가적인 모질 관리를 할 수 있다.
⑤ 샴푸 사용 후에는 항상 린스를 사용하여 샴푸 잔여물을 제거해야 한다.

13

볼륨 목욕 제품의 적절한 사용에 대한 설명으로 틀린 것은 무엇인가?

① 푸들과 비숑 프리제와 같은 견종에 적합하다.
② 털에 볼륨을 주어 풍성하게 보이게 한다.
③ 털 빠짐을 증가시키는 제품을 선택해야 한다.
④ 모질 관리를 도와주는 제품을 선택한다.
⑤ 볼륨이 필요한 테리어 종에 사용된다.

14

디프 클렌징 목욕 제품의 특징 중 올바르지 않은 설명은 무엇인가?

① 모발과 모공에 축적된 이물질을 제거한다.
② 털을 부드럽고 차분하게 한다.
③ 모발에 필요한 수분과 유용한 오일 성분을 보존하는 제품을 선택해야 한다.
④ 충분한 디프 클렌징을 통해 빌드업 현상을 제거한다.
⑤ 이물질 제거 후에는 항상 추가 컨디셔닝이 필요하다.

15

실키코트 목욕 제품의 특징으로 적절하지 않은 것은 무엇인가?

① 몰티즈와 요크셔테리어에 적합하다.
② 털을 부드럽고 차분하게 하며 광택을 준다.
③ 털에 볼륨을 주어 풍성하게 보이게 한다.
④ 모질에 윤기와 찰랑거림을 더해준다.
⑤ 정전기와 엉킴 방지 기능을 가진 제품을 선택한다.

16

화이트닝 목욕 제품의 선택 기준으로 부적절한 것은 무엇인가?

① 하얀색 견종의 모색을 하얗게 유지한다.
② 오래된 얼룩과 먼지를 제거한다.
③ 모질 손상을 최소화하는 제품을 선택한다.
④ 모든 색상의 견종에 사용 가능하다.
⑤ 오래된 얼룩 제거에 효과적이지만, 모질 손상을 최소화하는 제품을 선택해야 한다.

17

장모종의 목욕 제품에 대한 설명 중 옳지 않은 것은 무엇인가?

① 볼륨 목욕 제품은 푸들, 비숑 프리제 등 볼륨이 필요한 견종에 적합하다.
② 디프 클렌징 목욕 제품은 딥 클렌징 시 충분한 디프 클렌징을 하여 빌드업 현상을 제거한다.
③ 실키코트 목욕 제품은 몰티즈와 요크셔테리어에 적합하며, 털을 부드럽고 차분하게 만든다.
④ 화이트닝 목욕 제품은 하얀색 개의 모색을 유지하며 모든 오래된 얼룩을 제거한다.
⑤ 디프 클렌징 목욕 제품은 오일 성분을 탁월하게 제거하는 제품을 선택해야 한다.

18

하얀색의 개의 모색을 하얗게 유지하는 데 도움을 주는 장모종의 목욕 제품은 무엇인가?

① 볼륨 목욕 제품 ② 디프 클렌징 목욕 제품
③ 실키코트 목욕 제품 ④ 화이트닝 목욕 제품
⑤ 저자극 목욕 제품

19

아래의 내용은 실키코트 목욕 제품을 설명한 것이다. 이 제품을 사용하기에 적합한 견종은?

> ┤ 보기 ├
>
> 털을 차분하고 부드럽게 하여 모질에 광택이 흐르게 하며 관리가 용이하도록 도와준다. 모질에 윤기를 주고 정전기와 엉킴을 방지하며, 차분하고 찰랑찰랑해 보이게 할 수 있는 제품을 선택한다.

① 푸들 ② 비숑 프리제
③ 몰티즈 ④ 슈나우저
⑤ 포메라이언

20

장모종의 목욕 제품 중 모발과 모공에 축적되어 있는 이물질을 제거하는 것에 탁월한 제품으로, 빌드업 현상 제거에 도움이 되는 제품은 무엇인가?

① 볼륨 목욕 제품
② 디프 클렌징 목욕 제품
③ 실키코트 목욕 제품
④ 화이트닝 목욕 제품
⑤ 저자극 목욕 제품

21

장모종 목욕 시 안전 및 유의사항으로 올바르지 않은 설명은 무엇인가?

① 목욕 제품은 견종의 모질 특징에 맞는 전용 제품을 선택해야 한다.
② 샴푸와 목욕 제품을 충분히 헹구지 않으면 피부에 남아 피부 문제를 유발할 수 있다.
③ 마사지 시 강하게 문지르면 모질 개선에 효과적이다.
④ 샴푸 농도를 일정하게 유지하기 위해 욕조에 물을 받아 사용하는 것이 좋다.
⑤ 오염이 심한 부위에는 샴푸를 진하게 사용한다.

22

싱글 코트의 특징에 대한 설명 중 틀린 것은 무엇인가?

① 싱글 코트는 상모(오버코트)만을 가진 일중모의 구조이다.
② 환모기가 없고 털 빠짐이 적다.
③ 피모가 얇아 추위에 약하다.
④ 장모종의 경우 털 관리가 소홀해도 엉킴이 생기지 않는다.
⑤ 대표적인 싱글 코트 견종으로는 푸들, 몰티즈, 요크셔테리어가 있다.

23

더블 코트의 특징에 대한 설명으로 옳지 않은 것은 무엇인가?

① 더블 코트는 상모(오버코트)와 하모(언더코트)로 구성된 이중모 구조이다.
② 상모는 보호하는 얇고 거친 털로 구성되어 있다.
③ 하모는 부드럽고 촘촘히 난 털로 구성되어 있다.
④ 더블 코트는 추위에 약하며 환모기가 없어 털 빠짐이 적다.
⑤ 대표적인 더블 코트 견종으로는 슈나우저, 포메라이안, 시베리안허스키가 있다.

24

싱글 코트를 가진 대표 견종은 무엇인가?

① 슈나우저   ② 포메라이안
③ 몰티즈   ④ 시베리안 허스키
⑤ 골든 리트리버

25

더블 코트를 가진 대표 견종은 무엇인가?

① 푸들   ② 요크셔테리어
③ 시츄   ④ 시베리안 허스키
⑤ 비글

26

모질의 특성에 관한 설명 중 옳지 <u>않은</u> 것은 무엇인가?

① 싱글 코트는 상모(오버코트)만을 가지며 털 빠짐이 적다.
② 더블 코트는 추위에 강하며 환모기 동안 상모와 하모의 털이 모두 빠진다.
③ 모든 싱글 코트 견종은 추위에 강하다.
④ 더블 코트의 하모는 부드럽고 촘촘히 난 털로 구성되어 있다.
⑤ 대표적인 싱글 코트 견종으로는 푸들과 몰티즈가 있다.

27

펫타올을 사용할 때의 설명으로 올바르지 <u>않은</u> 것은 무엇인가?

① 장모종의 긴 털을 말릴 때 먼저 수건으로 물기를 닦아낸다.
② 물기를 제거하면 털을 말리는 데 걸리는 시간을 단축할 수 있다.
③ 타월에는 습식 타월과 건식 타월이 있다.
④ 습식 타월은 세탁 후 젖은 상태에서 보관이 어렵다.
⑤ 습식 타월은 딱딱하게 굳어져 있다가 물에 적셔서 사용한다.

28

습식 타월의 특징에 대한 설명 중 <u>틀린</u> 것은 무엇인가?

① 딱딱하게 굳어져 있는 타월을 물에 적신 후 부드럽게 사용한다.
② 한 장의 타월로 여러 번 물기를 짜서 사용할 수 있다.
③ 재질이 매끈하여 수건에 털이 붙지 않는다.
④ 세탁 후 젖은 상태에서 접어서 보관할 수 있다.
⑤ 습식 타월은 물기를 먹은 수건은 교체해야 하므로 여러 장의 수건이 필요하다.

29

건식 타월의 사용 방법으로 옳지 <u>않은</u> 것은 무엇인가?

① 흡수력이 뛰어나 물기를 제거하는 데 효과적이다.
② 물기를 먹은 수건은 다른 수건으로 교체해서 사용해야 한다.
③ 여러 장의 수건이 필요하다.
④ 물기를 제거한 후 젖은 수건은 깨끗이 세탁 후 말린다.
⑤ 건식 타월은 물기를 흡수한 후에도 계속 사용할 수 있다.

30

드라이 작업의 풍량 조절에 관한 설명 중 옳지 <u>않은</u> 것은 무엇인가?

① 물기 제거 직후 강한 풍량으로 재빠르게 말리며 털을 펴서 말린다.
② 말리는 부위에 드라이 바람을 계속 유지한다.
③ 물기 제거 후 풍량의 강약을 조절하며 말린다.
④ 더블 코트는 핀 브러시와 슬리커 브러시로 풍량을 조절해 가며 말린다.
⑤ 싱글 코트는 물기 제거 후 강한 풍량으로 핀 브러시를 사용해 말린다.

31

드라이 작업 시 온도 조절에 관한 설명 중 <u>틀린</u> 것은 무엇인가?

① 젖은 털은 낮은 온도로 말리고 물기 제거 후에는 높은 온도에서 신속하게 말려준다.
② 높은 온도로 말릴 때 피모 손상과 화상을 주의해야 한다.
③ 눈에 직접 드라이 바람이 가지 않도록 주의한다.
④ 더블 코트는 물기가 남아 있는 경우 피모 속을 확실하게 말린다.
⑤ 싱글 코트는 피모가 얇아 강한 바람을 한 곳에 계속 쏘면 화상의 위험이 있다.

32

드라이 작업 시 주의해야 할 사항으로 적절하지 <u>않은</u> 것은 무엇인가?

① 젖은 털은 높은 온도로 말린다.
② 물기 제거 후 미지근한 바람으로 말린다.
③ 눈에 직접 드라이 바람이 가도록 한다.
④ 더블 코트는 핀 브러시와 슬리커 브러시를 사용해 말린다.
⑤ 싱글 코트는 피모가 얇아 화상의 위험이 있으므로 빠른 시간에 작업을 끝낸다.

33

장모종 드라이 작업 시 안전 및 유의사항에 대한 설명으로 옳지 <u>않은</u> 것은 무엇인가?

① 얼굴을 드라이할 때 안구 손상에 유의한다.
② 타월링 작업을 완벽하게 하면 드라이 시간을 줄일 수 있다.
③ 너무 뜨거운 바람은 모질 손상의 원인이 되므로 온도를 적절하게 조절한다.
④ 모질의 특성에 관계없이 동일한 방법으로 드라이한다.
⑤ 분사식 제품을 사용할 때 동물의 눈에 들어가지 않도록 주의한다.

34

장모종 래핑의 목적에 대한 설명으로 옳지 <u>않은</u> 것은 무엇인가?

① 모질 손상을 최소화한다.
② 모색 변질을 막기 위해 털을 래핑지로 싸고 밴드로 묶는다.
③ 피모에 공기 접촉을 최대로 늘리기 위해 래핑한다.
④ 장모종의 털이 바닥에 쓸리거나 끊어지는 것을 방지한다.
⑤ 개의 움직임과 피부 상태를 고려해 가지런히 싸면 모질 손상이 덜하다.

35

밴딩 작업에 대한 설명 중 <u>틀린</u> 것은 무엇인가?

① 래핑과 유사한 목적을 가지고 있다.
② 래핑지 대신 밴드를 사용한다.
③ 털의 끊어짐과 오염을 방지한다.
④ 작업이 간단하며 털 구겨짐이 없다.
⑤ 밴딩은 전람회 출진 전 코트 관리에 적합하지 않다.

36

래핑과 밴딩의 설명 중 틀린 것은 무엇인가?

① 래핑은 모질 손상을 최소화하고 모색 변질을 막기 위해 털을 래핑지로 싸고 밴드로 묶는 작업이다.
② 래핑은 장모종의 털이 바닥에 쓸리거나 끊어지는 것을 방지한다.
③ 래핑은 한번 해놓으면 일주일 동안은 교체하지 않아도 된다.
④ 밴딩은 래핑지 대신 밴드를 사용하여 털의 끊어짐과 오염을 방지한다.
⑤ 밴딩은 래핑보다 작업이 간단하며 털 구겨짐이 없어 전람회 출진 전 코트 관리에 유용하다.

37

장모종 밴딩 시 안전 및 유의사항에 관한 설명으로 <u>틀린</u> 것은 무엇인가?

① 래핑지는 통풍이 잘 되는 재질로 선택한다.
② 래핑 후 반려동물이 움직임을 확인하여 불편함이 없노록 한다.
③ 래핑 부위를 물어뜯을 경우 털 손상 방지를 위해 주의가 필요 없다.
④ 래핑지와 밴드는 모질의 특성과 모량에 맞게 선택한다.
⑤ 브러싱 스프레이 사용 시 동물과 작업자의 눈에 들어가지 않도록 조심한다.

38

장모종 래핑 시 주의해야 할 사항으로 올바르지 <u>않은</u> 것은 무엇인가?

① 고무밴드는 한쪽 방향으로 감는 횟수를 모량이나 래핑 재료 특징에 따라 결정한다.
② 분사식 스프레이는 환기가 잘 되는 곳에서 사용해야 한다.
③ 래핑 작업 중 귀에 상해가 발생하지 않도록 귀 끝에서 1cm 이상 간격을 유지한다.
④ 래핑이 모근에 너무 타이트하게 되면 털 손상을 초래할 수 있다.
⑤ 래핑의 모양이 망가져도 털이 끊어지거나 엉키는 것을 방지하기 위해 즉시 재작업하지 않는다.

장모관리 연습문제 정답과 해설

01	③	02	④	03	④	04	④	05	②	06	③	07	②	08	④	09	③	10	①
11	①	12	①	13	③	14	②	15	③	16	④	17	⑤	18	④	19	③	20	②
21	③	22	④	23	④	24	③	25	④	26	③	27	④	28	⑤	29	⑤	30	⑤
31	①	32	③	33	④	34	③	35	⑤	36	③	37	③	38	⑤				

01

브러싱 컨디셔너는 코트의 손상을 예방하고 보습을 제공하는 역할을 하지만, 털의 색상을 변경하는 기능은 없다.

02

워터리스 샴푸는 편리함을 제공하며 물이 필요 없이 사용할 수 있는 특징을 가지고 있다. 더러워지거나 얼룩진 코트 부위에 직접 뿌려서 물로 헹구지 않고 드라이어로 말리거나 수건으로 닦아서 사용한다. 물이 필요 없으므로 목욕 시설이 준비되지 않은 야외에서 직접 목욕시킬 수도 있다.

03

정전기로 코트가 날리는 현상을 해결해 주며, 목욕 후 완전히 수분이 건조되지 않은 상태의 코트에 직접 분사하여 사용하기도 하고 코트가 완전히 말라 브러싱이 필요한 상태에도 코트를 보호하며 정전기를 예방하여 준다. 코트에 컨디셔너나 오일이 뭉치는 빌드업(build-up) 현상이 일어나지 않는 제품을 선택하는 것이 좋다.

04

엉킨 부분을 브러싱할 때 모질 손상이 적고 엉킨 털을 더 쉽게 풀 수 있게 도와주는 제품이다. 엉킨 부위에 도포하여 일정 시간 방치하였다가 엉킴을 제거한다.

05

워터리스 샴푸는 편리함을 제공하며 물이 필요 없이 사용할 수 있는 특징을 가지고 있다. 더러워지거나 얼룩진 코트 부위에 직접 뿌려서 물로 헹구지 않고 드라이어로 말리거나 수건으로 닦아서 사용한다. 물이 필요 없으므로 목욕 시설이 준비되지 않은 야외에서 직접 목욕시킬 수도 있다.

06

스트리핑 스톤은 실제로 브러시가 아닌, 털을 뽑는 도구로 사용되며 주로 테리어와 같은 견종의 언더코트 제거에 효과적이다.

07

콤 사용 시 털을 빗질할 때는 팔에 힘을 주지 않고 손목의 움직임을 활용해 부드럽게 빗질해야 한다. 팔에 힘을 주어 강하게 빗질하는 것은 털과 피부에 손상을 줄 수 있다.

08

털 관리용 오일을 브러시에 뿌려 한 곳에 많이 도포되지 않도록 주의하며, 빗질하지 않는 손으로 개체를 보정하고 털과 피부를 고정시켜준다.

09

실키 코트에 사용하며, 멧돼지 털과 돼지 털로 만들어졌으며, 털과 피부의 노폐물 제거와 오일 브러싱에 사용된다.

10

제품 사용 시 민감한 반응이 있으면 중지해야 한다.

11

플라스틱 빗은 정전기를 유발하여 모질을 손상시킬 수 있다.

12

일반적인 목욕 제품은 피모의 세정을 위하여 사용하는 반면 장모종의 목욕 제품은 이보다는 조금 더 많은 기능이 필요하다. 긴털이 끊어지지 않고 건강하게 자랄 수 있도록 하기 위하여 보습, 엉킴 방지 및 거칠어진 모질의 복원 등의 기능을 포함하고 있어야 한다. 견종 모질의 특성에 따라 샴푸와 린스를 선택하고 필요에 따라 컨디셔너나 오일을 효과적으로 활용할 수 있어야 한다.

13

볼륨 목욕 제품은 털에 볼륨을 주어 풍성하게 만드는 것이 목적이며, 이 과정에서 털 빠짐을 줄이는 것이 중요하다.

14

털을 부드럽고 차분하게 하는 것은 실키코트 목욕 제품의 특징중 하나이다.

15

털에 볼륨을 주어 풍성하게 보이게 하는 것은 볼륨 목욕 제품의 특징이다.

16

화이트닝 목욕 제품은 특히 하얀색 견종의 모색을 유지하고 얼룩을 제거하는 데 특화된 제품이다.

17

디프 클렌징 목욕 제품은 모발에 필요한 수분과 유용한 오일 성분까지 제거하지 않는 제품을 선택해야 한다.

18

화이트닝 목욕 제품은 하얀색 개의 모색을 더욱 하얗게 보이게 하기 위한 제품이다. 오래된 얼룩이나 먼지를 깨끗하게 제거하지만 모질 손상은 줄일 수 있는 제품을 선택한다.

19

실키코트 목욕 제품은 몰티즈나 요크셔테리어 같은 견종에게 적합한 제품이다.

20

디프 클렌징 목욕 제품은 모발이나 모공에 축적되어 있는 이물질을 제거해 주는 제품이다. 충분한 디프 클렌징을 하여 빌드업 현상을 제거하는데, 모발에 필요한 수분과 유용한 오일 성분까지 같이 제거하지 않는 제품을 선택하는 것이 중요하다.

21

마사지 시 털을 비비거나 문지르면 엉킴이 생기므로 주의해야 한다.

22

장모종의 싱글 코트는 털 관리가 소홀할 경우 엉킴이 생기기 쉬우며, 이를 방지하기 위해 정기적인 관리가 필요하다.

23

더블 코트는 추위에 강하며 환모기가 있어 하모의 털이 많이 빠진다.

24

싱글 코트의 대표 견종은 푸들, 몰티즈, 요크셔테리어 등이 있다.

25

더블 코트의 대표 견종은 슈나우저, 포메라이안, 시베리안허스키 등이 있다.

26

싱글 코트 견종은 상모만을 가지고 있으며, 이로 인해 털이 얇고 추위에 약한 특성을 가진다.

27

습식 타월은 세탁 후 젖은 상태에서 접어서 보관 가능하다.

28

습식 타월은 물기를 여러 번 짜서 사용할 수 있기 때문에 교체할 필요 없이 한 장의 타월로 물기를 제거할 수 있다.

29

건식 타월은 물기를 흡수한 후에는 다른 수건으로 교체하여 사용해야 하므로, 여러 장의 수건이 필요하다.

30

싱글 코트는 물기 제거 후 약한 풍량으로 핀 브러시를 사용해 말리는 것이 적절하다.

31

젖은 털은 높은 온도로 말리고 물기 제거 후에는 미지근한 바람으로 말린다.

32

드라이 작업 시 눈에 직접 드라이 바람이 가지 않도록 주의해야 하며, 이는 눈의 안전을 위해 필수적인 주의사항이다.

33

모질의 특성에 따라 드라이 방법과 수분 조절이 필요하다.

34

래핑은 피모에 공기 접촉을 저해하므로 일정 시간마다 풀어서 다시 작업해야 한다.

35

밴딩은 래핑보다 작업이 간단하며 털 구겨짐이 없어 전람회 출진 전 코트 관리에 매우 유용하다.

36

래핑 후 반려동물의 움직임을 확인하여 불편함이 없도록 해야 하며, 래핑 부위를 물어뜯을 경우 털 손상 방지를 위해 주의가 필요하다.

37

래핑 부위를 물어뜯을 경우 털 손상을 방지하기 위해 주의가 필요하다. 래핑지나 밴드를 물어뜯는 것은 털을 손상시킬 수 있으므로, 이를 방지하기 위한 적절한 조치가 필요하다.

38

래핑의 모양이 망가진 경우 즉시 재작업을 하여 털이 끊어지거나 엉키는 것을 방지하는 것이 중요하다.

PART 08
실전 모의고사

1 · 2 · 3급 모의고사

01

다음 중 작업장과 미용숍의 차이점으로 옳은 것은?

① 작업장은 반려동물의 대기 공간이며, 미용숍은 반려동물의 미용을 위한 전용공간이다.

② 작업장은 용품 판매와 고객 상담을 위한 공간이며, 미용숍은 반려동물의 미용을 위한 전용 공간이다.

③ 작업장은 용품 전시 및 판매를 위한 공간이며, 미용숍은 반려동물의 털을 자르고 스타일링하는 공간이다.

④ 작업장은 미용을 위한 전용공간이며, 미용숍은 용품 전시 및 판매, 고객 상담, 반려동물이 대기하는 공간이다.

⑤ 작업장은 반려동물의 털을 자르고 스타일링하는 공간이며, 미용숍은 반려동물의 건강 용품을 판매하는 공간이다.

02

동물에 의한 교상이 발생했을 때의 주의사항으로 옳지 않은 것은?

① 교상 발생 시 동물의 예방 접종 기록을 확인해야 한다.

② 광견병 의심 시 동물 병원이나 관련 기관에 신고해야 한다.

③ 교상이 발생하면 즉시 상처 부위를 소독하지 않고 방치해야 한다.

④ 교상으로 인해 화농균이나 세균에 의한 감염과 염증이 발생할 수 있다.

⑤ 교상 후 광견병이 있을 수 있으므로 약 1주일 동안 동물을 주의 깊게 관찰해야 한다.

03

안전문에 대한 설명으로 옳은 것은?

① 안전문은 가벼운 구조로 제작되어야 한다.

② 문 주변에 이중 안전문 설치는 불필요하다.

③ 안전문은 항상 열린 상태로 유지되어야 한다.

④ 안전문의 잠금 장치는 동물이 열 수 있는 방식이어야 한다.

⑤ 대기하는 동물의 크기에 맞추어 안전문을 충분히 높게 사용해야 한다.

04

소독과 멸균의 차이점에 대한 설명으로 옳은 것은?

① 소독은 멸균보다 더 많은 미생물을 제거한다.

② 멸균은 소독과 달리 비병원성 미생물을 제거한다.

③ 멸균은 주로 미생물의 활성을 증가시키는 데 사용된다.

④ 소독은 모든 미생물을 제거하는 반면, 멸균은 일부만 제거한다.

⑤ 소독은 일반적인 오염 제거에 사용되며, 멸균은 모든 미생물을 사멸시킨다.

05

자비 소독에 대한 다음 설명 중 옳지 <u>않은</u> 것은?

① 100℃의 끓는 물을 사용하여 소독한다.
② 의류, 금속, 유리 제품에 적합하다.
③ 아포와 일부 바이러스도 사멸시킬 수 있다.
④ 금속은 녹을 방지하기 위해 탄산나트륨을 추가할 수 있다.
⑤ 유리 제품은 끓기 시작할 때 넣고 10~20분간 두어야 한다.

06

작업자의 위생관리 점검 항목 중에서 반려동물 미용 작업자가 신경 써야 하는 부분으로 적절하지 <u>않은</u> 것은?

① 작업자의 헤어스타일에 특별한 제한은 없으나, 머리카락이 동물에게 물리거나 안전사고를 유발할 수 있으므로 뒤로 단정하게 묶는 것이 좋다.
② 작업 중에는 목걸이, 귀걸이, 팔찌 등과 같이 과도하게 늘어지는 장신구를 착용하지 않는 것이 안전을 위해 좋다.
③ 작업자의 손과 손톱의 위생에 신경을 써야 한다.
④ 작업자의 몸에 은은한 향수를 뿌려 동물이 기분 좋게 해야 한다.
⑤ 작업 중 동물 오염물질에 노출될 수 있으므로 작업복과 신발은 따로 준비하고, 오염이 적은 소재를 선택한다.

07

다음 〈보기〉에서 설명하는 피부 소독제로 옳은 것은?

┤ 보기 ├
• 알코올, 과산화수소, 크레졸 등을 포함한다.
• 페놀 계열 성분인 크레졸은 동물에서 드물지만 독성이 보고되어 있어 사용을 권장하지 않는다.

① 포비돈
② 손 소독제
③ 로르헥시딘
④ 클로르헥시딘
⑤ 멸균생리식염수

08

다음 중 시닝 가위의 특징으로 옳지 <u>않은</u> 것은?

① 곡선 부분을 자르는 데 사용된다.
② 발 수와 홈에 따라 절삭률이 달라진다.
③ 동물의 털에 숱을 내는 데 주로 사용된다.
④ 용도에 맞는 가위를 선택하여 사용해야 한다.
⑤ 숱가위라고도 불리며 숱을 치는 데 사용된다.

09

스트리핑 나이프의 종류에 대한 설명으로 옳지 <u>않은</u> 것은?

① 스트리핑 나이프는 코스, 미디엄, 파인 세 가지 종류로 구분된다.
② 스트리핑 나이프는 주로 발톱을 다듬거나 모양을 만드는 데 사용된다.
③ 코스 나이프는 세 종류의 나이프 중에서 날이 가장 두껍고 거칠며 언더코트를 제거하는 데 사용된다.
④ 미디엄 나이프는 꼬리, 머리, 목 부분의 털을 제거하는 데 사용되며 날이 중간 두께이다.
⑤ 파인 나이프는 세 종류의 나이프 중에서 날이 가장 얇고 촘촘하며 죽은 털을 제거하고 건강한 모질을 유지하는 데 사용된다.

10

클리퍼와 클리퍼 날의 관리 방법에 대한 설명으로 옳은 것은?

① 사용 후에 클리퍼 날을 청소하지 않아도 된다.
② 새 클리퍼를 사용하기 전에는 윤활제를 사용하지 않는다.
③ 클리퍼 날을 보관할 때는 습기가 있는 곳에 보관해야 한다.
④ 클리퍼 날을 연마할 때는 영구적으로 사용되므로 비전문가에게 의뢰해도 된다.
⑤ 사용 후 클리퍼 날을 깨끗이 청소하고 윤활제를 뿌려 건조한 곳에 보관해야 한다.

11

미용 소모품인 소독제, 윤활제, 냉각제의 각 용도와 관리 방법에 대한 설명으로 옳지 <u>않은</u> 것은?

① 소독제는 미용사의 손, 작업복, 미용도구, 기자재, 작업장 등을 소독하는 데 사용된다.
② 소독제는 종류에 따라 계면활성제, 과산화물, 알코올 등이 있으며, 윤활제는 도구의 유형과 필요에 따라 종류와 사용 방법이 다를 수 있다.
③ 윤활제는 반려동물 미용도구 및 기자재의 유지보수에 사용되며, 이는 도구의 원활한 작동과 수명 연장에 도움이 된다.
④ 냉각제는 특히 열에 민감한 클리퍼 같은 도구에 사용되며, 사용 후에는 반드시 도구를 깨끗이 닦아서 보관한다.
⑤ 윤활제와 냉각제는 도구의 보호와 유지보수에 사용되며, 소독제는 도구의 성능을 향상시킨다.

12

장모관리에 사용되는 도구 중에서 장모종 개의 털 보호와 오염 방지에 특히 적합한 재료로 만들어진 것은?

① 래핑지
② 워터리스 샴푸
③ 엉킴 제거 제품
④ 브러싱 스프레이
⑤ 정전기 방지 컨디셔너

13

드라이어의 종류에 대한 설명으로 옳지 <u>않은</u> 것은?

① 개인용 드라이어 – 바람의 세기와 단계 조절이 제한적
② 스탠드 드라이어 – 이동이 편리하고, 협소한 공간에 편리
③ 블로 드라이어 – 강한 바람으로 빠르게 털을 말림
④ 스탠드 드라이어 – 바람 세기 및 각도 조절이 용이
⑤ 룸 드라이어 – 미용사가 직접 말리지 않아도 되는 편리성 제공

14

고객응대의 태도에 대한 대처 요령으로 <u>잘못된</u> 것은?

① 고객의 재방문을 유도한다.
② 고객의 요구사항을 무시한다.
③ 밝은 표정으로 고객을 맞이한다.
④ 단정한 용모와 복장을 유지한다.
⑤ 부드러운 어조와 화법을 사용한다.

15

다음 중 직장에서의 적절한 용모 및 복장 관리 지침에 대한 설명으로 가장 <u>부적절한</u> 것은?

① 작업자는 향수를 많이 뿌려 불쾌한 냄새를 커버해야 한다.
② 깨끗한 유니폼을 항상 유지하며, 작업 시 편안함을 고려해야 한다.
③ 액세서리는 최소한으로 하며, 고객에게 거부감을 주는 액세서리는 피해야 한다.
④ 화장은 자연스럽게 하며, 크고 눈에 띄는 액세서리 대신 작고 단정한 귀걸이만 허용된다.
⑤ 작업복 착용을 원칙으로 하며, 손톱은 짧게 유지하여 깔끔하고 전문적인 모습을 유지해야 한다.

16

불만 고객 응대 과정의 순서로 올바른 것은?

① 동감 및 이해 → 문제 경청 → 해결 방법 제시 → 마무리
② 해결 방법 제시 → 문제 경청 → 마무리 → 동감 및 이해
③ 마무리 → 문제 경청 → 동감 및 이해 → 해결 방법 제시
④ 문제 경청 → 동감 및 이해 → 해결 방법 제시 → 마무리
⑤ 해결 방법 제시 → 동감 및 이해 → 문제 경청 → 마무리

17

반려동물의 개체 특성을 파악하기 위한 방법으로 옳지 <u>않은</u> 것은?

① 반려동물의 건강 상태와 관련 없이 온라인 리뷰만을 기반으로 진단하기
② 반려동물의 신체를 직접 만져보며 행동과 피모 상태, 신체 건강 검사하기
③ 눈으로 반려동물의 행동, 피모 상태, 눈·귀·구강을 검사하고 걸음걸이를 관찰하기
④ 반려동물의 상태를 주기적으로 확인하고 기록을 갱신하며 고객과의 소통 유지하기
⑤ 고객과의 대화를 통해 반려동물의 전신 건강 상태, 질병 유무, 과거 병력 및 미용 전후 행동 기록하기

18

고양이를 쓰다듬을 때 주의해야 할 점으로 옳은 것은?

① 고양이가 잠에서 깨어날 때 강하게 쓰다듬기
② 고양이의 허락 없이 무리하게 몸을 만지기
③ 고양이가 싫어하는 반응을 보여도 계속 쓰다듬기
④ 고양이에게 갑작스러운 움직임을 보이며 접근하기
⑤ 고양이가 다가왔을 때 조심스럽고 부드럽게 얼굴을 쓰다듬기 시작

19

다음 중 반려동물 미용 시 동의서 작성에 필요하지 <u>않은</u> 내용은?

① 과거 및 현재의 병력을 기록한다.
② 접종 여부 및 건강 검진 내용을 확인한다.
③ 동물의 취향과 최근 식단변경을 기록한다.
④ 미용 후 발생할 수 있는 2차적 증상에 대해 안내한다.
⑤ 사납거나 물리기 쉬운 동물에 대한 물림 방지 도구 사용을 안내한다.

20

사고 발생 시 고객에게 통지할 때의 방법으로 가장 적절한 것은?

① 고객에게 책임을 전가한다.
② 문제를 과장해서 설명한다.
③ 상황을 모호하게 설명한다.
④ 반려동물의 행동에 핑계를 댄다.
⑤ 사실적인 설명과 방어적 태도를 유지한다.

21

브러싱의 중요성에 대한 설명으로 옳지 <u>않은</u> 것은?

① 브러싱은 그루밍의 기본 작업이다.
② 털이 너무 엉킨 경우, 털을 깎아 주는 것이 바람직하다.
③ 털이 심하게 엉킬 경우, 동물은 고통과 스트레스를 받는다.
④ 품종과 개체별 특성을 파악하는 것은 그루밍에 중요하지 않다.
⑤ 반려동물의 피부와 외부 구조에 대해 배우고 이해하는 것이 필요하다.

22

털의 형태적 특징에 대한 설명으로 옳지 <u>않은</u> 것은?

① 스무스 코트는 짧고 매끄러운 모질 유형이다.
② 실키 코트는 거칠고 튼튼한 모질 유형을 나타낸다.
③ 개는 털의 모량과 길이에 따라 다양한 형태를 가진다.
④ 털은 장모, 단모, 털이 없는 종 등으로 분류될 수 있다.
⑤ 모질 유형에는 컬리 코트, 실키 코트, 스무스 코트, 와이어 코트가 포함된다.

23

항문낭 배출 방법에 대한 설명으로 옳지 <u>않은</u> 것은?

① 꼬리를 들어 올리고 항문낭을 도출시킨다.
② 항문의 2시와 10시 방향에서 배출 부위를 찾는다.
③ 안쪽에 꽉 찬 동그란 형태의 돌출 부위를 엄지손가락과 집게손가락을 이용하여 부드럽게 배출시킨다.
④ 배출 과정에서 부드럽게 압력을 가해야 한다.
⑤ 배출된 항문낭액을 온수로 세척한다.

24

린스의 목적에 대한 설명으로 옳지 <u>않은</u> 것은?

① 린스를 지나치게 헹구면 효과가 증가한다.
② 린스를 과도하게 사용하면 털을 끈적거리게 한다.
③ 린스 사용으로 샴푸에 의해 손상된 피부와 털을 회복시킬 수 있다.
④ 린스는 샴푸로 인한 피부 자극과 알칼리화 상태를 중화시키는 목적이 있다.
⑤ 린스는 일반적으로 농축 형태로 제공되며, 사용 전 적당한 농도로 희석해야 한다.

25

새킹에 대한 설명으로 옳지 <u>않은</u> 것은?

① 새킹은 드라잉 후 털을 곱슬거리게 하기 위해 사용된다.
② 브러싱 중인 부위 주변의 털이 건조되지 않도록 주의해야 한다.
③ 드라이어 바람이 드라잉 대상 부위에만 집중되도록 유도하는 것이 중요하다.
④ 드라이 후 털이 곱슬거리면 컨디셔너 스프레이로 수분을 추가하여 다시 드라이한다.
⑤ 새킹은 털이 들뜨고 곱슬거리는 상태로 건조되는 것을 막기 위해 타월로 몸을 감싸는 기법이다.

26

시닝 가위의 용도에 대한 설명으로 옳은 것은?

① 눈 앞의 털을 자를 때 사용된다.
② 털의 길이를 자르고 다듬는 데 사용된다.
③ 한쪽 면(정날)은 자르는 면으로만 구성된다.
④ 볼륨감을 주어야 하는 부위에 사용하기 좋다.
⑤ 모량이 많은 털의 숱을 치거나 털의 흐름을 자연스럽게 연결시킬 때 사용된다.

27

개와 고양이의 발톱 구조에 대한 설명으로 옳지 <u>않은</u> 것은?

① 발톱에는 혈관과 신경이 연결되어 있다.
② 발톱이 자라면서 혈관과 신경도 같이 자란다.
③ 발톱은 발가락뼈와 연결되지 않아 보호 역할을 하지 않는다.
④ 발톱은 지면으로부터 발을 보호하기 위해 단단하게 되어 있다.
⑤ 개와 고양이의 앞발에는 다섯 개, 뒷발에는 네 개의 발톱이 있다.

28

반려동물의 귀 구조에 대한 설명으로 옳지 <u>않은</u> 것은?

① 반려동물의 귀는 외이, 중이, 내이로 나뉜다.
② 중이는 고막, 이소골, 고실, 유스타키오관으로 구성되어 있다.
③ 외이는 수직 이도와 수평 이도로 구성되어 있으며, 소리를 고막으로 전달한다.
④ 내이는 회전을 감지하는 전정 기관과 듣기를 담당하는 반고리관으로 구성되어 있다.
⑤ 귀는 L자형 구조로 고막을 보호하지만, 공기가 잘 통하지 않아 세균 번식, 염증, 악취가 발생하기 쉽다.

29

다음 중 클리핑에 대한 설명으로 옳지 않은 것은?

① 클리퍼는 피부와 평행하게 사용해야 한다.
② 클리퍼 날을 피부에 세우면 상처를 낼 수 있다.
③ 클리핑은 클리퍼로 털의 길이를 자르고 깎아내는 작업이다.
④ 클리핑은 가위를 사용하여 털의 길이를 자르고 다듬는 작업이다.
⑤ 기본 클리핑은 0.1~1mm의 클리퍼 날을 이용해 발바닥, 발등, 항문, 복부, 귀, 꼬리, 얼굴 부위의 털을 제거한다.

30

다음 중 눈 주변의 털을 제거하는 목적에 대한 설명으로 옳지 않은 것은?

① 눈 주변의 털을 제거하여 눈을 보호한다.
② 눈 주위의 털이 자라면서 시력을 개선한다.
③ 눈물이 흐르면 피부병의 원인이 될 수 있다.
④ 털이 길면 시야를 가려 반려동물의 생활에 지장을 준다.
⑤ 눈 주위의 털이 자라면서 눈을 찔러 눈병의 원인이 된다.

31

몸의 구조에 문제가 있는 경우 미용 스타일을 선정하는 방법으로 옳은 것은?

① 단점을 감추기 위해 털을 제거한다.
② 고객의 요구에 따라 무조건 길게 자른다.
③ 신체의 모든 부위를 동일한 길이로 자른다.
④ 단점을 보완하기 위해 해당 부위의 털을 이용한다.
⑤ 이상적인 체형을 유지하기 위해 모든 털을 짧게 자른다.

32

반려동물이 예민하거나 사나울 때 미용사가 첫 번째로 해야 할 조치는?

① 바로 미용을 시작한다.
② 미용 도구를 모두 소독한다.
③ 반려동물을 진정시키기 위해 약을 사용한다.
④ 주인에게 반려동물을 제지해달라고 요청한다.
⑤ 반려동물의 예민함과 사나움의 정도를 파악한다.

33

반려동물이 노령일 때 미용 시 주의해야 할 사항이 아닌 것은?

① 피부가 탄력적이므로 클리핑 시 강하게 자른다.
② 체력이 저하되어 시간이 오래 걸리는 미용 스타일은 피한다.
③ 피부에 탄력이 없고 주름이 많아 클리핑 시 상처에 주의한다.
④ 모질과 모량이 적으므로 이를 고려한 미용 스타일을 선택한다.
⑤ 오래 서 있기 힘드므로 오랜 시간 서 있어야 하는 미용 스타일은 피한다.

34

고객에게 미용 스타일을 제안할 때 우선적으로 반영해야 하는 것은?

① 고객의 의견
② 미용사의 의견
③ 다른 고객의 의견
④ 미용 도구의 종류
⑤ 최신 유행 스타일

35

고양이의 발톱 관리에 대한 설명으로 옳지 <u>않은</u> 것은?

① 고양이의 날카로운 발톱은 사냥, 기어오르기에 유리하다.
② 발톱을 너무 짧게 깎으면 물건을 잡거나 움직이는 데 불편하다.
③ 고양이의 발톱이 길면 생활에 불편을 느끼니 제거하는 것이 좋다.
④ 발톱을 깎으면 고양이가 방어 수단을 잃어 스트레스를 받기 쉽다.
⑤ 실내 고양이의 발톱은 자라서 부러지거나 갈라질 수 있어 끝부분만 잘라줘야 한다.

36

다음 중 전체 클리핑을 하는 이유로 옳지 <u>않은</u> 것은?

① 고객의 요청으로 인해
② 털이 심하게 엉킨 경우
③ 수술 등 치료를 위한 보조적 필요
④ 약물 목욕이나 연고 사용을 위한 피부 질환 관리
⑤ 반려동물이 야외에서 뛰어노는 것을 좋아하는 경우

37

다음 중 클리퍼 날에 표기된 숫자가 의미하는 것은?

① 클리퍼 날의 길이를 의미한다.
② 클리퍼 날의 두께를 의미한다.
③ 클리퍼 날의 크기를 의미한다.
④ 역방향 클리핑 시 남는 털 길이를 의미한다.
⑤ 정방향 클리핑 시 남는 털 길이를 의미한다.

38

시닝 가위의 사용 목적으로 올바르지 <u>않은</u> 것은?

① 모질이 부드럽고 힘이 없어 빗질하였을 때 처지는 모질에 사용한다.
② 모량이 많은 털을 가볍게 할 때 사용한다.
③ 눈 앞의 털, 풋라인의 털, 귀 끝의 털을 자를 때 사용한다.
④ 털의 단사를 자연스럽게 연결할 때 사용한다.
⑤ 라인 작업을 할 때, 실수를 해도 라인이 뚜렷하지 않기 때문에 수정이 가능하다.

39

하이온 타입 반려동물의 미용방법으로 가장 적절한 것은?

① 긴 다리를 길어 보이게 커트하여 비례를 강조한다.
② 백 라인을 길게 커트하여 키를 크게 보이게 한다.
③ 언더라인의 털을 길게 남겨 다리를 짧아 보이게 한다.
④ 다리의 털을 짧게 커트하여 다리를 길어 보이게 한다.
⑤ 몸의 길이를 강조하기 위해 언더라인의 털을 짧게 남겨 둔다.

40

다음 〈보기〉는 푸들 클립 중 한 가지를 설명한 내용이다. 어떤 클립인가?

┌ 보기 ├
어린 양의 모습에서 나온 미용 스타일로 푸들의 클립 중에서 가장 보편화된 미용 방법이다.

① 퍼피클립   ② 램클립
③ 맨하탄클립   ④ 콘티넬탈클립
⑤ 다이아몬드클립

41

다음 〈보기〉의 괄호 안에 들어갈 단어로 옳은 것은?

| 보기 |

( )는 반려동물 미용사로 동물의 피모 관리를 전문적으로 하는 사람을 말하며, 트리머라고 부르기도 한다.

① 래핑
② 그루머
③ 그리핑
④ 그루밍
⑤ 레이저 커트

42

다음 〈보기〉의 괄호 안에 들어갈 단어로 옳은 것은?

| 보기 |

트리밍 나이프로 소량의 털을 골라 뽑는 것을 ( )이라고 한다.

① 드라잉
② 레이킹
③ 그리핑
④ 네일 트리밍
⑤ 듀플렉스 쇼튼

43

다음 중 '그루머(groomer)'의 역할은?

① 반려동물의 건강을 검사한다.
② 반려동물의 훈련을 담당한다.
③ 반려동물의 영양 상담을 한다.
④ 반려동물의 행동 교정을 한다.
⑤ 반려동물의 피모 관리를 전문적으로 한다.

44

다음 〈보기〉의 괄호 안에 들어갈 단어로 옳은 것은?

| 보기 |

( )은 쇼에 출진하기 위한 그루밍으로 쇼에서 요구하는 타입의 미용 스타일을 완성하는 것이다.

① 시닝
② 클리핑
③ 블렌딩
④ 트리밍
⑤ 쇼 클립

45

다음 중 '시닝(thinning)'에 대한 설명으로 옳은 것은?

① 드라이어로 코트를 말리는 과정
② 브러시를 이용하여 빗질하는 것
③ 드라이어를 사용하여 코트를 말리는 작업
④ 트리밍 나이프로 소량의 털을 골라 뽑는 것
⑤ 빗살 가위로 과도하게 많은 부분의 털을 잘라 내어 모량을 감소시키는 것

46

다음 〈보기〉의 괄호 안에 들어갈 단어로 옳은 것은?

| 보기 |

( )은 나이프를 사용하여 오버코트를 제거하는 작업이다.

① 블렌딩
② 브러싱
③ 스트리핑
④ 파팅
⑤ 코밍

47

다음 중 '스테이징(staging)'의 뜻으로 옳은 것은?

① 스트리핑 방법의 순서
② 브러시를 이용하여 빗질하는 것
③ 드라이어로 코트를 말리는 과정
④ 트리밍 나이프로 소량의 털을 골라 뽑는 것
⑤ 나이프를 사용하여 오버코트를 제거하는 작업하는 것

48

다음 〈보기〉의 괄호 안에 들어갈 단어로 알맞은 것은?

┤ 보기 ├
( )은 가위로 털을 잘라 내는 것을 의미한다.

① 블렌딩
② 시저링
③ 플러킹
④ 코밍
⑤ 파팅

49

다음 중 '셰이빙(shaving)'의 뜻으로 옳은 것은?

① 브러시를 이용하여 빗질하는 것
② 드라이어로 코트를 말리는 과정
③ 트리밍 나이프로 소량의 털을 골라 뽑는 것
④ 샴푸 후 린스를 뿌려 코트를 마사지하는 작업
⑤ 드레서나 나이프를 이용하여 털을 베듯이 자르는 기법

50

'초킹(chalking)'에 대한 설명으로 옳은 것은?

① 빗질하거나 긁어내어 털을 제거하는 미용 방법이다.
② 털의 길이가 다른 곳의 층을 연결하여 자연스럽게 하는 것이다.
③ 털을 자르거나 뽑거나 미는 등의 모든 미용 작업을 일컫는 말이다.
④ 듀플렉스 쇼트와 같은 작업, 주로 손가락을 사용하여 오래된 털을 정리하는 것이다.
⑤ 더러움을 제거하기 위해 흰색 털에 흰색을 표현할 수 있는 제품을 문질러 바르는 것이다.

3급 실전 모의고사 정답과 해설

3급 실전 모의고사 빠른 정답표

01	④	02	③	03	⑤	04	⑤	05	③	06	①	07	②	08	①	09	②	10	⑤
11	⑤	12	①	13	②	14	②	15	①	16	④	17	①	18	⑤	19	③	20	⑤
21	④	22	②	23	②	24	①	25	①	26	②	27	③	28	④	29	④	30	②
31	④	32	⑤	33	①	34	①	35	③	36	⑤	37	④	38	⑤	39	③	40	②
41	②	42	③	43	⑤	44	⑤	45	③	46	②	47	①	48	②	49	②	50	⑤

01

작업장은 미용사들이 반려동물의 털을 자르고 스타일링하는 등의 작업을 수행하는 전용공간이며, 미용숍은 반려동물 용품을 전시하고 판매하며 고객 상담 및 반려동물이 대기하는 공간을 제공하는 장소이다.

02

교상이 발생한 경우, 즉시 상처 부위를 소독하고 적절한 의료 조치를 취하는 것이 중요하다. 상처를 방치하면 감염 위험이 증가한다.

03

안전문은 대기하는 동물의 크기에 맞추어 충분히 높게 설치되어야 하며, 이를 통해 동물의 도주를 효과적으로 방지할 수 있다.

04

소독은 일반적인 오염 제거에 사용되며 대부분의 유해 미생물을 파괴하거나 불활성화하지만 모든 미생물을 제거하지는 않는다. 반면 멸균은 아포를 포함하여 모든 미생물을 사멸시키는 과정으로, 더 엄격한 위생 요구가 있는 의료와 식품 분야 등에서 필수적이다.

05

자비 소독은 100℃의 끓는 물을 사용하며, 아포와 일부 바이러스를 사멸시키지 못하므로 완전한 소독은 불가능하다.

06

동물은 후각이 예민하기 때문에 작업자는 강한 냄새를 피하고 특히 화장품, 향수, 담배의 사용을 자제해야 한다.

07

피부 소독제의 하나인 손 소독제에 대한 설명이다.

08

시닝 가위는 숱가위라고도 불리며, 주로 숱을 내는 데 사용된다. 발 수와 홈에 따라 절삭률이 달라지는 가위이다. 곡선 부분을 자르는 데 사용되는 것은 커브 가위의 특징이다.

09

스트리핑 나이프는 죽은 털을 제거하고 건강한 모질을 유지하는 데 주로 사용된다.

10

사용 후 클리퍼 날을 깨끗이 청소하고 윤활제를 뿌려 건조한 곳에 보관하는 것이 올바른 관리 방법이다.

11

윤활제와 냉각제는 도구의 보호와 유지보수에 사용되며, 소독제는 도구의 성능을 향상시키지 않는다. 소독제는 주로 미생물의 증식을 방지하고 사용자와 동물의 안전을 보장하기 위해 사용된다.

12

래핑지는 장모종 개의 털을 보호하기 위해 사용되며, 종이나 비닐 소재로 만들어진 것이 특징이다. 이는 염색 시 사용되어 털이 엉키지 않고 색상이 변하는 것을 방지하는 데 도움을 준다.

13

②번은 개인용 드라이어에 대한 설명이다. 스탠드 드라이어는 바람 세기 및 각도 조절이 용이하고, 반려동물 미용에 자주 사용된다.

14

고객응대 시 고객의 요구사항을 무시하는 것은 부적절한 대처 요령이며, 효과적인 고객 서비스에 반하는 행위이다. 고객 서비스의 핵심은 고객의 요구를 이해하고 적극적으로 대응하는 것이다.

15

직장 내에서 불쾌한 냄새를 향수로 커버하는 것은 적절한 접근이 아니다. 올바른 냄새 관리는 깨끗한 개인위생을 유지하고, 불쾌한 냄새가 나지 않도록 관리하는 것을 포함한다.

16

불만 고객 응대 과정에서 올바른 순서는 먼저 문제를 경청하여 고객의 불만을 정확히 이해하고, 고객의 입장에 동감하며 이해한다는 것을 표현한 후, 부드럽게 해결 방법을 제시하고, 마지막으로 다시 한번 동감을 표현하며 고객의 불만을 감사하게 여기며 마무리하는 것이다. 이 순서는 고객과의 상호작용을 통해 문제를 효과적으로 해결하고 긍정적인 관계를 유지하는 데 도움을 준다.

17

올바른 반려동물의 개체 특성 파악 방법에는 눈으로 건강 상태를 검사하는 것, 직접 만져서 건강을 확인하는 것, 고객과의 대화를 통해 필요한 정보를 수집하고 기록하는 것, 그리고 그 정보를 지속적으로 갱신하며 소통을 유지하는 것이 포함된다.

18

고양이를 쓰다듬을 때는 고양이가 작업자 옆으로 다가왔을 때 조심스럽고 부드럽게 얼굴을 쓰다듬기 시작하는 것이 적절하다. 시작은 가벼운 접촉으로 하고, 고양이가 싫어하는 반응을 보이면 즉시 쓰다듬는 것을 중단해야 한다. 이는 고양이의 편안함을 유지하고 스트레스를 최소화하는 데 중요하다.

19

미용 동의서 작성 시 접종 여부, 건강 검진 내용, 과거 및 현재 병력, 미용 후 발생할 수 있는 2차적 증상 등을 확인하고 기록해야 한다. 이는 고객과 미용사가 잠재적 위험을 이해하고 동의하는 데 중요하다. 동물의 취향이나 최근 식단 변경은 미용 동의서의 필수 항목이 아니다.

20

사고 발생 시, 미용사는 사실적으로 상황을 설명하고 방어적인 태도를 유지하며, 반려동물의 행동에 핑계를 대지 않고 정확하고 진실한 정보를 전달해야 한다. 이는 고객의 신뢰를 유지하고 상황을 투명하게 처리하는 데 중요하다.

21

품종과 개체별 특성을 파악하는 것은 그루밍에 매우 중요하다.

22

실키 코트는 부드럽고 매끄러운 모질 유형을 나타낸다. 거칠고 튼튼한 모질 유형은 와이어 코트다.

23

항문낭 배출 부위는 항문의 4시와 8시 방향에 위치해 있다.

24

린스를 지나치게 헹구면 효과가 감소한다. 린스는 적당히 헹궈야 효과가 제대로 발휘된다.

25

새킹은 드라잉 후 털을 곱슬거리게 하는 것이 아니라, 곱슬거리는 상태로 건조되는 것을 막기 위해 사용된다.

26

시닝 가위는 모량이 많은 털의 숱을 치거나 털의 흐름을 자연스럽게 연결시킬 때 사용된다.

27

발톱은 발가락뼈와 연결되어 보호 역할을 한다.

28

내이는 회전을 감지하는 반고리관, 위치와 균형을 감지하는 전정기관, 듣기를 담당하는 달팽이관으로 구성되어 있다.

29

클리핑은 클리퍼를 사용하여 털의 길이를 자르고 깎아내는 작업이다. 가위를 사용하는 작업은 클리핑이 아니다.

30

눈 주위의 털이 자라면서 시력을 개선하는 것이 아니라, 눈을 찔러 눈병의 원인이 될 수 있다. 털이 길면 시야를 가려 생활에 지장을 주고, 눈물이 흐르면 피부병의 원인이 될 수 있다.

31

몸의 구조에 문제가 있을 때는 해당 부위의 털로 단점을 보완한다.

32

반려동물의 예민함과 사나움의 정도를 파악한다.

33

노령인 반려동물은 피부에 탄력이 없고 주름이 많아 클리핑 시 강하게 자르면 상처가 생길 수 있다.

34

고객에게 미용 스타일을 제안할 때는 고객의 의견을 우선적으로 반영한다.

35

고양이의 발톱을 너무 짧게 깎거나 제거해서는 안 된다.

36

전체 클리핑을 하는 이유는 고객 요청, 털이 심하게 엉킨 경우, 수술 등 치료를 위한 보조적 필요, 약물 목욕이나 연고 사용을 위한 피부 질환 관리 등이 있다.

37

클리퍼 날에 표기된 숫자는 역방향 클리핑 시 남는 털 길이를 의미한다.

38

눈 앞의 털, 풋라인의 털, 귀 끝의 털을 자를 때 사용하는 가위는 보브 가위가 적합하다.

39

하이온 타입은 다리가 길어 보이는 체형이므로, 다리의 털을 길게 남겨 두어 다리가 짧아 보이게 하는 미용 방법이 가장 적절하다.

40

램클립은 어린 양의 모습에서 나온 미용 스타일로 푸들의 클립 중에서 가장 보편화된 미용 방법이다.

41

그루머는 반려동물의 피모 관리를 전문적으로 하는 사람을 의미하며, 트리머라고 부르기도 한다.

42

그리핑은 트리밍 나이프로 소량의 털을 골라 뽑는 것을 의미한다.

43

반려동물 미용사로, 동물의 피모 관리를 전문적으로 하는 사람으로 트리머(trimmer)라고 부르기도 한다.

44

쇼 클립은 쇼에 출진하기 위한 그루밍으로 쇼에서 요구하는 타입의 미용 스타일을 완성하는 것이다.

45

빗살 가위로 과도하게 많은 부분의 털을 잘라 내어 모량을 감소시키고 형태를 만드는 것이다.

46

스트리핑은 나이프를 사용하여 오버코트를 제거하는 작업이다.

47

미니어처슈나우저 등에게 하는 스트리핑 방법의 순서이다.

48

시저링은 가위로 털을 잘라 내는 것을 의미한다.

49

드레서나 나이프를 이용하여 털을 베듯이 자르는 기법이다.

50

냄새나 더러움을 제거하기 위해 흰색 털에 흰색을 표현할 수 있는 제품을 문질러 바르는 것이다.

01

머리의 용어에 대한 다음의 설명에 해당하는 것은?

┤ 보기 ├

얼굴 피부가 밀착해 주름이 없는 얼굴이며, 클린 헤드와 같은 의미이다.

① 스톱(stop)
② 링클(wrinkle)
③ 몰레라(molera)
④ 클린 헤드(clean head)
⑤ 드라이 스컬(dry skull)

02

머리의 용어에 대한 다음의 설명에 해당하는 것은?

┤ 보기 ├

눈 아래가 건조하고 살집이 없어 윤곽이 도드라지는 형태의 얼굴이다.

① 스컬(skull)
② 스톱(stop)
③ 치키(cheeky)
④ 치즐드(chiselled)
⑤ 클린 헤드(clean head)

03

'클린 헤드(clean head)'라는 특징을 가장 잘 나타내는 견종으로 옳은 것은?

① 살루키
② 불도그
③ 치와와
④ 슈나우저
⑤ 포메라이안

04

머리의 용어에 대한 다음의 설명에 해당하는 것은?

┤ 보기 ├

전안부가 짧고 코끝이 뾰족한 것이며, 여우의 표정을 띠는 것이다.

① 폭시(foxy)
② 퍼로(furrow)
③ 타입 오브 스컬(type of skull)
④ 투 앵글드 헤드(two angled head)
⑤ 페어 셰이프트 헤드(pear-shaped head)

05

눈의 용어에 대한 다음의 설명에 해당하는 것은?

┤ 보기 ├

밝은 청색의 눈으로, 마루색 유전자를 가진 견종에게서 나타나는 불완전한 눈으로 보통은 결점으로 간주되나 모색과 관계해 허용되는 견종도 있다.

① 아이리드(eyelid)
② 풀 아이(full eye)
③ 차이나 아이(china eye)
④ 마블 아이(marble eye)
⑤ 트라이앵글러 아이(triangular eye)

06

어른 견의 영구치에 대한 설명으로 옳지 <u>않은</u> 것은?

① 생후 4~8개월이 되면 유치의 치근이 융해되면서 영구치가 유치를 밀어내어 빠지고 이갈이를 하는데, 7~8개월쯤이면 거의 모두 영구치로 바뀐다.
② 영양 상태가 좋지 않거나 장두종의 경우 이갈이가 다소 늦을 수 있다.
③ 전구치와 후구치는 유치 없이 나온다.
④ 윗니 20개의 영구치를 갖는다.
⑤ 아랫니 22개의 영구치를 갖는다.

07

다음 중 입의 용어에 대한 설명으로 옳지 <u>않은</u> 것은?

① 조(jaw): 턱을 의미하는 용어
② 플루즈(flews): 늘어진 윗입술
③ 쿠션(cushion): 날카롭고 좁으며 뾰족한 주둥이
④ 이븐 바이트(even bite): 위턱과 아래턱이 동일하게 맞물린 교합
⑤ 언더숏(undershot): 아래턱이 위턱보다 앞쪽으로 돌출된 교합 상태

08

입의 용어에 대한 다음 〈보기〉의 설명에 해당하는 것은?

┤ 보기 ├

과리 교합이며, 위턱의 앞니가 아래턱 앞니보다 전방으로 돌출되어 맞물린 것이다.

① 정상 교합
② 피그 조(pig jow)
③ 언더숏(undershot)
④ 오버숏(overshot)
⑤ 이븐 바이트(even bite)

09

코의 용어에 대한 다음의 설명에 해당하는 것은?

┤ 보기 ├

평소에는 코가 검은색이나 겨울철에 핑크색 줄무늬가 생기는 코를 말한다.

① 스노 노즈(snow nose)
② 리버 노즈(liver nose)
③ 로만 노즈(roman nose)
④ 프레시 노즈(fresh nose)
⑤ 더들리 노즈(dudley nose)

10

귀의 용어에 대한 다음의 설명에 해당하는 것은?

┤ 보기 ├

늘어진 귀 타입이며, 파피용의 늘어진 타입은 그 수
가 매우 적다. 늘어진 타입의 파피용의 경우 완전하
게 늘어져야만 한다.

① 벨 이어(bell ear)
② 로즈 이어(rose ear)
③ 프릭 이어(prick ear)
④ 파렌 이어(phalene ear)
⑤ V형 귀(V-shaped ear)

11

다음 중 귀의 용어에 대한 설명으로 옳지 <u>않은</u> 것은?

① 펜던트 이어(pendant ear): 늘어진 귀다.
② 드롭 이어(drop ear): 아래로 늘어진 귀다.
③ 로즈 이어(rose ear): 귀의 안쪽이 보이며 뒤틀
   려 작게 늘어진 귀다.
④ 벨 이어(bell ear): 종 모양의 귀다. 끝이 둥근
   벨과 같은 형태의 둥근 귀다.
⑤ 파렌 이어(phalene ear): 나비 모양 귀다. 긴 장
   식 털에 서 있는 큰 귀가 두개 바깥쪽으로 약
   45° 기운 나비 모양 귀다.

12

몸통의 용어에 대한 다음의 설명에 해당하는 것은?

┤ 보기 ├

수평한 등을 말하며, 기갑에서 허리에 걸쳐 평편한
모양이다. 즉 바람직한 등의 모양이다.

① 롱 바디(long body)
② 레벨 백(level back)

③ 인 숄더(in shoulder)
④ 앵귤레이션(angulation)
⑤ 쇼트커플드(short-coupled)

13

몸통의 용어에 대한 다음의 설명에 해당하는 것은?

┤ 보기 ├

견갑골이 뒤쪽으로 길게 경사를 이루어 후방으로 경
사진 어깨를 말한다.

① 쇼트 백(short back)
② 리브케이지(ribcage)
③ 쇼트커플드(short-coupled)
④ 아웃 오브 숄더(out of shoulder)
⑤ 슬로핑 숄더(sloping shoulder)

14

다음 용어 설명 중 옳지 <u>않은</u> 것은?

① 숄더(shoulder): 어깨 부위
② 쇼트 백(short back): 등이 상대적으로 긴 상태
③ 스웨이 백(sway back): 등선이 중간 부분에서
   움푹 파인 상태
④ 쇼트커플드(short-coupled): 늑골에서 엉덩이
   까지 거리가 짧은 상태
⑤ 스트레이트 숄더(straight shoulder): 어깨가
   전방으로 기울지 않은 상태

15

다음 용어 설명 중 옳지 않은 것은?

① 크루프(croup): 엉덩이 부위
② 코비(cobby): 몸통이 짧고 간결한 형태
③ 캣 풋(cat foot): 발바닥이 넓고 평평한 발
④ 캐멀 백(camel back): 어깨 쪽이 높고 허리가 낮은 상태
⑤ 커플링(coupling): 늑골과 엉덩이를 연결하는 몸통의 중간 부위

16

몸통의 용어에 대한 다음의 설명에 해당하는 것은?

┤ 보기 ├
목 아래에 있는 어깨의 가장 높은 점으로, 키를 이 위치에서 측정한다. 기갑이라 칭한다.

① 리브(rib)
② 위더스(withers)
③ 힙 본(hip bone)
④ 쇼트 백(short back)
⑤ 쇼트커플드(short-coupled)

17

다음 중 '롱 바디(long body)'라는 특징을 가장 잘 나타내는 견종은?

① 푸들
② 말티즈
③ 치와와
④ 닥스훈트
⑤ 요크셔 테리어

18

다음 중 '코비(cobby)'라는 특징을 가장 잘 나타내는 견종은?

① 비숑프리제
② 포메라이안
③ 프렌치불독
④ 말티즈
⑤ 골든리트리버

19

다리의 용어에 대한 다음의 설명에 해당하는 것은?

┤ 보기 ├
대퇴골과 하퇴골을 연결하는 부위를 말하며, 무릎 관절을 의미한다.

① 패스턴(pastern)
② 스타이플(stiffle)
③ 피들 프런트(fiddle front)
④ 내로 프런트(narrow front)
⑤ 트위스팅 호크(twisting hock)

20

다음 용어 설명 중 옳지 않은 것은?

① 헤어 풋(hare foot): 발바닥이 넓고 평평한 발
② 흉심: 가슴의 깊이를 나타내는 용어
③ 호크(hock): 뒷다리와 패스턴 사이의 관절
④ 캣 풋(cat foot): 고양이 발처럼 긴 발가락을 가진 발
⑤ 피들 프런트(fiddle front): 팔꿈치가 바깥쪽으로 굽은 프런트

21

다음 중 '와이드 프런트(wide front)'라는 특징을 가장 잘 나타내는 견종은?

① 푸들   ② 불도그
③ 보더 콜리   ④ 독일 셰퍼드
⑤ 코카 스파니엘

22

꼬리의 용어에 대한 다음의 설명에 해당하는 것은?

┤ 보기 ├

뿌리부터 등 위로 높게 자리 잡고 중간에 반원형을 그리며 낫 모양으로 구부러진 꼬리를 말한다.

① 스냅 테일(snap tail)
② 시클 테일(sickle tail)
③ 세이버 테일(saver tail)
④ 스쿼럴 테일(squirrel tail)
⑤ 플래그풀 테일(flagpoles tail)

23

꼬리의 용어에 대한 다음의 설명에 해당하는 것은?

┤ 보기 ├

보통 생후 4~7일에 실시하며, 이를 잘린 꼬리, 단미라고 칭한다.

① 게이 테일(gay tail)
② 밥 테일(bob tail)
③ 독(dock)
④ 플래그 테일(flag tail)
⑤ 스쿼럴 테일(squirrel tail)

24

다음 용어 설명 중 정확하지 <u>않은</u> 것은?

① 킹크 테일(kink tail): 꼬리에 비틀림이 있는 상태
② 크룩 테일(crook tail): 꼬리가 완전히 직선인 상태
③ 크랭크 테일(crank tail): 꼬리가 짧고 아래를 향한 모양
④ 컬드 테일(curled tail): 꼬리가 심하게 말려 올라가 있는 상태
⑤ 콕트업 테일(cocked-up tail): 꼬리가 등선에 직각으로 구부러져 올라간 모양

25

다음 중 '플래그풀 테일(flagpoles tail)'이라는 특징을 가장 잘 나타내는 견종은?

① 비글
② 샤페이
③ 로트와일러
④ 골든 리트리버
⑤ 래브라도 리트리버

26

다음 〈보기〉에서 설명하는 미용스타일로 옳은 것은?

┌─ 보기 ├─
- 몸체와 다리 부분이 짧게 커트되어 있어서 관리가 편리하다.
- 얼굴은 둥근 형태로 트리밍되어 귀여운 이미지를 강조한다.
- 더블 코트의 특성을 고려하여 포스트 클리핑 신드롬을 방지하기 위한 세심한 주의가 요구된다.
- 고객에게 미용 전후의 변화와 관리 방법에 대해 충분한 설명이 필요하다.
└────────────────

① 푸들의 맨하탄 클립
② 푸들의 브로콜리 커트
③ 포메라니안 곰돌이 커트
④ 푸들의 퍼스트 콘티넨털 클립
⑤ 비숑 프리제의 펫 스타일 커트

27

포메라니안 곰돌이 커트의 특징에 관한 설명으로 옳지 않은 것은?

① 몸털은 짧게 커트하여 관리가 쉽다.
② 얼굴을 둥근 형태로 연출하는 스타일이다.
③ 포메라니안의 귀여운 이미지를 유지할 수 있다.
④ 몸털을 매우 길게 유지하여 복잡한 관리가 필요하다.
⑤ 얼굴과 몸털의 스타일링으로 포메라니안의 매력을 강조한다.

28

다음 중 환모기가 없는 권모종의 대표 견종이 아닌 것은?

① 베들링턴테리어
② 토이 푸들
③ 비숑 프리제
④ 미니어쳐 푸들
⑤ 몰티즈

29

단모종의 특징에 대한 설명으로 옳지 않은 것은?

① 털 관리가 매우 쉽다.
② 자주 목욕하면 피모가 윤기 있어진다.
③ 길이가 매우 짧은 털로 스무드 코트라 불리며 발수성이 좋다.
④ 대표 견종으로는 닥스훈트, 치와와, 미니어처 핀셔, 비글이 있다.
⑤ 털갈이 시기(겨울~봄)에는 주기적으로 빗질해 빠진 속 털을 제거해야 한다.

30

다음 〈보기〉에서 설명하는 미용 스타일은?

┌ 보기 ┐
- 전체적으로 몸통의 털은 짧게 유지되며, 다리 부분은 원통형으로 긴 털을 유지한다.
- 헤드는 풍성하게 털을 남겨 둥글게 커트하여 부드러운 인상을 제공한다.
- 귀는 자연스러운 길이로 유지되며, 얼굴의 형태와 조화를 이룬다.
- 특히, 머즐은 둥근 원형의 머즐 털을 짧게 커트하여 귀여운 인상을 강조한다.

① 푸들의 맨하탄 클립
② 푸들의 브로콜리 커트
③ 포메라니안 곰돌이 커트
④ 푸들의 퍼스트 콘티넨털 클립
⑤ 비숑 프리제의 펫 스타일 커트

31

다음 중 푸들의 스포팅 클립에 대한 설명으로 옳지 <u>않은</u> 것은?

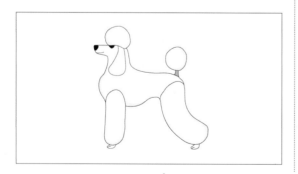

① 다리털은 남겨 두어 전체적인 균형을 맞춘다.
② 다리 클리핑 라인을 조절해 다리를 길어 보이게 연출할 수 있다.
③ 다리털을 매우 짧게 클리핑하여 깔끔한 이미지를 연출한다.
④ 몸 전체를 짧게 클리핑하고 다리털은 남기는 스타일이다.
⑤ 이 스타일은 관리가 편하다.

32

드워프 타입 반려동물을 미용할 때 앞뒤를 짧게 커트하는 목적은?

① 미용 도구의 사용을 최적화하기 위해서다.
② 반려동물의 몸길이를 짧아 보이게 하기 위해서다.
③ 반려동물의 움직임을 더욱 자유롭게 하기 위해서다.
④ 털이 덜 뭉치도록 하기 위해서다.
⑤ 청결을 유지하기 쉽게 하기 위해서다.

33

볼레로 클립에서 귀 끝의 장식 털만 남기는 응용 미용을 선택하는 이유는?

① 미용 시간을 단축하려고 할 때이다.
② 얼굴이 작아보이게 하고 싶을 때이다.
③ 귀의 털이 엉켜 관리가 어려울 때이다.
④ 목선이 짧아 보이게 연출하기 위해서이다.
⑤ 반려동물의 행동이 활발하여 털 관리가 어려울 때이다.

34

〈보기〉의 내용은 반려동물 체형을 단점을 보완하는 클립 중 한 가지에 대한 설명이다. 어떤 클립의 내용인가?

┤ 보기 ├

맨해튼의 변형 클립 중 하나이며, 다리에 브레이슬 릿을 만드는 클립으로 앞다리의 엘보를 가리는 브레이슬릿을 만드는 것이 특징이다.

① 퍼피클립
② 볼레로 클립
③ 소리터리클립
④ 밍크칼라 클립
⑤ 다이아몬드클립

35

모질 관리 상태에 따른 미용 스타일 구상에 대한 설명으로 옳지 않은 것은?

① 권모종은 일반적으로 모질 관리가 필요 없으므로 짧게 커트하지 않는다.
② 일반 가정에서는 모질 관리가 어려워 몸 털을 짧게 커트하는 스타일을 제안한다.
③ 털이 지저분하거나 엉킴이 심해 브러싱으로 풀기 어려울 경우 스포팅 스타일을 제안한다.
④ 장모종의 경우 털 관리가 소홀하면 엉키기 쉬우므로 주의가 필요하다.
⑤ 장모종과 권모종은 털이 엉키지 않도록 관리가 중요하다.

36

액세서리 부착 시 안전 및 유의사항으로 옳지 않은 것은?

② 우레탄 줄이 쉽게 끊어지지 않는지 확인해야 한다.
② 헤어핀 무게가 무거우면 털에 자극을 줄 수 있다.
③ 신축성이 없는 의상은 활동 시 불편하므로 원단 선택 시 주의해야 한다.
④ 액세서리는 반려동물에게 크게 위험이 되지 않기 때문에 오래 착용해도 무관하다.
⑤ 구슬 목걸이용 우레탄 줄의 신축성이 좋지 않으면 피부에 자극을 줄 수 있다.

37

글리터 젤을 사용한 후 헤어스프레이를 추가로 사용하는 목적은?

① 반려동물의 피부를 보호하기 위해서다.
② 글리터 젤의 향기를 강화하기 위해서다.
③ 글리터 젤의 고정 효과를 증가시키기 위해서다.
④ 글리터 젤의 색상을 더욱 밝게 만들기 위해서다.
⑤ 미용 과정에서의 시간 효율을 높이기 위해서다.

38

드라이빙 키트의 주요 기능으로 옳지 <u>않은</u> 것은?

① 차에서 산만하고 불안해하는 개에게 사용한다.
② 차 안에서 개의 편안한 이동을 도와준다.
③ 개가 차 안에서 산만해지는 것을 방지한다.
④ 차 바닥으로 굴러 떨어지는 것을 방지한다.
⑤ 차 안에서 개의 속도를 제어한다.

39

다음 중 얼굴 주변 털이 길거나 귀가 늘어진 개의 털 오염 방지를 위한 용품은?

① 헤이핀
② 스누드(snood)
③ 하니스(harness)
④ 매너 벨트(manner belt)
⑤ 드라이빙 키트(driving kit)

40

미용 스타일 완성 후 체크하는 과정에서 가장 중요한 것은?

① 반려동물의 반응을 확인한다.
② 미용 도구의 청결 상태를 확인한다.
③ 사용된 미용 제품의 양을 측정한다.
④ 반려동물의 몸무게 변화를 확인한다.
⑤ 미용 스타일의 전체적인 균형과 조화를 체크한다.

41

장모종 개체의 미용 스타일을 체크할 때 고려사항으로 가장 중요한 것은?

① 털을 가능한 짧게 커트한다.
② 털의 자연스러운 컬을 제거한다.
③ 털의 볼륨을 최대한 증가시킨다.
④ 모든 털을 동일한 방향으로 빗질한다.
⑤ 털의 힘이 약해 쳐질 수 있으므로 빗질 시 힘을 약하게 한다.

42

비숑프리제의 펫 스타일 커트를 실시하는 이유와 방법으로 옳지 <u>않은</u> 것은?

① 다리가 긴 하이온 타입에는 등 털을 길게, 엉덩이, 가슴, 배의 털을 짧게 커트하여 체형을 다운시킨다.
② 펫 스타일 커트는 반려동물의 활동성을 제한하지 않으면서 시원함을 제공한다.
③ 등과 가슴, 배의 털을 짧게 커트하고, 다리의 털은 길게 남겨 체형의 균형을 유지한다.
④ 펫 스타일 커트는 관리가 어렵거나 여름철 더위에 대응하기 위해 사용된다.
⑤ 털이 너무 길어 관리가 어렵거나 더워하는 반려동물에게 적용된다.

43

반려동물 염색 작업 전에 피부 트러블 가능성을 확인하는 방법으로 옳지 <u>않은</u> 것은?

① 클리핑 후 이상 반응을 확인한다.
② 피부가 예민하여 사소한 자극에 이상 반응이 있었는지 확인한다.
③ 이전 미용이나 염색 작업 시 피부 트러블 발생 여부를 확인한다.
④ 발톱의 색상을 확인한다.
⑤ 샴푸 교체 후 이상 반응을 확인한다.

44

다음 〈보기〉의 괄호 안에 들어갈 단어를 순서대로 올바르게 나열한 것은?

┤ 보기 ├

• ( )은 반려동물의 털에 컬러를 내기 위한 약제이다.
• ( )은 염색 작업 시 염료가 염색해야 할 부위가 아닌 다른 곳에 물드는 것을 말한다.

① 블론, 새기
② 염색제, 이염
③ 이염, 염색제
④ 염색제, 새들
⑤ 아이브로우, 역모

45

일회성 염색제인 분말로 된 초크형 염색제에 대한 설명으로 옳지 <u>않은</u> 것은?

① 쉽게 파손되므로 떨어뜨리지 않도록 주의해야 한다.
② 지속성 염색제 사용 전 초벌용으로 사용된다.
③ 보관 시 통풍이 잘 되게 뚜껑을 열어 습기가 생기지 않게 한다.
④ 수분을 흡수해주며 겔 타입, 펜 타입 염색제와 함께 사용된다.
⑤ 발림성과 발색력이 좋고 작업 후 목욕으로 제거 가능하다.

46

이염 방지제를 위한 도구들의 사용 방법으로 옳지 <u>않은</u> 것은?

① 이염 방지 테이프는 발, 다리, 꼬리 부위에 사용하기 편리하며, 테이프를 한 바퀴 돌려서 테이프끼리 접착한다.
② 알코올 소독 패드는 염색 방지 목적으로 사용한다.
③ 부직포는 일회성 염색이나 간단한 염색에 적합하며, 목욕이 필요 없는 염색 작업에 권장된다.
④ 이염 방지 테이프는 물에 닿으면 쉽게 제거할 수 있다.
⑤ 이염 방지 크림은 수분감이 거의 없는 크림 타입으로, 수분이 많으면 염색 부위까지 흘러내려 작업에 지장을 줄 수 있다.

47

다음 중 염색제 도포 후 작용 시간에 대한 설명으로 옳지 않은 것은?

① 자연 건조 상태로 20~25분 기다린다.
② 드라이 작업으로 시간을 단축할 수 있다.
③ 작용 시간 동안 고무밴드를 계속 조여준다.
④ 드라이 작업을 거부하는 반려동물은 자연 건조 상태로 대기한다.
⑤ 염색제를 도포한 털의 양과 길이에 따라 작용 시간에 차이가 발생한다.

48

다음 〈보기〉에서 설명하는 염색 도구는?

┤ 보기 ├
• 일회성 염색제로 펜을 입으로 불어서 사용한다.
• 털 길이가 긴 반려동물에게 활용할 수 있다.

① 파스텔
② 블로펜
③ 페인트펜
④ 글리터 젤
⑤ 초크

49

염색 작업 후 반려동물을 안정적인 자세로 목욕시키는 방법에 대한 설명으로 옳지 않은 것은?

① 염색제 찌꺼기가 남아 있으면 샴핑을 하지 않는다.
② 볼 염색 후 물티슈를 사용하여 부드럽게 닦아낸다.
③ 귀 속에 물이 들어가지 않게 한 손으로 계속 보정한다.
④ 물로 세척한 후에 털이 거칠 때에는 샴핑을 하지 않고 린싱만 한다.
⑤ 꼬리를 흔들거나 올리면 다른 부위에 이염될 수 있으므로 꼬리 끝을 욕조 바닥으로 향하게 한다.

50

염색제 세척 시 안전 및 유의사항에 대한 설명으로 옳지 않은 것은?

① 염색제 잔여물이 피모에 남아 있지 않게 한다.
② 염색제를 세척할 때 물살을 너무 세게 하지 않는다.
③ 염색제를 세척할 때 물의 온도를 너무 높지 않게 한다.
④ 알루미늄 포일을 제거할 때 고무밴드를 한번에 강하게 당겨 제거한다.
⑤ 염색제를 세척할 때 눈, 귀, 호흡기에 염색제와 물이 들어가지 않게 한다.

2급 실전 모의고사 빠른 정답표

01	⑤	02	④	03	①	04	①	05	③	06	②	07	③	08	④	09	①	10	④
11	⑤	12	②	13	⑤	14	②	15	③	16	②	17	④	18	④	19	②	20	①
21	②	22	②	23	③	24	②	25	①	26	③	27	④	28	⑤	29	②	30	②
31	③	32	②	33	③	34	②	35	①	36	④	37	③	38	⑤	39	②	40	⑤
41	⑤	42	①	43	④	44	②	45	③	46	②	47	③	48	②	49	①	50	④

06

영양 상태가 좋지 않거나 단두종의 경우 이갈이가 다소 늦을 수 있다.

07

쿠션(cushion)은 윗입술이 두껍고 풍만한 것을 의미한다.

11

파렌 이어(phalene ear)는 늘어진 귀 타입을 의미한다.

14

쇼트 백은 기갑의 높이보다 짧은 등을 의미한다.

15

캣 풋은 고양이 발처럼 짧고 둥근 형태로, 발가락이 긴 발을 의미한다.

18

몸통이 짧고 간결한 모양의 몸통 타입을 가장 잘 나타내는 견종은 말티즈이다.

20

헤어 풋은 토끼 발처럼 긴 발가락을 가진 발을 의미한다.

24

크룩 테일은 꼬리가 구부러진 모양을 의미한다.

26

이 문제에서 설명하는 미용스타일은 포메라니안 곰돌이 커트이다. 얼굴을 둥글게 커트하고, 몸체를 짧게 유지하여 포메라니안의 귀여운 이미지를 강조하는 스타일로, 포스트 클리핑 신드롬 방지와 고객 설명이 중요한 요소로 강조된다.

27

곰돌이 커트는 몸털을 짧게 커트하여 관리를 용이하게 하는 스타일이다.

28

몰티즈는 장모종에 속하는 견종이다. 환모기가 없는 권모종의 대표 견종으로는 푸들, 비숑 프리제, 베들링턴테리어가 있다.

29

너무 자주 목욕하면 피모가 건조해질 수 있으므로 주의해야 한다.

30

이 설명은 푸들의 브로콜리 커트에 관한 설명이다. 이 스타일은 몸통이 짧게 커트하여 관리가 편하고, 다리는 원통형으로 스타일링한다. 비숑프리제의 머리 형태를 사용하고, 특히 입은 머즐 부분만 짧게 커트한다.

31

푸들의 스포팅 클립은 몸 전체를 짧게 클리핑하고 다리털을 남겨 다리 클리핑 라인을 조절해 다리를 길어 보이게 연출하는 스타일이다.

32

반려동물의 몸길이를 시각적으로 더 짧아 보이게 만들어 체형의 균형을 맞추고 외관상의 매력을 높이는 것이다. 이렇게 함으로써 반려동물의 체형적 특성을 보완하고, 전체적인 미용 스타일에 조화를 이루도록 한다.

33

귀의 털이 엉키는 경우가 많아 관리가 어렵거나 목선을 강조하여 더 길어 보이게 연출하고 싶으면 귀 끝의 장식 털만 남기는 응용 미용을 할 수 있다.

35

권모종 역시 모질 관리가 중요하며, 일반 가정에서는 관리가 어려운 경우 몸 털을 짧게 커트하는 스타일을 제안하는 것이 일반적이다.

36

액세서리를 장시간 착용하면 피부 자극과 스트레스 유발 가능성이 있으므로 주의해야 한다.

37

아트 미용에서 글리터 젤을 사용한 후 헤어스프레이를 추가로 사용하는 주된 목적은 글리터 젤이 코트에 잘 고정되도록 효과를 증가시키기 위함이다. 이러한 단계를 거치면 글리터 젤이 더 오랫동안 털에 붙어있어 화사한 이미지를 유지할 수 있다.

38

드라이빙 키트는 차량 내에서 개의 편안함과 안전을 보장하며, 산만함과 불안함을 감소시키는 역할을 한다.

39

얼굴 주변의 털이 길거나 귀가 늘어져 있는 개에게 털이 오염되는 것을 방지하기 위한 용도로 얼굴에 씌워 사용한다. 귀가 늘어진 경우에는 귀가 더럽혀지는 것을 방지하고 귀 털이 길어서 음식을 먹을 때나 입 안으로 털이 들어갈 경우, 산책 시 얼굴 주변의 털이 땅에 끌리는 경우, 눈곱을 떼거나 세수를 할 때에도 주변의 털이 물에 젖는 것을 방지하기 위해도 사용하며 그 밖에 필요할 때에 사용한다.

40

미용을 완료한 후에는 스타일의 전체적인 균형과 조화를 체크하는 것이 중요하다. 이는 미용 결과가 반려동물의 외형에 잘 어울리는지, 미적으로 조화롭게 완성되었는지를 평가하기 위함이다. 필요한 경우 이 단계에서 미용의 불균형을 조정하고 개선 작업을 진행한다.

41

장모종의 특성상 털이 쳐질 수 있기 때문에 빗질 시 너무 세게 빗질하지 않고, 부드럽게 빗질하는 것이 중요하다. 이는 털의 손상을 방지하고 개체의 모질을 유지하는 데 도움이 된다.

42

비숑프리제에 적용하는 펫 스타일 커트 방법은 일반적으로 등과 가슴, 배의 털을 짧게 하고 다리의 털을 길게 남기는 것이 기본이다. 이는 관리를 용이하게 하고, 여름철 더위에 대응하기 위한 목적으로 사용된다. 다리가 긴 하이온 타입은 등 털을 기존보다 짧게 커트하고 엉덩이, 가슴, 배의 털을 길게 남겨 전체적인 체형을 다운시켜 주어야 한다.

43

반려동물 염색 작업 전에 피부 트러블 가능성을 확인하는 것은 매우 중요하다. 피부가 예민하여 사소한 자극에 이상 반응이 있었는지 미리 확인한다. 이전에 미용이나 염색 작업 시 피부 트러블이 발생한 적이 있었는지, 클리핑 후 이상 반응이나 샴푸 교체 후 이상 반응, 드라이 온도에 따라 이상 반응이 있었는지 확인한다. 그러나 발톱의 색상은 피부 트러블과 관련이 없는 항목이다.

45

초크형 염색제는 보관 시 뚜껑을 잘 닫아 습기가 생기지 않도록 하는 것이 중요하다. 뚜껑을 열어 두면 습기가 들어가 분말이 손상될 수 있다.

46

알코올 소독 패드는 이염 방지 목적이 아닌 소독과 이물질 제거에 사용된다.

47

작용 시간 동안 고무밴드가 너무 조이지 않는지 확인해야 한다. 고무밴드를 계속 조이는 것은 잘못된 방법이다.

49

세척 후에도 염색제 찌꺼기가 남아 있거나 이염 방지제를 지나치게 많이 사용했을 때, 염색 작업 과정에서 이물질이 묻었을 때에는 샴핑을 해야 한다.

50

알루미늄 포일을 제거할 때 고무밴드를 과하게 당기지 않는다.

01

오버코트와 언더코트의 이중모 구조의 털을 뜻하는 용어는?

① 러프(ruff)
② 롱 코트(long coat)
③ 머스태시(moustache)
④ 더블 코트(double coat)
⑤ 머즐 밴드(muzzle band)

02

자연스러운 계절적인 환모를 뜻하는 용어는?

① 새들(saddle)
② 블론(blown)
③ 섀기(shaggy)
④ 비어드(beard)
⑤ 몰팅(molting)

03

에이프런 아랫부분의 긴 장식 털을 뜻하는 용어는?

① 스커트(skirt)
② 실키 코트(silky coat)
③ 스테이링 코트(staring coat)
④ 스트레이트 코트(straight coat)
⑤ 스탠드 오프 코트(stand off coat)

04

다음 중 '러프(ruff)'라는 특징을 가장 잘 나타내는 견종은?

① 퍼그
② 콜리
③ 포메라니안
④ 아프간하운드
⑤ 그레이트데인

05

무드럽고 광택이 있는 실크 같은 긴 모실을 뜻하는 용어는?

① 아이래시(eyelash)
② 아이브로(eyebrow)
③ 싱글 코트(single coat)
④ 실키 코트(silky coat)
⑤ 아웃 오브 코트(out of coat)

06

위 털로, 외부 환경으로부터 신체를 보호하는 굵고 긴 털을 뜻하는 용어는?

① 위스커(whisker)
② 오버코트(overcoat)
③ 웨이비 코트(wavy coat)
④ 와이어 코트(wire coat)
⑤ 울리 코트(woolly coat)

07

귀 끝에 남긴 장식 털을 뜻하는 용어는?

① 팁(tip)
② 파일(pile)
③ 타셀(tassel)
④ 톱 노트(top knot)
⑤ 트라우저스(trousers)

08

다음 중 설명이 올바르지 <u>않은</u> 용어는?

① 에이프런(apron): 다리 주위의 장식 털
② 메인 코트(main coat): 몸의 중심이 되는 모든 털
③ 코디드 코트(corded coat): 새끼줄 모양으로 된 털
④ 와이어 코트(wire coat): 뻣뻣하고 강한 형태의 모질
⑤ 실키 코트(silky coat): 부드럽고 광택이 있는 실크 같은 긴 모질

09

두껍고 많은 언더코트를 뜻하는 용어는?

① 폴(fall)
② 파일(pile)
③ 펠트(felt)
④ 페더링(feathering)
⑤ 페셔헤어(festher-hair)

10

금색에 빨강이 있는 담황색을 뜻하는 용어는?

① 골드(gold)
② 대플(dapple)
③ 그레이(gray)
④ 그루즐(gruzzle)
⑤ 골드 버프(golden buff)

11

흑색 계통 털에 화색이나 적색이 섞인 색을 뜻하는 용어는?

① 레드(red)
② 골드(gold)
③ 대플(dapple)
④ 그루즐(gruzzle)
⑤ 데드 그래스(dead grass)

12

어깨, 등, 몸통 양쪽에 망토를 걸친 듯한 크고 진한 반점이 있는 것을 뜻하는 용어는?

① 멀(merle)
② 맨틀(mantle)
③ 머스터드(mustard)
④ 블루 블랙(blue black)
⑤ 섬 마크(thumb mark)

13

목, 귀에 탄이나 다른 색의 반점이 있는 것을 뜻하는 용어는?

① 벨튼(belton)
② 배저(badger)
③ 버프(buff)
④ 페퍼(pepper)
⑤ 배저 마킹(badger marking)

14

'머즐 밴드(muzzle band)'의 특징을 가장 잘 나타내는 견종을 〈보기〉에서 모두 고른 것은?

┤ 보기 ├
Ⓐ 퍼그
Ⓑ 파피용
Ⓒ 비숑 프리제
Ⓓ 웰시 테리어
Ⓔ 세인트버나드
Ⓖ 보스턴테리어
Ⓕ 래브라도 리트리버

① Ⓐ, Ⓒ　　　　② Ⓑ, Ⓓ
③ Ⓒ, Ⓕ　　　　④ Ⓔ, Ⓖ
⑤ Ⓖ, Ⓕ

15

전체적으로 어두운 녹색에 털끝이 약간 붉은 색을 뜻하는 용어는?

① 브론즈(bronze)
② 포인츠(points)
③ 브린들(brindle)
④ 브리칭(breeching)
⑤ 페퍼 앤 솔트(pepper and solt)

16

목, 꼬리 사이의 등, 몸통 쪽에 넓게 있는 모색을 뜻하는 용어는?

① 캡(cap)
② 블랭킷(blanket)
③ 초콜릿(chocolate)
④ 실버 버프(silver buff)
⑤ 블랙 마스크(black mask)

17

검은색 개의 대퇴부 안쪽과 후방의 탠 반점을 뜻하는 용어는?

① 할퀸(harlezuin)
② 브린늘(brindle)
③ 펜실링(penciling)
④ 브리칭(breeching)
⑤ 피그멘테이션(pigmentation)

18

솔리드 컬러(solid color), 단일색, 몸 전체 모색이 같은 것을 뜻하는 용어는?

① 스폿(spot)
② 배저(badger)
③ 스모크(smoke)
④ 셀프 컬러(self color)
⑤ 슬레이트 블루(slate blue)

19

반점이 있는 혀를 뜻하는 용어는?

① 설반(舌班)
② 세이블(sable)
③ 실버 버프(silver buff)
④ 섬 마크(thumb mark)
⑤ 타이거 브린들(tiger breindle)

20

다음 중 설명이 올바르지 <u>않은</u> 용어는?

① 티킹(ticking): 흰색 바탕에 한 가지나 두 가지의 명확한 독립적인 반점이 있는 것
② 탠(tan): 황갈색이며, 짙은 것은 리치 탠, 엷은 것은 라이트 탠이라고 부름
③ 트레이스(trace): 몸통 전체를 따라 가는 검은 선
④ 타이거 브린들(tiger brindle): 금색의 바탕색에 호랑이무늬가 있는 것
⑤ 트라이컬러(tri-color): 흰색, 갈색, 검은색의 세 가지 색이 섞인 색

21

캡을 쓴 것 같은 두개 위의 어두운 반점을 뜻하는 용어는?

① 칼라(collar)
② 배저 마킹(badger marking)
③ 크림(cream)
④ 루비(ruby)
⑤ 캡(cap)

22

다음 중 설명이 올바르지 <u>않은</u> 용어는?

① 팰로(fallow): 담황색
② 파울 컬러(foul color): 폴트 컬러(fault color), 부정 모색으로, 바람직하지 못한 반점이나 모색
③ 페퍼 앤 솔트(pepper and salt): 검은색과 흰색의 혼합
④ 파티컬러(parti-color): 한 가지 색의 단순한 반점
⑤ 페퍼(pepper): 후추 색, 어두운 푸른 계통의 검은색에서 밝은 은회색까지 다양함

23

다음 중 '실버 그레이(silver gray)'의 특징을 가장 잘 나타내는 견종은?

① 콜리
② 샤페이
③ 와이마리너
③ 비숑 프리제
⑤ 불마스티프

24

맨체스터테리어의 발가락에 있는 검은 선을 뜻하는 용어는?

① 멀(merle)
② 울프 그레이(wolf gray)
③ 칼라(collar)
④ 실버 버프(silver buff)
⑤ 펜실링(penciling)

25

다음 중 설명이 올바르지 <u>않은</u> 용어는?

① 실버(silver): 밝은 회색, 은색
② 알비노(albino): 모든 피부와 털이 검은색인 상태
③ 휘튼(wheaten): 옅은 황색의 털, 황색이 스민 것 같이 보이는 색
④ 실버 그레이(silver gray): 마우스 그레이보다 밝은 은색이 도는 회색
⑤ 실버 버프(silver buff): 은색의 하얀색 같은 담황색으로, 전체적으로 희게 보이며 은색을 띰

26

도그 쇼에 대한 설명으로 올바르지 <u>않은</u> 것은?

① 도그 쇼의 주된 목적은 다음 세대를 위한 혈통 번식의 평가를 용이하게 하는 것이다.
② 도그 쇼는 개의 건강, 상태, 전체적인 몸의 균형과 성식을 심사 기준으로 삼는다.
③ 모든 견종은 각각의 목적에 적합한 이상적인 구성을 묘사하는 견종 표준을 가지고 있다.
④ 도그 쇼는 승패에 연연하며 경쟁적으로 참여해야 하는 경연이다.
⑤ 1859년 영국 뉴캐슬에서 개최된 '스포팅 도그 쇼'는 세계 최초의 공식적인 도그 쇼로 기록되어 있다.

27

다음 중 도그 쇼에서 핸들러의 역할에 가장 부합하지 <u>않는</u> 것은?

① 승리를 목적으로 하는 것
② 심사 위원 앞에서 개를 보여주는 것
③ 경마장의 기수와 비슷한 역할을 하는 것
④ 자신이 번식시킨 개를 출전시키는 것
⑤ 개의 행동을 심사 위원에게 설명하는 것

28

다음 중 도그 쇼의 심사 진행 절차가 순서대로 나열된 것은?

┤ 보기 ├

Ⓐ 베스트 인 쇼(Best in Show)
Ⓑ 베스트 인 그룹(Best in Group)
Ⓒ 베스트 오브 브리드(Best of Breed)

① Ⓐ-Ⓑ-Ⓒ
② Ⓐ-Ⓒ-Ⓑ
③ Ⓑ-Ⓐ-Ⓒ
④ Ⓒ-Ⓑ-Ⓐ
⑤ Ⓒ-Ⓐ-Ⓑ

29

다음 〈보기〉는 도그 쇼 진행 방법 중 보행 심사 동작 한 가지를 설명한 내용이다. 해당하는 용어는?

┤ 보기 ├

(1) 출발 전 진행 방향 앞에 목표 지점을 정해 직선을 유지하며 나간다.
(2) 심사 위원 방향으로 되돌아올 때 회전 후 심사 위원의 위치를 확인하고 직선으로 보행, 적당한 거리를 두고 정지한다.
(3) 개의 생생한 표정을 심사 위원에게 보여준다.

① T자
② 역 L자
③ 라운딩
④ 트라이앵글
⑤ 다운 앤 백(업 앤 다운)

30

미국애견협회(AKC: American Kennel Club)의 견종 분류로 '사냥꾼을 도와 사냥을 하는 사냥개'가 속한 그룹은?

① 토이 그룹(toy group)

② 목축 그룹(herding group)

③ 워킹 그룹(working group)

④ 테리어 그룹(terrier group)

⑤ 스포팅 그룹(sporting group)

31

세계애견연맹(FCI)은 10그룹의 견종을 분류하고 있다. 다음 중 견종 분류가 옳지 <u>않은</u> 것은?

① 1그룹: 목양견과 목축견

② 2그룹: 닥스훈트 견종

③ 5그룹: 스피츠와 프라이미티브 견종

④ 9그룹: 반려견과 토이독

⑤ 10그룹: 시각형 수렵 견종

32

미국애견협회의 푸들 미용 규정에 관한 설명 중 옳지 <u>않은</u> 것은?

① 모견이나 종견 클래스는 스포팅 클립으로 출전 가능하다.

② 12개월 미만의 푸들은 퍼피 클립으로 출전 가능하다.

③ 12개월 이상의 푸들은 잉글리시 새들 클립, 콘티넨털 클립으로 출전 가능하다.

④ 12개월 미만의 푸들은 콘티넨털 클립으로 출전 가능하다.

⑤ 푸들 미용규정에 속해있는 클립 이외의 미용 형태를 사용할 경우 출전 자격을 잃는다.

33

다음 〈보기〉는 미국애견협회의 푸들 표준미용 클립 중 한 가지를 설명한 것이다. 해당하는 클립은?

┤ 보기 ├

- 얼굴, 목, 발과 앞다리의 브레이슬릿 상부와 꼬리의 밑둥치는 면도를 함
- 앞다리와 꼬리 끝에는 브레이슬릿과 폼폰을 유지함
- 몸의 뒷부분은 짧은 털로 덮지만 관절이 있는 곳은 면도하여 뒷다리에는 2개의 면도한 선이 있어야 함
- 면도한 발의 전체적인 형태를 볼 수 있으며 면도한 뒷다리의 선은 확실히 볼 수 있어야 함

① 퍼피 클립(Puppy Clip)

② 스포팅 클립(Sporting Clip)

③ 콘티넨털 클립(Continental Clip)

④ 스칸디나비아클립(Scandinavian Clip)

⑤ 잉글리시 새들 클립(English Saddle Clip)

34

테이블 위의 스태그(Stag) 자세에 대한 설명으로 <u>틀린</u> 것은?

① 뒷발의 위치는 뒷발허리뼈가 테이블 면과 수직이 되게 조정한다.

② 개가 긴장하지 않은 상태에서 네 발로 편하게 설 수 있게 한다.

③ 개가 전방을 주시하여 무게 중심의 60% 정도가 뒤로 올 수 있도록 유도한다.

④ 스태그 자세를 유지한 상태에서, 손으로 개를 반복적으로 터치하여 미용 도구의 자극에 익숙하게 한다.

⑤ 앞발의 위치는 옆에서 봤을 때에는 앞다리가 기갑(withers)에서 수직으로 내려오며, 정면에서 봤을 때에는 두 다리가 평행을 이룰 수 있도록 발의 위치를 조정한다.

35

다음 중 핸드 스트리핑 시 고려하지 <u>않는</u> 행동은?

① 손을 사용해 죽은 털을 뽑아낸다.
② 준비되지 않은 털을 무리하게 뽑지 않는다.
③ 한 번에 많은 양의 털을 잡아당기지 않는다.
④ 개의 피부에 상처가 있을 경우 스트리핑 작업을 진행한다.
⑤ 털을 역방향으로 쓸어 올려 서 있는 털을 확인 후 뽑는다.

36

다음 Ⓐ, Ⓑ에 들어갈 스트리핑 관련 용어로 옳은 것은?

| 보기 |

- Ⓐ: 피부가 보일 정도로 털을 뽑아 좋은 털 상태 유지와 발모 촉진
- Ⓑ: 트리밍 나이프나 콤을 사용하여 죽은 털과 두꺼운 언더코트를 제거하고 새 털 성장 촉진

① Ⓐ 롤링(rolling), Ⓑ 레이킹(raking)
② Ⓐ 풀 스트리핑(full stripping), Ⓑ 레이킹(raking)
③ Ⓐ 블렌딩(blending), Ⓑ 풀 스트리핑(full stripping)
④ Ⓐ 레이킹(raking), Ⓑ 플러킹(plucking)
⑤ Ⓐ 스테이지 스트리핑(stage stripping), Ⓑ 플러킹(plucking)

37

스트리핑 나이프 사용의 주된 목적으로 옳은 것은?

① 털을 염색하기 위해 사용한다.
② 털을 잘라내기 위해 사용한다.
③ 나이프로 털의 길이를 조절한다.
④ 스트리핑 나이프로 피부를 보호한다.
⑤ 털을 잡는 데 도움을 주기 위해 사용한다.

38

스트리핑 관련 용어 중 단계를 나누어 스트리핑을 진행하는 방법으로, 도그 쇼에 맞춘 완성 시기를 설정하는 기법은?

① 롤링(rolling)
② 플러킹(plucking)
③ 스테이지 스트리핑(stage stripping)
④ 레이킹(raking)
⑤ 풀 스트리핑(full stripping)

39

쇼 미용 메이크업 제품에 대한 설명으로 옳지 <u>않은</u> 것은?

① 밴드는 크기와 털의 질감에 맞춰 선택 가능하다.
② 컬러 파우더는 사용 후 바로 효과를 볼 수 있으나 지속 시간이 짧다.
③ 스프레이는 털의 모양을 고정시키고 입자가 섬세해 자연스러운 표현이 용이하다.
④ 컬러 전문 샴푸는 색을 강조하면서 코트와 피부에 손상을 최소화하는 방법을 제공한다.
⑤ 컬러 초크는 분필처럼 바르며 털이 상해 색이 바랜 경우 사용하여 털 색을 선명하게 할 수 있다.

40

쇼 미용 메이크업 제품 중 다음 〈보기〉에서 설명하고 있
는 것은?

┤ 보기 ├

- 털의 모양을 고정시키는 데 사용되며, 입자가 섬세
해 자연스러운 표현 용이
- 스프레이 사용 후 목욕으로 성분을 제거해 피모 손
상 방지 필요
- 스프레이 유형에는 볼륨 스프레이, 고정용 스프레
이, 컬러 스프레이, 광택 스프레이 등이 포함

① 스프레이
② 밴드
③ 컬러 젤
④ 컬러 초크
⑤ 컬러 파우더

41

장모종의 브러싱에 사용되는 제품의 기능 설명으로 옳
지 않은 것은?

① 모든 제품은 코트의 보습을 돕고 브러싱을 용이
하게 하는 데 목적이 있다.
② 엉킴 제거 제품은 엉킨 부분에 도포 후 일정 시
간 방치하여 털을 풀어준다.
③ 브러싱 컨디셔너는 털의 정전기로 인한 마찰 손
상을 줄여 브러싱을 용이하게 한다.
④ 정전기 방지 컨디셔너는 코트가 완전히 말랐을
때 사용하여 정전기를 예방한다.
⑤ 워터리스 샴푸는 코트의 더러움을 제거하며, 물
이 필요한 환경에서만 사용 가능하다.

42

브리슬 브러시(천연모 브러시) 사용 시 관리 방법으로
부적절한 것은?

① 털과 피부의 노폐물 제거에 사용된다.
② 오일 브러시로 사용 시 털에 도포 후 브러싱한다.
③ 실키 코트에 사용되며, 멧돼지 털과 돼지 털로
만들어진다.
④ 나일론 브러시 대신 사용하여 정전기로 인한 털
손상을 방지한다.
⑤ 일반적인 빗질용으로 사용할 때는 털과 피부를
고정하며 바깥쪽으로 부드럽게 빗질한다.

43

디프 클렌징 목욕 제품의 특징에 대한 설명으로 올바르
지 않은 것은?

① 털을 부드럽고 차분하게 한다.
② 모발과 모공에 축적된 이물질을 제거한다.
③ 충분한 디프 클렌징을 통해 빌드업 현상을 제거
한다.
④ 이물질 제거 후에는 항상 추가 컨디셔닝이 필요
하다.
⑤ 모발에 필요한 수분과 유용한 오일 성분을 보존
하는 제품을 선택해야 한다.

44

장모종의 목욕 제품 중 모발과 모공에 축적되어 있는 이물질을 제거하는 것에 탁월한 제품으로, 빌드업 현상 제거에 도움이 되는 제품은?

① 볼륨 목욕 제품
② 저자극 목욕 제품
③ 화이트닝 목욕 제품
④ 실키코트 목욕 제품
⑤ 디프 클렌징 목욕 제품

45

장모종 목욕 시 안전 및 유의사항으로 옳지 않은 것은?

① 오염이 심한 부위에는 샴푸를 진하게 사용한다.
② 마사지 시 강하게 문지르면 모질 개선에 효과적이다.
③ 목욕 제품은 견종의 모질 특징에 맞는 전용 제품을 선택해야 한다.
④ 샴푸 농도를 일정하게 유지하기 위해 욕조에 물을 받아 사용하는 것이 좋다.
⑤ 샴푸와 목욕 제품을 충분히 헹구지 않으면 피부에 남아 피부 문제를 유발할 수 있다.

46

더블 코트의 특징에 대한 설명으로 옳지 않은 것은?

① 상모는 보호하는 얇고 거친 털로 구성되어 있다.
② 하모는 부드럽고 촘촘히 난 털로 구성되어 있다.
③ 더블 코트는 추위에 약하며 환모기가 없어 털 빠짐이 적다.
④ 더블 코트는 상모(오버코트)와 하모(언더코트)로 구성된 이중모 구조이다.
⑤ 대표적인 더블 코트 견종으로는 슈나우저, 포메라이안, 시베리안허스키가 있다.

47

펫타올을 사용할 때의 설명으로 옳지 않은 것은?

① 타월에는 습식 타월과 건식 타월이 있다.
② 습식 타월은 세탁 후 젖은 상태에서 보관이 어렵다.
③ 습식 타월은 딱딱하게 굳어져 있다가 물에 적셔서 사용한다.
④ 장모종의 긴 털을 말릴 때 먼저 수건으로 물기를 닦아낸다.
⑤ 물기를 제거하면 털을 말리는 데 걸리는 시간을 단축할 수 있다.

48

드라이 작업의 풍량 조절에 관한 설명으로 옳지 않은 것은?

① 말리는 부위에 드라이 바람을 계속 유지한다.
② 물기 제거 후 풍량의 강약을 조절하며 말린다.
③ 물기 제거 직후 강한 풍량으로 재빠르게 말리며 털을 펴서 말린다.
④ 싱글 코트는 물기 제거 후 강한 풍량으로 핀 브러시를 사용해 말린다.
⑤ 더블 코트는 핀 브러시와 슬리커 브러시로 풍량을 조절해 가며 말린다.

49

밴딩 작업에 대한 설명으로 틀린 것은?

① 래핑지 대신 밴드를 사용한다.
② 털의 끊어짐과 오염을 방지한다.
③ 래핑과 유사한 목적을 가지고 있다.
④ 작업이 간단하며 털 구겨짐이 없다.
⑤ 밴딩은 전람회 출진 전 코트 관리에 적합하지 않다.

50

장모종 래핑 시 주의해야 할 사항으로 옳지 않은 것은?

① 분사식 스프레이는 환기가 잘 되는 곳에서 사용해야 한다.

② 래핑이 모근에 너무 타이트하게 되면 털 손상을 초래할 수 있다.

③ 래핑의 모양이 망가져도 털이 끊어지거나 엉키는 것을 방지하기 위해 즉시 재작업하지 않는다.

④ 래핑 작업 중 귀에 상해가 발생하지 않도록 귀 끝에서 1cm 이상 간격을 유지한다.

⑤ 고무밴드는 한쪽 방향으로 감는 횟수를 모량이나 래핑 재료 특징에 따라 결정한다.

01	④	02	⑤	03	①	04	②	05	④	06	②	07	③	08	①	09	②	10	⑤
11	④	12	②	13	⑤	14	④	15	①	16	②	17	④	18	④	19	①	20	③
21	⑤	22	④	23	③	24	⑤	25	②	26	④	27	⑤	28	④	29	⑤	30	⑤
31	②	32	④	33	⑤	34	③	35	④	36	②	37	⑤	38	③	39	②	40	①
41	⑤	42	②	43	①	44	④	45	②	46	③	47	②	48	④	49	⑤	50	③

08

'에이프런'은 가슴 부위의 장식 털을 의미한다.

20

'트레이스'는 등줄기를 따른 검은 선을 의미한다.

22

'파티컬러'는 두 가지 색의 구분된 반점의 색깔을 의미한다.

25

'알비노'는 선천적 색소 결핍증으로 인해 피부, 털, 눈 등에 색소가 발생하지 않는 상태를 의미한다.

26

도그 쇼에서는 승패에 연연하지 않고 자신의 개를 소중히 여기며, 같은 취미를 가진 사람들과 함께 즐거운 시간을 보내는 것이 올바른 태도로 간주된다.

27

핸들러의 주된 역할은 개를 심사 위원 앞에 보여주고 최적의 상태로 보이게 하는 것이지, 개의 행동을 설명하는 것은 아니다.

28

베스트 오브 브리드(Best of Breed)는 각 견종마다 개체 심사를 거쳐 견종 1위견을 선발하는 것이고, 베스트 인 그룹(Best in Group)은 견종별 베스트 오브 브리드 견들이 경합하여 그룹 1위견을 선발하는 것이다. 마지막으로 베스트 인 쇼(Best in Show)는 각 그룹의 베스트 인 그룹 견늘이 경합하여 도그 쇼 죄고의 견을 선발하는 것이다.

29

다운 앤 백은 위아래로 움직이는 동작으로, 업 앤 다운이라고 한다.

30

사냥꾼을 도와 사냥을 하는 사냥개로 에너지가 넘치며 안정된 기질을 가지고 있다. 포인터와 세터는 사냥감을 지목하고, 스패니얼은 새를 푸드덕 날아오르게 하며, 레트리버는 땅 또는 물 위의 사냥감을 회수해 온다.

31

2그룹은 핀셔(pinscher), 슈나우저(schnauzer), 몰로시안(Molossian type), 스위스캐틀도그(Swiss cattle dogs) 견종이 속해 있으며, 닥스훈트 견종은 4그룹에 속해 있다.

32

미국애견협회의 규정에 따르면, 12개월 미만의 강아지는 퍼피 클립으로 출전 가능하다.

33

잉글리시 새들 클립에서는 얼굴, 목, 발과 앞다리의 브레이슬릿(bracelet: 앞발의 둥그런 털) 상부와 꼬리의 밑둥치는 면도하며, 앞다리와 꼬리 끝에는 브레이슬릿과 폼폰을 유지한다. 몸의 뒷부분은 짧은 털로 덮지만 관절이 있는 곳은 면도하여 뒷다리에는 2개의 면도한 선이 있어야 한다. 면두한 발의 전체적인 형태를 볼 수 있으며 면도한 뒷다리의 선은 확실히 볼 수 있어야 한다. 몸의 다른 부위들은 깎지 않지만 단정한 형태를 위해 시저링은 허용된다.

34

개가 전방을 주시하여 무게 중심의 60% 정도가 앞으로 올 수 있도록 유도한다.

35

핸드 스트리핑 시에는 개의 피부가 불안정하거나 상처가 있는 경우에는 스트리핑 작업을 강행하지 않는 것이 중요하다.

37

스트리핑 나이프는 털을 잘라내는 도구가 아니라, 털을 잡는 데 도움을 주는 도구로 사용된다. 이를 통해 털의 결 방향으로 살짝 잡아당겨 뽑는 작업을 쉽게 수행할 수 있으며, 털이 잘리지 않고 반드시 뿌리째 뽑아야 한다.

38

스테이지 스트리핑은 단계를 나누어 진행하며, 도그 쇼에 맞춘 완성 시기를 계획하는 스트리핑 방법이다. 특히 털이 자라는 주기를 계산하여 완성 모습을 미리 계획하는 것이 중요하다.

39

컬러 파우더는 입자가 고운 구조로 되어 있어, 미용을 오랜 시간 동안 유지할 수 있는 특성을 가지고 있다.

40

털의 모양을 고정시키고자 할 때 사용한다. 입자가 섬세해서 자연스럽게 표현하기가 쉽다. 스프레이와 같은 세팅 제품을 사용한 후에는 가급적 빠른 시간 안에 목욕으로 성분을 제거해 주어야 피모의 손상을 막을 수 있다. 볼륨 스프레이, 고정용 스프레이, 컬러 스프레이, 광택 스프레이 등이 있다.

41

워터리스 샴푸는 편리함을 제공하며 물이 필요 없이 사용할 수 있는 특징을 가지고 있다. 더러워지거나 얼룩진 코트 부위에 직접 뿌려서 물로 헹구지 않고 드라이어로 말리거나 수건으로 닦아서 사용한다. 물이 필요 없으므로 목욕 시설이 준비되지 않은 야외에서 직접 목욕시킬 수도 있다.

42

털 관리용 오일을 브러시에 뿌려 한 곳에 많이 도포되지 않도록 주의하며, 빗질하지 않는 손으로 개체를 보정하고 털과 피부를 고정시켜준다.

43

털을 부드럽고 차분하게 하는 것은 실키코트 목욕 제품의 특징 중 하나이다.

44

디프 클렌징 목욕 제품은 모발이나 모공에 축적되어 있는 이물질을 제거해 주는 제품이다. 충분한 디프 클렌징을 하여 빌드업 현상을 제거하는데, 모발에 필요한 수분과 유용한 오일 성분까지 같이 제거하지 않는 제품을 선택하는 것이 중요하다.

45

마사지 시 털을 비비거나 문지르면 엉킴이 생기므로 주의해야 한다.

46

더블 코트는 추위에 강하며 환모기가 있어 하모의 털이 많이 빠진다.

47

습식 타월은 세탁 후 젖은 상태에서 접어서 보관 가능하다.

48

싱글 코트는 물기 제거 후 약한 풍량으로 핀 브러시를 사용해 말리는 것이 적절하다.

49

밴딩은 래핑보다 작업이 간단하며 털 구겨짐이 없어 전람회 출진 전 코트 관리에 매우 유용하다.

50

래핑의 모양이 망가진 경우 즉시 재작업을 하여 털이 끊어지거나 엉키는 것을 방지하는 것이 중요하다.

memo

천선화

- 혜전대학교 반려동물과 교수
- 前) 우송정보대학 반려동물과 초빙교수
- 릭드래곤 비숑프리제 브리더 & 핸들러
- (사)한국애견협회 애견미용 심사위원
- (사)한국애견협회 국제도그쇼 심사위원
- (사)한국애견협회 도그쇼 정 심사위원
- (사)한국애견협회 핸들러 심사위원
- (사)한국애견협회 반려견스타일리스트 경연대회 '대상' 수상
- 중국, 스페인 도그쇼 및 반려견미용 초청 심사
- 도그쇼 BIS 다수 수상
- 국제직업능력평가원 심사분과 운영위원
- 한국동물보건학회 정회원
- (사)한국애견협회 국가공인 반려견스타일리스트 자격증 실기시험 매뉴얼 및 채점표 개발
- (사)한국애견협회 반려견스타일리스트 자격증 실기시험 매뉴얼 개발
- 「반려견 기초 그루밍」 저자
- 「반려견 그루밍 실전편」 저자
- 前) (사)한국애견협회 국가공인 반려견스타일리스트자격증 감독(심사)위원
- 前) (사)한국애견협회 반려견스타일리스트자격증 심사위원
- 前) (사)한국애견협회 핸들러분과위원회 위원장

한권완성 반려견 스타일리스트 1, 2, 3급 필기

초판발행	2024년 12월 5일
지은이	천선화
펴낸이	안종만 · 안상준
편 집	김민경
기 획	김한유
표지디자인	이은지
제 작	고철민 · 김원표
펴낸곳	㈜ 피와이메이트
	서울특별시 금천구 가산디지털2로 53, 210호(가산동, 한라시그마밸리)
	등록 2014. 2. 12. 제2018-000080호(倫)
전 화	02)733-6771
f a x	02)736-4818
e-mail	pys@pybook.co.kr
homepage	www.pybook.co.kr
ISBN	979-11-7279-010-3 13520

정 가	37,000원